7日でおぼえる Autodesk Revit

［Revit & Revit LT 2025/2024 対応］

本書をご購入・ご利用になる前に必ずお読みください

- 本書の内容は、執筆時点(2024年11月)の情報に基づいて制作されています。これ以降に製品、サービス、その他の情報の内容が変更されている可能性があります。また、ソフトウェアに関する記述も執筆時点の最新バージョンを基にしています。これ以降にソフトウェアがバージョンアップされ、本書の内容と異なる場合があります。
- 本書は、「Autodesk Revit 2025/2024」(以下、Revit 2025/2024)または「Autodesk Revit LT 2025/2024」(以下、Revit LT 2025/2024)の解説書です。本書の利用に当たっては、Revit 2025/2024またはRevit LT 2025/2024がパソコンにインストールされている必要があります。
- Revit/Revit LTのダウンロードおよびインストールなどについてのお問合せは受け付けておりません。また、Revit/Revit LTの無償体験版については、開発元・販売元および株式会社エクスナレッジはサポートを行っていないため、ご質問は一切受け付けておりません。
- 本書はWindows 10またはWindows 11がインストールされたパソコンで、Revit LT 2025を使用して解説しています。そのため、画面はRevit LT 2025のものですが、本書で解説している内容のほとんどは、Revit 2025/2024とRevit LT 2025/2024で操作方法が共通です。ただし、ご使用のOSやアプリケーションのバージョンによって、画面や操作方法が本書と異なる場合がございます。操作方法が異なる場合は、Revit 2025での操作を本文で解説し、Revit2024やRevit LT 2025/2024については補足して解説しています。
- 本書は、パソコンやWindowsの基本操作ができる方を対象としています。
- 本書の利用に当たっては、インターネットから教材データをダウンロードする必要があります(P.11参照)。そのためインターネット接続環境が必須となります。
- 教材データを使用するには、Revit 2025/2024またはRevit LT 2025/2024が動作する環境が必要です。Revit 2023またはRevit LT 2023以前のバージョンでは使用できません。
- 本書に記載された内容をはじめ、インターネットからダウンロードした教材データ、プログラムなどを利用したことによるいかなる損害に対しても、データ提供者(開発元・販売元等)、著作権者、ならびに株式会社エクスナレッジでは、一切の責任を負いかねます。個人の責任においてご使用ください。
- 本書に直接関係のない「このようなことがしたい」「このようなときはどうすればよいか」など特定の操作方法や問題解決方法、パソコンやWindowsの基本的な使い方、ご使用の環境固有の設定や特定の機器向けの設定などのお問合せは受け付けておりません。本書の説明内容に関するご質問に限り、P.295のFAX質問シートにて受け付けております。

以上の注意事項をご承諾いただいたうえで、本書をご利用ください。ご承諾いただけずお問合せをいただいても、株式会社エクスナレッジおよび著作権者はご対応いたしかねます。予めご了承ください。

カバー・本文デザイン .... kinds art associates
編集協力 .... 豊岡昭彦
印刷 .... 株式会社ルナテック

はじめに

本書は、BIMソフト「Autodesk Revit」(以下、Revit)を用いて3次元の「モデル」を作成(入力)し、それを基に図面を完成させるまでの操作や作業の流れの習得を目的とした解説書です。

Revitによるモデル作りは、建物の模型を組み立てるような手間を要します。しかし、実物に近い形を視覚的に確認できるのはもちろんのこと、さまざまな図面間の整合性が図れる、部材同士の干渉シミュレーションを行えるなど、モデル入力の手間を差し引いても余りある恩恵、2次元図面による設計では得られないメリットが数多くあります。本書を通して、ぜひRevitの、そして3次元設計の便利さを体験していただきたいと思います。

RevitはAutoCADなどに比べると多機能なので設定項目も多く、モデル入力に慣れないうちは複雑でわかりにくく感じるところもあり、習得途中で挫けてしまいそうになるかもしれません。そのため、本書では必要最小限のツールや操作方法を紹介し、なるべくテンポよく進められることを意識して解説しています。また、つまづきがちな操作の補足説明や、実務で役立つ予備知識などを、手順のところどころに「HINT」として解説してあるので、一度は目を通すことをおすすめします。

本編は、Revitを使ってモデル入力や図面作成を行うために不可欠なツール、操作方法を効率よく習得できるように、解説を7日間、つまり7パートに分けた構成となっています。

DAY 1では、「起動と終了」「画面操作」といったRevitを使用するにあたっての基本的な操作や作業フローなどを解説します。特に「ビューコントロールバー」や「選択オプション」などはよく用いる機能ですので、本書で一通り学習した後にも読み返してほしい部分です。

DAY 2とDAY 3では、モデル入力時に使用する基本的なツールを解説します。各ツールによるファミリ(構造材、壁、屋根、窓、ドア、記号などRevitで入力する要素の総称)の変更やプロパティの設定は、実際の作業フローを想定した手順で解説します。
DAY 4では、ファミリの移動やコピーをはじめとする編集方法、寸法や文字の入力方法などを解説します。加えて、図面を完成させるうえでは欠かせない2次元の線を作図する方法も解説します。

DAY 5では、モデルから図面を作成するうえで重要な仕様である「ビュー」と「シート」の関係を解説します。教材データとして用意しているモデルを操作しながら読むことで、より理解が深まることでしょう。実際に図面を作成する際は、AutoCADなどのCADと連携するケースも多いので、DWGファイルの書き出し/読み込みについても解説します。

DAY 6とDAY 7では、ここまでの復習も兼ねて簡単な2階建てのモデルを作成し、図面として印刷するまでの手順を解説します。階段の開口部や階段周辺の壁などの作成は、やや複雑な手順となりますが、実務できっと直面する作業なのでがんばってトライしてみてください。

Revitをこれからはじめる方々にとって、本書が少しでもお役に立てればうれしいです。

阿部秀之

CONTENTS

DAY 2

建築オブジェクトの作成① …… 43

DAY 3

建築オブジェクトの作成② …… 105

CONTENTS

本書の読み方

ここでは、本書の構成や解説ページの各要素、本文中の表記など、本書の読み方について説明します。

本書の構成

本編は、章(**DAY 3** など)、節(**3-1** など)、項(**3-1-1** など)によって区切られています。
解説ページに掲載されている主な要素は次の通りです。

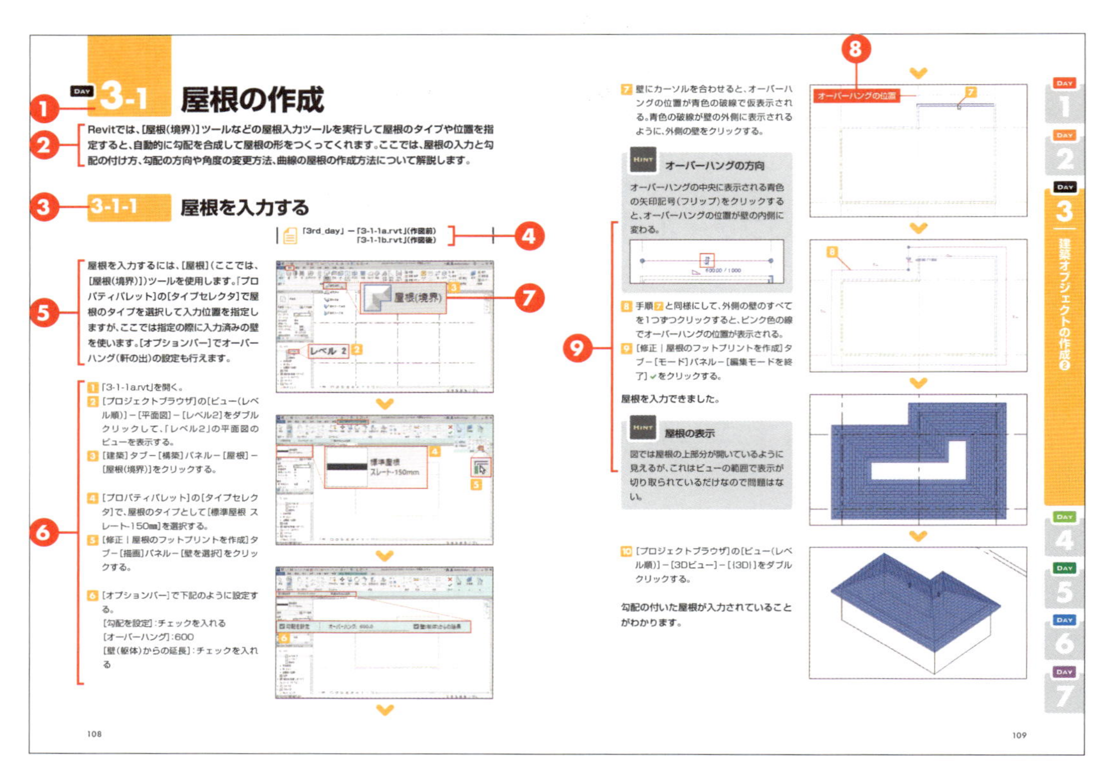

DAY 3-1 屋根の作成

Revitでは、[屋根(境界)]ツールなどの屋根入力ツールを実行して屋根のタイプや位置を指定すると、自動的に勾配を合成して屋根の形をつくってくれます。ここでは、屋根の入力と勾配の付け方、勾配の方向や角度の変更方法、曲線の屋根の作成方法について解説します。

3-1-1 屋根を入力する

「3rd_day」－「3-1-1a.rvt」(作図前)
「3-1-1b.rvt」(作図後)

屋根を入力するには、[屋根](ここでは、[屋根(境界)])ツールを使用します。「プロパティパレット」の[タイプセレクタ]で屋根のタイプを選択して入力位置を指定しますが、ここでは指定の際に入力済みの壁を使います。[オプションバー]でオーバーハング(軒の出)の設定も行えます。

1 「3-1-1a.rvt」を開く。
2 [プロジェクトブラウザ]の[ビュー(レベル順)]－[平面図]－[レベル2]をダブルクリックして、「レベル2」の平面図のビューを表示する。
3 [建築]タブ－[構築]パネル－[屋根]－[屋根(境界)]をクリックする。
4 [プロパティパレット]の[タイプセレクタ]で、屋根のタイプとして[標準屋根 スレート-150㎜]を選択する。
5 [修正｜屋根のフットプリントを作成]タブ－[描画]パネル－[壁を選択]をクリックする。
6 [オプションバー]で下記のように設定する。
[勾配を設定]:チェックを入れる
[オーバーハング]:600
[壁(躯体)からの延長]:チェックを入れる

7 壁にカーソルを合わせると、オーバーハングの位置が青色の破線で仮表示される。青色の破線が壁の外側に表示されるように、外側の壁をクリックする。

HINT オーバーハングの方向

オーバーハングの中央に表示される青色の矢印記号(フリップ)をクリックすると、オーバーハングの位置が壁の内側に変わる。

8 手順7と同様にして、外側の壁のすべてを1つずつクリックすると、ピンク色の線でオーバーハングの位置が表示される。
9 [修正｜屋根のフットプリントを作成]タブ－[モード]パネル－[編集モードを終了]をクリックする。

屋根を入力できました。

HINT 屋根の表示

図では屋根の上部分が開いているように見えるが、これはビューの範囲で表示が切り取られているだけなので問題はない。

10 [プロジェクトブラウザ]の[ビュー(レベル順)]－[3Dビュー]－[{3D}]をダブルクリックする。

勾配の付いた屋根が入力されていることがわかります。

108　109

❶ 節タイトル
❷ この節で解説する概要
❸ 項タイトル
❹ 使用する教材データのファイル名
❺ この項で解説する概要
❻ 操作手順
❼ 手順の該当個所
（1などの数字は手順番号に対応）
❽ 操作の補足説明
❾ HINT(補足説明、予備知識、注意点など)

本文中の表記について

画面に表示される コマンドやダイアログボックス

Revitの画面に表示されるコマンドやダイアログボックス(以下、ダイアログ)、ボタンなど、インターフェイスの名称は[ ]で括って表記します。また、リボン→パネル→コマンド(ツール)の順番や、メニューが階層になっている場合は、「－」でつないで表記します。

例1:[建築]タブ－[壁]パネル－[壁 意匠]を選択する。

例2:[名前]に「w800h2400」と入力し、[OK]ボタンをクリックする。

例3:[タイプ プロパティ]ダイアログが表示されるので、[複製]ボタンをクリックする。

キー操作

任意の数字や文字をキーボードから入力する場合は、「 」で括って表記します。また、キーボードのキーについては、黒の囲み文字で表記します。

例1:検索窓に「ドアタグ」と入力し、Enter キーを押す。

例2:壁の内側にカーソルを合わせて Tab キーを押す。

マウス操作

マウス操作について解説する際の用語と意味は下記のとおりです。

クリック	マウスの左ボタンをカチッと1回押してすぐに放す動作
ダブルクリック	マウスの左ボタンをカチカチッと続けて2回クリックする動作
右クリック	マウスの右ボタンをカチッと1回押してすぐに放す動作
ドラッグ	マウスの左ボタンを押し下げたままマウスを移動し、移動先で左ボタンを放す動作。ドラッグ＆ドロップも同義

Revitについて

Revitは、オートデスク社が提供している3次元CAD、BIMソフトウェアです。オートデスク社のオンラインストアまたはオートデスク社認定販売パートナーから購入できます。

Revit 2025／Revit LT 2025の動作環境

Revit 2025／Revit LT 2025をインストールして実行するには、主に次のような環境が必要です。詳細については、必ずオートデスク社のWebページにてご確認ください。

OS	64ビット版Microsoft Windows 10またはWindows 11
CPU	Intel i-Series、Xeon、AMD Ryzen、Ryzen Threadripper PRO。2.5 GHz 以上（入手可能な最高速度のCPUを推奨）
メモリ	16GB以上
ディスク空き容量	30GB以上
ディスプレイ	1,280×1,024（True Color対応）
グラフィックス	基本的なグラフィックス：24bit color対応ディスプレイアダプタ
	高度なグラフィックス：Shader Model 5搭載の DirectX 11対応グラフィックス カードおよび4GB以上のビデオメモリ

Revit 無償体験版について

オートデスク社のWebページから、インストール後30日間無料で試用できる無償体験版をダウンロード可能です。試用期間中は、製品版と同等の機能を利用できます。なお、無償体験版はオートデスク社のサポートの対象外です。

※ Revit 2025製品体験版の動作環境は、上記製品の動作環境に準じます。

※ 当社ならびに著作権者、データの提供者（開発元・販売元）は、無償体験版および追加コンテンツに関するご質問については一切受け付けておりません。あらかじめご了承ください。

Revit2025無償体験版のダウンロード

オートデスク社の「Revit」の製品ページ（https://www.autodesk.co.jp/products/revit/）にアクセスし、[無償体験版をダウンロード]をクリックして画面の指示に従って操作してダウンロード、インストールを行ってください。（2024年11月現在のダウンロード方法）。

教材データの
ダウンロードについて

本書を使用するにあたって、解説で使用する教材データをインターネットからダウンロードする必要があります。

教材データのダウンロード方法

● Webブラウザ(Microsoft Edge、Google Chrome、FireFoxなど)を起動し、ご使用のRevitのバージョンのURLのWebページにアクセスしてください。ご使用のRevitのバージョンによって教材データが異なるのでご注意ください。

◎ **Revit 2025/Revit LT 2025の教材データ**

https://www.xknowledge.co.jp/support/97847678337052025

◎ **Revit 2024/Revit LT 2024の教材データ**

https://www.xknowledge.co.jp/support/97847678337052024

● 図のような本書の「ダウンロード&サポート」ページが表示されたら、記載されている注意事項を必ずお読みになり、ご了承いただいたうえで、教材データをダウンロードしてください。

● 教材データはZIP形式で圧縮されています。ダウンロード後は解凍(展開)して、デスクトップなどわかりやすい場所に移動してご使用ください。

● 本書各記事内には、使用するデータのフォルダとファイル名を記載しています。練習用データの中から該当するファイルを探してご使用ください。

● 教材データは、Revit 2025/Revit LT 2025、Revit 2024/Revit LT 2024が動作する環境で使用できます。

● 教材データに含まれるファイルやプログラムなどを利用したことによるいかなる損害に対しても、データ提供者(開発元・販売元等)、著作権者、ならびに株式会社エクスナレッジでは、一切の責任を負いかねます。

● 動作条件を満たしていても、ご使用のコンピュータの環境によっては動作しない場合や、インストールできない場合があります。予めご了承ください。

教材データのフォルダ構成

ダウンロードした圧縮ファイル(ファイル名.zip)を解凍すると、「1st_day」(DAY 1の教材データ」「2nd_day」(DAY 2の教材データ)…といったように章ごとのフォルダが現れます。各フォルダの中には、Revitで開けるRVTファイルなどが収録されています。多くの場合、解説している操作を行う前(作図前、ファイル名の末尾「a」)、行った後(作図後、ファイル名の末尾「b」)のファイルが用意されています。

●フォルダ構成の例

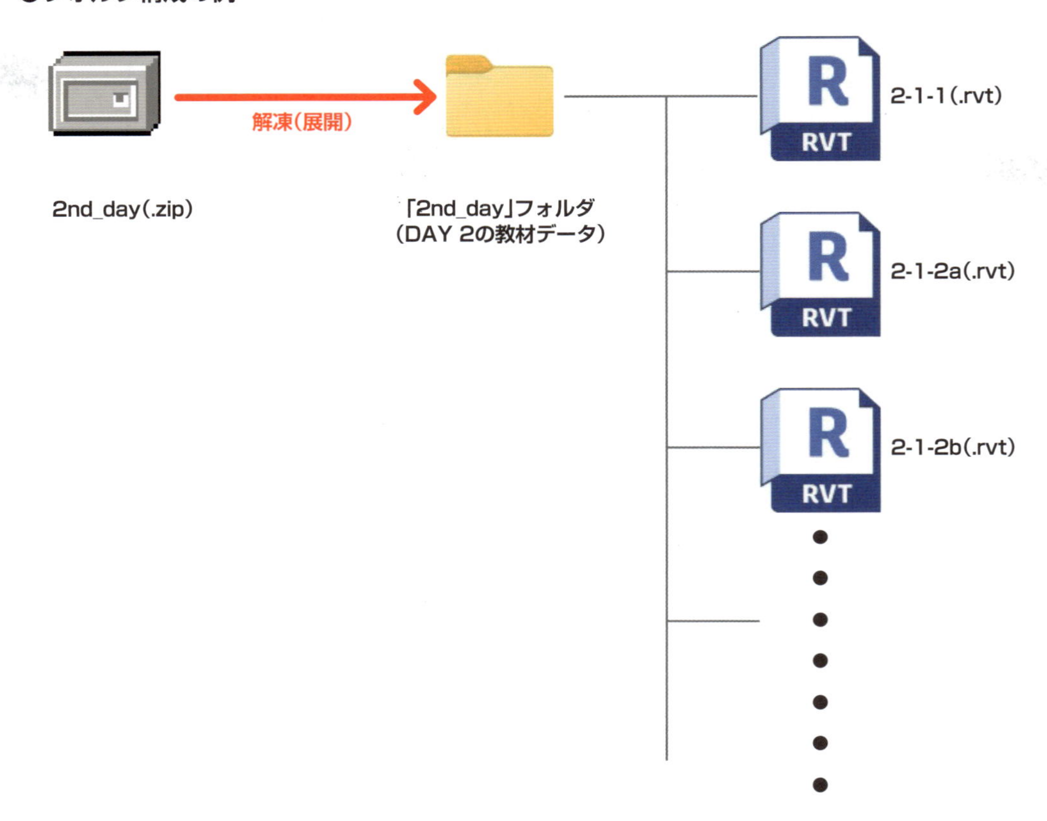

DAY 1

基本操作をおぼえる

基本操作をおぼえる

1日目は、起動／終了や画面操作、ツールの実行、要素の選択／削除などのRevitの基本的な操作や作業フローなどを解説します。

1-1 起動と終了

- Revitを起動する
- Revitを終了する

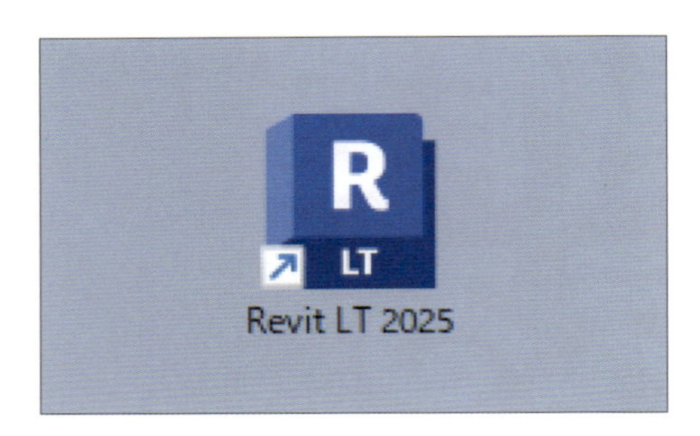

1-2 画面の各部名称

- 画面の構成と名称
- リボンについて
- ビューについて
- プロジェクトブラウザについて
- ビューコントロールバーについて

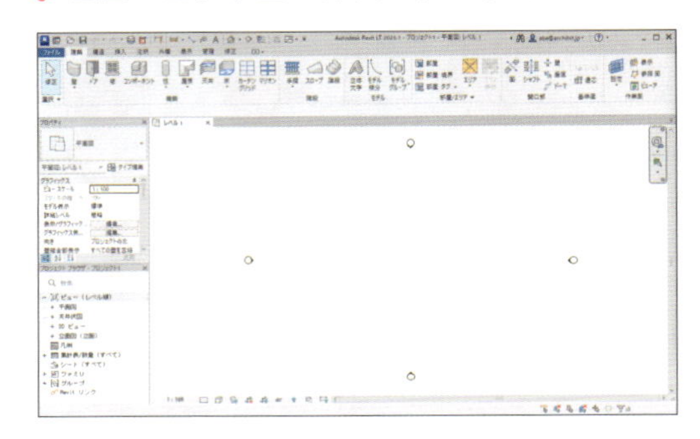

1-3 ファイル操作

- プロジェクトファイルを新規作成する
- 既存プロジェクトファイルを開く
- プロジェクトファイルの表示を切り替える
- 開いているプロジェクトファイルを閉じる
- プロジェクトファイルを保存する

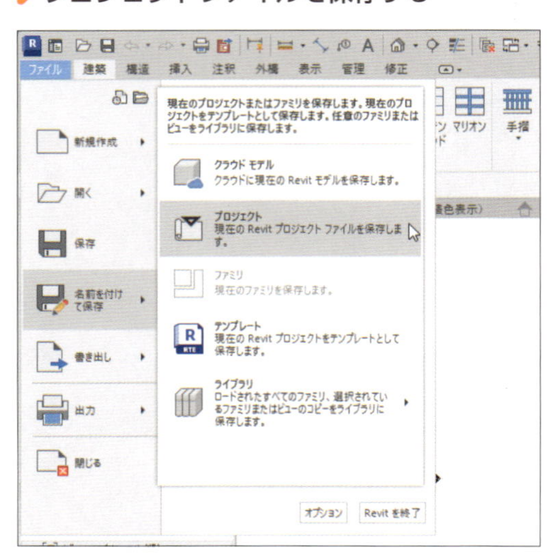

1-4 画面操作

- 画面を拡大／縮小する
- 画面を移動する
- 画面を回転する

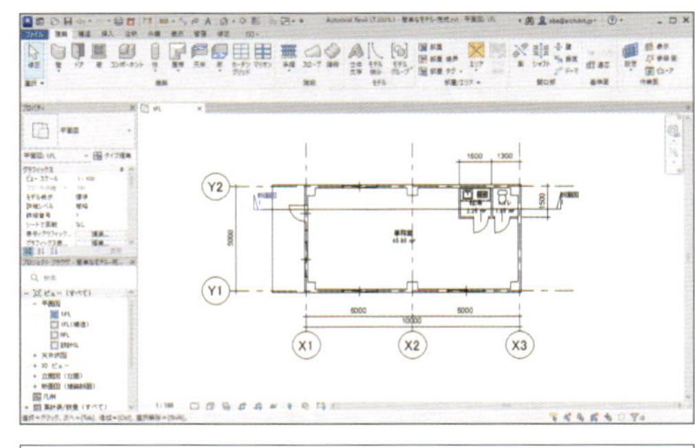

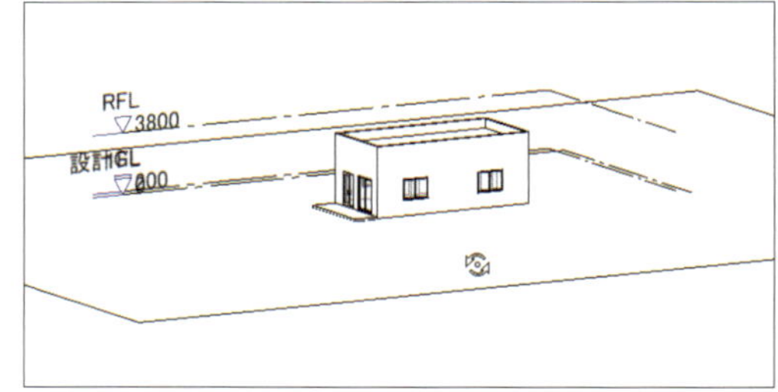

1-5 ツールの実行方法

- ツールの呼び出し
- ツールの終了･キャンセル
- 元に戻す／やり直し

1-6 要素の選択

- クリックして選択する
- 範囲を指定して選択する
- 選択オプションを利用する
- 要素のカテゴリを指定して選択する

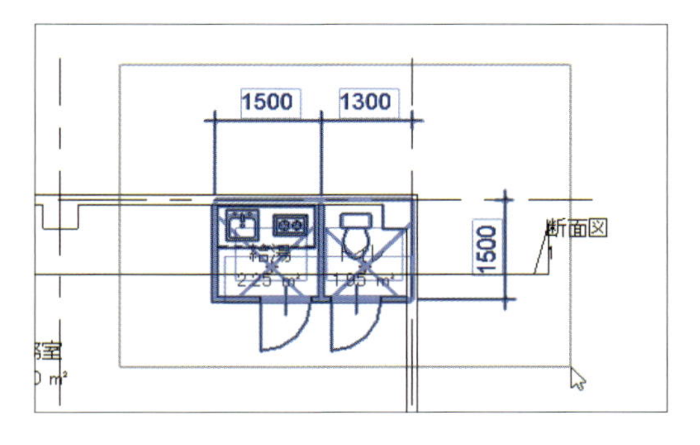

- 要素のカテゴリを指定して選択する

1-7 要素の削除

- 要素を選択して削除する

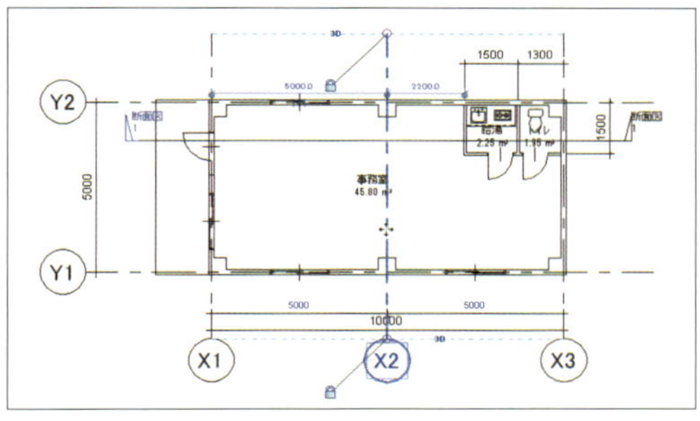

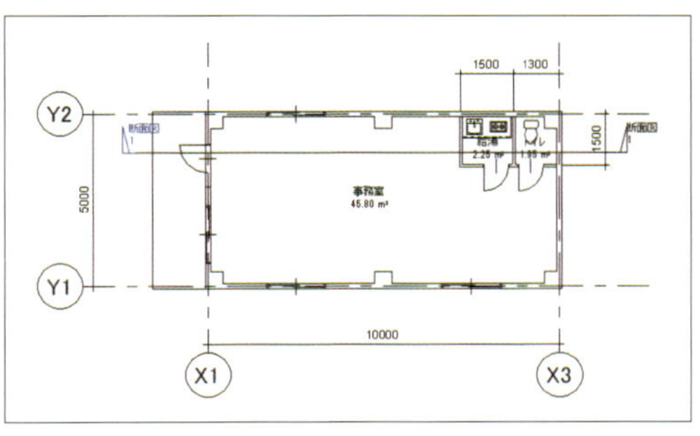

1-8 作業フローと予備知識

- Revitにおける作業フロー
- Revitのスナップ機能
- ドラッグコントロール機能
- 単位の設定

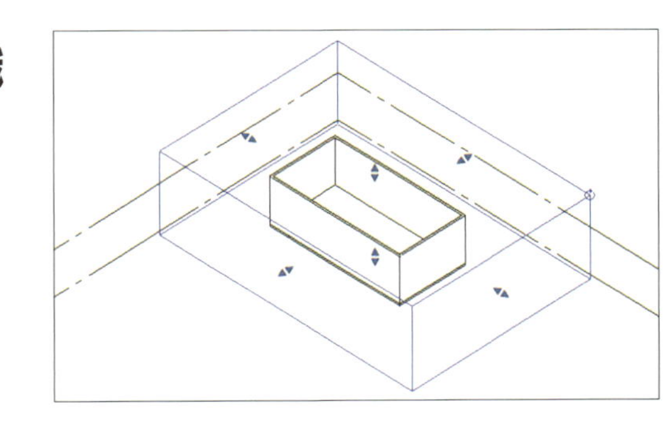

DAY 1-1 起動と終了

ここでは、Revit(本書ではRevit LTの画面を使っていますが、レギュラー版も同じです)の起動と終了方法を解説します。

1-1-1 Revitを起動する

Revitを起動するには、3通りの方法があります。

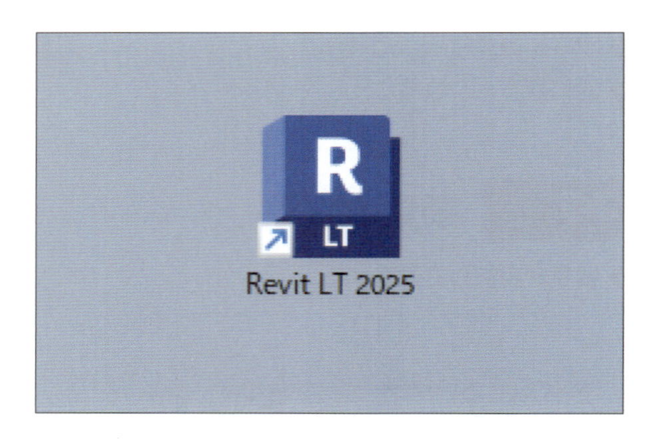

1 | ショートカットアイコンから起動する

インストールしてデスクトップに作成されるRevit LTのショートカットアイコンをダブルクリックすると、Revitが起動し、ホーム画面が表示される。

2 | スタートボタンから起動する（Windows 11の場合）

[スタート]ボタン－[すべてのアプリ]－[Autodesk]－[Revit LT 2025]をクリックすると、Revitが起動し、ホーム画面が表示される。

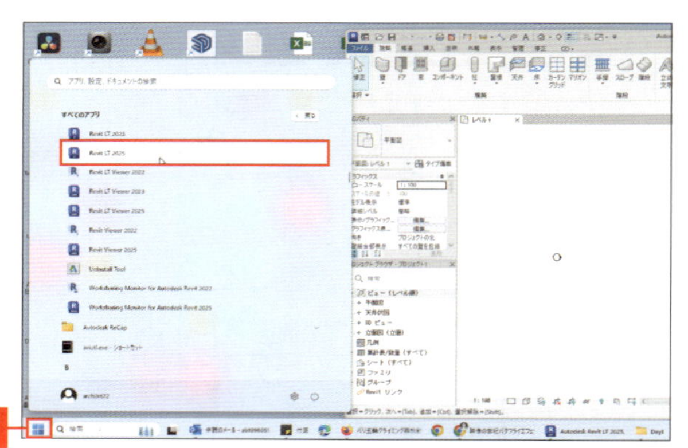

[スタート]ボタン

3 | ファイルから起動する

RVTファイルのサムネイルが表示されているアイコンをダブルクリックすると、Revitが起動し、ファイルが開いて、プロジェクト画面が表示される。ただし、RVTファイルに関連付けされているソフトウェアがRevit以外のソフトである場合はそのソフトが起動するので、あらかじめ次ページ上の**HINT**を参照してRevitに関連付けされているかを確認しておく。

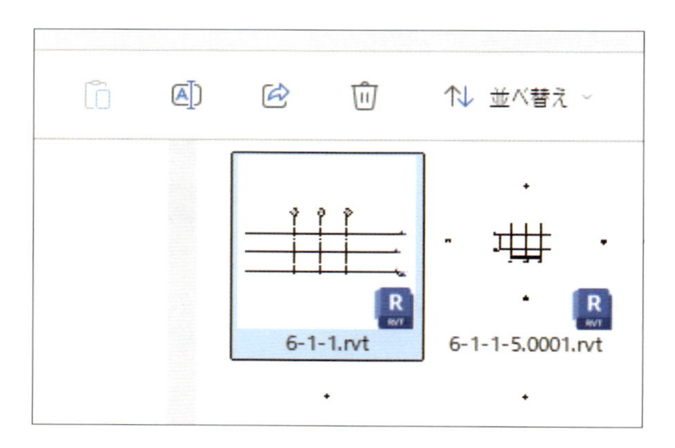

HINT

RVTファイルに関連付けされているソフトの確認

RVTファイルに関連付けされているソフトを確認するには、❶RVTファイルを右クリックして表示されるコンテキストメニューの[プロパティ]を選択　❷表示されるプロパティダイアログで、[全般]タブをクリック　❸[プログラム]項目に関連付けされているソフトが[Autodesk Revit]になっているかを確認する。ほかのソフトが関連付けされている場合は[変更]ボタンをクリックし、表示されるダイアログで[Autodesk Revit]を選択して変更しておく。

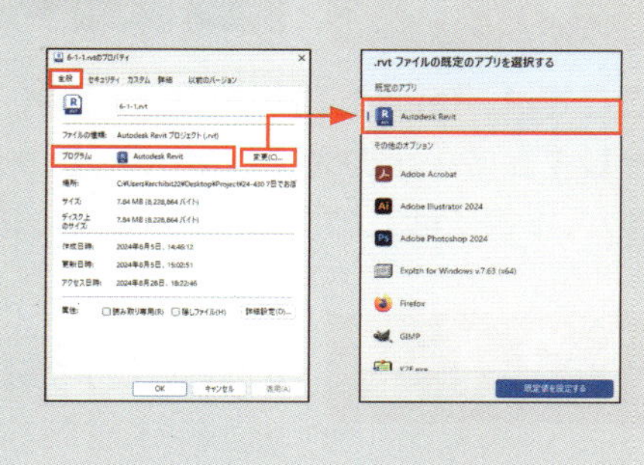

1-1-2 Revitを終了する

Revitを終了するには、2通りの方法があります。

1 | [ファイル]タブから終了する

1. [ファイル]タブをクリックする。
2. [Revitを終了]をクリックすると、Revitが終了する。

2 | [閉じる]ボタンから終了する

ウィンドウ右上にある✕([閉じる]ボタン)をクリックすると、Revitが終了する。

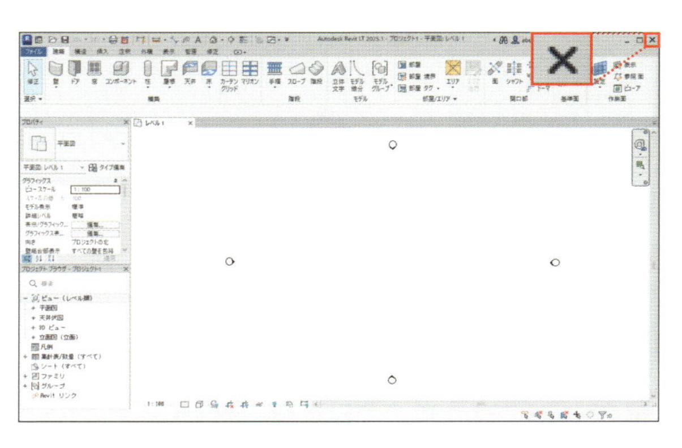

HINT

ファイルを保存せずに終了した場合

ファイルを保存せずにRevitを終了した場合は、図のようなメッセージが表示される。[はい]ボタンをクリックすると、ファイルを保存して終了する。[いいえ]ボタンをクリックすると、ファイルを保存しないで終了する。[キャンセル]ボタンをクリックすると、終了がキャンセルされる。

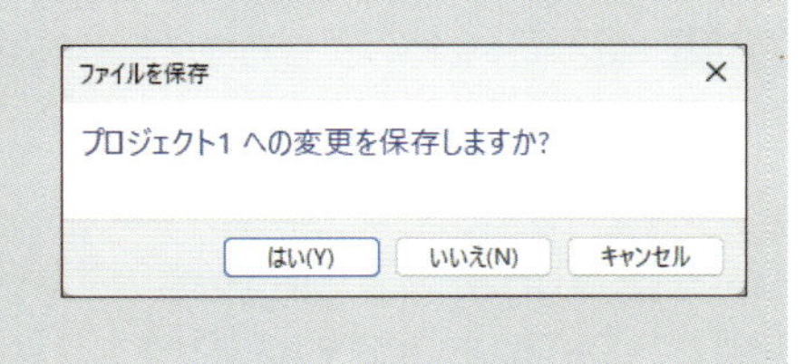

DAY 1-2

画面の各部名称

ここでは、Revit LT版の画面で説明していますが、Revitレギュラー版もほぼ同様です。LT版とレギュラー版の大きな違いは、レンダリング機能と解析向けクラウドの機能拡張の有無ですが、本書ではこの点に触れていないため、解説はいずれも共通となります。

1-2-1 画面の構成と名称

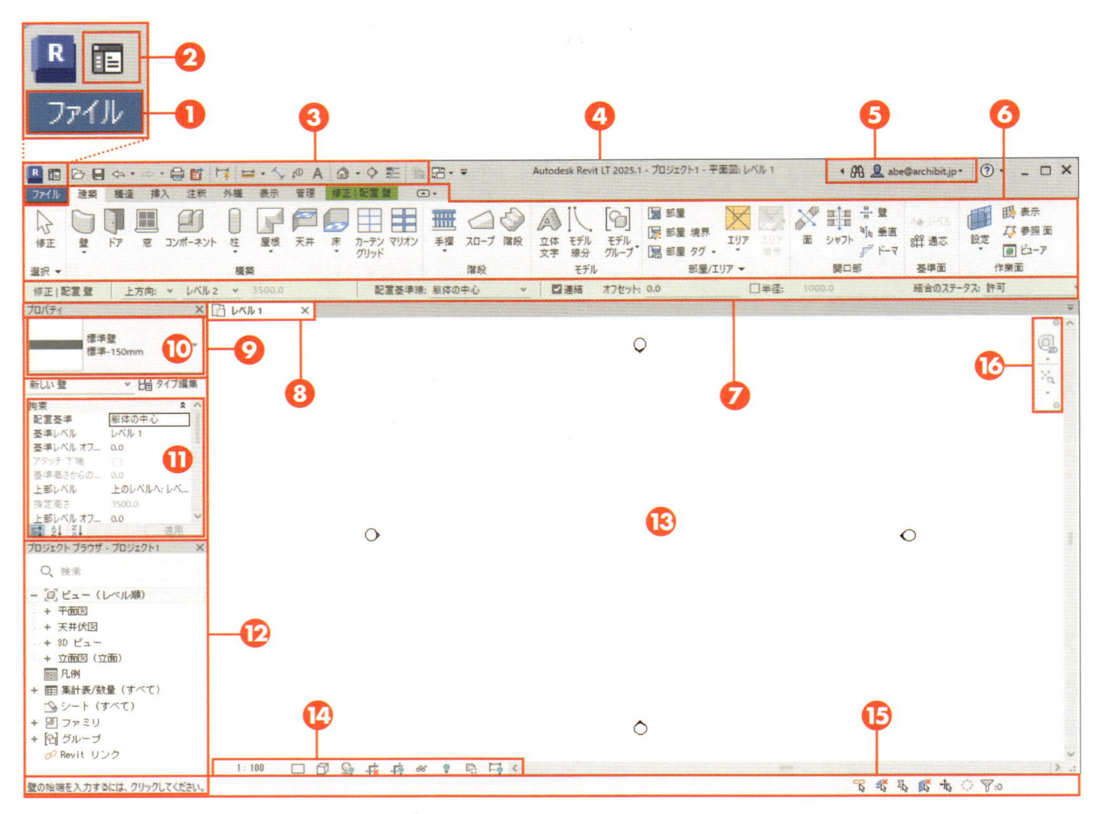

❶ [ファイル]タブ

[開く][オプション][Revitを終了]などのファイル操作に関するツールを実行できる。

❷ [ホーム]ボタン

Revitを起動した直後の画面が表示され、[最近使用したファイル][新機能の紹介][オンラインヘルプ]などモデルに関する情報を管理できる。

Ctrl + D キーを押しても同様に起動直後の画面が表示される。

❸ クイックアクセスツールバー

[開く][保存][印刷]などの使用頻度の高いツールが用意されている。右端の[▼]ボタンをクリックし、ドロップダウンリストから選択することでツールを追加表示できる。

❹ タイトルバー

現在開いているプロジェクトの名前が表示される。

❺ 情報センター

ヘルプの検索や、バージョンなどRevitに関する情報にアクセスできる。

❻ リボン

目的の操作に素早くアクセスできるように関連するツールがタブごとにまとめられている。Revit LTでは[建築][構造][挿入][注釈][外構][表示][管理][修正]などのタブが用意されている。

❼ オプションバー

実行中のツールや選択した要素に応じたオプションが表示され、設定できる。

❽ ビュータブ

プロジェクトブラウザで開いたビュー(P.20 **1-2-3** 参照)のタブが表示される。タブをクリックすると、表示を切り替えることができる。

❾ プロパティパレット

要素のプロパティを設定するパラメータを表示および修正するパレット。「❿タイプセレクタ」や「⓫インスタンスプロパティ」などが含まれる。

❿ タイプセレクタ

ツールで配置しようとしているファミリ、もしくは選択中のファミリのタイプが表示され、ドロップダウンリストから選択して変更できる。本編では「[プロパティパレット]の[タイプセレクタ]」と表記する。

⓫ インスタンスプロパティ

[タイプセレクタ]に表示されている要素のプロパティを変更できる。本編ではわかりやすく[プロパティパレット]と表記する。

⓬ プロジェクトブラウザ

ビュー、集計表、シート、ファミリ、グループ、Revitリンクなどが階層表示されている。

⓭ 作図領域

[プロジェクトブラウザ]で選択したビューやシートの作図を行う領域。

⓮ ビューコントロールバー

[スケール][詳細レベル][非表示要素の一時表示]など、表示しているビューの作業領域の表示をコントロールする機能が用意されている。3Dのときは[ViewCube]が表示される。

⓯ ステータスバー

左側には実行中のツールのヒントが表示され、右側には[リンクを選択][アンダーレイ要素を選択][面で要素を選択]などの選択オプションが用意されている。

⓰ ナビゲーションバー

[ViewCube][SteeringWheels]などビューの拡大縮小や表示角度の変更などが行えるツールが用意されている。

1-2-2 リボンについて

リボン(P.18の❻)にあるツールの実行方法を解説します。

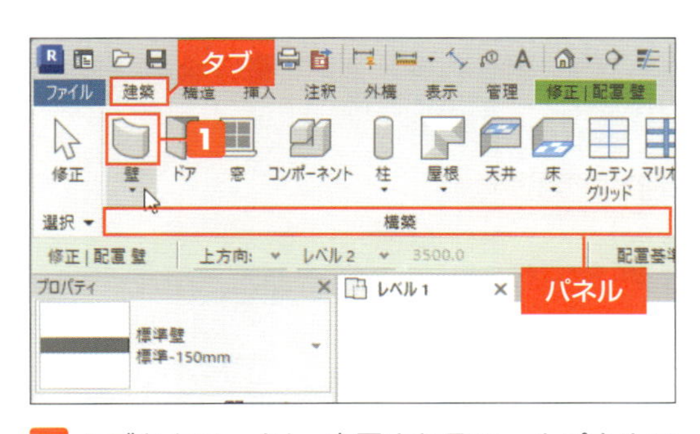

1 タブをクリックし、表示されるツールパネルのなかから実行するツールボタンをクリックする。たとえば、[壁]ツールを実行する場合は、[建築]タブー[構築]パネルー[壁]をクリックする。

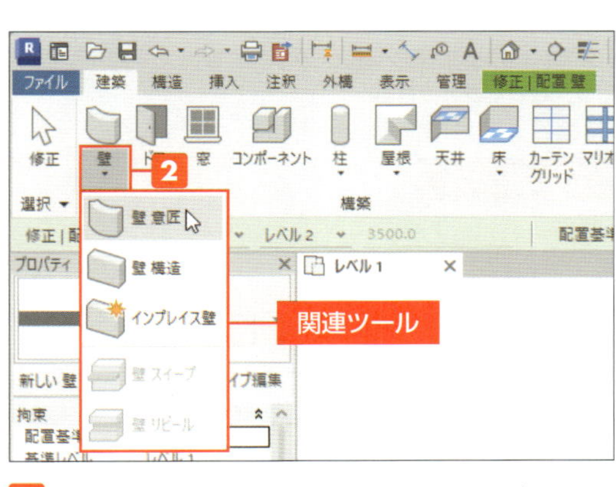

2 ツール下の[▼]をクリックすると、関連ツールが表示される。ドロップダウンリストからツールを選択すると実行できる。

1-2-3 ビューについて

Revitには、平面図、断面図、立面図、天井伏図、3Dなどのビューがあります。これらのビューでは、建物モデルを異なる方向から表示し、3Dビュー以外は2次元図面で表現されます（他のビューについては、P.214 COLUMN参照）。いずれかのビューでモデルを編集すると、プロジェクトファイル全体に編集結果が反映されてほかのビューにも変更が加えられます。

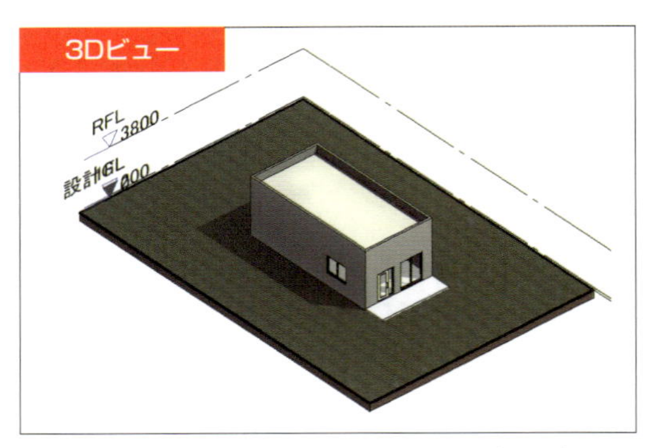

建物モデルを３次元で表示するビュー。モデルの表現は、［ビューコントロールバー］（P.18の⑭）－［表示スタイル］で［ワイヤーフレーム］［隠線処理］［リアリスティック］などから選択できる。カメラを設定して新しい3Dビューを作成し、モデルの見え方を編集することも可能。

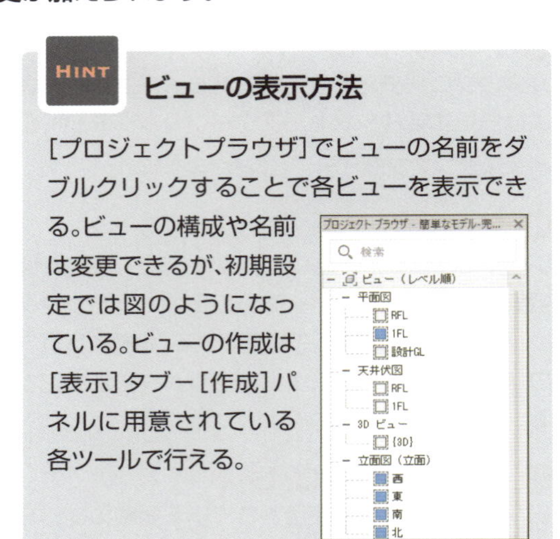

HINT ビューの表示方法

［プロジェクトブラウザ］でビューの名前をダブルクリックすることで各ビューを表示できる。ビューの構成や名前は変更できるが、初期設定では図のようになっている。ビューの作成は［表示］タブ－［作成］パネルに用意されている各ツールで行える。

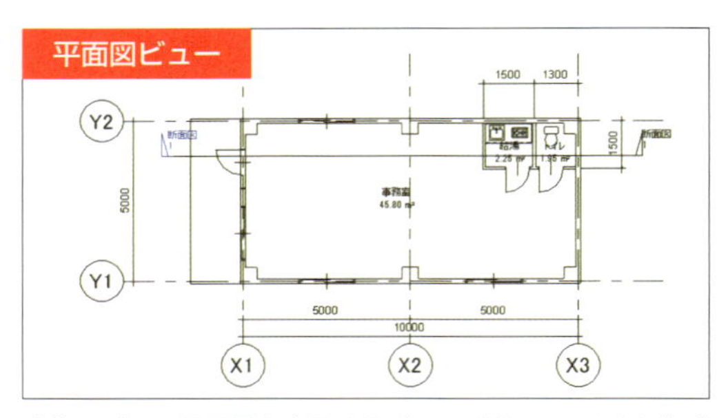

建物モデルの平面図を表示するビュー。新しいレベルを作成すると、自動的に平面図ビューが作成される。初期設定では、「レベル１」から1,200mm上の位置で切断した平面が平面図ビューとして表示される。

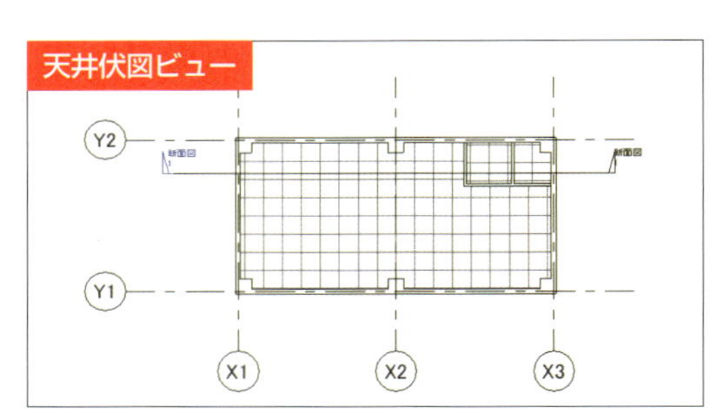

建物モデルの天井伏図を表示するビュー。新しいレベルを作成すると、自動的に天井伏図ビューが作成される。初期設定では、「レベル１」から2,300mm上の位置で見上げた平面が天井伏図ビューとして表示される。

建物モデルを一方向から見た立面図を表示するビュー。初期設定では、「東」「西」「南」「北」の立面図ビューが用意されている。

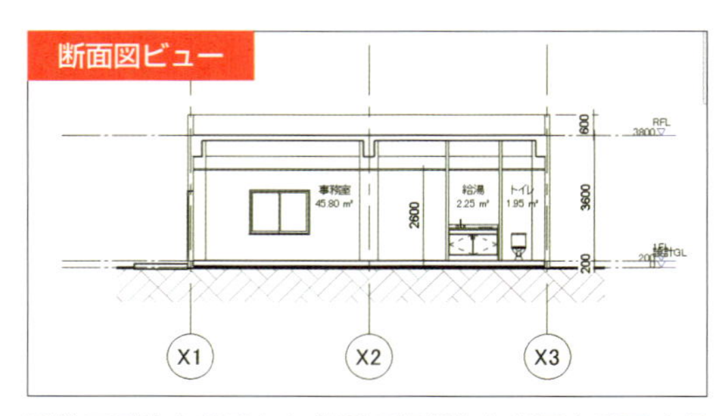

建物モデルを指定した位置で切断した断面を表示するビュー。断面図ビューの作成については、P.93～94 **2-5-1** 手順9～14を参照。

1-2-4 プロジェクトブラウザについて

ビュー、集計表、シート、ファミリなどが階層表示されている[プロジェクトブラウザ](P.18の⑫)の使い方と構成の変更方法を解説します。

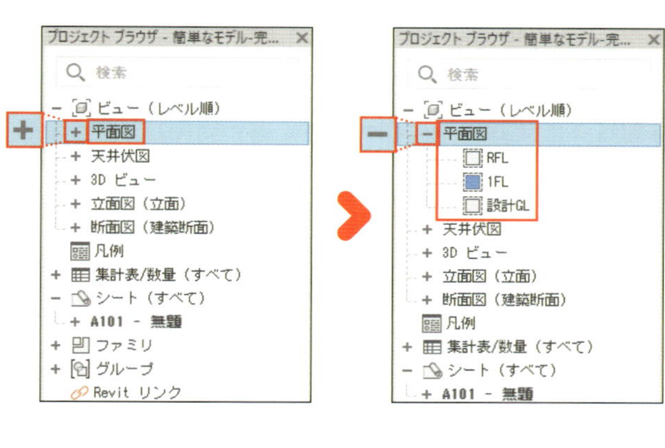

1 | 階層を展開する

リストに表示されている[+]マークをクリックすると階層が展開され、[−]マークをクリックすると折り畳まれる。

2 | ブラウザの構成を変更する

作図作業が進むとビューの数が増え、表示したいものを探すのに苦労する。ビューやシート、集計表のブラウザ構成を見やすいように変更すれば、作図効率が上がる。ここでは、ビューの構成を変更する。

1. [ビュー(レベル順)]を右クリックする。
2. 表示されるメニューから[ブラウザ構成]を選択する。
3. 表示される[ブラウザ構成]ダイアログの[ビュー]タブに表示されているリストからビューの構成を選択する。ここでは、[専門分野]にチェックを入れて[OK]ボタンをクリックする。

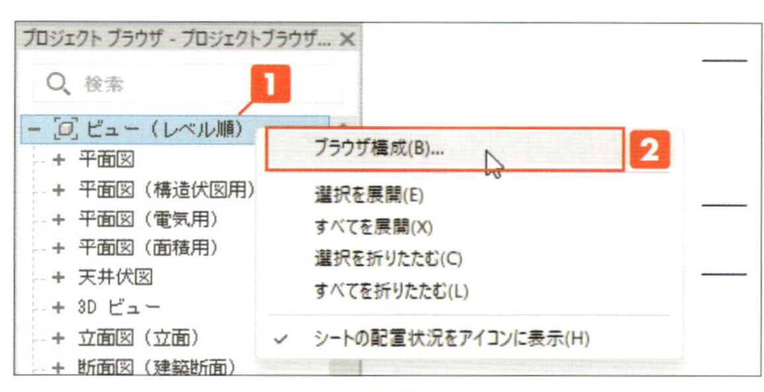

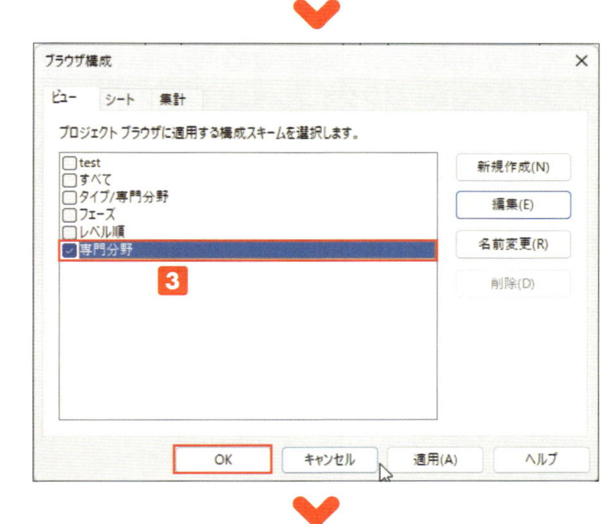

HINT カスタマイズのコツ

[ブラウザ構成]ダイアログで作業用のビューを非表示設定にしたり、シート順に並べ替えしたりすることで、より簡単にビューを探せるようになる。

ビューの構成が[ビュー(専門分野)]に変更されます。[専門分野]では専門分野別にビューが表示され、作業者が使用するビューを選びやすくなります。

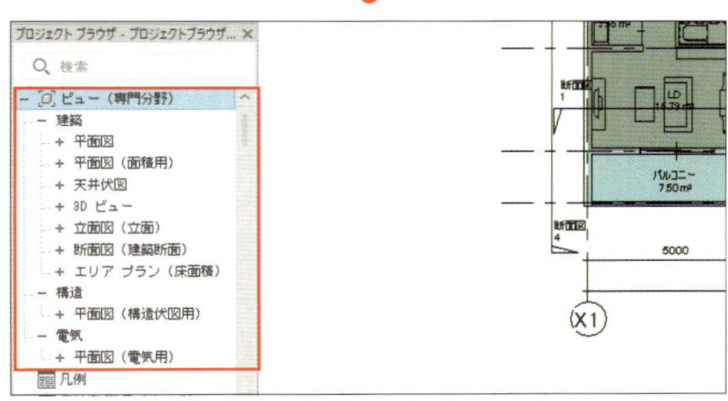

1-2-5 ビューコントロールバーについて

ビューの作業領域の表示を設定する[ビューコントロールバー](P.18の⑭)の内容について解説します。[ビューコントロールバー]の内容は表示中のビューによって異なりますが、ここでは[平面図]ビューを表示したときのメニューを紹介します。

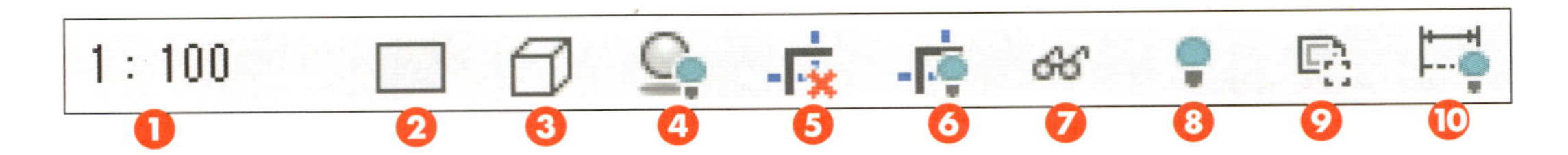

❶ **ビュースケール**:ビューのスケール(縮尺)を設定する。スケールの値によって注釈の文字の大きさや破線の間隔、線の太さが変更される。

❷ **詳細レベル**:[簡略][標準][詳細]から選択でき、それぞれのレベルによってファミリの表現が変わる(P.69 COLUMN 参照)。

❸ **表示スタイル**:モデルのグラフィックスタイルを[ワイヤフレーム][隠線処理][シェーディング][ベタ塗り][リアリスティック]の5種類から選択できる。[グラフィック表示オプション]では、表示スタイルの詳細な設定が行える。[オンラインレンダリングオプション]では、クラウドレンダリング時の照明や背景、露出を設定できる(Revit LTのみの機能)。

❹ **影オン/オフ**:影の表示/非表示を設定できる。

❺ **ビューをトリミング/ビューをトリミングしない**:[ビューをトリミング]にすると、指定したトリミング領域内のみを表示する。[ビューをトリミングしない]にすると、トリミング領域外も表示する。

❻ **トリミング領域を表示/非表示**:トリミング範囲の表示/非表示を設定できる。

❼ **一時的に非表示/選択表示**:指定した要素を一時的に非表示にしたいときに使用する。要素を選択し、[一時的に非表示/選択表示]をクリックして表示されるメニューから[要素を非表示]を選択すると、選択状態の要素が非表示になる。[一時的な非表示/選択表示をリセット]を選択すると、再表示される。

❽ **非表示要素の一時表示/非表示要素の一時表示を終了**:クリックすると、非表示にしている要素が表示され、選択できるようになる。

❾ **一時的なビュープロパティ**:[ビュースケール]や[詳細レベル]など、ビューのプロパティ設定を試したいときに使用する。ビューのプロパティの項目を複数変更しても、[ビュープロパティの復元]を選択すると、簡単に元の表示に戻すことができる。

❿ **拘束の一時表示/拘束の一時表示を終了**:クリックすると、注釈や位置合わせでロックした要素の拘束が色付きで表示される。

HINT ビューコントロールが変更できない場合

「ビューテンプレート」は、ビュープロパティの複数項目の設定を保存、割り当てできる機能で、簡単に複数のビューのプロパティを統一できる。ただし、ビューにビューテンプレートが割り当てられていると、設定されている項目は変更できない。[プロパティパレット]の[識別情報]−[ビューテンプレート]の値(図では「平面図」になっている)で「なし」を選択すると変更可能となる。

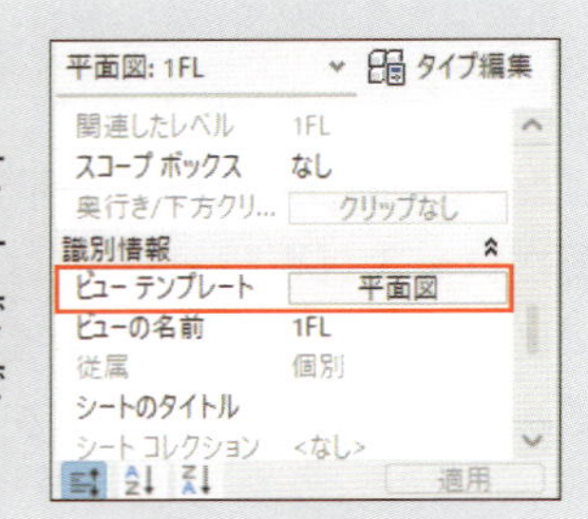

DAY 1-3 ファイル操作

ここでは、「プロジェクトファイルを新規作成する」「開く」「閉じる」「別のプロジェクトファイルに表示を切り替える」「保存する」といったファイル操作について解説します。

1-3-1 プロジェクトファイルを新規作成する

プロジェクトファイルを新規作成する方法を解説します。新規作成の際には、作成するモデルに適したテンプレートを選択しましょう。ここでは、建築モデルの作成に適した[建築テンプレート]を使用します。

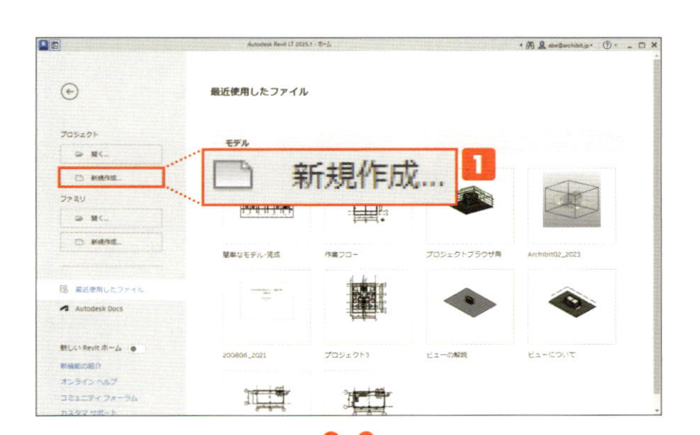

1 Revitを起動すると表示される[ホーム]画面の[プロジェクト]－[新規作成]ボタンをクリックする。

HINT リボンが表示されている場合

手順 1 で[ホーム]画面ではなく、リボンが表示されているときは[ファイル]タブ－[新規作成]－[プロジェクト]を選択するか、Ctrl + N キーを押すと手順 2 の状態になる。

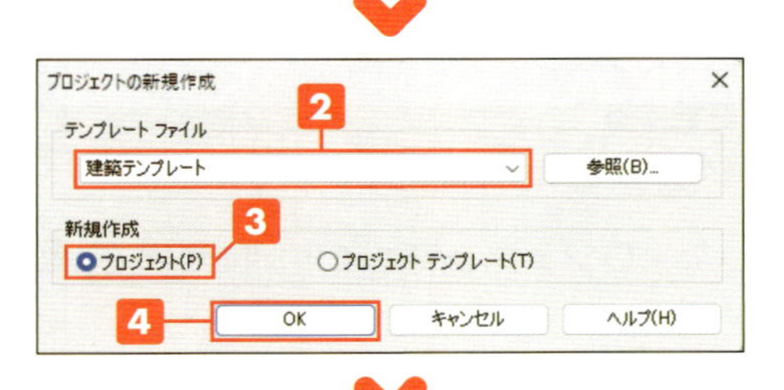

2 [プロジェクトの新規作成]ダイアログが表示されるので、[テンプレート ファイル]で[建築テンプレート]を選択する([建設テンプレート]と間違いやすいので注意)。

3 [新規作成]の項目で[プロジェクト]を選択する。

4 [OK]ボタンをクリックする。

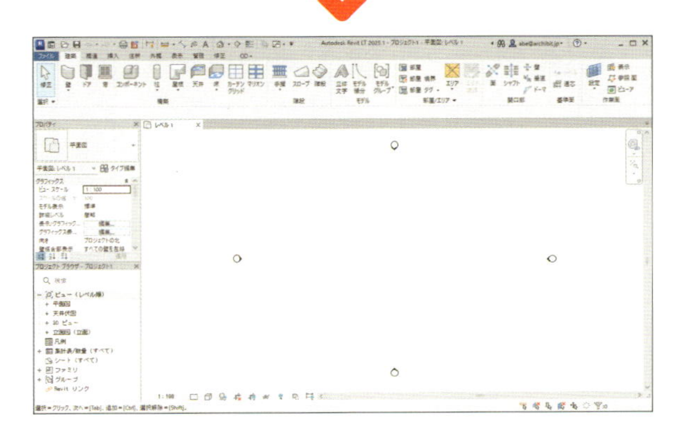

テンプレートを基にプロジェクトファイルが新規作成されました。

HINT テンプレートとは

テンプレートはファミリや線種、線の太さ、尺度表現などがあらかじめ登録されているファイルで、Revitには用途別のテンプレートファイルが用意されている。用途に合ったテンプレートを選択しないと作図しづらいので、テンプレートを選ぶ際は注意が必要だ。また、手順 3 で[プロジェクトテンプレート]を選択すると、オリジナルのテンプレートを作成できる。

1-3-2 既存プロジェクトファイルを開く

編集済みのプロジェクトファイル(RVTファイル)を開く方法を解説します。

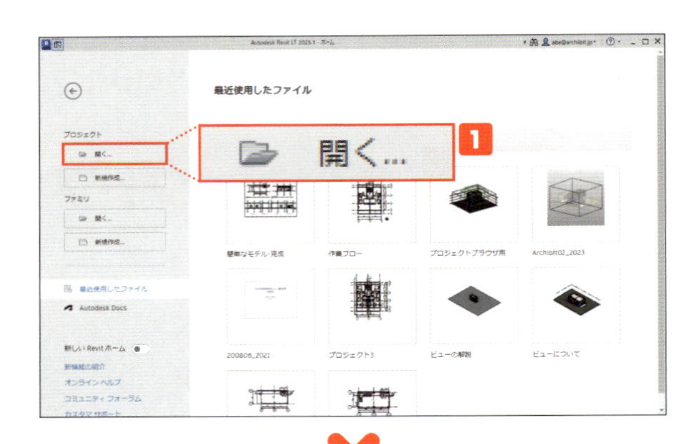

1 Revitを起動すると表示される[ホーム]画面の[プロジェクト]－[開く]ボタンをクリックする。

> **HINT リボンが表示されている場合**
>
> 手順**1**で[ホーム]画面ではなく、リボンが表示されているときは[ファイル]タブ－[開く]－[プロジェクト]を選択するか、Ctrl＋Oキーを押すと手順**2**の状態になる。

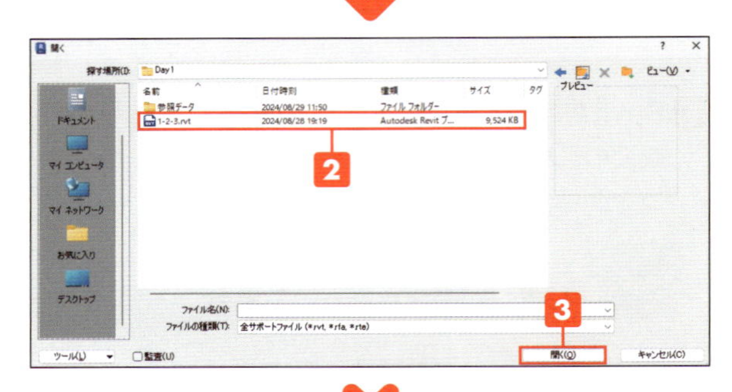

2 [開く]ダイアログが表示されるので、目的のプロジェクトファイルをクリックして選択する。

3 [開く]ボタンをクリックする。

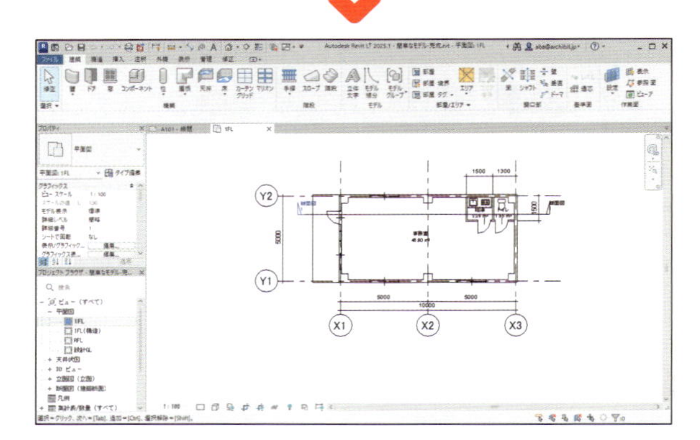

選択したプロジェクトファイルが開きました。

1-3-3 プロジェクトファイルの表示を切り替える

複数のプロジェクトファイルを開いているときにビュータブをクリックすると、表示するファイルとビューを切り替えることができます。しかし、ビュータブにはビューの名前のみが表示され、プロジェクト名の判別ができません。ここでは、プロジェクト名を見ながら確実に表示を切り変える方法を解説します。

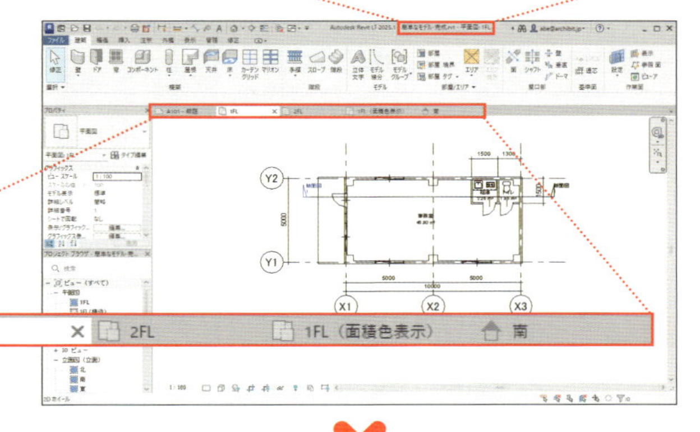

1 ［クイックアクセスツールバー］（P.18の❸）の［ウィンドウを切り替え］ボタンをクリックする。

2 表示するプロジェクトファイルのビュー（ここでは、「プロジェクト3.rvt－立面図：南」）を選択する。

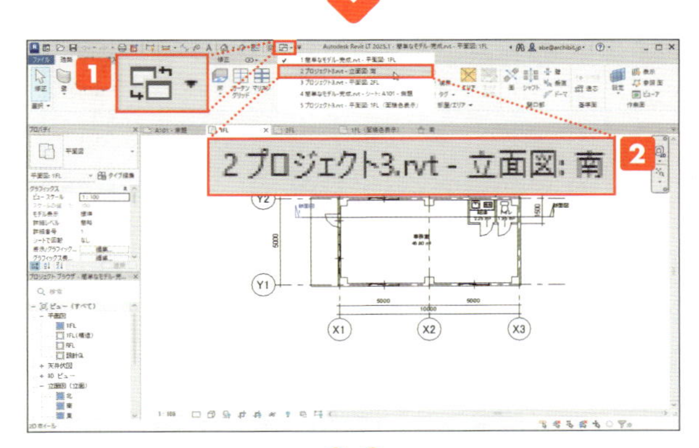

選択したプロジェクトファイルのビューに表示が切り替わります。

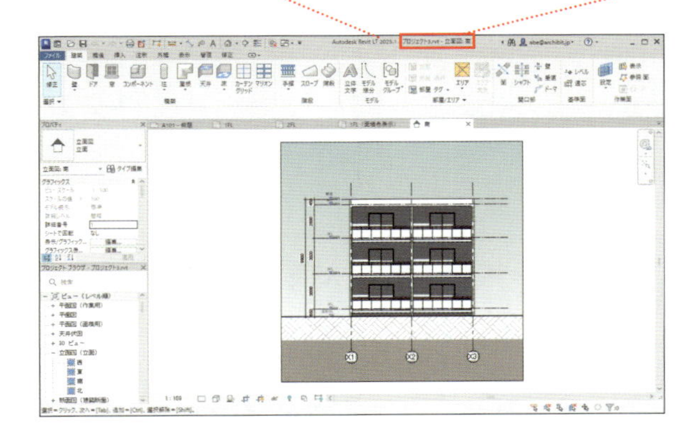

1-3-4 開いているプロジェクトファイルを閉じる

複数のプロジェクトファイルを開いているときにビュータブ部分の[×]をクリックすると、そのタブが閉じます。ここでは、特定のファイルのすべてのビューを一括で閉じる方法を解説します。

1 閉じるプロジェクトファイルのビュー（ここでは、「簡単なモデル.rvt」の「1FL」）を選択する。

2 [ファイル]タブ－[閉じる]をクリックする。または、Ctrl＋Wキーを押す。

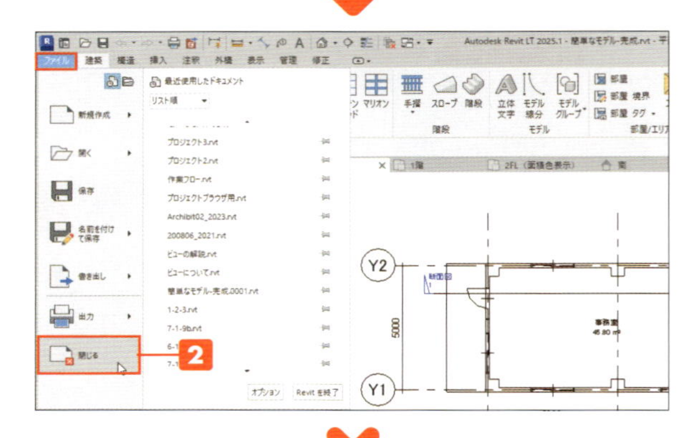

手順**1**で選択したプロジェクトファイル（ここでは、「簡単なモデル.rvt」）のすべてビューが閉じ、残りのプロジェクトファイル（ここでは、「プロジェクト3.rvt」）のビューは開いたままの状態になります。

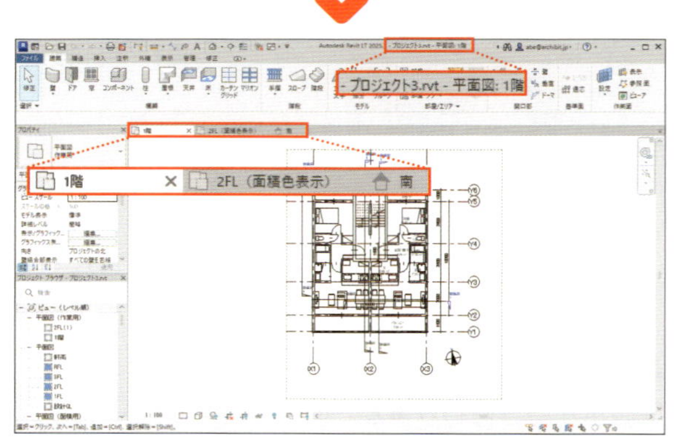

HINT

ファイルを保存せずに閉じた場合

作業しているファイルを保存せずに閉じた場合は、図のようなメッセージが表示される。[はい]ボタンをクリックすると、ファイルを保存して閉じる。[いいえ]ボタンをクリックすると、ファイルを保存しないで閉じる。[キャンセル]ボタンをクリックすると作図画面に戻る。

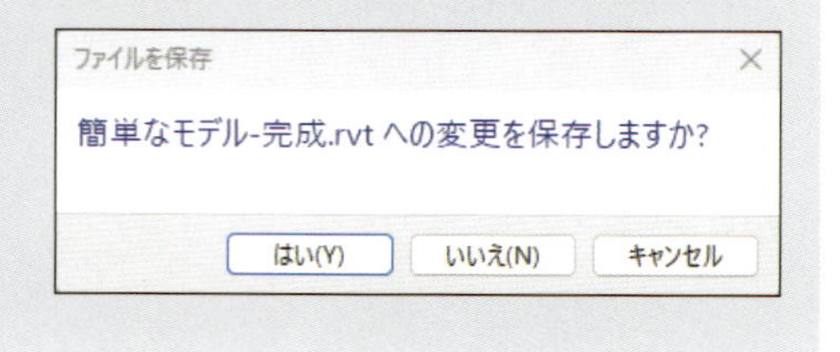

1-3-5 プロジェクトファイルを保存する

プロジェクトファイルを保存するには、[保存]と[名前を付けて保存]の2通りの方法があります。

1 | 保存する(上書き保存)

[クイックアクセスツールバー](P.18の❸)の[保存]ボタンをクリックする。または、[ファイル]タブー[保存]をクリックするか、Ctrl+Sキーを押す。

現在のファイル名のまま、上書き保存されます。

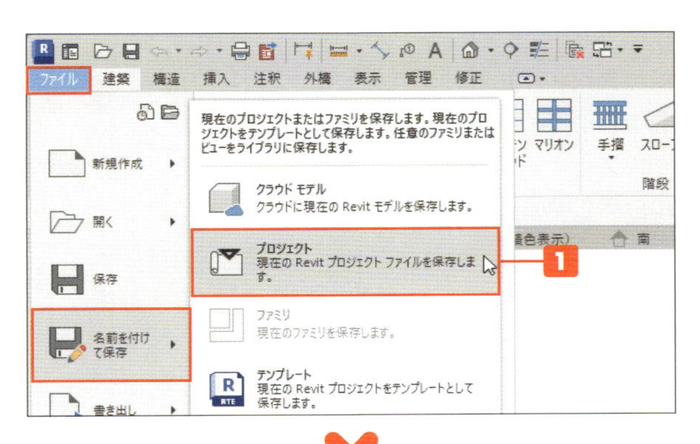

2 | 名前を付けて保存する

1 [ファイル]タブー[名前を付けて保存]ー[プロジェクト]をクリックする。

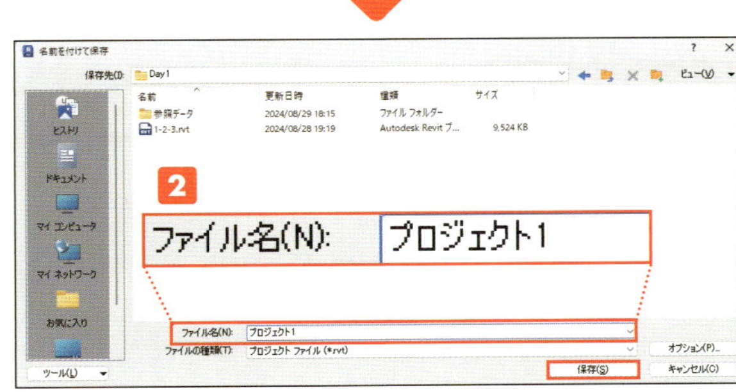
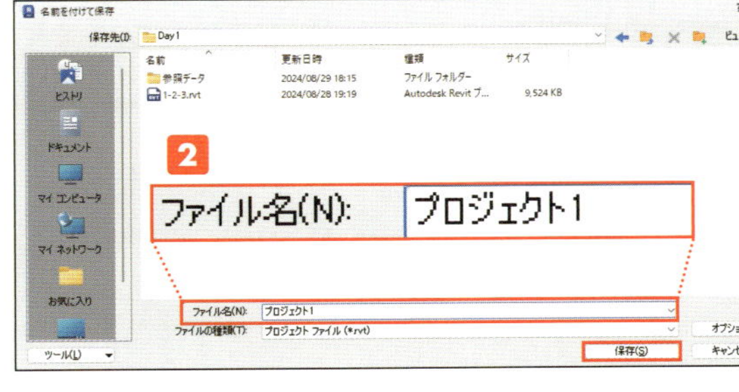

2 [名前を付けて保存]ダイアログが表示されるので、保存先を指定し、[ファイル名]に任意の名前を入力して、[OK]ボタンをクリックする。

入力したファイル名で、新しいファイルとして指定した場所に保存されます。

HINT バックアップファイルの保存

変更を保存すると、自動的にバックアップファイルが保存される。バックアップファイルの数は、「2 | 名前を付けて保存する」の手順2で[オプション]ボタンをクリックすると設定できる。

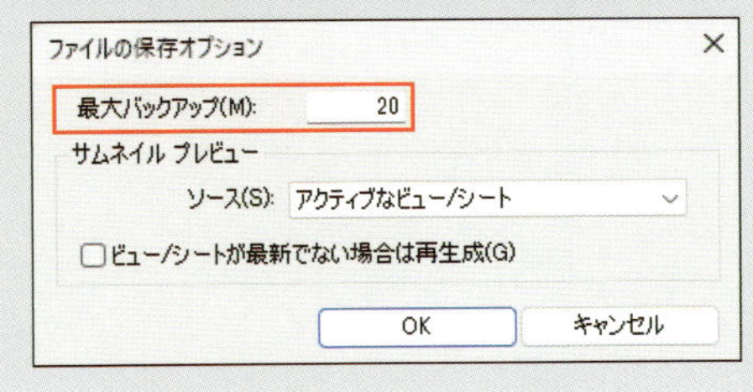

HINT 保存確認の通知

一定時間保存が行われないときには、保存を促す通知が表示される。通知間隔の設定は[ファイル]タブー[オプション]をクリックして表示される[オプション]ダイアログの[一般]ー[通知]で設定できる。

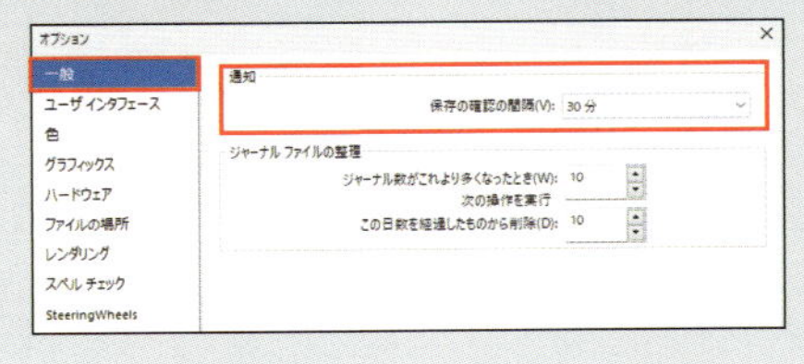

DAY 1-4 画面操作

拡大／縮小や移動などの画面操作は、ナビゲーションバー（P.18の⑯）を使ってもできますが、作図中はホイールボタン付きのマウスを使うとほかのツールの実行中でも、ツールを中断せずに済むため、効率よく作図できます。そのためここでは、マウスによる画面操作を中心に解説します。

1-4-1 画面を拡大／縮小する

マウスホイールを前に回転すると、カーソルを中心に画面が拡大される。
マウスホイールを後ろに回転すると、カーソル位置を中心に画面が縮小される。

元の表示

カーソル

ナビゲーションバー

前に回転

後ろに回転

拡大

縮小

1-4-2 画面を移動する

マウスホイールを押しながら（押し下げた状態で）マウスを移動（ドラッグ）すると、画面が移動する。

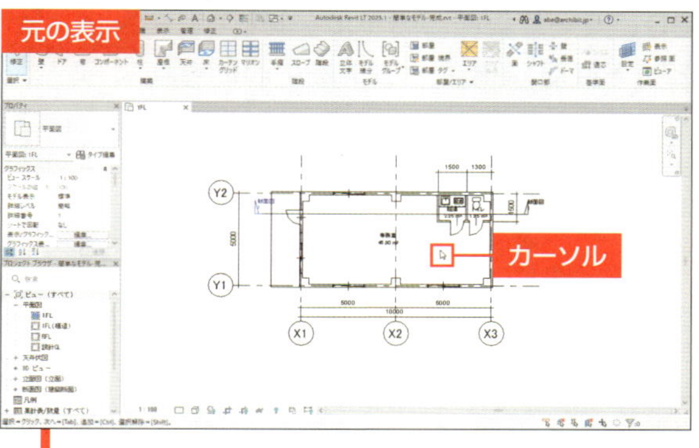

マウスホイールを押しながら左方向に移動（ドラッグ）

マウスホイールを押しながら右方向に移動（ドラッグ）

左に移動

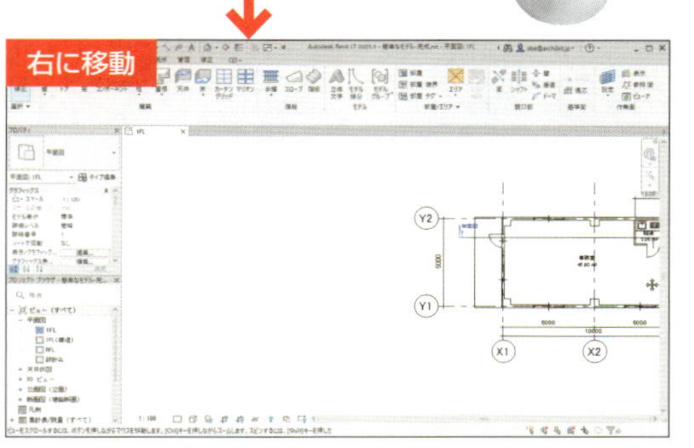

1-4-3 全体を表示する

マウスホイールをダブルクリックすると、要素全体が表示されるように拡大／縮小される。マウスホイールをダブルクリックしにくいときは、キーボードから「zf」（半角）と入力すると、全体表示になる。

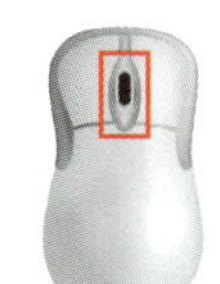

マウスホイールをダブルクリック

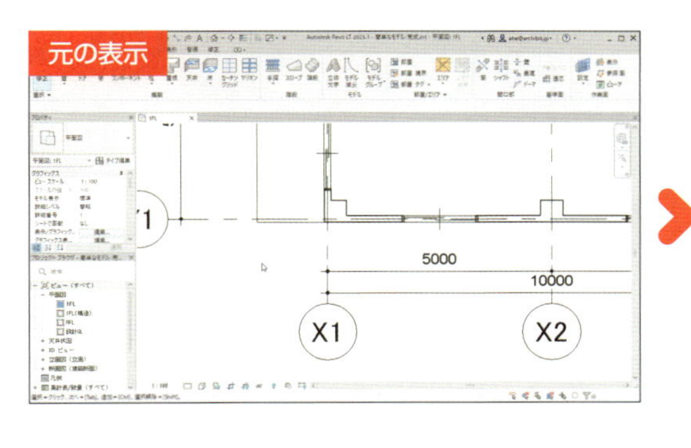

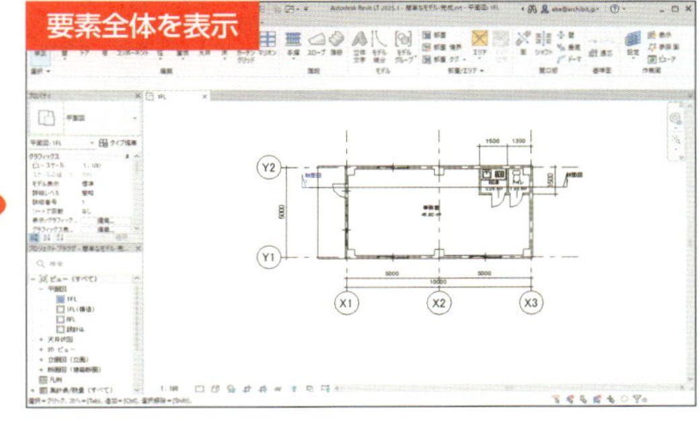

1-4-4 画面を回転する

3Dビューで自由にモデルを回転（オービット機能：あるポイントを中心に視点を回転させる機能）したいときは、Shiftキーとマウスホイールを押しながらマウスを移動（ドラッグ）する。

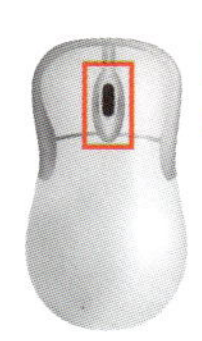

Shift キー＋マウスホイールを押しながら移動

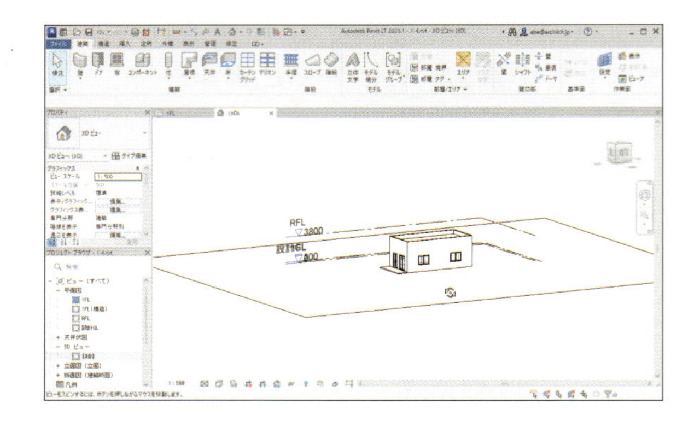

HINT [ViewCube]の使い方

[ViewCube]をクリックしたり、ドラッグしたりすることで、表示面の変更や、3Dモデルの回転などが行える。また、[ViewCube]のホームをクリックすると、3Dビューを表示したときの画面に戻ることができる。

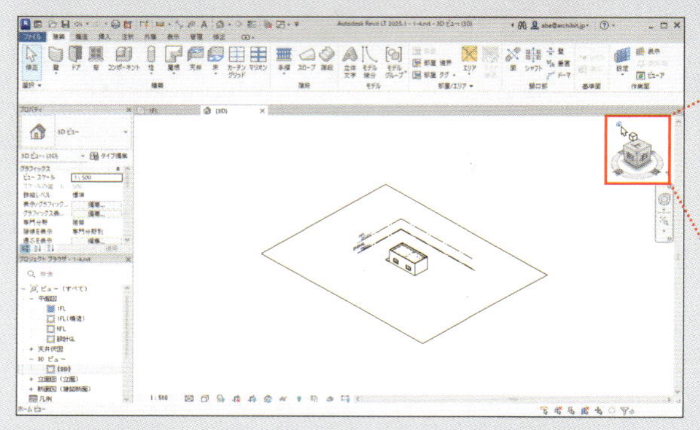

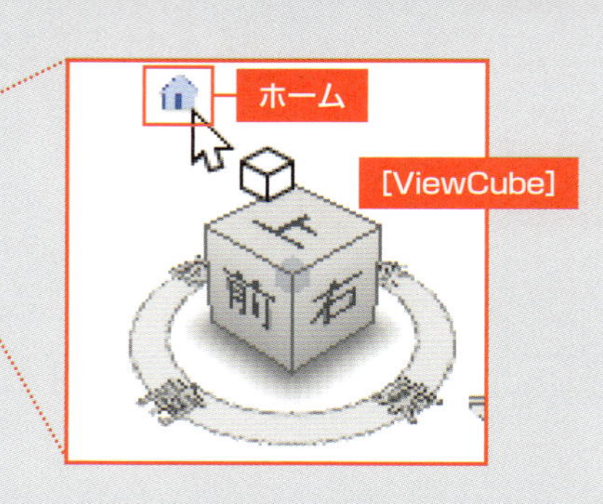

表示例

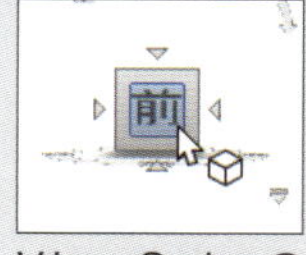

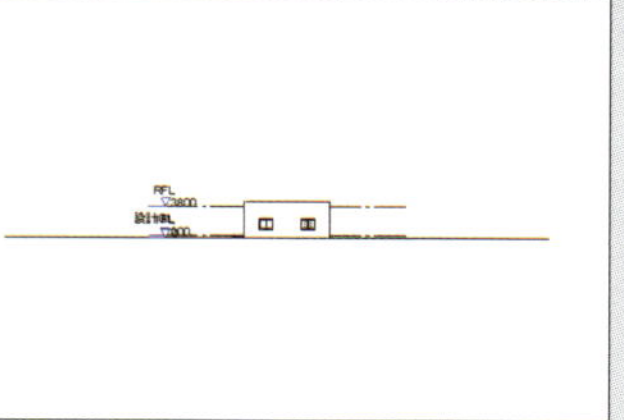

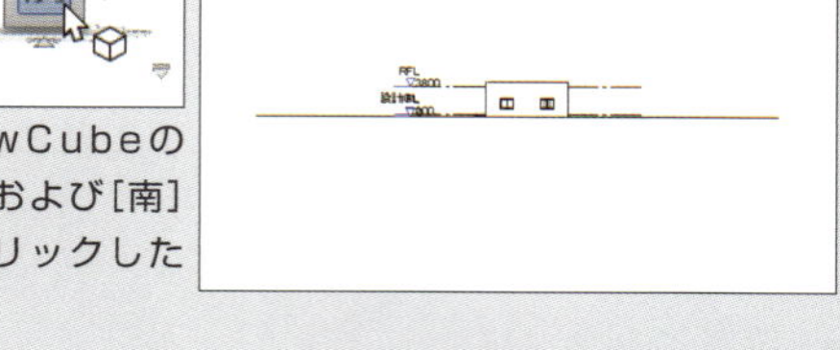

ViewCubeの[前]および[南]をクリックしたとき

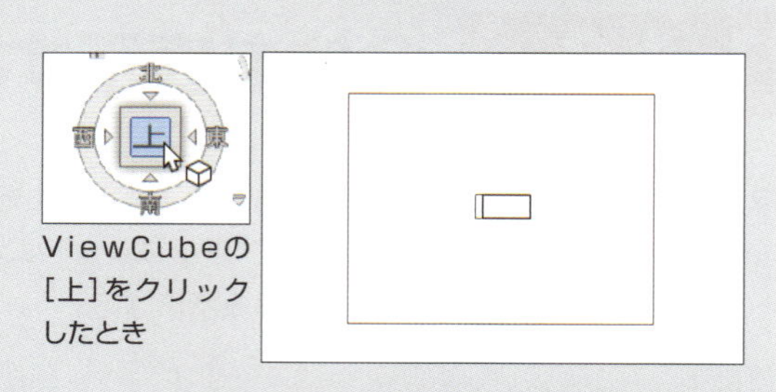

ViewCubeの[上]をクリックしたとき

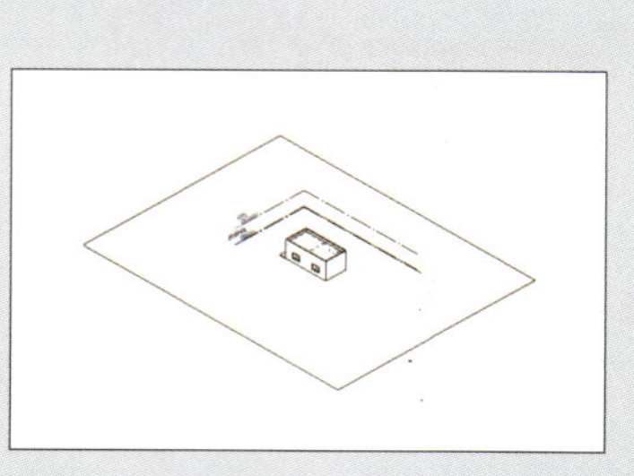

ViewCubeの[上][前][右]の角をクリックしたとき

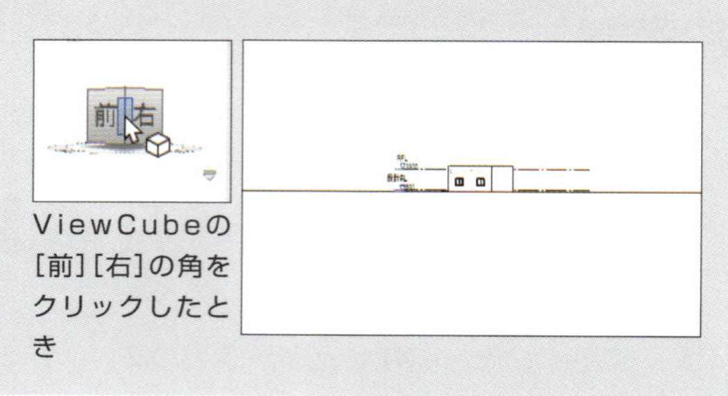

ViewCubeの[前][右]の角をクリックしたとき

DAY 1-5 ツールの実行方法

Revitでは、[壁][柱]などのツールを利用してモデルを作成します。ツールを実行すると、オプションバー(P.18の❼)にツールに関する設定を行うオプションが表示され、ステータスバー(P.18の⓯)の左側に操作のヒントなどのメッセージが表示されます。

1-5-1 ツールの呼び出し

リボン(P.18の❻)上のタブをクリックし、パネルに分類されている各ツールボタンをクリックして選択すると、ツールを実行できる。ここでは、[建築]タブー[構築]パネルー[壁]ー[壁 意匠]をクリックして[壁 意匠]ツールを実行している。

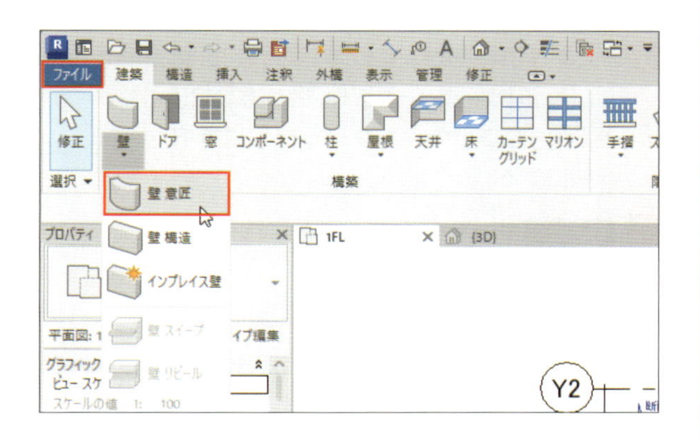

1-5-2 ツールの終了・キャンセル

実行中のツールを終了、キャンセルするには、[修正]ツールをクリックする。Escキーを押すことでも終了、キャンセルできるが、ツールによってはEscキーを2回押す必要がある。

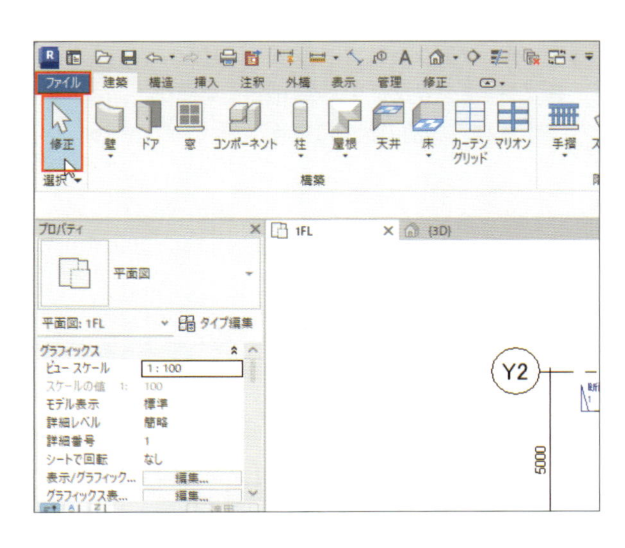

> **HINT [修正]ツール**
>
> [リボン]の左端にある[修正]ツールは、[建築][構造][挿入][注釈][外構][表示][管理][修正]の各タブに共通のツールで、リボンタブに関係なく常に表示されている。

1-5-3 元に戻す／やり直し

「1st_day」ー「1-5-3.rvt」

［クイックアクセスツールバー］（P.18の❸）の［元に戻す］をクリックすると、操作結果を1つ前の状態に戻します。1つ前に戻した操作を取り消す場合は、［やり直し］を実行します。

1 P.24 **1-3-2**を参考に、「1-5-3.rvt」を開く。［修正］ツールを選択し、通り芯「X1」と「Y1」の交点の柱をクリックして選択状態にする。

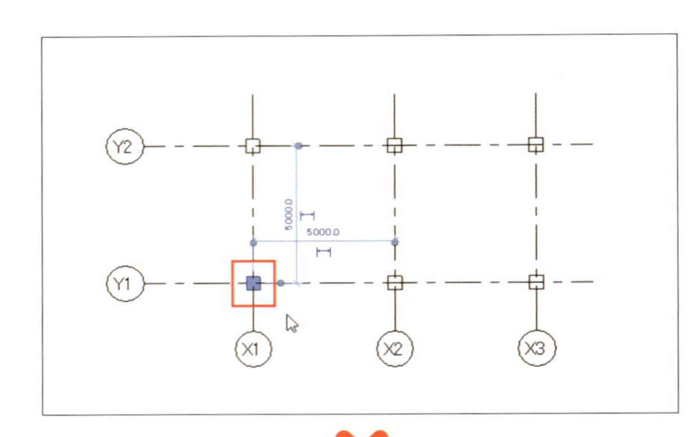

2 Delete キーを押す。柱が削除される。

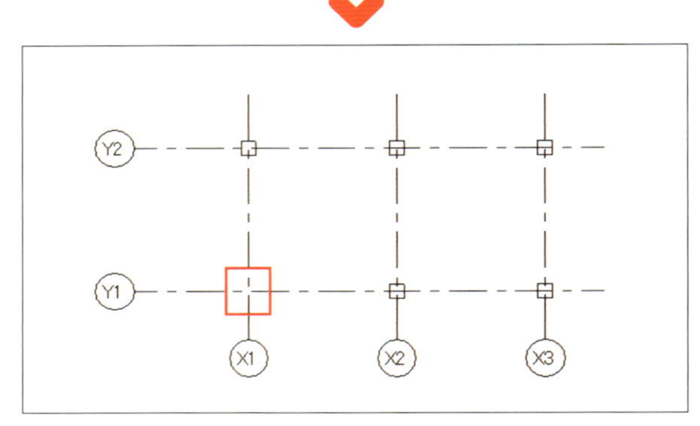

3 ［クイックアクセスツールバー］の［元に戻す］をクリックすると、削除した柱が表示され、1つ前の状態に戻る。

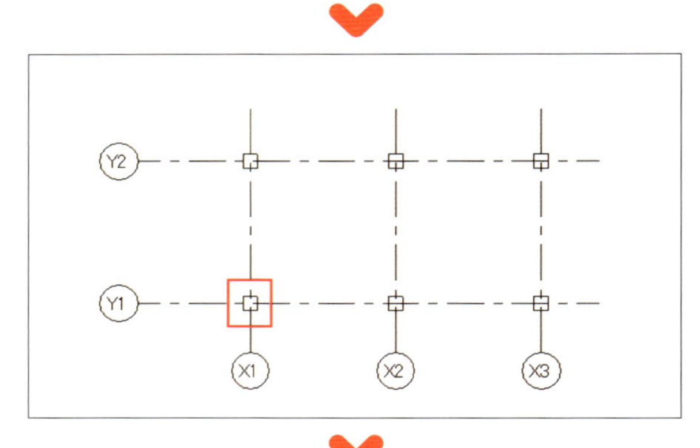

4 ［元に戻す］／［やり直し］ボタンのそれぞれの横にある［▼］をクリックすると、作業の履歴が表示される。目的の作業履歴を選択すると、複数回前の状態に戻ることができる。

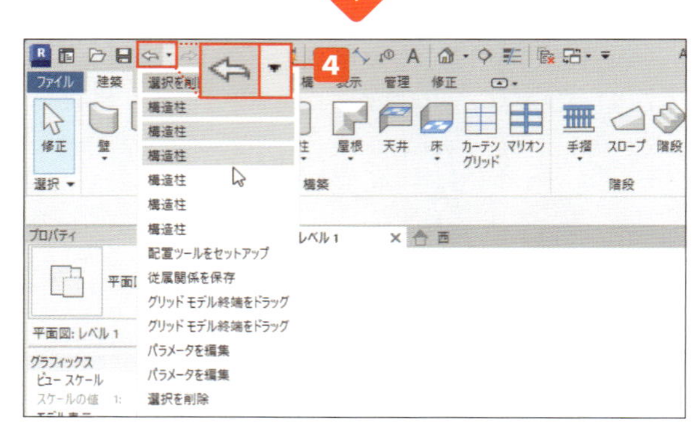

DAY 1-6 要素の選択

Revitでの選択は、クリック操作や窓／交差の範囲指定などで行います。P.24 1-3-2を参考に、「1-6.rvt」を開いて操作します。

「1st_day」－「1-6.rvt」

1-6-1 クリックして選択する

［修正］ツールをクリックして要素をクリックすると、その要素を選択状態にできます。選択する要素の数が少ないときに使用します。

1 ［修正］ツールをクリックする。
2 選択する要素にカーソルを合わせると、その要素が青色の太線でハイライト表示される。

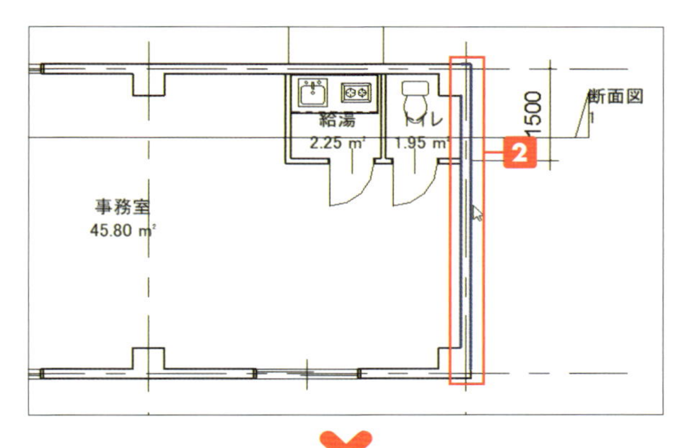

3 クリックすると、要素が青色でハイライト表示され、選択状態になる。

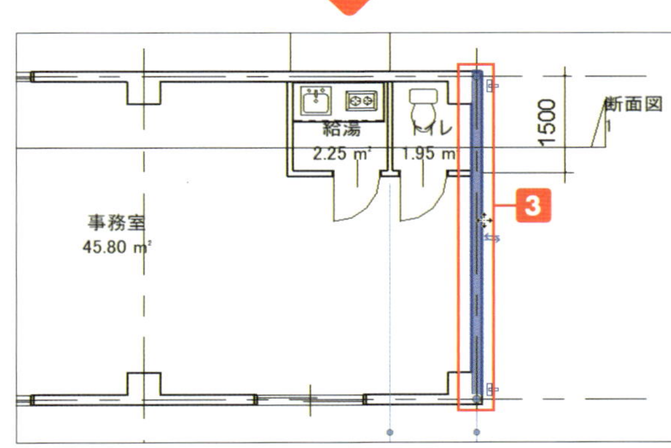

HINT 要素が重なっている場合

要素が複数重なって、選択しづらいときは、カーソルを要素に合わせて Tab キーを押すとハイライト表示(選択)される要素が切り替わるので、目的の要素が選択されたらクリックする。

HINT 選択要素の追加／解除

Ctrl キーを押している間はカーソルに「＋」が表示され、その状態で要素をクリックすると、追加選択できる。また、Shift キーを押している間はカーソルに「－」が表示され、選択されている要素をクリックすると、選択を解除できる。

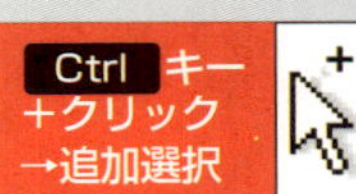

HINT 選択状態になると表示されるもの

要素が選択状態になると、ツールのコンテキストタブ(ここでは、［修正｜寸法］タブ)がリボンに、関連するオプションが［オプションバー］に、要素のプロパティが［プロパティパレット］にそれぞれ表示される。

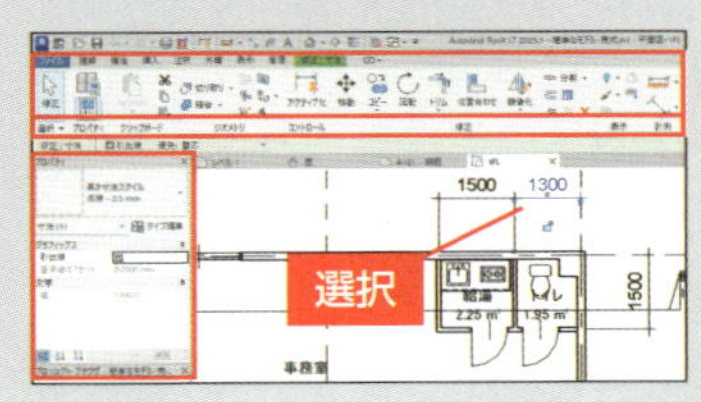

1-6-2 範囲を指定して選択する

複数の要素を選択するときは、窓選択と交差選択を使って、範囲を指定した選択が行えます。

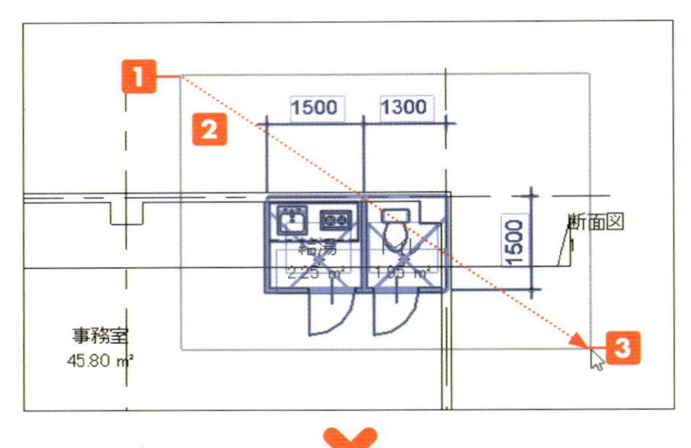

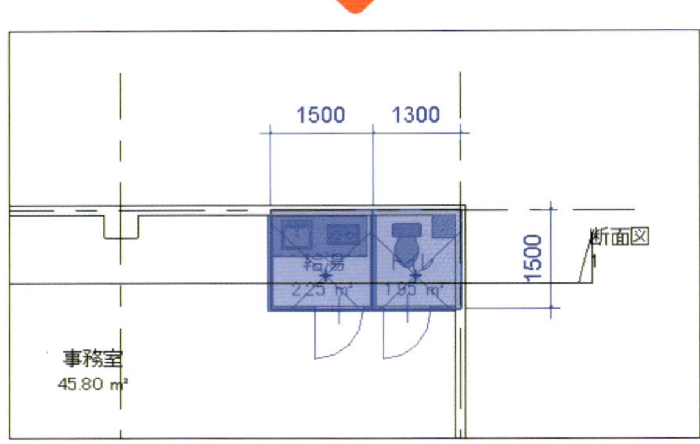

1 | 窓選択を利用する

長方形の対角コーナー2点を「左から右に」指示すると窓選択になります。

1. 長方形の対角コーナー2点のうち左側の点でマウスボタンを押す。
2. マウスボタンを押したままカーソルを対角方向に移動（ドラッグ）すると、選択される要素がハイライトされる。
3. 長方形の対角コーナー2点のうち右側の点でマウスボタンを放す。

長方形範囲に「完全に」含まれた要素が選択状態になります。

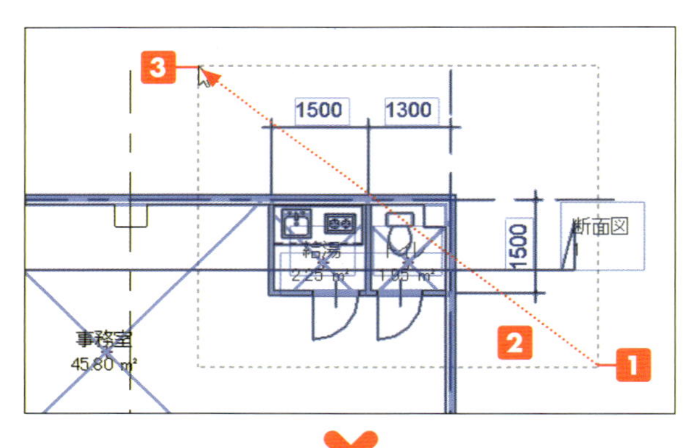

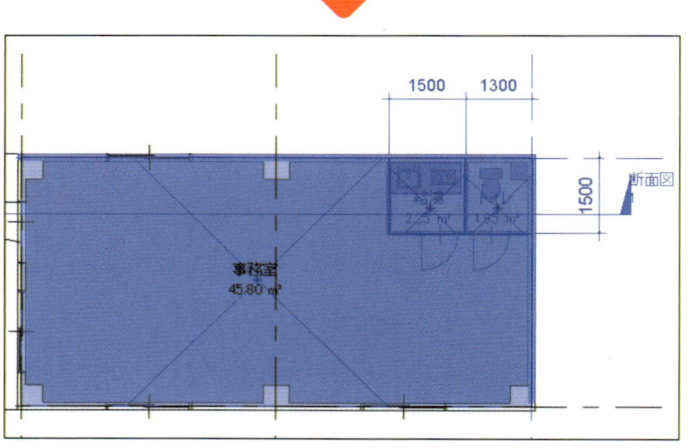

2 | 交差選択を利用する

長方形の対角コーナー2点を「右から左に」指示すると交差選択になります。

1. 長方形の対角コーナー2点のうち右側の点でマウスボタンを押す。
2. マウスボタンを押したままカーソルを対角方向に移動（ドラッグ）すると、選択される要素がハイライトされる。
3. 長方形の対角コーナー2点のうち左側の点でマウスボタンを放す。

長方形範囲に「一部でも」含まれた要素が選択状態になります。

1-6-3 選択オプションを利用する

[ステータスバー](P.18の⑮)の右側に配置されている選択オプションをクリックし、オン／オフを切り替えることで、選択の動作をコントロールできます。オフになっている選択オプションは、アイコンに「×」マークが表示されます。

❶ **リンクを選択**：オンにすると、CADファイルなどのリンクファイルとリンク内の要素を個別に選択できるようになる。

❷ **アンダーレイ要素を選択**：オンにすると、背面に見える壁などのアンダーレイ（下絵表示）要素が選択できるようになる。

❸ **ピンされた要素を選択**：オンにすると、ピンで位置固定された要素も選択できるようになる。

❹ **面で要素を選択**：オンにすると、壁などを選択するときに壁の線だけでなく壁の面をクリックしても選択できるようになる。

❺ **要素をドラッグして選択**：オンにすると、先に要素を選択しておかなくても、ドラッグして移動できるようになる。ただし、意図せず移動してしまうことがあるので、オフにしておくことをおすすめする。

❻ **バックグラウンド処理**：クリックするとウィンドウが開き、バックグラウンドで処理しているタスクを表示する（選択オプションではない）。

❼ **フィルタ**：要素を選択するとアイコン横に選択中の要素数が表示される。アイコンをクリックすると、[フィルタ]ダイアログが開く（P.36 **1-6-4** 参照）。

HINT リボンで選択オプションのオン／オフを切り替え

[建築]タブ－[選択]パネルの右にある[▼]をクリックし、表示される各選択オプションにチェックを入れる／外すことでオン／オフの切り替えができる。

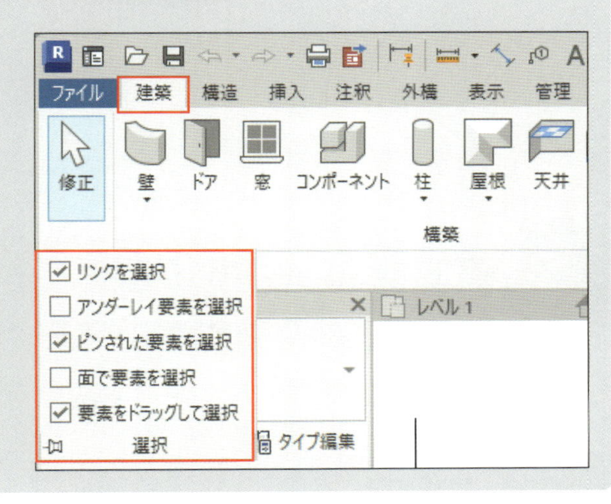

1-6-4 要素のカテゴリを指定して選択する

フィルタを使うと、選択した複数の要素のなかから、指定したカテゴリ要素のみを選択状態にできます。ここでは、壁の要素だけを選択状態にします。

1 複数の要素を選択し、[ステータスバー]の[フィルタ]ボタンをクリックする。

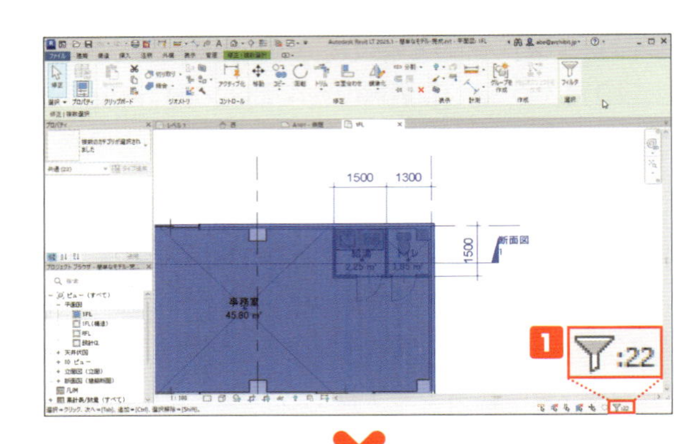

2 表示される[フィルタ]ダイアログで[チェック解除]ボタンをクリックして、いったんすべてのチェックを外す。
3 [カテゴリ]の[壁]にチェックを入れる。
4 [OK]ボタンをクリックする。

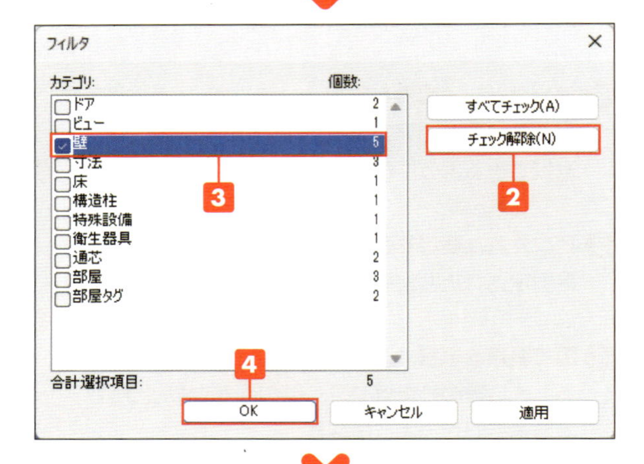

[フィルタ]ダイアログが閉じ、選択した複数の要素のなかから、[壁]のみが選択状態になります。

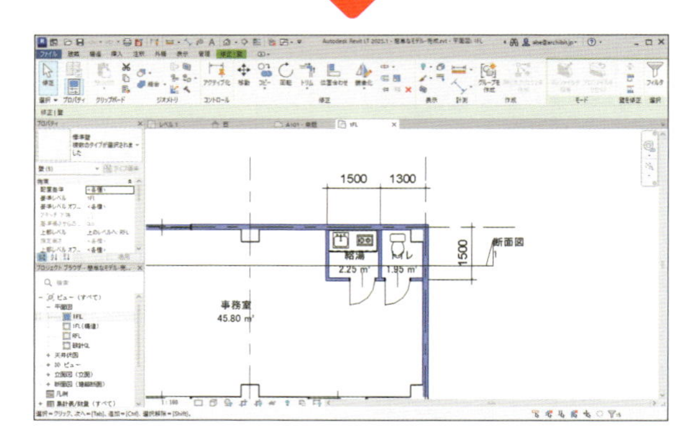

HINT 直前に選択していた要素を再度選択

Ctrl + ← キーを押すと、いったん選択を解除した要素を再度選択状態にできる。

DAY

1-7 要素の削除

削除は要素を選択して Delete キーを押すだけなので、操作自体は簡単です。しかし、要素を削除するとき、それに付随する寸法なども連動して変更されて、現在のビュー以外にも影響を与えることがあります。そのため、影響を及ぼす範囲を理解したうえで削除を実行する必要があります。

「1st_day」—「1-7.rvt」

ここでは、通り芯を削除したとき、ほかのビューにどのような影響があるのかを確認します。

1 通り芯「X2」を選択する。このとき、通り芯に付随する寸法も青色で表示されていることがわかる。

2 Delete キーを押す。

通り芯「X2」が削除され、青色で表示されていた通り芯に付随する寸法も削除されます。

通り芯「X2」と付随する寸法が削除された

また、通り芯はほかのレベルにも共通している要素なので、ほかのレベルのビュー（ここでは「RFL」）でも削除されています。

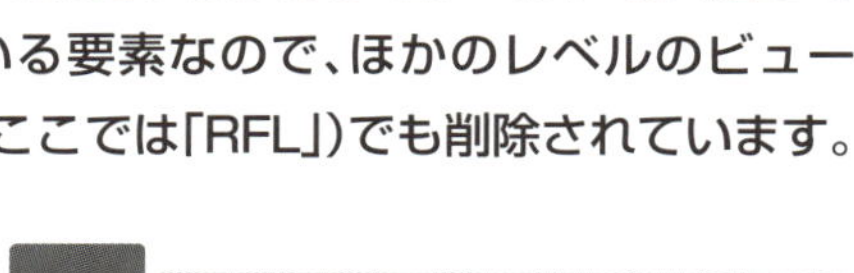

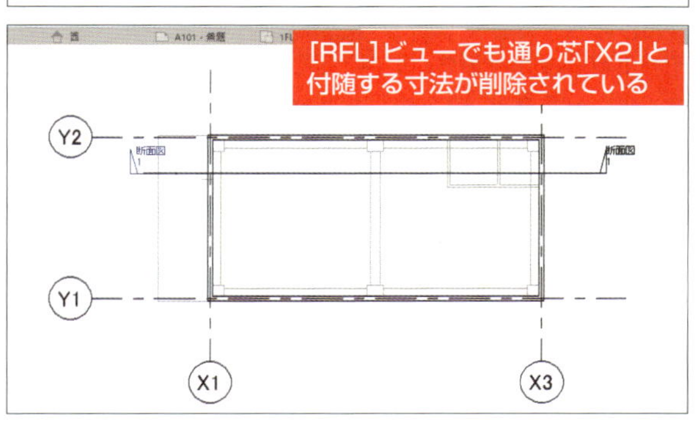

HINT

削除時の警告メッセージ

要素を削除すると、警告メッセージが表示されることがある。要素を削除することによってほかの要素にも影響が及ぶときなどに表示されるので、よく内容を確認して対応する。
図の警告メッセージは、部屋名の部屋タグを削除したところ、部屋要素のみが残っていることを警告している。

警告
部屋 タグが削除されましたが、対応する 部屋 はまだ存在します。部屋 タグ ツールを使用して 部屋 の別のタグを配置するか、部屋 を選択して削除します。

DAY **1-8**

作業フローと予備知識

ここまでに基本的な操作を学んだので、Revitでモデルの入力から図面の作成を行うまでの作業の流れや、Revitを使う上であらかじめ知っておきたい機能について解説します。

1-8-1 Revitにおける作業フロー

大まかな流れとしては、平面図ビューでモデルを入力し、完成したらシートにレイアウトして図面化します。

1 | 平面図ビューでモデルを入力する

Revitでのモデル作成は、通常のCADソフトのように線で作図するのではなく、「ファミリ」とよばれる要素を入力して行う。ファミリとして、壁やドア、通り芯などが用意されている。主なファミリの入力方法についてはDAY2〜DAY3、編集方法についてはDAY4で詳しく解説する。

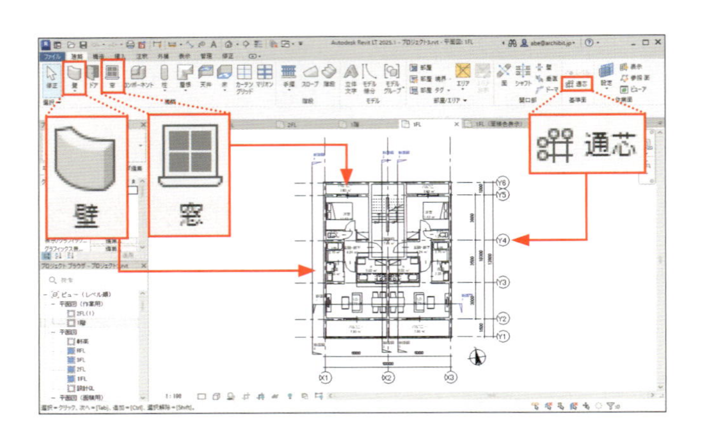

> **HINT ファミリとは**
>
> 通り芯や壁、柱など、Revitの要素はファミリで作成されます。ファミリのタイプやプロパティを指定することで、要素が完成します。
> 通り芯や壁などRevitに用意されているシステムファミリと、窓や家具などあとからダウンロードして追加できるファミリがあります。
> [プロジェクトブラウザ]の[ファミリ]に現在読み込まれているファミリが表示されます。

モデルの入力は、基本的に平面図ビュー(P.20 1-2-3参照)で行うが、必要に応じてビューを切り替えると便利だ。たとえば、平面図ビューの[1FL]ビューで1FLから2FLまでの壁や柱、ドア、家具などのファミリを入力し、[2FL]ビューで2FLから3FLまでの壁や柱などを入力する。天井を入力するときは天井伏図ビューに、手すりや窓の確認には立面図ビューや断面図ビュー、3Dビューに切り替える。

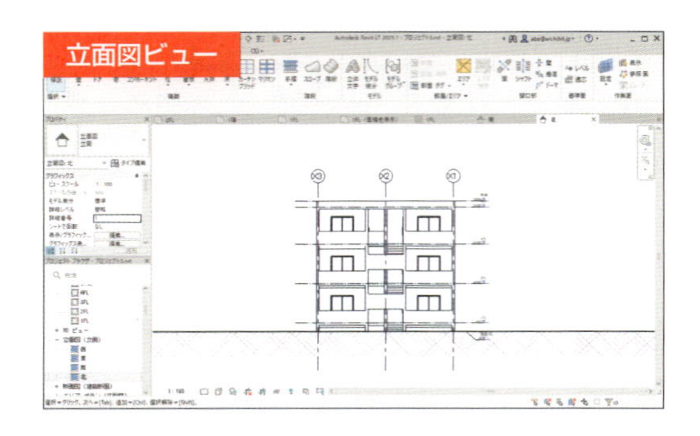

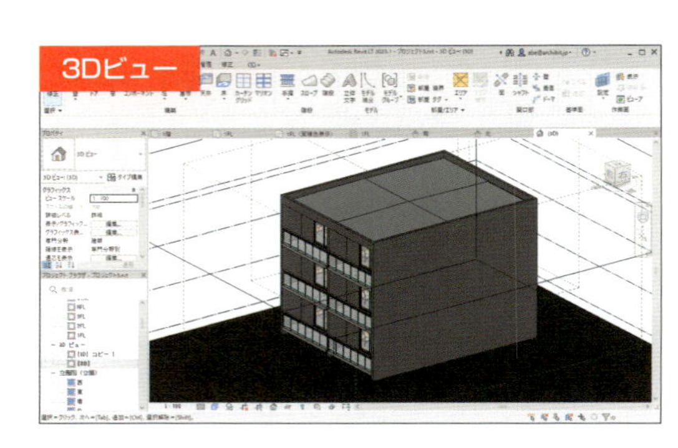

集計表に対応している要素を入力すると自動的に集計表が作成され、[プロジェクトブラウザ]の[集計表]で表示できる。また、窓やドアを作成すると、建具表に利用できる窓やドアの集計表が自動的に作成される。

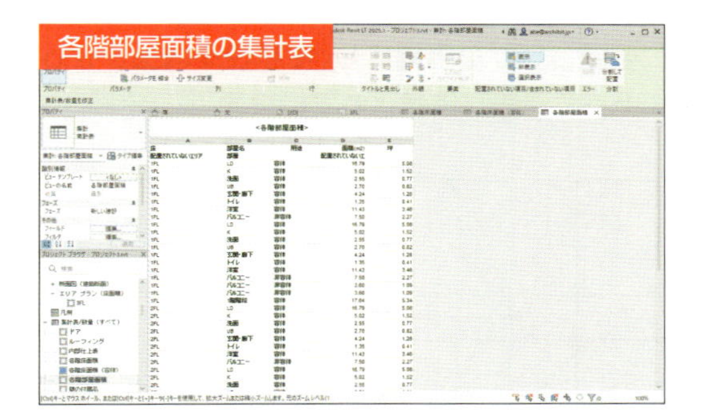

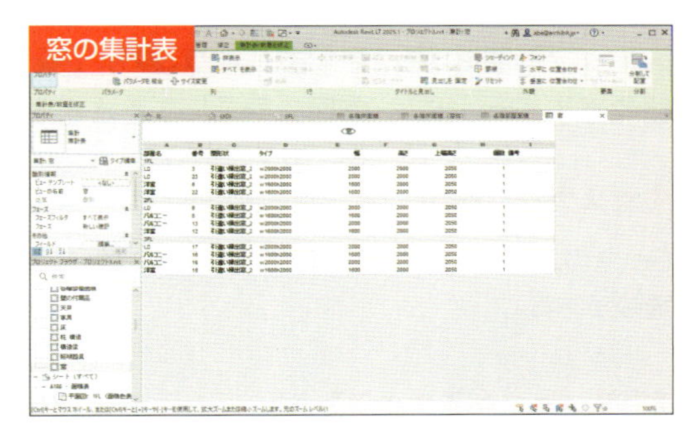

2 | ビューのモデルをシートにレイアウトして図面にする

モデルが完成したら、シートを作成し、図面枠やビューを追加して1枚の図面として完成させる。シートに配置するビューのトリミングや要素の表示／非表示などの設定は、あらかじめビューで行う。シートの詳しい作成手順などについては**DAY5**で解説する。

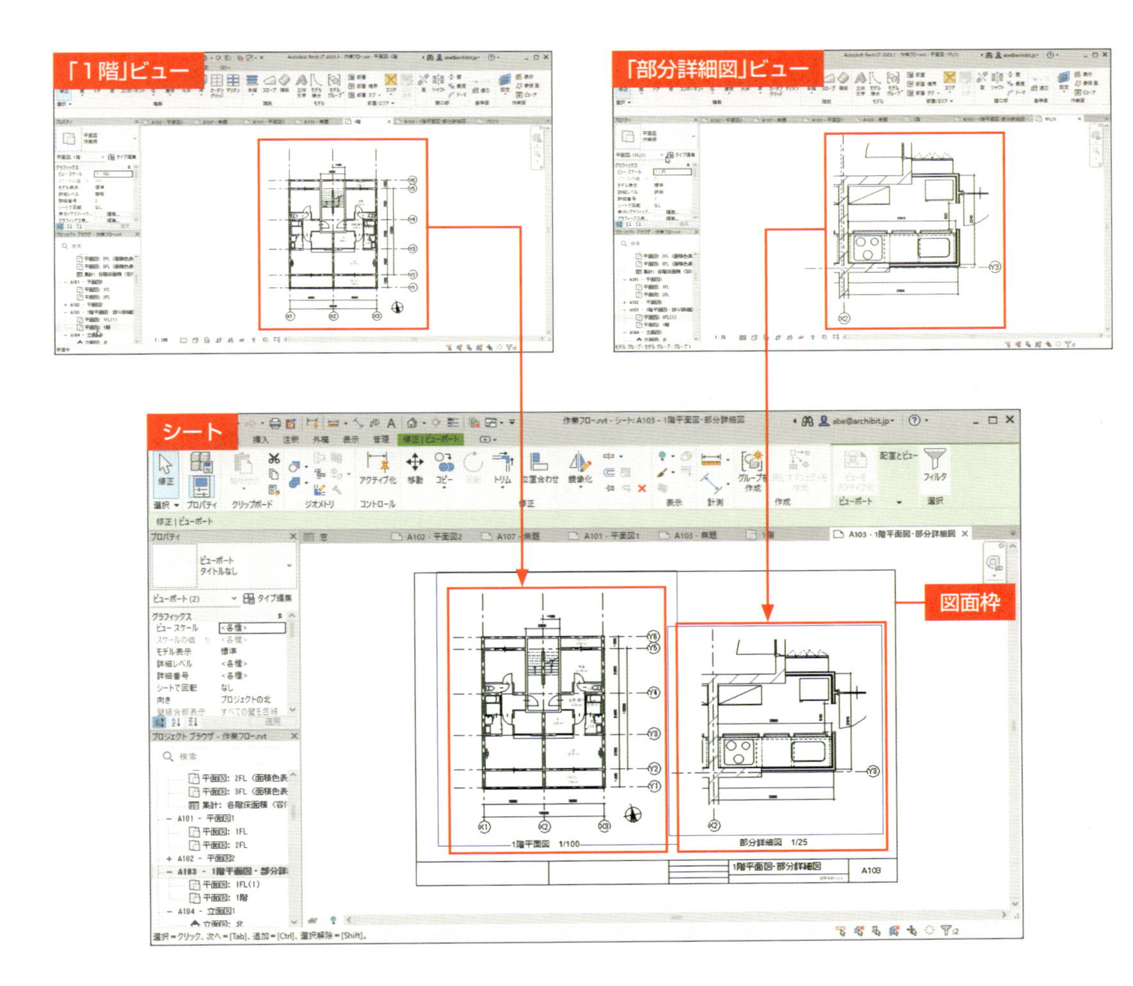

1-8-2 Revitのスナップ機能

スナップ機能は、要素を配置したり、線分を描く際に、位置合わせを容易にし、生産性を向上させる機能です。Revitには、作図を容易にするさまざまなスナップ機能が搭載されています。

主なスナップ機能

Revitのスナップ機能には、主に次のような種類がある。

[オブジェクトスナップ]

線分の中点(三角形)や端点(四角形)、交点(×印)を表すマーカーが表示される。これらのマーカーを「スナップ点」と呼ぶ。スナップ点に、カーソルを近づけると、カーソルが自動的に吸着される。

また、線分やオブジェクトから垂直や水平、平行などを表すガイドライン(破線)である「スナップ線分」にも、カーソルが自動的に吸着される。

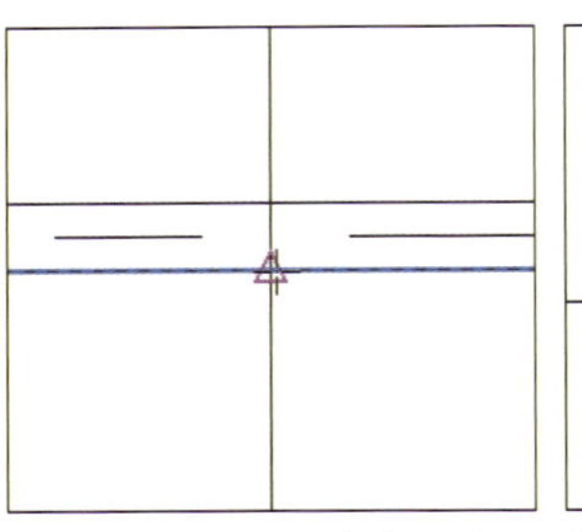

中点を表すマーカー(ピンク色の三角形)

端点を表すマーカー(ピンク色の四角形)

[寸法スナップ]

線分からの距離や、線分同士の角度を切りのいい値(仮寸法)を表示する機能。これにより、切りのいい値で容易に作図できる。

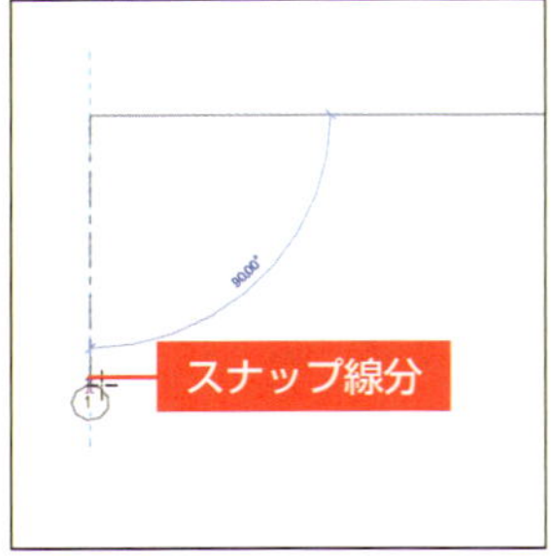

角度90°を表す「スナップ線分」

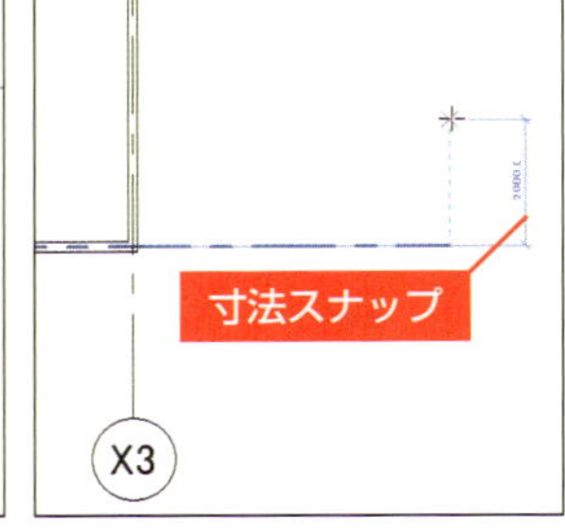

[寸法スナップ]では、切りのいい仮寸法が表示される

スナップを設定する

[オブジェクトスナップ]も[寸法スナップ]も、設定は下記の手順で行う。

1. [管理]タブ－[設定]パネル－[スナップ]をクリックする。
2. 表示される[スナップ]ダイアログの[オブジェクト スナップ]で、使用するスナップにチェックを入れる。
3. [寸法スナップ]は、[長さ寸法スナップ増分]と[角度寸法スナップ増分]にチェックを入れることをおすすめする。増分の単位を変更する場合は、数値を書き換える。
4. [OK]ボタンをクリックする。

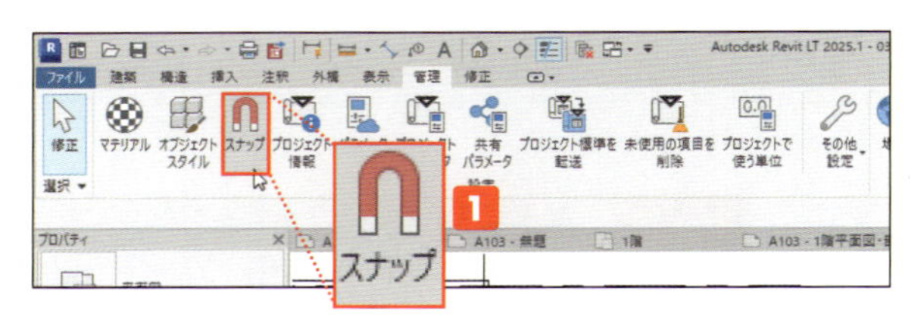

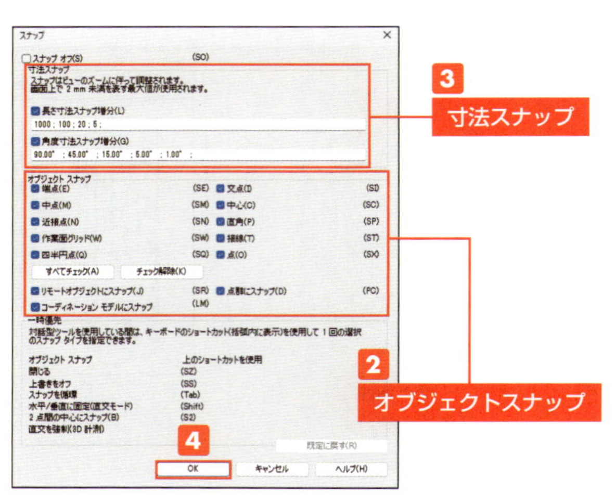

スナップに一時優先を適用する

特定のスナップ機能を一時的に利用したいときには、対象とする要素を右クリックし、表示されるコンテキストメニューから[スナップを上書き]をクリックして利用したいスナップを選択する。この操作は、キーボードからのコマンド入力にも対応しており、交点「SI」、端点「SE」、中心点「SC」などがある。スナップに対応するコマンドは、[スナップ]ダイアログの[オブジェクトスナップ]－[スナップ名]の右に記載されている。

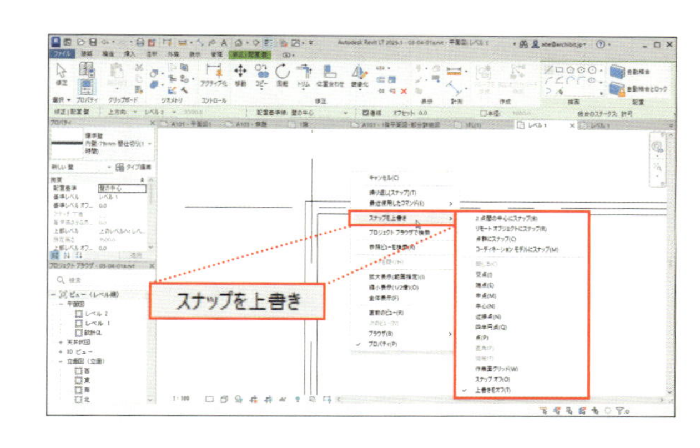

1-8-3 ドラッグコントロール機能

要素を選択状態にしたとき、要素のサイズや長さの変更ができる[ドラッグコントロール]が表示されます。[ドラッグコントロール]のマーカーには、青や白の丸、青い矢印などの種類があります。

ドラッグコントロールの種類

ドラッグコントロールは、それをドラッグすることで、要素の長さや大きさを変更できる機能で、主に次のような種類がある。

[ドット]

ドラッグすると、要素の延長や短縮、方向の変更を行える。通り芯や壁を選択すると、端点に青や白の丸いマーカー(「ドット」のドラッグコントロール)が表示される。このマーカーをドラッグして長さや方向などを変更できる。

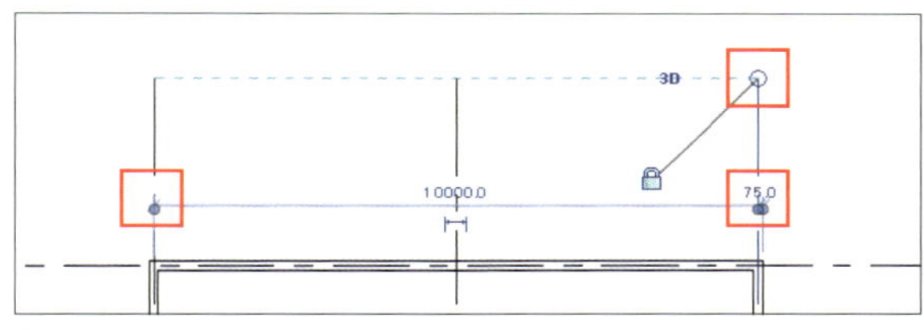

「ドット」のドラッグコントロール

[片側矢印]

階段(P.152参照)などに、青い矢印のマーカー(「片側矢印」のドラッグコントロール)が表示され、ドラッグしてサイズを変更できる。矢印が向いている方向にだけドラッグすることができる。

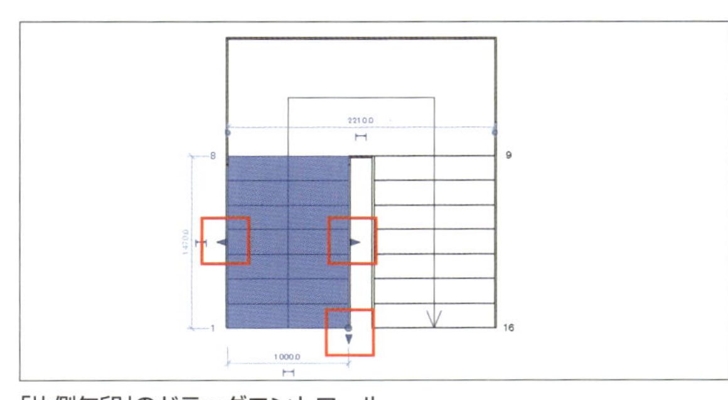

「片側矢印」のドラッグコントロール

[両側矢印]

青い矢印が両方向に向いているマーカー(「両側矢印」のドラッグコントロール)で、ドラッグするとサイズを変更できる。矢印が向いている両方向にドラッグすることができる。

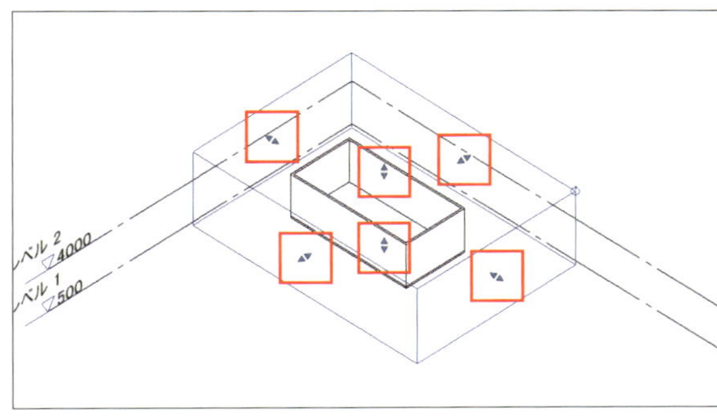

「両側矢印」のドラッグコントロール

ドラッグコントロールで長さを変更する

1 ［修正］ツールで、長さを変更したい要素を選択する（選択方法はP.51、P.80などを参照）。

2 端点に表示されるドラッグコントロール（青い丸）をドラッグすると、要素の長さが変更される。

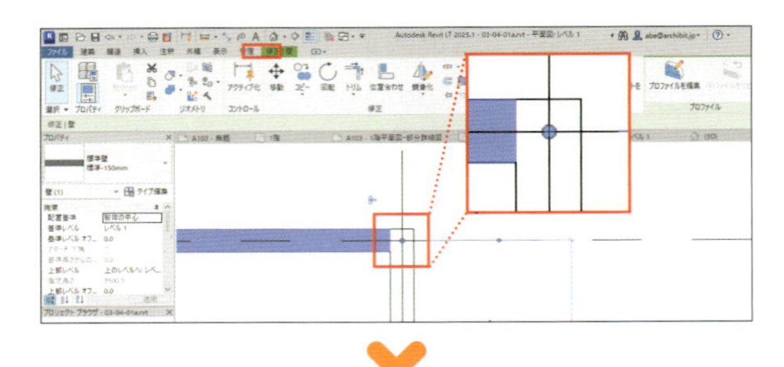

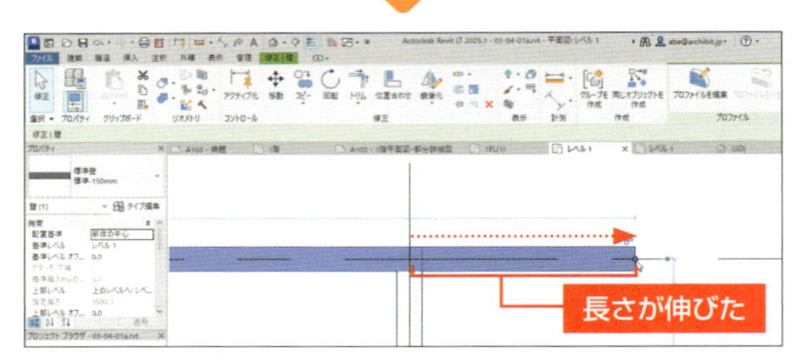

1-8-4 単位の設定

プロジェクトファイル内の長さ／面積／角度／寸法などの単位を変更したい場合は、［プロジェクト単位］ダイアログで変更します。

単位を設定する

プロジェクトファイル内で使用するインチやミリメートル、メートルなどの単位設定は、次の手順で行う。

1 ［管理］タブ－［設定］パネル－［プロジェクトで使う単位］をクリックする。

2 表示される［プロジェクト単位］ダイアログで、変更したい［単位］の［形式］欄をクリックし、表示されるメニューから変更後の単位の形式をクリックして、選択する。

3 ［OK］ボタンをクリックする。

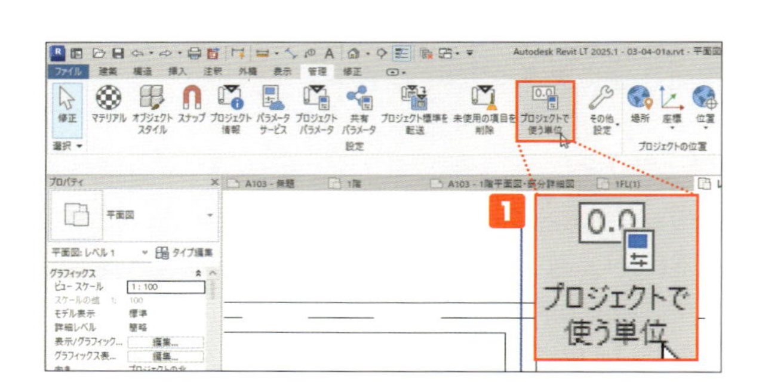

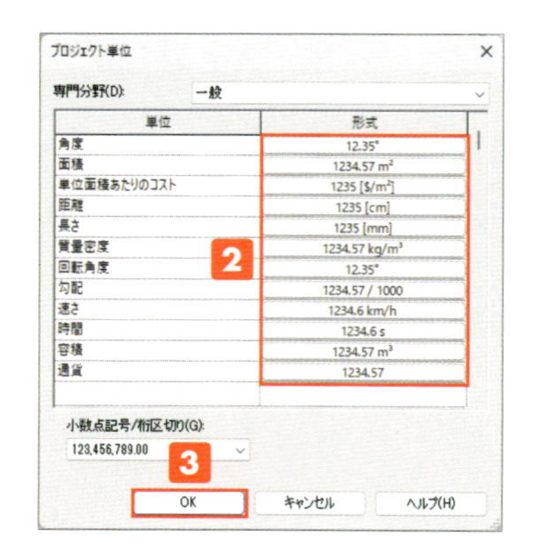

DAY 2

建築オブジェクトの作成①

DAY 2

建築オブジェクトの作成①

ファミリと呼ばれる通り芯やレベル、壁、柱などのモデル入力時に使用する基本的なツールとその操作を解説します。

2-1 通り芯の作成

- 通り芯を入力する
- 通り芯の間隔を変更する
- 通り芯の長さをまとめて変更する
- 選択した通り芯のみの長さを変更する
- 通り芯記号の表示位置を変更する
- エルボを追加して通り芯記号をずらす
- 通り芯のタイプを変更する
- 通り芯のタイプを作成する

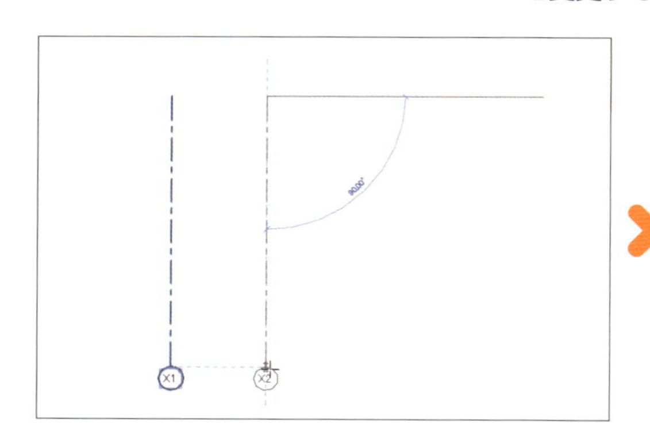

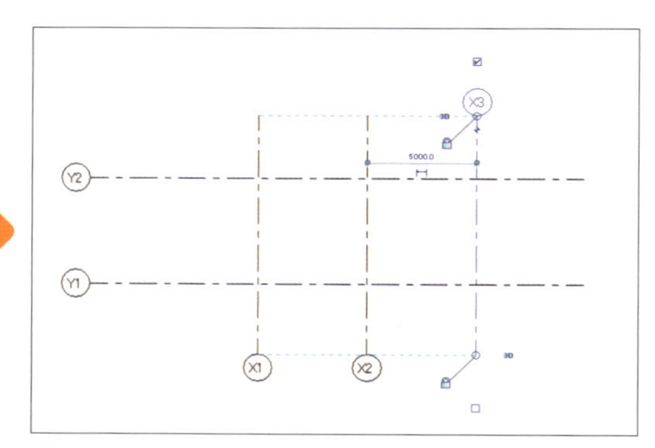

2-2 レベルの編集

- レベルを移動する
- レベル線の長さをまとめて変更する
- レベルを追加する
- レベルを削除する
- レベル名を変更する
- レベル線のタイプを作成する

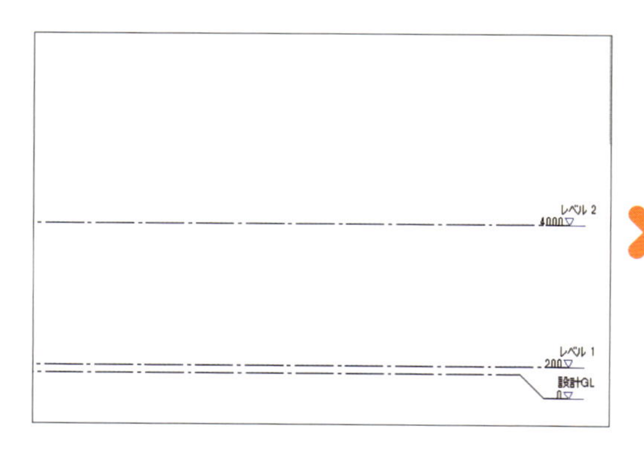

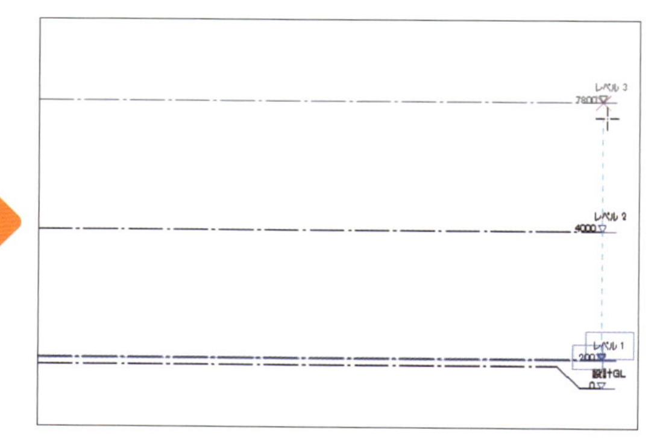

2-3 壁の作成

- 壁を入力する
- 壁のタイプを作成する([標準][詳細]の場合)
- 壁のハッチングを設定する([簡略]の場合)
- 壁の結合部を調整する

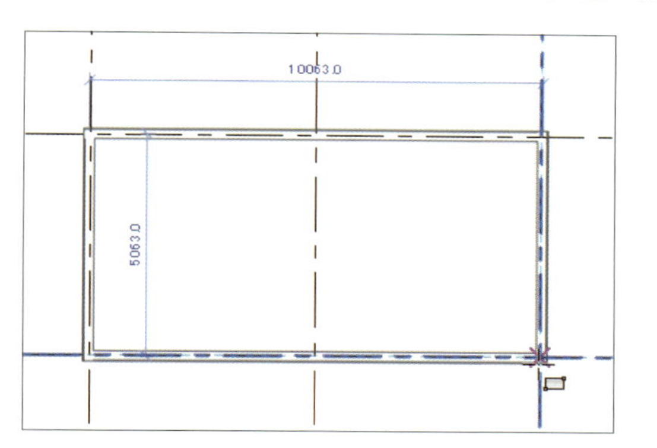

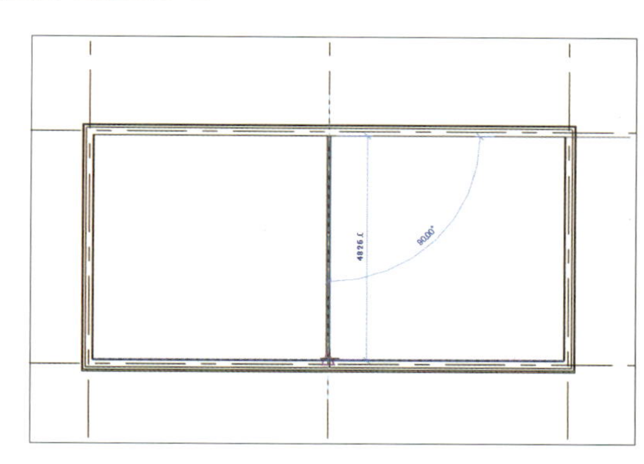

2-4 柱の作成

- 柱を入力する
- 柱のタイプを作成して変更する
- 柱と壁の結合部を調整する
- 柱の面を壁に合わせる

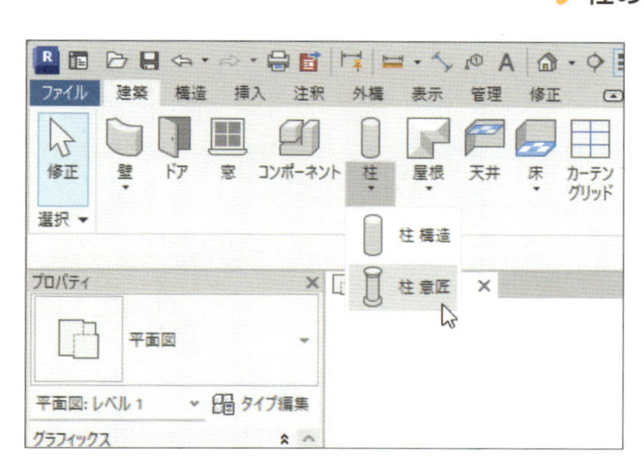

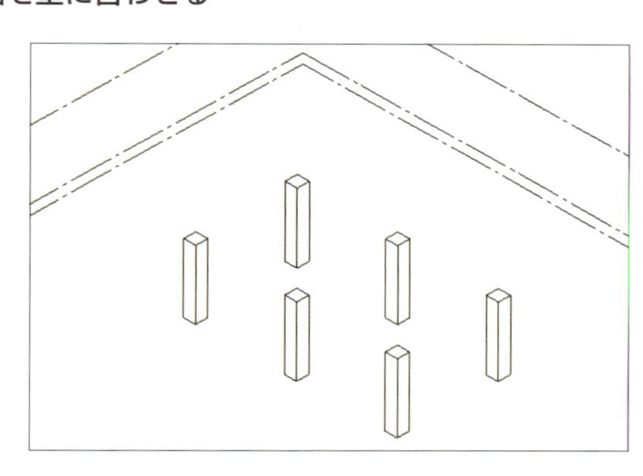

2-5 床の作成

- 床を入力する
- 床の範囲を変更する
- 床のタイプを作成する
- 床に勾配を付ける

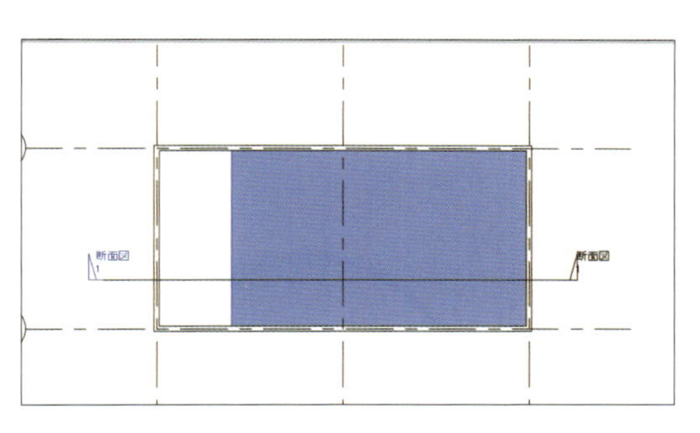

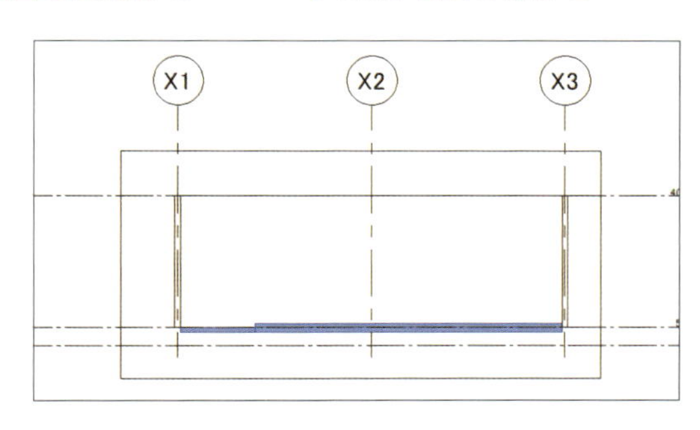

DAY 2-1

通り芯の作成

はじめに通り芯の作成について解説します。作成後の通り芯記号や通り芯間隔の変更、通り芯タイプの作成・変更など、実務で必要となる操作方法についても紹介します。

2-1-1 通り芯を入力する

「2nd_day」－「2-1-1.rvt」(作図後)

通り芯を入力するには、[通芯]ツールを使用します。水平方向をX軸、垂直方向をY軸として、それぞれ通り芯記号を付けた通り芯を入力します。

1 P.23 1-3-1を参考に、[建築テンプレート]のプロジェクトを新規作成する。
2 テンプレートファイルが開いたら、作図領域のタブが「レベル1」になっていることを確認する。

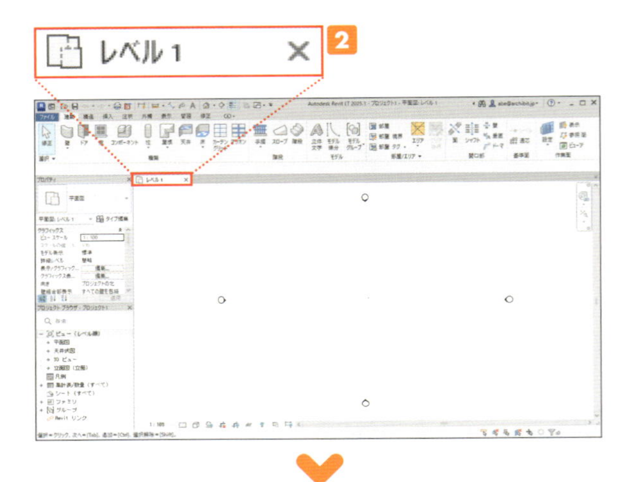

垂直方向の通り芯を入力します。

3 [建築]タブ－[基準面]パネル－[通芯]をクリックする。

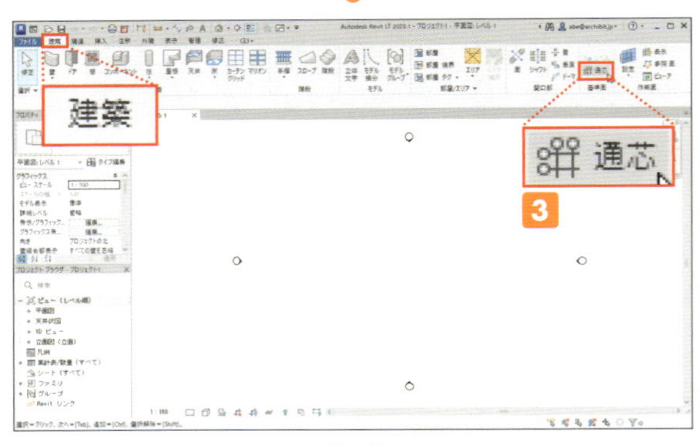

4 始点として、中央より少し左上の任意の位置をクリックする。
5 カーソルを下方向に移動し、垂直であることを示す青色の破線が表示されていることを確認して、終点とする任意の位置をクリックする。

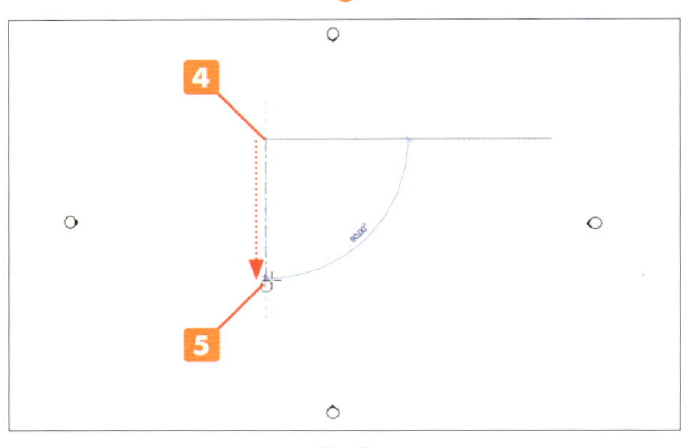

垂直方向の通り芯と通り芯記号が入力できました。

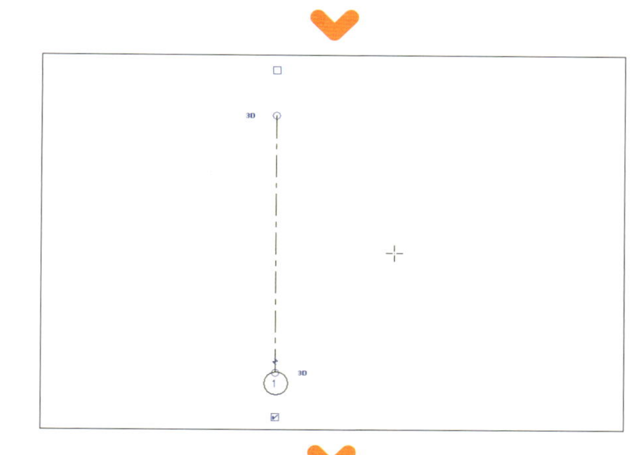

通り芯記号の文字を変更します。

6 通り芯記号の文字をクリックすると、文字編集モードになる。
7 キーボードから「X1」と入力する。
8 作図領域の何もない位置をクリックすると、文字編集モードが終了し、通り芯記号の文字が「X1」に変更される。

垂直方向の通り芯を追加入力します。

9 カーソルを通り芯「X1」の始点に合わせてから右方向に移動すると、仮寸法が表示される。「5000.0」と表示される位置でクリックする。

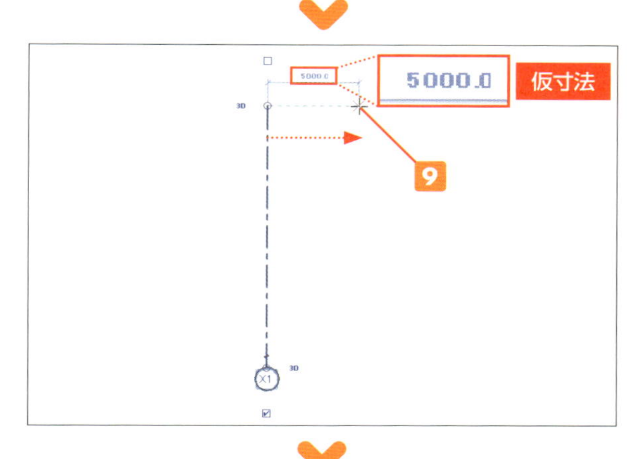

HINT 数字のスナップ設定

カーソルを移動したときに表示される仮寸法が「5000.0」など、切りのいい数値にならないときは、P.40 **1-8-2**「Revitのスナップ機能」の「スナップを設定する」を参照し、「長さ寸法スナップ増分」を確認する。

10 カーソルを下方向に移動し、通り芯「X1」の終点から水平であることを示す青色の破線が表示される位置でクリックする。

11 通り芯が入力でき、通り芯記号が自動的に「X2」となる。

12 手順 **9** ～ **11** と同様にして、通り芯「X2」から右に5000の位置に通り芯「X3」を入力する。

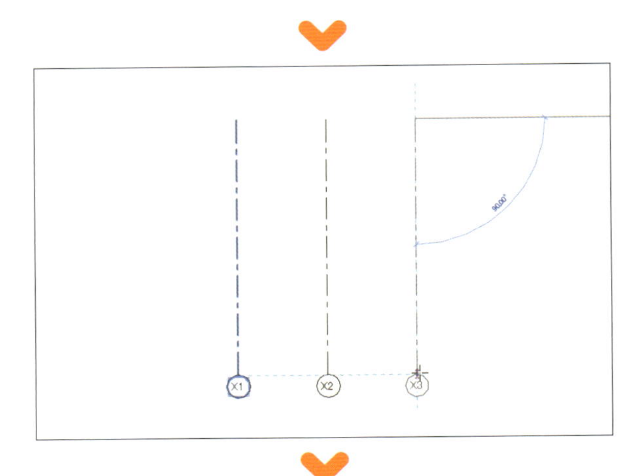

垂直方向の通り芯３本が入力できました。

水平方向の通り芯を入力します。

13 始点として、通り芯「X1」より左側の、任意の位置をクリックする。

14 カーソルを右方向に移動し、水平であることを示す青色の破線が表示されていることを確認して、終点とする任意の位置をクリックする。

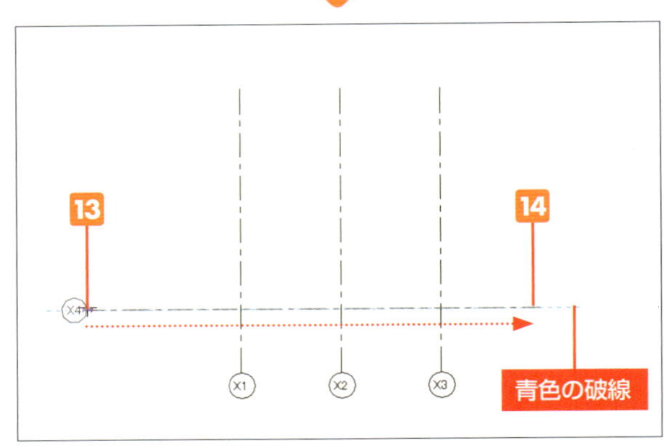

15 手順 **6** ～ **8** と同様にして、通り芯記号の文字を「Y1」に変更する。

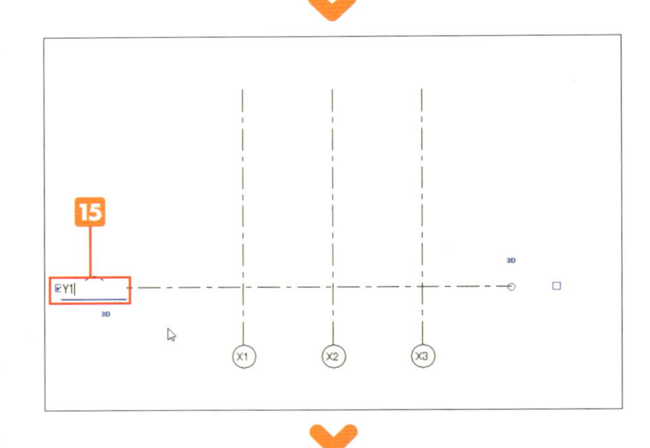

16 手順 **9** ～ **11** と同様にして、通り芯「Y1」から上に5000の位置に通り芯「Y2」を入力する。

17 [修正]ツールをクリックして[通芯]ツールを終了する。

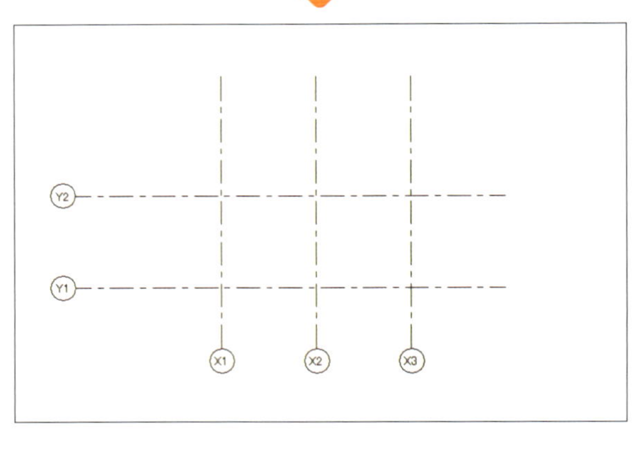

> **HINT**
>
> **[修正]ツール**
>
> [リボン]の左端にある[修正]ツールは、各タブに共通のツールで、リボンタブに関係なく常に表示されている。P.31 1-5-2「ツールの終了・キャンセル」参照。

水平方向の通り芯2本が入力できました。

HINT

通り芯はすべてのレベルに表示

「レベル1」で作成した通り芯はすべてのレベルに表示される。
[プロジェクトブラウザ]の[ビュー(レベル順)]-[平面図]-[レベル2]をダブルクリックして、「レベル2」の平面図を表示させると、「レベル1」と同じように、入力した通り芯が表示される。

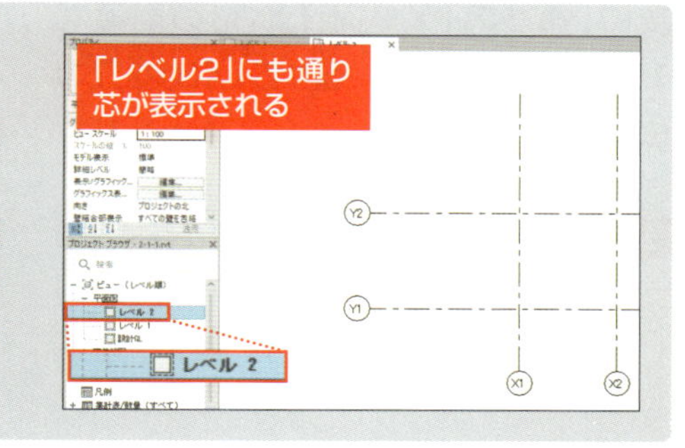

2-1-2 通り芯の間隔を変更する

「2nd_day」 –「2-1-2a.rvt」(作図前)
「2-1-2b.rvt」(作図後)

入力済みの通り芯の間隔を変更する方法を解説します。ここではまず、通り芯「X2」と「X3」の間隔を7000に変更します。

1 P.24 **1-3-2** を参考に、「2-1-2a.rvt」を開く。
2 [修正]ツールをクリックする。
3 通り芯「X3」をクリックして選択状態にする。

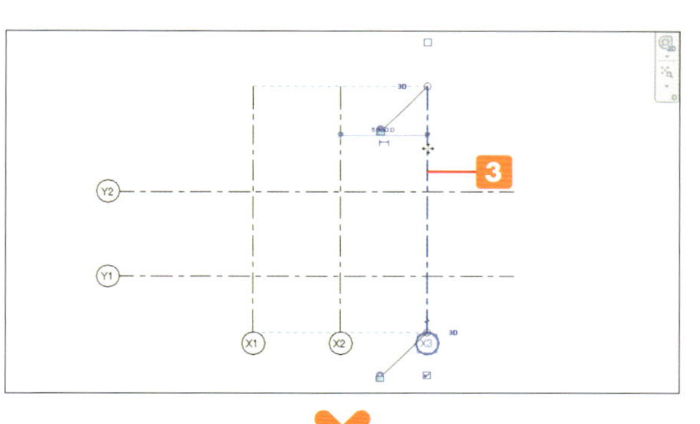

HINT

通り芯選択時の表示

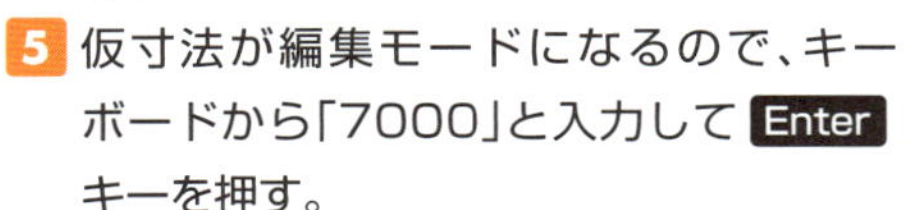

通り芯を選択すると、通り芯をコントロールするためのチェックボックスやマーカーなどが表示される。詳細はP.53の**HINT**を参照。

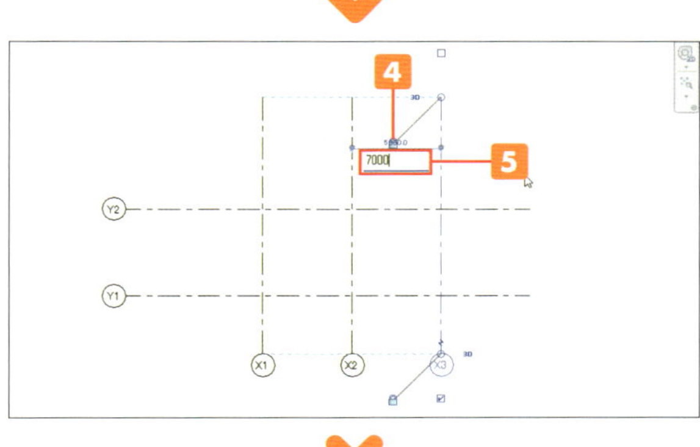

4 仮寸法の「5000.0」の文字をクリックする。
5 仮寸法が編集モードになるので、キーボードから「7000」と入力して Enter キーを押す。

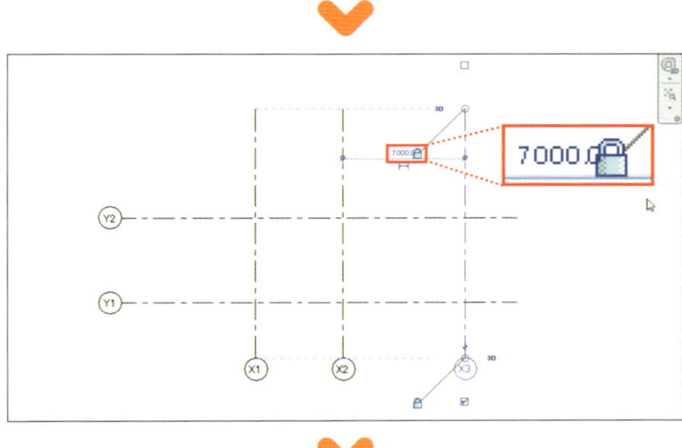

通り芯「X3」が移動して、「X2」と「X3」の間隔が7000に変更されました。

DAY 1
DAY 2 建築オブジェクトの作成❶
DAY 3
DAY 4
DAY 5
DAY 6
DAY 7

次に、通り芯「X1」と「X3」の間隔を10000に変更して、通り芯「X3」を元の位置に戻します。

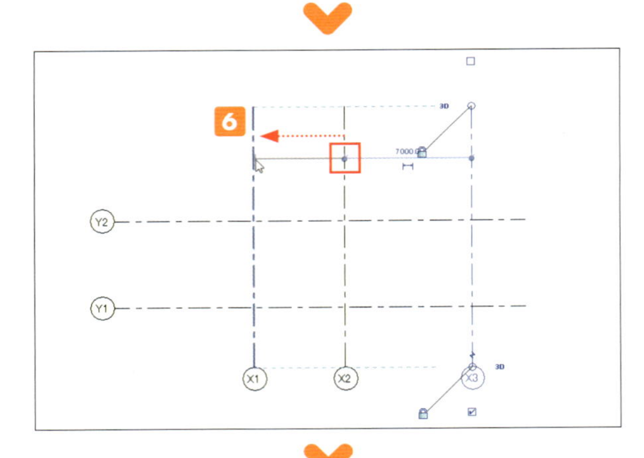

6 通り芯「X3」が選択状態のまま、仮寸法の左側の端点のマーカー(青い丸)を通り芯「X1」の位置までドラッグする。

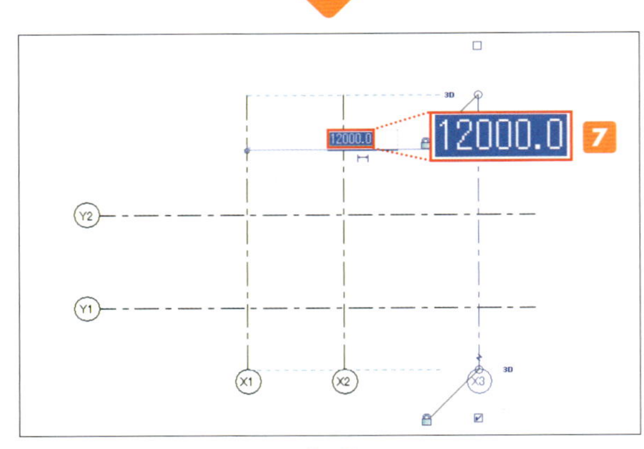

7 通り芯「X1」－「X3」間の仮寸法「12000.0」が表示される。

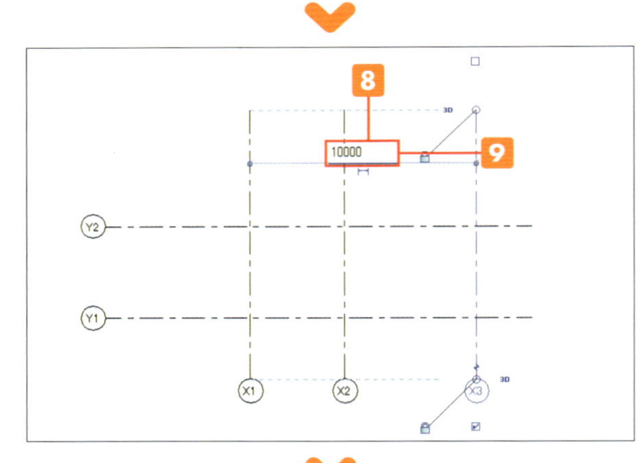

8 仮寸法の「12000.0」の文字をクリックする。

9 仮寸法が編集モードになるので、キーボードから「10000」と入力して Enter キーを押す。

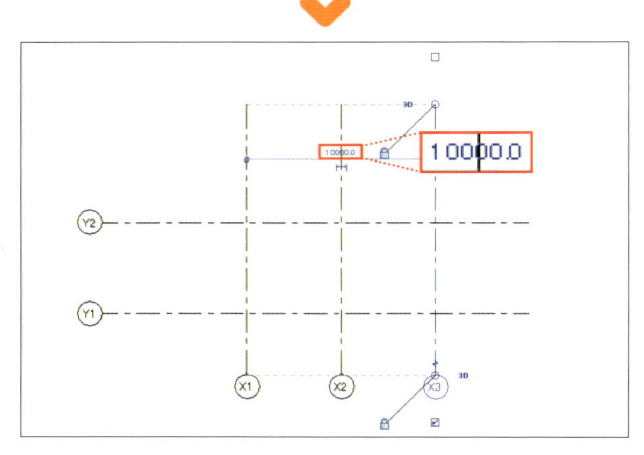

通り芯「X3」が移動して手順 1 の位置に戻り、通り芯「X1」と「X3」の間隔が10000に変更されました。

2-1-3 通り芯の長さをまとめて変更する

「2nd_day」－「2-1-3a.rvt」(作図前)
「2-1-3b.rvt」(作図後)

同じ方向の通り芯はロックされているため、1本の長さを変更すると、残りの通り芯の長さも変更されます。また、ここでの変更はすべてのレベルのビューに反映されます。

1 P.24 **1-3-2**を参考に、「2-1-3a.rvt」を開く。
2 ［修正］ツールをクリックする。
3 通り芯「X3」をクリックして選択状態にする。

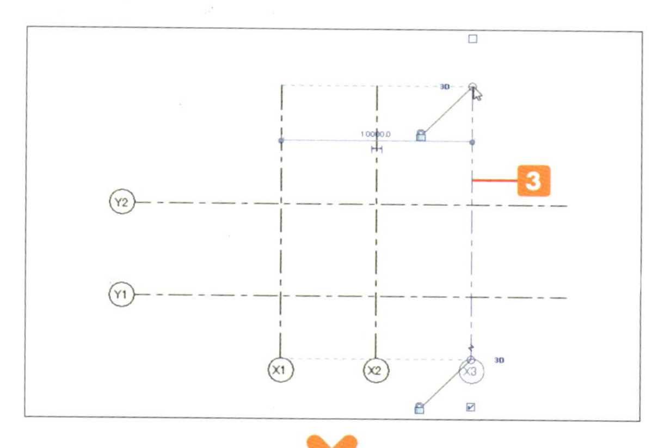

4 上端点のマーカー(白い丸)を下方向の任意の位置までドラッグする。

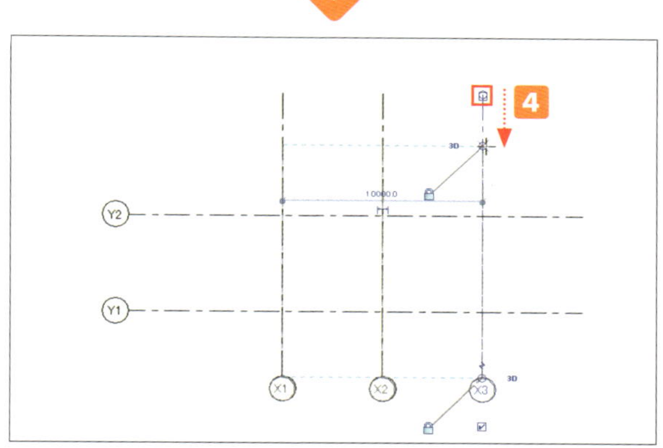

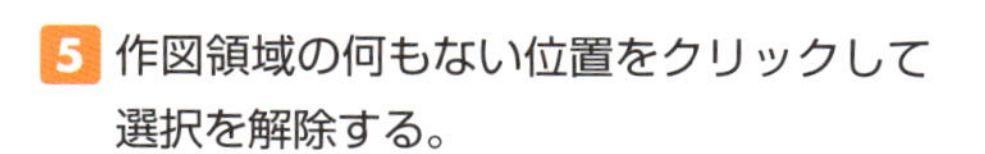

5 作図領域の何もない位置をクリックして選択を解除する。

通り芯「X3」の端点の移動に合わせて、通り芯「X1」「X2」の長さも変更されました。

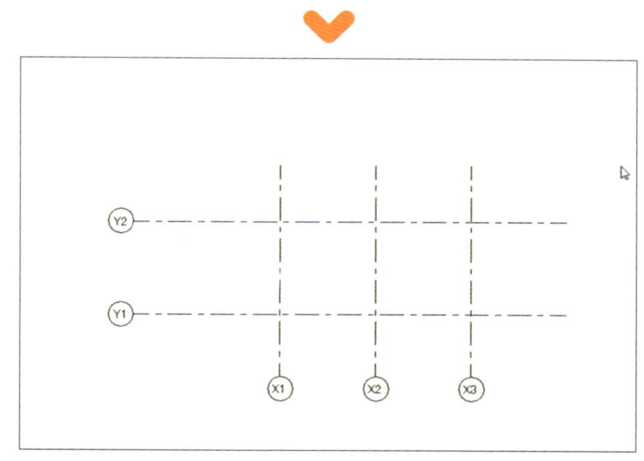

2-1-4 選択した通り芯のみの長さを変更する

「2nd_day」－「2-1-4a.rvt」(作図前)
「2-1-4b.rvt」(作図後)

2-1-3で解説した方法では、長さの変更が同じ方向の通り芯とすべてのレベルに反映されますが、ここでは、現在表示しているレベルのビューのみに変更が反映される方法を解説します。

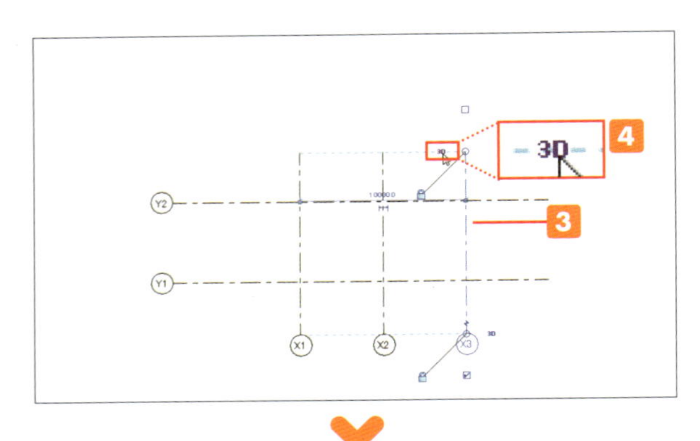

1 P.24 1-3-2を参考に、「2-1-4a.rvt」を開く。
2 [修正]ツールをクリックする。
3 通り芯「X3」をクリックして選択状態にする。
4 端点横に表示されている[3D]をクリックする。

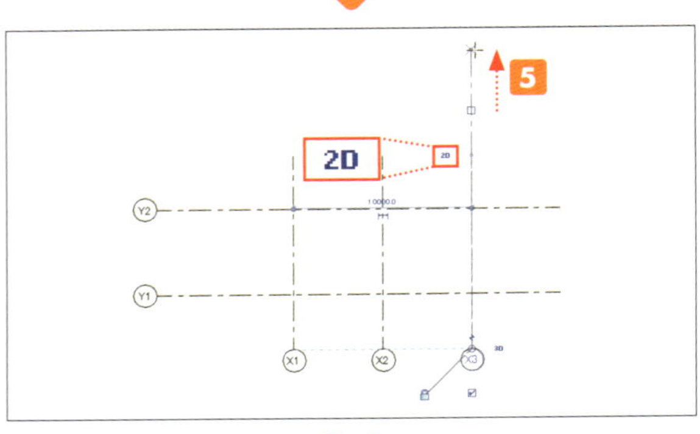

5 [3D]の表示が[2D]に変わり、端点のマーカー(白い丸)が小さくなる。上端点のマーカー(白い丸)を上方向の任意の位置までドラッグする。

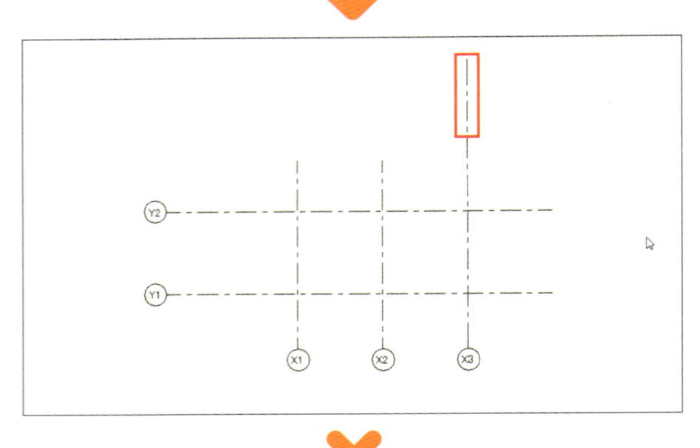

6 作図領域の何もない位置をクリックして選択を解除する。

通り芯「X3」の長さが変更されました。

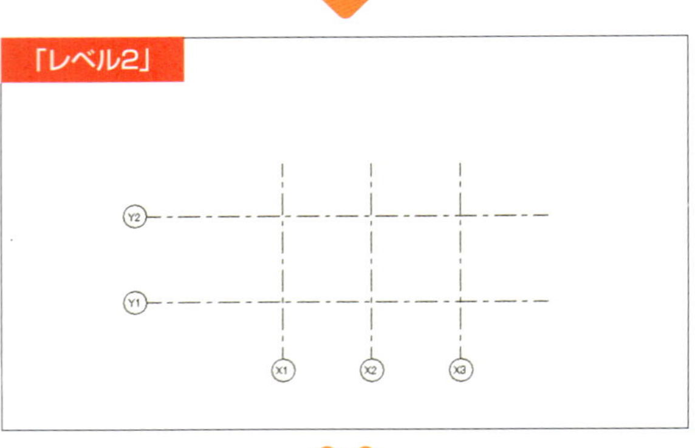

「レベル2」のビューで変更が反映されていないことを確認します。

7 [プロジェクトブラウザ](P.18の⑫)の[ビュー(レベル順)]－[平面図]－[レベル2]をダブルクリックして、「レベル2」の平面図ビューを表示させる。「レベル2」の通り芯「X3」の長さは変更されていないことが確認できる。

変更した通り芯「X3」の長さを元に戻します。

8 「レベル1」タブをクリックして、「レベル1」の平面図のビューを表示する。
9 通り芯「X3」をクリックして選択状態にする。
10 上端点のマーカー（白い丸）を、通り芯「X1」「X2」と水平であることを示す青色の破線が表示される位置までドラッグする。

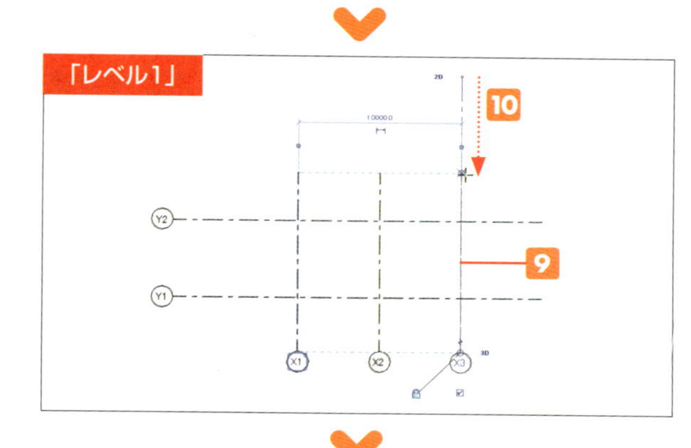

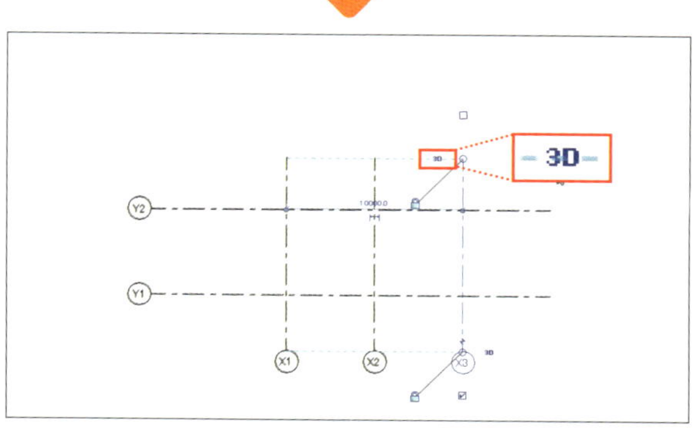

通り芯「X3」が「X1」「X2」と同じ長さになります。このとき、手順 4～5 で[2D]に変更した表示が、自動的に[3D]に戻ります。

HINT

通り芯のコントロール

通り芯を選択状態にすると、下記のようなチェックボックスや各種マークなどが表示され、通り芯を編集できる。

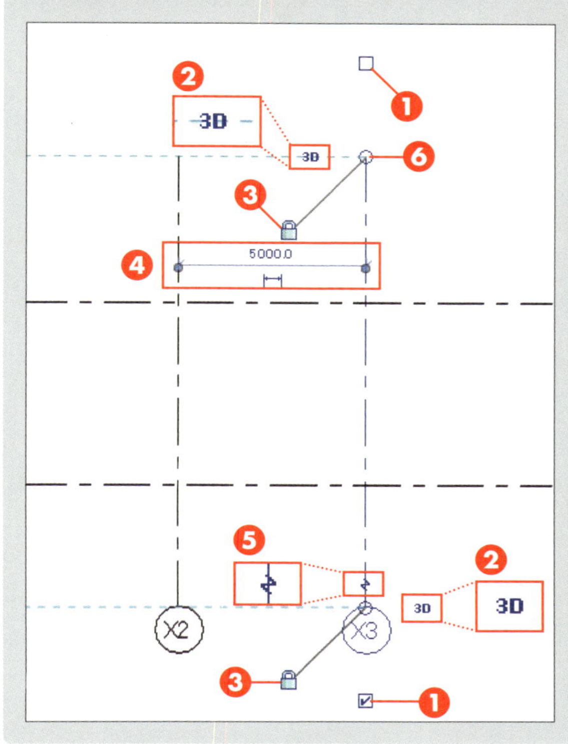

❶ **[通芯記号を表示／通芯記号を非表示]**
チェックボックスにチェックを入れると通り芯記号が表示され、チェックを外すと非表示になる。

❷ **[2D範囲に切り替える／3D範囲に切り替える]**
[3D]のときは、通り芯の長さや記号がすべての平面ビューで同じ表示になる。[2D]のときは、表示中のビューのみに変更が加えられる。

❸ **[位置合わせ拘束ロック／ロック解除を切り替え]**
カギがかかったマーク（ロック）の状態では、通り芯の長さを変更すると、同じ方向の通り芯にも変更が加えられる。

❹ **[寸法の長さを編集]（仮寸法）**
隣接する通り芯からの距離が表示される。距離を変更すると、選択している通り芯の位置が変更される。寸法矢印記号のマーカー（青い丸）をドラックすると、ほかの通り芯からの距離に変更できる。

❺ **[エルボを追加]**
マークをクリックすると屈折部分が追加され、記号がずれて表示される。ドラッグコントロール（P.41 1-8-3 参照）を移動すると、通り芯記号を自由な位置に変更できる。

❻ **[モデル終端をドラッグしてグリッドを変更]**
通り芯の端点にあるマーカー（白い丸）をドラッグして移動すると、通り芯の長さを変更できる。

2-1-5 通り芯記号の表示位置を変更する

「2nd_day」―「2-1-5a.rvt」(作図前)
「2-1-5b.rvt」(作図後)

通り芯を選択すると、端点の近くにチェックボックスが表示されます。チェックを入れた側の端点に通り芯記号が表示され、チェックを外すと非表示になります。

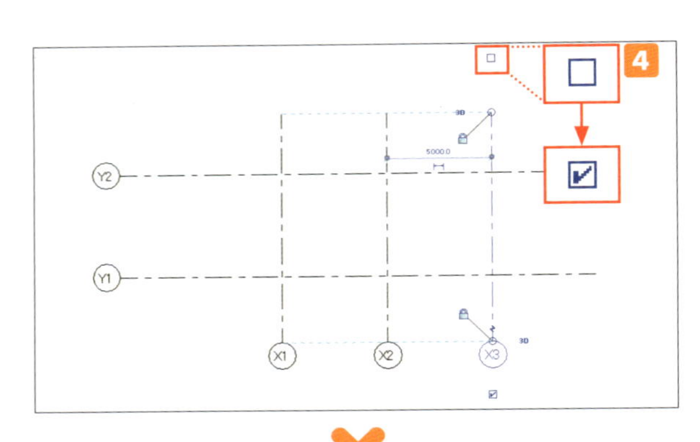

1 P.24 **1-3-2**を参考に、「2-1-5a.rvt」を開く。

2 [修正]ツールをクリックする。

3 通り芯「X3」をクリックして選択状態にする。

4 上側の端点付近に表示されるチェックボックスをクリックしてチェックを入れる。

上側の端点に通り芯記号が表示されました。

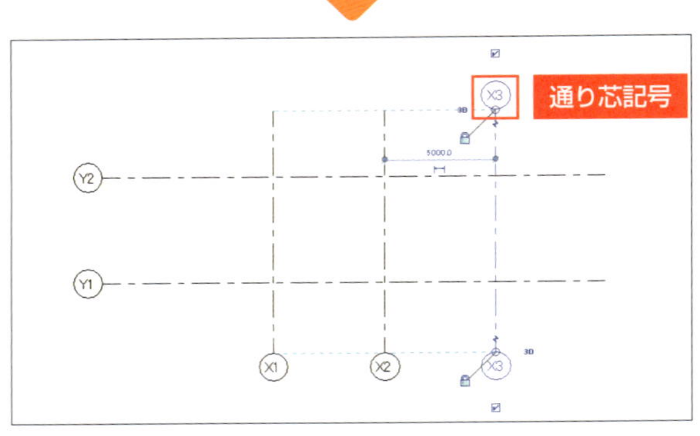

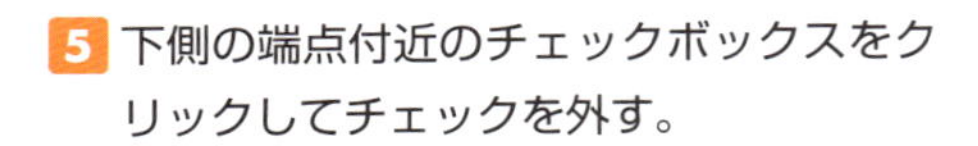

5 下側の端点付近のチェックボックスをクリックしてチェックを外す。

下側の端点の通り芯記号が非表示になりました。

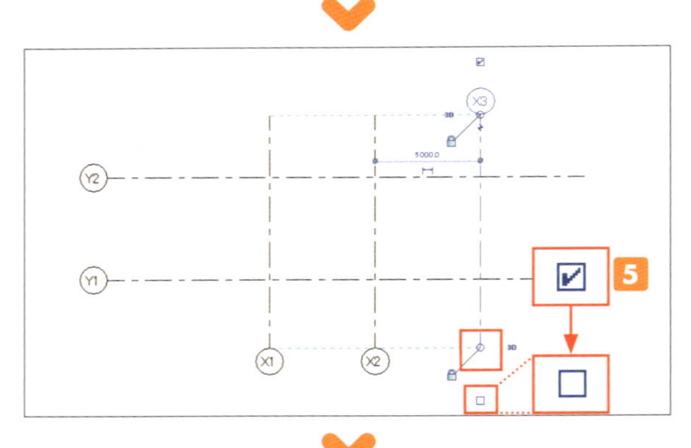

6 作図領域の何もない位置をクリックして選択を解除する。

通り芯記号の表示位置を変更できました。

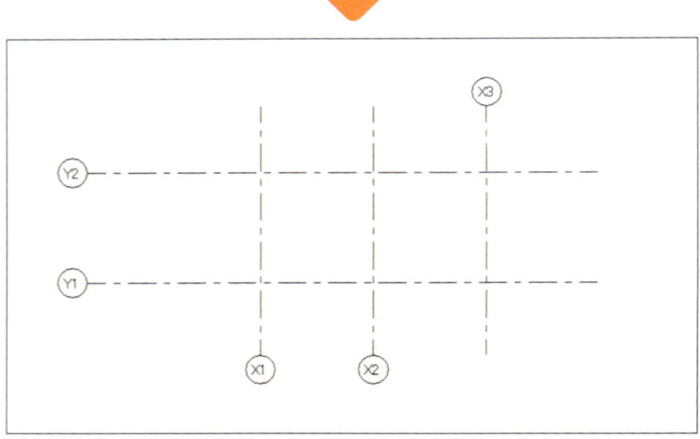

2-1-6 エルボを追加して通り芯記号をずらす

「2nd_day」―「2-1-6a.rvt」(作図前)
「2-1-6b.rvt」(手順5作図後)

通り芯を選択すると表示される[エルボを追加]をクリックすると、エルボ(屈折部分)が追加されて通り芯記号の位置を変更できるようになります。通り芯記号が重なっているときなどに利用します。

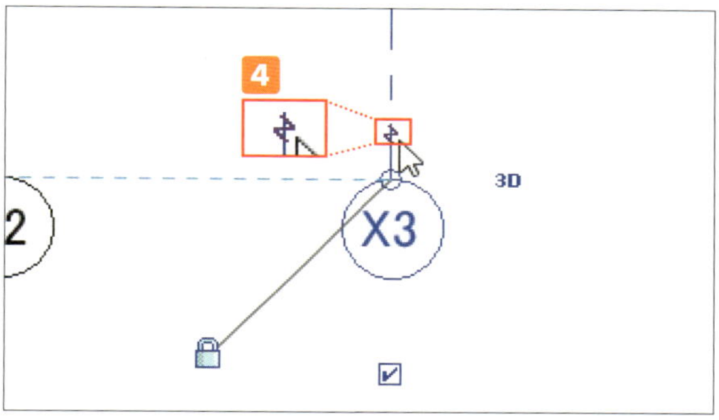

1 P.24 1-3-2を参考に、「2-1-6a.rvt」を開く。
2 [修正]ツールをクリックする。
3 通り芯「X3」をクリックして選択状態にする。
4 通り芯の下側にある[エルボを追加]のマークをクリックする。 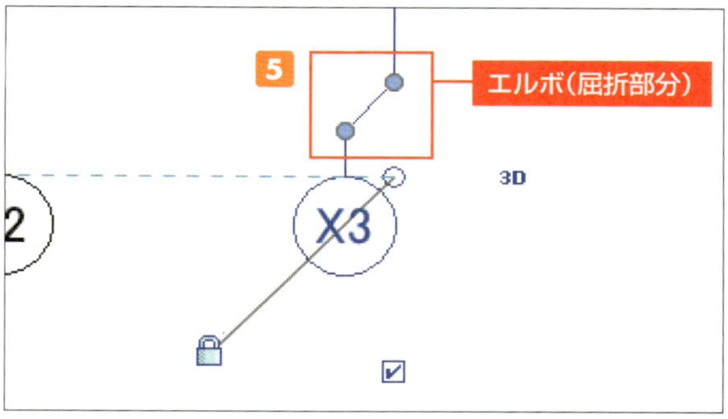
5 屈折部分が追加されて、通り芯記号の位置がずれる。

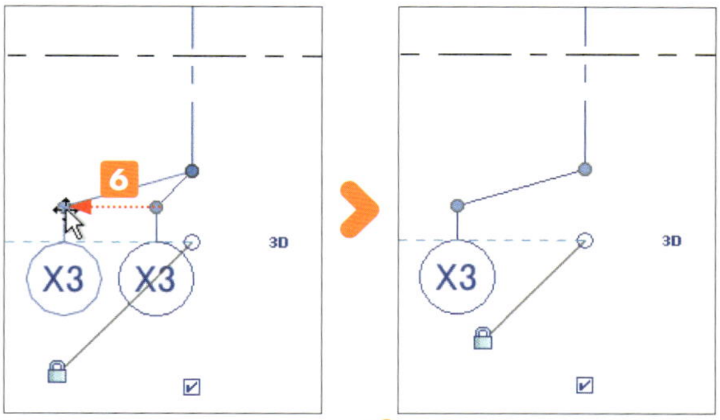

エルボ(屈折部分)

6 屈曲部分下のマーカー(青い丸)をドラッグすると、任意の位置に移動できる。

通り芯記号をずらすことができました。

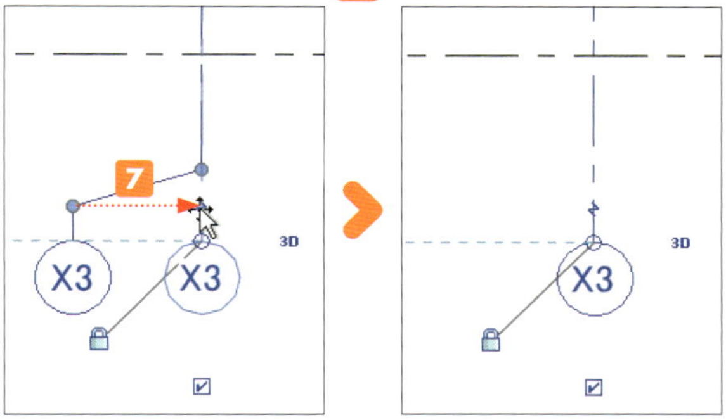

通り芯記号を元の位置に戻します。

7 屈曲部分下のマーカー(青い丸)をドラッグして通り芯の延長線上に移動する。

通り芯記号の位置が通り芯上に戻りました。

2-1-7 通り芯のタイプを変更する

「2nd_day」－「2-1-7a.rvt」(作図前)
「2-1-7b.rvt」(作図後)

通り芯の中央部を薄くして図面を見やすくする、通り芯記号の円を非表示にする、通り芯の見た目を編集するといった場合には、通り芯のタイプを変更します。

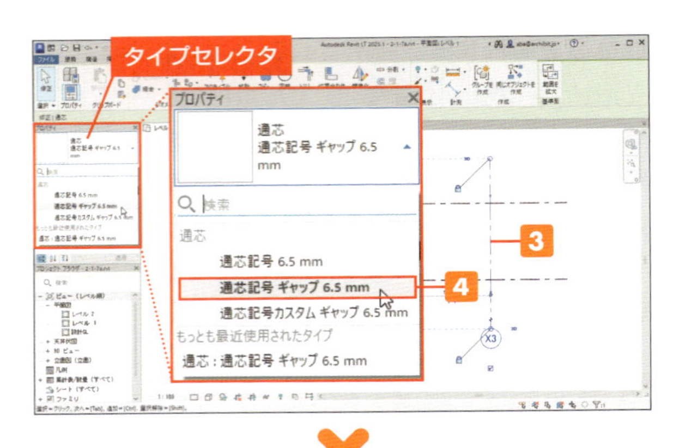

1 P.24 **1-3-2** を参考に、「2-1-7a.rvt」を開く。
2 [修正]ツールをクリックする。
3 通り芯「X3」をクリックして選択状態にする。
4 [プロパティパレット]の[タイプセレクタ](P.18の⑩)で、通芯記号のタイプとして[通芯記号 ギャップ 6.5㎜]を選択する。

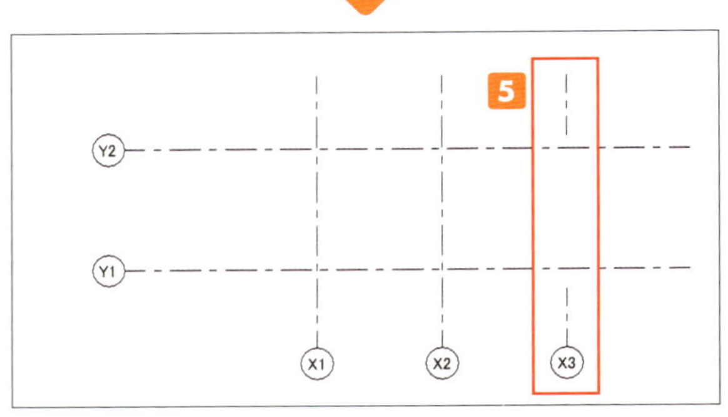

5 作図領域の何もない位置をクリックして選択を解除する。

通り芯「X3」の中央部のみ非表示になりました。

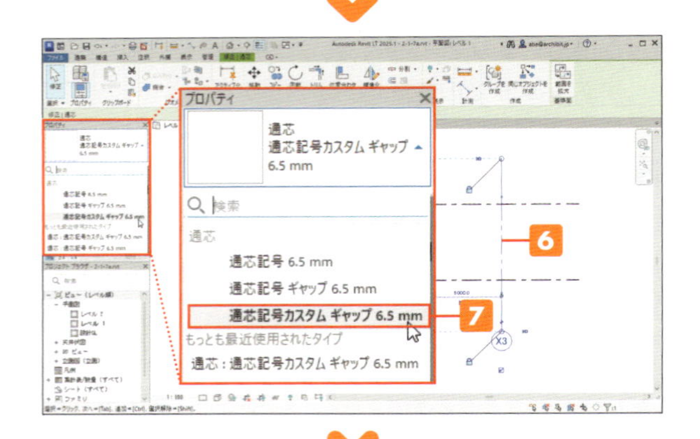

6 再度、通り芯「X3」をクリックして選択状態にする。
7 [プロパティパレット]の[タイプセレクタ]で、通芯記号のタイプとして[通芯記号 カスタムギャップ 6.5㎜]を選択する。

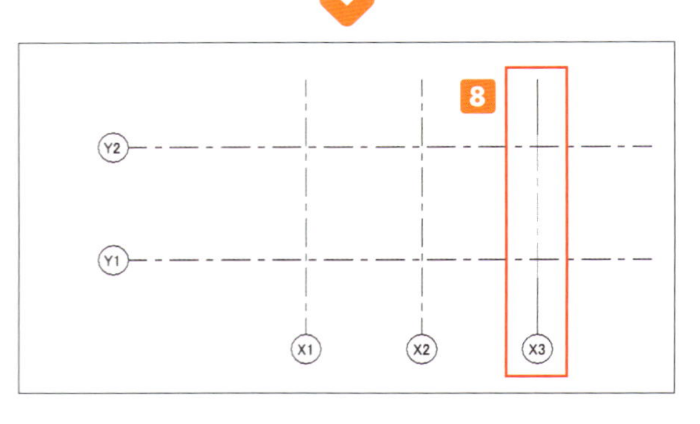

8 作図領域の何もない位置をクリックして選択を解除する。通り芯「X3」の上下部分は通常の濃さの実線で、中央部のみ薄い一点鎖線で表示される。

通り芯のタイプを変更できました。

2-1-8 通り芯のタイプを作成する

「2nd_day」－「2-1-8a.rvt」(作図前)
「2-1-8b.rvt」(作図後)

通り芯の線種を変更したいときなどには、独自のプロパティを設定した通り芯タイプを作成します。このとき、既存の通り芯タイプは削除せずに残しておくと、簡単に変更前の状態に戻すことができます。

1 P.24 **1-3-2** を参考に、「2-1-8a.rvt」を開く。
2 [修正]ツールをクリックする。
3 通り芯「X3」をクリックして選択状態にする。
4 [プロパティパレット]の[タイプセレクタ]が[通芯]になっていることを確認し、その下の[タイプ編集]をクリックする。
5 [タイプ プロパティ]ダイアログが表示される。[ファミリ]で[システムファミリ:通芯]、[タイプ]で[通芯記号 カスタムギャップ 6.5 mm]を選択して、[複製]ボタンをクリックする。
6 [名前]ダイアログが表示されるので、[名前]に「通芯記号 カスタムギャップ 6.5 mm 破線」と入力して[OK]ボタンをクリックする。
7 [タイプ プロパティ]ダイアログに戻るので、[タイプ]が[通芯記号 カスタムギャップ 6.5 mm 破線]に変更されたことを確認する。
8 [タイプ パラメータ]欄の[記号]で[通芯記号-符号なし:通芯記号-風船なし]を選択する。
9 [中心セグメントのパターン]で[破線]を選択する。
10 [OK]ボタンをクリックする。

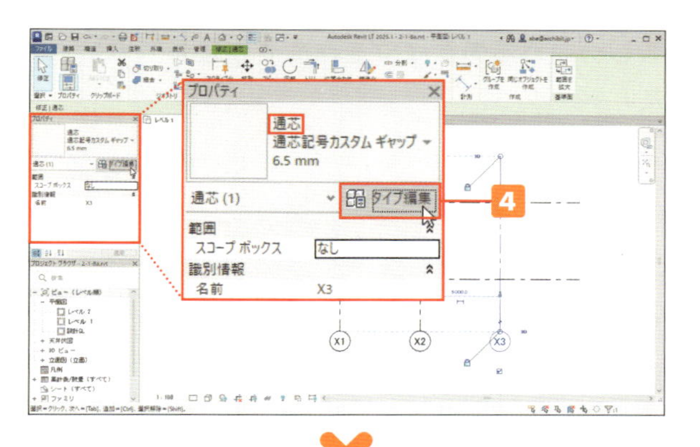

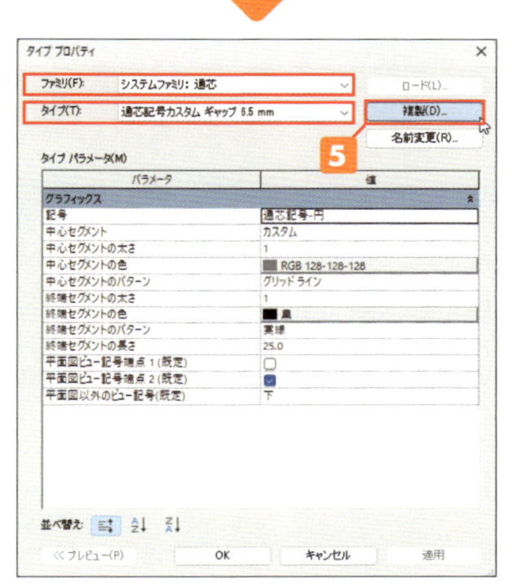

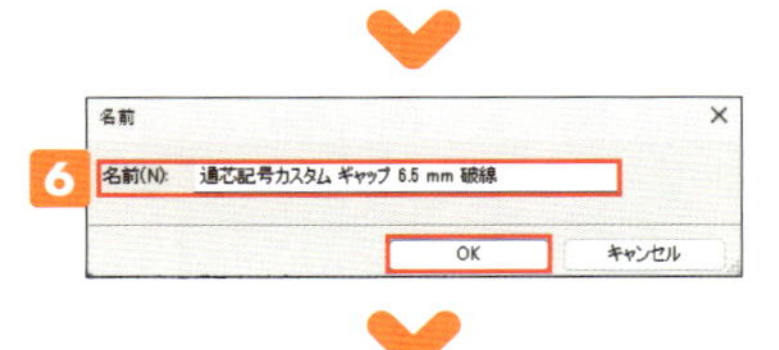

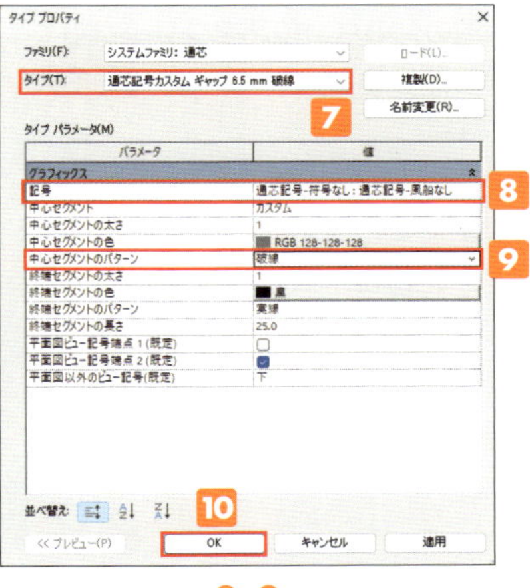

HINT 線種の設定

[破線]や[グリッドライン]などのセグメントパターンの設定は、[管理]タブー[その他の設定]パネルー[線種パターン]で設定できる。通り芯記号の文字や円の大きさを変更するには、ファミリの編集が必要となる。

11 作図領域の何もない位置をクリックして選択を解除する。通り芯記号の円（風船）が非表示になり、線の中央部が破線になる。

新しい通り芯のタイプを作成できました。

ほかの通り芯にも作成したタイプ［通芯記号 カスタムギャップ 6.5mm 破線］を適用します。

12 交差選択（P.34 **1-6-2**参照）ですべての通り芯を選択状態にする。

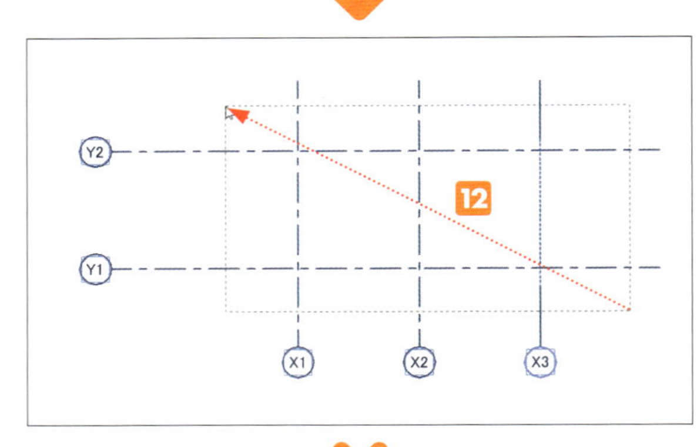

13 ［プロパティパレット］の［タイプセレクタ］で、［通芯記号 カスタムギャップ 6.5 mm 破線］を選択すると、すべての通り芯の線の中央部が破線になる。

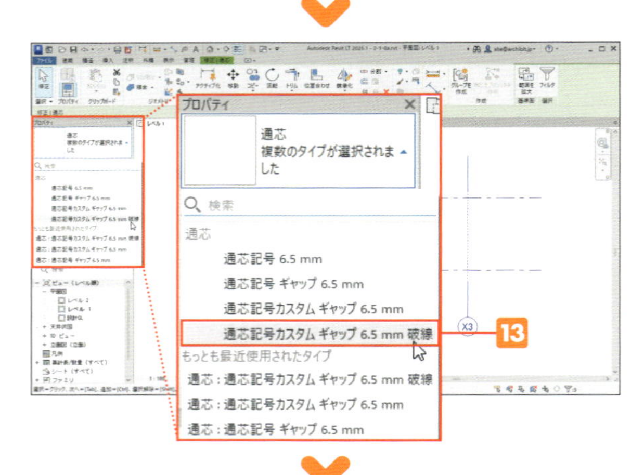

14 作図領域の何もない位置をクリックして選択を解除すると、通り芯記号の円も非表示になる。

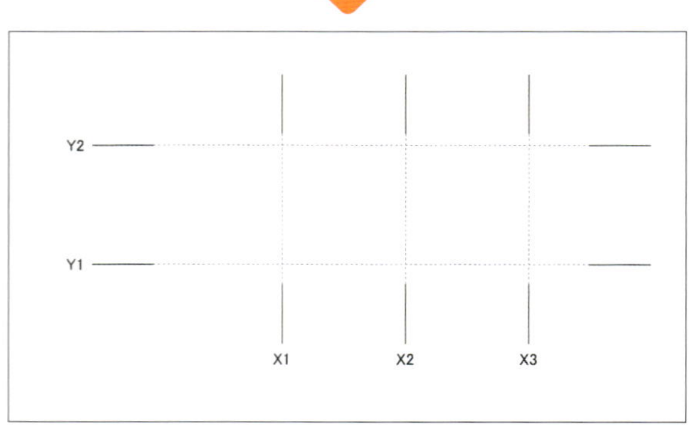

新たに作成したタイプ［通芯記号 カスタムギャップ 6.5mm 破線］を、すべての通り芯に適用できました。

DAY 2-2 レベルの編集

レベルは、平面図、天井伏図ビューの基になる要素で、レベルを追加すると自動的にそのレベル名の平面図、天井伏図ビューが作成されます。ここでは、レベルの移動や追加、レベル線タイプの作成と変更などの操作について解説します。

2-2-1 レベルを移動する

「2nd_day」―「2-2-1a.rvt」(作図前)
「2-2-1b.rvt」(作図後)

[建築テンプレート]を基にプロジェクトを新規作成すると、初期状態では「設計GL」のレベル線から「レベル1」のレベル線までの距離が500になっています。ここでは、「レベル1」を「設計GL」から200の位置に移動します。

1 P.24 **1-3-2**を参考に、「2-2-1a.rvt」を開く。
2 [プロジェクトブラウザ]の[ビュー(レベル順)]－[立面図]－[西]をダブルクリックする。
3 西立面図が表示されるので、[修正]ツールをクリックする。

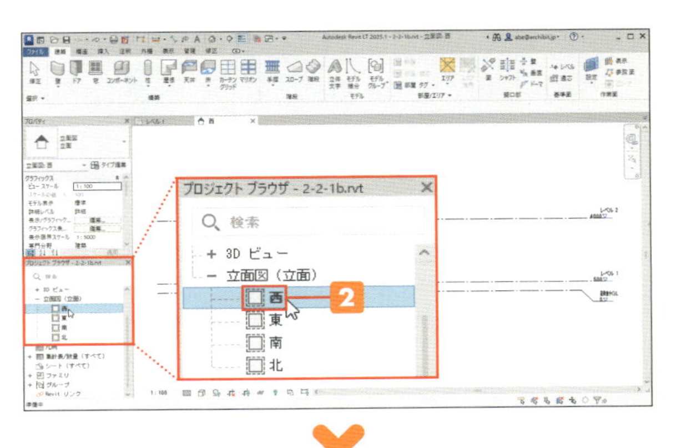

4 作図領域の「レベル1」と表示されているレベル線をクリックして選択状態にする。
5 「500.0」と表示されている仮寸法をクリックする。

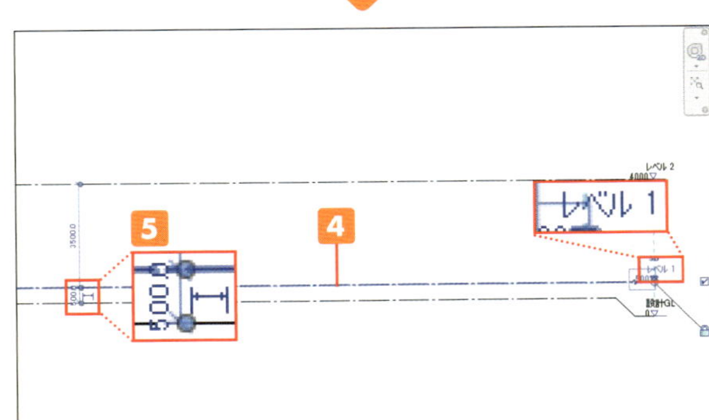

6 仮寸法が編集モードになるので、キーボードから「200」と入力して Enter キーを押す。

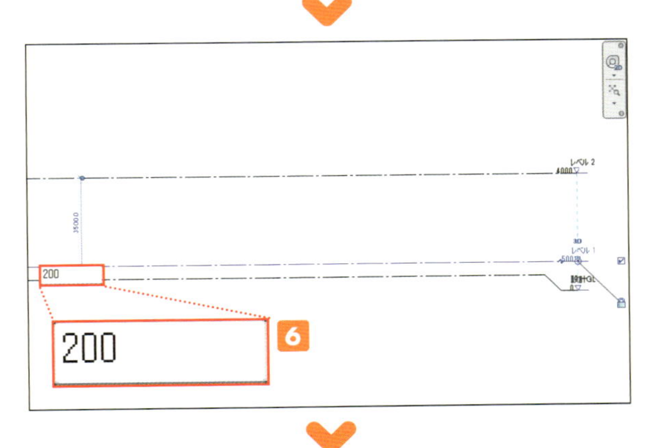

7 作図領域の何もない位置をクリックして選択を解除する。

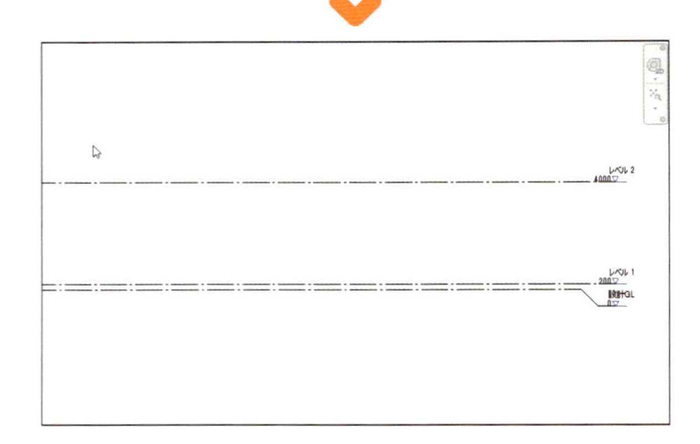

「レベル1」のレベル線が「設計GL」のレベル線から200の位置に移動しました。

HINT レベルのコントロール

レベル線を選択状態にすると、下記のようなチェックボックスや各種マークなどが表示され、編集可能となる。

❶ **[通芯記号を表示／通芯記号を非表示]**
チェックボックスにチェックを入れるとレベルの名称や高さなどの記号が表示され、チェックを外すと非表示になる。

❷ **[2D範囲に切り替える／3D範囲に切り替える]**
[3D]のときは、レベル線の長さや記号がすべての平面ビューで同じ表示になる。[2D]のときは、表示中のビューのみに変更が加えられる。

❸ **[位置合わせ拘束ロック／ロック解除を切り替え]**
カギがかかったマーク(ロック)の状態では、レベル線の長さを変更すると、同じ方向のレベル線にも変更が加えられる。

❹ **[寸法の長さを編集](仮寸法)**
隣接するレベル線からの距離が表示される。距離を変更すると、選択しているレベルの位置が変更される。寸法矢印記号のマーカー(青い丸)をドラッグすると、ほかのレベル線からの距離に変更できる。

❺ **[エルボを追加]**
マークをクリックすると屈折部分が追加され、レベルの名称や高さなどの記号がずれて表示される。マーカー(青い丸)をドラッグすると、レベル記号を自由な位置に変更できる。

❻ **[モデルでレベルの範囲をドラッグ]**
マーカー(白い丸)をドラッグして移動すると、レベル線の長さを変更できる。

2-2-2 レベル線の長さをまとめて変更する

「2nd_day」－「2-2-2a.rvt」(作図前)
「2-2-2b.rvt」(作図後)

同じ方向のレベル線はお互いにロックされています。そのため、いずれか1本の長さを変更すると、ほかのレベル線の長さも変更されます。

1 P.24 **1-3-2**を参考に、「2-2-2a.rvt」を開く。
2 [修正]ツールをクリックする。
3 「レベル1」のレベル線をクリックして選択状態にする。

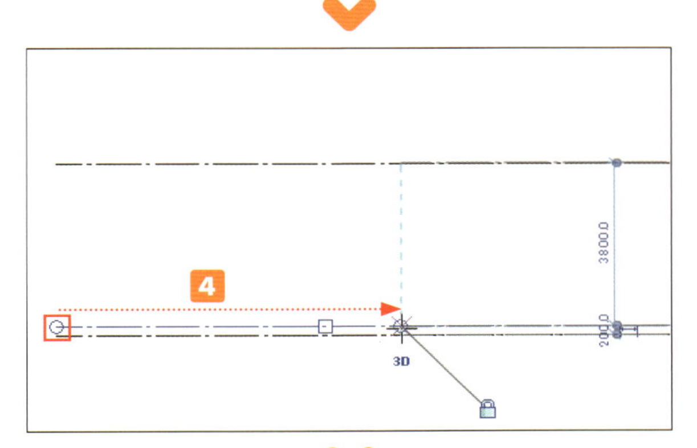

4 レベル線の左端点にあるマーカー(白い丸)を右方向の任意の位置までドラッグする。

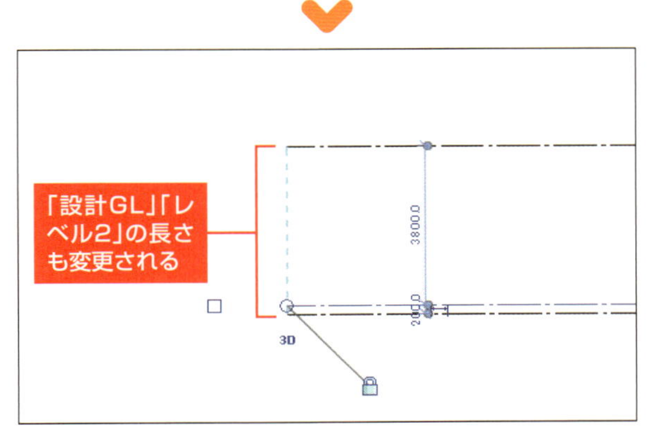

5 作図領域の何もない位置をクリックして選択を解除する。

「レベル1」のレベル線の端点の移動に合わせて、「設計GL」「レベル2」のレベル線の長さも変更されました。

「設計GL」「レベル2」の長さも変更される

3800.0

3D

HINT 選択したレベル線のみの長さの変更

手順3でレベル線を選択したあと、カギマークをクリックしてロックを解除してから左端にあるマーカー(白い丸)をドラッグすると、選択しているレベル線のみの長さが変更される。

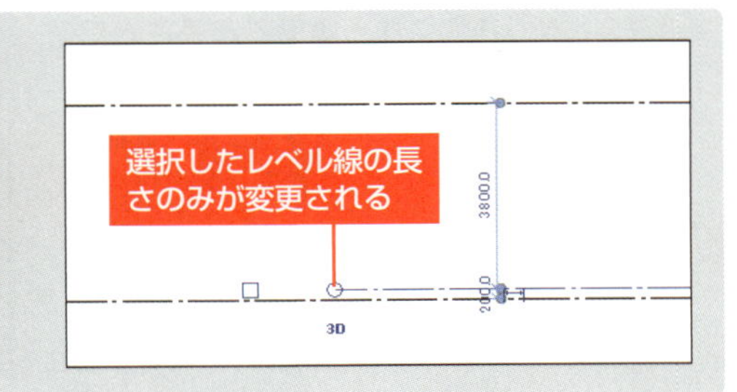

2-2-3 レベルを追加する

「2nd_day」－「2-2-3a.rvt」(作図前)
「2-2-3b.rvt」(作図後)

レベルを追加するには、[レベル]ツールを使用します。レベルを追加すると、連動して平面図と天井伏図に新しいレベルのビューが追加されます。

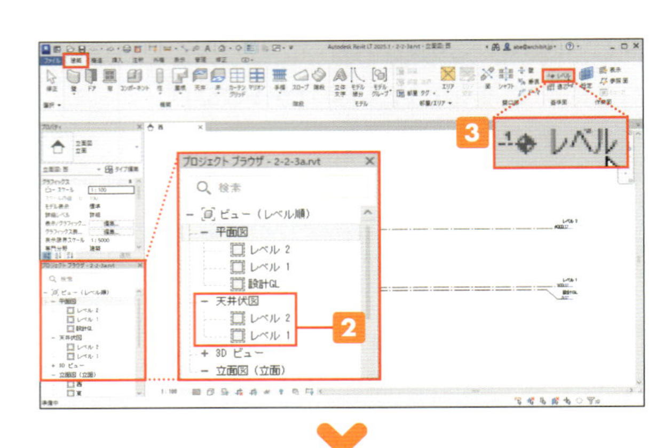

1 P.24 **1-3-2**を参考に、「2-2-3a.rvt」を開く。

2 [プロジェクトブラウザ]の[ビュー(レベル順)]－[天井伏図]の[+]をクリックして展開すると、ビュー名が表示される。

3 [建築]タブ－[基準面]パネル－[レベル]をクリックする。

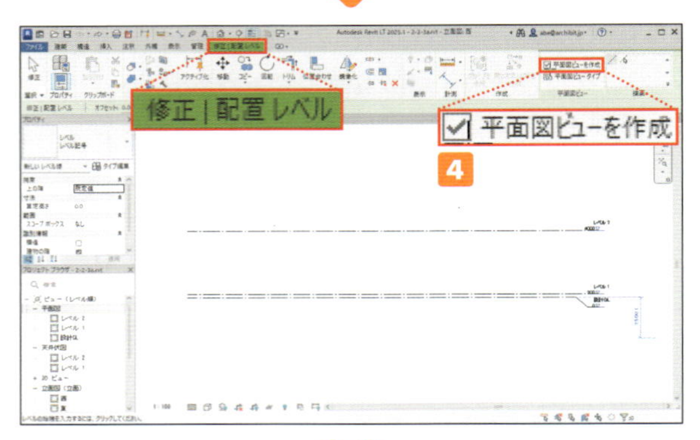

4 [修正 | 配置レベル]タブ－[平面図ビュー]パネルの[平面図ビューを作成]にチェックを入れる。

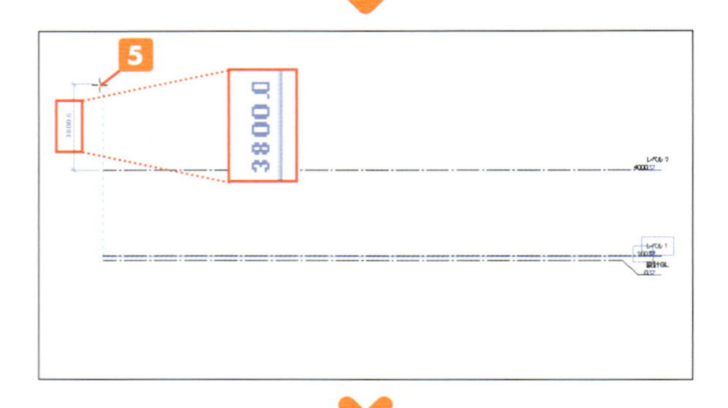

5 「レベル2」のレベル線の左端にカーソルを合わせてから(クリックはしない)、上方向に移動し、水平であることを示す青色の破線が表示されることを確認して、仮寸法が「3800.0」と表示される位置でクリックする。

6 カーソルを右方向に移動し、「レベル2」のレベル線の右端点から垂直であることを示す青色の破線が表示される位置でクリックする。

7 [修正]ツールをクリックして[レベル]ツールを終了する。

「レベル3」のレベル線が追加できました。[プロジェクトブラウザ]の[平面図]と[天井伏図]に「レベル3」のビューが追加されたことが確認できます。

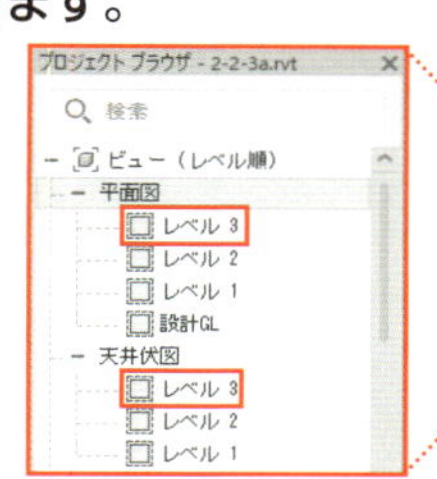

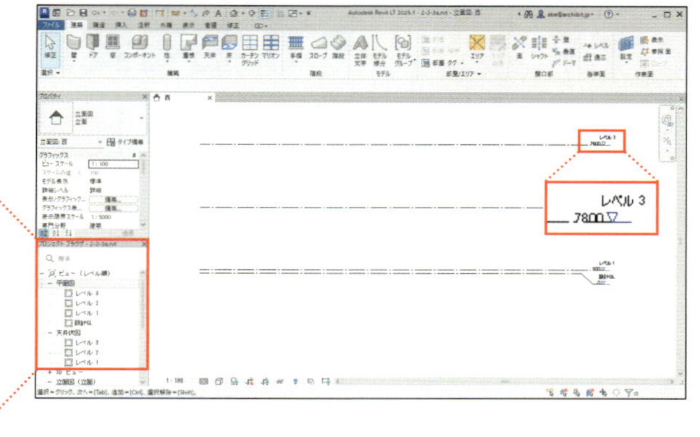

2-2-4 レベルを削除する

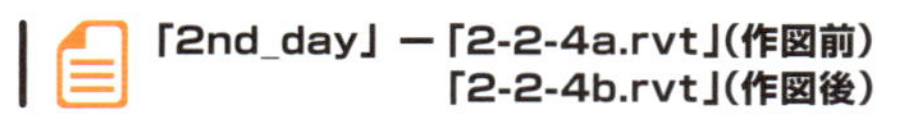

「2nd_day」－「2-2-4a.rvt」（作図前）
「2-2-4b.rvt」（作図後）

レベルを削除します。レベルを削除すると、連動して平面図と天井伏図のビューが削除されます。

1 P.24 **1-3-2**を参考に、「2-2-4a.rvt」を開く。
2 [修正]ツールをクリックする。
3 「レベル3」のレベル線をクリックして選択状態にして Delete キーを押す。

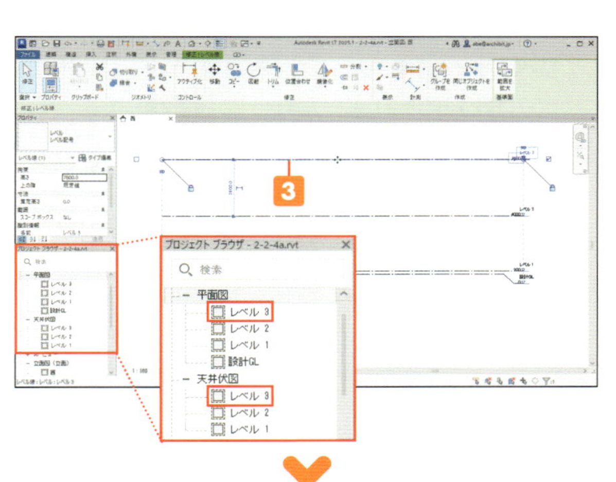

4 連動して削除される要素やビューについての警告メッセージが表示されるので、確認して[OK]ボタンをクリックする。

Autodesk Revit LT 2025
警告
選択対象とともに、4 個の要素と 2 個のビューが削除されます。
ビュー 平面図：レベル 3 は削除されます。
ビュー 天井伏図：レベル 3 は削除されます。
表示(S)　詳細情報(I)　展開(E) >>
OK(O)　キャンセル(C)

「レベル3」のレベル線が削除されました。連動して[プロジェクトブラウザ]の[平面図]と[天井伏図]の「レベル3」のビューが削除されたことが確認できます。

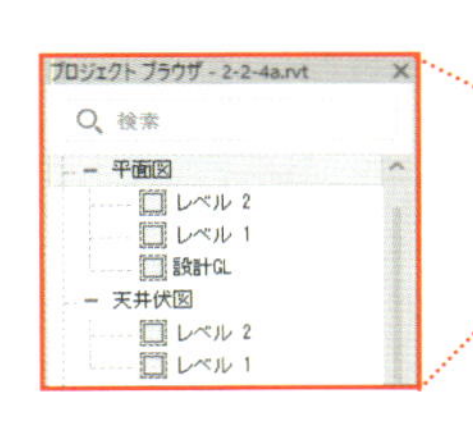

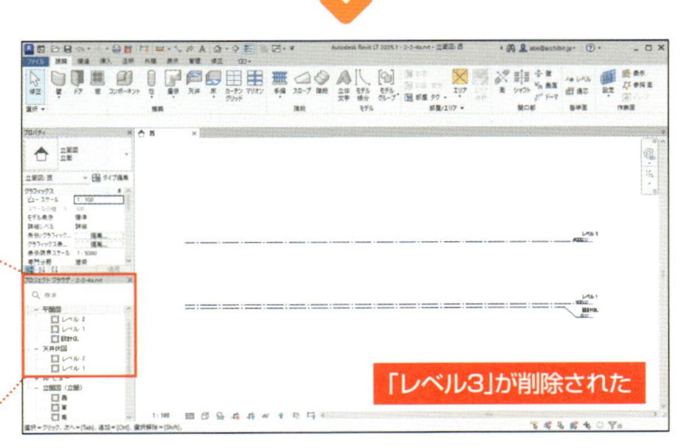

2-2-5 レベル名を変更する

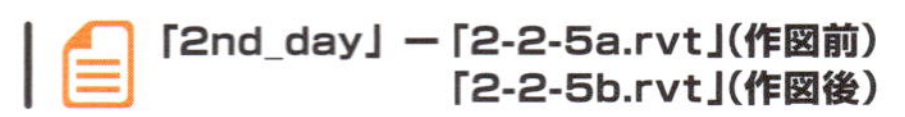

レベル名を変更すると、連動して平面図と天井伏図のビューの名前も変更されます。ここでは、「レベル1」となっているレベル名を「1FL」に変更します。

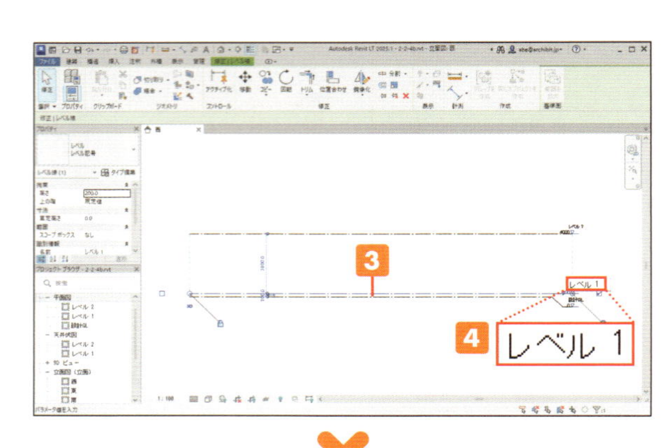

1 P.24 **1-3-2**を参考に、「2-2-5a.rvt」を開く。
2 [修正]ツールをクリックする。
3 「レベル1」のレベル線をクリックして選択状態にする。
4 「レベル1」の文字をクリックする。

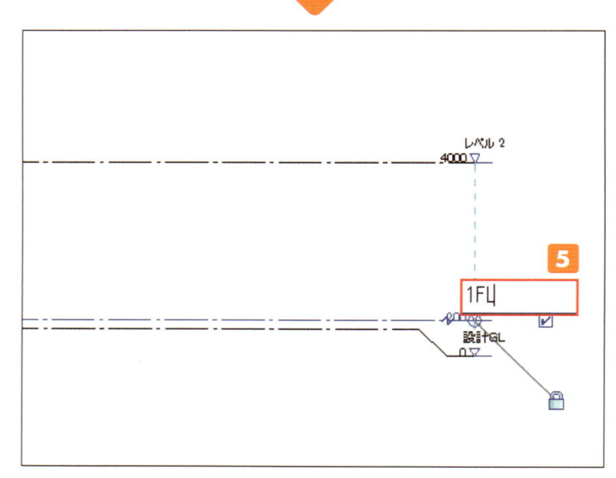

5 レベル名が編集モードになるので、キーボードから「1FL」と入力して Enter キーを押す。

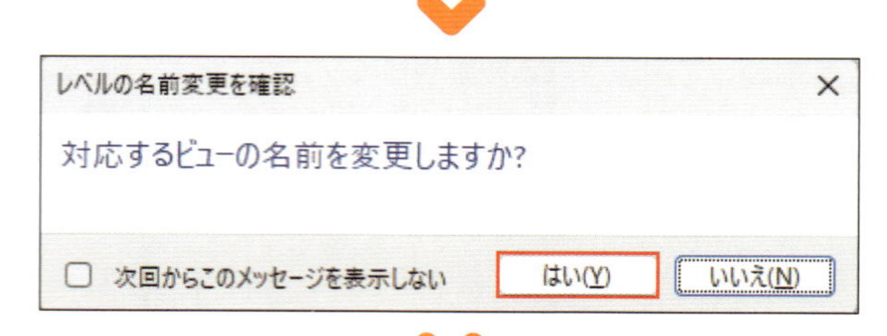

6 「対応するビューの名前を変更しますか？」というメッセージが表示されるので、[はい]ボタンをクリックする。

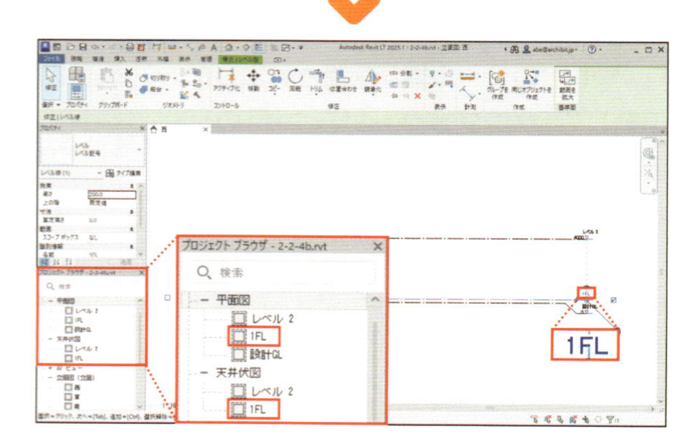

7 作図領域の何もない位置をクリックして選択を解除する。

レベル名が「1FL」に変更されました。連動して[プロジェクトブラウザ]の[平面図]と[天井伏図]の「レベル1」のビューの名前が「1FL」に変更されたことが確認できます。同様の手順で「レベル2」を「2FL」に変更しておきます。

2-2-6 レベル線のタイプを作成する

「2nd_day」―「2-2-6a.rvt」(作図前)
「2-2-6b.rvt」(作図後)

レベル線の線種やレベル記号を変更したいときは、独自のプロパティを設定したレベル線のタイプを作成します。既存のレベル線タイプを削除せずに残しておくと、簡単に変更前のタイプに戻すことができます。

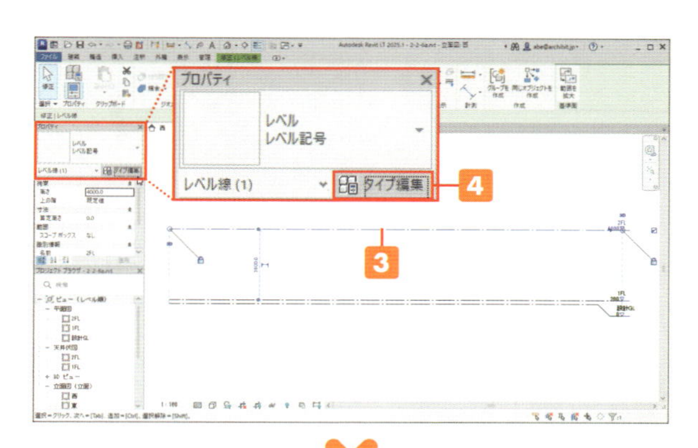

1 P.24 1-3-2を参考に、「2-2-6a.rvt」を開く。
2 [修正]ツールをクリックする。
3 「2FL」のレベル線をクリックして選択状態にする。
4 [タイプセレクタ]下の[タイプ編集]をクリックする。

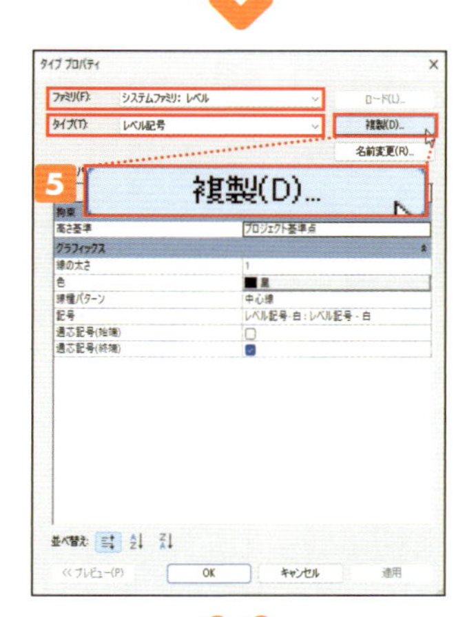

5 [タイプ プロパティ]ダイアログが表示される。[ファミリ]で[システムファミリ:レベル]、[タイプ]で[レベル記号]を選択して、[複製]ボタンをクリックする。

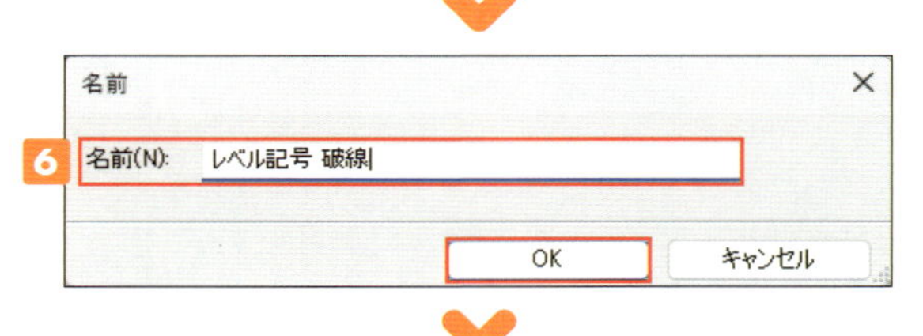

6 [名前]ダイアログが表示されるので、[名前]に「レベル記号 破線」と入力して[OK]ボタンをクリックする。
7 [タイプ プロパティ]ダイアログに戻るので、[タイプ]が[レベル記号 破線]に変更されたことを確認する。
8 [タイプ パラメータ]欄の[線種パターン]で[破線]を選択する。
9 [OK]ボタンをクリックする。

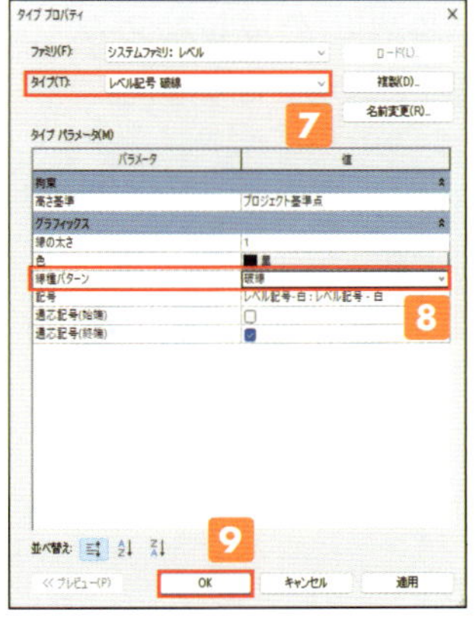

HINT 線種の設定

[破線]や[グリッドライン]などのセグメントパターンの設定は、[管理]タブ―[その他の設定]パネル―[線種パターン]で設定できる。

10 「2FL」のレベル線に[レベル記号 破線]が適用されて、線が破線で表示される。

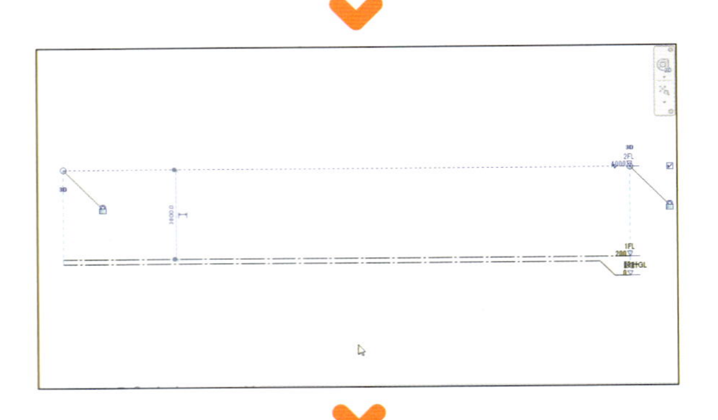

新しいレベル線のタイプを作成できました。

ほかのレベル線に、作成したタイプ[レベル記号 破線]を適用します。

11 交差選択ですべてのレベル線を選択状態にする。

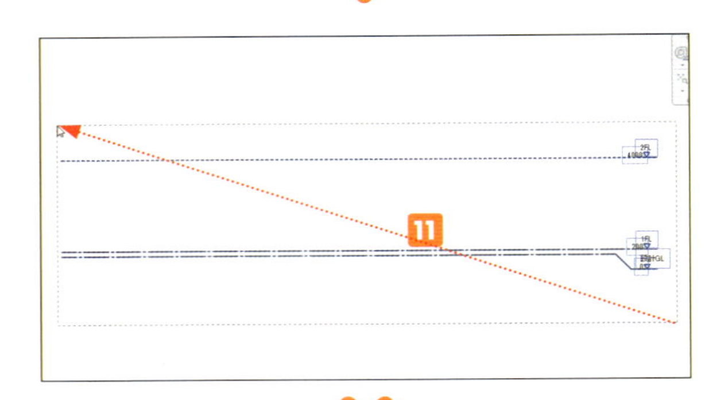

12 [プロパティパレット]の[タイプセレクタ]で、レベル記号のタイプとして[レベル記号 破線]を選択する。

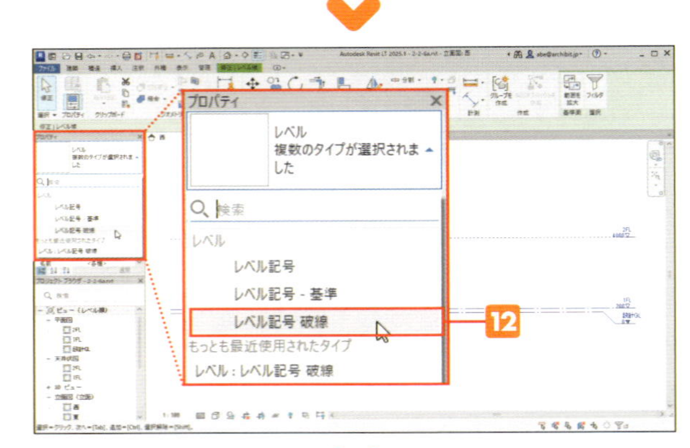

13 作図領域の何もない位置をクリックして選択を解除する。

すべてのレベル線に、作成したタイプ[レベル記号 破線]を適用できました。

DAY **2-3** # 壁の作成

壁は、[壁 意匠]ツールなどの壁入力ツールを実行し、壁のタイプや高さなどを指定してから、平面図ビューで位置を指定することで入力できます。壁はビューの[詳細レベル](P.69 COLUMN 参照)によって、線の数やハッチ、線種などの表現が違うので、それぞれの[詳細レベル]での変更方法を解説します。また、隣り合った壁の結合部の処理方法も説明します。

2-3-1 壁を入力する

「2nd_day」－「2-3-1a.rvt」(作図前)
「2-3-1b.rvt」(作図後)

壁を入力するには、[壁](ここでは、[壁 意匠])ツールを使用します。[タイプセレクタ]で壁のタイプを選択し、[オプションバー]で詳細な設定を行ってから入力します。入力の方法は[修正 | 配置 壁]タブ－[描画]パネルで選択できます。

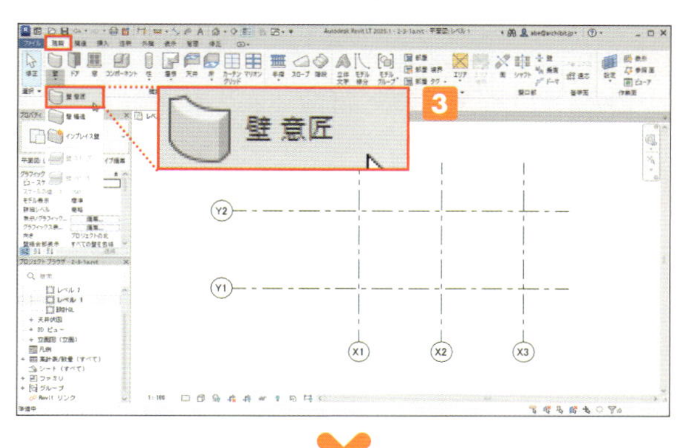

1 P.24 1-3-2を参考に、「2-3-1a.rvt」を開く。

2 [プロジェクトブラウザ]の[ビュー(レベル順)]－[平面図]－[レベル1]をダブルクリックして、レベル1の平面図のビューを表示する。

3 [建築]タブ－[構築]パネル－[壁]－[壁 意匠]をクリックする。

4 [プロパティパレット]の[タイプセレクタ]で、壁のタイプとして[外壁-レンガ]を選択する。

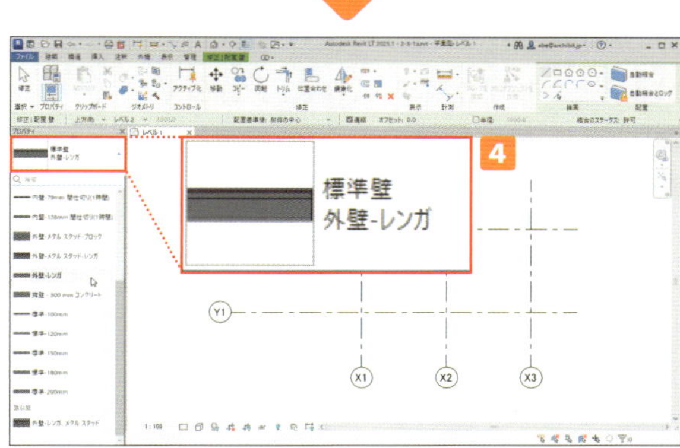

5 [修正 | 配置 壁]タブ－[描画]パネル－[長方形]をクリックする。

6 [オプションバー]で下記のように設定する。

[上方向]:レベル2

[配置基準線]:躯体の中心

[オフセット]:0.0

[半径]:チェックを外す

[結合のステータス]:許可

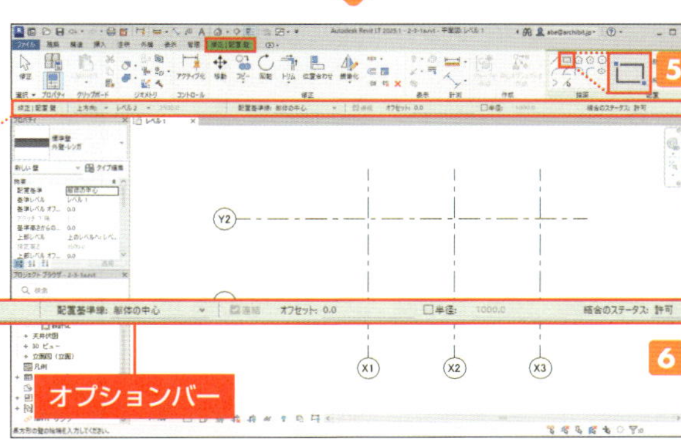

7 [長方形]ツールの1点目として、通り芯「X1」と「Y2」の交点をクリックする。

8 [長方形]ツールの2点目として、通り芯「X3」と「Y1」の交点をクリックする。

9 [修正]ツールをクリックして[壁 意匠]ツールを終了する。

壁を入力できました。

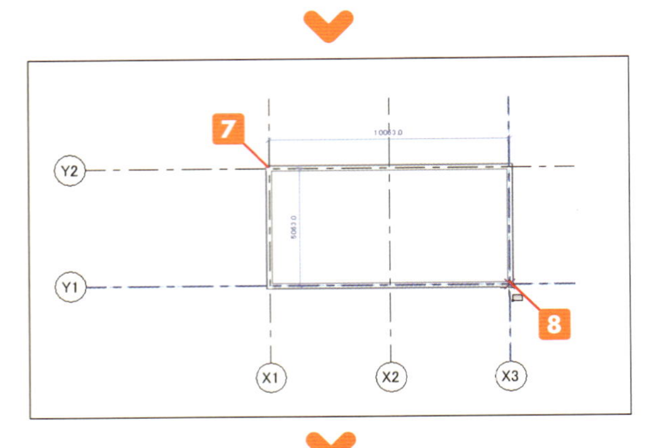

入力した壁の[詳細レベル]を[標準]に変更して、詳細部分を確認します。

10 マウスホイールを回転するなどして、通り芯「X1」と「Y1」の交点付近を拡大表示する(P.28 **1-4-1**参照)。

11 [ビューコントロールバー]の[詳細レベル]－[標準]を選択する。

[詳細レベル]を[標準]にすると、詳細部分の線が表示され、躯体芯に入力されていることがわかります。これは、手順 6 での「配置基準線：躯体の中心」の設定が反映されているためです。

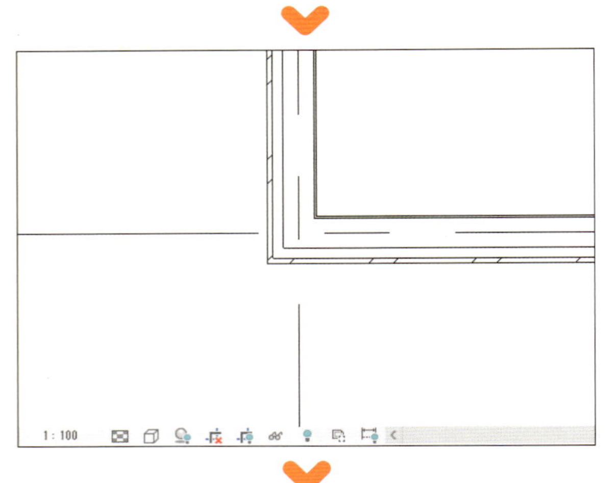

12 [プロジェクトブラウザ]の[ビュー(レベル順)]－[立面図]－[南]をダブルクリックする。

壁が[レベル1]から[レベル2]の高さで入力されていることがわかります。これは、手順 6 での「上方向：レベル2」の設定が反映されているためです。

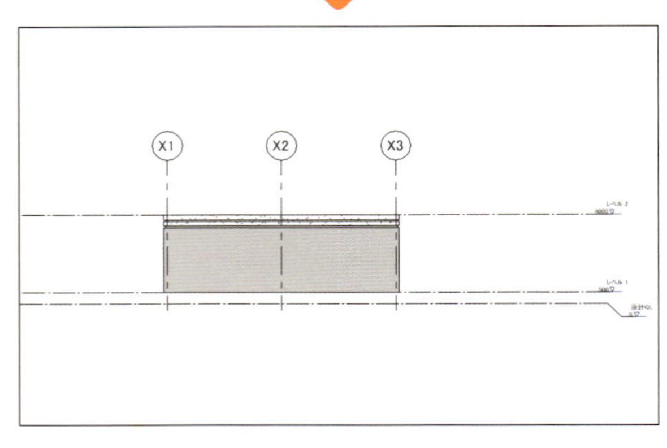

COLUMN

ビューの[詳細レベル]

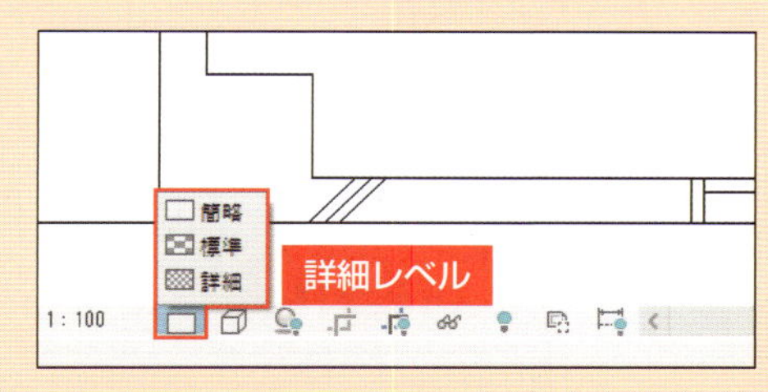

[ビューコントロールバー]の[詳細レベル]には、[簡略][標準][詳細]の3つのレベルが用意されており、それぞれ図面表現が図のドアの例のように変わります。それぞれのレベルにおいて要素がどのように表現されるかは、あらかじめファミリで設定されています。また、壁や柱などのハッチング(領域内をパターンで塗りつぶす機能)の表現は、[詳細レベル]によって設定する項目が違うので注意が必要です(詳細はP.70 **2-3-2**で解説)。

[詳細レベル]の使い分けはプロジェクトや使用しているファミリによって異なりますが、建築図面の場合、ビュースケール(尺度)が「1/200」「1/100」のときは[簡略]、「1/50」「1/10」のときは主に[標準]か[詳細]を使用します。

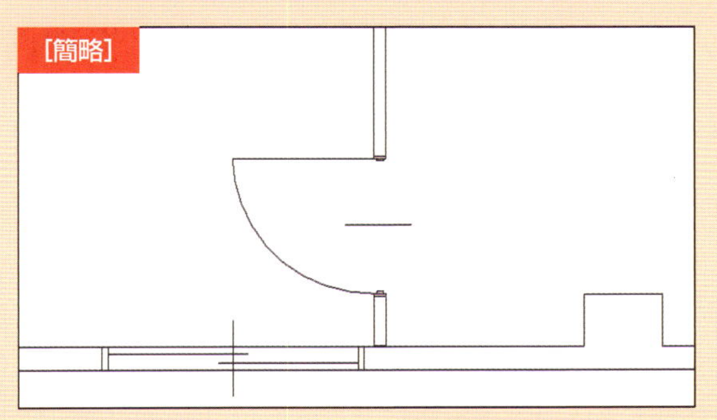

尺度が「1/100」の「1/200」などの場合に使用する。

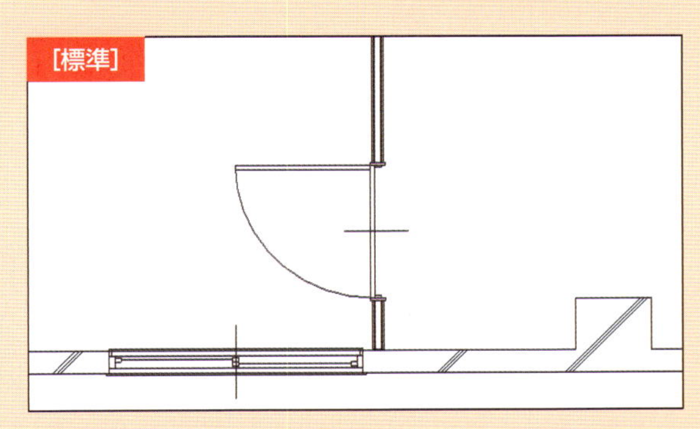

尺度が「1/50」より詳細な図面を表現するときに使用する。[詳細]と同じ表現になっているファミリが多く、[詳細]との使い分けはプロジェクトによって決める必要がある。

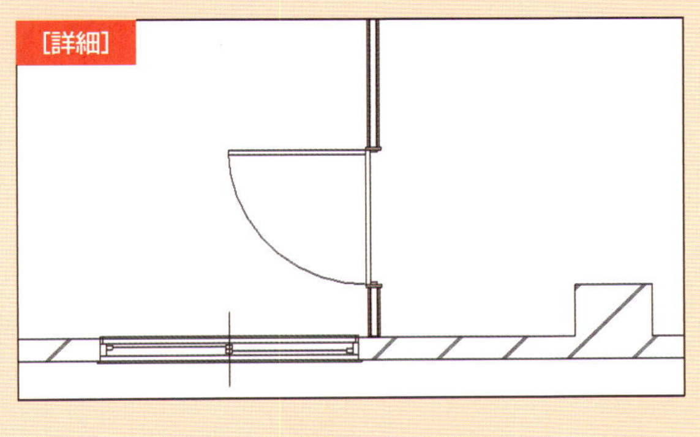

尺度が「1/50」より詳細な図面を表現するときに使用する。[標準]と同じ表現になっているファミリが多く、[標準]との使い分けはプロジェクトによって決める必要がある。

線が太く表示される場合

図のように線が太く表示されるときは、[クイックアクセスツールバー]の[細線]をクリックしてオン(ボタンが青色で表示される)にすると、細い線で表示される。[細線]をオフにすると、線の表示は[ビューコントロールバー]の[ビュースケール]で設定した尺度で印刷するときの太さになる。

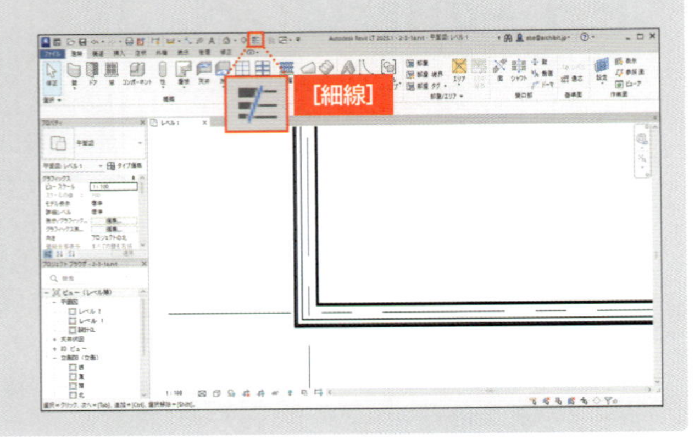

HINT

[壁 構造]ツールについて

[壁 構造]ツールで入力した壁は、[プロパティパレット]の[構造]－[構造]にチェックが入り、[構造用途]や[かぶり厚]の設定ができる(Revit LTでは変更できない)。
また、[プロジェクトブラウザ]のブラウザ構成(P.21 **1-2-4**参照)を[専門分野]に設定した[構造]ビューでは、[壁 意匠]ツールで入力した壁は非表示になる。

2-3-2 壁のタイプを作成する([標準][詳細]の場合)

「2nd_day」－「2-3-2a.rvt」(作図前)
「2-3-2b.rvt」(作図後)

入力したい壁のタイプが[タイプセレクタ]にないときは、プロパティを設定して壁タイプを作成します。ここでは、コンクリートと断熱材、石膏ボードの壁を作成し、入力済みの壁に適用します。それぞれの素材にはマテリアルを設定し、図面上にハッチング(パターン)が表示されるようにします。

1. P.24 **1-3-2**を参考に、「2-3-2a.rvt」を開く。
2. [ビューコントロールバー]の[詳細レベル]－[標準]を選択する(P.69参照)。
3. [建築]タブ－[構築]パネル－[壁]－[壁 意匠]をクリックする。
4. [プロパティパレット]の[タイプセレクタ]で、壁のタイプとして[標準壁 標準-150mm]を選択する。
5. [タイプセレクタ]下の[タイプ編集]をクリックする。

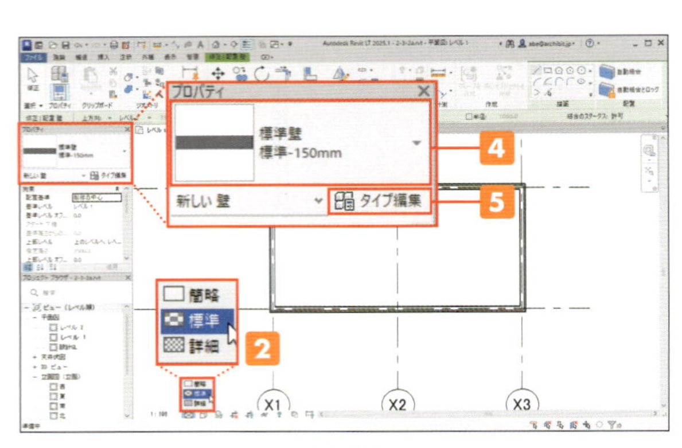

6 [タイプ プロパティ]ダイアログが表示されるので、[複製]ボタンをクリックする。

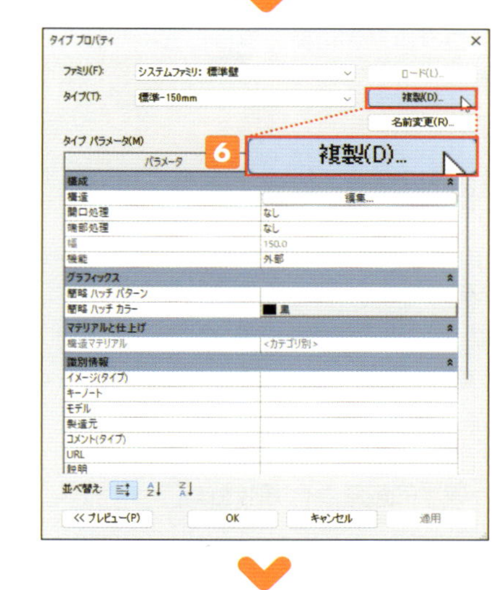

7 [名前]ダイアログが表示される。[名前]に「標準-150mm 2」と表示されるので、そのまま[OK]ボタンをクリックする。

8 [タイプ プロパティ]ダイアログに戻るので、[タイプ パラメータ]－[構造]－[編集]ボタンをクリックする。

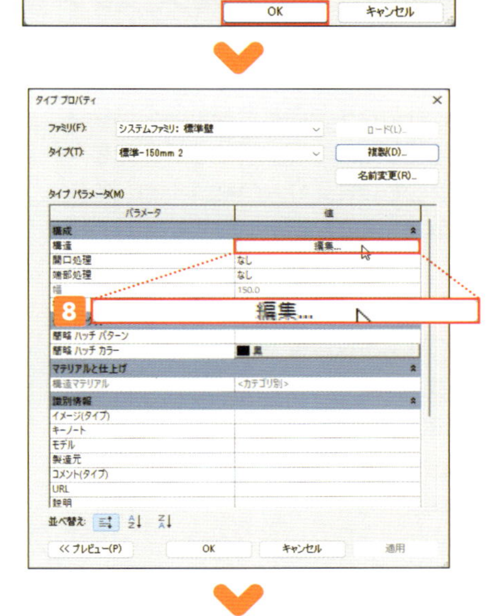

9 [アセンブリを編集]ダイアログが表示されるので、[プレビュー]ボタンをクリックする。

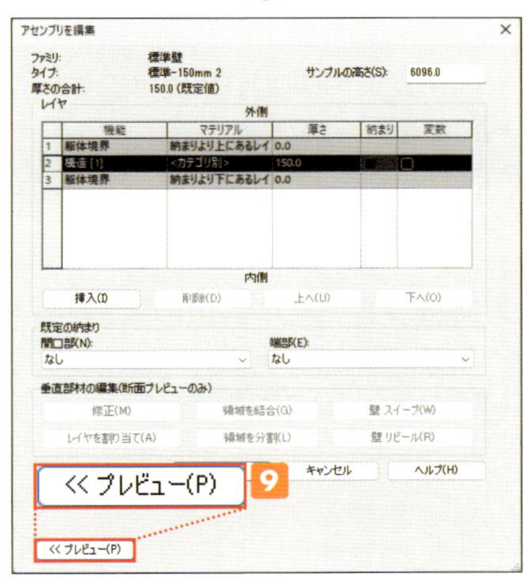

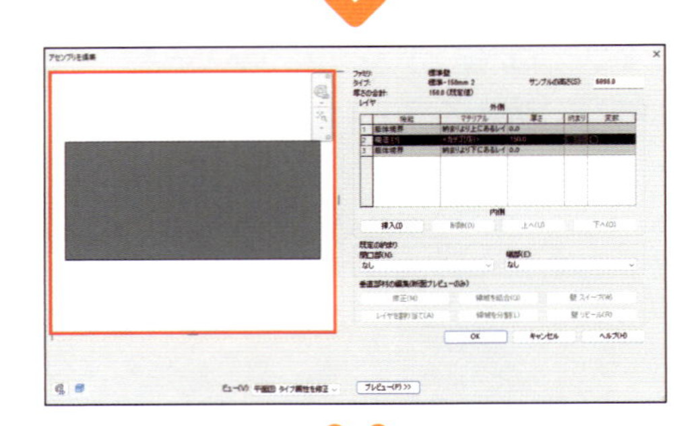

10 ダイアログの左側に壁のプレビューが表示される。

プレビュー表示の種類

プレビューは、[平面図]と[断面図]の2種類の表示方法を選択できる。また、プレビューの下にある[ビュー]のメニューでも表示を切り替えられる。ここでは、[平面図]に設定している。

ビュー(V): 平面図: タイプ属性を修正

壁のレイヤを追加します。

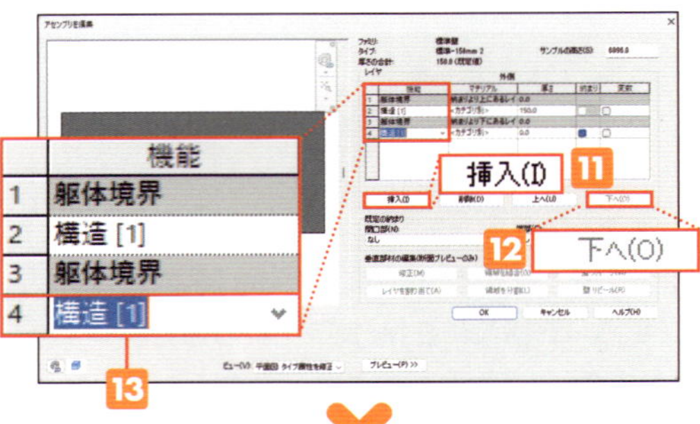

11 [レイヤ]の[挿入]ボタンをクリックする。[レイヤ]のリストに新しいレイヤが追加される。

12 追加されたレイヤの番号部分をクリックして選択状態にする。[下へ]ボタンをクリックして、新しいレイヤを4列目([躯体境界]の下)まで移動する。

13 新しいレイヤの[機能]欄をクリックする。

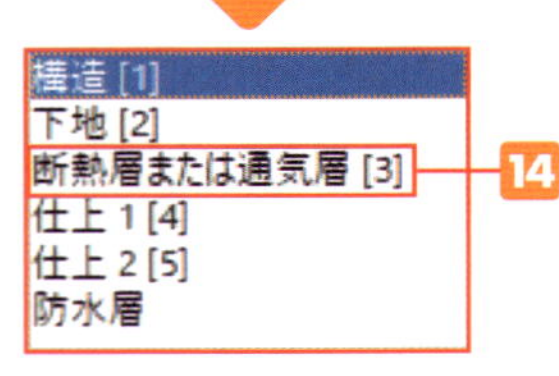

14 右端に表示される[▼]をクリックして表示されるメニューから[断熱層または通気層]を選択する。

15 手順**11**～**14**と同様にして、5列目に[仕上2[5]]を追加する。

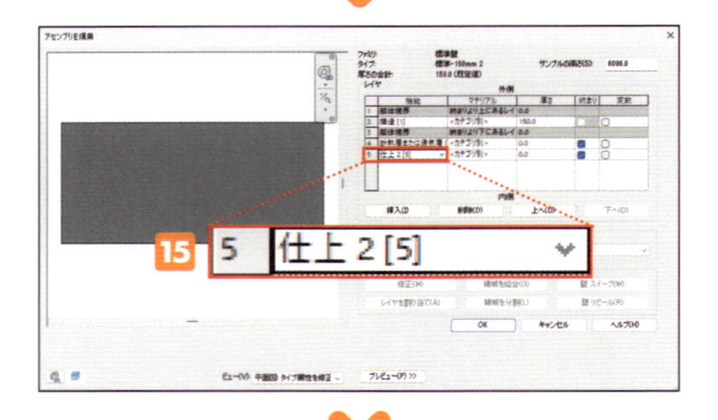

壁のレイヤにマテリアルを設定します。

16 [レイヤ]のリスト2列目、[構造[1]]の[マテリアル]欄をクリックする。

17 [マテリアル]欄の右端に表示される[...]をクリックする。

18 表示される[マテリアルブラウザ]ダイアログの[プロジェクトマテリアル]のリストから[コンクリート-現場]を選択する。

19 [OK]ボタンをクリックする。

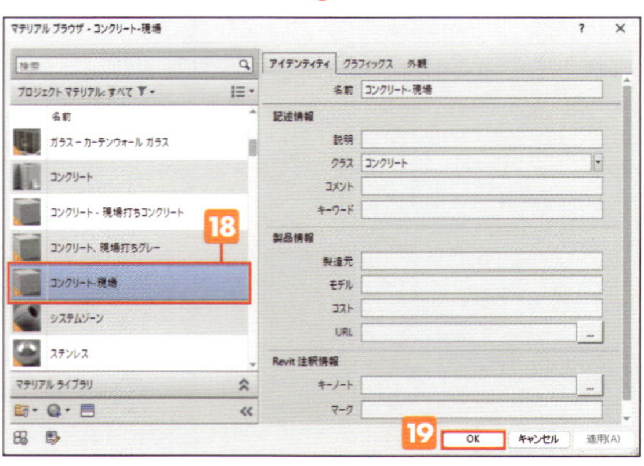

20 ［アセンブリを編集］ダイアログに戻ると、［構造［1］］の［マテリアル］に［コンクリート-現場］が設定され、プレビューに3本線のハッチングが表示されていることが確認できる。

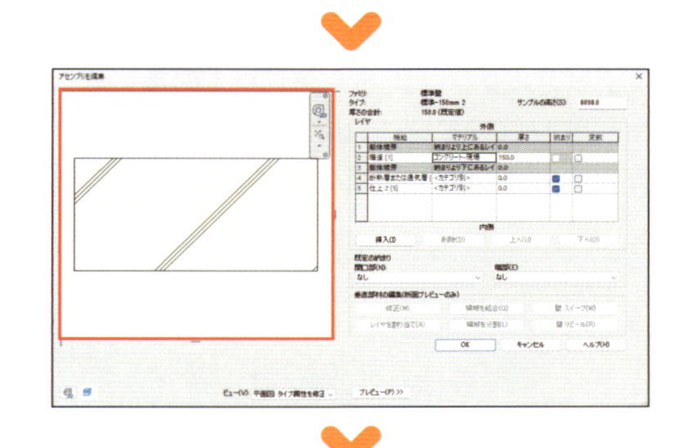

断熱材のマテリアルを作成します。

21 手順16～17と同様にして、［レイヤ］のリスト4列目、［断熱材または通気層］の［マテリアルブラウザ］を表示する。

22 ［マテリアルを作成または複製します。］をクリックして表示されるメニューから［新しいマテリアルを作成］を選択する。

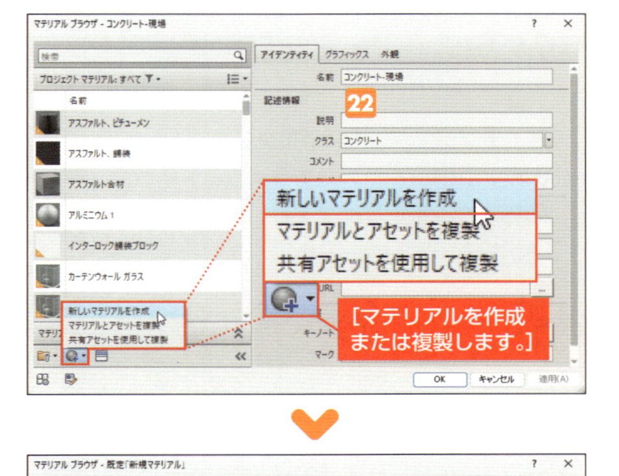

23 ［プロジェクトマテリアル］のリストに［規定［新規マテリアル］］が追加される。

24 ［グラフィックス］タブの［切断パターン］－［前景］－［パターン］をクリックする。

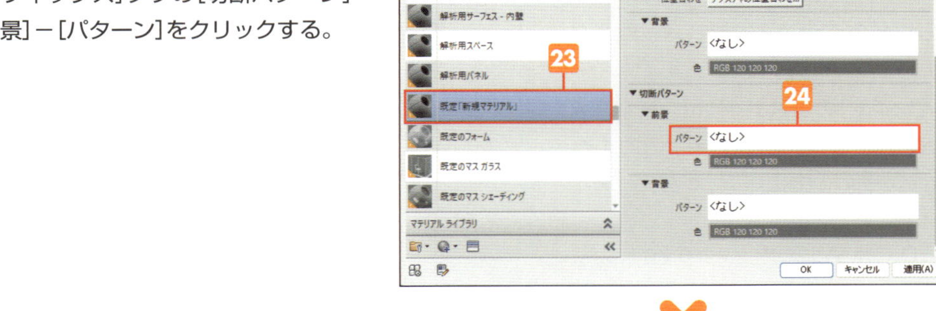

25 表示される［塗り潰しパターン］ダイアログの［パターンタイプ］で［製図］を選択する。

26 ［斜め網掛け1.5㎜］を選択する。

27 ［OK］ボタンをクリックする。

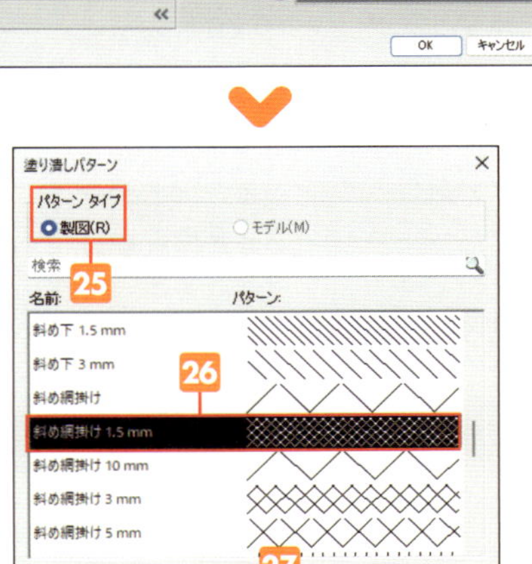

28 [マテリアルブラウザ]ダイアログに戻ると、[切断パターン]－[前景]－[パターン]に[斜め網掛け1.5mm]が設定されたことが確認できる。

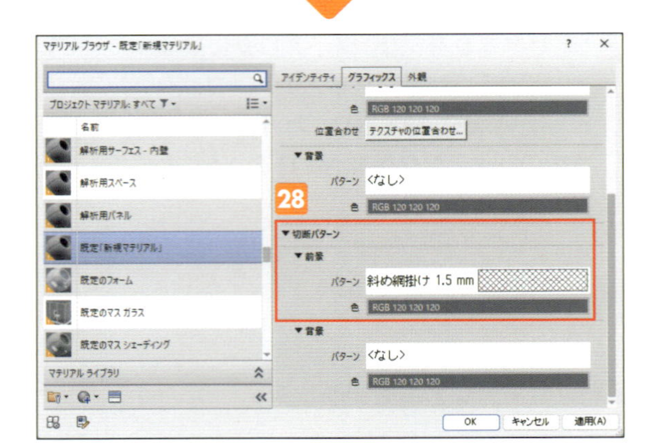

29 [アイデンティティ]タブをクリックし、[名前]に「断熱材」と入力する。
30 [適用]ボタンをクリックする。
31 [OK]ボタンをクリックする。

断熱材のマテリアルが作成できました。

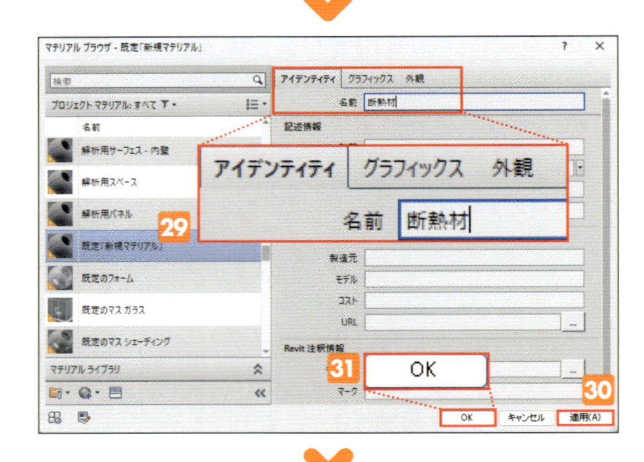

32 [アセンブリを編集]ダイアログに戻るので、手順16～19と同様にして、[レイヤ]のリスト5列目、[仕上げ2[5]]の[マテリアル]に[石膏ボード]を設定する。

壁のレイヤに厚さを設定します。

33 [レイヤ]のリスト4列目、[断熱材または通気層]の[厚さ]に「25」と入力する。
34 5列目の[仕上げ2[5]]の[厚さ]に「12.5」と入力する。
35 [OK]ボタンをクリックする。

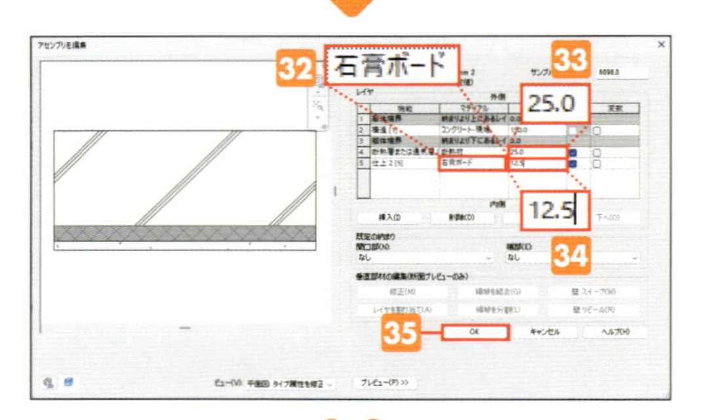

36 [タイププロパティ]ダイアログに戻るので、[OK]ボタンをクリックする。

新しい壁のタイプを作成できました。

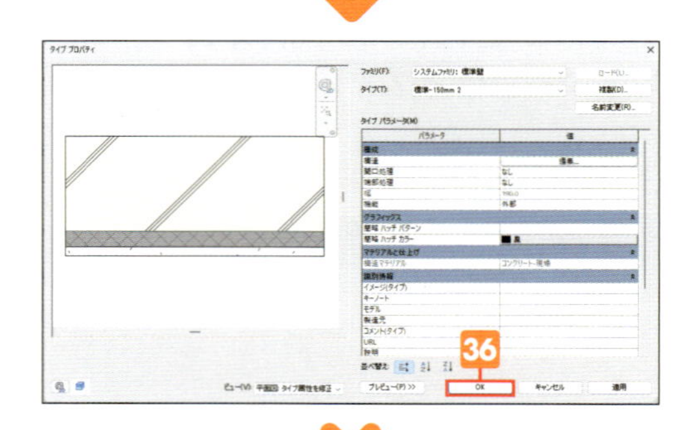

入力済みの壁のタイプを手順36で作成した[標準-150mm2]に変更します。

37 [修正]ツールをクリックする。

38 窓選択(P.34 1-6-2参照)で入力済みの壁を選択状態にする。

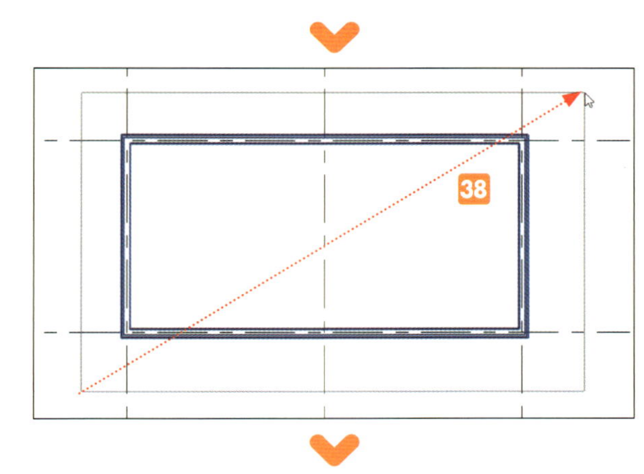

39 [プロパティパレット]の[タイプセレクタ]で、壁のタイプとして[標準-150mm 2]を選択する。

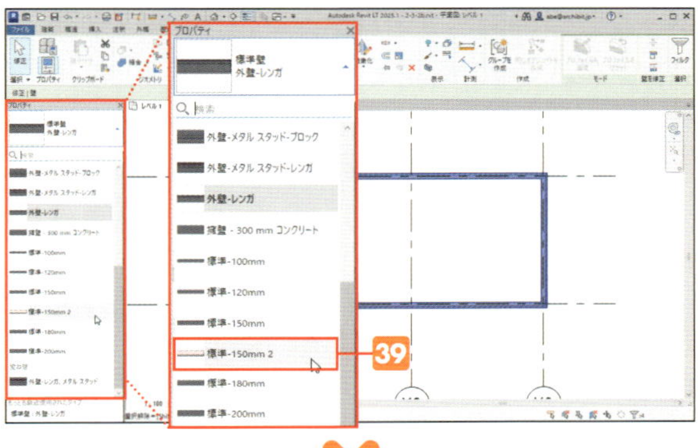

40 作図領域の何もない位置をクリックして選択を解除する。

通り芯「X1」と「Y1」の交点付近を拡大表示すると、作成した壁のタイプ[標準壁 標準-150mm 2]が適用されていることがわかります。

HINT

壁のレイヤの[機能]の項目

[アセンブリを編集]ダイアログには、壁のレイヤの[機能]として、下記の項目が用意されている。

構造[1]: 壁の構造躯体のレイヤ
下地[2]: 合板、石膏ボードなどレイヤ
断熱層/空気層: 断熱または空気層のレイヤ
仕上げ 1 [4]: 主に外部仕上げのレイヤ
仕上げ 2 [5]: 主に内部仕上げのレイヤ
複式層:防水シートなどのレイヤ

[ ]内の数値は結合時の優先度を表し、[1]が最も優先度が高い。低い優先度のレイヤは、高い優先度のレイヤを貫通することはできない。

	機能	マテリアル
1	躯体境界	納まりより上にあるレイ
2	構造 [1]	コンクリート-現場
3	躯体境界	納まりより下にあるレイ
4	断熱層または通気層 [	断熱材
5	構造 [1]	<カテゴリ別>

構造 [1]
下地 [2]
断熱層または通気層 [3]
仕上 1 [4]
仕上 2 [5]
防水層

2-3-3 壁のハッチングを設定する（[簡略]の場合）

「2nd_day」－「2-3-3a.rvt」(作図前)
「2-3-3b.rvt」(作図後)

[詳細レベル]を[簡略]にした状態で壁にハッチング(領域内をパターンで塗りつぶす機能)をかけたいときは、[タイプ編集]－[タイププロパティ]－[タイプパラメータ]－[簡略ハッチパターン]でハッチングのパターンを設定します。

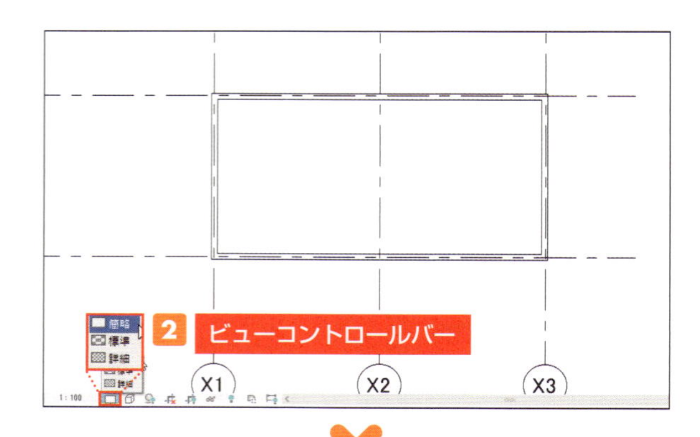

1 P.24 **1-3-2**を参考に、「2-3-3a.rvt」を開く。
2 [ビューコントロールバー]の[詳細レベル]－[簡略]を選択する(P.69参照)。
3 [修正]ツールをクリックする。
4 左側の壁をクリックして選択状態にする。
5 [プロパティパレット]の[タイプセレクタ]に[標準壁 標準-150㎜ 2]が表示されるので、[タイプセレクタ]下の[タイプ編集]をクリックする。

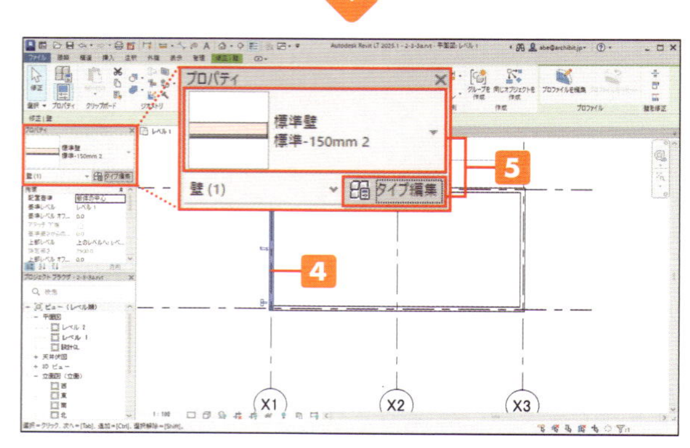

6 [タイプ プロパティ]ダイアログが表示されるので、[タイプパラメータ]－[簡略ハッチパターン]の[値]欄をクリックする。
7 [簡略ハッチパターン]の[値]欄の右端に表示される[...]をクリックする。

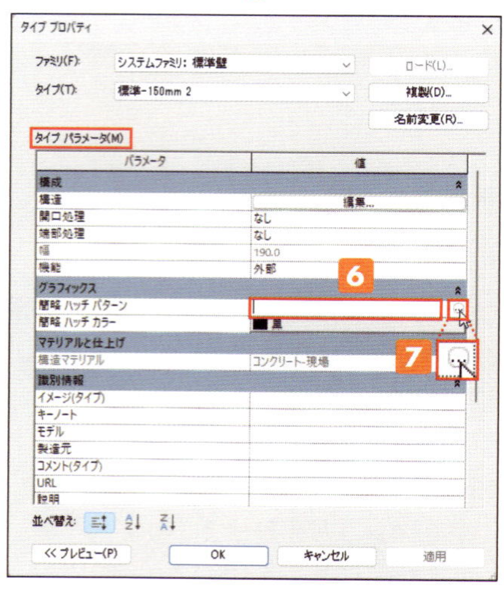

8 表示される[塗り潰しパターン]ダイアログの[パターンタイプ]－[製図]を選択する。
9 [RC(切り取り)]を選択する。
10 [OK]ボタンをクリックする。

11 [タイププロパティ]ダイアログに戻ると、[簡略ハッチパターン]に[RC(切り取り)]が設定されていることが確認できる。[OK]ボタンをクリックする。

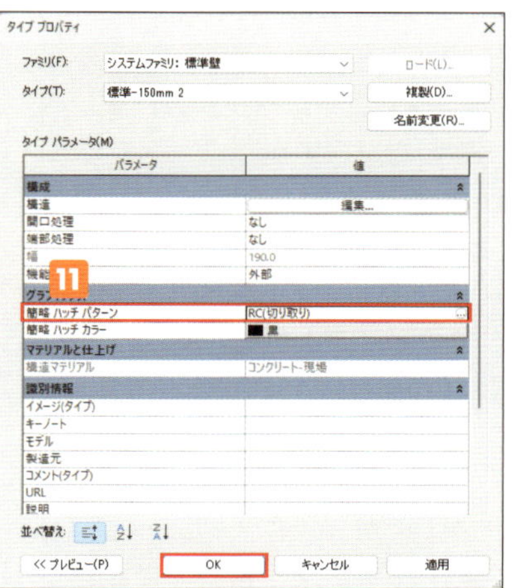

12 作図領域の何もない位置をクリックして選択を解除する。

手順4で選択した左側の壁だけでなく、壁のタイプ[標準型　標準-150mm 2]を適用したすべての壁にハッチングのパターンが表示されました。

通り芯「X1」と「Y1」の交点付近を拡大表示すると、図のような表現になっています。

2-3-4 壁の結合部を調整する

「2nd_day」－「2-3-4a.rvt」(作図前)
「2-3-4b.rvt」(作図後)

壁と壁とを接するように入力すると、自動的に結合されて包絡処理(P.81 HINT参照)が行われます。意図しない包絡処理がなされた場合には、ここで解説する手順で結合を解除します。

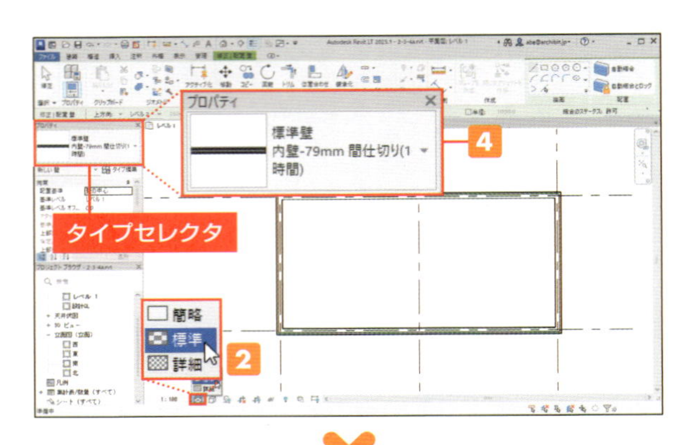

1 P.24 **1-3-2**を参考に、「2-3-4a.rvt」を開く。

2 [ビューコントロールバー]の[詳細レベル]－[標準]を選択する。

3 [建築]タブ－[構築]パネル－[壁]－[壁 意匠]をクリックする。

4 [プロパティパレット]の[タイプセレクタ]で、壁のタイプとして[内壁-79mm 間仕切り(1時間)]を選択する。

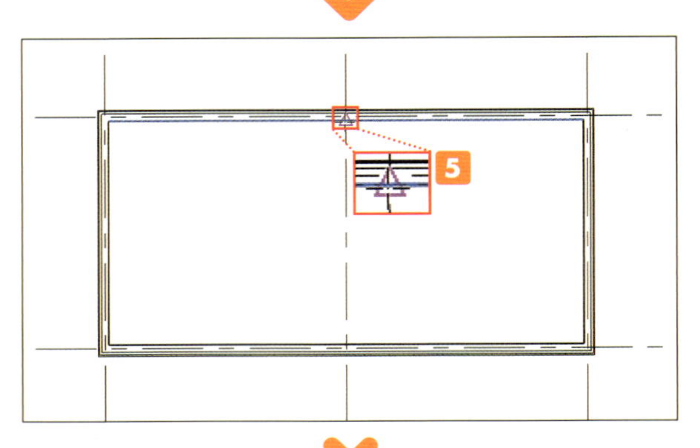

5 [修正 | 配置 壁]タブ－[描画]パネル－[線]をクリックし、[線]ツールの1点目として、通り芯「X2」と「Y2」の交点をクリックする。ここでは、入力済みの壁の中点となるので、中点スナップのピンク色の三角形が表示されていることを確認する。

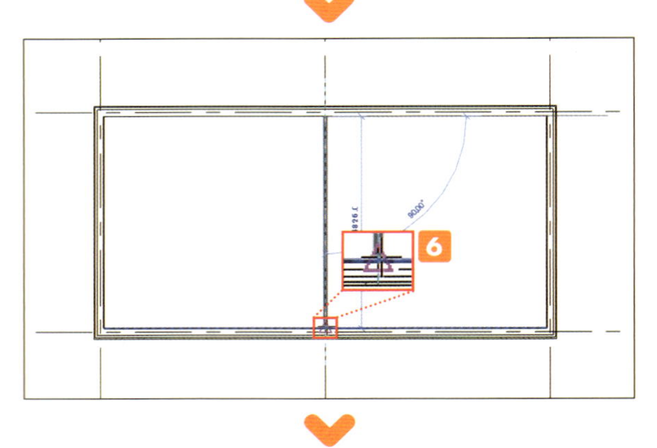

6 [線]ツールの2点目として、通り芯「X2」と「Y1」の交点をクリックする。ここでも中点スナップであることを確認する。

7 [修正]ツールをクリックして[壁 意匠]ツールを終了する。

8 通り芯「X2」と「Y2」の交点付近を拡大表示する。

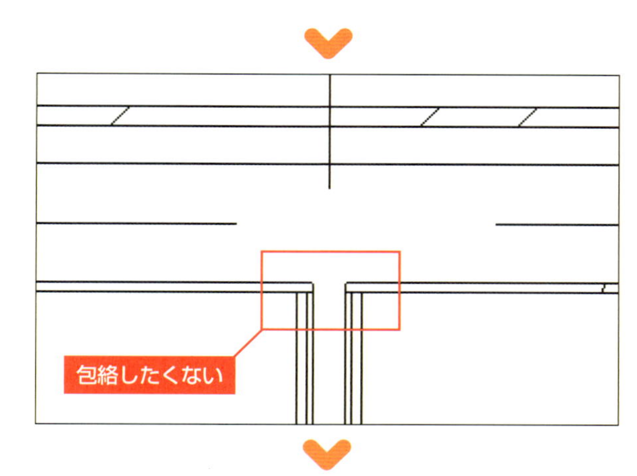

壁が包絡処理されて結合していることがわかります。
しかし、入力済みの壁と新しく入力した内壁は実際の構造部の材料が違うため、作図上は包絡したくありません。次からの手順で壁の結合を解除します。

9 [修正]タブ－[ジオメトリ]パネル－[壁接合部]をクリックする。

10 壁の接合部にカーソルを合わせると、接合部に四角形が表示されるので、その位置でクリックする。

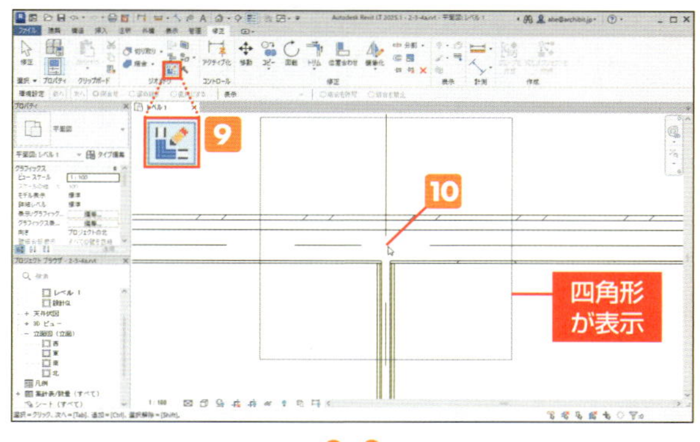

11 [オプションバー]の[結合を禁止]を選択する。

結合を禁止

壁の結合が解除されました。

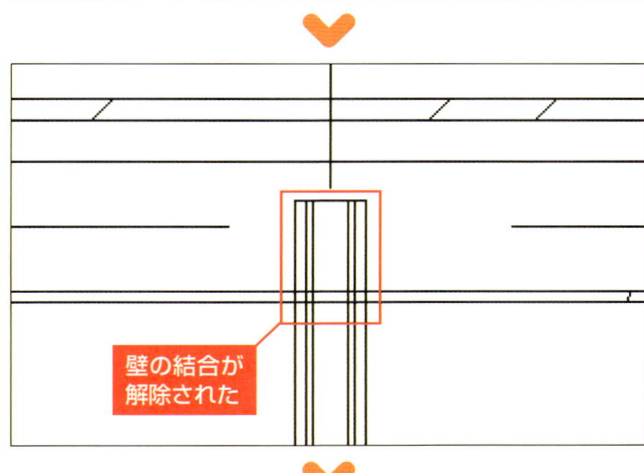

壁の長さを修正します。

12 ［修正］ツールをクリックする。

13 手順3～7で入力した内壁をクリックして選択状態にする。端点にマーカー（青い丸）が表示される。

14 内壁の上端点にあるマーカー（青い丸）を入力済みの壁の交点（ピンク色の×マーク）までドラッグする。

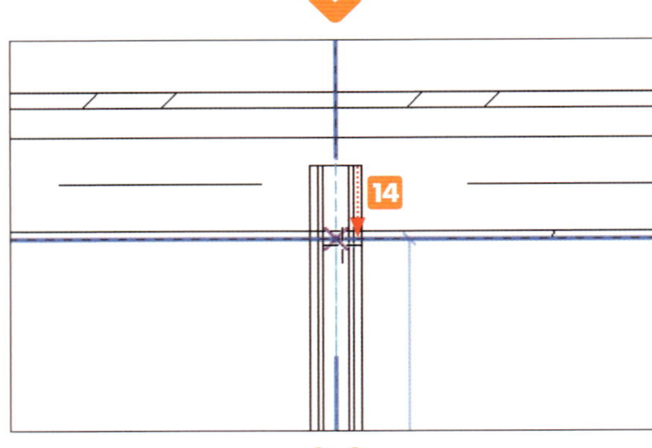

15 作図領域の何もない位置をクリックして選択を解除する。

壁の長さを修正できました。

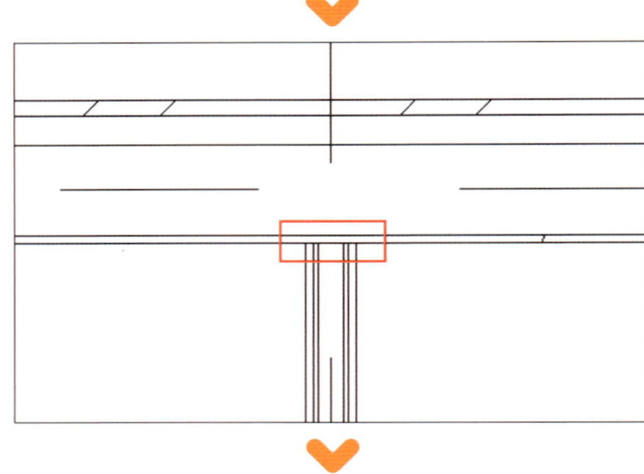

16 手順9～15と同様にして、通り芯「X2」と「Y1」の交点の壁の結合を解除し、内壁の下側の長さを修正する。

壁の結合部を調整できました。

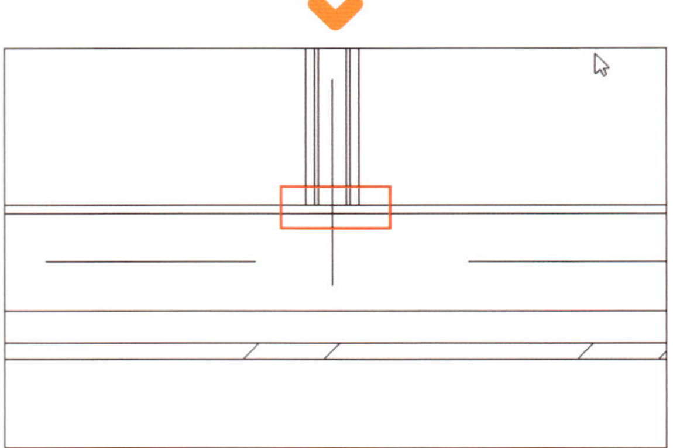

HINT [簡略]のときの結合と包絡

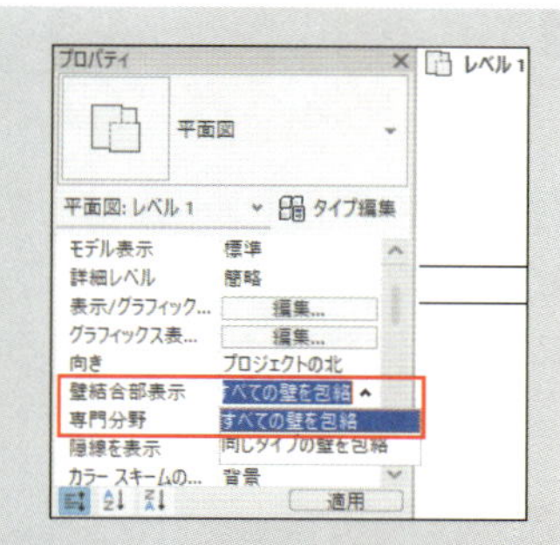

[詳細レベル]が[簡略]のとき、[プロパティパレット]の[グラフィックス]－[壁結合部表示]で壁の結合部の包絡処理に関する設定を行える。要素を選択していない状態で、[壁結合部表示]を[すべての壁を包絡]にすると、すべての壁の結合部が包絡される。[同じタイプの壁を包絡]にすると、同じ壁のタイプが適用された壁同士だけが包絡されて結合し、壁のタイプが異なる壁は結合されない。
なお、包絡されて結合した部分の解除はP.78 2-3-4と同じ手順で行う。

[すべての壁を包絡]の場合

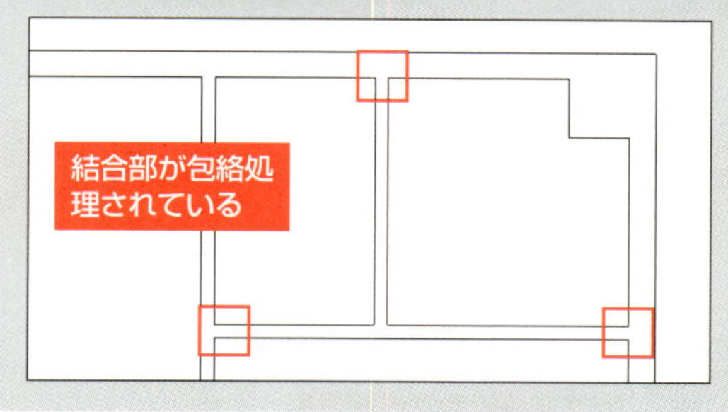

[同じタイプの壁を包絡]の場合

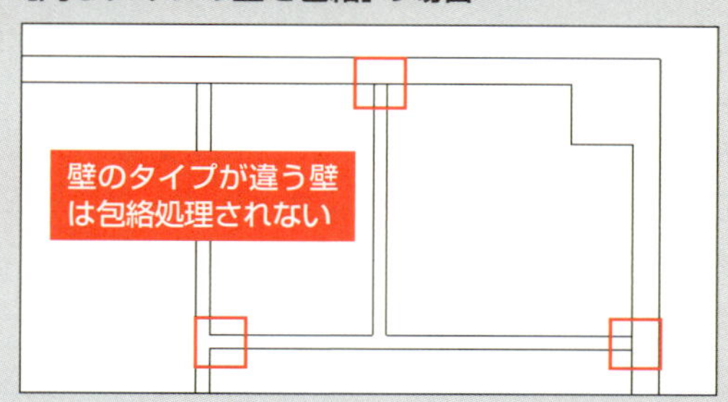

HINT [標準][詳細]のときの壁の結合と包絡

[詳細レベル]が[標準]または[詳細]表示のとき、壁が接するように入力すると、壁のタイプに設定したレイヤの[機能]と[マテリアル]が同じ場合は包絡処理されるが、異なる場合は包絡処理されない。壁のレイヤは、❶[プロパティパレット]－[タイプ編集]をクリック　❷表示される[タイププロパティ]ダイアログの[タイプパラメータ]－[構造]－[編集]ボタンをクリック　❸表示される[アセンブリを編集]ダイアログの[レイヤ]項目で確認できる。

壁同士のレイヤの[機能]と[マテリアル]が同じ場合

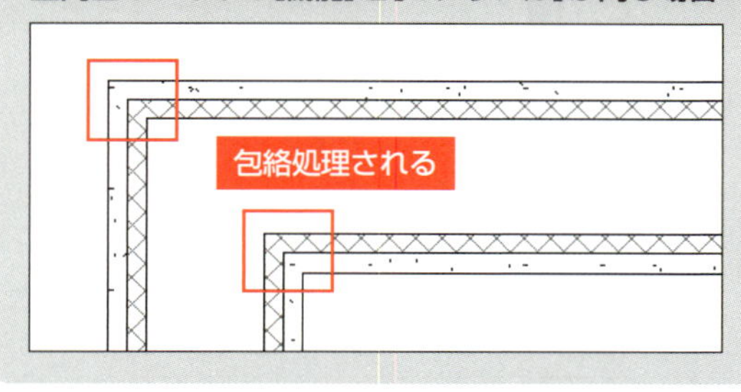

壁同士のレイヤの[機能]と[マテリアル]が違う場合

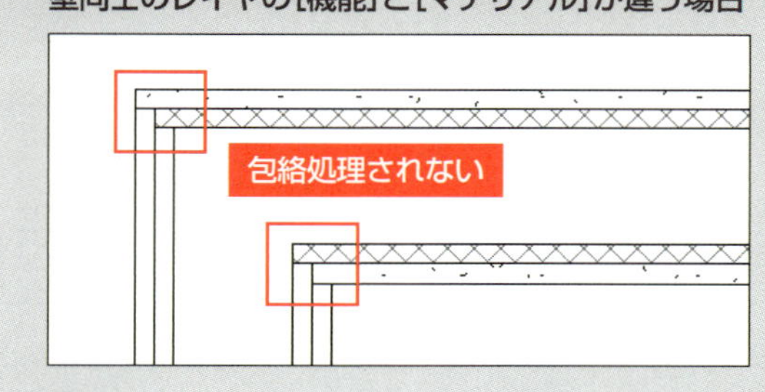

HINT [インプレイス壁]ツール

[建築]タブー[構築]パネルー[壁]にある[インプレイス壁]ツールでは、[修正 | ブレンド]タブの[押し出し][回転]などを利用して、自由な形状の壁を作成できる。ただし、壁タイプや壁レイヤには対応していない。[インプレイス壁]ツールはRevit LTのみに搭載されているツールで、Revitレギュラー版では、[コンポーネント]－[インプレイスを作成]で[壁]タイプを選択すると、同様の要素を作成できる。

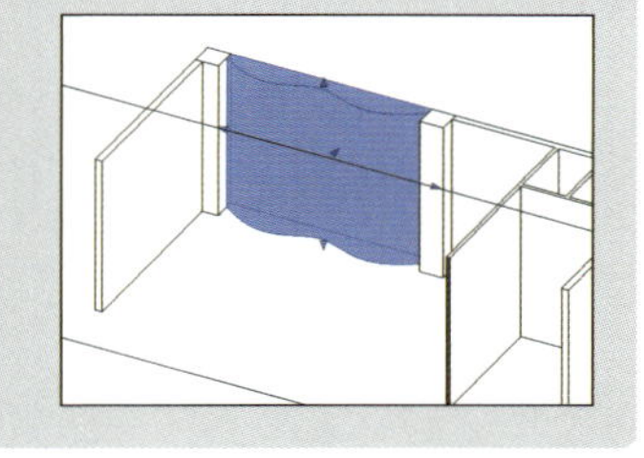

DAY

2-4 柱の作成

柱は、[柱 意匠]ツールなどの柱入力ツールを実行し、柱のタイプなどを指定してから、平面図ビューで位置を指定することで入力できます。ここでは、柱の入力や柱タイプの作成／変更に加え、実務でよく使用する柱と壁の面を合わせる方法について解説します。

2-4-1 柱を入力する

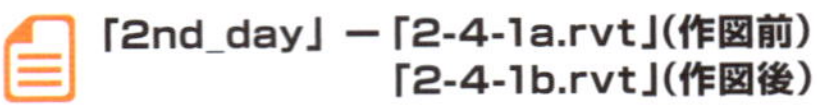

柱を入力するには、[柱](ここでは、[柱 意匠])ツールを使用します。[プロパティパレット]の[タイプセレクタ]で柱のタイプを選択し、[オプションバー]で詳細な設定を行ってから入力位置を指定します。

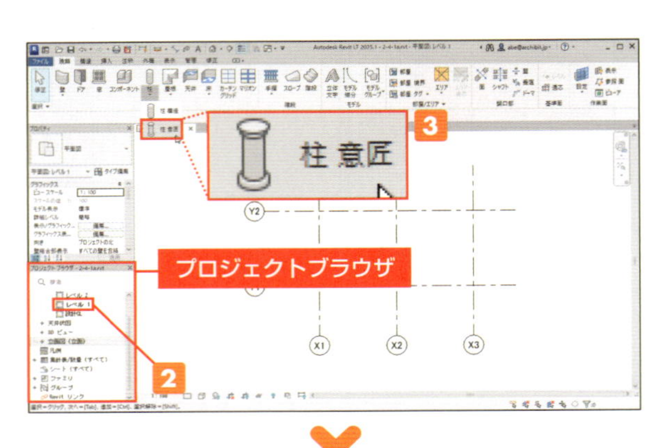

1 P.24 **1-3-2**を参考に、「2-4-1a.rvt」を開く。

2 [プロジェクトブラウザ]の[ビュー(レベル順)]－[平面図]－[レベル1]をダブルクリックして、「レベル1」の平面図のビューを表示する。

3 [建築]タブ－[構築]パネル－[柱]－[柱 意匠]をクリックする。

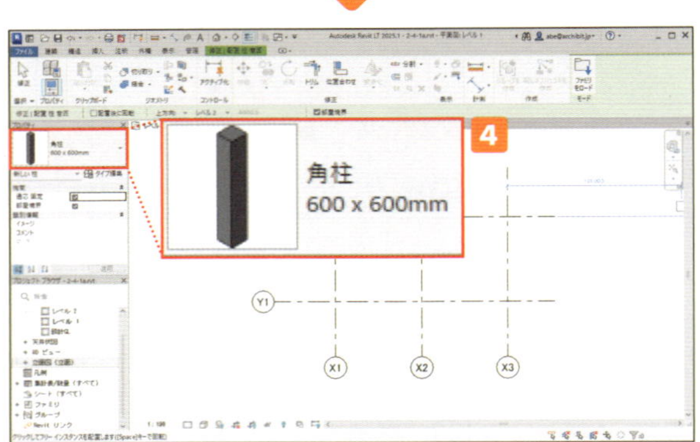

4 [プロパティパレット]の[タイプセレクタ]で、柱のタイプとして[角柱 600×600㎜]を選択する。

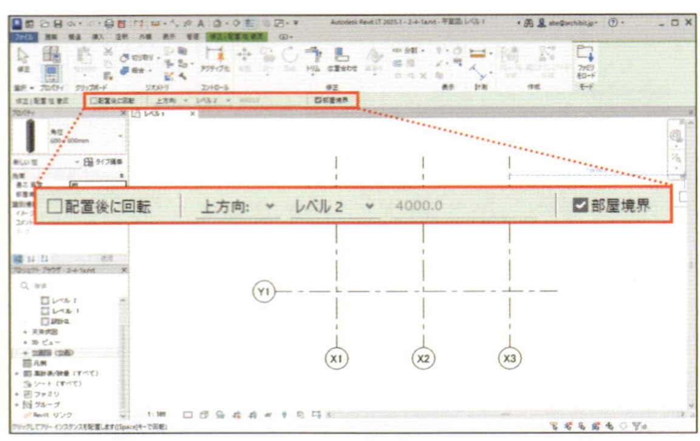

5 [オプションバー]で下記のように設定する。
[配置後に回転]:チェックを外す
[作成方向]:上方向
「上端のレベル」:レベル2
[部屋境界]:チェックを入れる

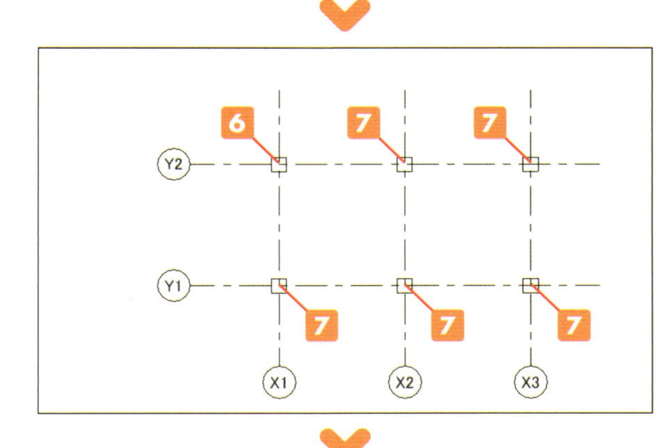

6 柱の入力位置として、通り芯「X1」と「Y2」の交点をクリックする。

7 残りの通り芯の交点5カ所をクリックする。

8 ［修正］ツールをクリックして［柱 意匠］ツールを終了する。

柱を入力できました。

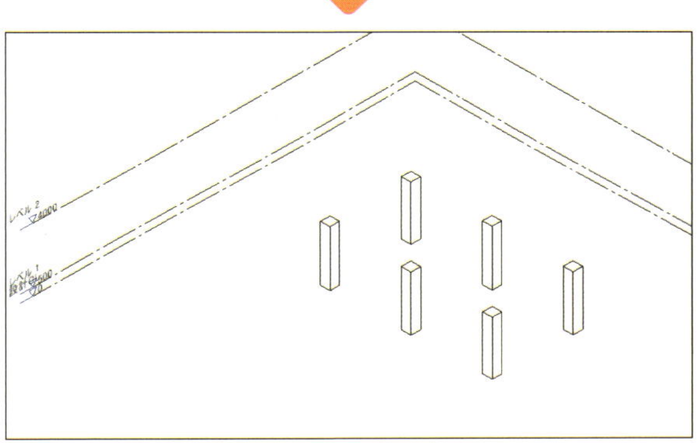

9 ［プロジェクトブラウザ］の［ビュー(レベル順)］－［3Dビュ］－［{3D}］をダブルクリックする。

6カ所の柱が「レベル1」から「レベル2」までの高さで入力されていることが確認できます。

HINT

［柱 構造］ツールでの入力

［柱 構造］ツールで通り芯の交点に柱を入力したい場合は、［修正｜配置 構造柱］タブー［複数］パネルー［通芯位置に］を選択する。［通芯位置に］ツールでは、通り芯を選択すると、その通り芯の交点に柱が入力される。

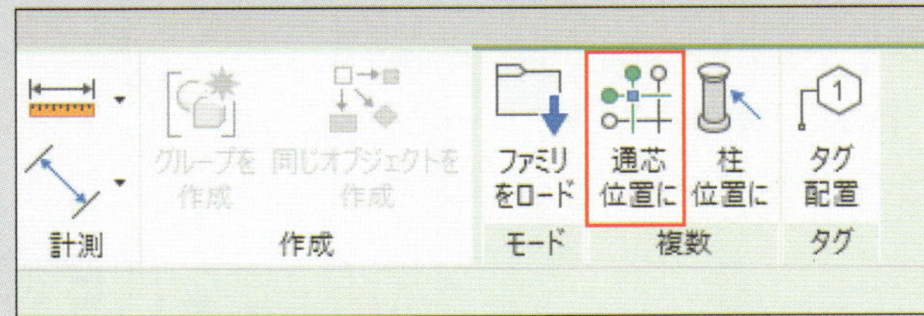

HINT

［柱 意匠］ツールと［柱 構造］ツールの使い分け

［柱 意匠］ツールでは［タイプセレクタ］で選択できる素材はコンクリートのみだが、［柱 構造］ツールではH形鋼や角形鋼などの素材も用意されている。また、Revitレギュラー版では、［柱 構造］ツールで入力したコンクリート柱のプロパティに［かぶり厚］の値がある(Revit LTでは設定できない)。
［柱 意匠］ツールで入力した柱は、［壁 意匠］ツールと［壁 構造］ツールのいずれかで入力した壁と自動的に結合される。一方、［柱 構造］ツールで入力した柱は、［壁 構造］ツールで入力し、かつ同じハッチングが設定された壁のみと自動的に結合される。
柱の入力に［柱 意匠］ツールと［柱 構造］ツールのどちらを使うかは、上記の特性などを理解して選択する必要があるが、初心者はコンクリート柱を入力するときには［意匠 柱］ツールを、鉄骨造の柱を入力するときには［柱 構造］ツールを選択するとよいだろう。

2-4-2 柱のタイプを作成して変更する

「2nd_day」－「2-4-2a.rvt」(作図前)
「2-4-2b.rvt」(作図後)

入力したい柱のタイプがないときは、プロパティを設定して柱タイプを作成します。ここでは、奥行き1000㎜×幅600㎜のコンクリート柱を作成し、入力済みの柱に適用します。

1 P.24 1-3-2を参考に、「2-4-2a.rvt」を開く。
2 [プロジェクトブラウザ]の[ビュー(レベル順)]－[平面図]－[レベル1]をダブルクリックして、「レベル1」の平面図のビューを表示する。
3 [建築]タブ－[構築]パネル－[柱]－[柱意匠]をクリックする。

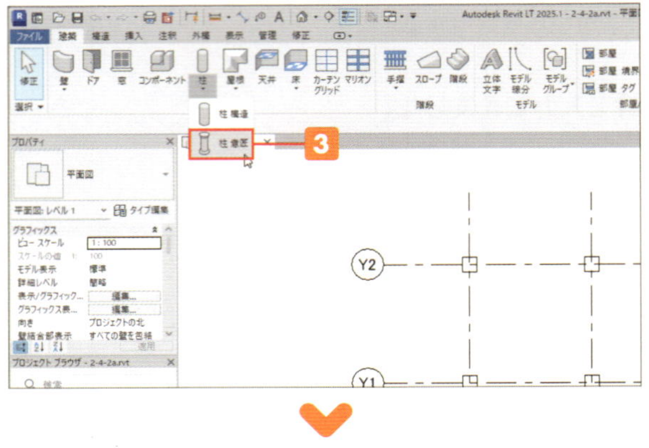

4 [プロパティパレット]の[タイプセレクタ]で、柱のタイプとして[角柱 600×600㎜]を選択する。
5 [タイプセレクタ]下の[タイプ編集]をクリックする。

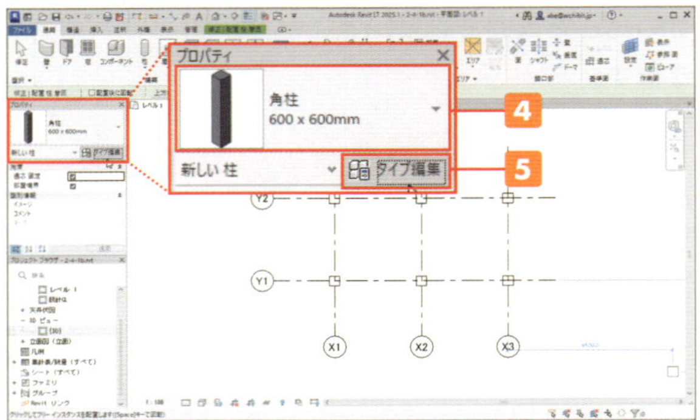

6 [タイププロパティ]ダイアログが表示されるので、[複製]ボタンをクリックする。

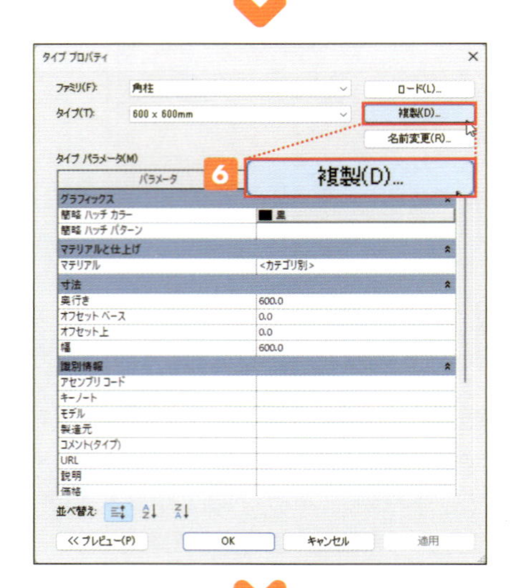

7 [名前]ダイアログが表示される。[名前]に「1000×600㎜」と入力し、[OK]ボタンをクリックする。

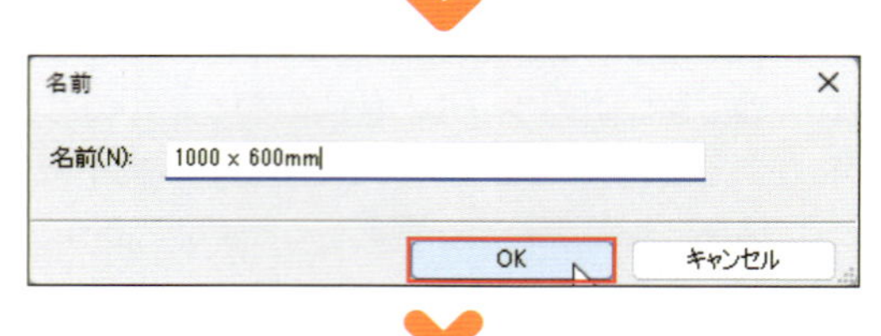

8 [タイププロパティ]ダイアログに戻るので、[タイプ パラメータ]－[寸法]－[奥行]の[値]欄に「1000」と入力して[OK]ボタンをクリックする。

新しい柱のタイプを作成できました。

入力済みの柱のタイプを、手順8で作成した[角柱1000×600㎜]に変更します。

9 [修正]ツールをクリックする。
10 窓選択で入力済みの柱すべてを選択状態にする。

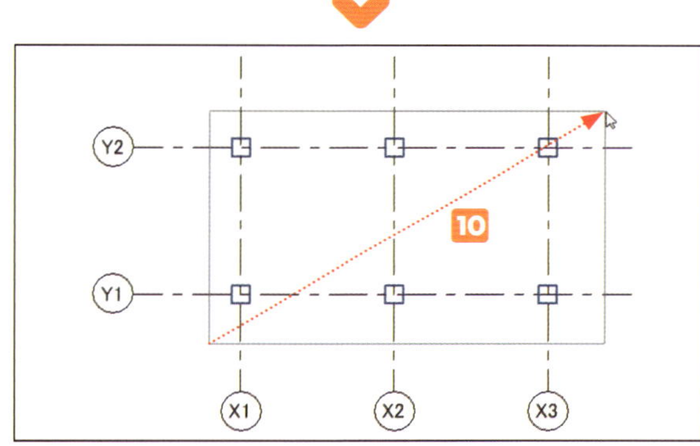

11 [プロパティパレット]の[タイプセレクタ]で、柱のタイプとして[角柱 1000×600㎜]を選択する。

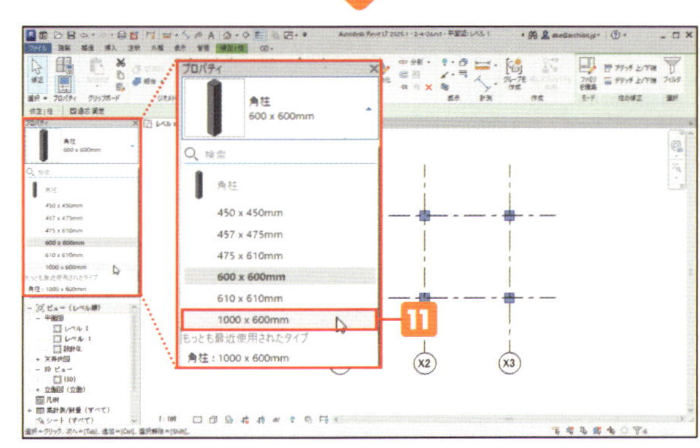

12 作図領域の何もない位置をクリックして選択を解除する。

作成した柱のタイプが適用され、柱の形状が変わりました。

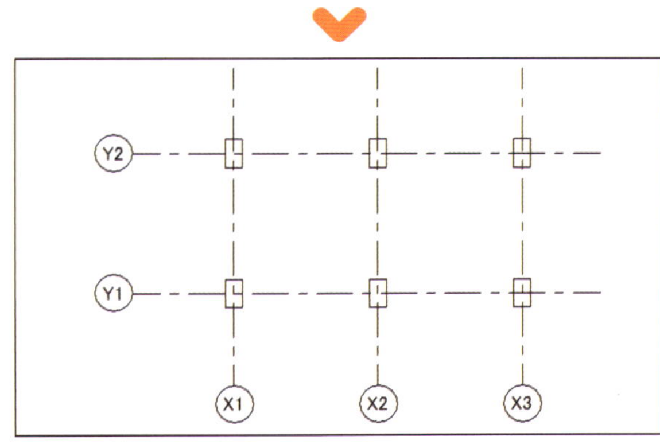

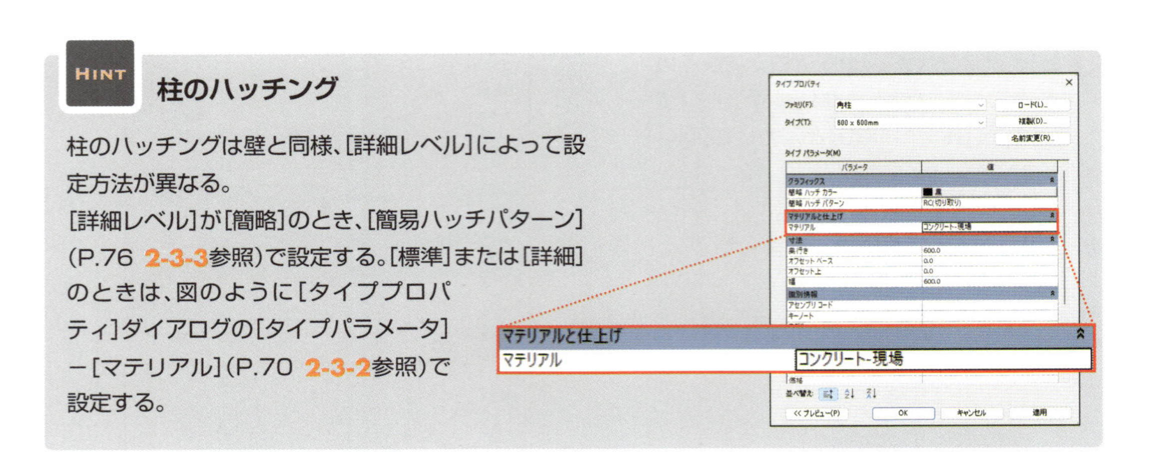

HINT

柱のハッチング

柱のハッチングは壁と同様、[詳細レベル]によって設定方法が異なる。
[詳細レベル]が[簡略]のとき、[簡易ハッチパターン](P.76 **2-3-3**参照)で設定する。[標準]または[詳細]のときは、図のように[タイププロパティ]ダイアログの[タイプパラメータ]－[マテリアル](P.70 **2-3-2**参照)で設定する。

HINT

丸柱や特殊な形状の柱の入力

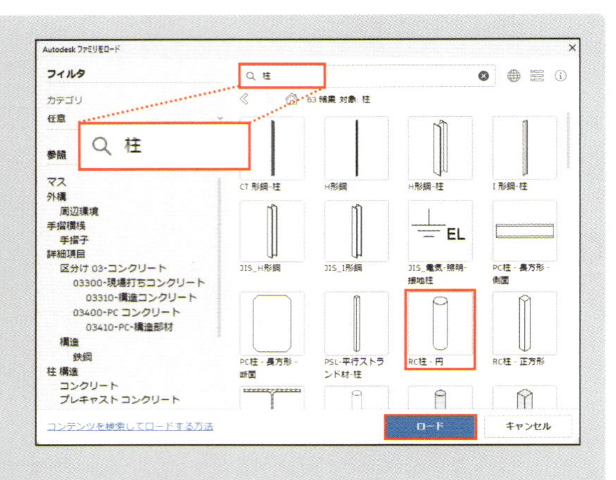

丸柱のファミリを入力するには、[挿入]タブ－[ライブラリからロード]パネル－[Autodeskファミリをロード]をクリックする。表示される[Autodeskファミリをロード]ダイアログの検索窓に「柱」を入力して検索する。検索結果から[RC柱-円]を選択して[ロード]ボタンをクリックする。データがダウンロードされ、柱のタイプとして選択できるようになる。

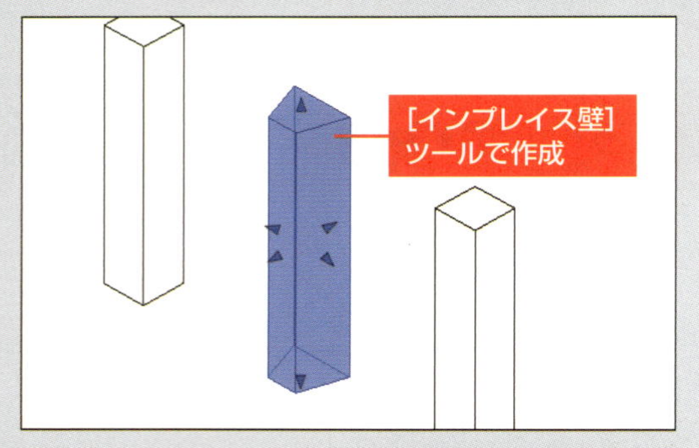

また、Revit LTで台形など独自の形の柱を入力するには、[建築]タブ－[構築]パネル－[壁]－[インプレイス壁]をクリックして作業する。図は[インプレイス壁]ツールで作成した台形の角柱の例である。

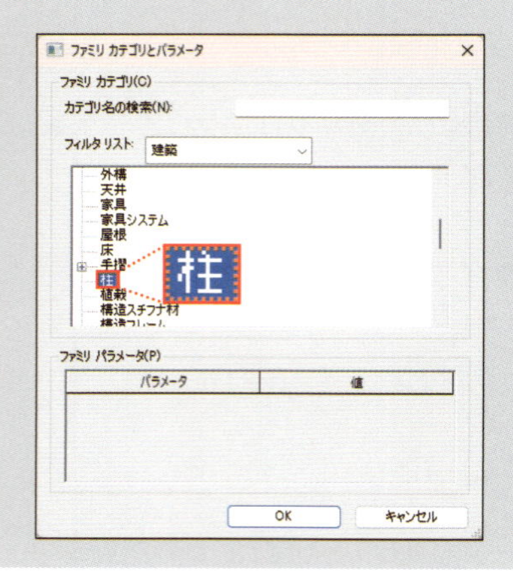

Revitレギュラー版で台形など独自の形の柱を入力したいときは、ファミリを作成する必要がある。ファミリの作成は、[建築]タブ－[構築]パネル－[コンポーネント]－[インプレイス作成]をクリックし、表示される[ファミリカテゴリとパラメータ]ダイアログ(図)の[ファミリカテゴリ]で[柱]を選択して行う。

2-4-3 柱と壁の結合部を調整する

「2nd_day」—「2-4-3a.rvt」(作図前)
「2-4-3b.rvt」(作図後)

柱と壁を接するように入力すると、自動的に結合されて包絡処理(P.89 HINT 参照)が行われます。意図しない包絡処理がなされた場合には、ここで解説する手順で結合を解除します。併せて、再結合する方法も解説します。

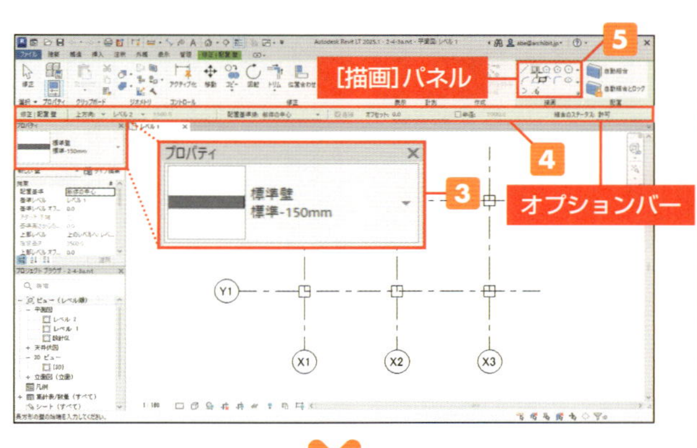

1 P.24 1-3-2を参考に、「2-4-3a.rvt」を開く。

2 [建築]タブ−[構築]パネル−[壁]−[壁 意匠]をクリックする。

3 [プロパティパレット]の[タイプセレクタ]で、壁のタイプとして[標準-150㎜]を選択する。

4 [オプションバー]で下記のように設定する。

[上方向]:レベル2
[配置基準線]:躯体の中心
[オフセット]:0.0
[半径]:チェックを外す
[結合のステータス]:許可

5 [修正 | 配置 壁]タブ−[描画]パネル−[長方形]をクリックする。

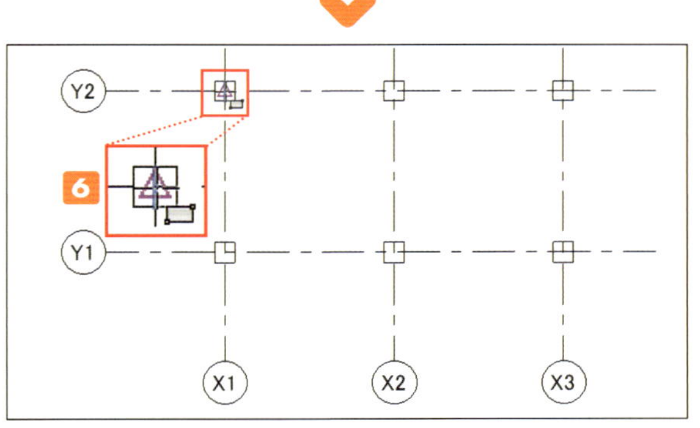

6 [長方形]ツールの1点目として、通り芯「X1」と「Y2」の交点をクリックする。ここでは、この交点が入力済みの柱の中点となるので、中点スナップのピンク色の三角形が表示されることを確認する。

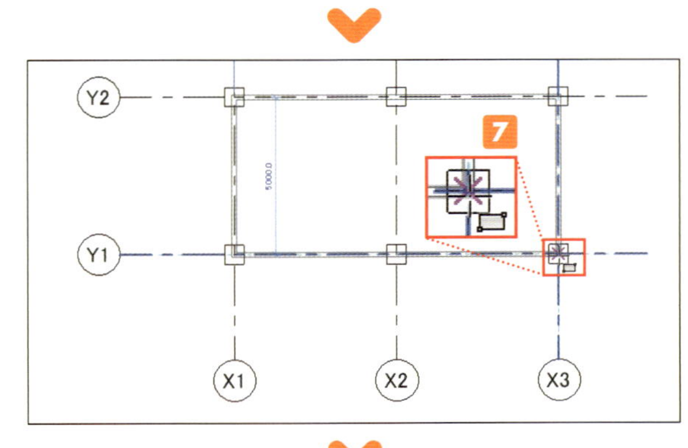

7 [長方形]ツールの2点目として、通り芯「X3」と「Y1」の交点をクリックする。

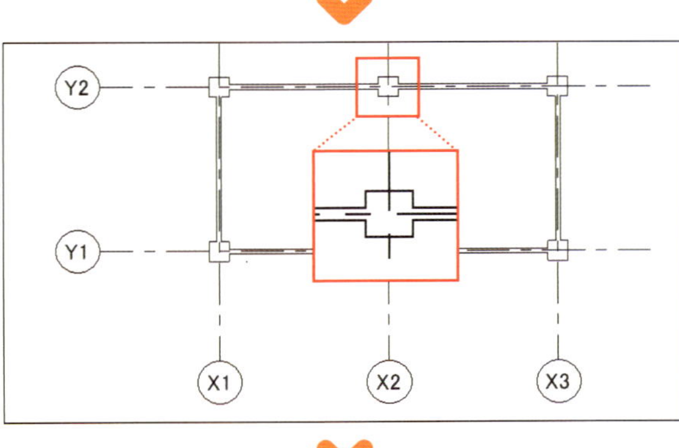

8 [修正]ツールをクリックして[壁 意匠]ツールを終了する。

壁が入力され、柱と壁が自動的に包絡処理されて結合しました。

柱と壁の結合を解除します。

9 [修正]タブ－[ジオメトリ]パネル－[結合]－[ジオメトリを結合解除]をクリックする。

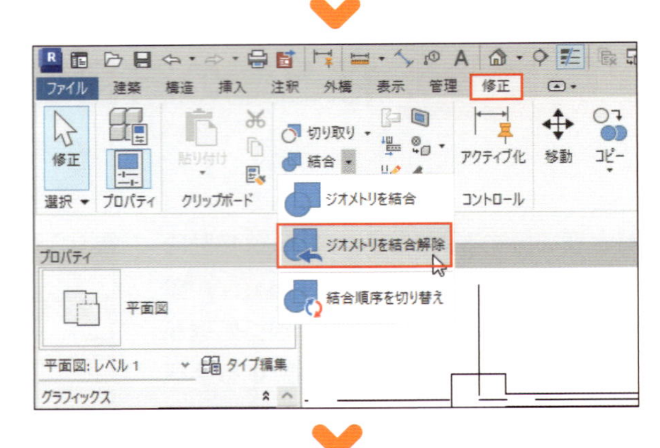

10 壁と結合している柱（ここでは、通り芯「X2」と「Y2」の交点にある柱）をクリックする。

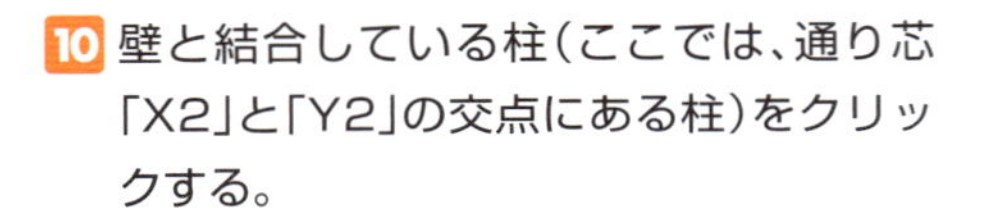

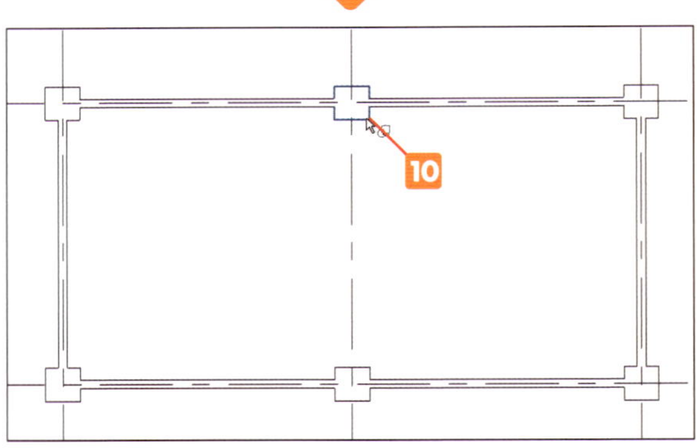

11 [修正]ツールをクリックして[ジオメトリを結合解除]ツールを終了する。

柱と壁の結合が解除されました。

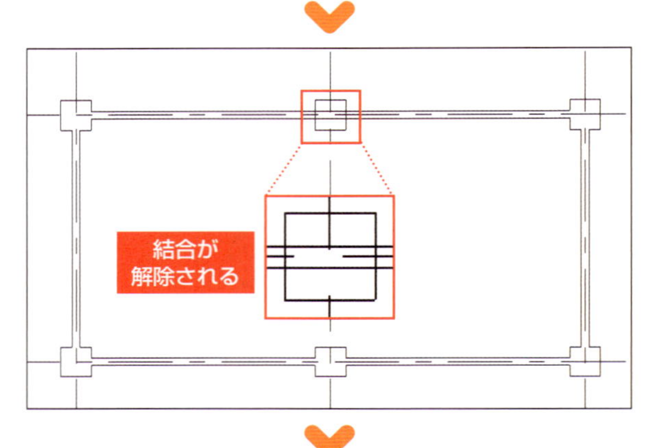

柱と壁を再度結合します。

12 [修正]タブ－[ジオメトリ]パネル－[結合]－[ジオメトリを結合]をクリックする。

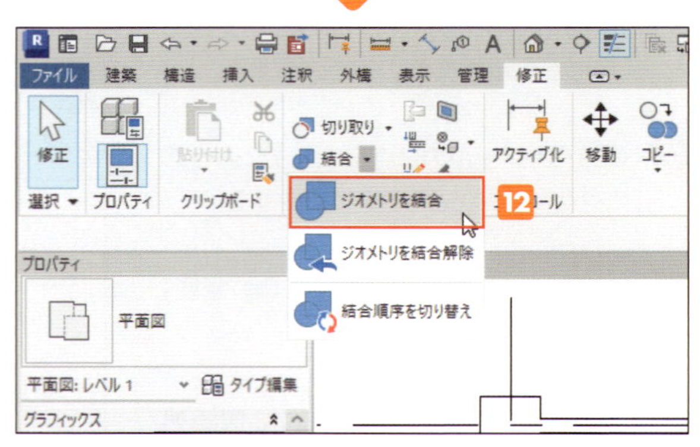

13 結合する柱(ここでは、通り芯「X2」と「Y2」の交点にある柱)をクリックする。

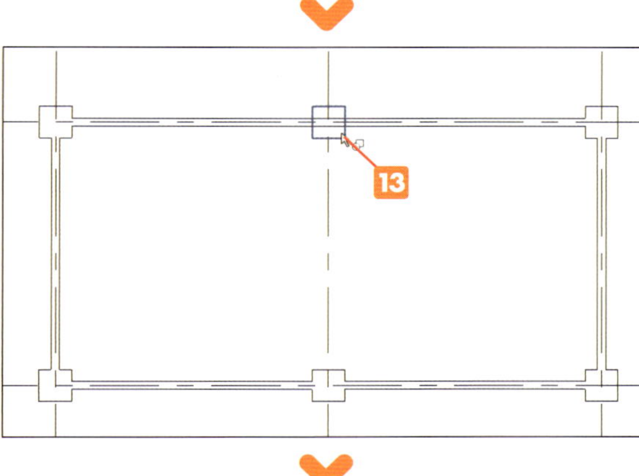

14 結合する壁(ここでは、通り芯「Y2」にある壁)をクリックする。

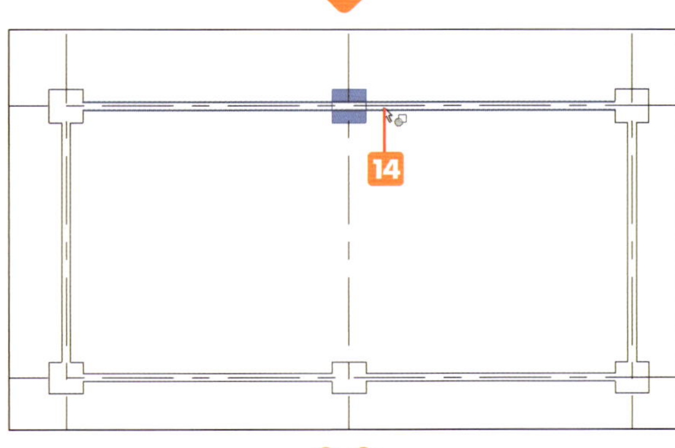

15 [修正]ツールをクリックして[ジオメトリを結合]ツールを終了する。

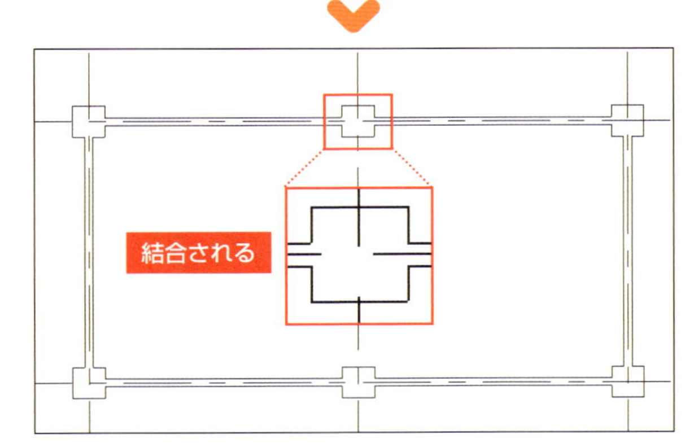

柱と壁の結合が再結合されました。

HINT

柱と壁の包絡処理について

P.83の HINT でも解説したように、[柱 意匠]ツールで入力した柱は、[壁 意匠]ツールおよび[壁 構造]ツールで入力した壁の両方と自動的に結合される。このとき柱には、図のように壁のハッチング(領域内を塗りつぶす機能)が適用されて包絡処理される。
一方、[柱 構造]ツールで入力した柱は、[壁 構造]ツールで入力され、かつ同じハッチングが設定されている壁のみと結合される。また、壁の[簡易ハッチパターン]や[マテリアル]を変更すると、結合した柱にもそれらの設定が反映される。

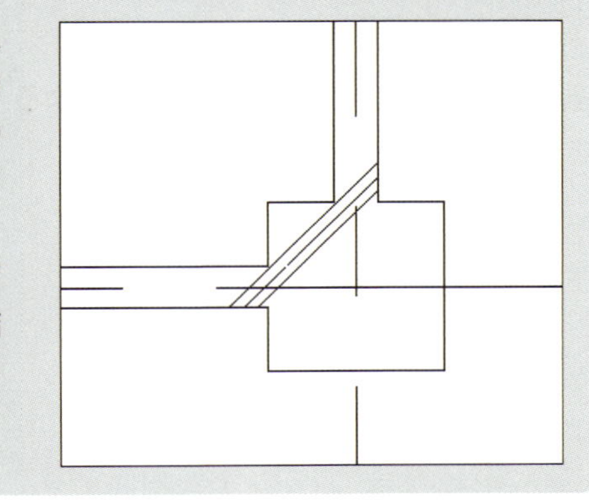

2-4-4 柱の面を壁に合わせる

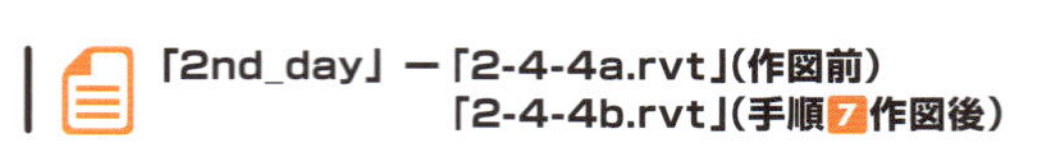

設計しているとよく発生する、柱面を外壁面に合わせる作業は、[位置合わせ]ツールを使うと簡単に行える。位置合わせは柱以外の要素でも行え、また、壁面以外の線も基準線として使用できる。

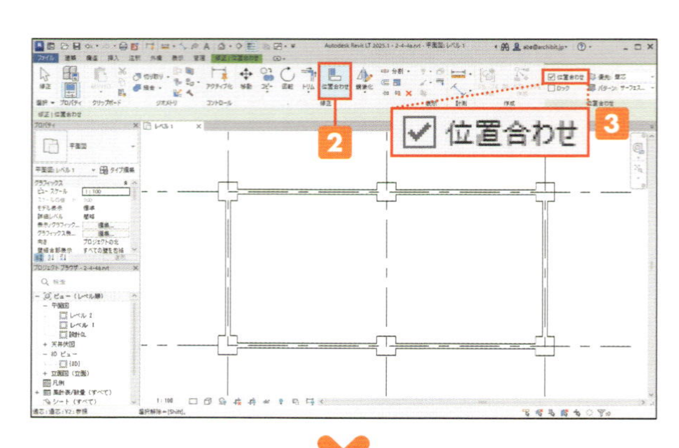

1 P.24 1-3-2を参考に、「2-4-4a.rvt」を開く。

2 [修正]タブー[修正]パネルー[位置合わせ]をクリックする。

3 [修正 | 位置合わせ]タブー[位置合わせ]パネルで[位置合わせ]にチェックを入れ、連続して複数の位置合わせができるようにする。

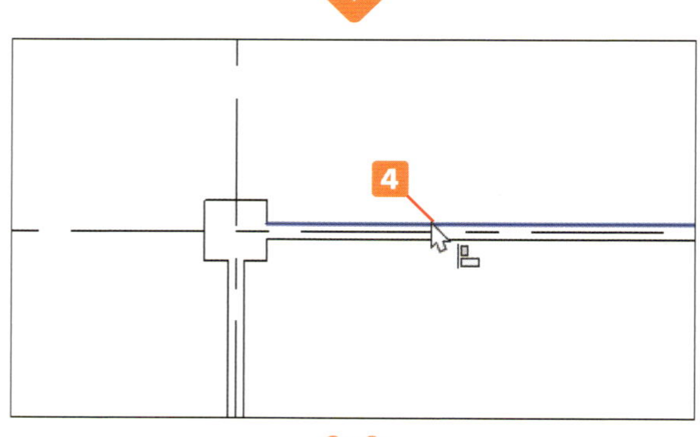

4 位置合わせの基準となる線(ここでは、通り芯「Y2」にある壁の外側の線)をクリックする。

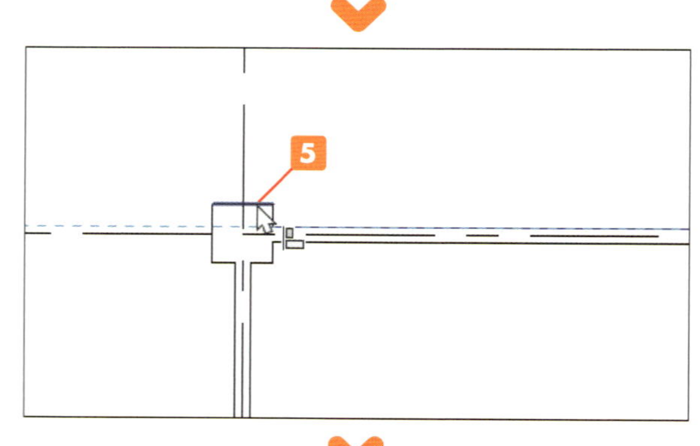

5 位置を合わせたい要素の線(ここでは、通り芯「X1」と「Y2」の交点にある柱の上側の線)をクリックする。

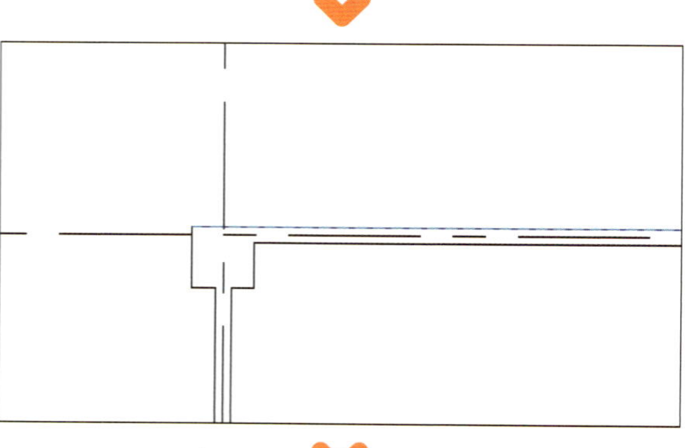

壁の外側の線と柱の面の位置が合うように柱の位置が移動されました。

6 手順 5 と同様にして、通り芯「X2」と「Y2」の交点にある柱の上側の線をクリックし、通り芯「X3」と「Y2」の交点にある柱の上側の線をクリックして位置合わせをする。

7 ［修正］ツールをクリックして［位置合わせ］ツールを終了する。

柱の面と壁の面が合うように柱を移動できました。

柱の中心に通り芯が通るように柱の位置を戻します。

8 ［修正］タブ－［修正］パネル－［位置合わせ］をクリックする。

9 基準線となる通り芯（ここでは、通り芯「Y2」）をクリックする。

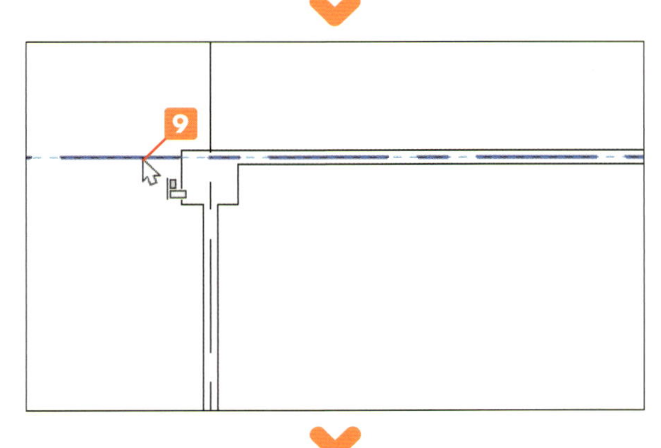

10 柱の中央にカーソルを合わせると、柱の中心線が仮表示されるのでクリックする。

柱の中心が通り芯に合うように柱の位置が移動されました。

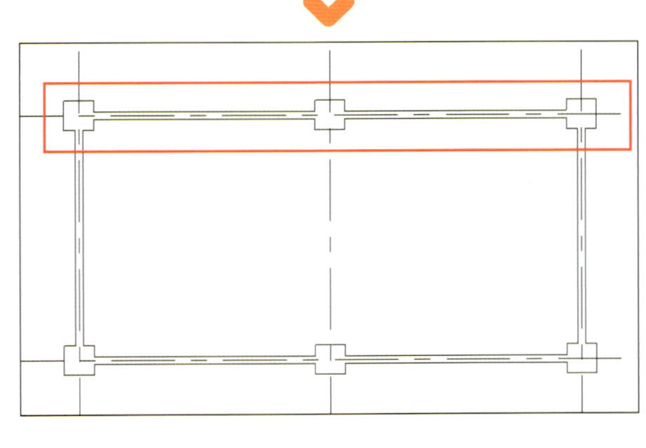

11 手順 10 と同様にして、通り芯「X2」と「Y2」の交点にある柱の中心線をクリックし、通り芯「X3」と「Y2」の交点にある柱の中心線をクリックする。

ほかの2つの柱の位置が元に戻りました。

DAY 2-5 床の作成

床は、[床 意匠]ツールなど床入力のツールを実行し、床のタイプなどを指定してから、平面図ビューで床の範囲の境界線を編集することで、入力できます。ここでは、床の入力や範囲の変更、勾配の設定、床タイプの作成/変更方法について解説します。

2-5-1 床を入力する

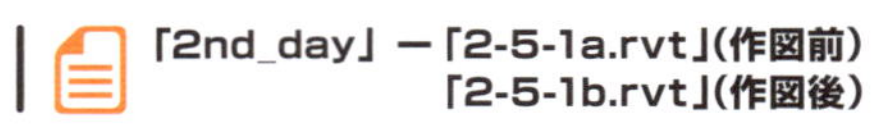

床を入力するには、[床](ここでは、[床 意匠])ツールを使用します。[プロパティパレット]の[タイプセレクタ]で床のタイプを選択して入力位置を指定します。ここでは入力位置を指定する際に、入力済みの壁を使います。

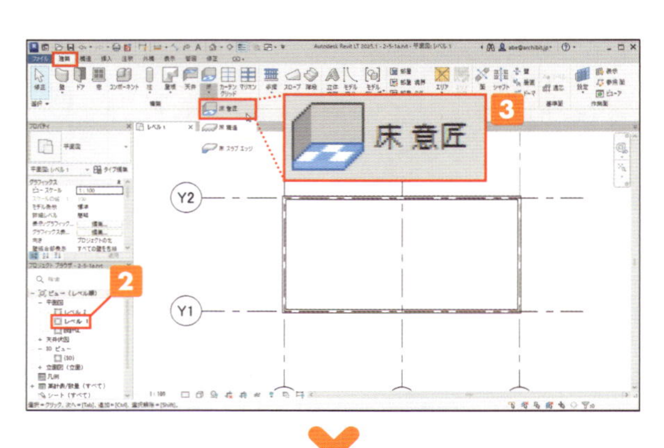

1 P.24 **1-3-2**を参考に、「2-5-1a.rvt」を開く。
2 [プロジェクトブラウザ]の[ビュー(レベル順)]－[平面図]－[レベル1]をダブルクリックして、「レベル1」の平面図のビューを表示する。
3 [建築]タブ－[構築]パネル－[床]－[床 意匠]をクリックする。

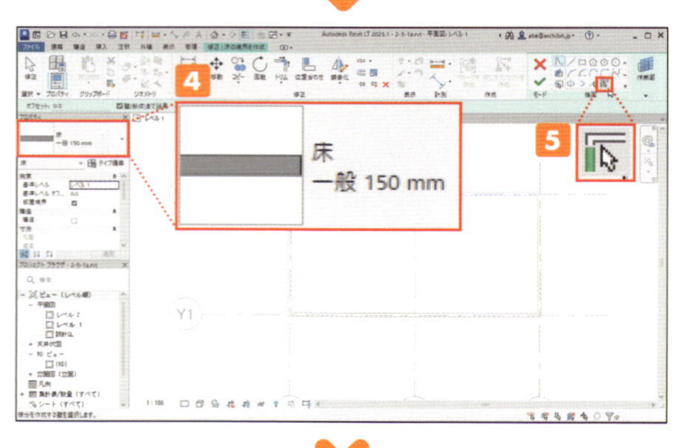

4 [プロパティパレット]の[タイプセレクタ]で、床のタイプとして[一般-150㎜]を選択する。
5 [修正｜床の境界を作成]タブ－[描画]パネル－[壁を選択]をクリックする。
6 床の入力位置として、入力済みの壁の4辺をクリックする。

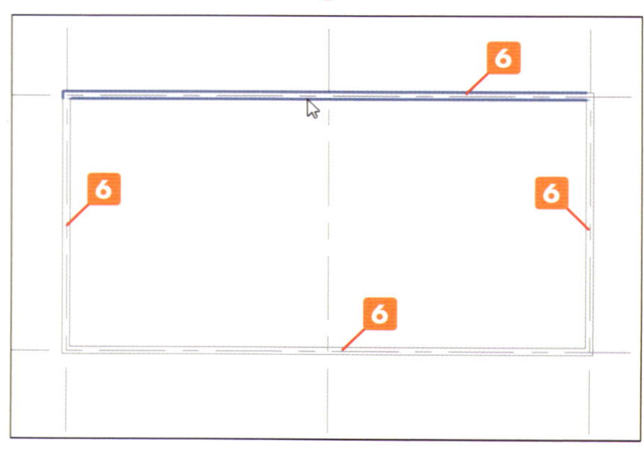

7 壁の内側、または外側の線がピンク色となり、最後にクリックした壁にフリップ（青い矢印記号）が表示される。フリップをクリックすると、ピンク色の線の表示が内側／外側に切り替わる。壁の外側の線がピンク色になっている場合は、フリップをクリックして内側の線をピンク色にする。

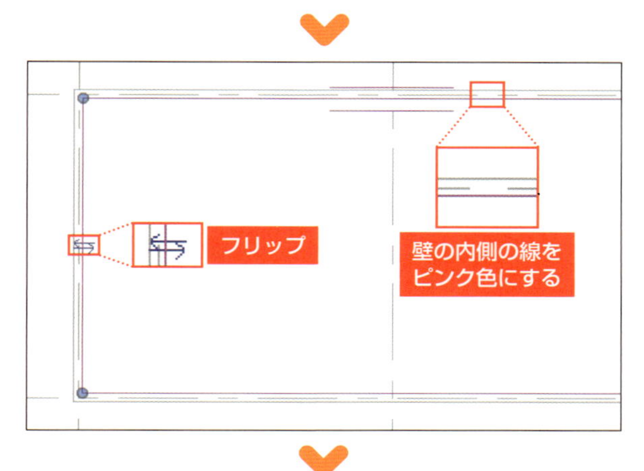

8 [修正 | 床の境界を作成]タブー[モード]パネルー[編集モードを終了]をクリックする。

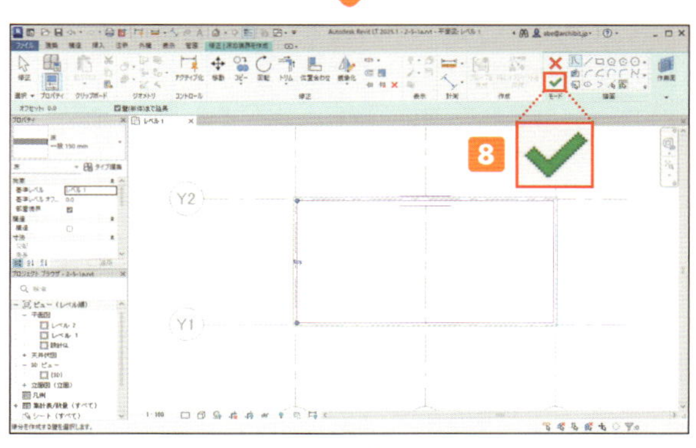

ピンク色の線で囲まれた範囲に床が入力されました。

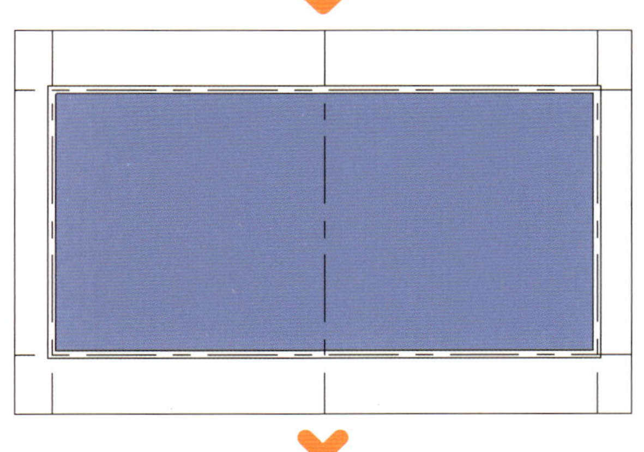

断面図ビューを作成して、床の見え方を確認します。

9 [表示]タブー[作成]パネルー[断面]をクリックする。

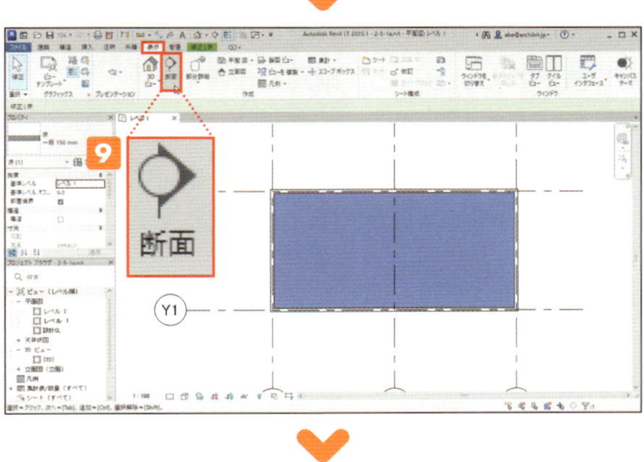

10 [プロパティパレット]の[タイプセレクタ]で[断面図 建築断面]を選択する。

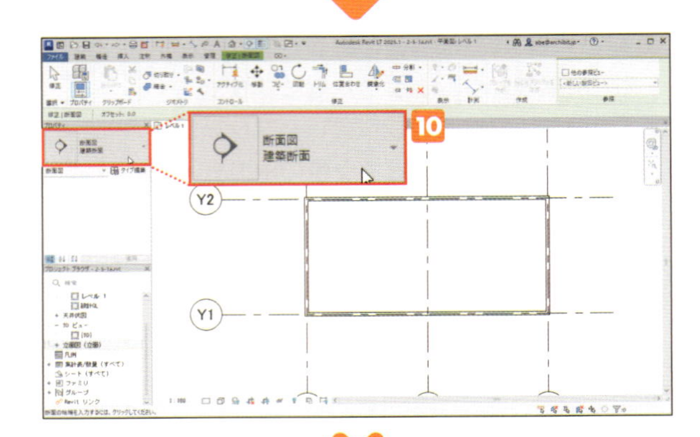

11 断面の始点として通り芯「X1」より左側の任意の位置をクリックする。

12 カーソルを右方向に移動し、水平であることを示す青色の破線が表示されることを確認して、通り芯「X3」より右側の位置をクリックする。

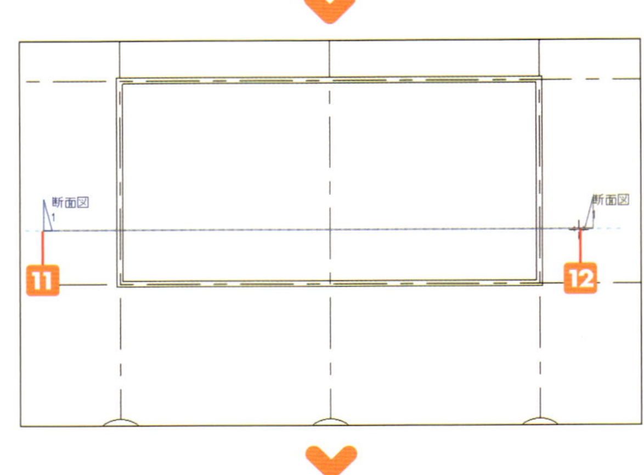

13 「断面図 1」の線とビューが作成される。

14 [プロジェクトブラウザ]の[ビュー(レベル順)]－[断面図(建築断面)]－[断面図 1]をダブルクリックする。

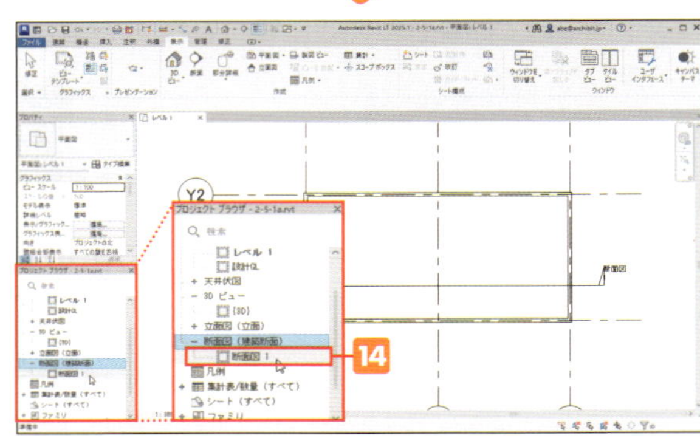

断面図ビューが表示され、壁の内側に床が作成されていることが確認できます。

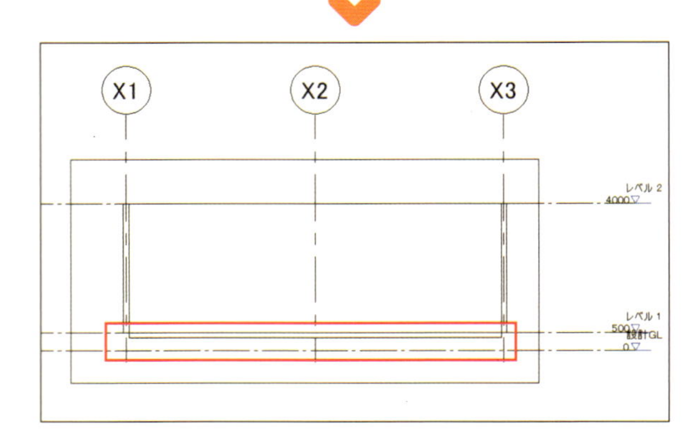

2-5-2 床の範囲を変更する

「2nd_day」－「2-5-2a.rvt」(作図前)
「2-5-2b.rvt」(作図後)

場所によって床の素材を分けたいときや、吹き抜けをつくりたいときなどには、床の範囲を変更します。ここでは、境界線を編集して床の範囲を変更する方法を解説します。

1 P.24 **1-3-2**を参考に、「2-5-2a.rvt」を開く。

2 [プロジェクトブラウザ]の[ビュー(レベル順)]－[平面図]－[レベル1]をダブルクリックして、「レベル 1」の平面図のビューを表示する。

3 [修正]ツールをクリックする。

4 壁の内側にカーソルを合わせて Tab キーを押すと、選択範囲の仮表示が切り替わる。床の範囲の線が青色になった状態でクリックすると、床が選択される。

4 Tab キーを押して床の範囲になったらクリック

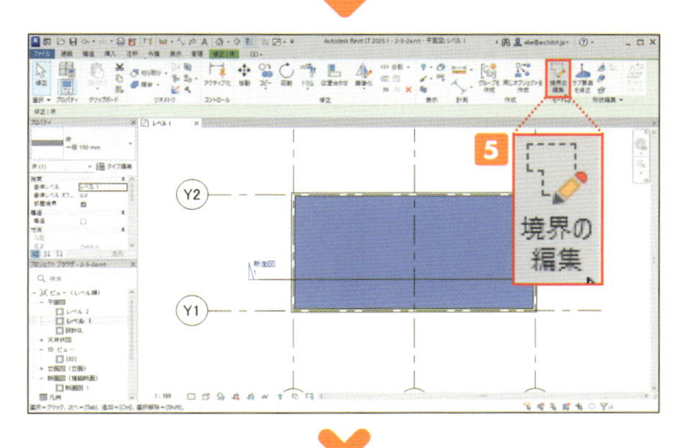

5 [修正 | 床]タブ－[モード]パネル－[境界の編集]をクリックする。

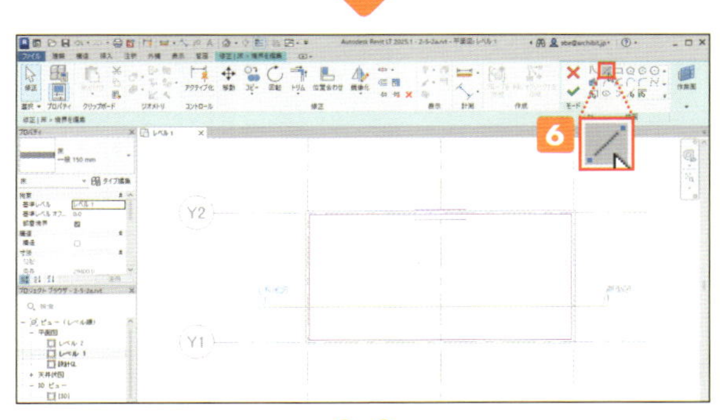

6 床の範囲がピンク色の線で表示されるので、[修正 | 床>境界を編集]タブ－[描画]パネル－[線]をクリックする。

通り芯「X1」から右に2000の位置に線を作成します。

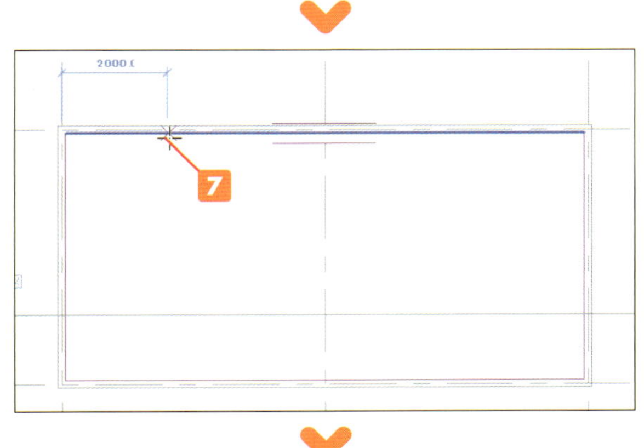

7 通り芯「X1」から右に「2000.0」の位置にある床の線をクリックする。

8 カーソルを下方向に移動し、垂直であることを示す青色の破線が表示されることを確認して、床の線との交点をクリックする。

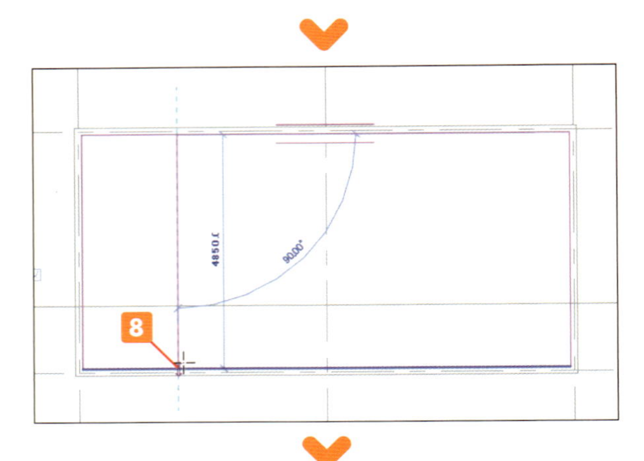

線を作成できました。続いて、トリムの処理を行って、新しい床の範囲を指定します。

9 [修正｜床>境界を編集]タブー[修正]パネルー[トリム](Revitレギュラー版は[コーナーへトリム/延長])をクリックする。

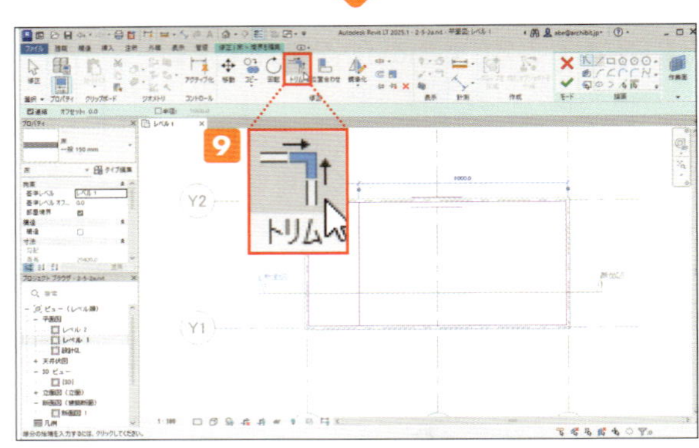

10 床の線の残す側(ここでは、手順11の基準線より右側)をクリックする。

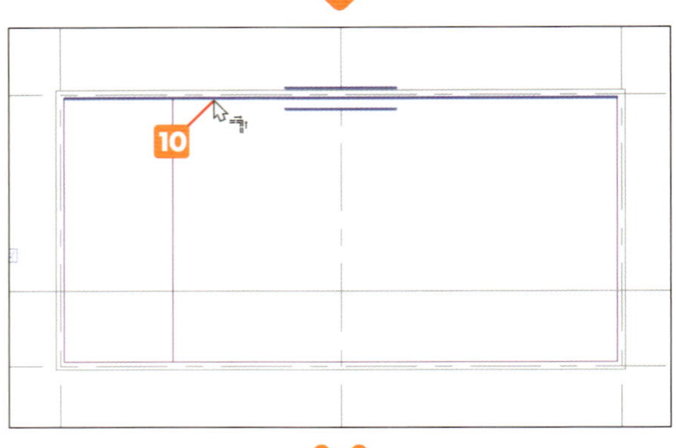

11 手順6～8で作成した線をクリックする。

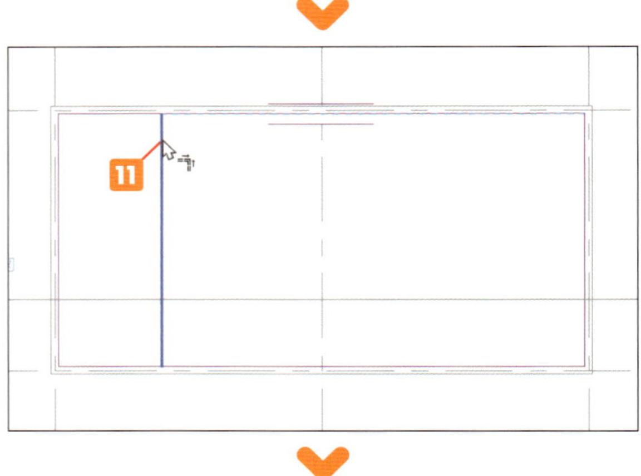

手順10で指定した基準線より右側の線が残るようにトリムされ、基準線より左側の線が削除されました。

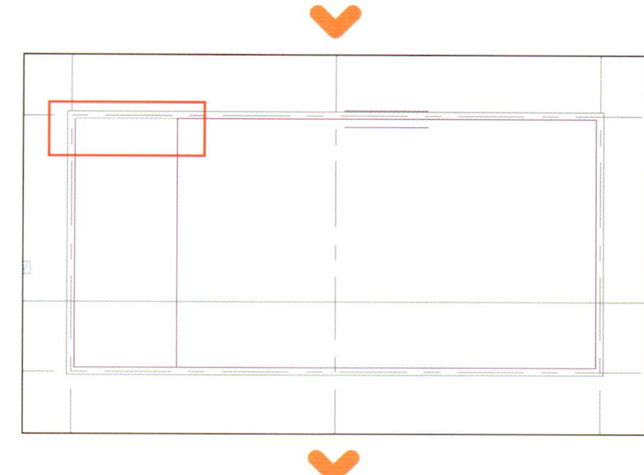

12 手順10～11と同様に残す線をクリックして、下側の線もトリムする。

13 [修正]ツールをクリックする。

14 残った不要な線をクリックして選択し、Delete キーを押す。

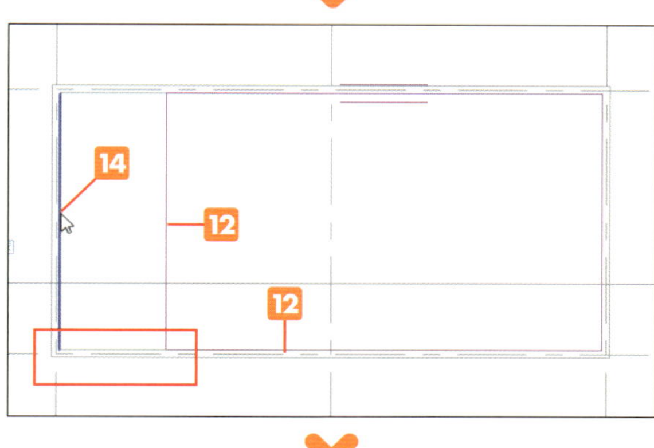

15 [修正｜床>境界を編集]タブ－[モード]パネル－[編集モードを終了]をクリックする。

床の範囲が変更されました。

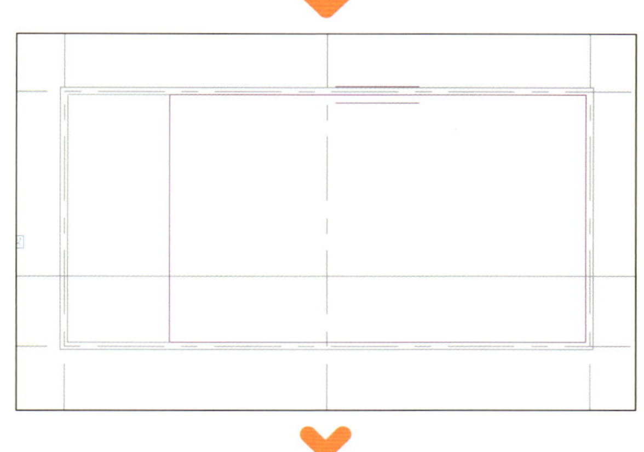

16 [プロジェクトブラウザ]の[ビュー(レベル順)]－[断面図(建築断面)]－[断面図1]をダブルクリックして、断面図のビューを表示する。

断面図で床の範囲が変更されていることが確認できます。
※図ではわかりやすいように床を選択状態にしています。

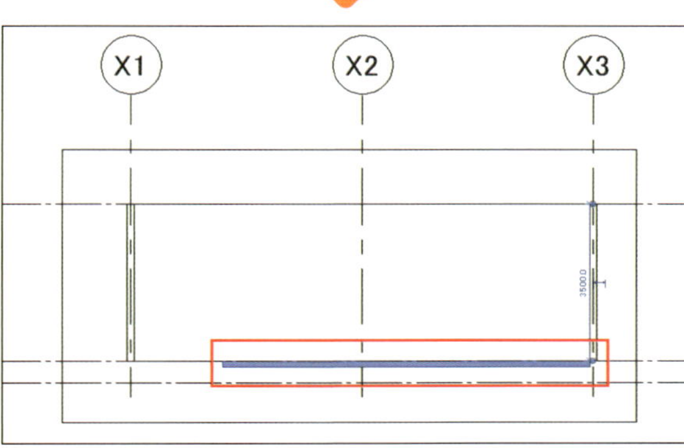

2-5-3 床のタイプを作成する

「2nd_day」－「2-5-3a.rvt」(作図前)
「2-5-3b.rvt」(作図後)

入力したい床のタイプがないときは、プロパティを設定して床タイプを作成します。ここでは、二重床のタイプを作成します。

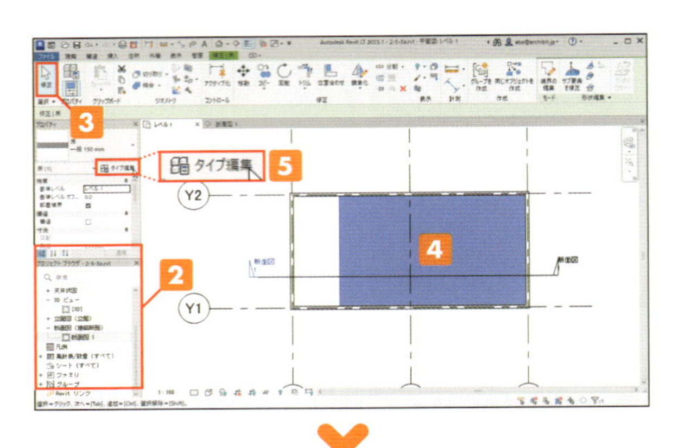

1 P.24 **1-3-2**を参考に、「2-5-3a.rvt」を開く。

2 [プロジェクトブラウザ]の[ビュー(レベル順)]－[平面図]－[レベル1]をダブルクリックして、「レベル１」の平面図のビューを表示する。

3 [修正]ツールをクリックする。

4 入力済みの床をクリックして選択状態にする。

5 [タイプセレクタ]下の[タイプ編集]をクリックする。

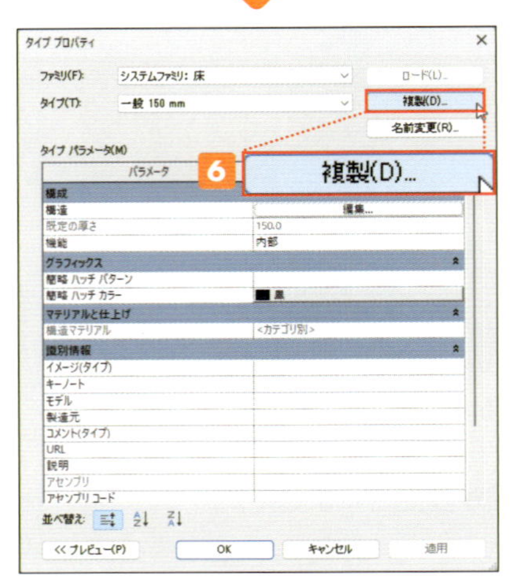

6 [タイププロパティ]ダイアログが表示されるので、[複製]ボタンをクリックする。

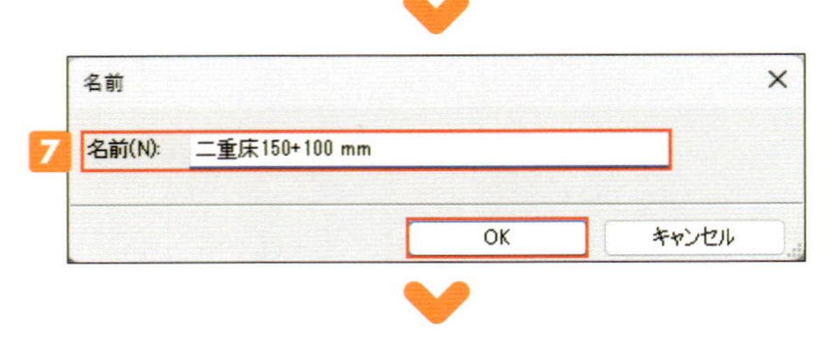

7 [名前]ダイアログが表示される。[名前]に「二重床150＋100㎜」と入力し、[OK]ボタンをクリックする。

8 [タイプ プロパティ]ダイアログに戻るので、[タイプ パラメータ]－[構造]の[値]欄の[編集]ボタンをクリックする。

床のレイヤを追加します。

9 [アセンブリを編集]ダイアログが表示されるので、[挿入]ボタンをクリックする。
10 [レイヤ]のリストに新しいレイヤが追加されるので[上へ]ボタンをクリックして1列目([躯体境界]の上)まで移動する。
11 新しいレイヤの[機能]欄をクリックする。
12 右端に表示される をクリックして表示されるドロップダウンリストから[仕上げ1[4]]を選択する。
13 1列目のレイヤの[厚さ]に「12」と入力する。

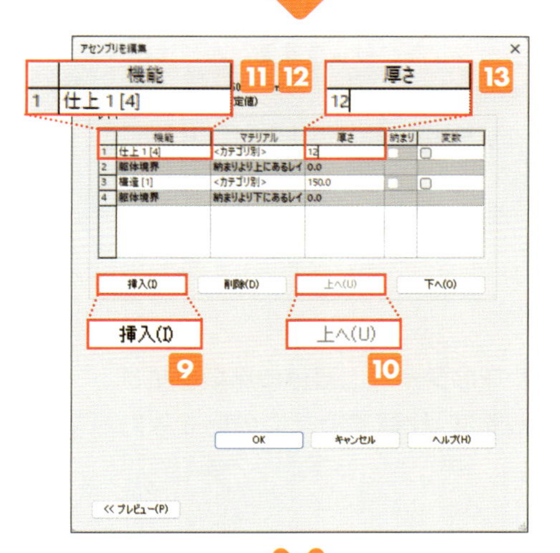

14 手順 9 ～ 13 と同様にして、2列目と3列目にレイヤを追加し、下記のように設定する。
2列目 [機能]：[下地[2]]
[厚さ]：25
3列目 [機能]：[下地[2]]
[厚さ]：63
15 [OK]ボタンをクリックする。
16 [タイププロパティ]ダイアログに戻るので、[OK]ボタンをクリックする。

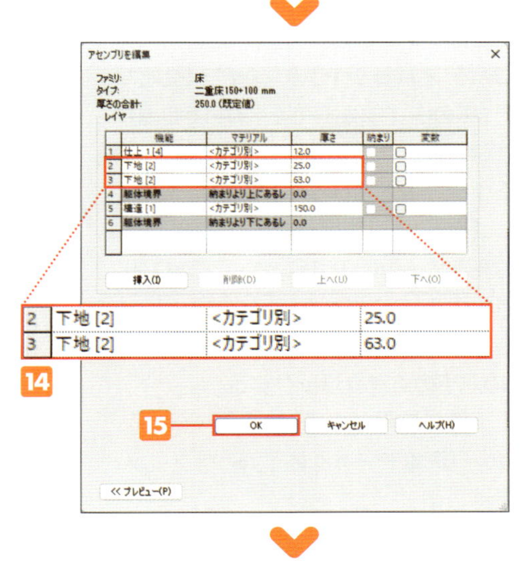

新しい床のタイプ[二重床150＋100㎜]が作成でき、手順4で選択した床に適用されました。

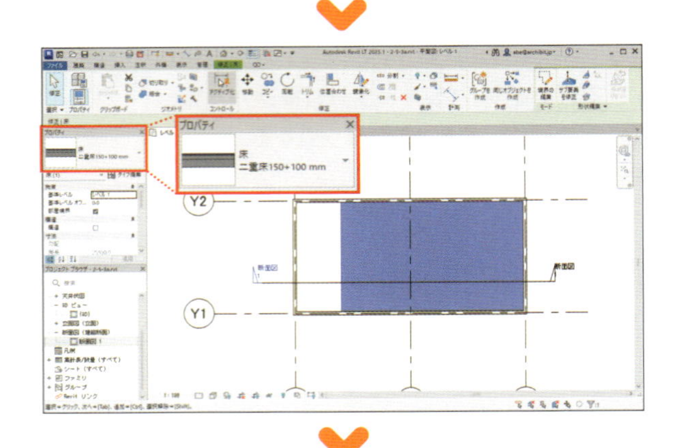

現状では床の上端（二重床の上端）が「レベル１」の位置になっています。そのため、床の躯体の上端が「レベル１」になるように、二重床の厚み（100㎜）分、床を上に移動させせます。

17 [プロパティパレット]の[拘束]－[基準レベルオフセット]の値に「100」を入力する。
18 [適用]ボタンをクリックする
19 作図領域の何もない位置をクリックして選択を解除する。

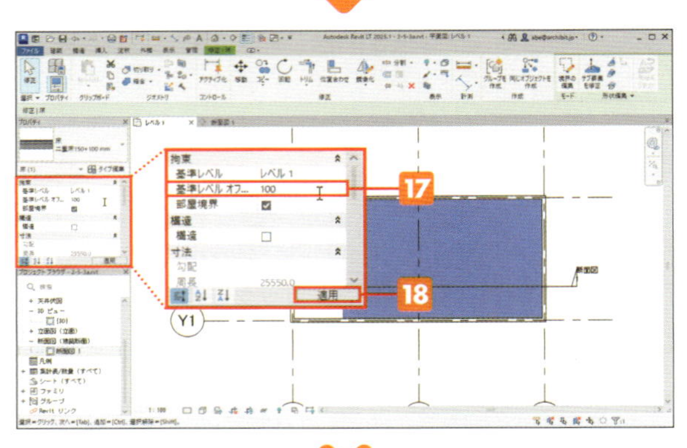

作成した床のタイプと既存の床のタイプを比較します。比較するための床を入力します。

20 [建築]タブー[構築]パネルー[床]－[床意匠]をクリックする。
21 [プロパティパレット]の[タイプセレクタ]で、床のタイプとして[一般-150㎜]を選択する。
22 [修正｜床の境界を作成]タブー[描画]パネルー[長方形]をクリックする。
23 [長方形]ツールの1点目として、通り芯「X1」と「Y2」の交点をクリックする。
24 [長方形]ツールの2点目として、入力済みの床の左下の点をクリックする。
25 [修正｜床の境界を作成]タブー[モード]パネルー[編集モードを終了] ✔ をクリックする。

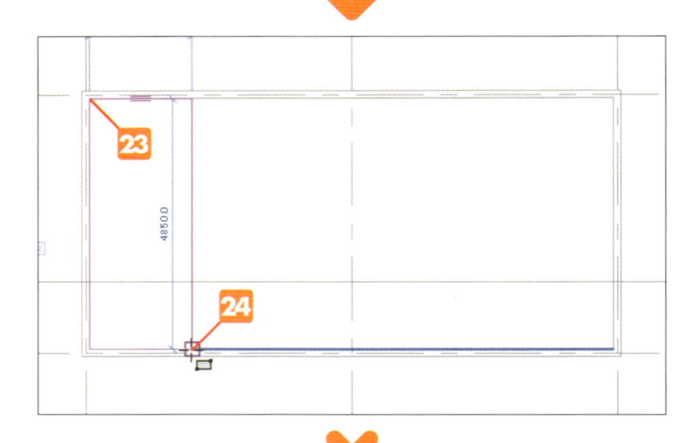

入力済みの床の左側に新しく床を作成できました。

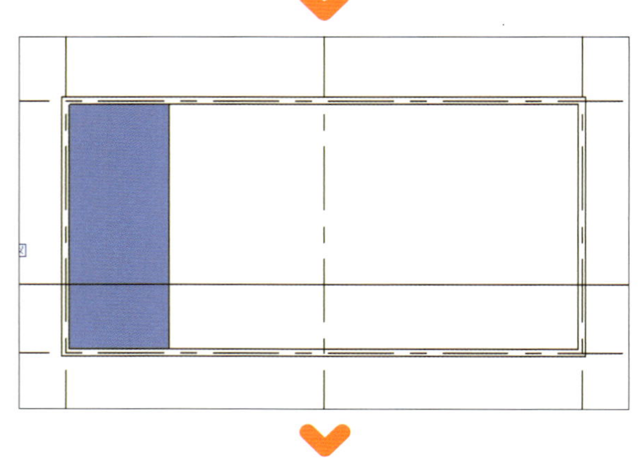

26 [プロジェクトブラウザ]の[ビュー(レベル順)]－[断面図(建築断面)]－[断面図1]をダブルクリックして、断面図のビューを表示する。

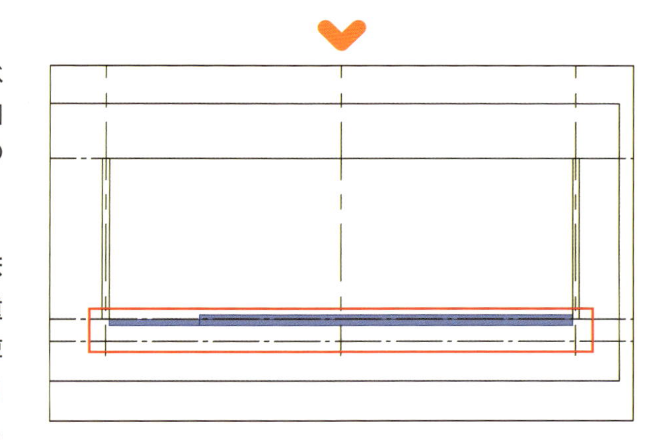

左側が[一般-150㎜]、右側が[二重床150＋100㎜]を適用した床です。[二重床150＋100㎜]はレイヤ数が多く[厚み]も設定しているため、[一般-150㎜]と比べると厚くなっていることがわかります。

HINT

床のハッチング

床のハッチングは壁と同様、[詳細レベル]によって設定する方法が異なる。
[詳細レベル]が[簡略]のときは左図のように[簡易ハッチパターン](P.76 2-3-3参照)で設定する。[詳細]のときは、壁と同じように右図の[アセンブリを編集]ダイアログでマテリアルを設定する(P.70 2-3-2参照)。

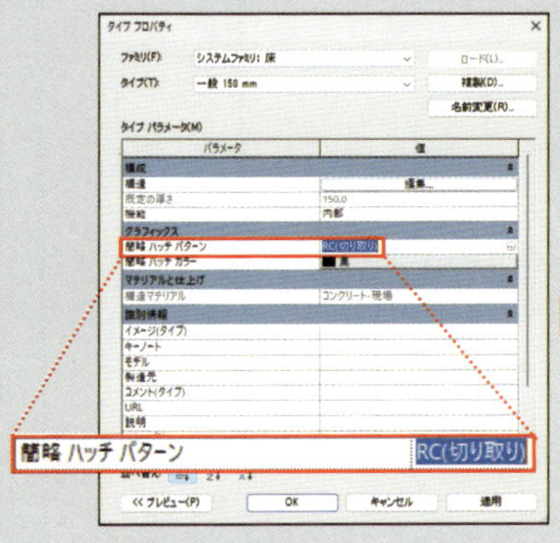

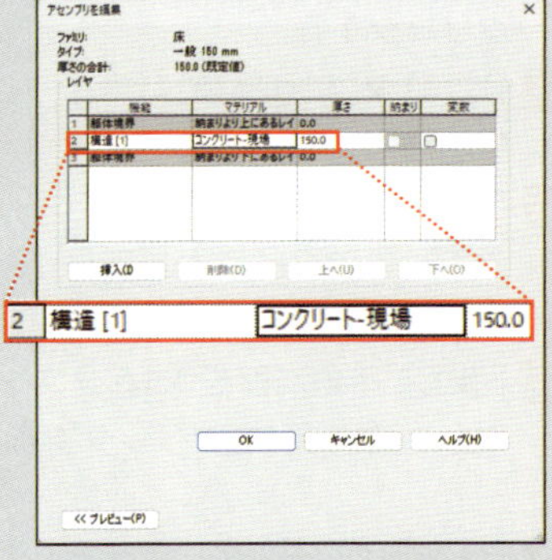

HINT

[プロパティ]の変更が自動的に適用される場合

手順18で[適用]ボタンをクリックすることで、[プロパティパレット]の変更が適用される。しかし、[適用]ボタンをクリックする前にカーソルを作図領域内に移動すると、自動的に変更が適用される。自動的に変更が適用された場合は、[適用]ボタンがグレーになり、クリックできないようになる。

2-5-4 床に勾配を付ける

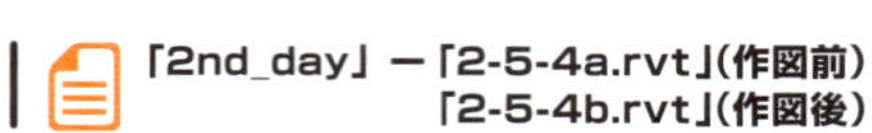

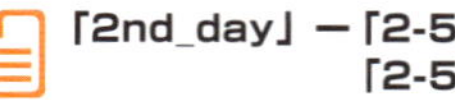

床を利用して陸屋根(勾配のないフラットな屋根)を作成するときや、地下ピットの床を入力するときなどには、床に勾配を付けます。ここでは、「レベル2」に床を追加して勾配を付け、陸屋根にします。

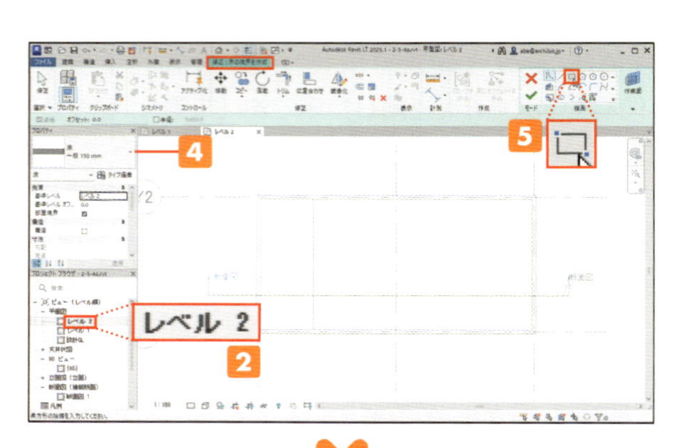

1 P.24 **1-3-2**を参考に、「2-5-4a.rvt」を開く。

2 [プロジェクトブラウザ]の[ビュー(レベル順)]－[平面図]－[レベル2]をダブルクリックする。

3 [建築]タブ－[構築]パネル－[床]－[床意匠]をクリックする。

4 [プロパティパレット]の[タイプセレクタ]で、床のタイプとして[一般-150㎜]を選択する。

5 [修正｜床の境界を作成]タブ－[描画]パネル－[長方形]をクリックする。

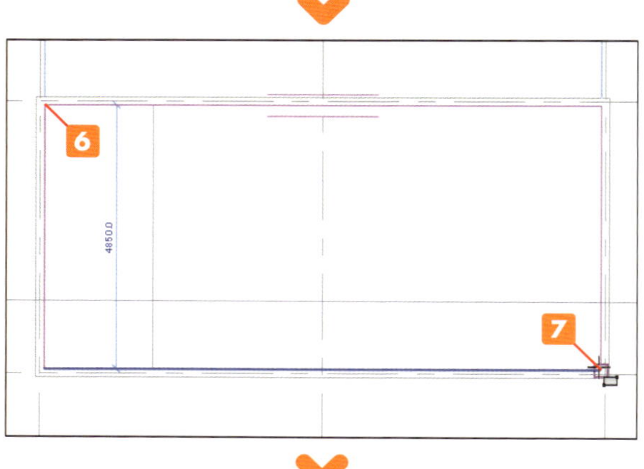

6 [長方形]ツールの1点目として、通り芯「X1」－「Y2」の壁内側の線の交点をクリックする。

7 [長方形]ツールの2点目として、通り芯「X3」－「Y1」の壁内側の線の交点をクリックする。

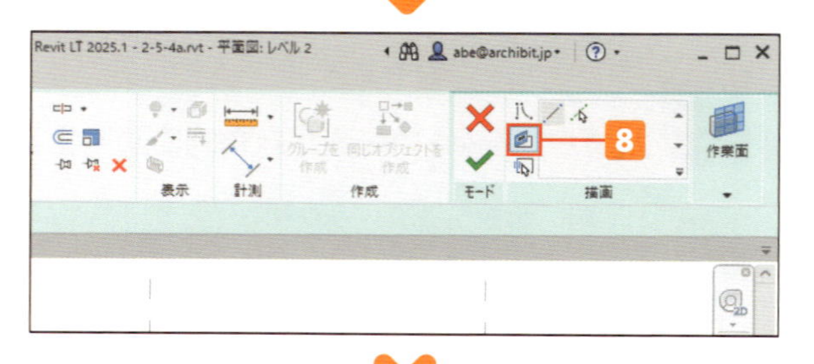

8 [修正｜床の境界を作成]タブ－[描画]パネル－[勾配矢印]をクリックする。

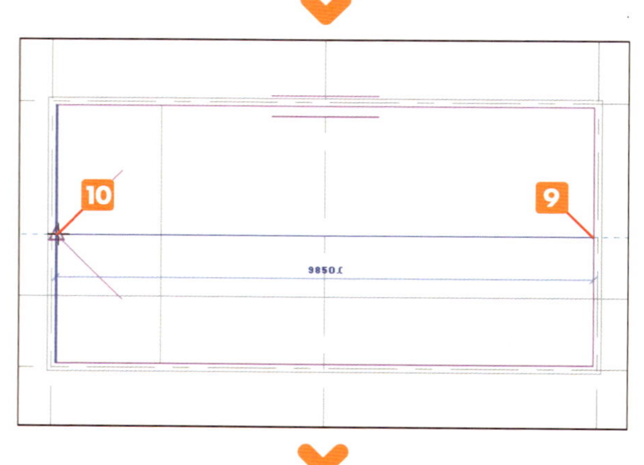

9 勾配を付ける範囲の始点として、通り芯「X3」の壁内側の線の中点をクリックする。

10 勾配を付ける範囲の終点として、通り芯「X1」の壁内側の線の中点をクリックする。

11 [プロパティパレット]の[拘束]－[矢尻レベルオフセット]に「0」と入力する。

12 同じく[矢先レベルオフセット]に「-300」と入力する。

13 [適用]ボタンをクリックする。

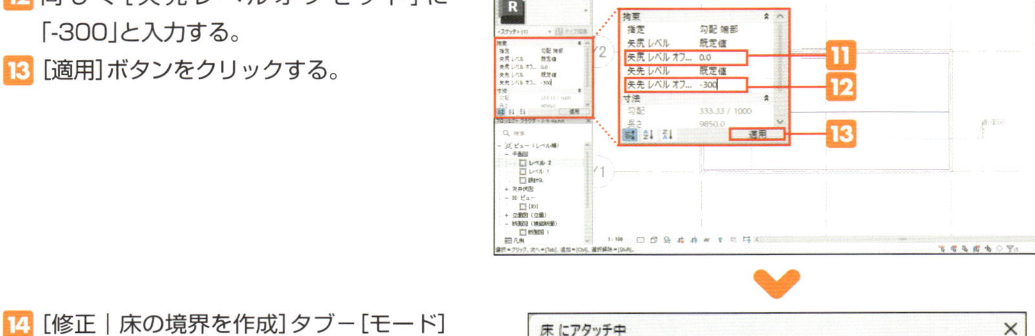

14 [修正 | 床の境界を作成]タブー[モード]パネルー[編集モードを終了] ✔ をクリックする。

15 [床にアタッチ中]ダイアログが表示されるので、[アタッチしない]をクリックする。

床 にアタッチ中

この床/地形ソリッドのレベル下部に壁をアタッチしますか?

15

☐ 次回からこのメッセージを表示しない　アタッチ　アタッチしない

勾配の付いた床を入力できました。

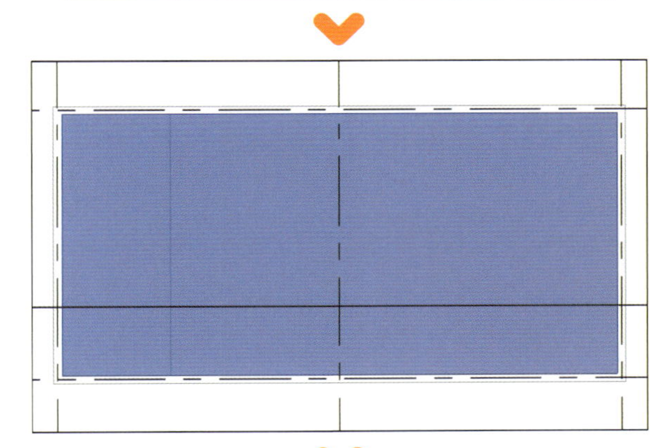

16 [プロジェクトブラウザ]の[ビュー(レベル順)]－[断面図(建築断面)]－[断面図1]をダブルクリックして、断面図のビューを表示する。

断面図を見ると、床に勾配が付いていることがわかります。

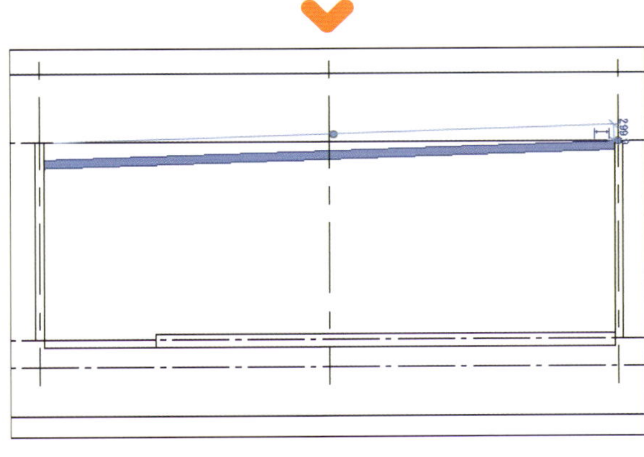

HINT 壁とのアタッチ

手順15の[床にアタッチ中]ダイアログで、「この床/地形ソリッドのレベル下部に壁をアタッチしますか？」というメッセージが表示される。ここで[アタッチしない]を選択すると、壁の高さは変更されずに床と壁が重なった状態となる。[アタッチ]を選択すると、壁の高さが床の下部に接した状態となる（ただし、斜めの床には対応していない）。また、床と壁がリンクされ、床の位置を変更すると、追従して壁の高さも変更される。

床にアタッチ中

この床/地形ソリッドのレベル下部に壁をアタッチしますか?

次回からこのメッセージを表示しない　アタッチ　アタッチしない

[床にアタッチ中]ダイアログで、[アタッチ]か[アタッチしない]を選択する。

[アタッチしない]を選択したとき

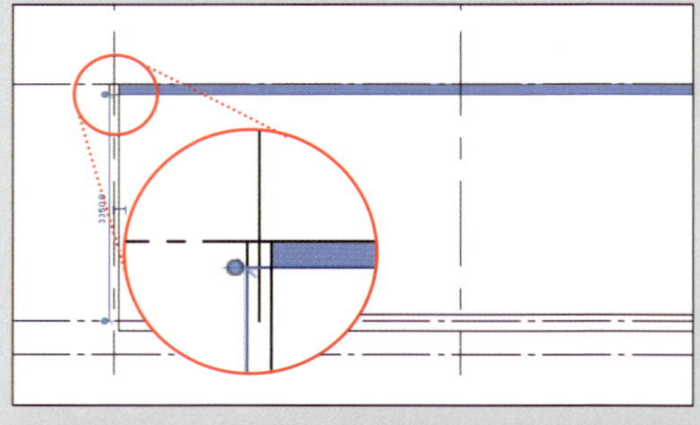

壁は変更されないので、床と壁が重なっている状態になる。

[アタッチ]を選択したとき

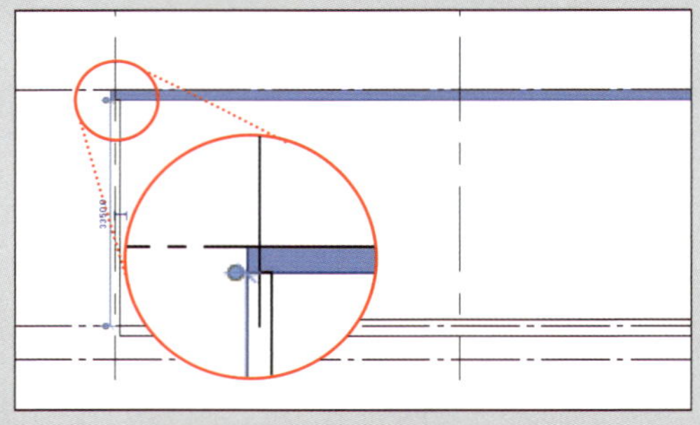

壁の高さが床に接した状態になる。

床と壁がアタッチされているとき

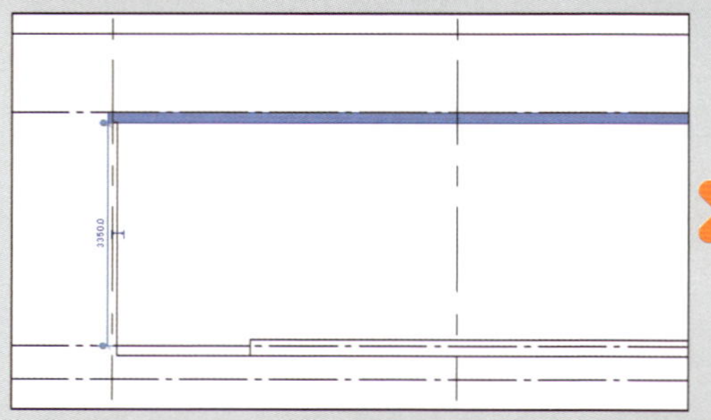

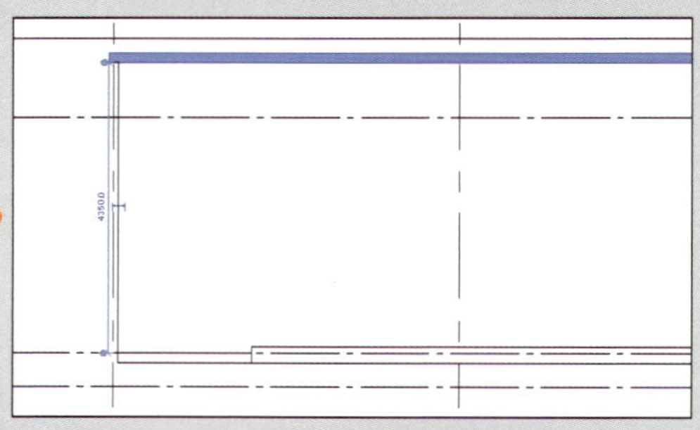

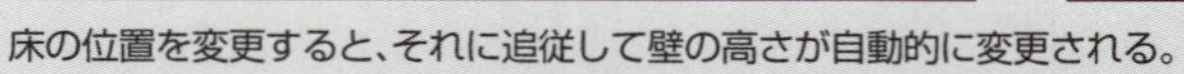

床の位置を変更すると、それに追従して壁の高さが自動的に変更される。

DAY 3

建築オブジェクトの作成②

DAY 3

建築オブジェクトの作成②

屋根や窓、ドアなどのモデル、コンポーネントの入力時に使用する基本的なツールとその操作を解説します。

3-1 屋根の作成

- 屋根を入力する
- 屋根の勾配方向を変更する
- 壁を屋根にアタッチする
- 屋根の勾配角度を変更する

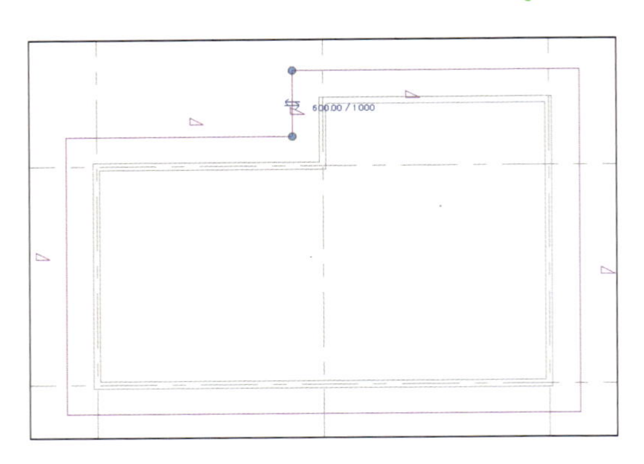

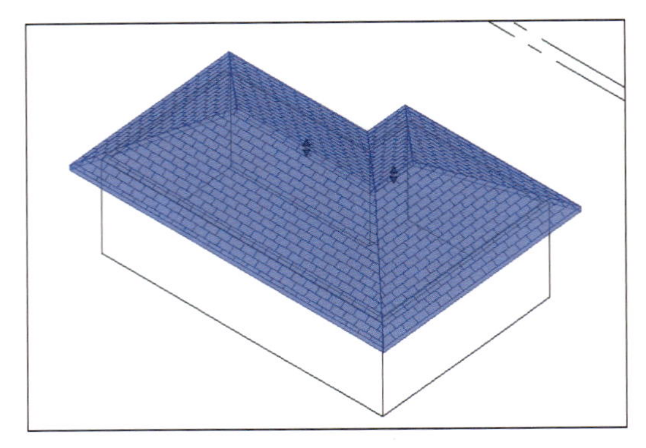

3-2 ドアと窓の配置

- ドアと屋根を配置する
- ドアと窓の高さ／幅／厚さを変更する
- ファミリをロードしてドアと窓を配置する
- タグを付けて集計する

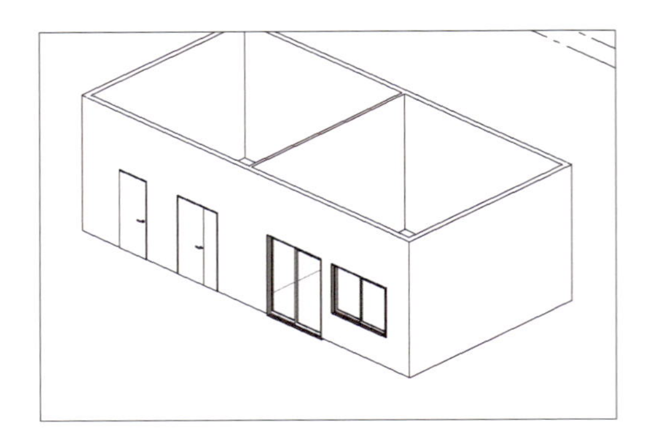

3-3 カーテンウォールの作成

- カーテンウォールを配置する
- カーテングリッドを付けてカーテンウォールを分割する
- カーテングリッドにカーテンマリオンを割り当てる
- カーテンパネルをドアや窓に変更する

3-4 コンポーネントの配置

- ファミリをロードして
  コンポーネントを配置する
- コンポーネントのホストを変更する

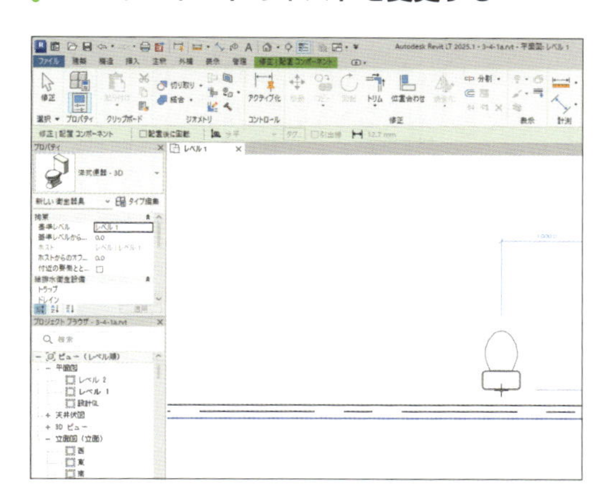

3-5 天井の作成

- 天井を入力する
- 天井の目地を調整する
- 天井に吹き抜けを作成する
- 吹き抜け範囲を平面図に表示する

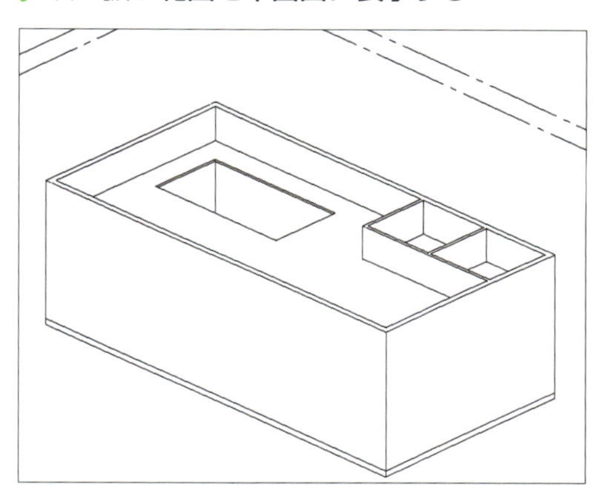

3-6 階段の作成

- 折り返し階段を入力する
- 階段を編集する
- 手すりを編集する

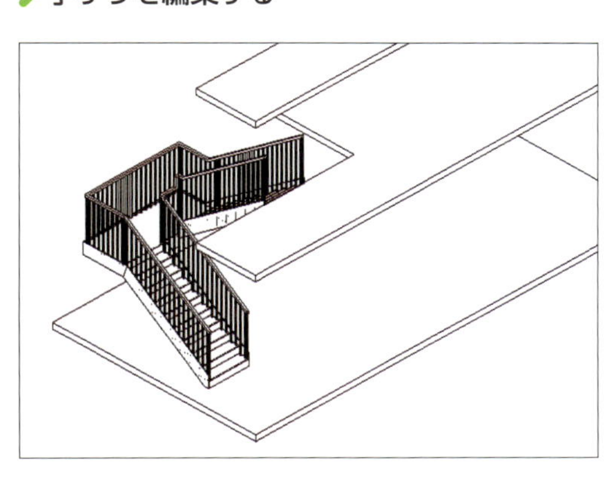

3-7 部屋の作成

- 部屋を作成して部屋名を記入する
- 天井伏図に部屋名を記入する
- 部屋を削除する

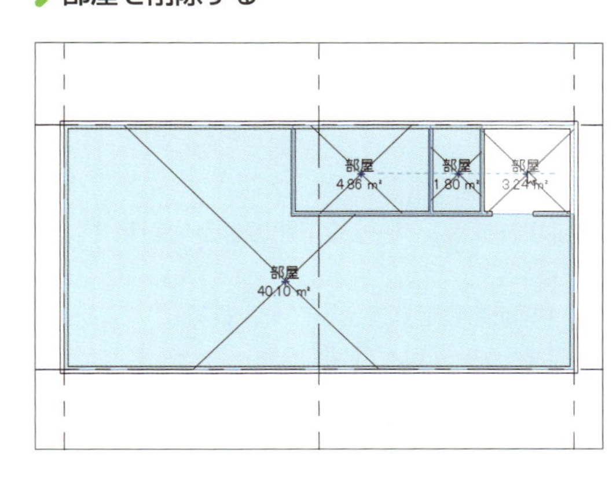

DAY **3-1**

屋根の作成

Revitでは、[屋根(境界)]ツールなどの屋根入力ツールを実行して屋根のタイプや位置を指定すると、自動的に勾配を合成して屋根の形をつくってくれます。ここでは、屋根の入力と勾配の付け方、勾配の方向や角度の変更方法、曲線の屋根の作成方法について解説します。

3-1-1 屋根を入力する

「3rd_day」－「3-1-1a.rvt」(作図前)
「3-1-1b.rvt」(作図後)

屋根を入力するには、[屋根](ここでは、[屋根(境界)])ツールを使用します。『プロパティパレット]の[タイプセレクタ]で屋根のタイプを選択して入力位置を指定しますが、ここでは指定の際に入力済みの壁を使います。[オプションバー]でオーバーハング(軒の出)の設定も行えます。

1. 「3-1-1a.rvt」を開く。
2. [プロジェクトブラウザ]の[ビュー(レベル順)]－[平面図]－[レベル2]をダブルクリックして、「レベル2」の平面図のビューを表示する。
3. [建築]タブ－[構築]パネル－[屋根]－[屋根(境界)]をクリックする。
4. [プロパティパレット]の[タイプセレクタ]で、屋根のタイプとして[標準屋根 スレート-150㎜]を選択する。
5. [修正｜屋根のフットプリントを作成]タブ－[描画]パネル－[壁を選択]をクリックする。
6. [オプションバー]で下記のように設定する。
   [勾配を設定]:チェックを入れる
   [オーバーハング]:600
   [壁(躯体)からの延長]:チェックを入れる

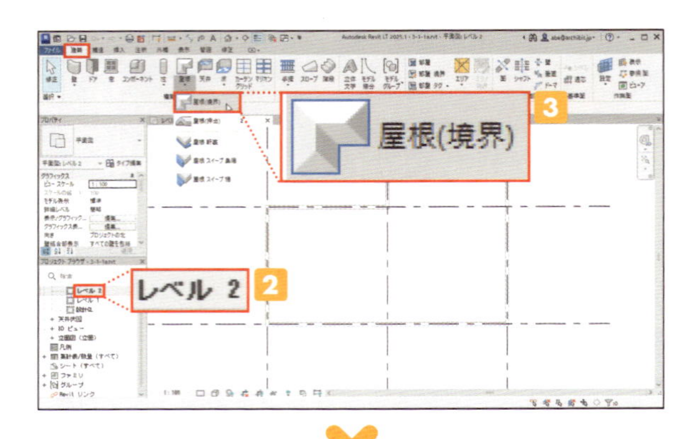

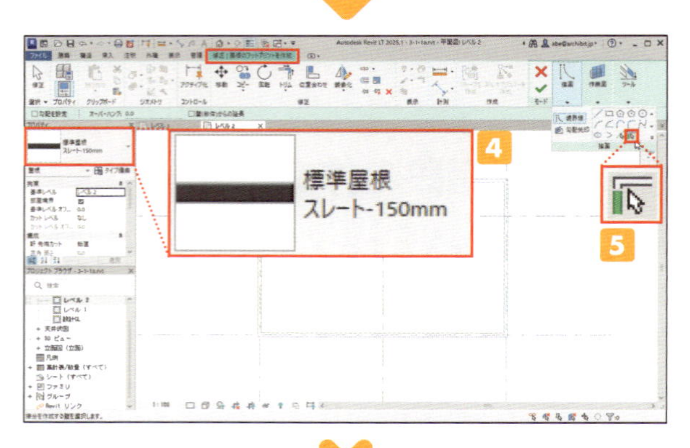

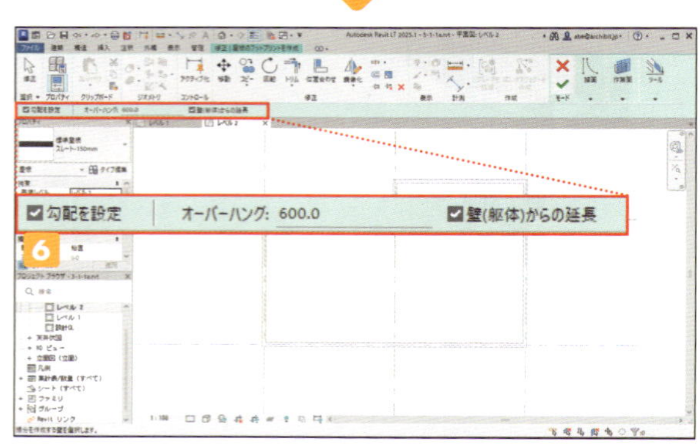

7 壁にカーソルを合わせると、オーバーハングの位置が青色の破線で仮表示される。青色の破線が壁の外側に表示されるように、外側の壁をクリックする。

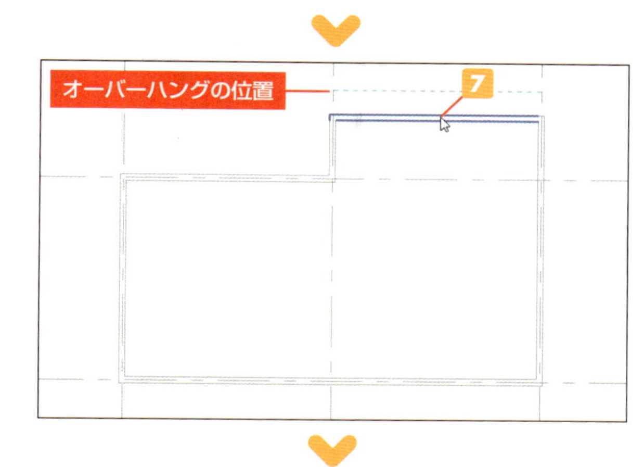

HINT オーバーハングの方向

オーバーハングの中央に表示される青色の矢印記号（フリップ）をクリックすると、オーバーハングの位置が壁の内側に変わる。

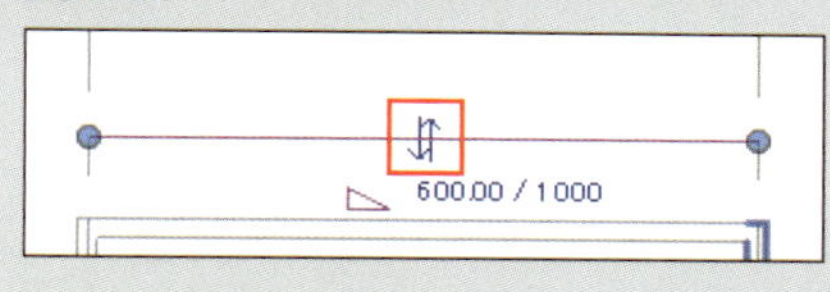

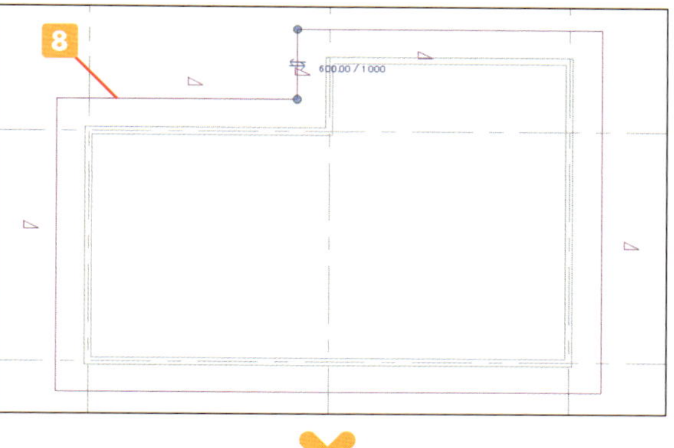

8 手順7と同様にして、外側の壁のすべてを1つずつクリックすると、ピンク色の線でオーバーハングの位置が表示される。

9 ［修正｜屋根のフットプリントを作成］タブ－［モード］パネル－［編集モードを終了］✔をクリックする。

屋根を入力できました。

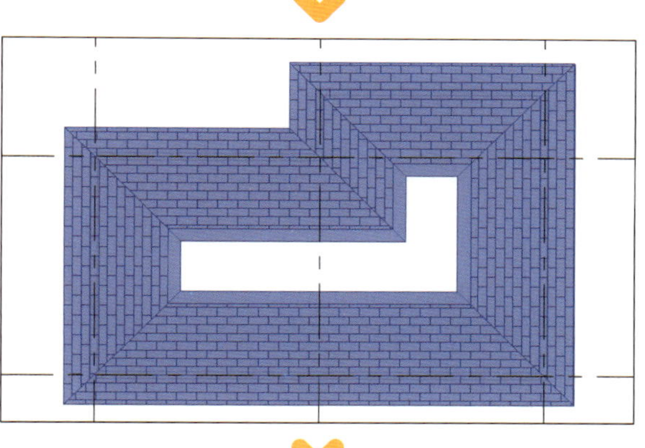

HINT 屋根の表示

図では屋根の上部分が開いているように見えるが、これはビューの範囲で表示が切り取られているだけなので問題はない。

10 ［プロジェクトブラウザ］の［ビュー（レベル順）］－［3Dビュー］－［{3D}］をダブルクリックする。

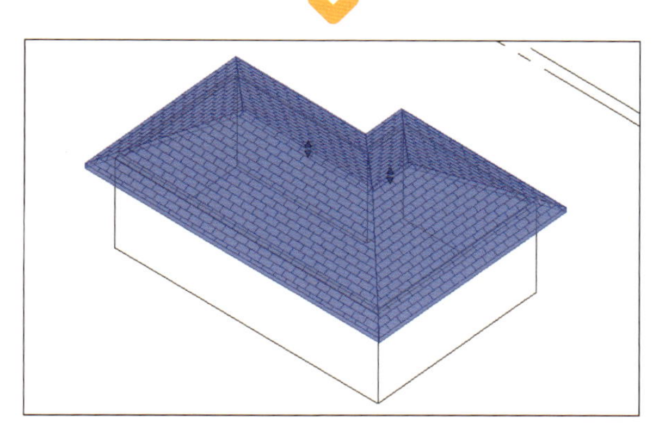

勾配の付いた屋根が入力されていることがわかります。

屋根勾配の始まりについて

屋根は「レベル2」の面を作業面として入力しているため、「レベル2」と外壁の外面の交点が軒の高さとなり、勾配の始まりとなっている。

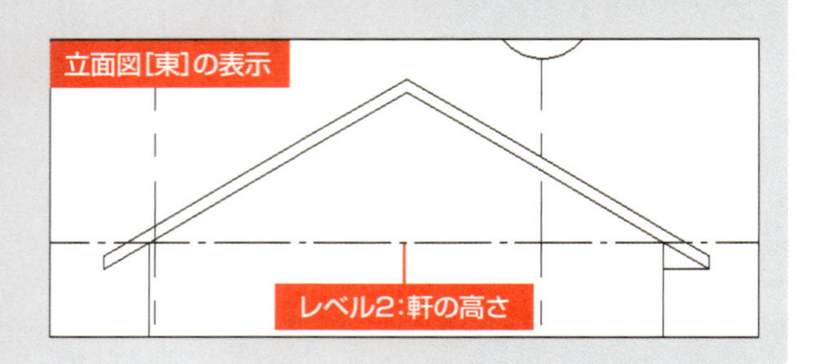

HINT

屋根のタイプの作成について

屋根も壁と同様の方法(P.70 **2-3-2**参照)でタイプを作成できる。[アセンブリを編集]ダイアログで、実際に使用する材料の厚みなどを設定する。

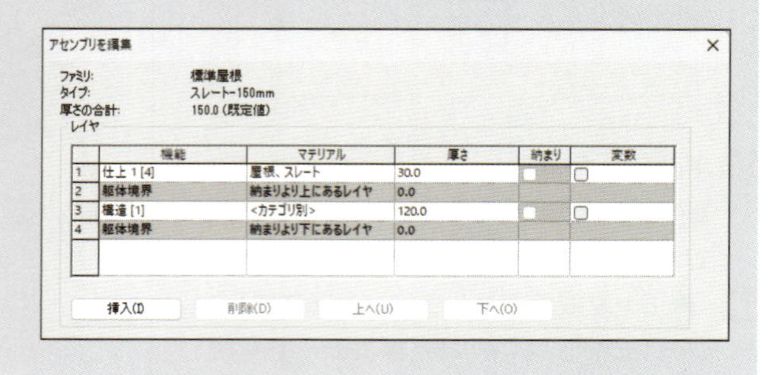

	機能	マテリアル	厚さ	納まり	変数
1	仕上 1 [4]	屋根、スレート	30.0	☐	☐
2	躯体境界	納まりより上にあるレイヤ	0.0		
3	構造 [1]	<カテゴリ別>	120.0	☐	☐
4	躯体境界	納まりより下にあるレイヤ	0.0		

HINT

屋根のハッチングについて

屋根のハッチングは壁と同様、[詳細レベル]によって設定する方法が異なる。
[詳細レベル]が[簡略]のときは、[簡易ハッチパターン](P.76 **2-3-3**参照)で設定する。[標準]または[詳細]のときは、[タイププロパティ]ダイアログの[タイプパラメータ]−[マテリアル](P.70 **2-3-2**参照)で設定する。ただし、見えがかり部分は断面ではなく仕上げ面が見えている。そのため、[詳細レベル]に関係なく、[アセンブリ編集]ダイアログのレイヤ1の[マテリアル]をクリックして表示される[マテリアルブラウザ]ダイアログの[サーフェスパターン](図)に設定されているマテリアルが表示される。

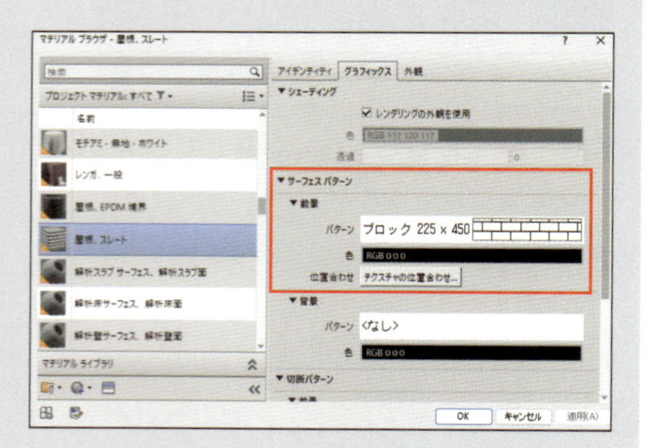

3-1-2 屋根の勾配方向を変更する

「3rd_day」－「3-1-2a.rvt」(作図前)
「3-1-2b.rvt」(作図後)

「勾配定義エッジ」で、屋根の勾配の有無や屋根の勾配の方向を変更できます。ここでは、その機能を利用して寄棟屋根から切妻屋根に変更します。

1 「3-1-2a.rvt」を開く。
2 [プロジェクトブラウザ]の[ビュー(レベル順)]－[平面図]－[レベル2]をダブルクリックする。
3 [修正]ツールをクリックする。
4 屋根をクリックして選択状態にする。

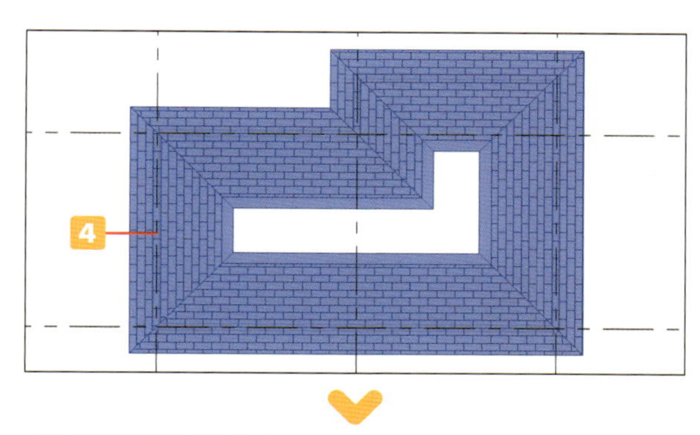

5 [修正｜屋根]タブ－[モード]パネル－[フットプリントを編集]をクリックする。

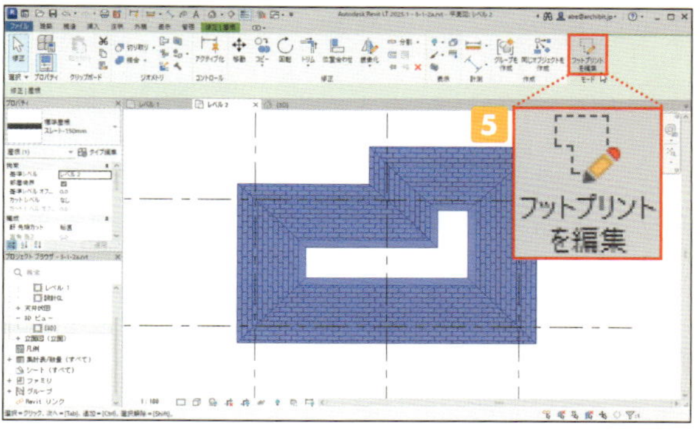

6 屋根の範囲がピンク色の線で表示されるので、通り芯「X3」の右側にある線をクリックする。線の横に表示される三角形の記号と数値は「勾配定義エッジ」というもので、屋根に勾配が付いていることを表している。

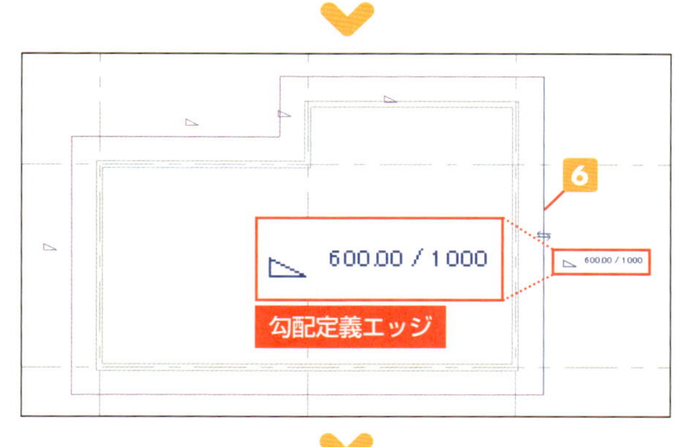

7 [プロパティパレット]の[拘束]－[屋根の勾配を設定]のチェックを外す。
8 [適用]ボタンをクリックする。

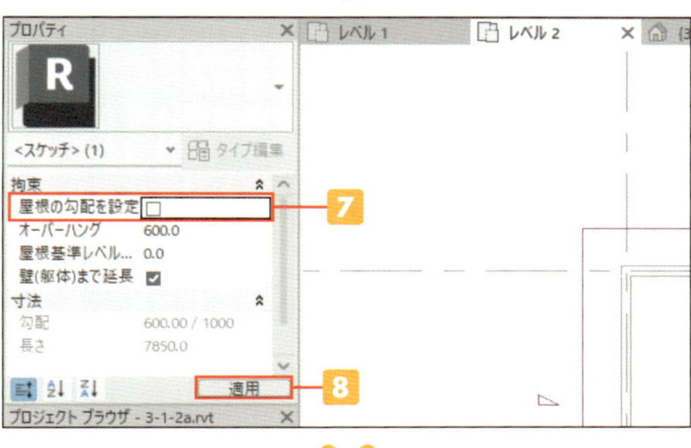

手順6でクリックした線の勾配定義エッジが消え、屋根の勾配がなくなります。

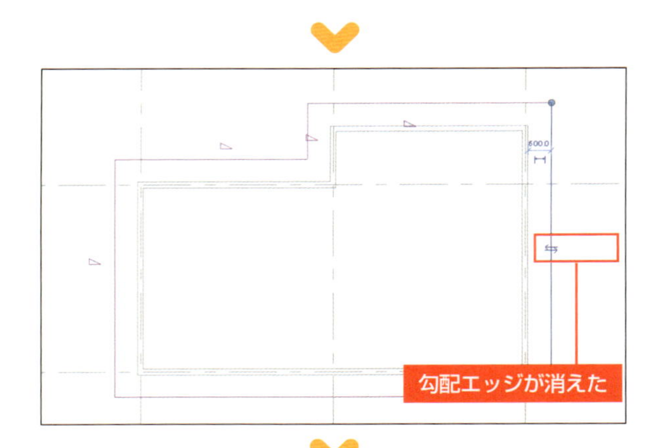

9 手順6～8と同様にして、通り芯「X1」側の線の勾配をなくす。

10 [修正｜屋根のフットプリントを作成]タブ－[モード]パネル－[編集モードを終了] ✔をクリックする。

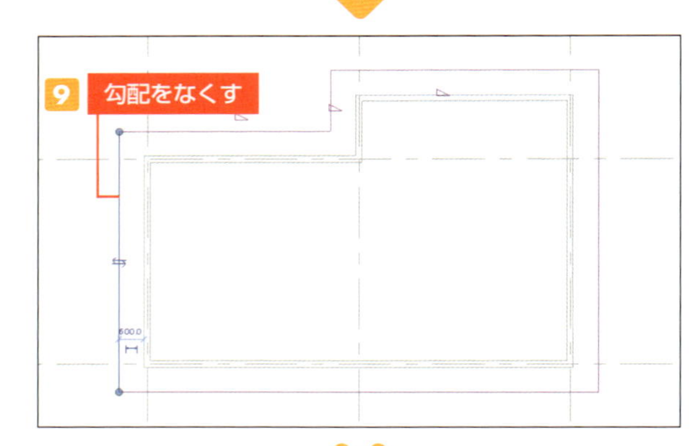

指示した面の勾配がなくなり、自動的に屋根の形状が変更されました。

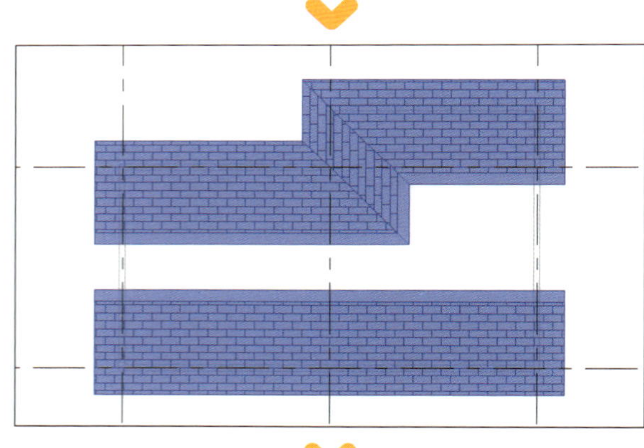

11 [プロジェクトブラウザ]の[ビュー(レベル順)]－[3Dビュー]－[{3D}]をダブルクリックする。

屋根の勾配方向が変わって切妻屋根になりました。

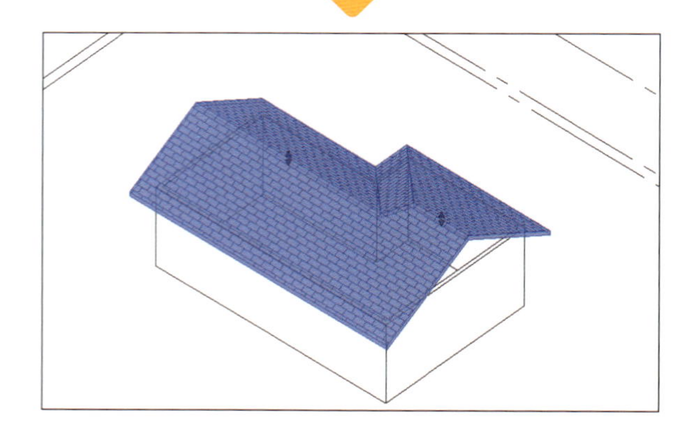

3-1-3 壁を屋根にアタッチする

「3rd_day」－「3-1-3a.rvt」(作図前)
「3-1-3b.rvt」(作図後)

3-1-2のように勾配を変更すると、壁と屋根にすき間ができることがあります。このすき間は、壁を屋根に「アタッチ」することで解消できます。

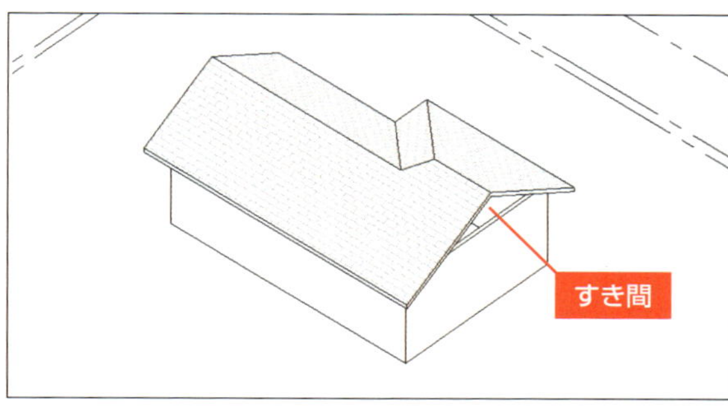

1 「3-1-3a.rvt」を開く。
2 [プロジェクトブラウザ]の[ビュー(レベル順)]－[3Dビュー]－[{3D}]をダブルクリックする。
3 [修正]ツールをクリックする。

4 すべての壁を取り囲むように窓選択する。

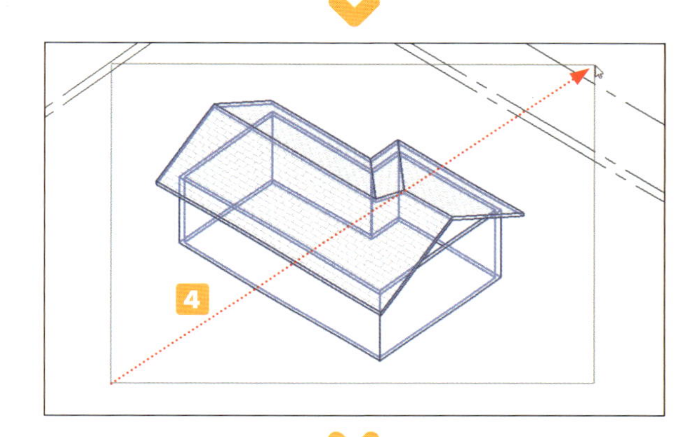

5 [修正｜複数選択]タブ－[選択]パネル－[フィルタ]をクリックする。

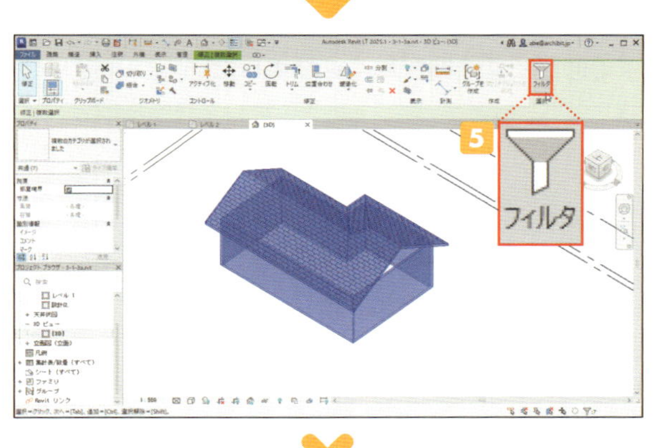

6 表示される[フィルタ]ダイアログの[カテゴリ]の「屋根」のチェックを外す。
7 [OK]ボタンをクリックする。

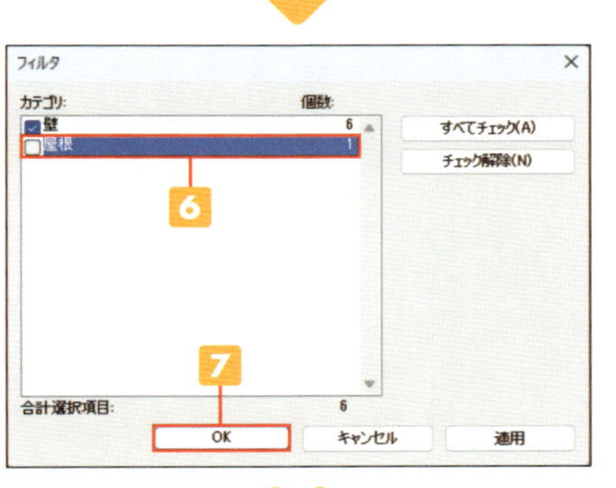

8 壁のみが選択状態になるので、[修正｜壁]タブー[壁を修正]パネルー[アタッチ上部／下部](または[アタッチ 上端／下端])をクリックする。

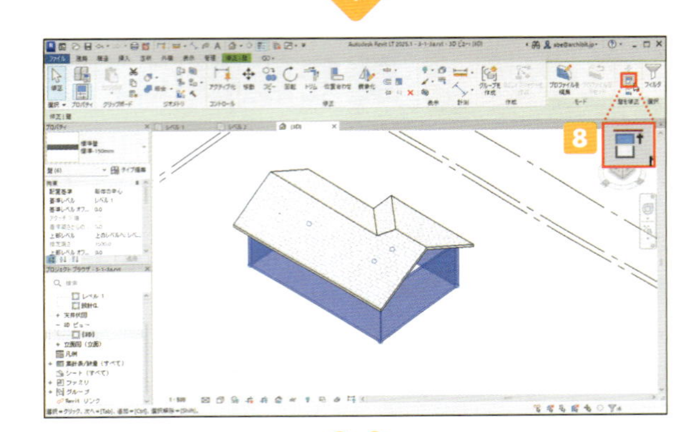

9 屋根をクリックすると、壁が屋根にアタッチされる。

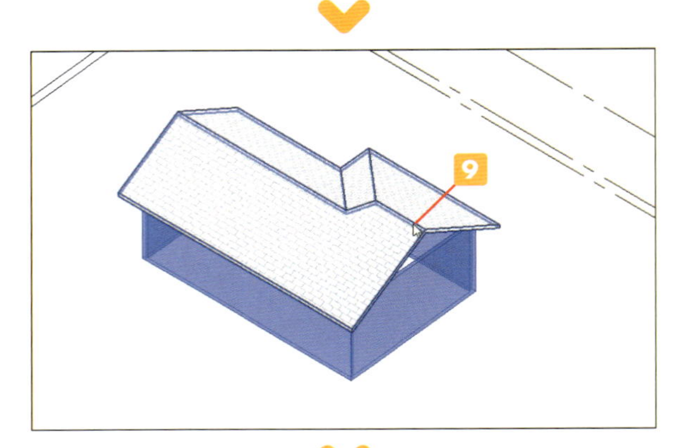

10 作図領域の何もない位置をクリックして選択を解除する。

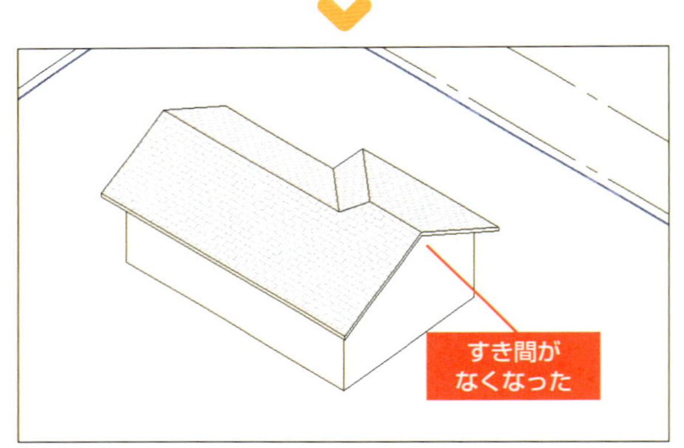

壁が屋根にアタッチされ、自動的に屋根まで伸びてすき間がなくなりました。

3-1-4 屋根の勾配角度を変更する

「3rd_day」－「3-1-4a.rvt」(作図前)
「3-1-4b.rvt」(作図後)

屋根の勾配角度は、[プロパティパレット]の[勾配]で変更できます。ここでは、6寸勾配から3寸勾配に変更します。

1 「3-1-4a.rvt」を開く。
2 [プロジェクトブラウザ]の[ビュー(レベル順)]－[3Dビュー]－[{3D}]をダブルクリックする。
3 [修正]ツールをクリックする。
4 屋根をクリックする。

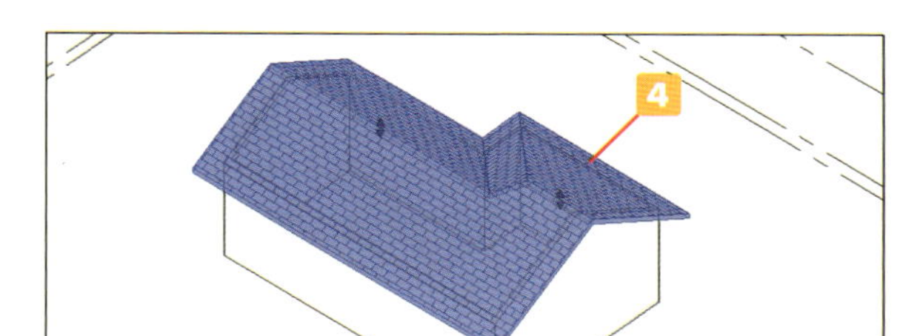

5 [プロパティパレット]の[寸法]－[勾配]の値に「300/1000」と入力する。
6 [適用]ボタンをクリックする。

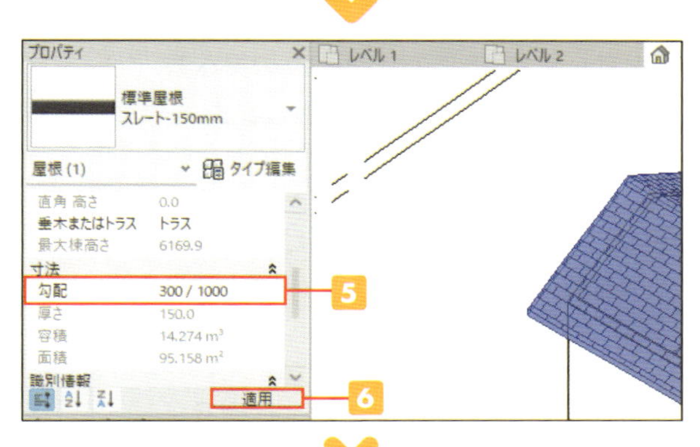

HINT 3寸勾配

水平距離10寸に対して、垂直距離が3寸、つまり水平10:垂直3の傾きを「3寸勾配」と呼ぶ。ここで、もともと入力されていた[600/1000]は6寸勾配、新たに入力した[300/1000]は3寸勾配である。

7 作図領域の何もない位置をクリックして選択を解除する。

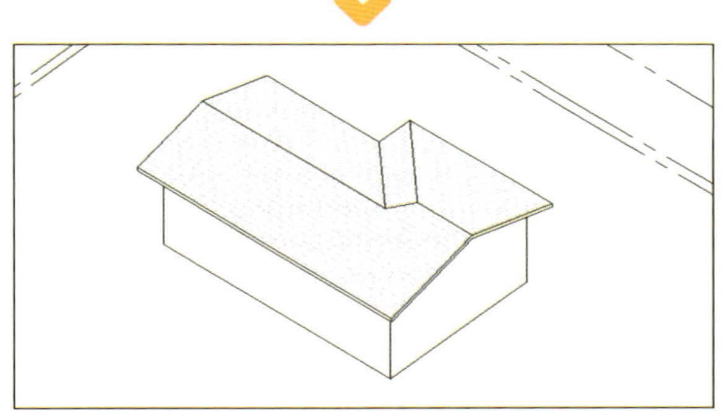

屋根の勾配角度が変更されました。

HINT 勾配の単位について

勾配の単位は、❶[管理]タブ－[設定]パネル－[プロジェクトで使う単位]をクリック　❷表示される[プロジェクト単位]ダイアログの[勾配]－[形式]をクリック　❸表示される[形式]ダイアログ(図)の[単位]で設定できる。木造でよく使用する3寸勾配などを設定したいときは、[単位]を[比率:10]に設定する。

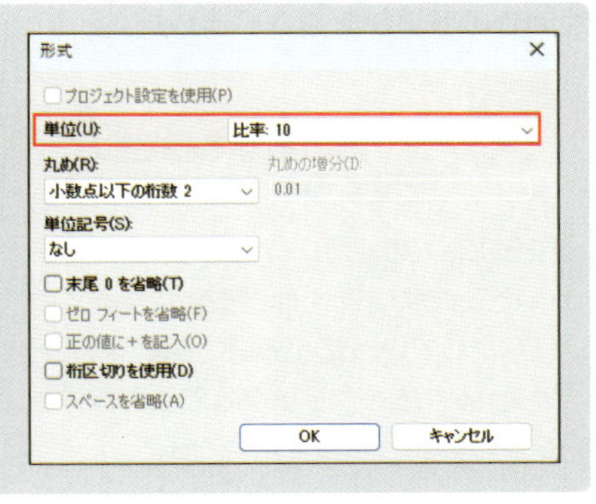

DAY 3-2 # ドアと窓の配置

ドアの配置は［ドア］ツール、窓の配置は［窓］ツールを使用しますが、いずれも手順はほぼ同じです。ドアと窓は壁にのみ配置でき、自動的に開口部が切り抜かれます。また、配置すると自動的に集計表が作成されます。

3-2-1 ドアと窓を配置する

「3rd_day」－「3-2-1a.rvt」（作図前）
「3-2-1b.rvt」（作図後）

ドアも窓も［プロパティパレット］の［タイプセレクタ］で、タイプを選択して位置を指定します。ここではタイプの異なるドアと窓をそれぞれ2種類配置します。

1 「3-2-1a.rvt」を開く。
2 ［プロジェクトブラウザ］の［ビュー（レベル順）］－［平面図］－［レベル1］をダブルクリックして、「レベル1」の平面図のビューを表示する。
3 ［建築］タブ－［構築］パネル－［ドア］をクリックする。
4 ［プロパティパレット］の［タイプセレクタ］で、ドアのタイプとして［片開き w800h2000］を選択する。

5 通り芯「Y1」にある壁にカーソルを移動し、ドアの中央が通り芯「X1」から右へ「1500.0」となる位置でクリックする。作図領域の何もない位置をクリックして選択を解除する。

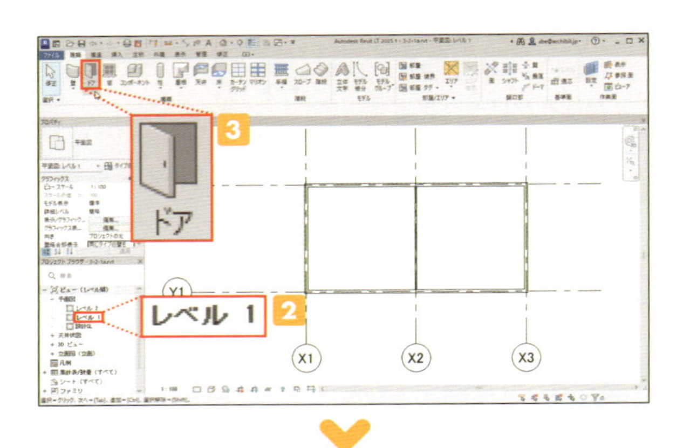

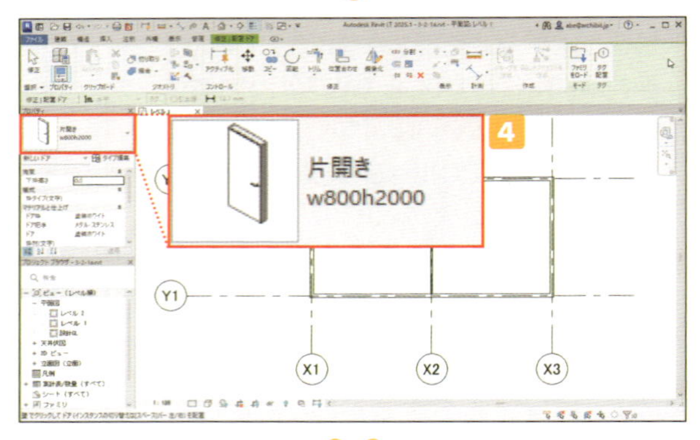

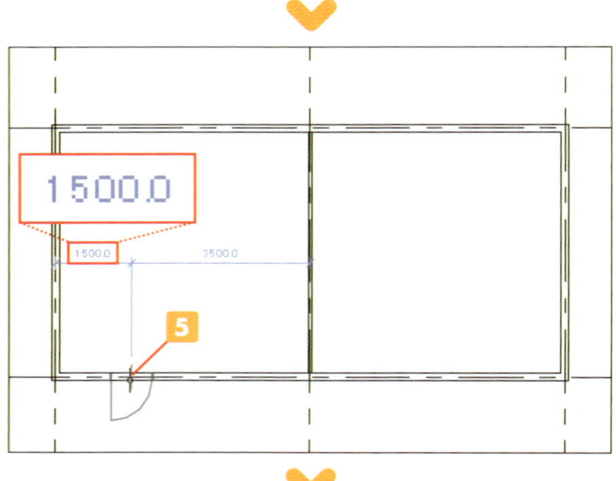

片開きのドアが配置されました。

仮寸法の数値を指定して配置する

「1500.0」の位置にうまくカーソルを合わせられないときは、任意の位置でクリックしていったんドアを配置する。その後、仮寸法をクリックして正確な数値を入力すると、位置を調整できる。

続けて、親子ドアを配置します。

6 [プロパティパレット]の[タイプセレクタ]で、ドアのタイプとして[親子w1200h2000]を選択する。

親子
w1200h2000

7 通り芯「Y1」にある壁にカーソルを移動し、ドアの中央が通り芯「X2」から左へ「1500.0」となる位置でクリックする。

8 [修正]ツールをクリックして、[ドア]ツールを終了する。

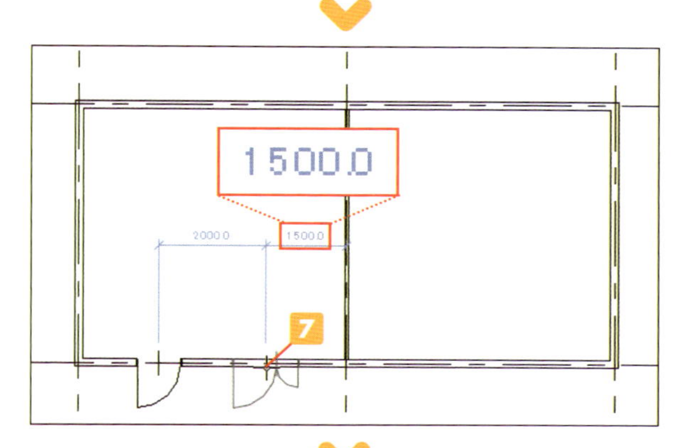

親子ドアが配置されました。

引違い掃出窓と引違い腰窓を配置します。

9 [建築]タブー[構築]パネルー[窓]をクリックする。

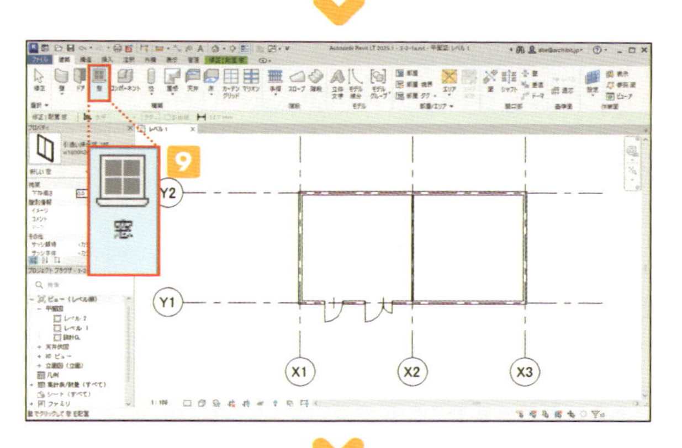

10 [プロパティパレット]の[タイプセレクタ]で、窓のタイプとして[引違い掃出窓_2枚 w1600h2000]を選択する。

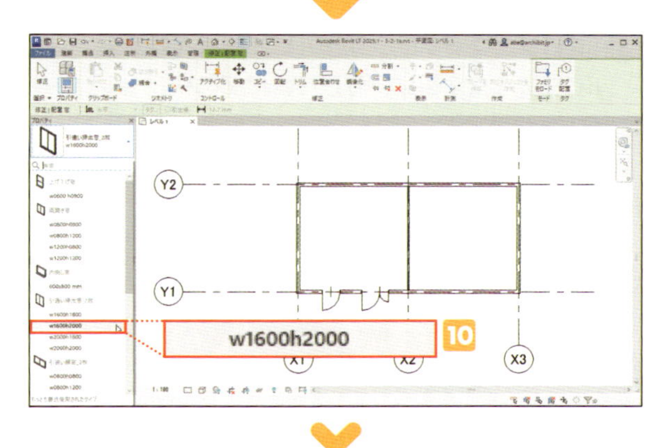

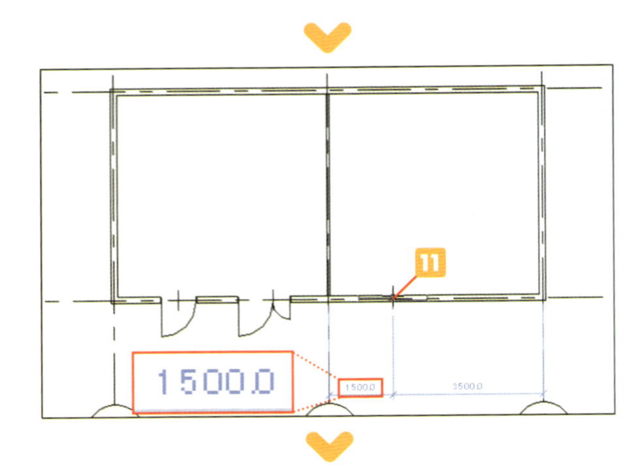

11 通り芯「Y1」にある壁にカーソルを移動し、窓の中央が通り芯「X2」から右へ「1500.0」となる位置でクリックする。

12 [プロパティパレット]の[タイプセレクタ]で、窓のタイプとして[引違い腰窓_2枚 w1600 h1200]を選択する。

13 通り芯「Y1」にある壁にカーソルを移動し、窓の中央が通り芯「X3」から左へ「1500.0」となる位置でクリックする。

14 [修正]ツールをクリックして、[窓]ツールを終了する。

引違い掃出窓と引違い腰窓が配置されました。

15 [プロジェクトブラウザ]の[ビュー(レベル順)]－[3Dビュー]－[{3D}]をダブルクリックする。

ドアと窓が配置されていることがわかります。

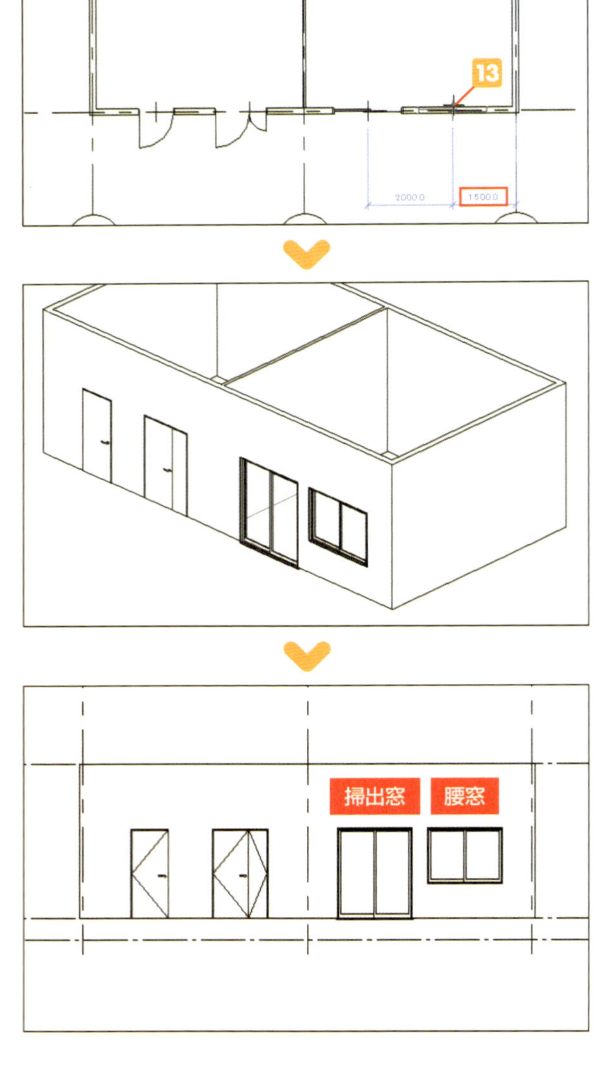

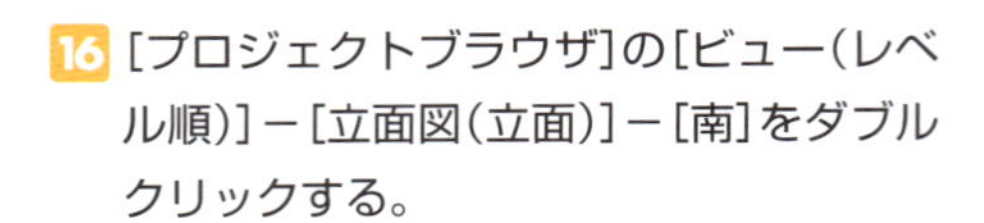

16 [プロジェクトブラウザ]の[ビュー(レベル順)]－[立面図(立面)]－[南]をダブルクリックする。

掃出窓と腰窓の違いがわかります。

HINT

ドアの開き方向や向きを変更する

ドアの開き方向や向きは、ドアが選択状態のときに表示される青色の矢印記号(フリップ)をクリックすると変更できる。

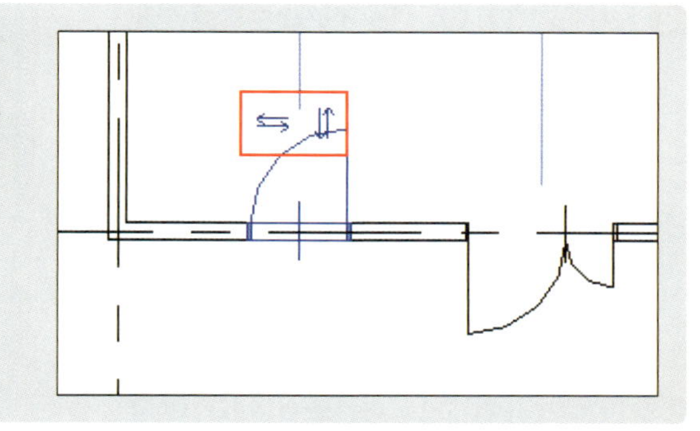

3-2-2 ドアと窓の高さ・幅・厚さを変更する

「3rd_day」－「3-2-2a.rvt」(作図前)
「3-2-2b.rvt」(作図後)

ドアと窓自体の高さや幅、厚さを変更するには、新しくタイプを作成する必要があります。ただし、上下の枠、幅、厚さの位置は、[タイプセレクタ]下の[タイプ編集]で変更します。ここでは、ドアの高さを2000から2400に変更します。

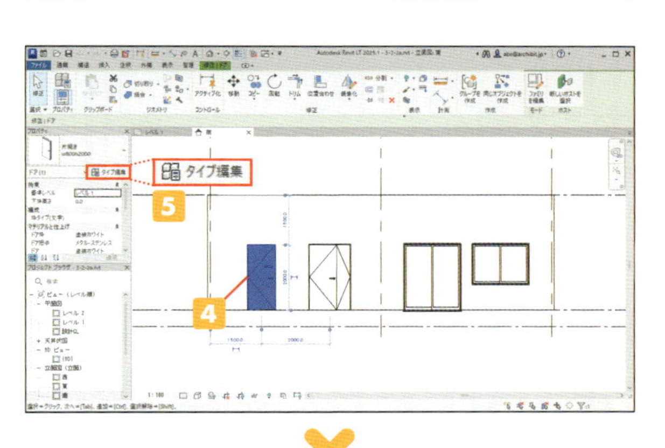

1 「3-2-2a.rvt」を開く。
2 [プロジェクトブラウザ]の[ビュー(レベル順)]－[立面図(立面)]－[南]をダブルクリックする。
3 [修正]ツールをクリックする。
4 高さを変更するドア(ここでは、片開きのドア)をクリックして選択する。
5 [プロパティパレット]の[タイプセレクタ]が[片開き w800h2000]になっていることを確認し、[タイプセレクタ]下の[タイプ編集]をクリックする。

6 [タイププロパティ]ダイアログが表示されるので、[複製]ボタンをクリックする。

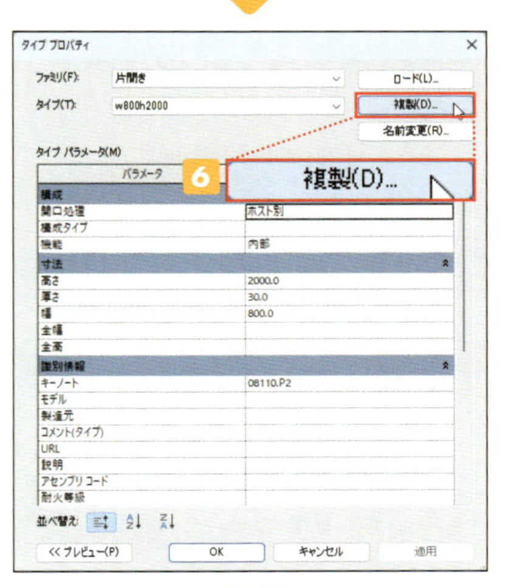

7 [名前]ダイアログが表示される。[名前]に「w800h2400」と入力し、[OK]ボタンをクリックする。

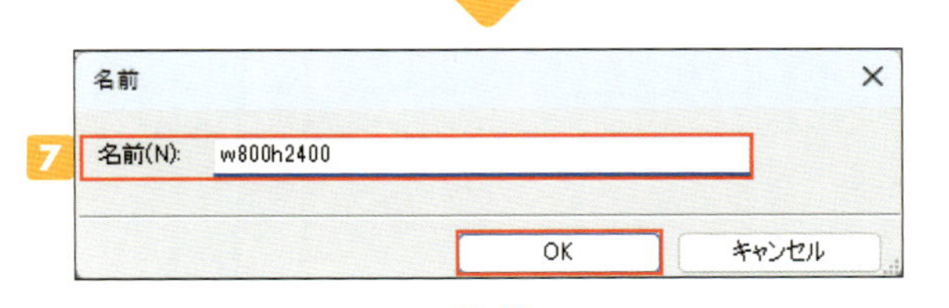

8 [タイププロパティ]ダイアログに戻るので、[タイプ パラメータ]－[寸法]－[高さ]の[値]欄に「2400」と入力して[OK]ボタンをクリックする。

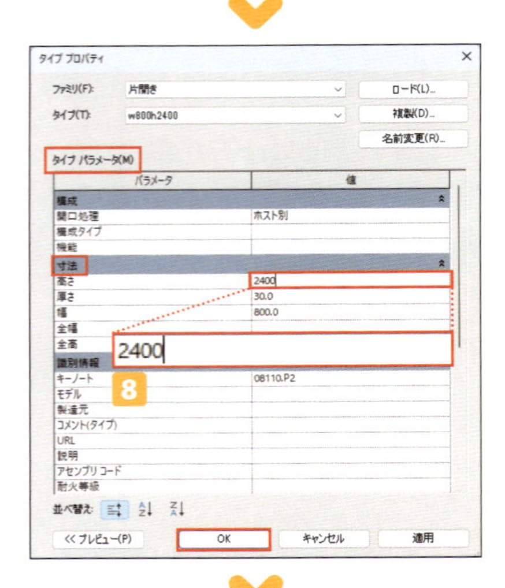

取っ手の位置や枠ちりの変更

[タイププロパティ]ダイアログでは[高さ]のほか、[幅]や[厚さ][取っ手取付け高さ][ドア枠ちり]なども[値]に数値を入力して変更できる。

新しいドアのタイプが作成され、手順4で選択したドアの高さが2400に変更されました。

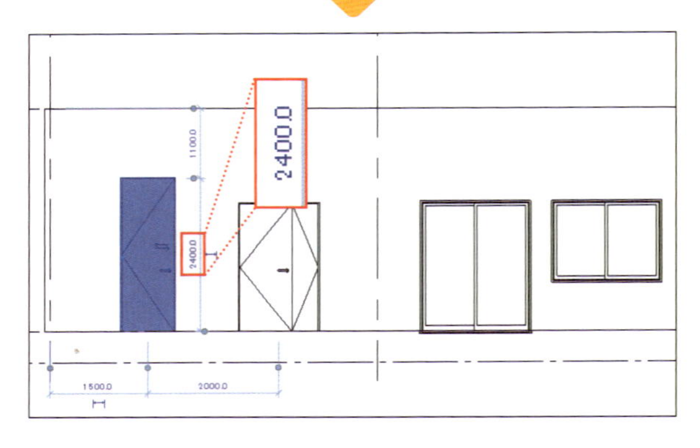

HINT

ドアと窓の配置位置の変更

ドアと窓自体の高さなどの寸法については、ここで解説した手順で変更するが、ドア／窓の下枠高さなどの位置については、[プロパティパレット]の[拘束]で変更する。
図は同じタイプの窓を2枚配置し、そのうち左の窓について[プロパティパレット]の[拘束]－[下枠高さ]の値を変更することで位置を下げている。

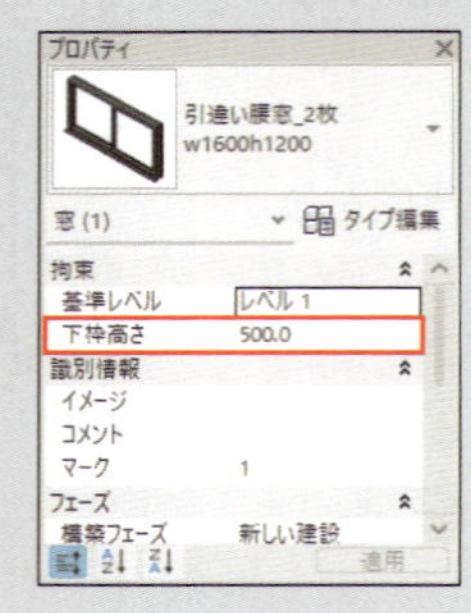

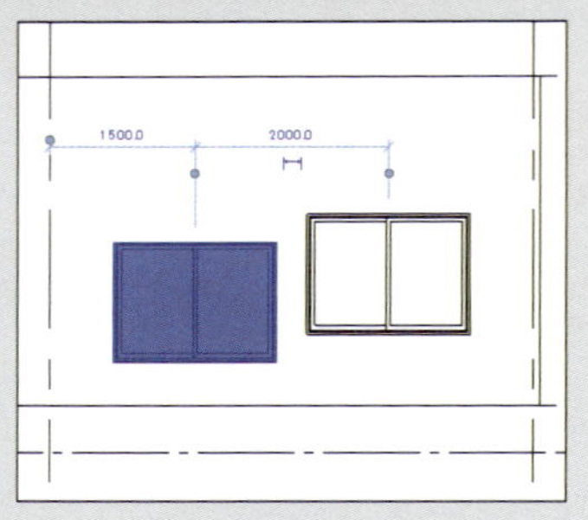

3-2-3 ファミリをロードしてドアと窓を配置する

「3rd_day」－「3-2-3a.rvt」(作図前)
「3-2-3b.rvt」(作図後)

別途、ファミリをロードすると、初期設定にはない形状のドアや窓が配置できます。ファミリは一度ロードするとプロジェクトファイル内に保存され、ファイル内で繰り返し使用できます。ここでは、襖のファミリを読み込んで配置します。

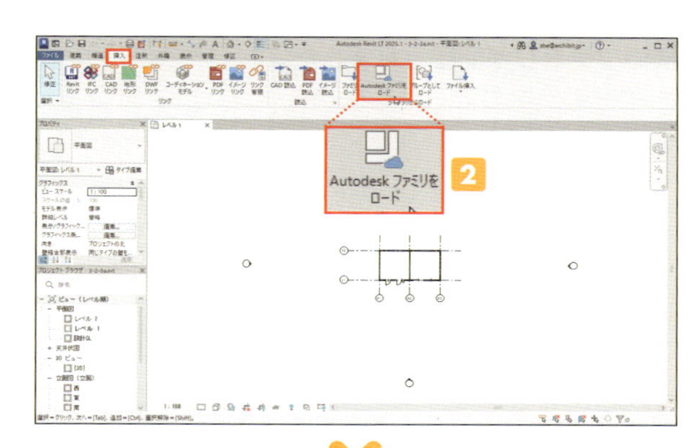

1 「3-2-3a.rvt」を開いて「レベル1」のビューを表示する。

2 [挿入]タブ－[ライブラリからロード]パネル－[Autodeskファミリをロード]をクリックする。

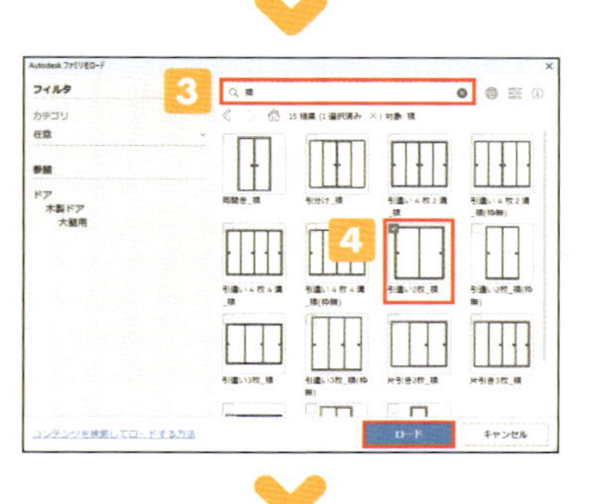

3 [Autodeskファミリをロード]ダイアログが表示されるので、検索窓に「襖」と入力して Enter キーを押す。

4 表示されたリストの[引違い2枚_襖]をクリックし、[ロード]ボタンをクリックする。

5 [プロジェクトブラウザ]の[ファミリ]－[ドア]を展開すると、[引違い2枚_襖]が追加されていることが確認できる。

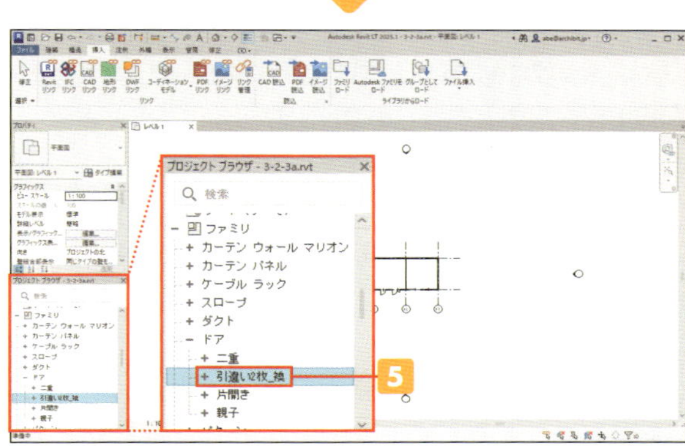

6 [建築]タブ－[構築]パネル－[ドア]をクリックする。

7 [プロパティパレット]の[タイプセレクタ]で、ドアのタイプとして[引違い2枚_襖 w1400h2000]を選択する。

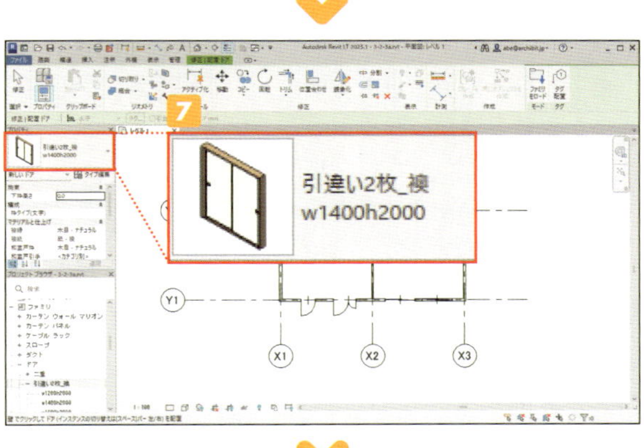

8 通り芯「X2」にある壁にカーソルを移動し、壁の中央でクリックする。
9 ［修正］ツールをクリックして［ドア］ツールを終了する。

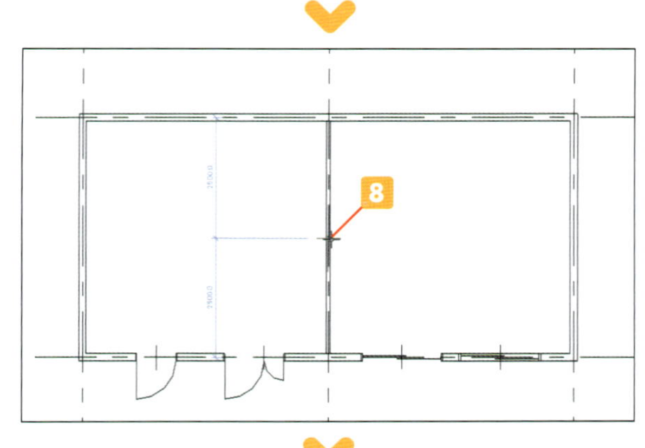

襖のファミリが配置されました。

10 ［プロジェクトブラウザ］の［ビュー（レベル順）］－［3Dビュー］－［{3D}］をダブルクリックする。

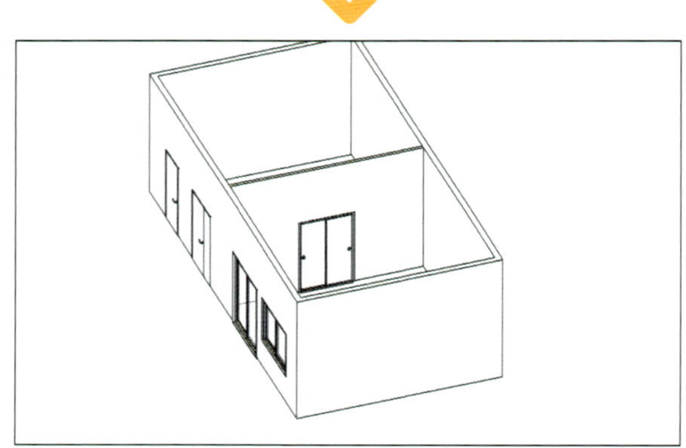

襖が配置されていることがわかります。

HINT

ファミリのロード方法

各ツールを選択したときに表示される［修正｜（各ツール名）］タブにある［ファミリをロード］ツールでは、選択したツールのカテゴリのファミリしかロードできないため、図のような警告メッセージが表示される。
一方、ここで解説した［挿入］タブの［ファミリをロード］では、すべてのカテゴリのファミリがロードできる。

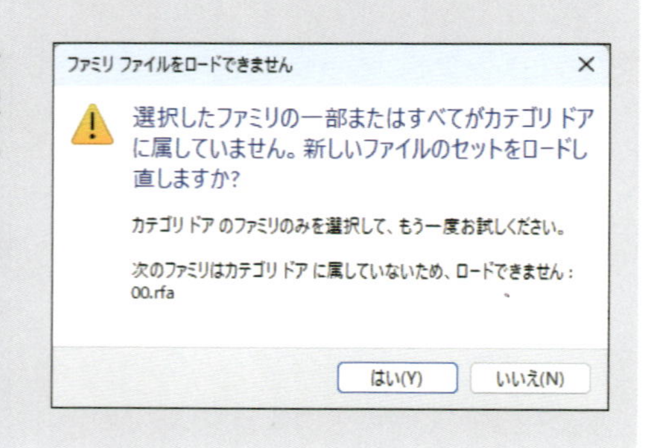

HINT

ロードしたファミリの検索

ロードしたファミリを検索したいときは、［プロジェクトブラウザ］の［検索］ボックスに、目的のファミリ名（ここでは「襖」）を入力すると検索できる。

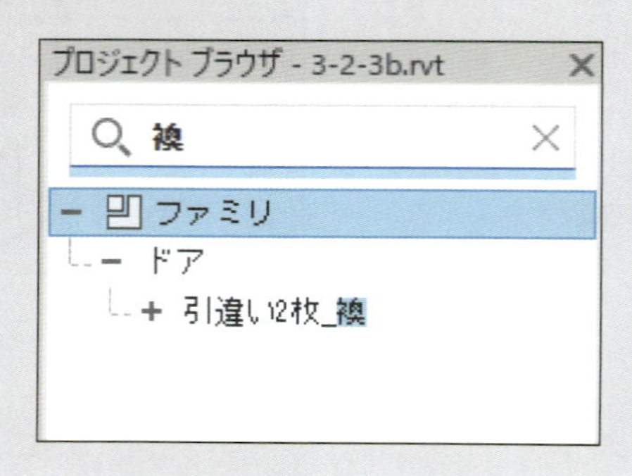

3-2-4 タグを付けて集計する

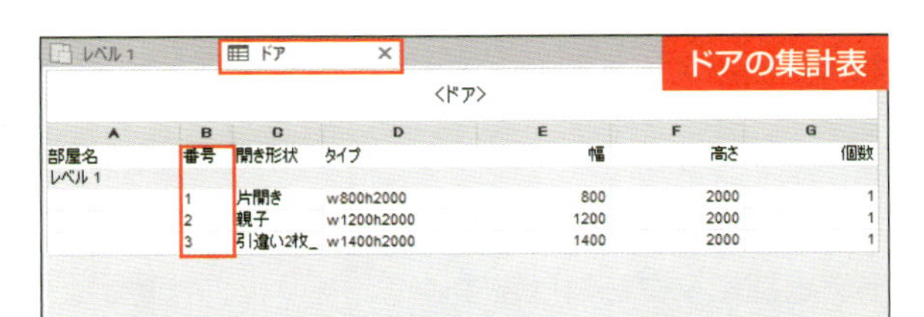

ドアや窓を配置すると、自動的に集計表が作成されます。ここでは、ドアと窓に集計表とリンクした番号のタグ(図面上の要素を識別するための注釈)を付ける方法を解説します。

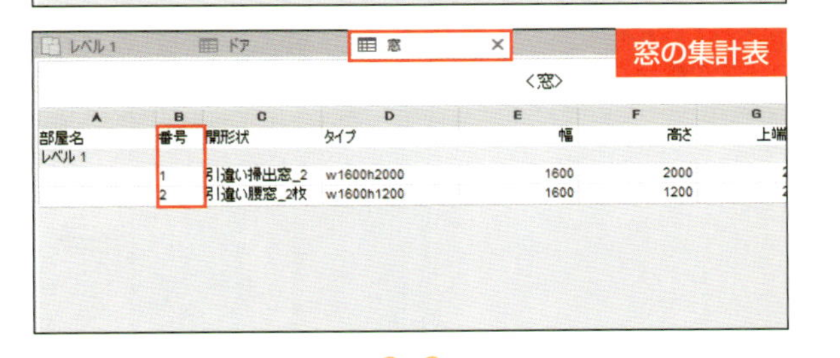

1 「3-2-4a.rvt」を開く。

2 [プロジェクトブラウザ]の[集計表／数量(すべて)]ー[ドア]と[窓]をそれぞれダブルクリックする。

ドアの集計表(上図)と窓の集計表(下図)がそれぞれ表示され、[番号]欄に通し番号があることが確認できます。この番号が入ったタグが図面に追加されます。

ドアタグと窓タグのファミリをロードします。

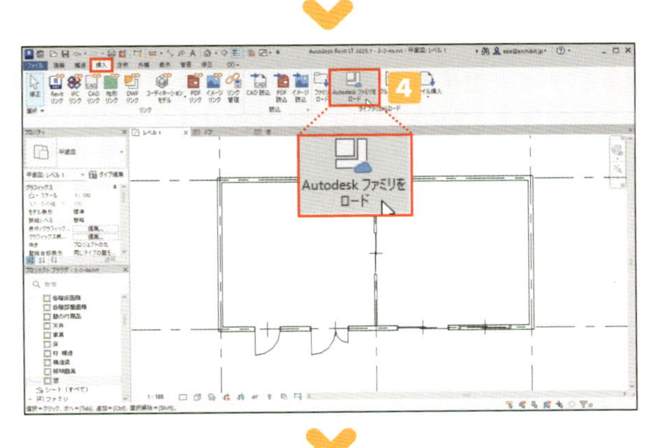

3 [プロジェクトブラウザ]の[ビュー(レベル順)]ー[平面図]ー[レベル1]をダブルクリックする。

4 [挿入]タブー[ライブラリからロード]パネルー[Autodeskファミリをロード]をクリックする。

5 [Autodeskファミリをロード]ダイアログが表示されるので、検索窓に「ドアタグ」と入力し、Enter キーを押す。

6 検索結果から[ドアタグ]を選択し、[ロード]ボタンをクリックする。

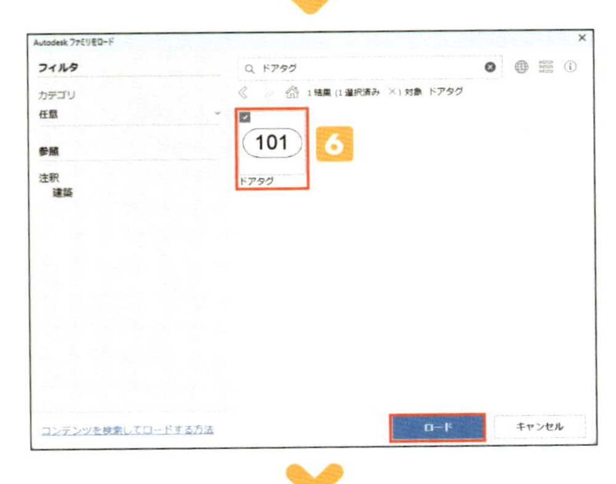

Autodeskファミリがロードできない場合

Autodeskファミリをロードするにはインターネットに接続されている必要がある。サーバーが不安定でロードできない場合は、何度か試してみるとよい。

7 手順 **4** ～ **6** と同様の手順で「窓タグ」でファミリを検索し、[窓タグ - 番号]をロードする。

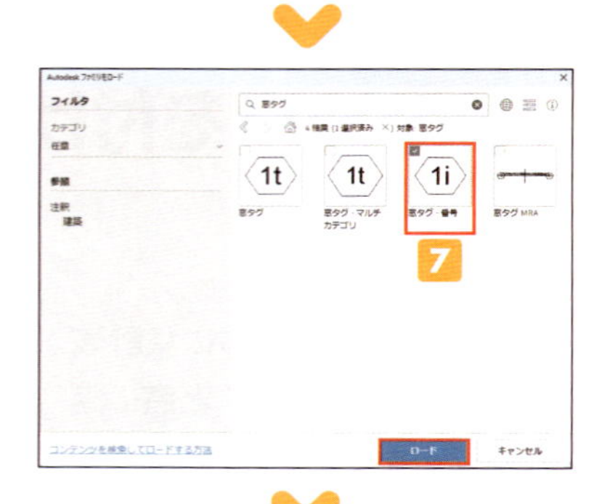

ドアタグと窓タグのファミリがロードされました。

ドアと窓にタグを付けます。

8 [注釈]タブー[タグ]パネルー[タグすべて]をクリックする。

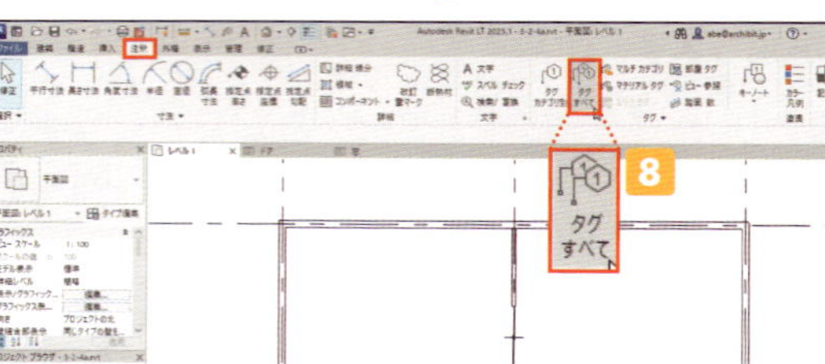
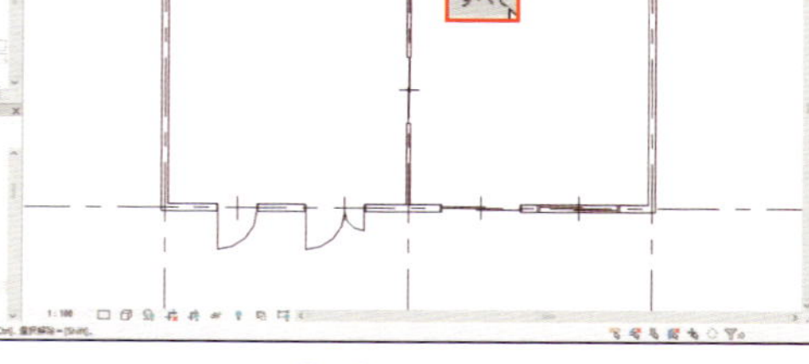

9 [すべての要素にタグ付ける]ダイアログが表示されるので、[カテゴリ]欄の[ドアタグ]と[窓タグ]にチェックを入れる。このとき、ドアタグと窓タグの[ロードされたタグ]欄にそれぞれロードしたファミリ[ドアタグ]と[窓タグ - 番号]が表示されていることを確認する。

10 [OK]ボタンをクリックする。

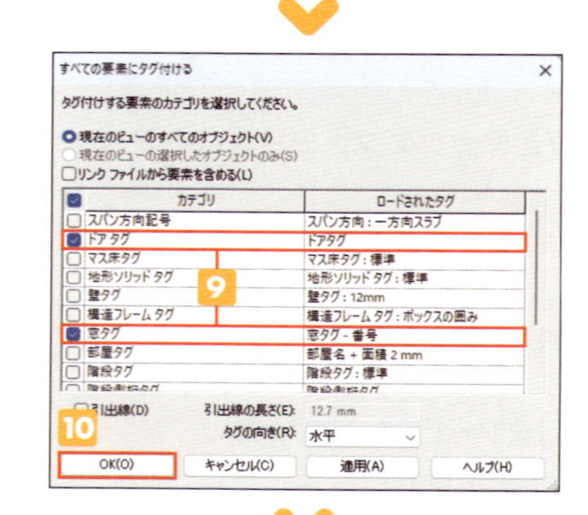

[ロードされたタグ]欄の設定

手順 **9** で[ロードされたタグ]欄の内容が違っている場合は、セルをクリックして選択しなおす。

ドアと窓に番号のタグが付きました。

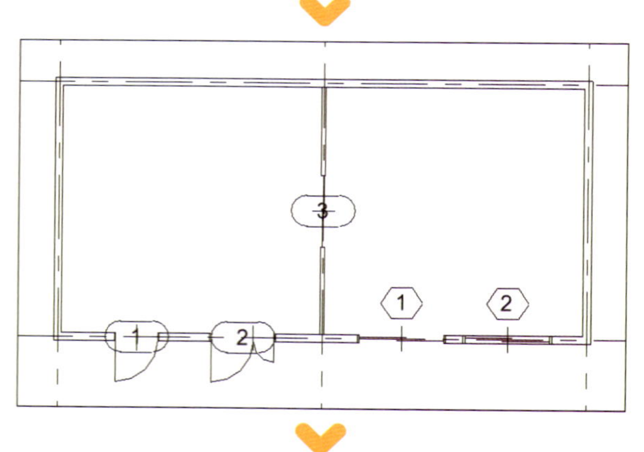

11 ドアタグがドアに重なって見にくいので位置を調整する。タグをクリックして選択し、ドラッグして位置を移動する。

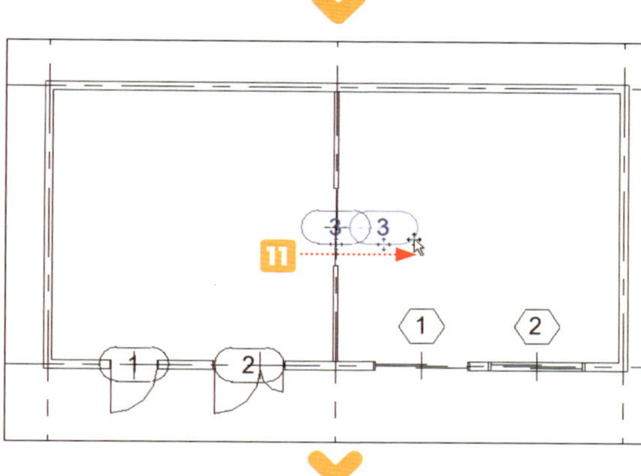

集計表と同じ番号が入ったタグが完成しました。

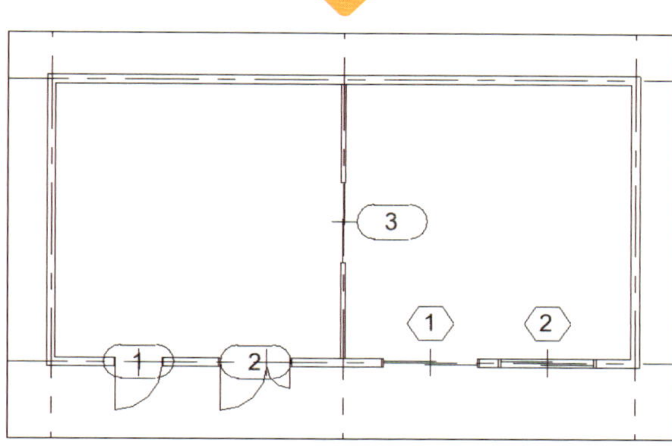

HINT

ドアや窓を追加したときのタグ付け

ドアや窓を追加したとき、タグは自動的には付かない。そのため、追加したドアや窓にタグを付けたい場合は、再度手順 8 ～ 10 の操作を行う必要がある。

HINT

同じ種類の要素に同じ番号を付ける

タグや集計表に表示される番号は、その要素の[プロパティパレット]の[識別情報]－[マーク]の値である。タグの番号はクリックして変更でき、それに伴い[プロパティパレット]の[識別情報]－[マーク]の値も変更される。同じ種類の要素には同じ番号を付けたいが、同じ番号に変更すると警告メッセージが表示される(左図)。警告メッセージを無視して操作を続けると、集計表では同じ番号のものは同じ種類の要素として個数が集計される(右図)。

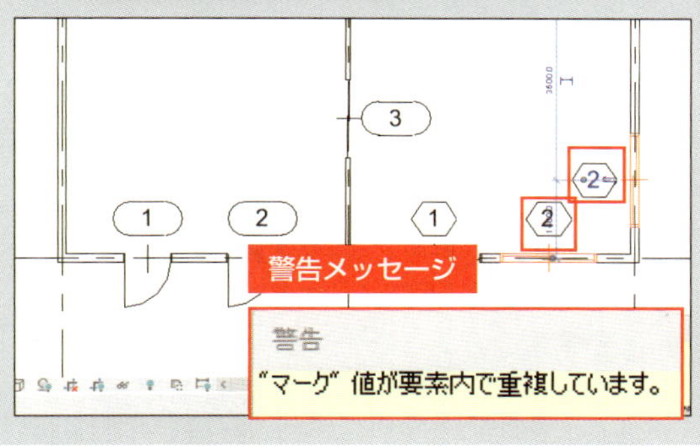

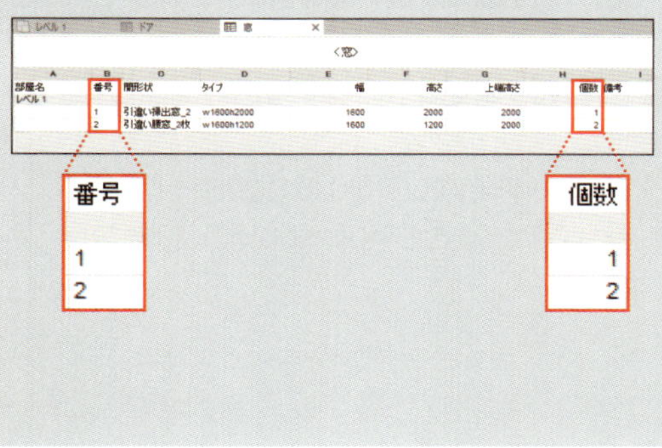

DAY 3-3 カーテンウォールの作成

Revitでは、壁に埋め込むようにしてカーテンウォールを配置できます。カーテングリッドを作成することで、カーテンウォールを分割してカーテンマリオンを割り当てたり、カーテングリッドで区切られたパネル部分を窓やドアに変更したりできます。ここでは、その一連の手順を解説します。

3-3-1 カーテンウォールを配置する

「3rd_day」－「3-3-1a.rvt」(作図前)
「3-3-1b.rvt」(作図後)

カーテンウォールは、[壁 意匠]ツールを使って壁の入力と同様の手順で作成します。その際、既存の壁に埋め込むように配置することが可能です。ここでは、カーテンウォールを既存の壁に埋め込んで作成する手順を紹介します。

1 「3-3-1a.rvt」を開く。
2 [プロジェクトブラウザ]の[ビュー(レベル順)]－[平面図]－[レベル1]をダブルクリックして、「レベル1」の平面図のビューを表示する。
3 [建築]タブ－[構築]パネル－[壁]－[壁 意匠]をクリックする。
4 [プロパティパレット]の[タイプセレクタ]で[カーテンウォール]を選択する。
5 [タイプセレクタ]下の[タイプ編集]をクリックする。

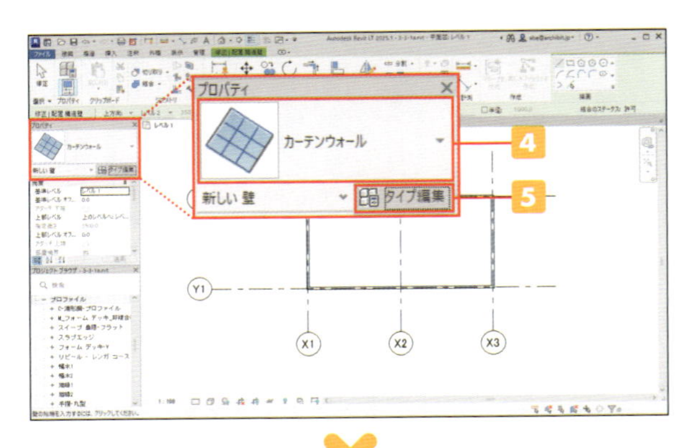

6 [タイププロパティ]ダイアログが表示されるので、[タイプパラメーター]－[構築]－[自動的な埋め込み]にチェックを入れる。
7 [OK]ボタンをクリックする。

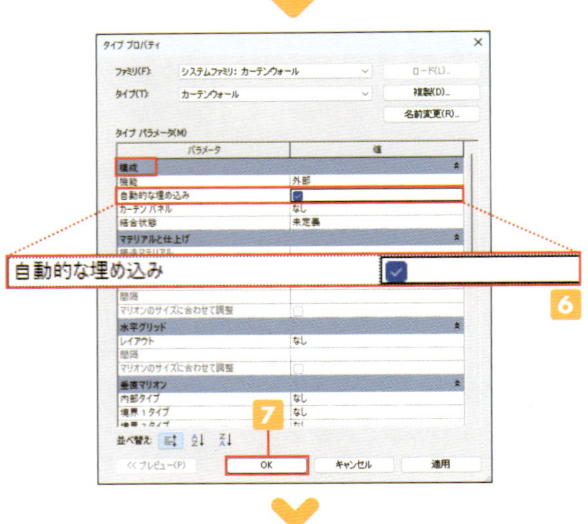

8 [プロパティパレット]の[拘束]－[上部レベル]で[上のレベルへ:レベル1]を選択する。

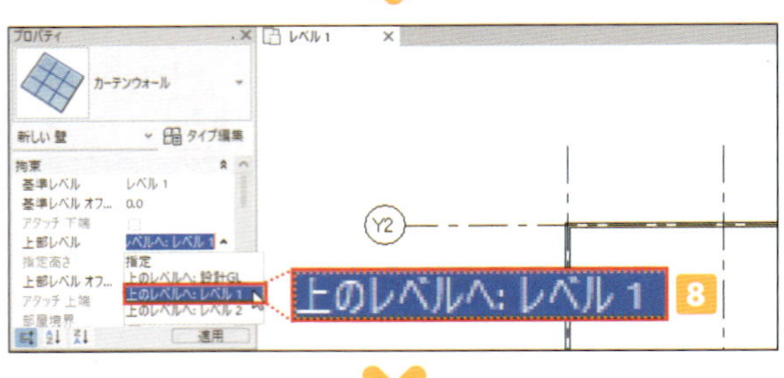

9 [プロパティパレット]の[拘束]－[上部のレベルオフセット]に「2600」と入力する。

10 [適用]ボタンをクリックする。

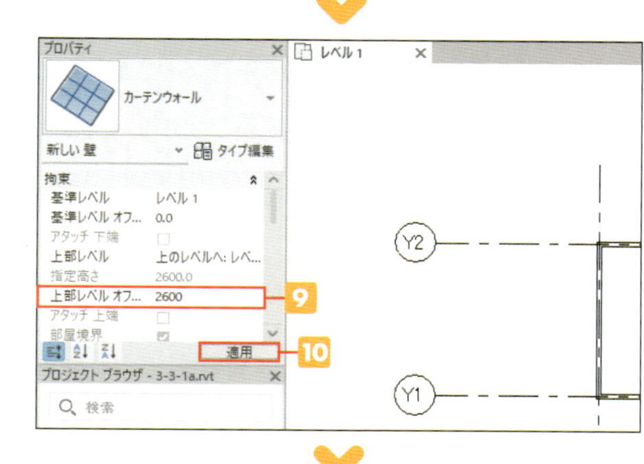

11 通り芯「Y1」にある壁にカーソルを移動し、通り芯「X3」から左へ「1000.0」の位置でクリックする。

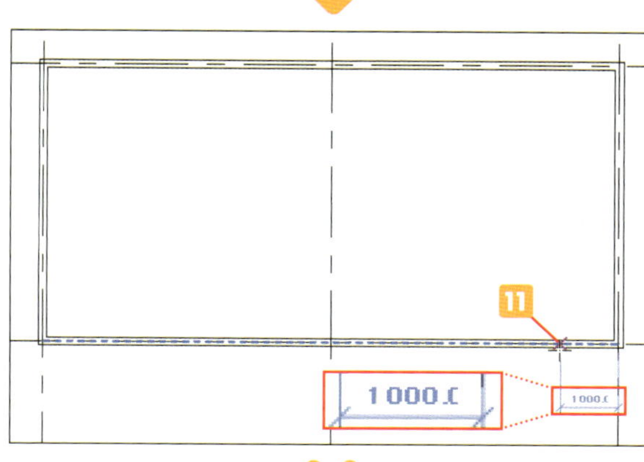

12 カーソルを左に移動し、カーテンウォールの幅が「8000.0」になる位置でクリックする。

13 [修正]ツールをクリックして[壁 意匠]ツールを終了する。

カーテンウォールが壁に埋め込まれるように配置されました。

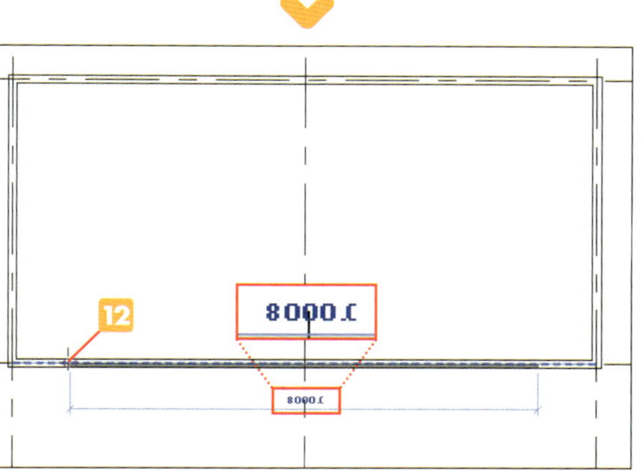

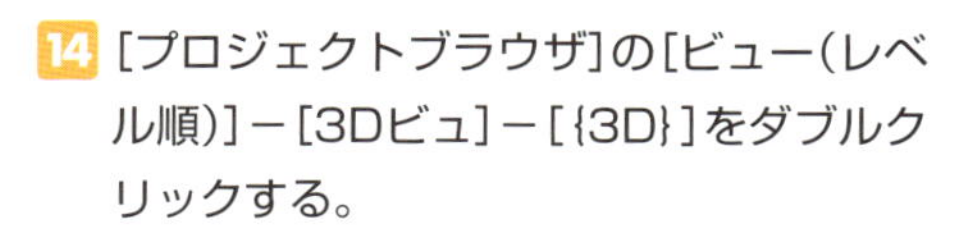

14 [プロジェクトブラウザ]の[ビュー(レベル順)]－[3Dビュ]－[{3D}]をダブルクリックする。

壁にカーテンウォールが埋め込まれていることがわかります。

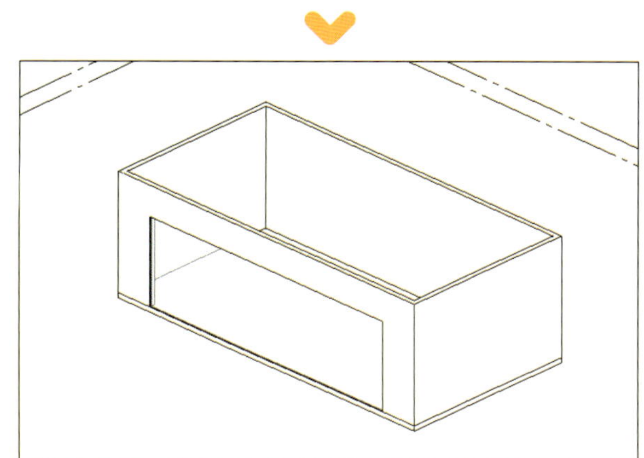

3-3-2 カーテングリッドを付けてカーテンウォールを分割する

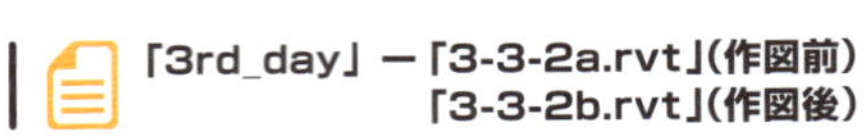

カーテンウォールを分割するため、カーテングリッド(格子状に分割できるカーテンウォール)を作成します。

1 「3-3-2a.rvt」を開く。
2 [プロジェクトブラウザ]の[ビュー(レベル順)]－[立面図(立面)]－[南]をダブルクリックする。
3 カーテンウォールの部分がわかりやすいように、[ビューコントロールバー]の[表示スタイル]をクリックし、[ベタ塗り]を選択して表示を変更する。
4 [建築]タブ－[構築]パネル－[カーテングリッド]をクリックする。

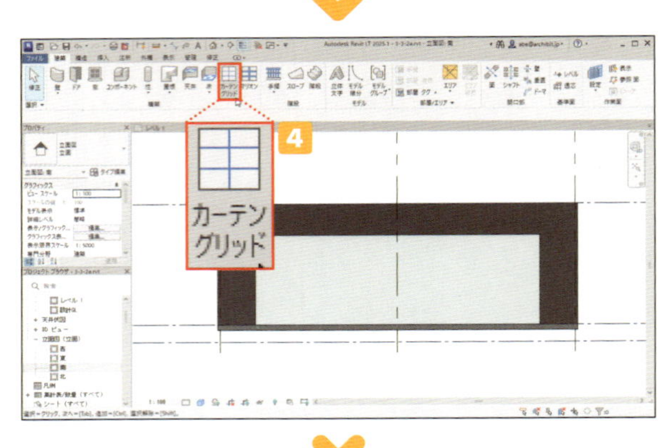

5 カーソルをカーテンウォールの右端付近に移動し、横方向の破線を表示させる。その状態でカーテンウォールの下から「2100.0」の位置でクリックする。

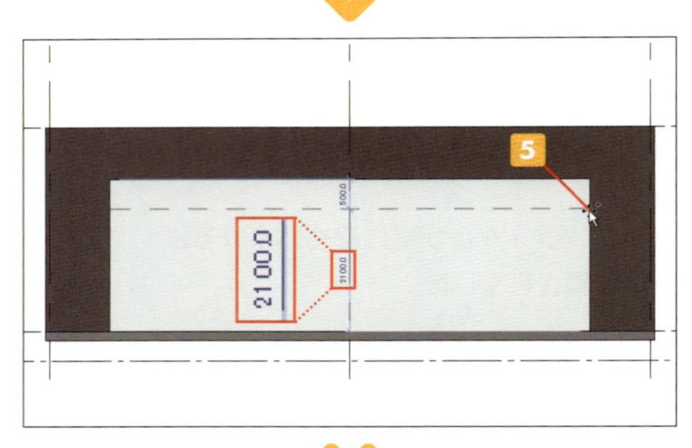

カーテンウォールがカーテングリッドによって上下に分割されました。続けて左右方向の分割を行います。

6 カーテンウォールにカーソルを移動し、縦方向の破線を表示させる。その状態でカーテンウォールの右端から「800.0」の位置でクリックする。

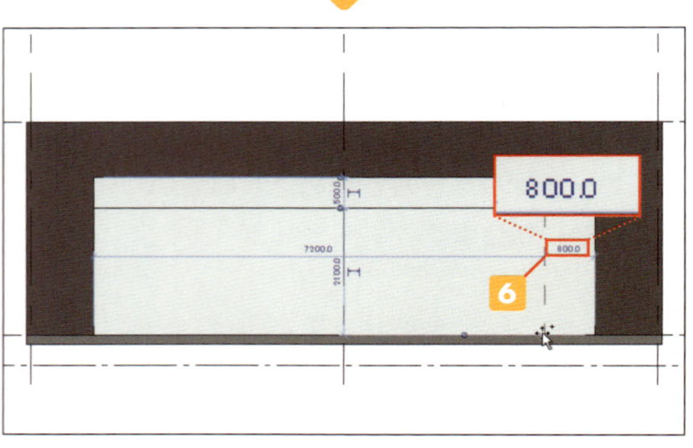

> **HINT**
> ### 仮寸法の数値を指定して配置する
> 手順5～6で、「800.0」の位置にうまくカーソルを合わせられないときは、任意の位置でクリックしてカーテングリッドをいったん配置する。その後、仮寸法をクリックして、指定の数値を入力すると、正確に配置できる。

7 手順 6 と同様にして「800.0」ごとにカーテングリッドを配置する。

8 ［修正］ツールをクリックして［カーテングリッド］ツールを終了する。

カーテンウォールがカーテングリッドによって左右に10分割されました。

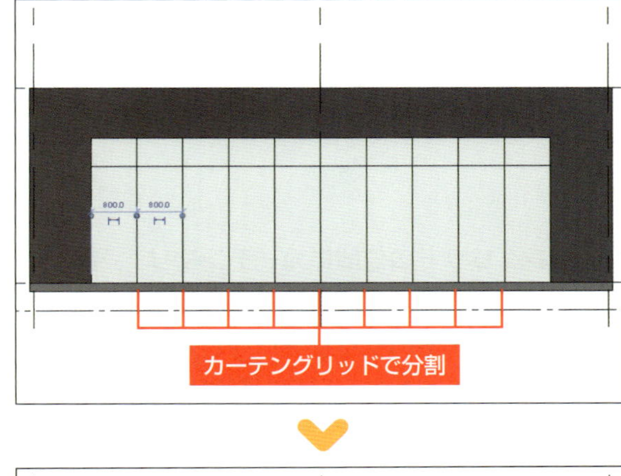

カーテングリッドの一部を削除します。

9 ［修正］ツールをクリックし、図のように一番右側のカーテングリッドをクリックして選択する。

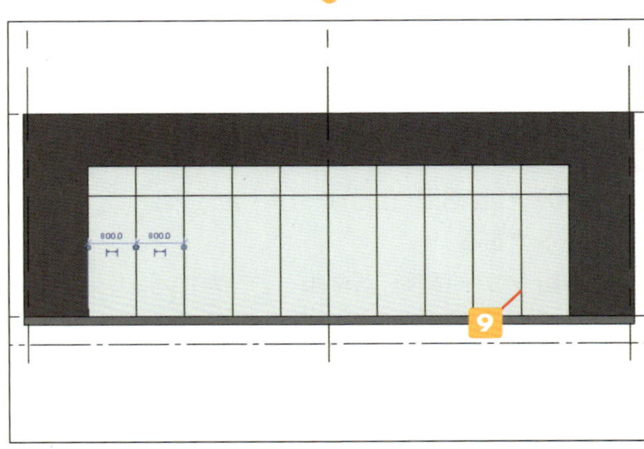

10 ［修正｜カーテンウォール グリッド］タブ－［カーテングリッド］パネル－［セグメントの追加／削除］をクリックする。

11 手順 9 でクリックしたカーテングリッドを再度クリックする。

12 作図領域の何もない位置をクリックして選択を解除する。

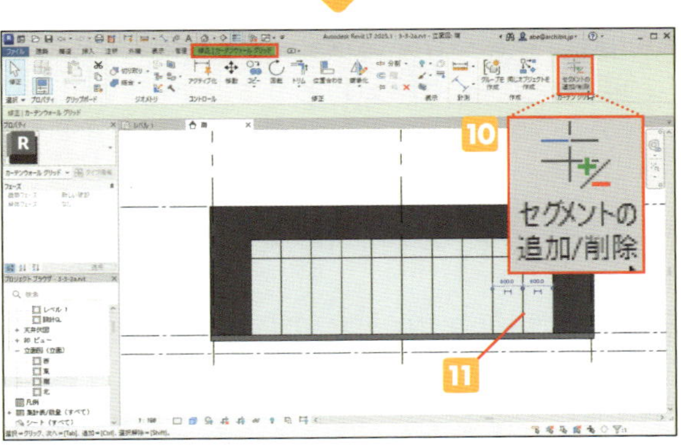

カーテングリッドの一部が削除されました。

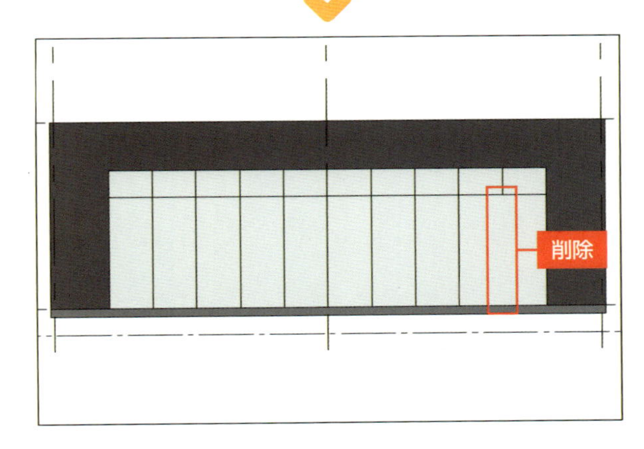

DAY 1
DAY 2
DAY 3
建築オブジェクトの作成❷
DAY 4
DAY 5
DAY 6
DAY 7

3-3-3 カーテングリッドに カーテンマリオンを割り当てる

「3rd_day」－「3-3-3a.rvt」(作図前)
「3-3-3b.rvt」(作図後)

カーテングリッドの位置にカーテンマリオン(カーテンウォールの枠)を作成します。ここでは、複数のグリッドに対して一括でマリオンを追加する手順を解説しますが、グリッドごとにマリオンの種類を分けて配置することも可能です。

1 「3-3-3a.rvt」を開く。
2 [プロジェクトブラウザ]の[ビュー(レベル順)]－[立面図(立面)]－[南]をダブルクリックする。
3 [建築]タブ－[構築]パネル－[マリオン]をクリックする。

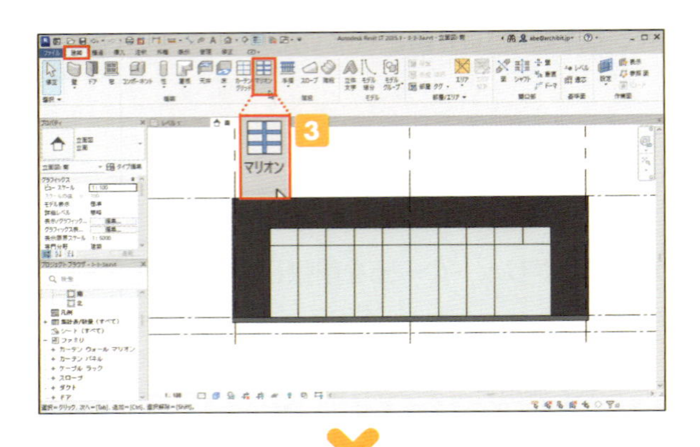

4 [プロパティパレット]の[タイプセレクタ]で[長方形マリオン 50×150㎜]を選択する。
5 [修正｜配置 マリオン]タブ－[配置]パネル－[全グリッド]をクリックする。

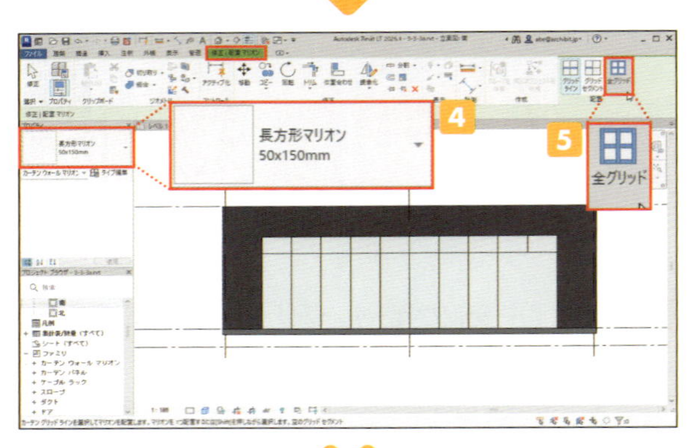

6 カーテンウォールの線の部分をクリックする。
7 [修正]ツールをクリックして[マリオン]ツールを終了する。

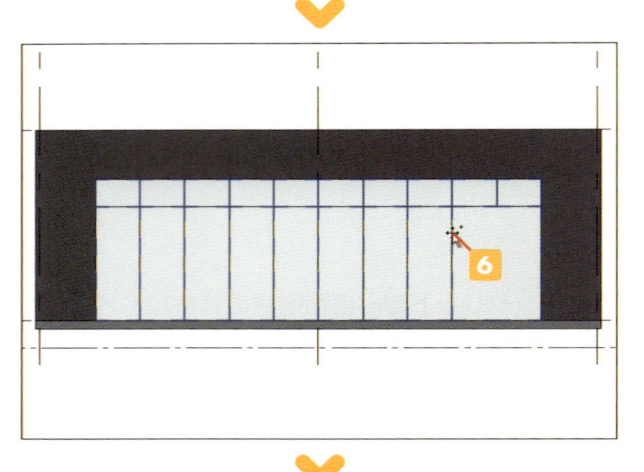

カーテングリッドに合わせてマリオンが作成されました。

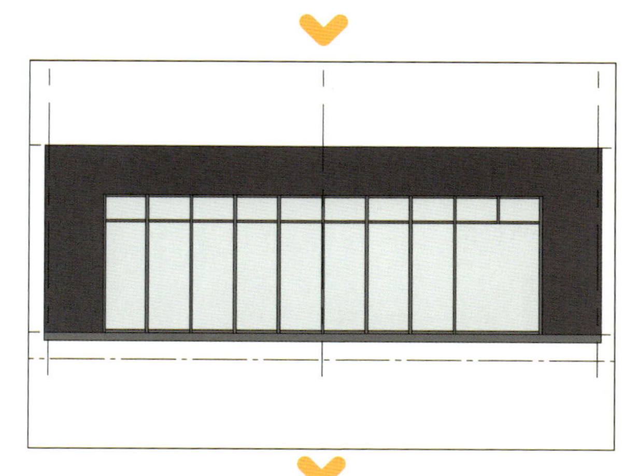

マリオンの結合部を調整します。まず、垂直方向のマリオンを調整します。

8 カーテンウォールの右上部分を拡大表示し、図の垂直方向のマリオンをクリックして選択する。
マリオンの上下に[切り替えコントロール(マリオンの結合を切り替え)]が表示される。

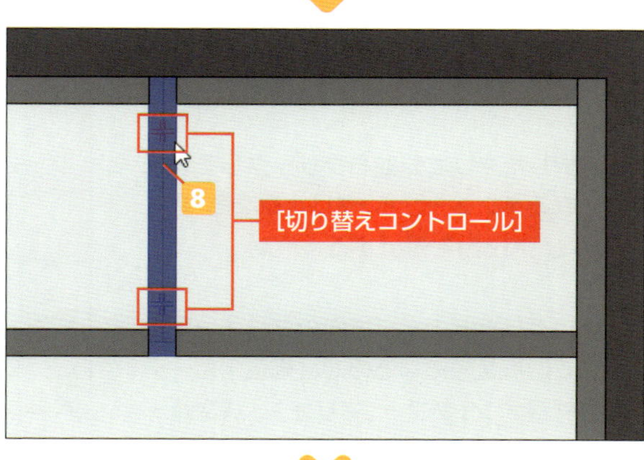

9 上部の[切り替えコントロール]をクリックすると、垂直方向のマリオンの上部が水平方向のマリオンに突き当たる位置に調整される。

10 手順 9 と同様にして、下部の[切り替えコントロール]をクリックし、マリオンの長さを調整する。
11 作図領域の何もない位置をクリックして選択を解除する。

垂直方向のマリオンの結合部が調整されました。

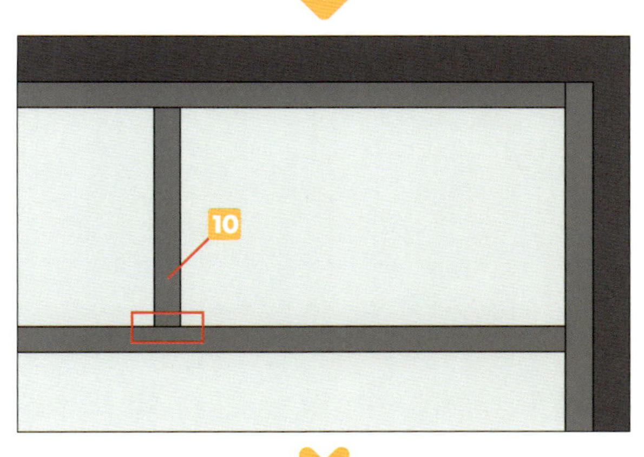

次に、水平方向のマリオン同士が結合されるように調整します。

12 右上の水平方向のマリオンをクリックして選択する。

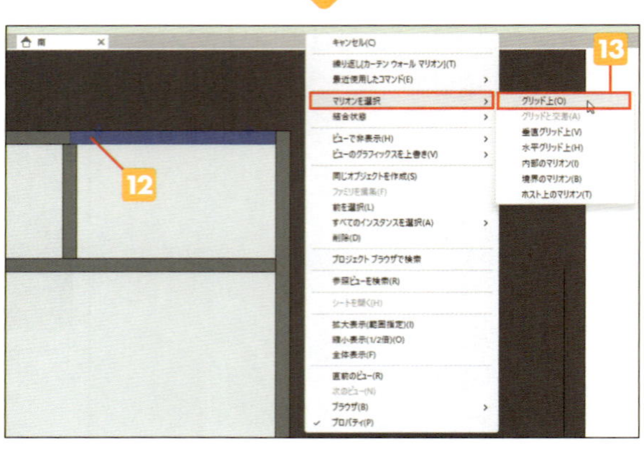

HINT 目的の要素がうまく選択できない場合

手順 **12** で目的のマリオンがうまく選択できないときは、カーソルを合わせて Tab キーを押すと選択される要素が切り替わるので、マリオンが仮選択されたらクリックする。

13 選択したマリオンを右クリックして表示されるメニューから[マリオンを選択]－[グリッド上]を選択する。

14 同じグリッドの水平方向のマリオンがすべて選択状態になるので、[修正｜カーテンマリオン]タブ－[マリオン]パネル－[結合]をクリックする。

15 作図領域の何もない位置をクリックして選択を解除する。

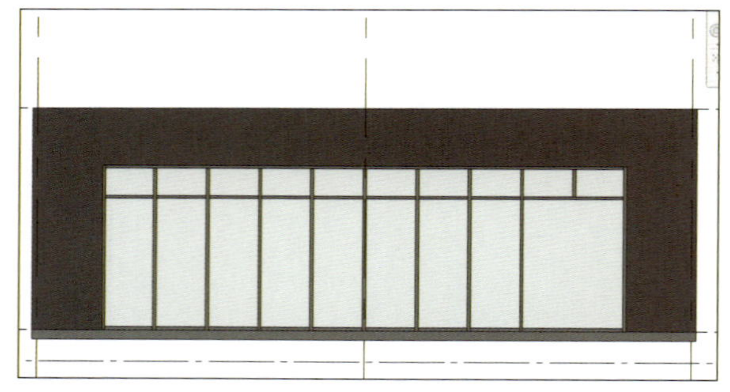

水平方向のマリオン同士がすべて結合されました。これでマリオンは完成です。

3-3-4 カーテンパネルをドアや窓に変更する

「3rd_day」－「3-3-4a.rvt」(作図前)
「3-3-4b.rvt」(作図後)

カーテンパネル(カーテングリッドで区切られた面の部分)は、「システムパネル」というタイプになります。タイプを変更することで、これをガラスやドア、扉などに変更できます。ここでは、上部を内倒し窓に、右側を両開きドアに変更します。

1 「3-3-4a.rvt」を開く。
2 [プロジェクトブラウザ]の[ビュー(レベル順)]－[立面図(立面)]－[南]をダブルクリックする。
3 [修正]ツールをクリックする。
4 カーテンウォールの右上部分を拡大表示し、右上のカーテンパネルをクリックして選択する(選択できないときはTabキーを押して選択要素を切り替える)。

5 選択したカーテンパネルを右クリックして表示されるメニューから[パネルを選択]－[水平グリッド沿い]を選択する。

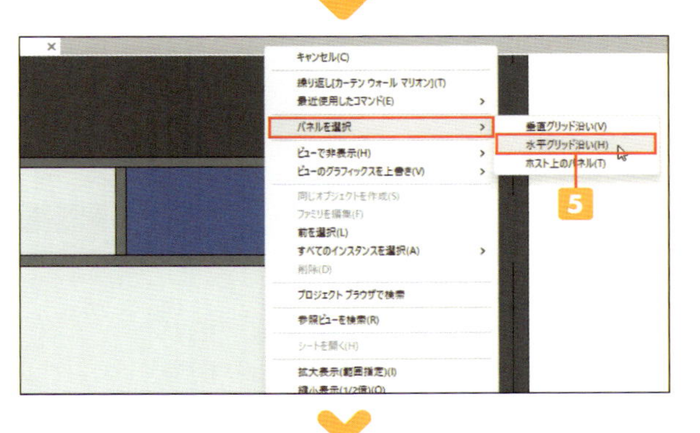

6 選択したカーテンパネルと水平方向の同じパネルがすべて選択状態になる。

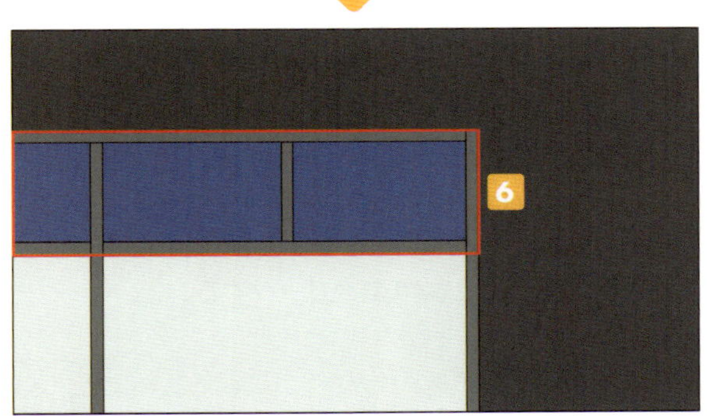

7 [プロパティパレット]の[タイプセレクタ]で、カーテンパネルのタイプとして[内倒し]を選択する。
8 作図領域の何もない位置をクリックして選択を解除する。

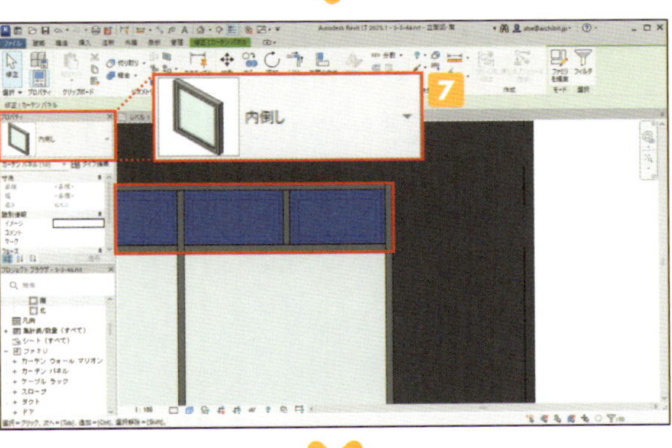

上部のカーテンパネルが内倒し窓に変更されました。

右側を両開きドアに変更します。両開きドアのファミリは初期設定では読み込まれていないので、ロードする必要があります(P.121 3-2-3参照)。

9 カーテンウォールの右部分を拡大表示し、右下のマリオンをクリックして選択する(選択できないときはTabキーを押して選択要素を切り替える)。

10 Deleteキーを押して削除する。

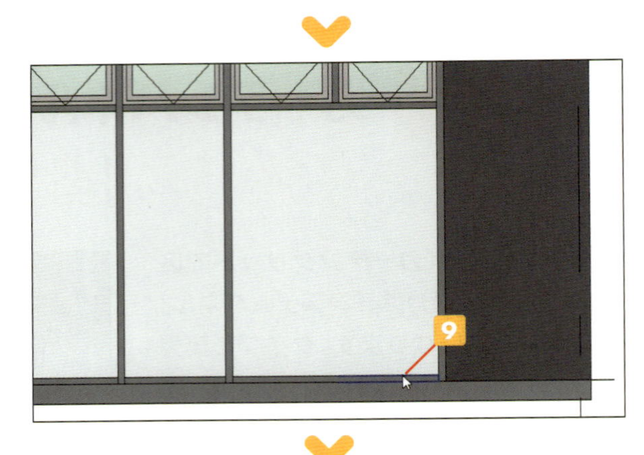

11 手順9 10と同様にして、左隣のマリオンも削除する。

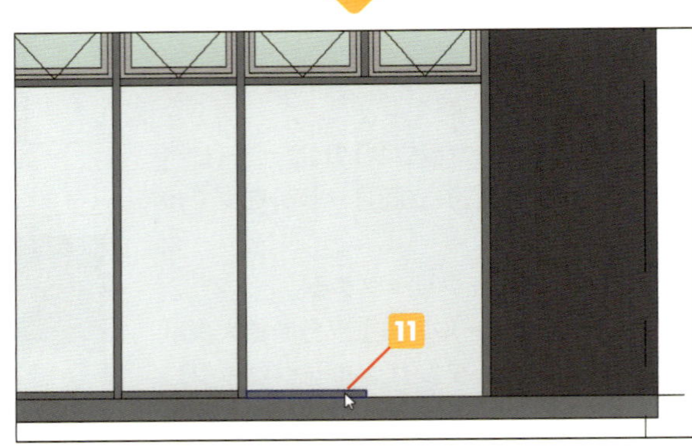

12 [挿入]タブ－[ライブラリからロード]パネル－[Autodeskファミリをロード]をクリックする。

13 [Autodeskファミリをロード]ダイアログが表示されるので、検索窓に「ヒンジ」と入力し、Enterキーを押す。

14 表示されたリストの[両開き - ヒンジ2]をクリックし、[ロード]ボタンをクリックする。

15 右下のカーテンパネルをクリックする。

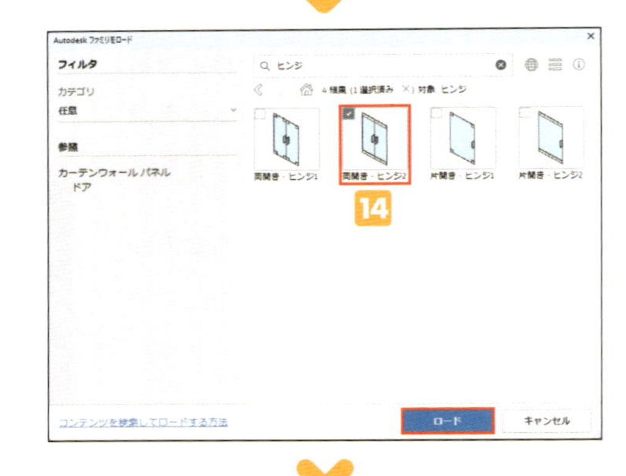

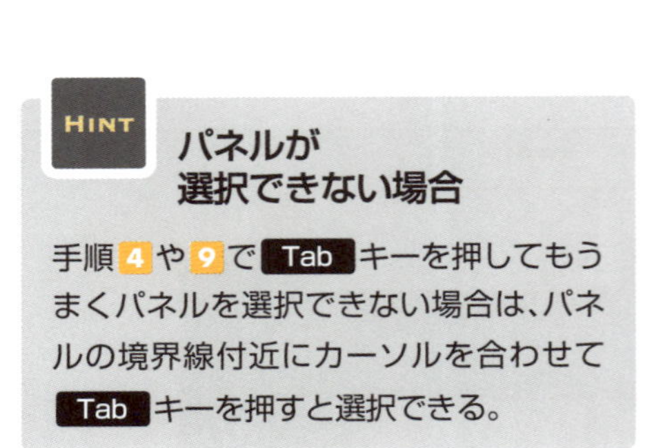

HINT

パネルが選択できない場合

手順4や9でTabキーを押してもうまくパネルを選択できない場合は、パネルの境界線付近にカーソルを合わせてTabキーを押すと選択できる。

16 [プロパティパレット]の[タイプセレクタ]で、システムパネルのタイプとして[両開き-ヒンジ2:ガラス パネル]を選択する。

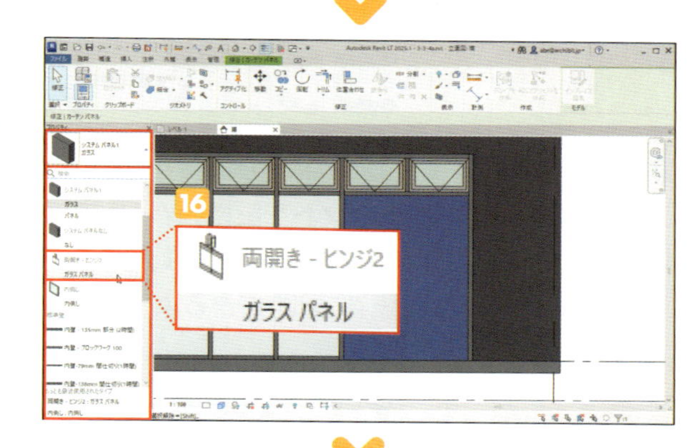

17 作図領域の何もない位置をクリックして選択を解除する。

右側のカーテンパネルが両開きドアに変更されました。

DAY

3-4 コンポーネントの配置

家具や収納家具、衛生器具などの部品を「コンポーネント」と呼びます。コンポーネントのファミリは、[コンポーネントを配置]ツールで配置できます。家具のコンポーネントは床やレベルに、天井照明のコンポーネントは天井に、といった具合に、それぞれ設定された「ホスト」(P.140 HINT参照)に配置できるように作成されています。

3-4-1 ファミリをロードしてコンポーネントを配置する

「3rd_day」－「3-4-1a.rvt」(作図前)
「3-4-1b.rvt」(作図後)

コンポーネントは、[コンポーネントを配置]ツールを実行し、[プロパティパレット]の[タイプセレクタ]で選択したものを配置できます。しかし、[タイプセレクタ]に用意されているファミリの種類が少ないため、実際の作業ではファミリをロードする必要があります。ここでは、給排水衛生設備のファミリをロードして配置する手順を解説します。

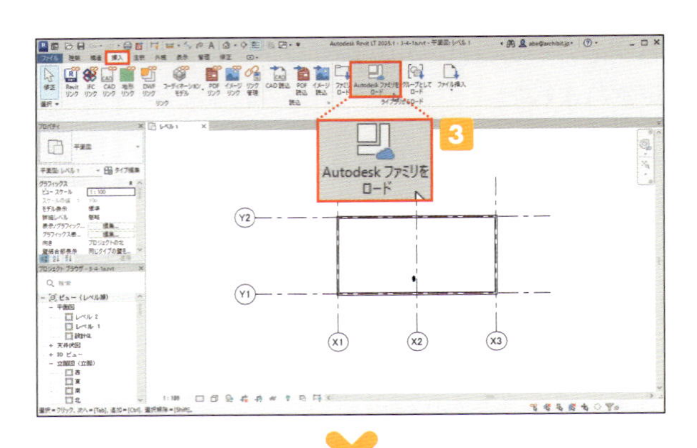

1 「3-4-1a.rvt」を開く。

2 [プロジェクトブラウザ]の[ビュー(レベル順)]－[平面図]－[レベル1]をダブルクリックする。

3 [挿入]タブ－[ライブラリからロード]パネル－[Autodeskファミリをロード]をクリックする。

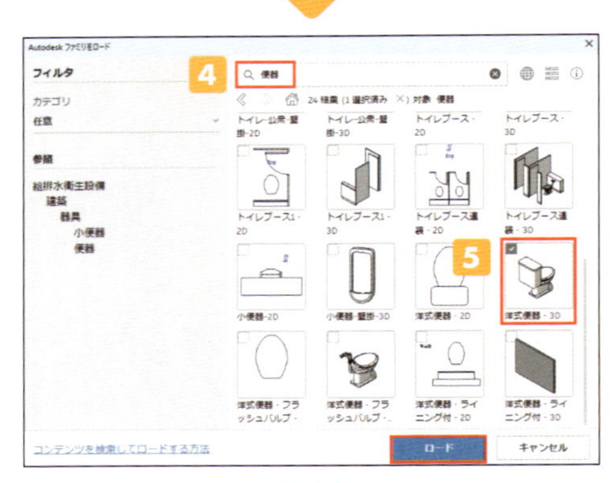

4 [Autodeskファミリをロード]ダイアログが表示されるので、検索窓に「便器」と入力し、Enter キーを押す。

5 表示されたリストの[洋式便器 - 3D]をクリックし、[ロード]ボタンをクリックする。

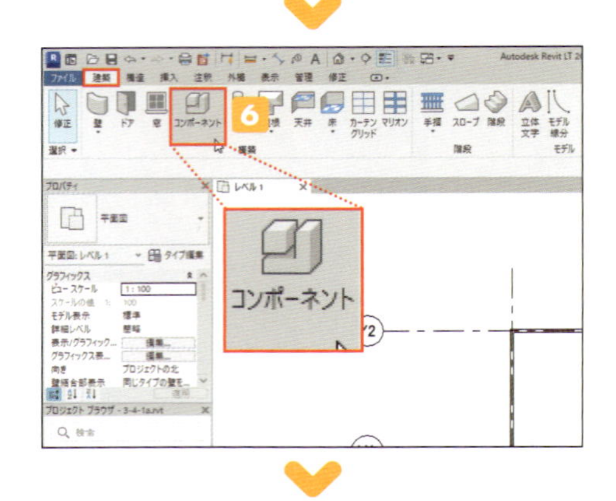

6 [建築]タブ－[構築]パネル－[コンポーネント]をクリックする。

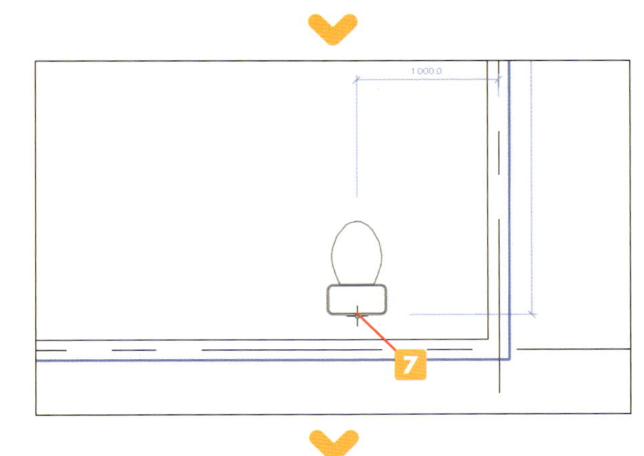

7 [プロパティパレット]の[タイプセレクタ]が[洋式便器 - 3D]になっていることを確認する。カーソルを作図領域に移動すると、洋式便器が仮表示されるので、任意の位置でクリックする。

配置方向を回転する

仮表示の状態で、マウスの左ボタンを押しながら **スペース** キーを押すと、コンポーネントの配置方向が90度ずつ回転する。

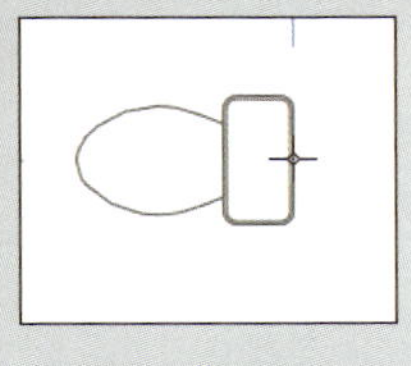

8 [修正]ツールをクリックして[コンポーネントを配置]を終了する。

洋式便器のコンポーネントが配置されました。

HINT 一度ロードしたファミリの配置

ここで解説した手順でロードしたファミリは、[プロジェクトブラウザ]から作図領域にドラッグして配置できる。配置できるファミリをドラッグして作図領域にカーソルを移動すると、カーソルが十字カーソルになる。ファミリがプロジェクトブラウザ内のどの階層にロードされたかわからないときは、P.122 HINT を参考にして検索する。

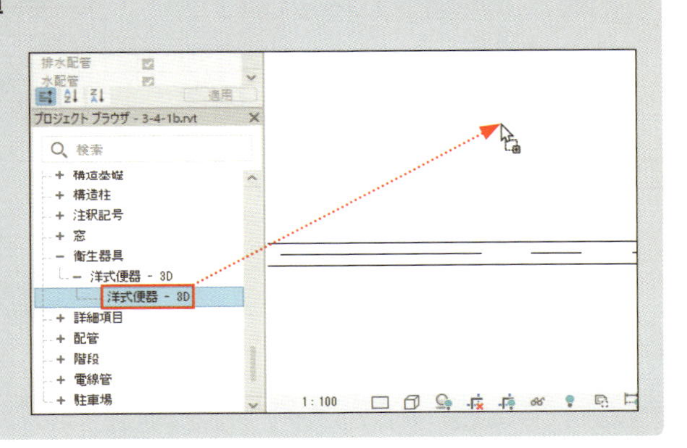

3-4-2 コンポーネントのホストを変更する

「3rd_day」－「3-4-2a.rvt」(作図前)
「3-4-2b.rvt」(作図後)

コンポーネントには「ホスト」(このページ下のHINT参照)が設定されています。そのため、いったん配置した家具を違うレベルの床に移動したときなどは、ホストのレベルを変更する必要があります。ここでは配置したベッドを移動し、ホストを変更する手順を解説します。

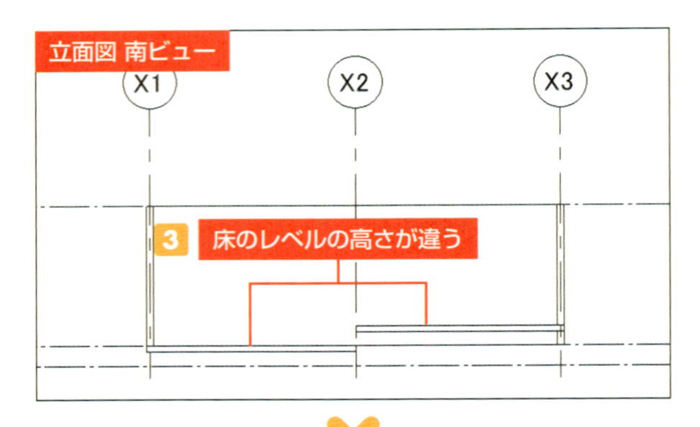

1 「3-4-2a.rvt」を開く。
2 [プロジェクトブラウザ]の[ビュー(レベル順)]－[立面図]－[南]をダブルクリックする。
3 床のレベルの高さが通り芯「X1」－「X2」間と通り芯「X2」－「X3」間で違っていることがわかる。

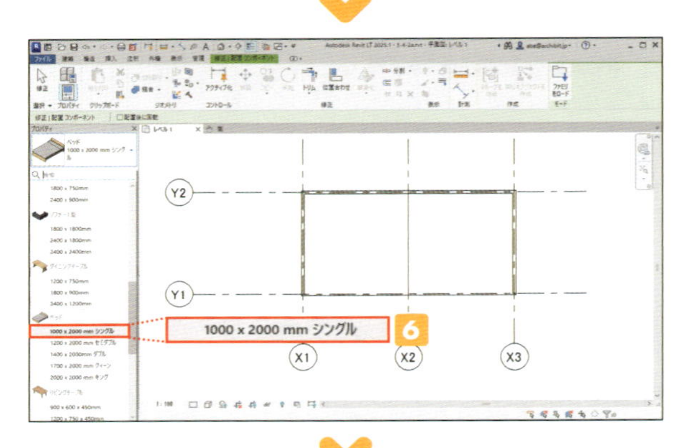

4 [プロジェクトブラウザ]の[ビュー(レベル順)]－[平面図]－[レベル1]をダブルクリックする。
5 [建築]タブ－[構築]パネル－[コンポーネント]をクリックする。
6 [プロパティパレット]の[タイプセレクタ]で[ベッド 1000×2000㎜シングル]を選択する。

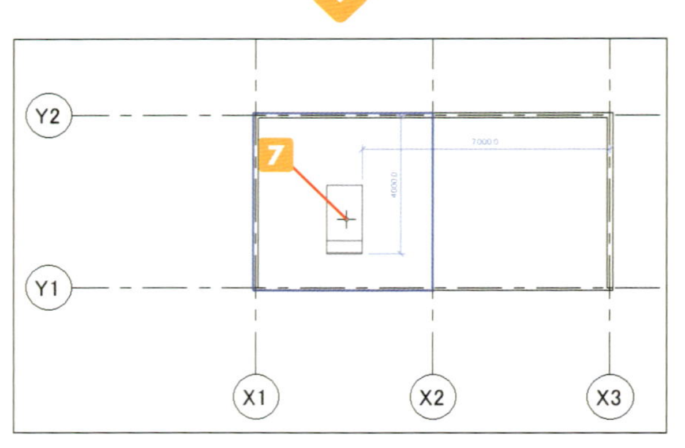

7 通り芯「X1」－「X2」間の任意の位置でクリックしてベッドを配置する。
8 [修正]ツールをクリックして[コンポーネント]ツールを終了する。

HINT ホストとは

ホストとは、ファミリの配置先の要素(親要素)である。ドアや窓は、壁がホストとして設定されており、壁以外には配置できない。3-4-2で配置する家具などは、床かレベルがホストに設定されているため、床やレベル以外には挿入できない。また、ホストである床の高さが変更された場合には、家具の位置も変更される。ホストの種類は変更できない(図は床の高さを変更したところ)。

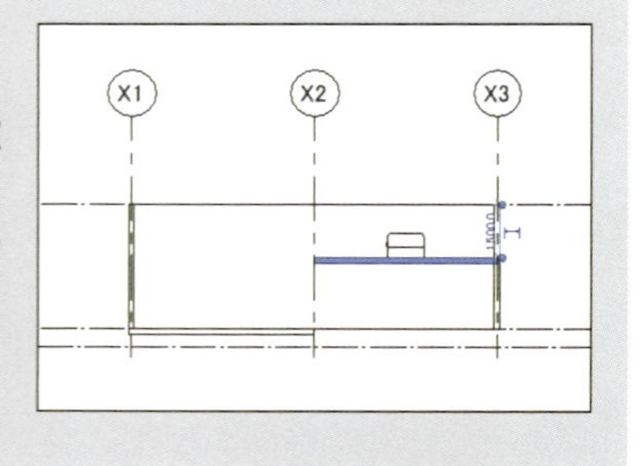

9 配置したベッドをクリックして選択する。

10 ［修正｜家具］タブ－［修正］パネル－［移動］をクリックする。

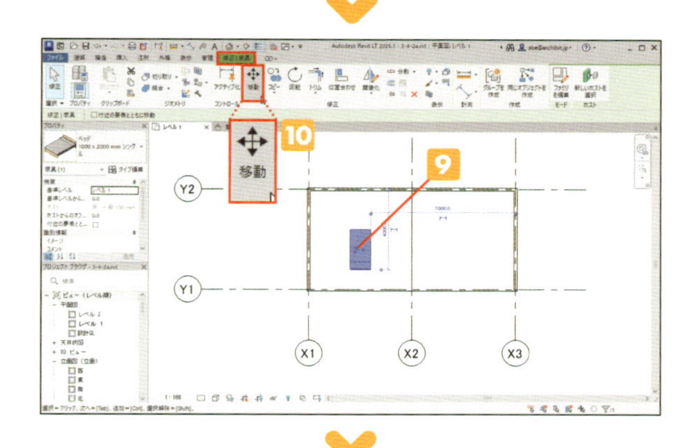

11 通り芯「X2」－「X3」間の任意の位置を移動の起点としてクリックする。

12 カーソルを右へ移動して通り芯「X2」－「X3」間に配置される位置でクリックする。

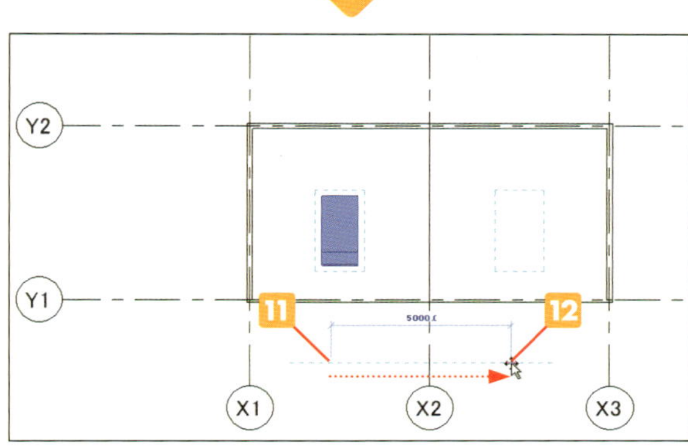

13 ［プロジェクトブラウザ］の［ビュー(レベル順)］－［立面図］－［南］をダブルクリックする。

移動したベッドが床よりも下に位置していることがわかります。

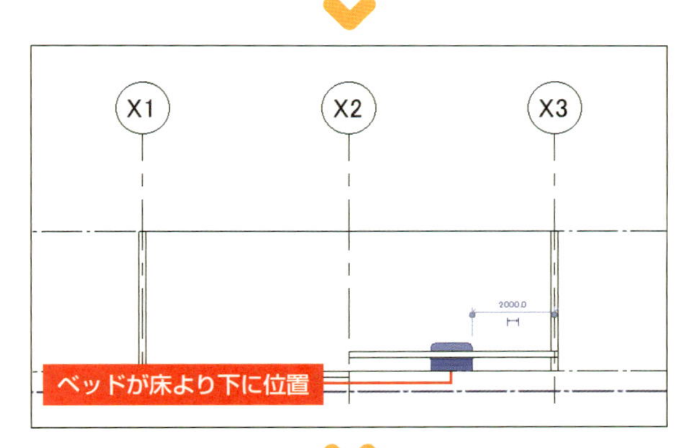

床の位置になるようにホストを変更します。

14 ベッドが選択状態のままで、［修正｜家具］タブ－［ホスト］パネル－［新しいホストを選択］をクリックする。

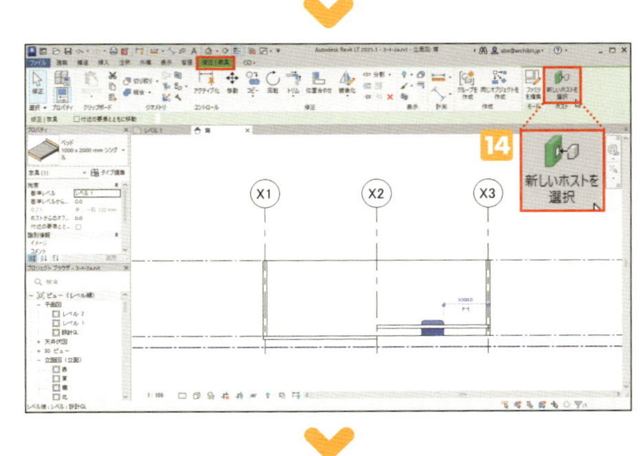

15 通り芯「X2」–「X3」間の床をクリックする。

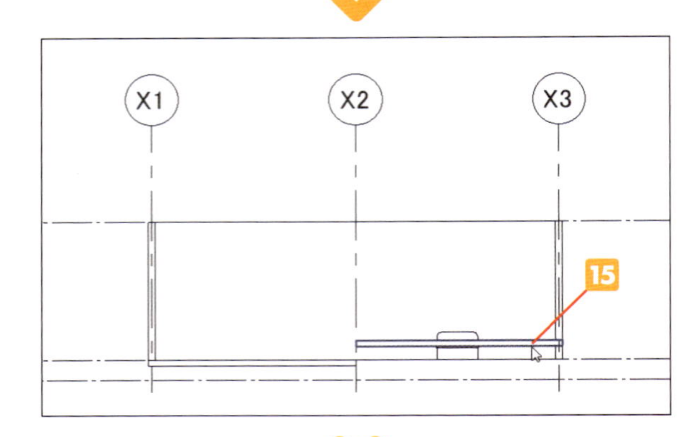

16 作図領域の何もない位置をクリックして選択を解除する。

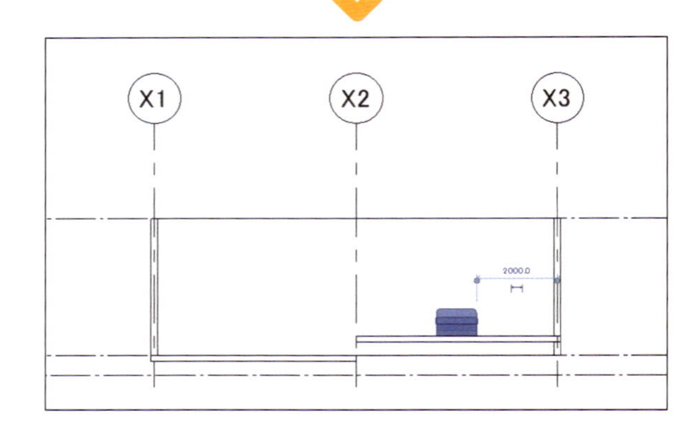

ベッドのホストが手順**15**で選択した床に変更され、ベッドが床の上に移動されました。

HINT ホストの確認

あるコンポーネントのホストを確認するには、[修正]ツールをクリックし、対象となるコンポーネントをクリックして選択する。[プロパティパレット]の[拘束]–[ホスト]で、選択したコンポーネントのホストが確認できる。左図ではベッドのホストは床、右図ではベッドのホストはレベルになっている。

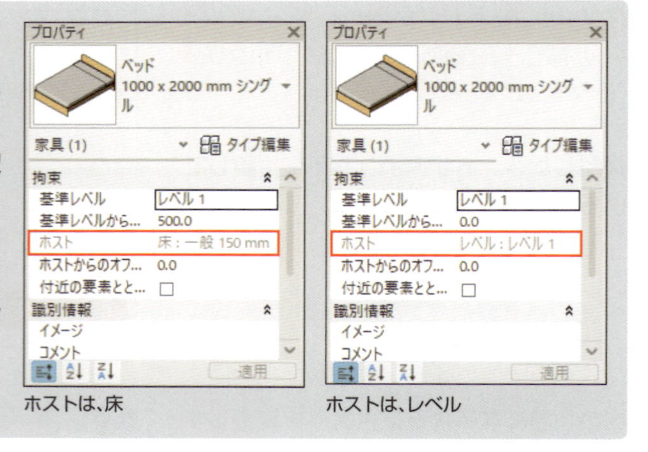

ホストは、床　　ホストは、レベル

DAY 3-5 天井の作成

天井は、床と同様に境界線を指定して入力できますが、壁を入力しておけば、その区切られた範囲をクリックするだけで簡単に入力できます。また、天井には床と同じく傾斜(勾配)を付けることが可能です。ここでは、壁を利用した天井の入力と目地の調整、吹き抜けの作成について解説します。なお、天井タイプの作成は壁や床と同じ手順(P.70 2-3-2参照)で行えるため、ここでは割愛します。

3-5-1 天井を入力する

「3rd_day」－「3-5-1a.rvt」(作図前)
「3-5-1b.rvt」(作図後)

天井は、[天井]ツールを使って各部屋に入力します。壁で区切られた部分に入力する場合は[自動天井]、区切られていない部分に入力する場合は[天井をスケッチ]を使用します。ここでは、[自動天井]を使用します。

1 「3-5-1a.rvt」を開く。
2 [プロジェクトブラウザ]の[ビュー(レベル順)]－[天井伏図]－[レベル1]をダブルクリックして、「レベル1」の天井伏図のビューを表示する。
3 [建築]タブ－[構築]パネル－[天井]をクリックする。

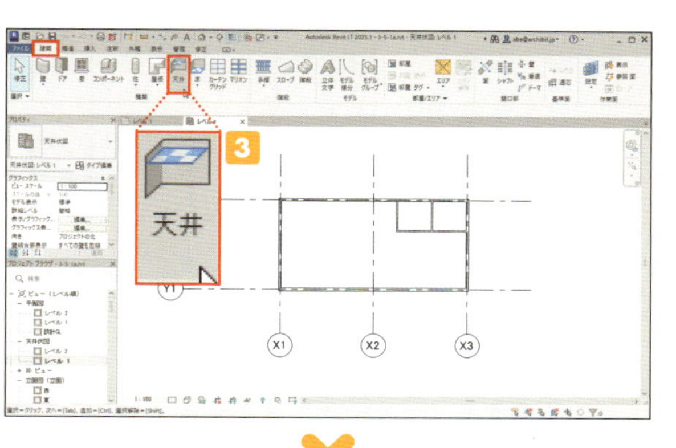

4 [プロパティパレット]の[タイプセレクタ]で、天井のタイプとして[天井 グリッド 600×600mm]を選択する。
5 [プロパティパレット]の[拘束]－[基準レベル]で[レベル1]を選択し、[オフセット(基準レベル)]に「2600」と入力して、[適用]ボタンをクリックする。
6 [修正 | 配置 天井]タブ－[天井]パネル－[自動天井]をクリックする。

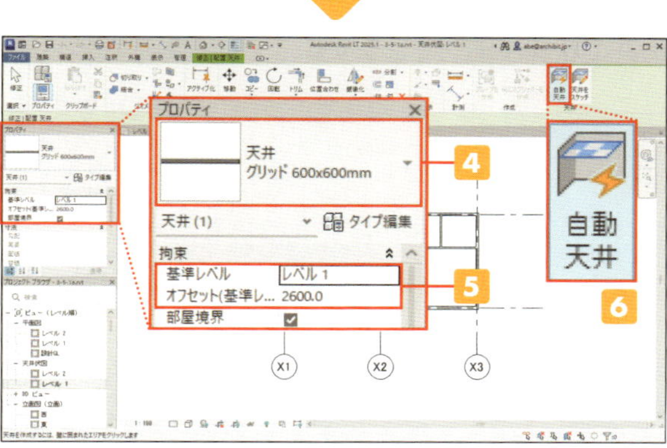

7 壁で仕切られている部屋の内側にカーソルを移動すると、天井の範囲が赤く仮表示されるので、クリックする。

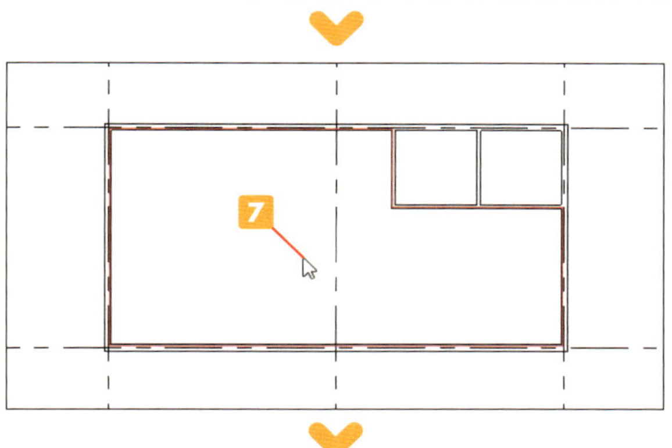

8 右上の2つの部屋の内側も同様にしてクリックする。

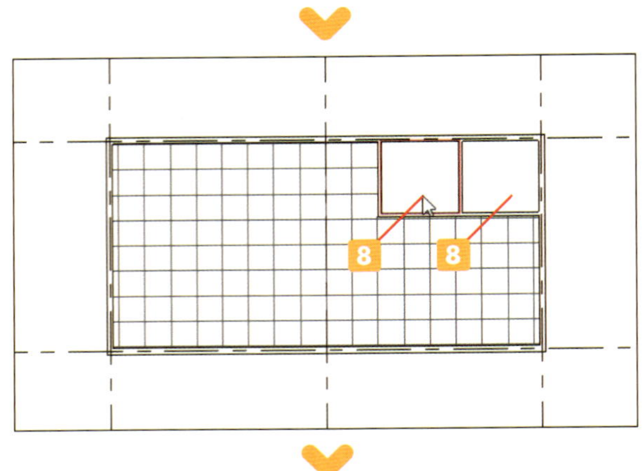

9 [修正]ツールをクリックして[天井]ツールを終了する。

3つの部屋に天井が入力されました。

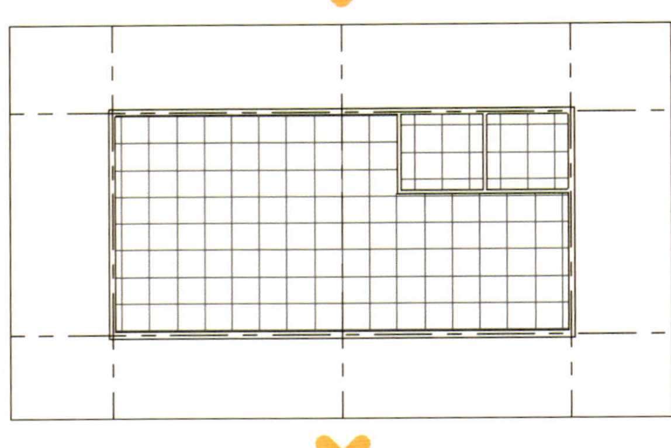

10 [プロジェクトブラウザ]の[ビュー(レベル順)]－[3Dビュー]－[{3D}]をダブルクリックする。

天井の状態が確認できます。

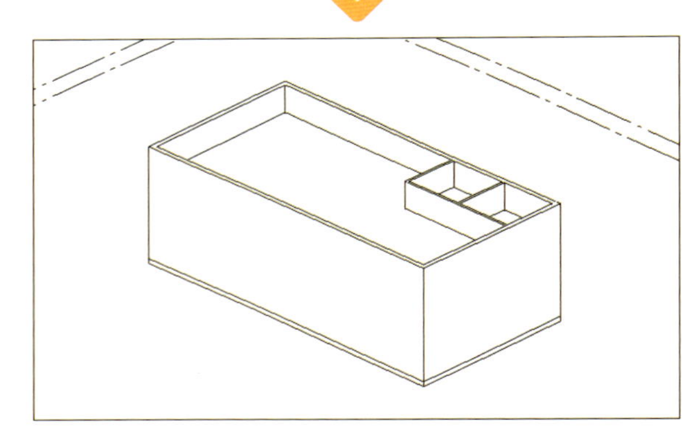

HINT 天井の入力は天井伏図ビューで

平面図ビューなどでは、天井要素は非表示になっている。そのため、平面図ビューなどで天井を入力すると、図の警告メッセージが表示される。手順 2 で天井伏図ビューを表示することを忘れないように注意する。

警告

作成された要素すべてが 平面図: レベル 1 ビューで非表示になっています。現在のビュー、パラメータ、表示設定、部分切断領域およびその設定を確認してください。

HINT 境界線を作成して天井を入力

床と同様に境界線を作成して天井を入力する場合は、手順 6 で[修正 | 配置 天井]タブー[天井]パネルー[天井をスケッチ](図)をクリックし、作図領域で境界線を作成する。

3-5-2 天井の目地を調整する

「3rd_day」－「3-5-2a.rvt」(作図前)
「3-5-2b.rvt」(作図後)

天井を作成したあとにデザイン的な理由などで目地の位置調整を行う場合には、[位置合わせ]ツールを使用します。ここでは、部屋の左下の壁の内側から目地のパターンが始まるように調整します。

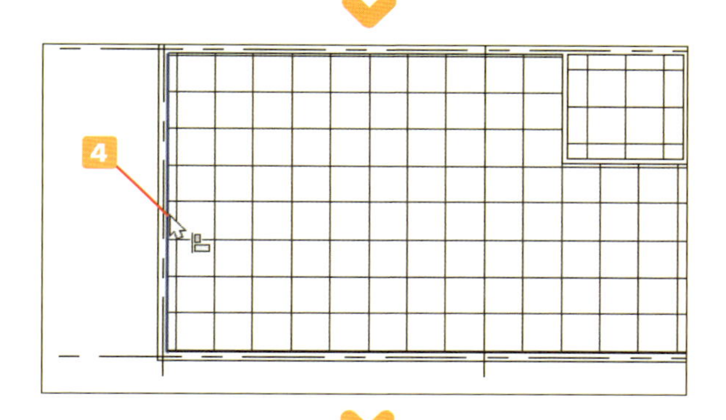

1 「3-5-2a.rvt」を開く。
2 [プロジェクトブラウザ]の[ビュー(レベル順)]－[天井伏図]－[レベル1]をダブルクリックする。
3 [修正]タブ－[修正]パネル－[位置合わせ]をクリックする。

4 位置合わせの基準となる線として、通り芯「X1」にある壁の内側の線をクリックする。

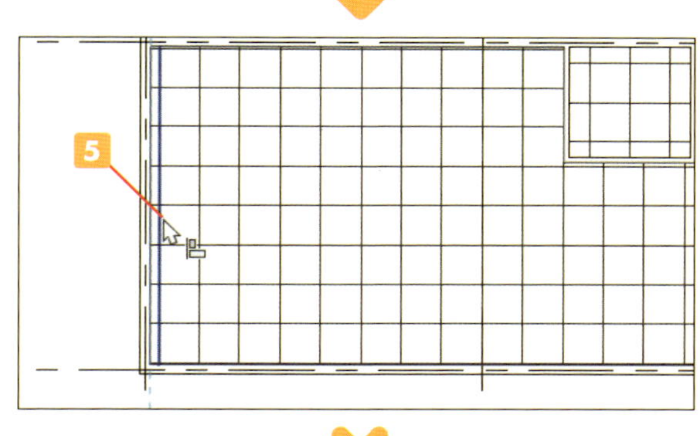

5 基準に合わせる目地の線(ここでは、一番左にある縦線)をクリックする。

目地の縦線が壁の内側の線から始まるように変更されました。

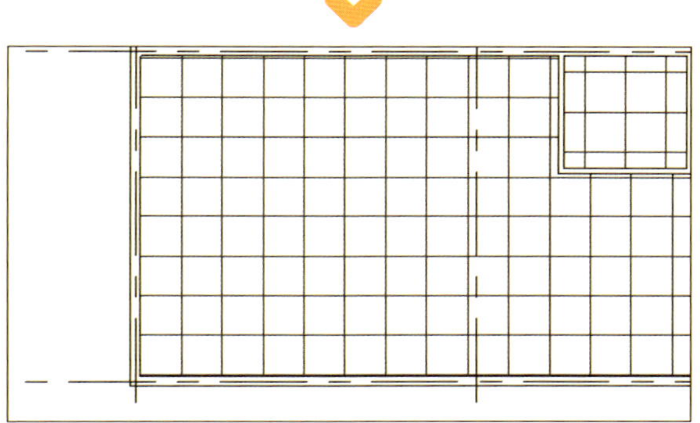

3-5-3 天井に吹き抜けを作成する

「3rd_day」－「3-5-3a.rvt」(作図前)
「3-5-3b.rvt」(作図後)

[開口部(面)]ツールを使うと、天井に吹き抜けの開口部を作成できます。また、天井を選択して[修正 | 天井]タブー[モード]パネルー[境界の編集]で境界線を編集することでも開口部を作成できます。

1 「3-5-3a.rvt」を開く。
2 [プロジェクトブラウザ]の[ビュー(レベル順)]－[天井伏図]－[レベル1]をダブルクリックする。
3 [建築]タブー[開口部]パネルー[面]をクリックする。

4 開口部を作成する天井をクリックすると、天井部分が青色になる。
5 [修正 | 開口部の境界を作成]タブー[描画]パネルー[長方形]をクリックする。

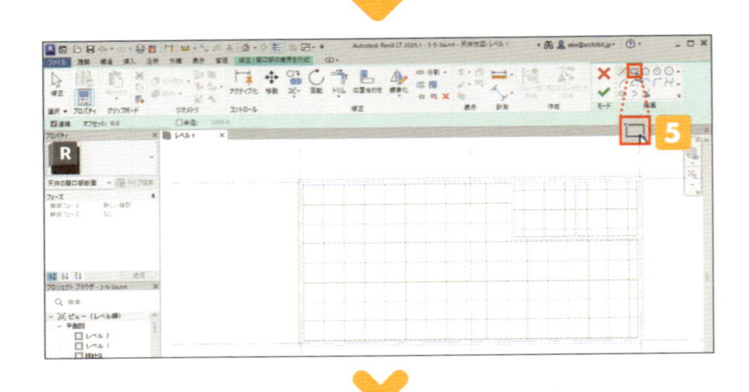

6 開口部となる長方形の対角線2カ所をクリックして指示する。
7 [修正 | 開口部の境界を作成]タブー[モード]パネルー[編集モードを終了]をクリックする。

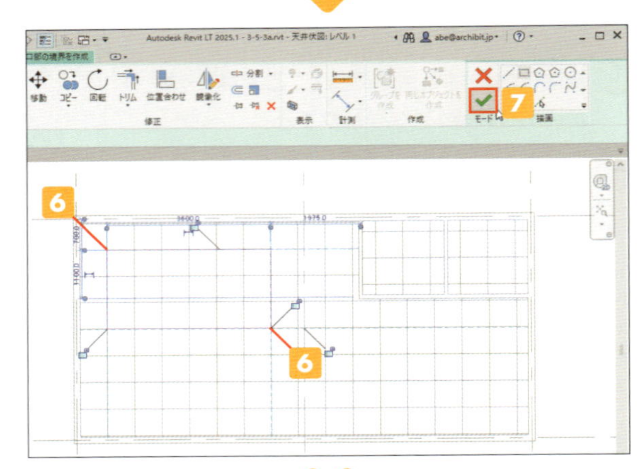

8 [修正]ツールをクリックして[開口部(面)]ツールを終了する。

開口部が作成されました。

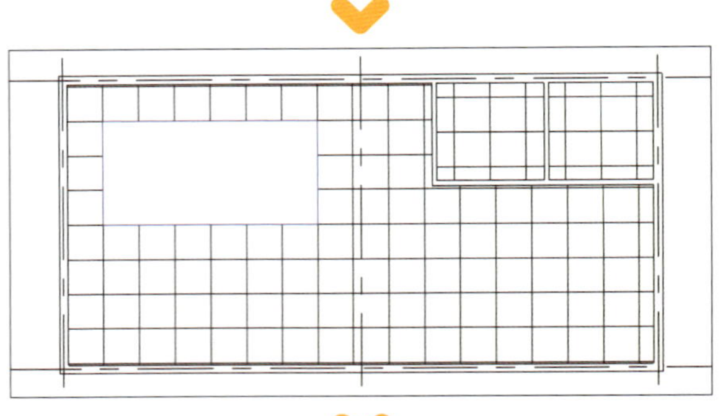

開口部に吹き抜けを表現する対角線を作成します。

9 ［注釈］タブー［詳細］パネルー［詳細線分］をクリックする。

10 ［修正｜配置 詳細線分］タブー［線種］パネルー［線種］で［<細線>］を選択する。

11 ［修正｜配置 詳細線分］タブー［描画］パネルー［線］をクリックする。

12 開口部の左上と右下の頂点をそれぞれクリックして対角線を作図する。

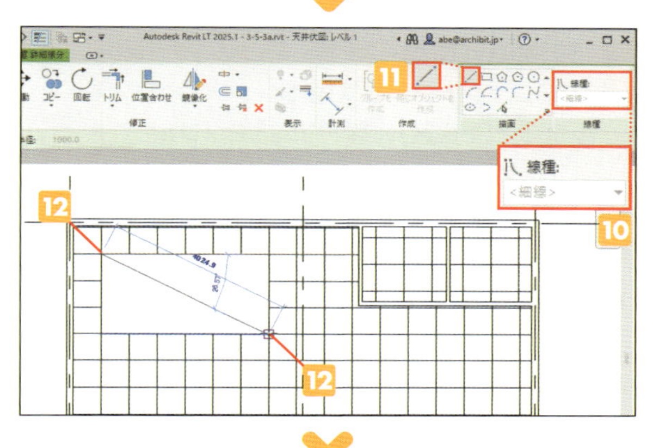

HINT 使用したい線種がない場合

［線種］のメニューに使用したい線種がない場合は、P.171の**4-1-4**を参考にして線種を作成する。

13 Esc キーを1回押す。

14 開口部の左下と右上の頂点をそれぞれクリックして対角線を作図する。

15 ［修正］ツールをクリックして［詳細線分］ツールを終了する。

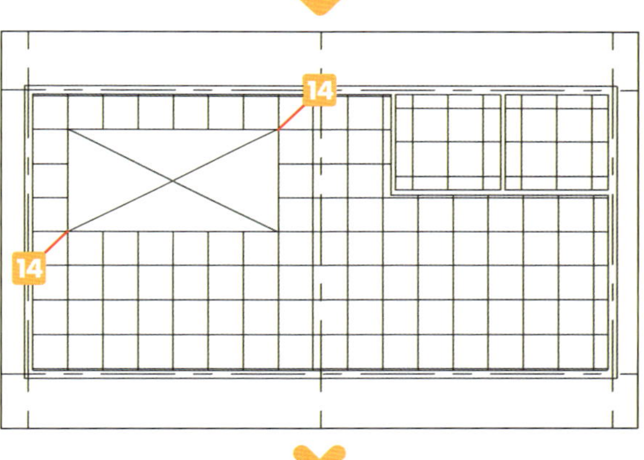

対角線が作成されて開口部が完成しました。

16 ［プロジェクトブラウザ］の［ビュー（レベル順）］ー［3Dビュー］ー［{3D}］をダブルクリックする。

吹き抜けの状態がわかります。

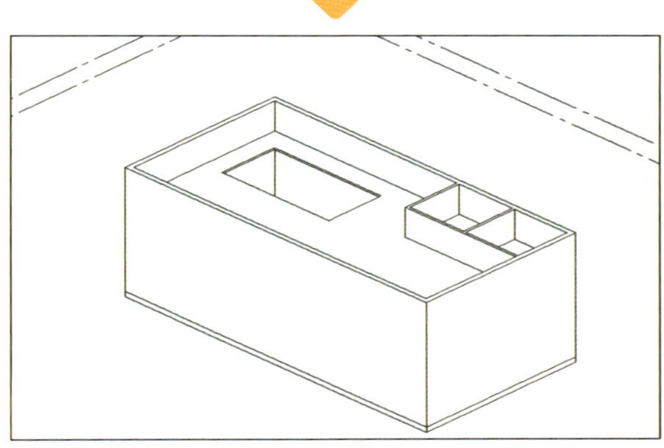

3-5-4 吹き抜け範囲を平面図に表示する

「3rd_day」－「3-5-4a.rvt」(作図前)
「3-5-4b.rvt」(作図後)

天井の吹き抜けの範囲を平面図ビューに表示する方法を解説します。この方法では、天井伏図ビューで吹き抜けを変更すると、自動的に平面図ビューの表示にも変更が反映されます。

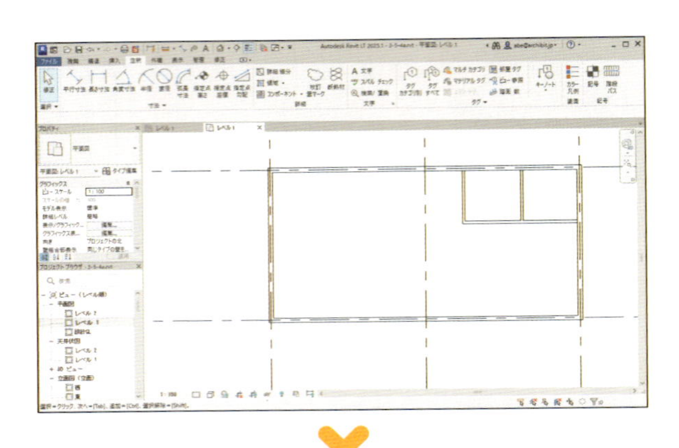

1 「3-5-4a.rvt」を開く。

2 [プロジェクトブラウザ]の[ビュー(レベル順)]－[平面図]－[レベル1]をダブルクリックする。

天井伏図に作成した開口部をアンダーレイ(下絵表示)にします。

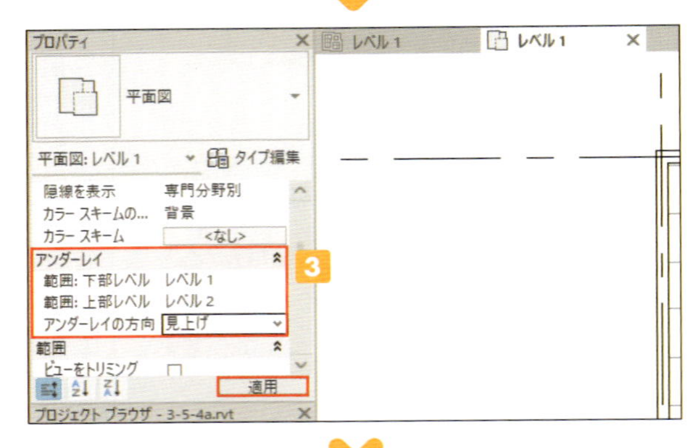

3 [プロパティパレット]の[アンダーレイ]を下記のように設定し、[適用]ボタンをクリックする([アンダーレイ]は、[プロパティパレット]の下のほうにあるので、下にスクロールする)。
[範囲:下部レベル]:レベル1
[範囲:上部レベル]:レベル2
[アンダーレイの方向]:見上げ

開口部の線種を変更します。

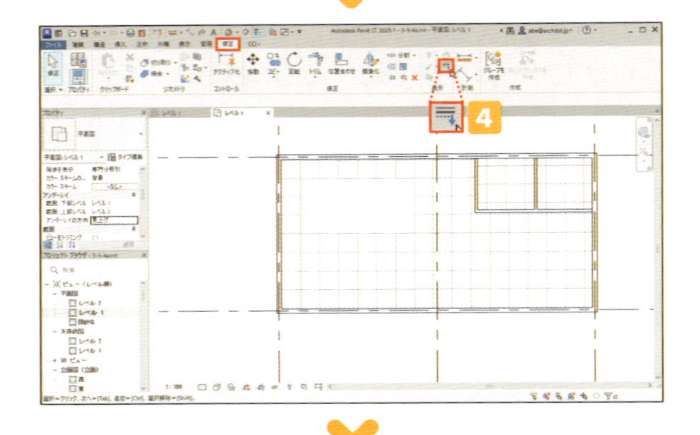

4 [修正]タブ－[表示]パネル－[線種変更]をクリックする。

5 [修正｜線種変更]タブー[線種]パネルー[線種]をクリックしてドロップダウンリストから[<隠線>]を選択する。

6 開口部の一辺をクリックすると、隠線の破線に変更される。

7 開口部の残りの3辺もクリックして隠線の破線に変更する。

8 [修正]ツールをクリックして[線種変更]ツールを終了する。

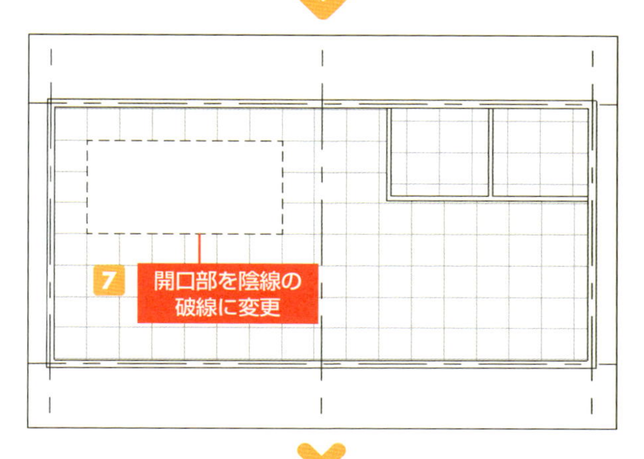

開口部の線種が変更されました。

天井伏図のアンダーレイを非表示にします。

9 [プロパティパレット]の[アンダーレイ]ー[範囲:下部レベル]で[なし]を選択して[適用]ボタンをクリックする。

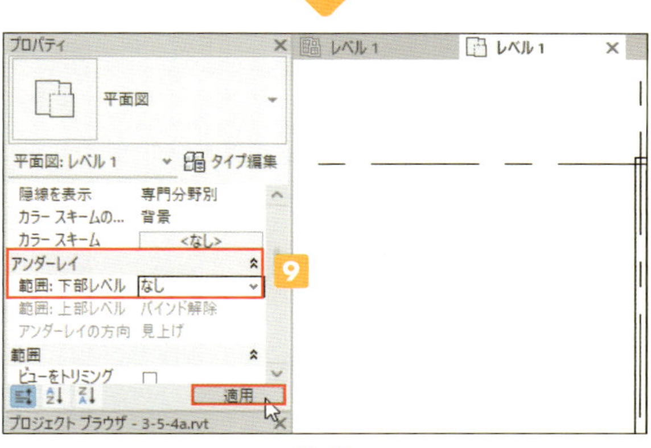

天井伏図のアンダーレイが非表示となり、平面図ビューに開口部の範囲(陰線に変換した線)が表示されました。

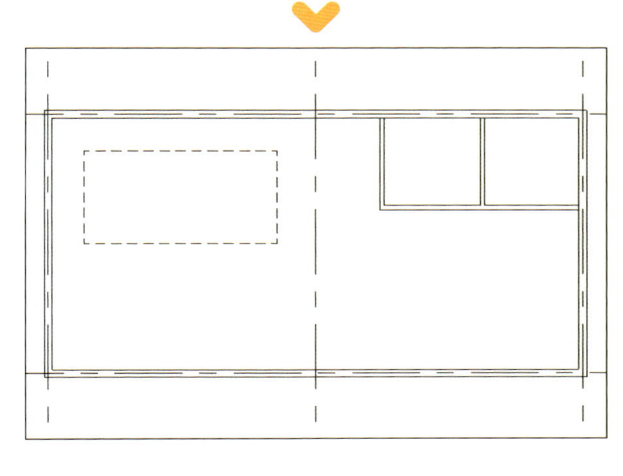

HINT

線種を元に戻したい場合

隠線にした線を元の線に戻したい場合は、手順 **4** のように[線種変更]ツールを実行し、[修正｜線種変更]タブー[線種]パネルー[線種]をクリックしてドロップダウンリストから[<カテゴリ別>]を選択後、吹き抜け範囲の線をクリックする。

DAY 3-6 階段の作成

階段を作成するには、コンポーネントを利用する方法と、スケッチを描く方法があります。どちらの方法もあらかじめ蹴上数などを[プロパティパレット]で設定する必要があります。また、階段の作成に伴って自動的に手すりも作成されますが、手すりと階段は個別にタイプを指定できます。ここでは、コンポーネントを利用して作成する方法を解説します。

3-6-1 折り返し階段を入力する

「3rd_day」－「3-6-1a.rvt」(作図前)
「3-6-1b.rvt」(作図後)

ここでは、折り返し階段を入力します。また、作成した階段を上の階にコピーする手順についても解説します。

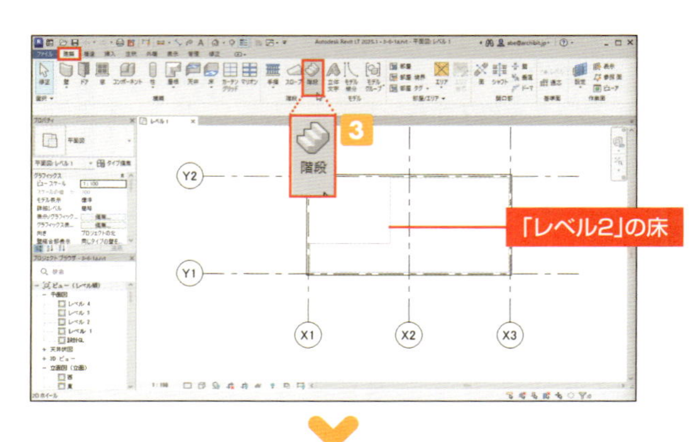

1 「3-6-1a.rvt」を開く。
2 [プロジェクトブラウザ]の[ビュー(レベル順)]－[平面図]－[レベル1]をダブルクリックする。ここでは、「レベル2」の床の範囲がグレーで表示されている(P.151 HINT 参照)。
3 [建築]タブ－[構築]パネル－[階段]をクリックする。

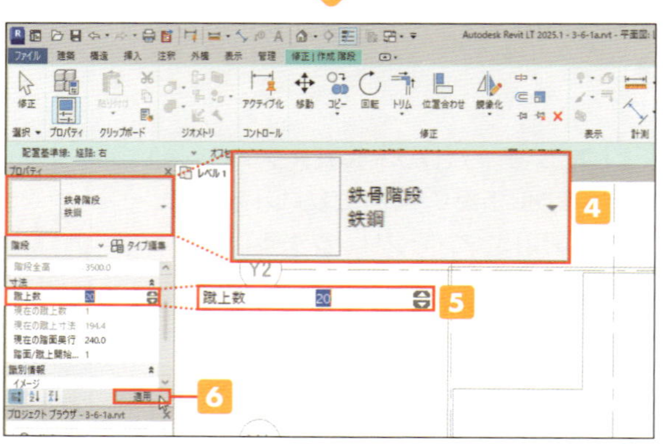

4 [プロパティパレット]の[タイプセレクタ]で、階段のタイプとして[鉄骨階段 鉄鋼]を選択する。
5 [プロパティパレット]の[寸法]－[蹴上数]に「20」と入力する。
6 [適用]ボタンをクリックする。

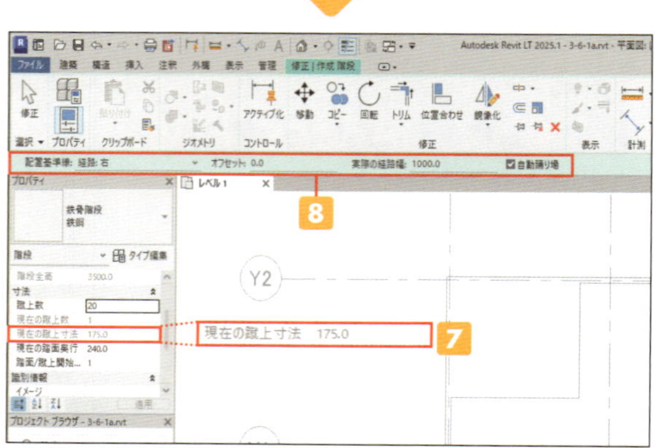

7 [プロパティパレット]の[寸法]－[現在の蹴上寸法]が自動的に「175.0」に変更される。
8 [オプションバー]で下記のように設定する。
[配置基準線]：経路：右
[オフセット]：0.0
[実際の経路幅]：1000
[自動踊り場]：チェックを入れる

9 [修正 | 作成 階段]タブー[コンポーネント]パネルー[踏み面]ー[直線]をクリックする。

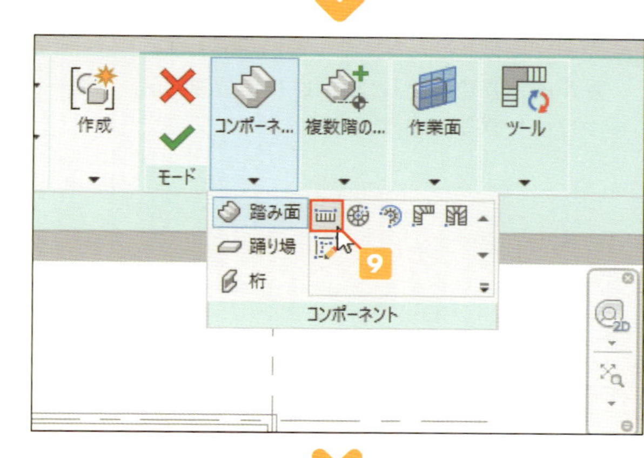

10 「レベル2」の床の線上で、通り芯「X1」から右へ「1400.0」の位置でクリックする。

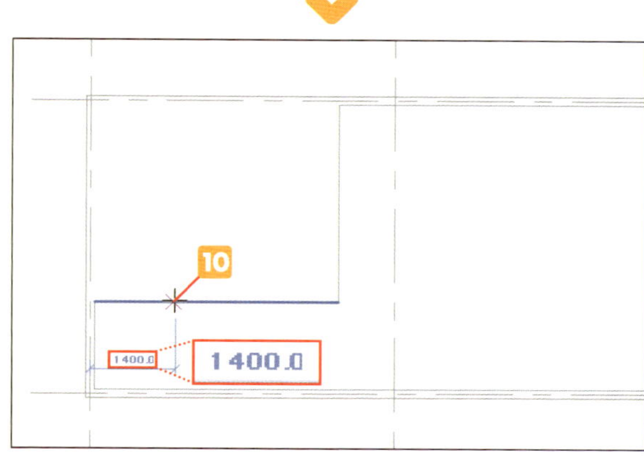

11 カーソルを上方向へ移動して[10蹴上が作成されました]と表示される位置でクリックする。

12 カーソルを右方向へ移動し、階段の左側の線から「1400.0」の位置でクリックする。

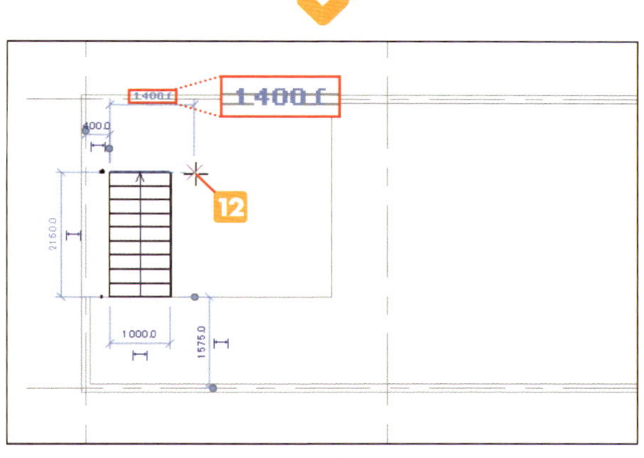

13 カーソルを下方向へ移動して［10蹴上げが作成されました］と表示される位置でクリックする。

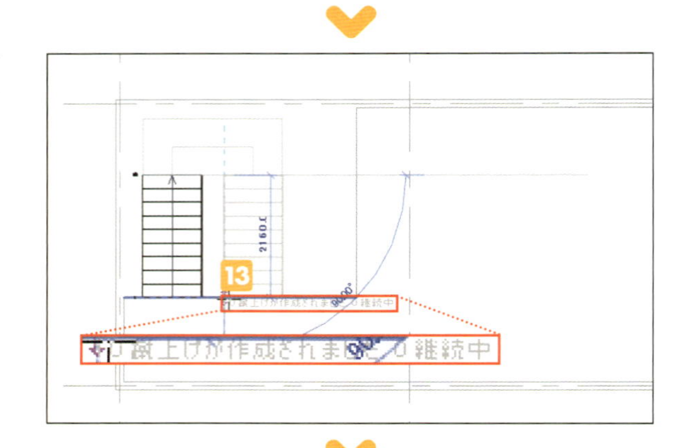

14 ［修正｜作成 階段］タブー［モード］パネルー［編集モードを終了］✔をクリックする。

「レベル1」と「レベル2」の間に折り返し階段が入力されました。

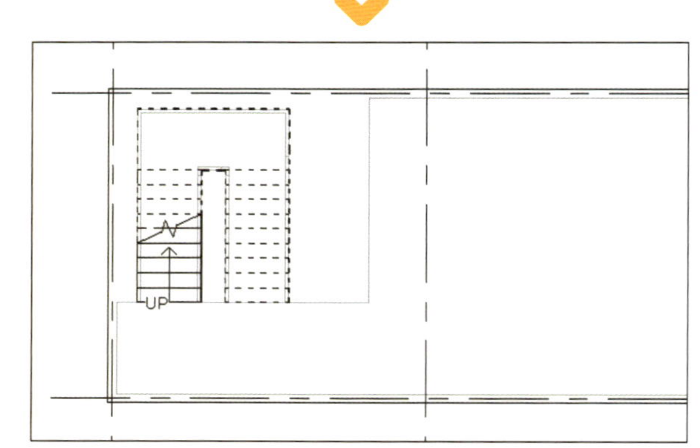

15 ［プロジェクトブラウザ］の［ビュー（レベル順）］ー［3Dビュー］ー［{3D}］をダブルクリックする。［ViewCube］の［上］［左］［前］の頂点をクリックして図のように視点を変える。

階段の状態がわかります。

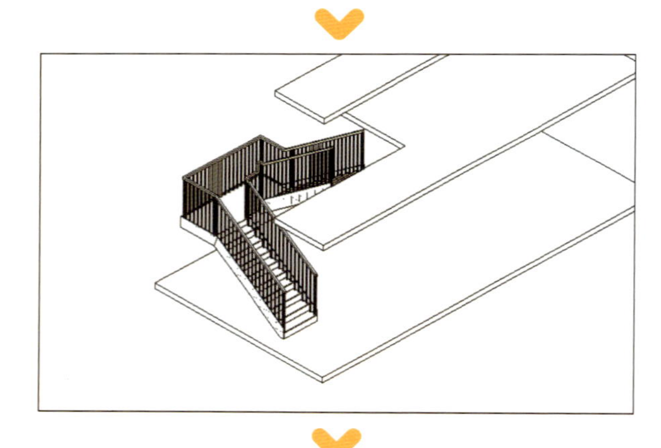

作成した階段をコピーして上の階に入力します。

16 ［プロジェクトブラウザ］の［ビュー（レベル順）］ー［立面図（立面）］ー［西］をダブルクリックする。
17 ［修正］ツールをクリックし、階段の桁（段がある部分）をクリックして選択状態にする。
18 ［修正｜階段］タブー［複数階の階段］パネルー［レベルを選択］をクリックする。

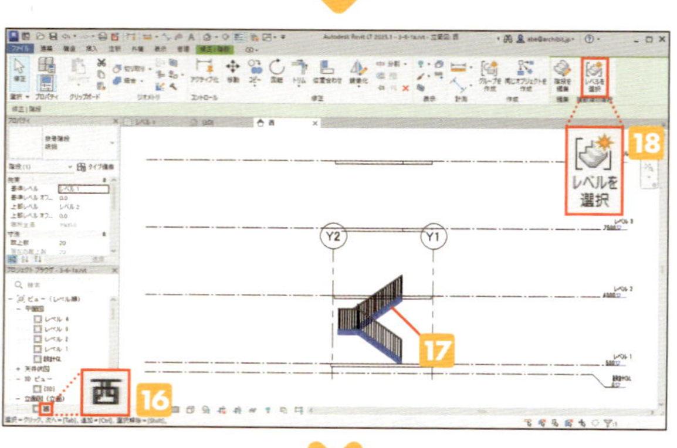

19 [修正｜複数階の階段]タブ－[複数階の階段]パネル－[レベルを接続]をクリックする。

20 交差選択などで「レベル3」と「レベル4」のレベル線を選択する。

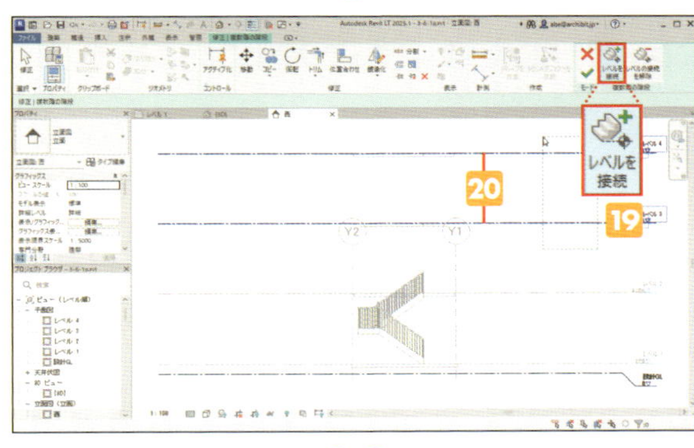

21 [修正｜複数階の階段]タブ－[モード]パネル－[終了]✔をクリックする。

22 [修正]ツールをクリックして[複数階の階段]ツールを終了する。

「レベル2」から「レベル4」の間にも折り返し階段が入力されました。

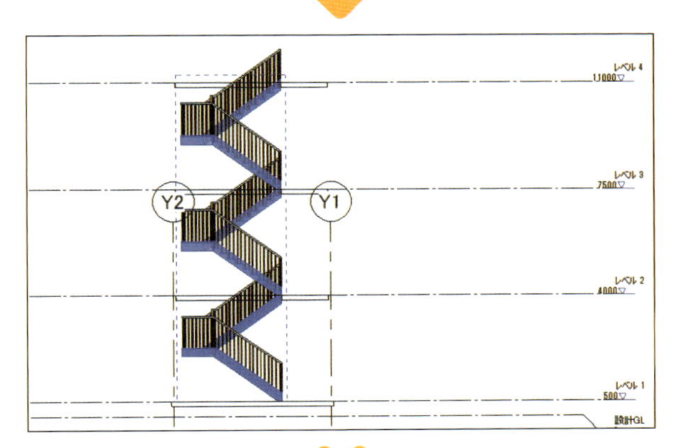

23 [プロジェクトブラウザ]の[ビュー(レベル順)]－[3Dビュー]－[{3D}]をダブルクリックする。

変更された階段の状態がわかります。

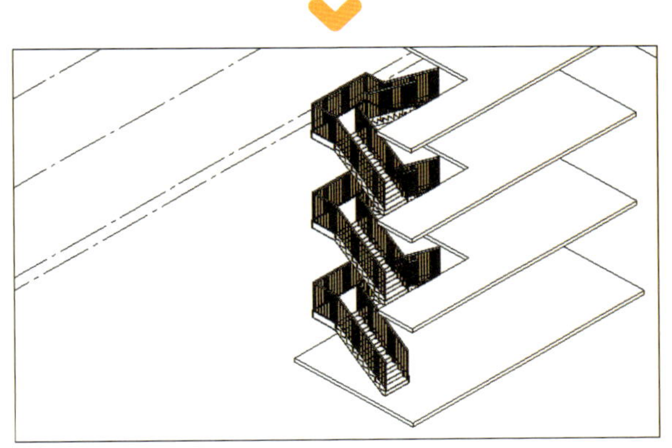

HINT 「レベル2」の床を「レベル1」に表示

階段作成時には、上の階の床範囲が表示されていると作業しやすい。「3-6-1a.rvt」では、あらかじめ「レベル1」に「レベル2」の床を表示するように設定してある。「レベル1」に「レベル2」の床を表示させるには、[プロパティパレット]の[アンダーレイ]で下記のように設定する。

[範囲:下部レベル]:レベル1

[範囲:上部レベル]:レベル2

[アンダーレイの方向]:見下げ

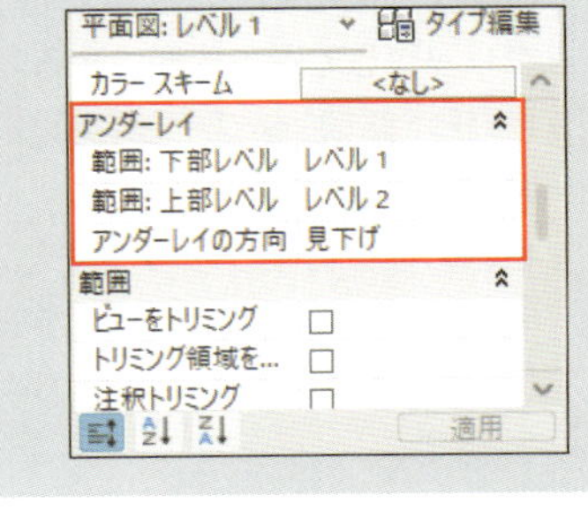

階段のタイプを作成する

階段もほかの要素と同様に、[タイププロパティ]ダイアログで設定を変更し、独自のタイプを作成できる(左図)。また、手すりは階段とは別の要素となっているため(P.155 3-6-3参照)、個別に設定することができる(右図)。

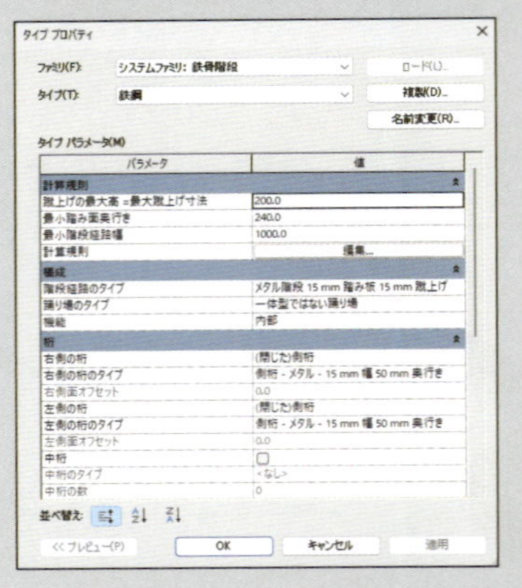

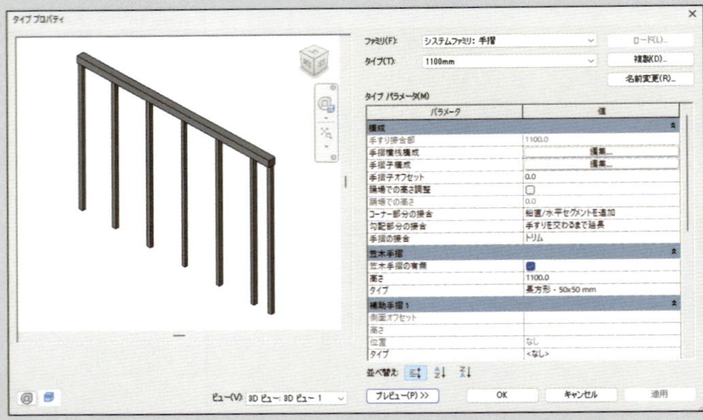

3-6-2 階段を編集する

「3rd_day」－「3-6-2a.rvt」(作図前)
「3-6-2b.rvt」(作図後)

入力済みの階段の方向や段数を変更するには、[階段を編集]ツールを実行して階段部分を選択し、表示されるドラッグコントロールを使用します。また、既存の床線と位置を合わせたい場合は、[位置合わせ]ツールを使用します。

1 「3-6-2a.rvt」を開く。
2 [プロジェクトブラウザ]の[ビュー(レベル順)]－[平面図]－[レベル1]をダブルクリックする。
3 入力済みの階段にカーソルを合わせ、Tab キーを押して選択を切り替え、階段全体と段の部分が破線で表示されたらクリックして選択状態にする。
4 [修正｜階段]タブ－[編集]パネル－[階段を編集]をクリックする。
5 右側の段部分をクリックすると、▶と●のドラッグコントロールが表示される(表示されない場合は、P.154 HINT を参照)。

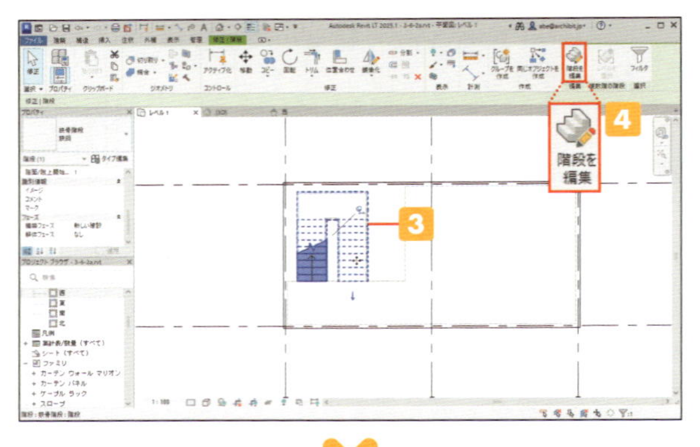

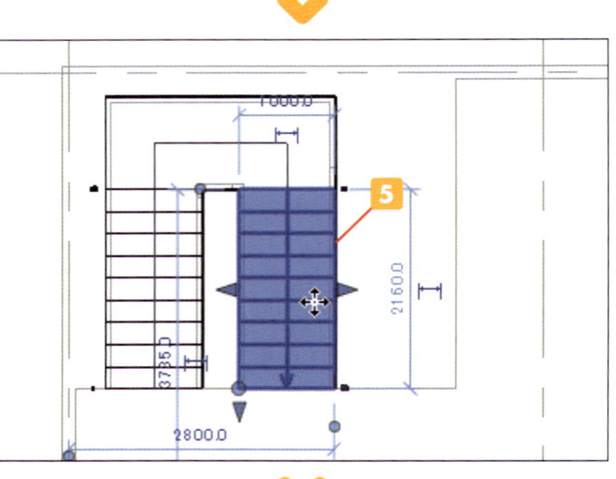

6 階段の左下にあるドラッグコントロール●をドラッグして、階段が90度回転する位置でマウスボタンを放す。このとき、段数が変わらないように注意する。

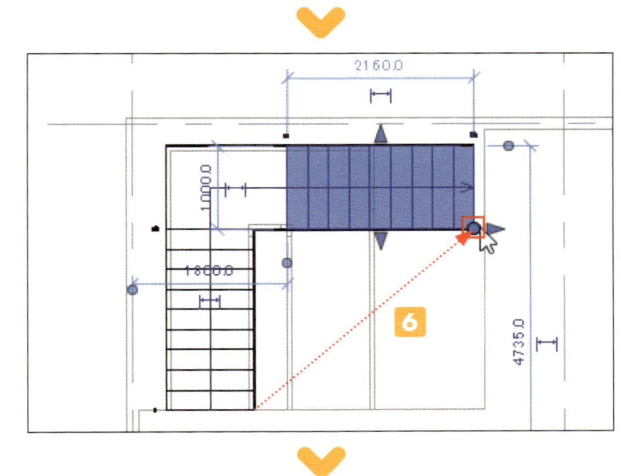

HINT

段数が変わった場合

段数が変わってしまったら、●をドラッグして元の段数に戻るように調整する。

選択した段の部分が90度回転しました。段数を調整して既存の床と位置を合わせます。

7 階段の上り終わりの▶を右方向へ、段数が１段増える位置までドラッグする。左側の段数が自動的に１段減る。

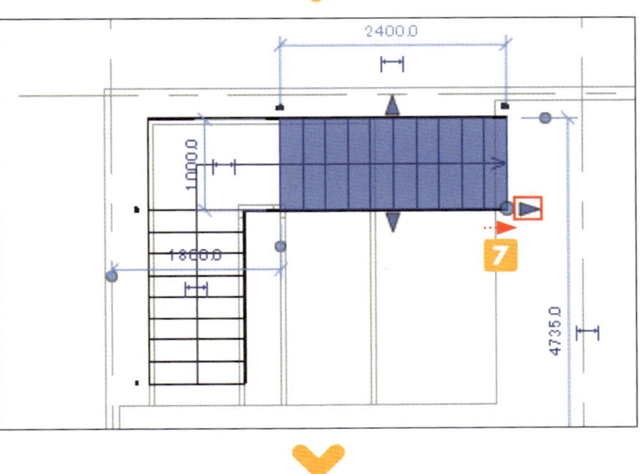

8 [修正｜作成 階段]タブー[修正]パネルー[位置合わせ]をクリックする。

9 上の階の垂直な床線をクリックする。

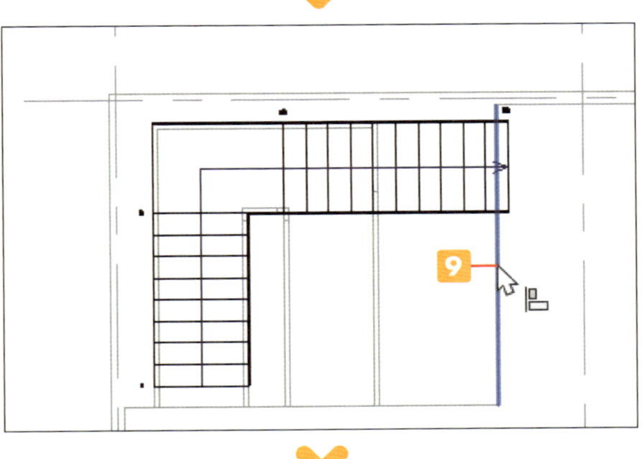

10 階段の上り終わりの線をクリックすると、手順9でクリックした垂直線と同じ位置に移動される。

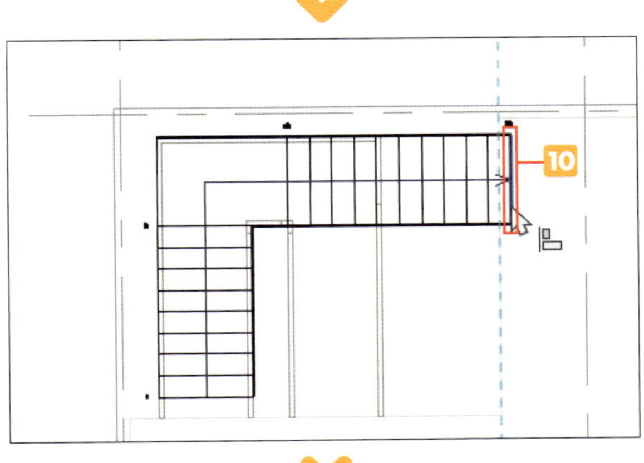

11 上の階の水平な床線をクリックする。

12 階段の左側の上り終わりの線をクリックすると、手順 **11** でクリックした水平線と同じ位置に移動する。

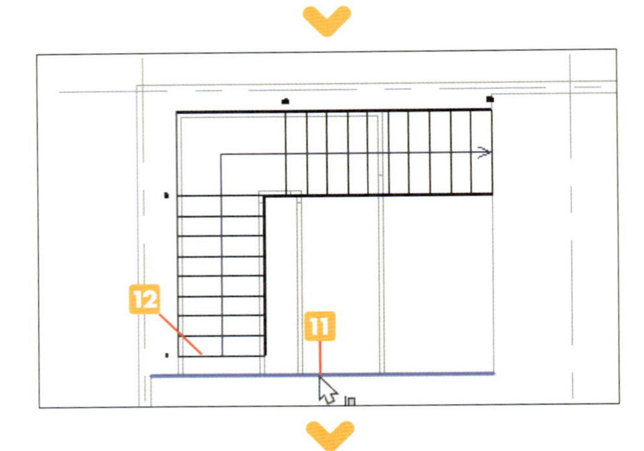

段数が変更され、既存の床に位置合わせされました。

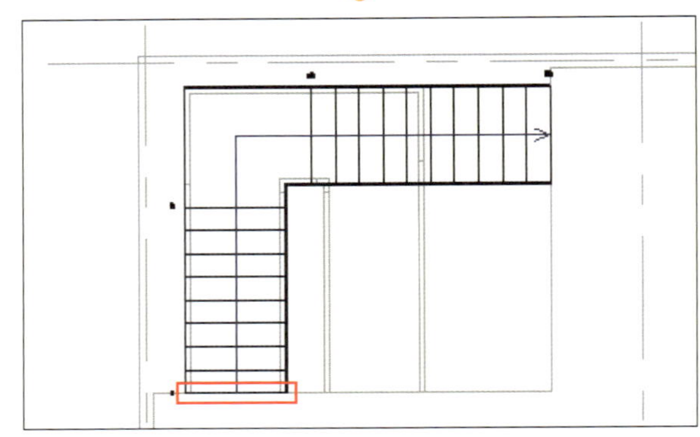

13 [修正 | 作成 階段]タブー[モード]パネルー[編集モードを終了] ✔ をクリックする。

14 [プロジェクトブラウザ]の[ビュー(レベル順)]ー[3Dビュー]ー[{3D}]をダブルクリックする。

変更された階段の状態がわかります。

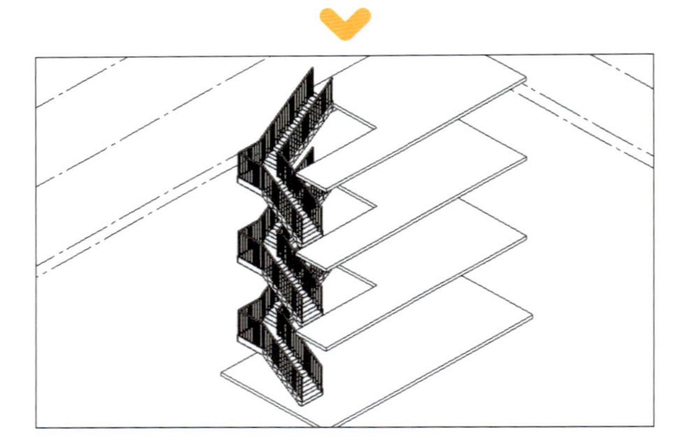

HINT

ドラッグコントロールが表示されない階段の編集

手順 **5** でドラッグコントロールが表示されない場合、その階段はスケッチで作成されている。編集するには、[修正 | 作成 階段]タブー[ツール]パネルー[スケッチを編集]をクリックし、表示される[修正 | 階段を作成>階段経路をスケッチ]タブー[描画]パネルの各ツールを用いて編集を行う。

スケッチを使うと、図のような曲線を用いた自由度の高い階段を作成できる。スケッチでの階段作成は、[建築]タブー[階段]ー[階段]をクリックし、[修正 | 作成 階段]タブー[コンポーネント]パネルー[スケッチを作成]で行う。

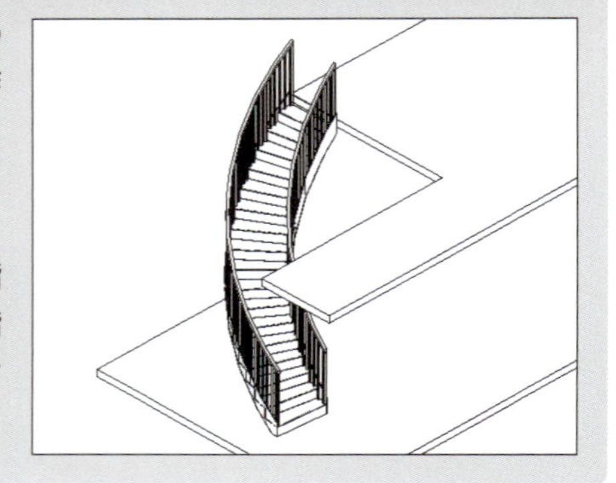

3-6-3 手すりを編集する

「3rd_day」−「3-6-3a.rvt」(作図前)
「3-6-3b.rvt」(作図後)

手すりは階段と別の要素になっているため、長さや形などを別途変更できます。手すりの長さは経路を表すパスを編集することで変更できます。ここでは、階段を上り終わった階まで手すりを延長します。

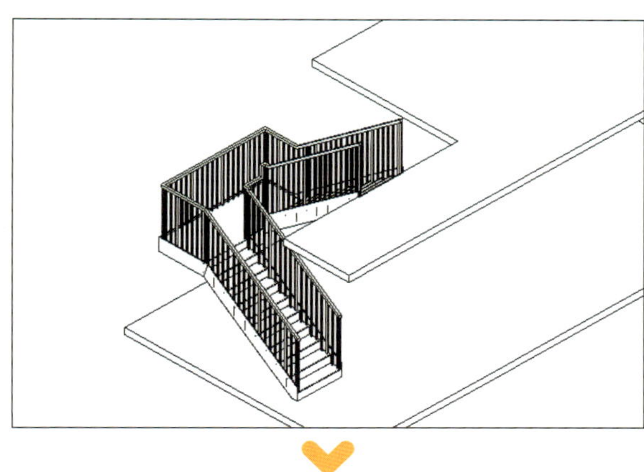

1 「3-6-3a.rvt」を開く。
2 [プロジェクトブラウザ]の[ビュー(レベル順)]−[3Dビュー]−[{3D}]をダブルクリックすると、「レベル2」までの階段があることを確認できる。

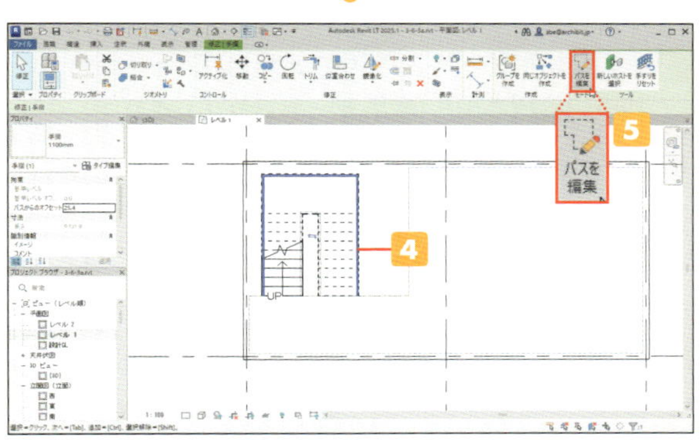

3 [プロジェクトブラウザ]の[ビュー(レベル順)]−[平面図]−[レベル1]をダブルクリックする。
4 外側の手すりをクリックして選択状態にする。
5 [修正 | 手摺]タブ−[モード]パネル−[パスを編集]をクリックする。

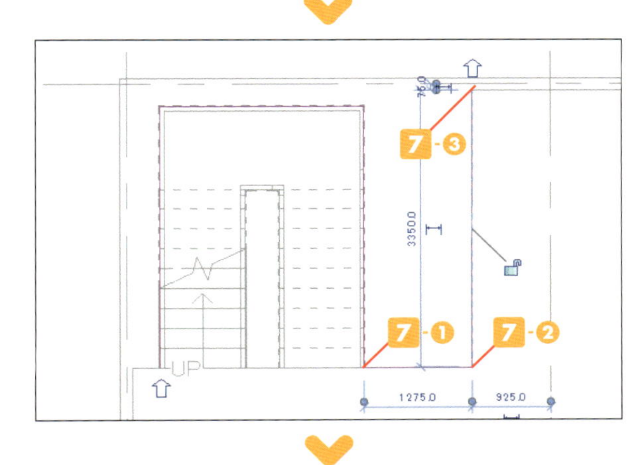

6 外側の手すりの線がピンク色で表示される。[修正 | 手摺>パスをスケッチ]タブ−[描画]パネル−[線]をクリックする。
7 床の線にカーソルが吸着(スナップ)するので、それに沿って手すりを延長する線を2本描く(❶を1回クリック、❷を2回クリック、❸を1回クリック)。

HINT
2回クリック

❷の「2回クリック」は、ダブルクリックではなく、若干時間を空けて2度クリックする。

8 [修正 | 手摺>パスをスケッチ]タブ−[モード]パネル−[編集モードを終了]✔をクリックする。

外側の手すりが延長されました。続いて、内側の手すりも延長します。

9 続けて内側の手すりをクリックして選択状態にする。

10 [修正 | 手摺]タブ－[モード]パネル－[パスを編集]をクリックする。

11 [修正 | 手摺＞パスをスケッチ]タブ－[描画]パネル－[線]をクリックする。

12 床の線にカーソルが吸着(スナップ)するので、それに沿って手すりを延長する線を１本描く(❶をクリックし、❷をクリックする)。

13 [修正 | 手摺＞パスをスケッチ]タブ－[モード]パネル－[編集モードを終了]✔をクリックする。

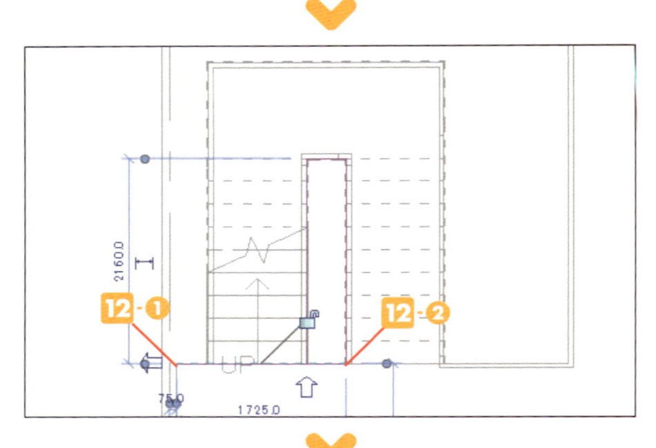

内側の手すりが延長されました。

14 [プロジェクトブラウザ]－[ビュー(レベル順)]－[3Dビュー]－[{3D}]をダブルクリックする。

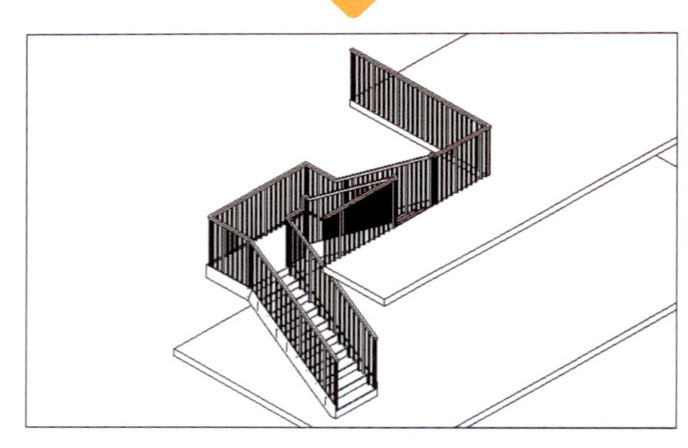

変更された手すりの状態がわかります。

HINT 階段手すりを外側に配置

階段の手すりは階段の内側に配置されている。階段の有効幅を確保するため手すりを外側に変更するときは、手すりを選択状態にし、[プロパティパレット]の[拘束]－[パスからのオフセット]に移動距離分の数値にマイナス記号(-)を付けて入力すると、手すりが外側に移動する(図では「-27.5」を入力している)。

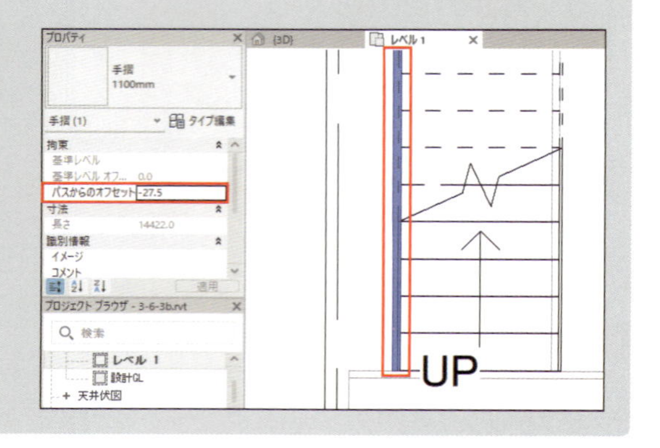

DAY 3-7 部屋の作成

平面図や天井伏図に部屋名を記入するには、部屋を作成して「部屋タグ」を付けます。部屋は壁や床、天井などを境界として囲まれた3次元の範囲で、部屋を作成すると自動的に[内部仕上表]や[各階部屋面積]などの集計表に追加されます。集計表に表示される面積、容積、仕上表などで記入した文字情報は、部屋要素と関連付けされるため、削除するには注意が必要です。

3-7-1 部屋を作成して部屋名を記入する

「3rd_day」ー「3-7-1a.rvt」(作図前)
「3-7-1b.rvt」(作図後)

[部屋]ツールで囲まれた範囲を指定すると、部屋と部屋タグを同時に作成できます。部屋と部屋タグは個別の要素なので、作成後は別々に選択して変更できます。部屋タグは部屋をホストとしています。

1 「3-7-1a.rvt」を開く。
2 [プロジェクトブラウザ]の[ビュー(レベル順)]ー[平面図]ー[レベル1]をダブルクリックする。
3 [建築]タブー[部屋/エリア]パネルー[部屋]をクリックする。
4 [修正 | 配置 部屋]タブー[タグ]パネルー[タグ配置]が選択されていることを確認する。
5 [プロパティパレット]の[タイプセレクタ]で[部屋名 + 面積2㎜]を選択する。

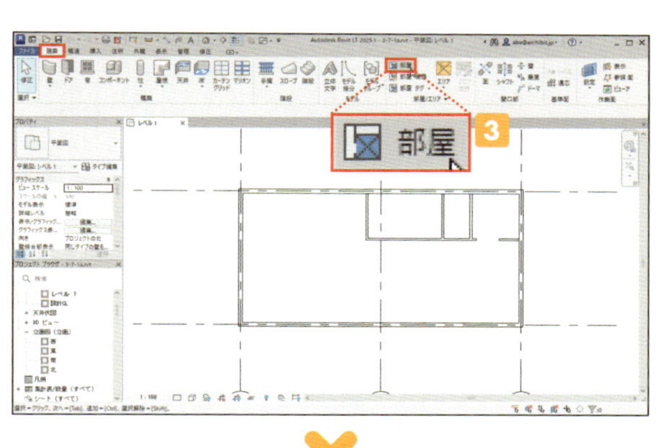

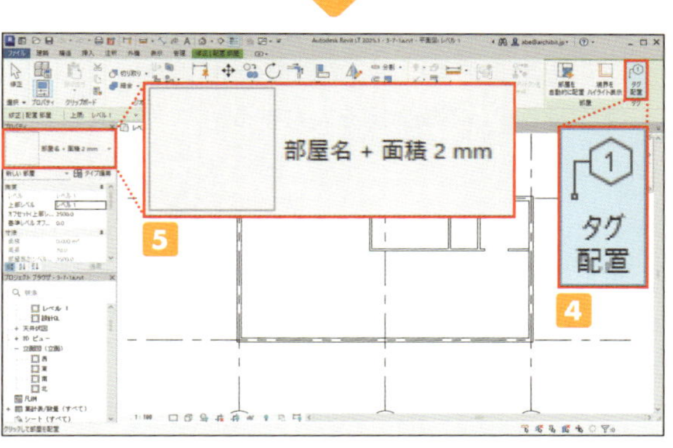

HINT 容積の計算

[オプションバー]の[オフセット]の値に「3500.0」と表示されている。この値は容積計算の基となる(容積は仕上げ面で計算される)。

6 カーソルを壁で囲まれた部分に移動すると、部屋の範囲が青色で仮表示されるので、部屋タグを配置する位置でクリックする。

部屋タグが配置され、部屋が作成されました。

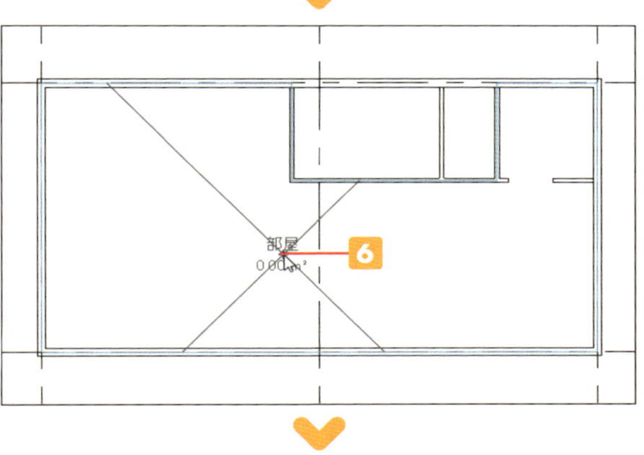

7 手順 6 と同様にして図に示した2つの部屋をクリックし、部屋タグを配置して、部屋を作成する。

8 [修正]ツールをクリックして[部屋]ツールを終了する。

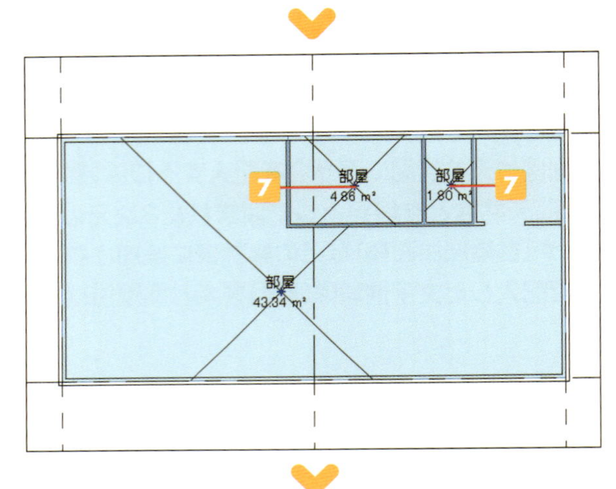

右上の空間は囲まれていないため、境界線を作成して閉じます。

9 [建築]タブ－[部屋/エリア]パネル－[部屋 境界]をクリックする。

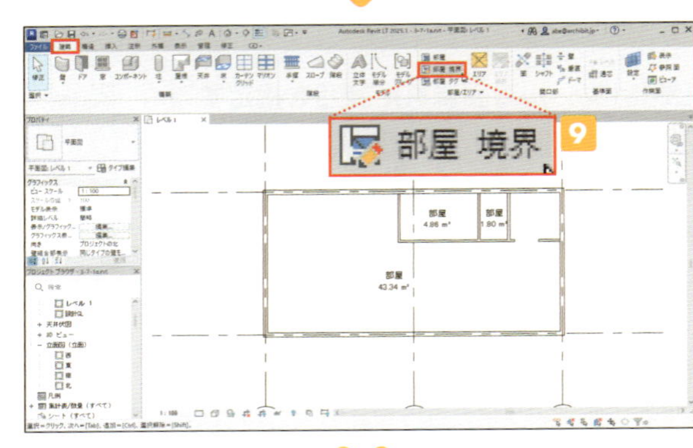

10 [修正｜配置 部屋を分割]タブ－[描画]パネル－[線] をクリックする。

11 図の2点(壁のない部分の壁厚の中心点)をクリックして境界線を入力する。

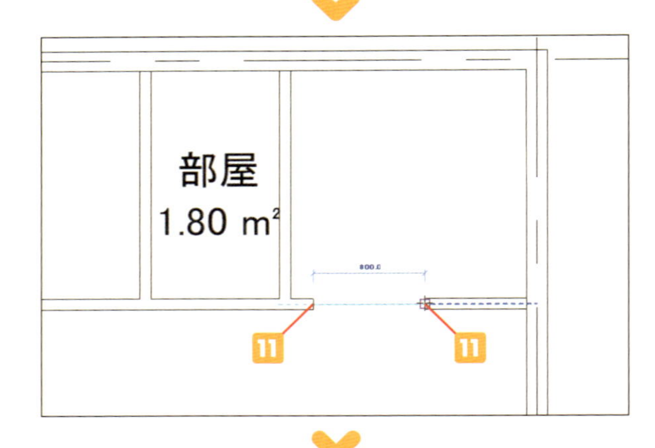

12 [修正]ツールをクリックして[部屋 境界]ツールを終了する。

右上の空間が境界線で閉じられて部屋になりました。連動して一番大きな部屋の面積が「43.34㎡」から「40.10㎡」に変更されました。

右上の閉じた空間も部屋タグを配置して部屋を作成します。

13 [建築]タブー[部屋/エリア]パネルー[部屋]をクリックする。
14 右上の部屋の部屋タグを配置する位置をクリックする。
15 [修正]ツールをクリックして[部屋]ツールを終了する。

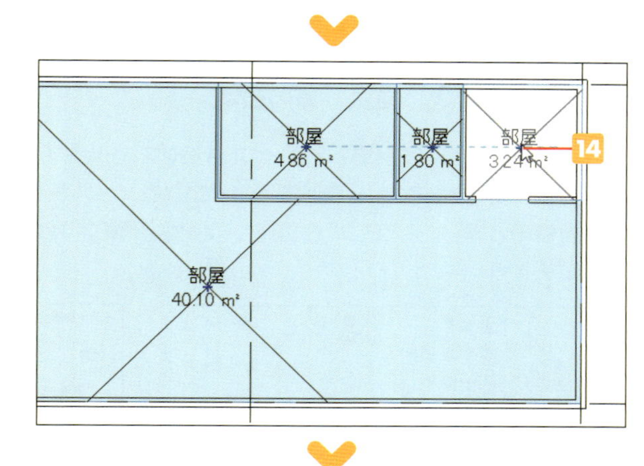

右上の空間に部屋タグが配置され、部屋が作成されました。

部屋名を変更します。

16 一番大きな部屋の部屋タグの部屋名をダブルクリックして編集モードにし、「事務室」と入力して Enter キーを押す。
17 作図領域の何もない位置をクリックして編集モードを終了する。

18 ほかの部屋の部屋名も手順 16 ～ 17 と同様にして図のように変更する。

部屋名が変更されました。

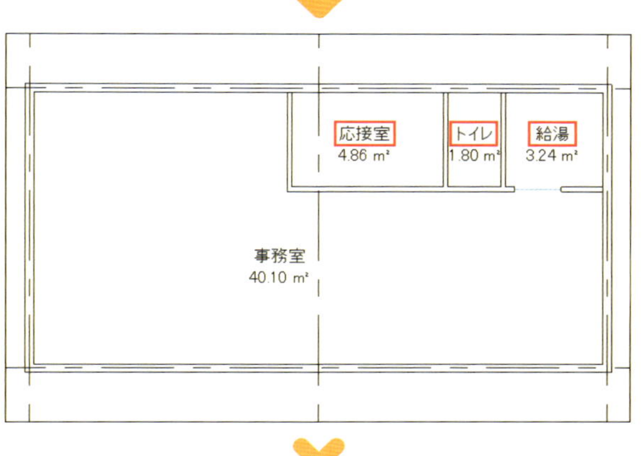

19 [プロジェクトブラウザ]の[集計表/数量(すべて)]ー[各階部屋面積]をダブルクリックする。

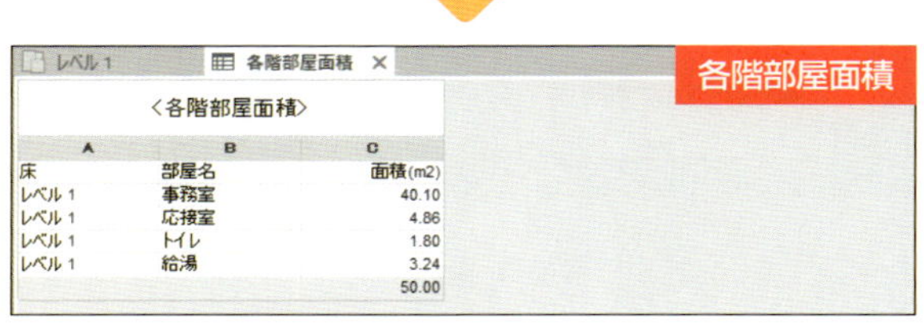

<各階部屋面積>

A	B	C
床	部屋名	面積(m2)
レベル 1	事務室	40.10
レベル 1	応接室	4.86
レベル 1	トイレ	1.80
レベル 1	給湯	3.24
		50.00

[各階部屋面積]の集計表に、各部屋の面積が自動計算されていることがわかります。

20 [プロジェクトブラウザ]の[集計表/数量(すべて)]ー[内部仕上表]をダブルクリックする。

内部仕上表

<内部仕上表>

A	B	C	D	E	F	G	H
部屋名	仕上 床	幅木	仕上 壁	廻縁	仕上 天井	天井の高さ	備考
レベル 1							
トイレ						3500	
事務室						3500	
応接室						3500	
給湯						3500	

[内部仕上表]の集計表に、各部屋の内部仕上げの情報(ここでは未設定)が表示されていることがわかります。

集計表の面積計算の設定

部屋の面積を壁芯で計算するか、または躯体芯で計算するかなどを設定できる。[建築]タブー[部屋/エリア]パネルの[▼]をクリックしてドロップダウンリストから[面積計算]を選択(左図)し、表示される[面積と容積の計算]ダイアログ(右図)で、面積や容積の計算を壁の仕上げ図にするか、壁の中心にするかなどを選択する。

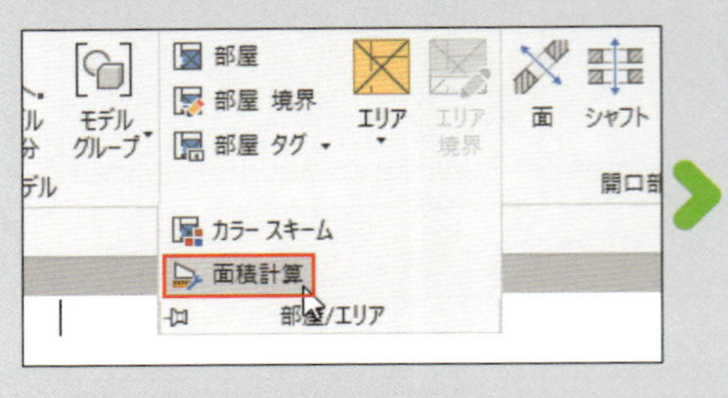

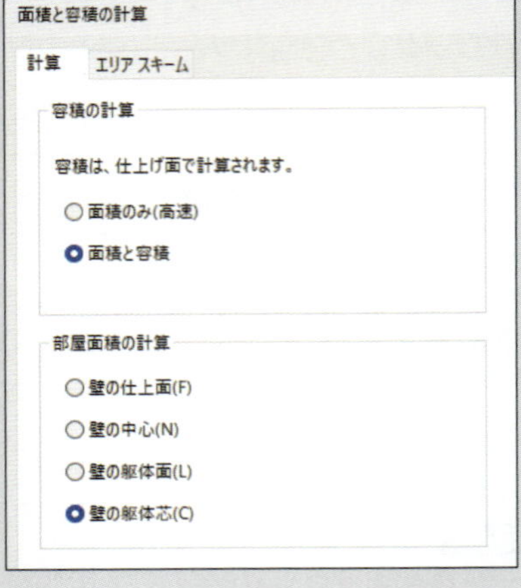

柱部分の面積の算入

柱部分を面積計算に算入するか否かは、柱のプロパティで設定できる。柱を選択状態にして[プロパティパレット]の[拘束]ー[部屋境界]のチェックを外す(左図)と、柱部分は部屋の境界とは見なされずに面積に算入されない。チェックが入っていると、面積に算入される(右図)。

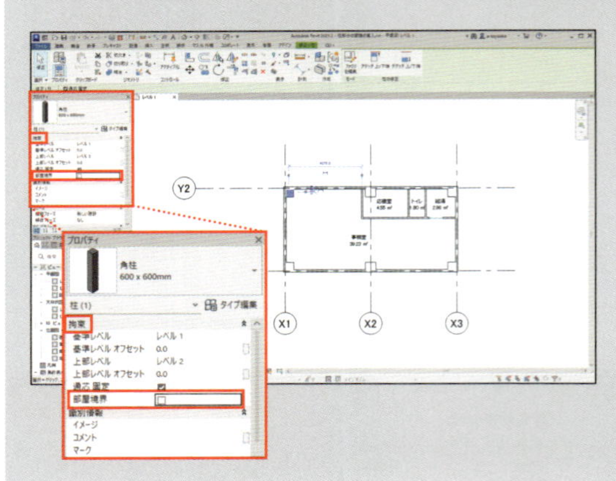

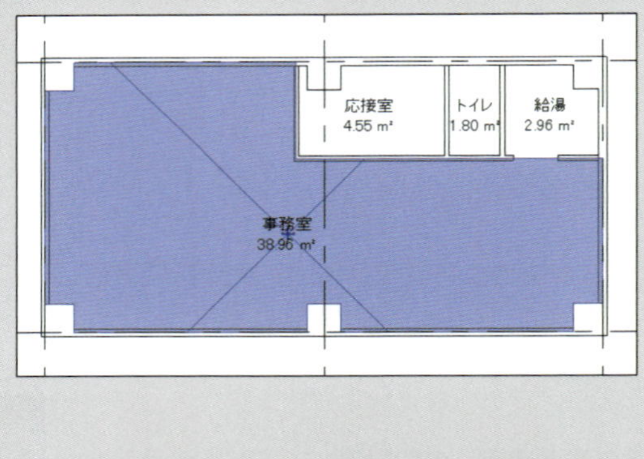

3-7-2 天井伏図に部屋名を記入する

「3rd_day」－「3-7-2a.rvt」(作図前)
「3-7-2b.rvt」(作図後)

3-7-1で平面図に配置した部屋タグを、天井伏図に配置します。前項ですでに平面図に部屋と部屋タグを作成しているため、部屋タグを付けるだけで部屋名が表示されます。

1 「3-7-2a.rvt」を開く。
2 [プロジェクトブラウザ]の[ビュー(レベル順)]－[天井伏図]－[レベル1]をダブルクリックする。
3 [注釈]タブ－[タグ]パネル－[タグすべて]をクリックする。

4 [すべての要素にタグ付ける]ダイアログが表示されるので、[カテゴリ]の[部屋タグ]にチェックを入れて[OK]ボタンをクリックする。

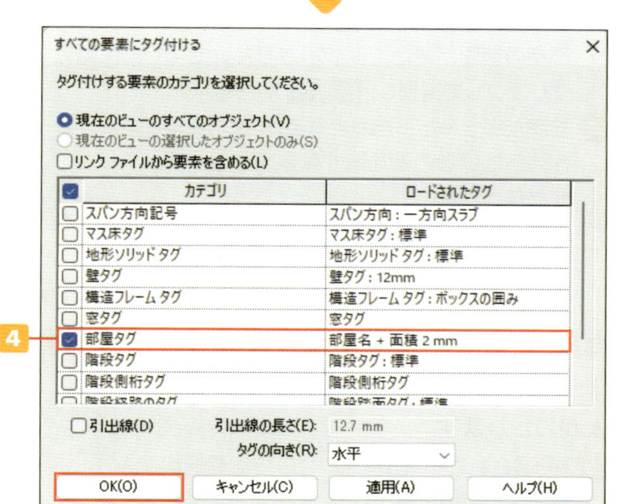

天井伏図に部屋タグが配置されました。

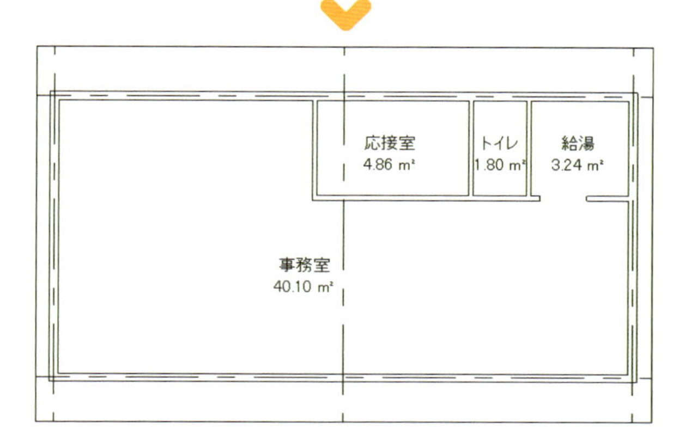

3-7-3 部屋を削除する

「3rd_day」－「3-7-3a.rvt」(作図前)
「3-7-3b.rvt」(作図後)

平面図や天井伏図のビューで部屋を削除しても、部屋要素自体は残ります。完全に部屋を削除するには、集計表の部屋の項目も削除する必要があります。

1 「3-7-3a.rvt」を開く。

2 [プロジェクトブラウザ]の[ビュー(レベル順)]－[平面図]－[レベル1]をダブルクリックする。

3 [修正]ツールをクリックして、「事務室」の上にカーソルを置く。Tab キーを押して、部屋の範囲が青色で仮表示されたときにクリックして選択し、Delete キーを押す。

4 部屋がビューから削除されるが、まだ要素が残っていることを示す警告メッセージが表示される。

5 [プロジェクトブラウザ]の[集計表/数量(すべて)]－[各階部屋面積]をダブルクリックする。

集計表を確認すると、「配置されていないエリア」として部屋要素が残っていることがわかります。

6 「配置されていないエリア」の行を選択状態にし、[集計表 | 数量を修正]タブ－[行]パネル－[削除]をクリックする。

7 「1個の選択した部屋と関連する部屋タグが削除されます。」というメッセージが表示されるので、[OK]ボタンをクリックする。

部屋が完全に削除されました。

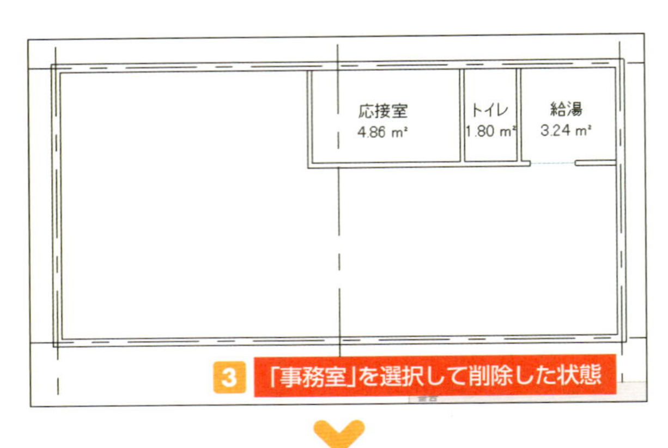

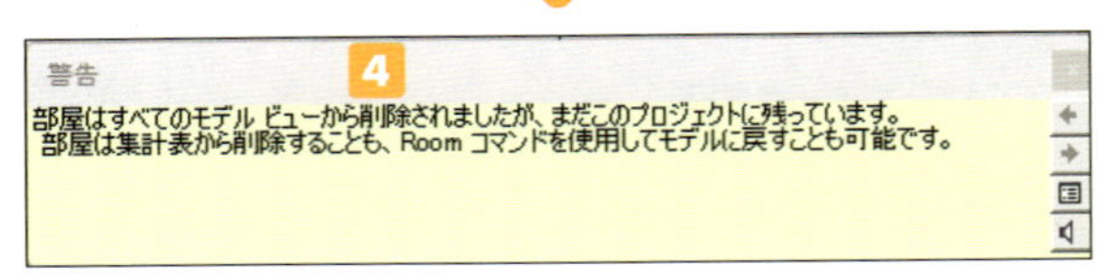

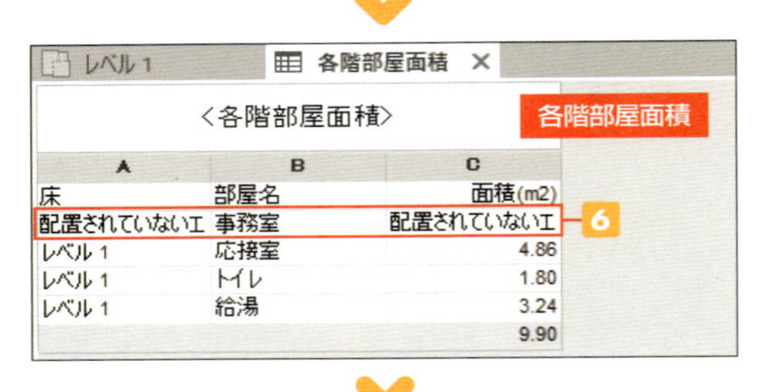

<各階部屋面積>

A	B	C
床	部屋名	面積(m2)
配置されていないエ	事務室	配置されていないエ
レベル 1	応接室	4.86
レベル 1	トイレ	1.80
レベル 1	給湯	3.24
		9.90

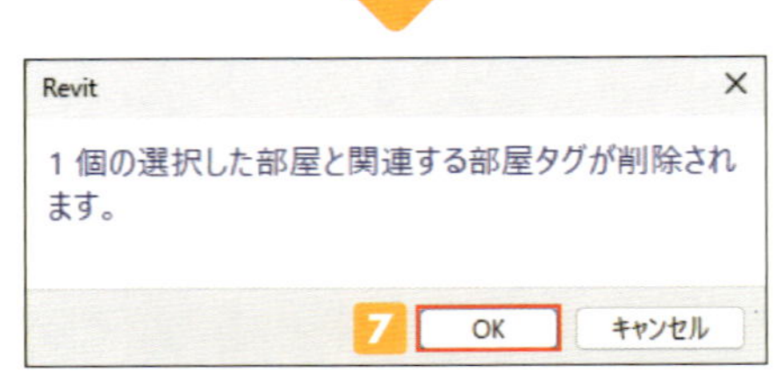

HINT 部屋の再作成

部屋要素が残っている手順 4 ～ 5 の状態では、部屋を再度作成できる。[建築]タブ－[部屋/エリア]パネル－[部屋]をクリックし、[オプションバー]の[部屋]で削除した部屋(ここでは、[事務室])を選択すると、再度部屋が作成される。

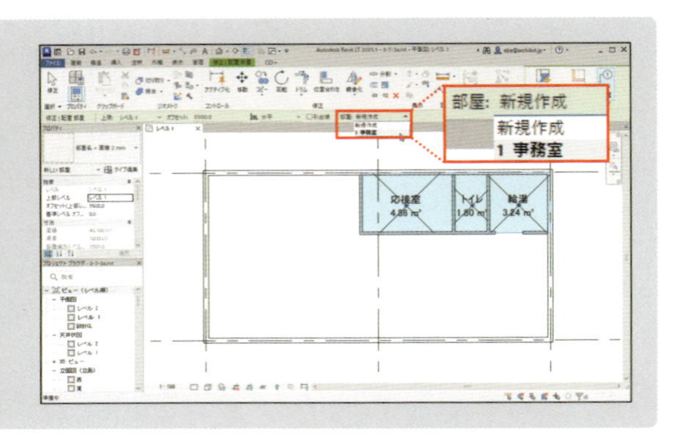

DAY

4

線分・注釈の作成／要素の編集

DAY 4

線分・注釈の作成／要素の編集

ファミリの移動やコピーなどの編集方法、寸法や文字の入力方法、2次元の線分の作図方法を解説します。

4-1 線分の作図／編集

- 線分を作図する
- 線分の種類を変更する

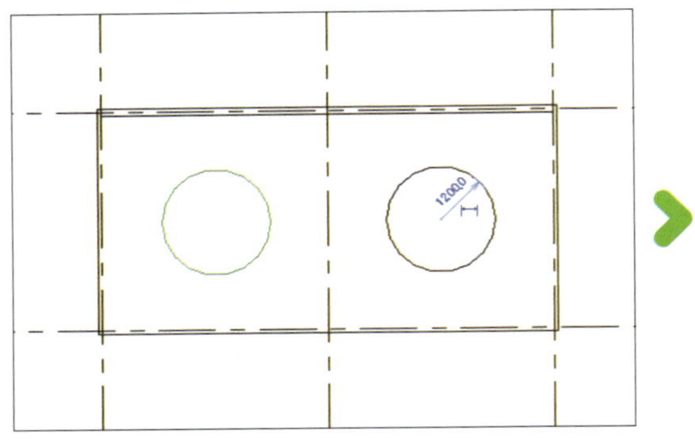

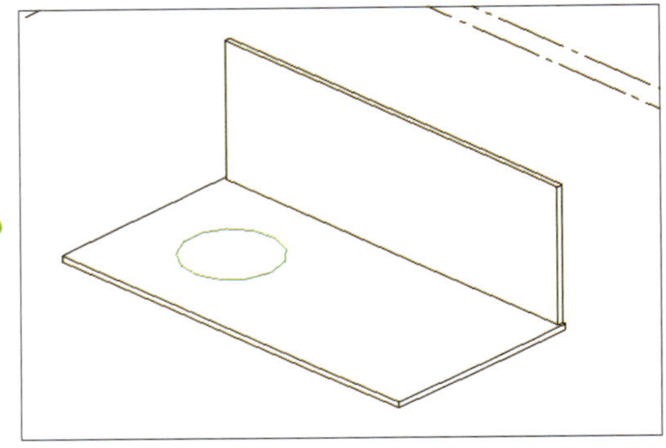

- 作業面を指定して線分を作図する
- 線種を追加する

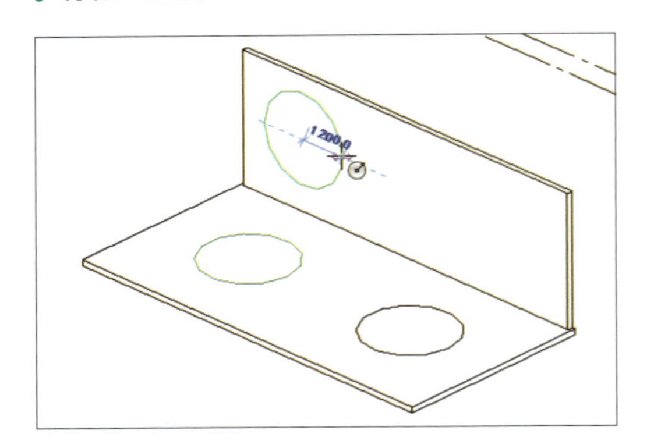

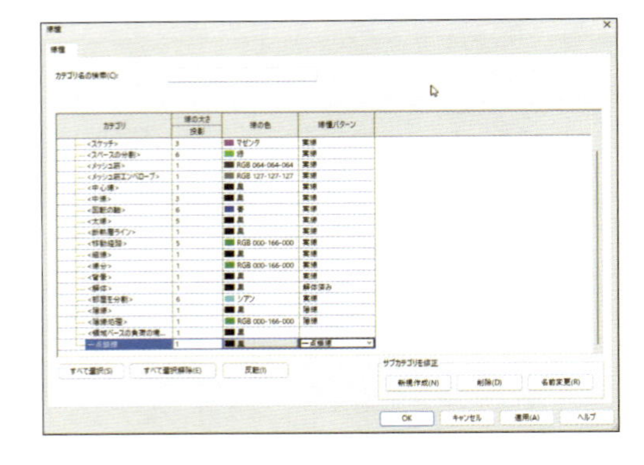

4-2 要素の編集

- 要素を移動する
- 要素をコピーする
- レベル間でコピーする
- 要素を回転する
- 要素を鏡像化する
- 要素をトリム／延長／分割する
- グループを作成する

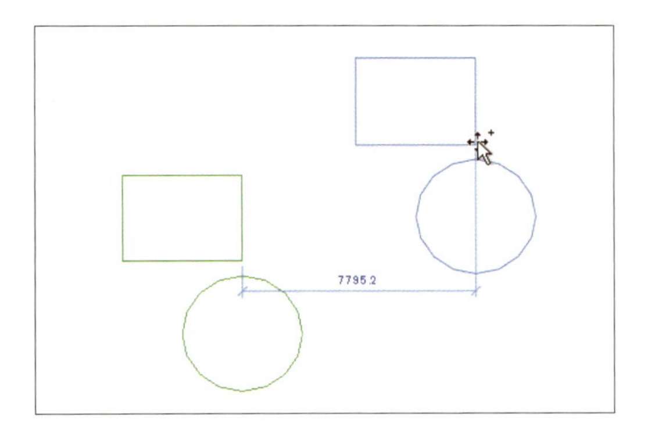

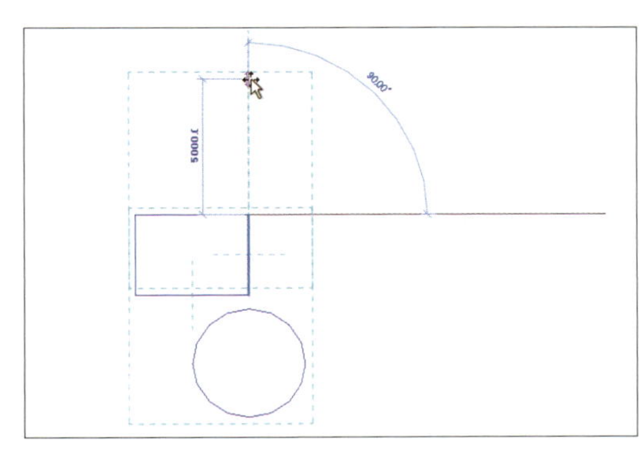

4-3 注釈の記入

- タイプを作成して寸法を入力する
- 仮寸法を寸法要素に変更する
- 斜め寸法を入力する
- 文字を入力する
- マスキングで図面の一部を隠す

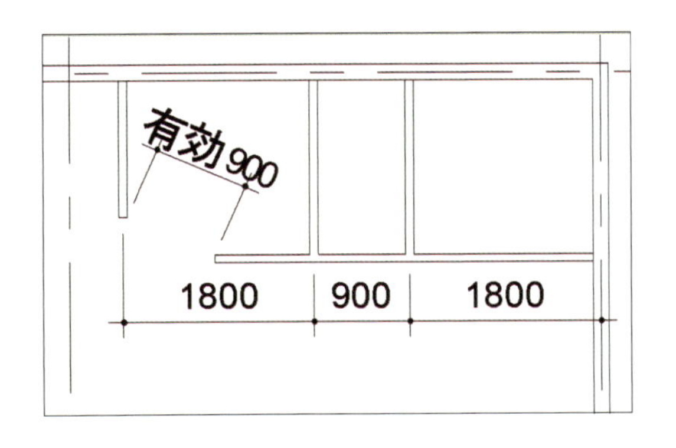

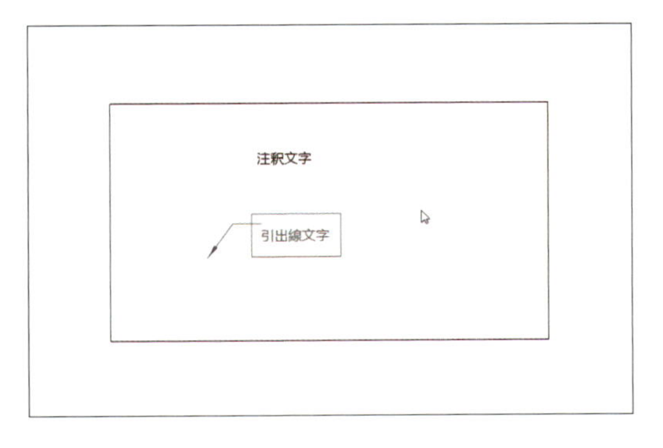

DAY

4-1 線分の作図／編集

Revitの線は、「モデル線分」「詳細線分」「シンボル線分」の3種類があります。「モデル線分」は3次元の線分で、壁や窓などと同じようにモデルの要素になります。「詳細線分」は2次元の線分で、寸法と同じように作図したビューのみで表示されます。「シンボル線分」はファミリの作成時に使用します。作図の際は、図面など特定のビューのみで表示する線は「詳細線分」を使用し、すべてのビューで表示したい線は「モデル線分」を使用するといったように、プロジェクトによってルール化しておきましょう。

4-1-1 線分を作図する

「4th_day」－「4-1-1a.rvt」(作図前)
「4-1-1b.rvt」(作図後)

ここでは、モデル線分と詳細線分のそれぞれで円(線分)を作図し、作図を行ったビューとそのほかのビューでの表示の違いを比較します。まず、「モデル線分」で円を作図します。

1 「4-1-1a.rvt」を開く。
2 [プロジェクトブラウザ]の[ビュー(レベル順)]－[平面図]－[レベル1]をダブルクリックする。
3 [建築]タブ－[モデル]パネル－[モデル線分]をクリックする。

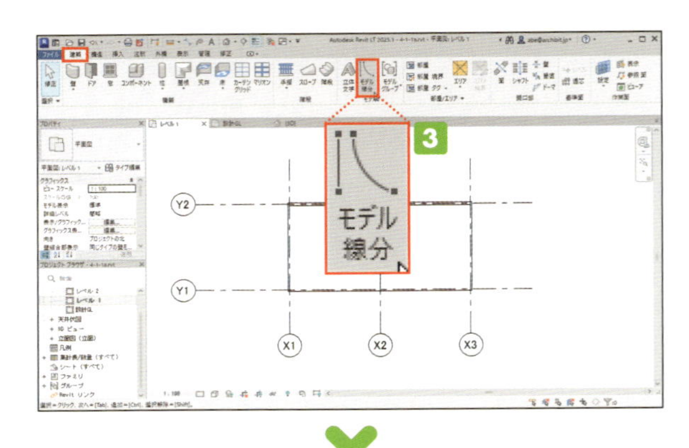

4 [修正｜配置 線分]タブ－[線種]パネル－[線種]に[<線分>]を選択する。
5 [修正｜配置 線分]タブ－[描画]パネル－[円]をクリックする。
6 [オプションバー]で[配置面：レベル]を[レベル1]、[オフセット]を[0.0]に設定する。

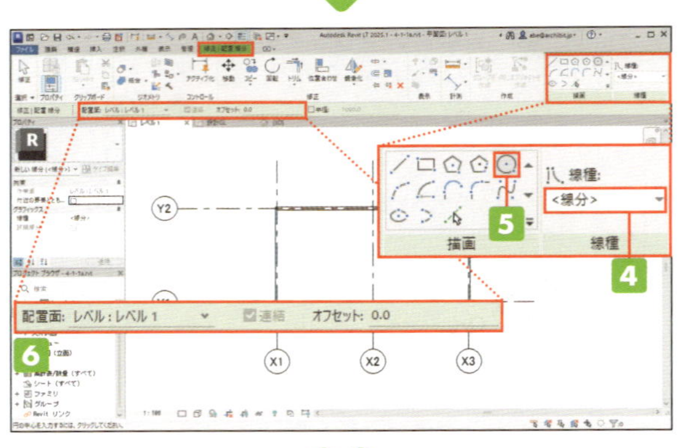

7 円の中心として、通り芯「X1」－「X2」間の任意の位置をクリックする。
8 カーソルを移動し、円の半径が「1200.0」と表示される位置でクリックする。

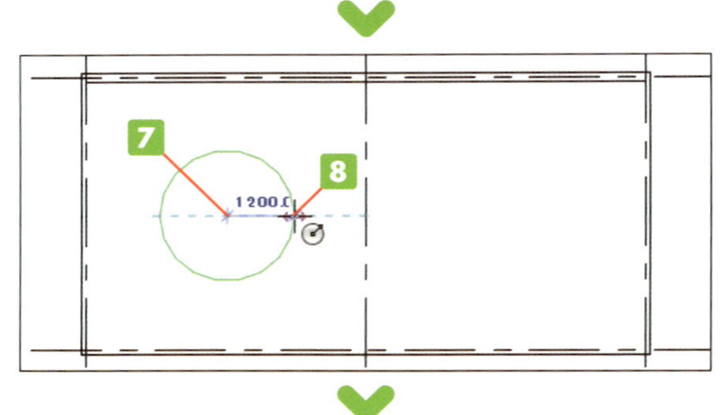

9 ［修正］ツールをクリックして［モデル線分］ツールを終了する。

「モデル線分」の円が作図されました。

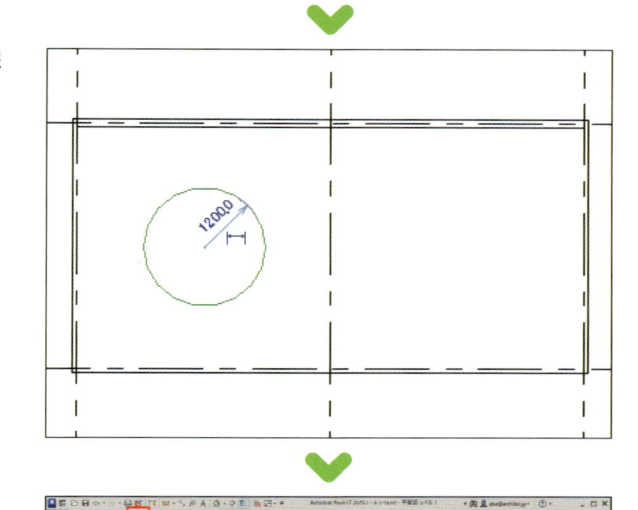

「詳細線分」の円を作図します。

10 ［注釈］タブ－［詳細］パネル－［詳細線分］をクリックする。

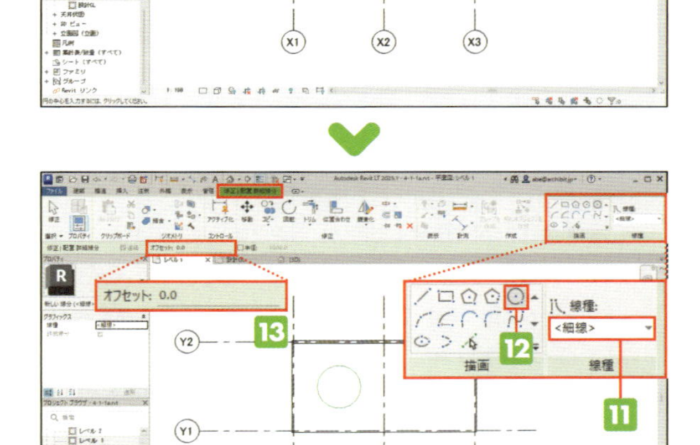

3Dビューでは詳細線分は作図不可

3Dビューでは、［注釈］タブ－［詳細］パネル－［詳細線分］がグレーで表示され、使用できない。

11 ［修正｜配置 詳細線分］タブ－［線種］パネル－［線種］に［<線分>］を選択する。
12 ［修正｜配置 詳細線分］タブ－［描画］パネル－［円］をクリックする。
13 ［オプションバー］で［オフセット］が「0.0」になっていることを確認する。

14 円の中心として、通り芯「X2」－「X3」間の任意の位置をクリックする。
15 カーソルを移動し、円の半径が「1200.0」と表示される位置でクリックする。
16 ［修正］ツールをクリックして［詳細線分］ツールを終了する。

「詳細線分」の円が作図されました。

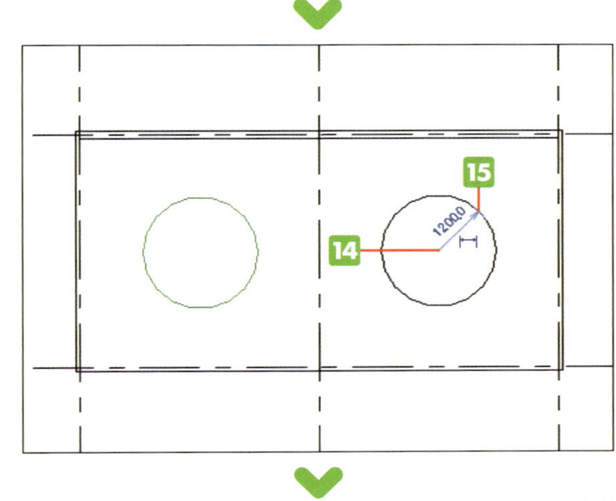

DAY 1 DAY 2 DAY 3 DAY 4 線分・注釈の作成／要素の編集 DAY 5 DAY 6 DAY 7

17 [プロジェクトブラウザ]の[ビュー(レベル順)]－[3Dビュー]－[{3D}]をダブルクリックする。

3Dビューを見ると、「モデル線分」で作図した円は表示されていますが、「詳細線分」で作図した円は表示されていないことがわかります。

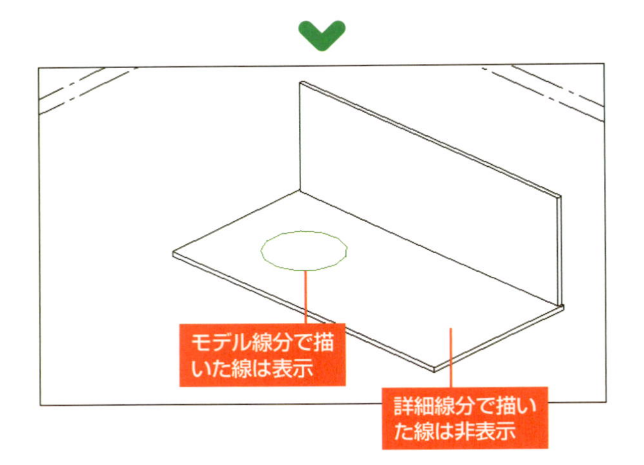

HINT

[描画]パネルの描画に関するツール

手順**5**や**12**の[描画]パネルにある描画ツールは下記のとおり。

❶ **[線]**:始点、終点を指示して直線を描く。
❷ **[長方形]**:長方形の対角の2点を指示して長方形を描く。
❸ **[内接するポリゴン]**:[オプションバー]で辺の数(側面)を指定し、中心と内接する円の半径を指示して多角形を描く。
❹ **[外接するポリゴン]**:[オプションバー]で辺の数(側面)を指定し、中心と外接する円の半径を指示して多角形を描く。
❺ **[円]**:中心と半径を指示して円を描く。
❻ **[始点-終点-半径で作成する円弧]**:始点と終点と円弧が通る点を指示して円弧を描く。
❼ **[中心-両端指定による円弧]**:中心と始点、終点を指示して円弧を描く。
❽ **[タンジェント エンド円弧]**:指示した始点と終点に接続する円弧を描く。
❾ **[フィレット円弧]**:指示した2要素に接する円弧を描く(コーナーを丸くする)。
❿ **[スプライン]**:指示した頂点で構成された直線を滑らかな曲線に変換した線を描く。
⓫ **[楕円]**:中心と2つの軸の半径を指示して楕円を描く。
⓬ **[部分楕円]**:始点と終点と膨らみを指示して楕円弧を描く。
⓭ **[選択]**:指示した要素のエッジを線として描く。

「モデル線分」と「詳細線分」の見分け方

作図済みの線分にカーソルを合わせると、カーソルや[ステータスバー]に[線分:モデル線分]や[線分:詳細線分]とツールチップが表示されるので、見分けることができる。ツールチップが表示されない場合は、[ファイル]－[オプション]を選択すると表示される[オプション]ダイアログの[ユーザインターフェース]－[環境設定]－[ツールチップ アシスタント]で[標準]を選択する。

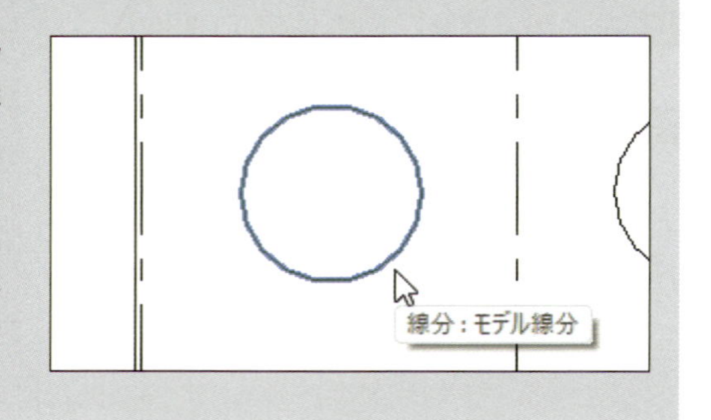

4-1-2 線分の種類を変更する

「4th_day」－「4-1-2a.rvt」(作図前)
「4-1-2b.rvt」(作図後)

詳細線分で作図した線分をモデル線分に変換する方法を解説します。

1 「4-1-2a.rvt」を開く。
2 [プロジェクトブラウザ]の[ビュー(レベル順)]－[平面図]－[レベル1]をダブルクリックする。
3 [修正]ツールをクリックする。
4 詳細線分で作図した右側の円をクリックして選択する。

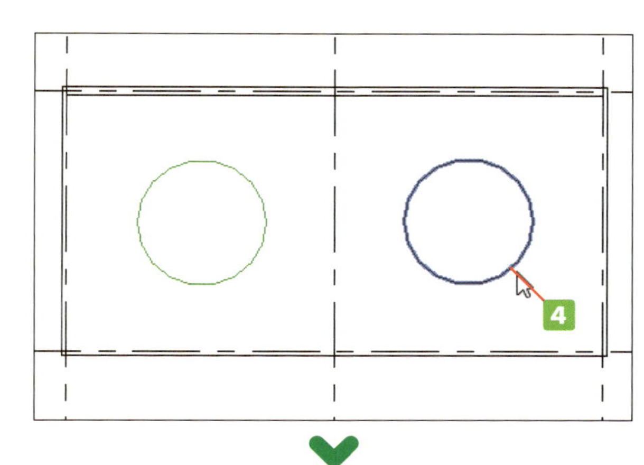

5 [修正｜線分]タブ－[編集]パネル－[線種を変換]をクリックする。

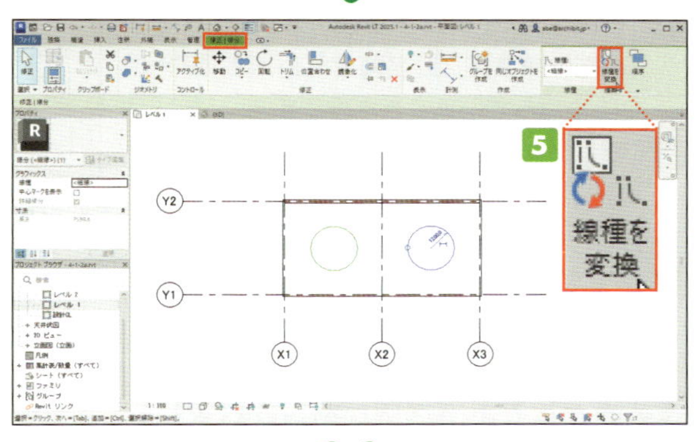

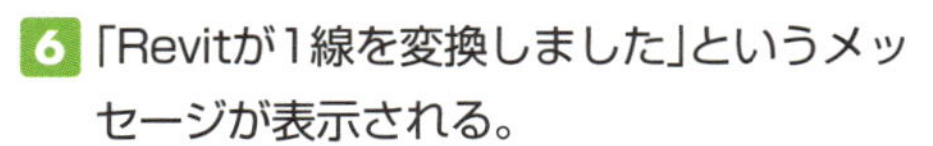

6 「Revitが1線を変換しました」というメッセージが表示される。
7 作図領域の何もない位置をクリックして選択を解除する。

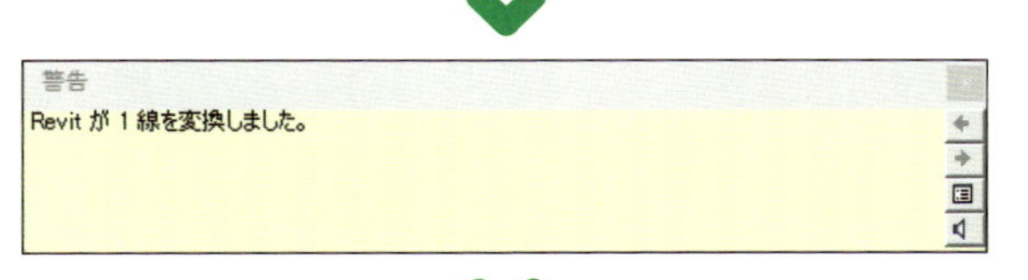

詳細線分で作図した線分がモデル線分に変換されました。

8 [プロジェクトブラウザ]の[ビュー(レベル順)]－[3Dビュー]－[{3D}]をダブルクリックする。

詳細線分だった円がモデル線分に変換されたため、3Dビューでも表示されていることがわかります。

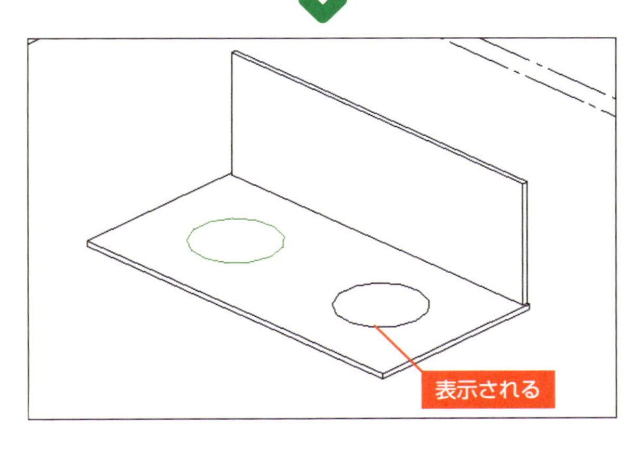

4-1-3 作業面を指定して線分を作図する

「4th_day」−「4-1-3a.rvt」(作図前)
「4-1-3b.rvt」(作図後)

3Dビューで確認しながら壁に線を作図したいときや、平面図ビューでレベルより上がった面に線分を作図したいときには、作業面を変更して作図します。

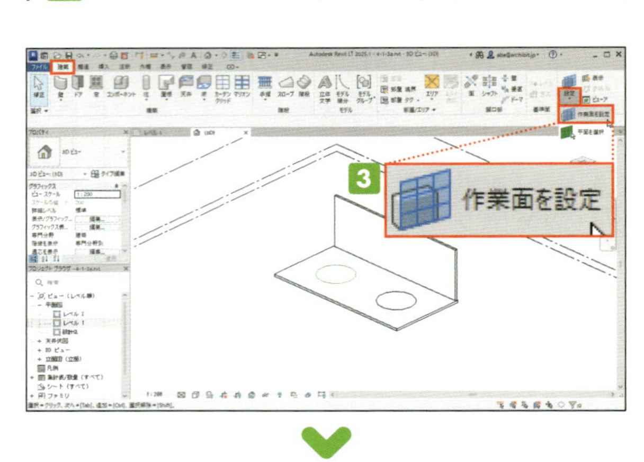

1 「4-1-3a.rvt」を開く。
2 [プロジェクトブラウザ]の[ビュー(レベル順)]−[3Dビュー]−[{3D}]をダブルクリックする。
3 [建築]タブ−[作業面]パネル−[設定]−[作業面を設定]をクリックする。
4 [作業面]ダイアログが表示されるので、[現在の作業面]の「名前」が[レベル:設計GL]になっていることを確認する。
5 [新しい作業面を指定]の[平面を選択]を選択して[OK]ボタンをクリックする。

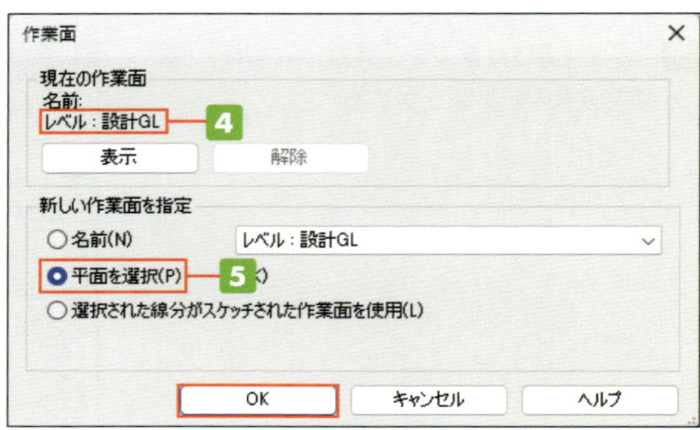

6 垂直な壁にカーソルを合わせ、壁の縁が青色で表示される位置でクリックする。

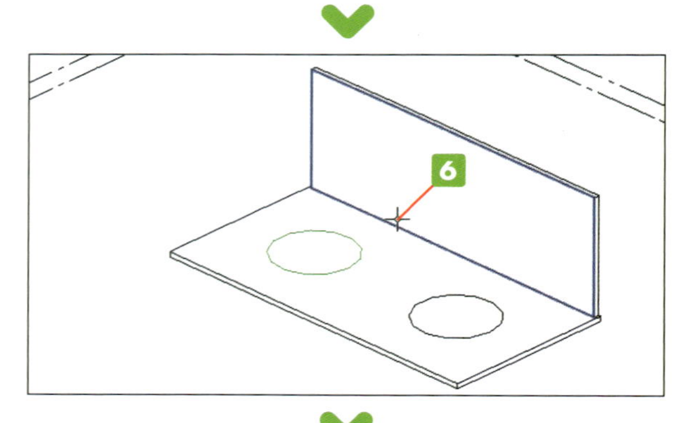

作業面として垂直な壁が指定されました。

HINT 現在の作業面の確認

[建築]タブ−[作業面]パネル−[表示]をクリックすると、現在の作業面が青色で表示される。

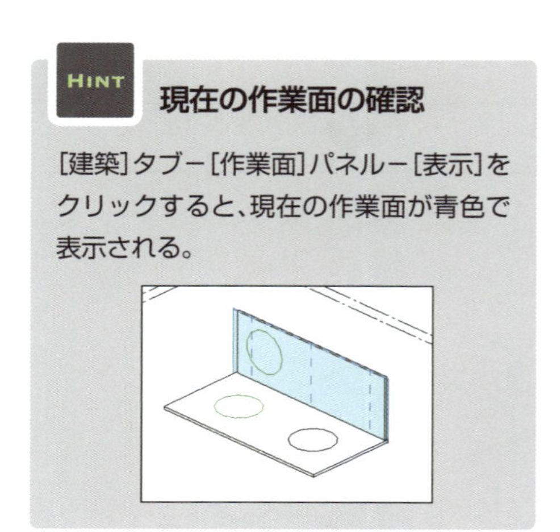

P.166 4-1-1の手順3〜9と同様にして、指定した作業面に[モデル線分]ツールで円を作図できます。

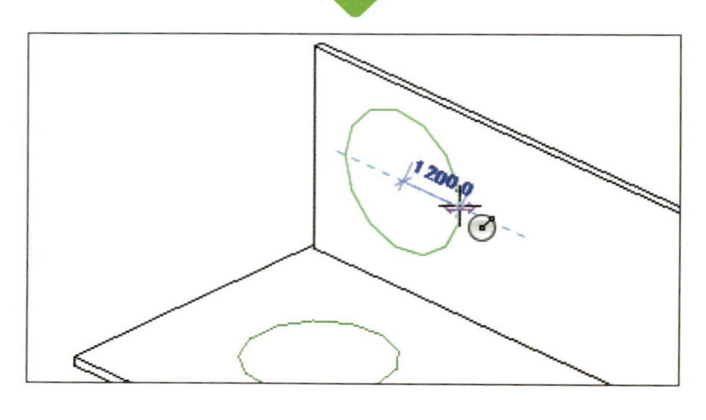

4-1-4 線種を追加する

「4th_day」－「4-1-4a.rvt」(作図前)
「4-1-4b.rvt」(作図後)

線分を作図する際に独自の線種を使いたいときは、線種を追加します。ここでは一点鎖線を追加する方法を解説しますが、必要とする線種パターンがない場合は、線種を新規に作成できます(P.172 HINT 参照)。

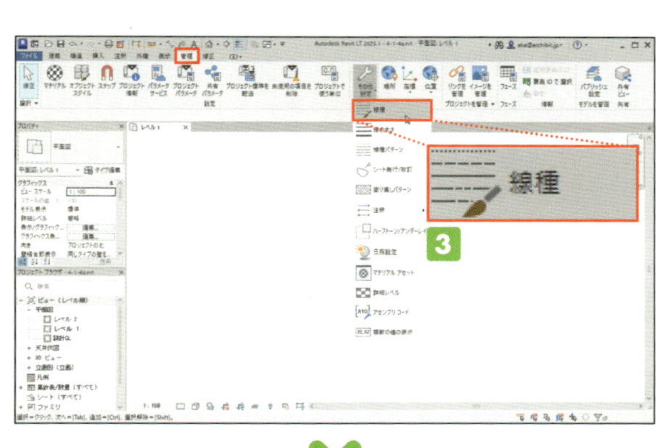

1 「4-1-4a.rvt」を開く。
2 [プロジェクトブラウザ]の[ビュー(レベル順)]－[平面図]－[レベル1]をダブルクリックする。
3 [管理]タブ－[設定]パネル－[その他の設定]－[線種]をクリックする。

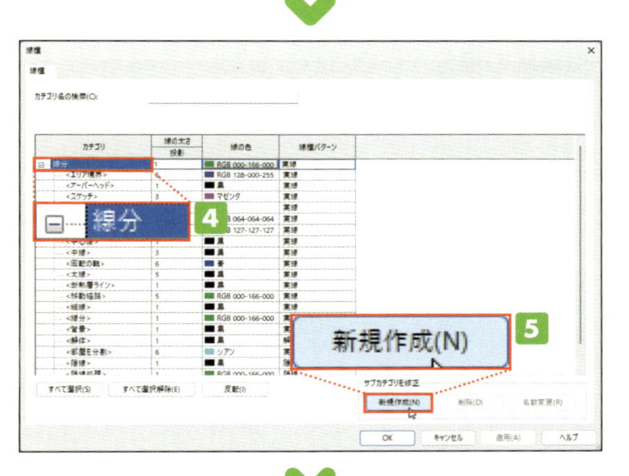

4 [線種]ダイアログが表示されるので、[線種]タブ－[線分]の[+]をクリックして展開する。
5 [新規作成]ボタンをクリックする。

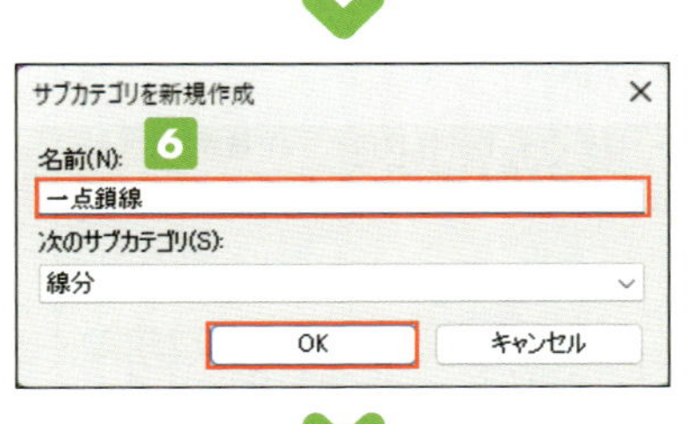

6 [サブカテゴリを新規作成]ダイアログが表示されるので、[名前]に線種名(ここでは「一点鎖線」)を入力して[OK]ボタンをクリックする。

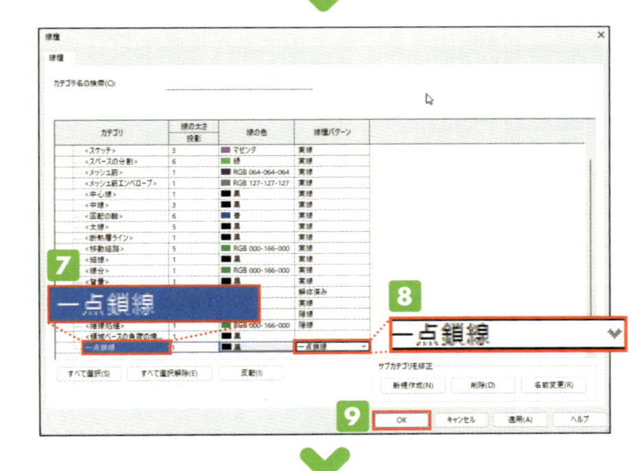

7 [線種]ダイアログに戻ると、[線分]の一番下に「一点鎖線」が追加されている。
8 「一点鎖線」の[線種パターン]で[一点鎖線]を選択する。
9 [OK]ボタンをクリックしてダイアログを閉じる。

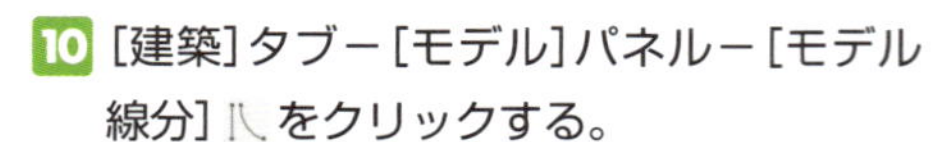

10 [建築]タブー[モデル]パネルー[モデル線分] をクリックする。

11 [修正｜配置 線分]タブー[線種]パネルー[線種]で[一点鎖線]を選択する。

12 [修正｜配置 線分]タブー[描画]パネルー[線]をクリックする。

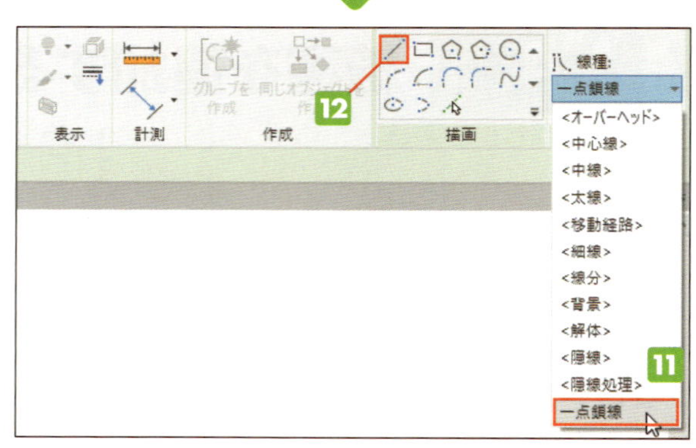

13 [線]ツールで任意の位置をクリックして直線を作図する。

14 [修正]ツールをクリックして[モデル線分]ツールを終了する。

一点鎖線の線分が作図されました。

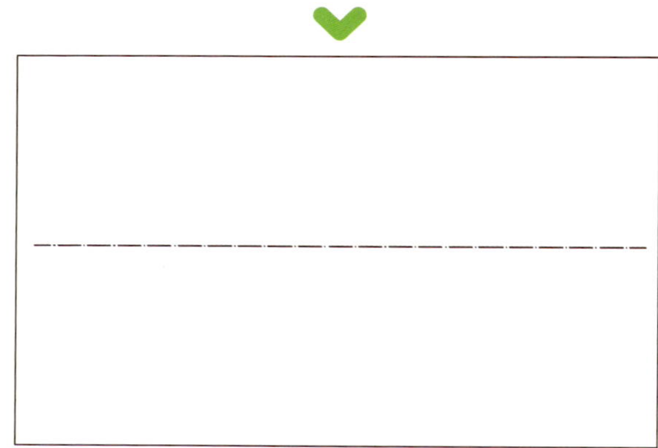

HINT 線種パターンの作成

手順8で必要とする[線種パターン]がない場合は、[管理]タブー[その他の設定]パネルー[線種パターン]をクリックして表示される[線種パターン]ダイアログ(左図)で、線の長さや線間の空き(スペース)を設定して作成できる(右図はここで設定した線種パターン)。

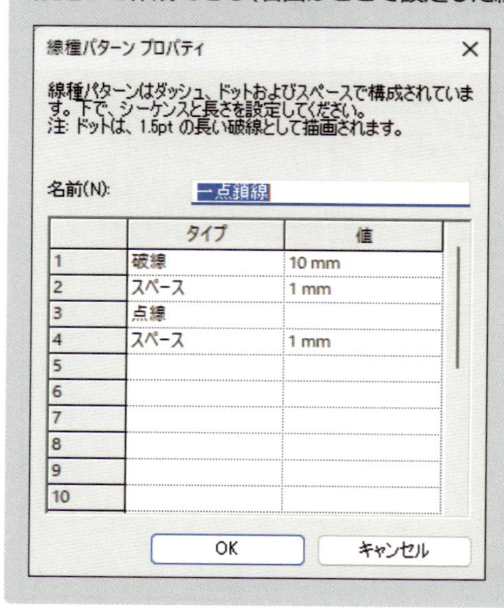

線種パターン プロパティ

線種パターンはダッシュ、ドットおよびスペースで構成されています。下で、シーケンスと長さを設定してください。
注: ドットは、1.5pt の長い破線として描画されます。

名前(N): 一点鎖線

	タイプ	値
1	破線	10 mm
2	スペース	1 mm
3	点線	
4	スペース	1 mm
5		
6		
7		
8		
9		
10		

OK キャンセル

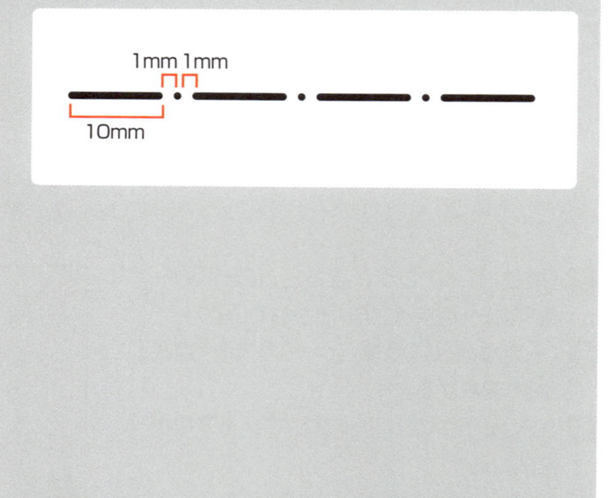

DAY

4-2 要素の編集

ここでは、壁や柱、線分などの要素を、移動／コピー／回転／トリム／延長／グループ化などのツールで編集する方法を解説します。

4-2-1 要素を移動する

要素の移動には、ドラッグして移動する方法と、［移動］ツールを使って移動する方法の２通りがあります。前者ではドラッグ操作で自由に移動でき、後者では基点として要素の端点や交点などを指定して移動できます。

1 ｜ ドラッグして要素を移動する

1 「4-2-1.rvt」を開く。
2 ［プロジェクトブラウザ］の［ビュー（レベル順）］－［平面図］－［レベル1］をダブルクリックする。
3 ［修正］ツールをクリックし、交差選択などで長方形と円を選択状態にする。

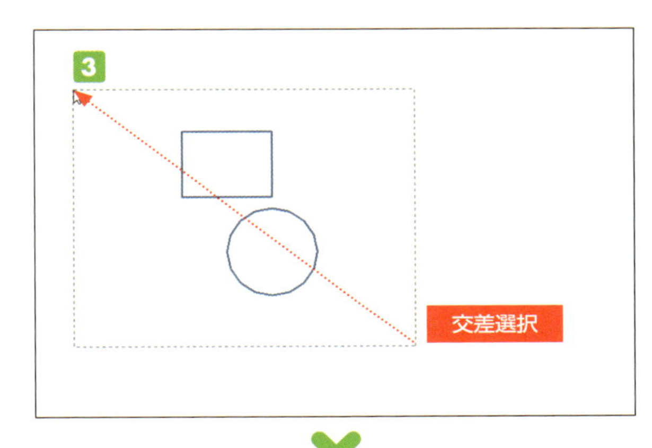

選択した要素にカーソルを合わせると、カーソルが十字矢印マークになります。この状態のカーソルでは、線の端点や円の中心にカーソルを合わせてもスナップ点は表示されません（P.40 1-8-2参照）。

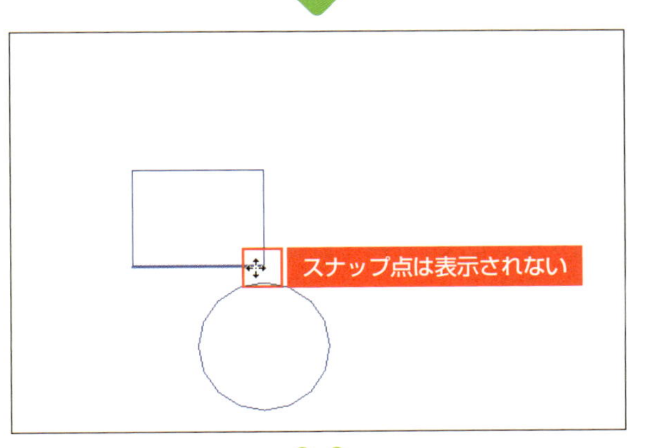

4 選択した要素をドラッグして移動する。

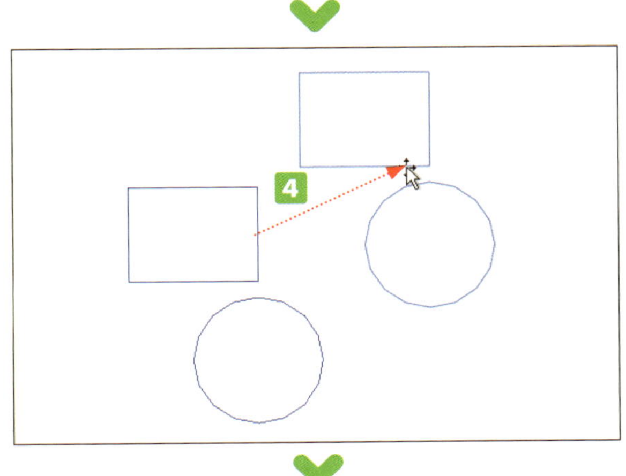

移動方向の拘束

移動やコピーの際に Shift キーを押したままドラッグすると、カーソルの移動方向が水平や垂直（方向は選択された要素によって異なる）に拘束される。

5 任意の位置までドラッグし、マウスボタンを放すと要素が移動する。

6 作図領域の何もない位置をクリックして選択を解除する。

ドラッグして要素を移動できました。

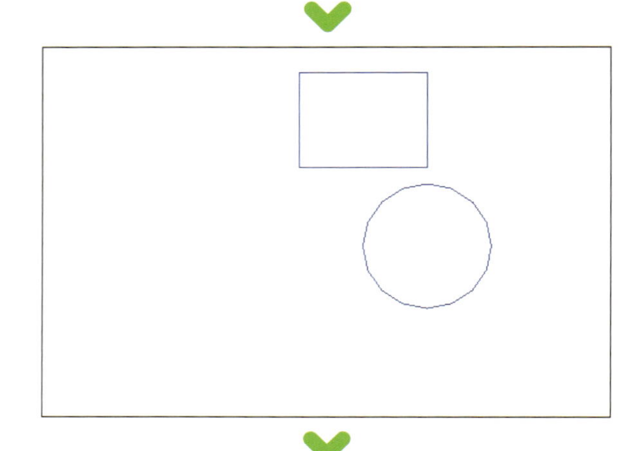

2 | [移動]ツールで要素を移動する

1 前ページの**1 | ドラッグして要素を移動する**の手順**1**～**3**と同様の操作を行い、移動する要素を選択状態にする。

2 [修正 | 線分]タブー[修正]パネルー[移動] ✥ をクリックすると、選択要素が青色の破線で囲まれる。また直線の要素に中点から垂直を表す青色の破線が表示され、垂直移動がしやすくなる。

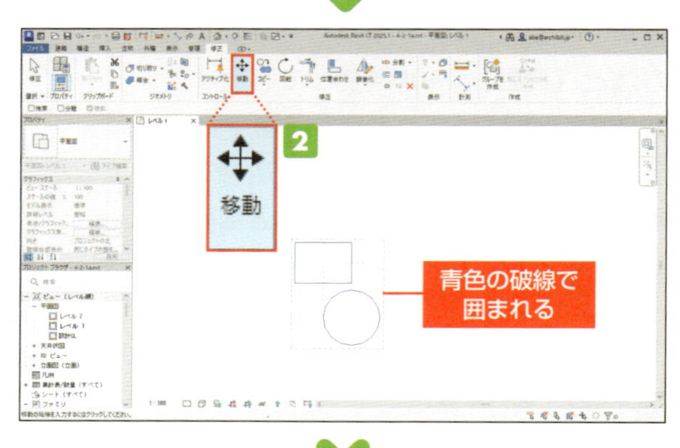

カーソルを選択した要素に合わせると、端点や中点、中心などにスナップ点(ピンク色の四角形や三角形など)やスナップ線分(青色の破線)が表示されます。これらのスナップ機能(P.40 **1-8-2**参照)を利用することで、要素の位置を正確に指示できます。

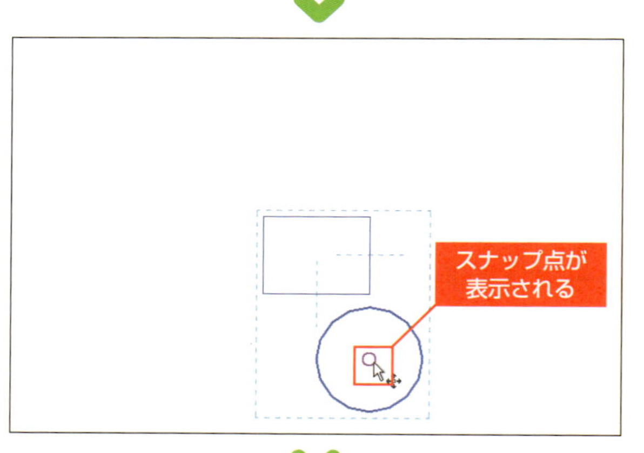

3 移動の基点として、長方形の右上の端点をクリックする。

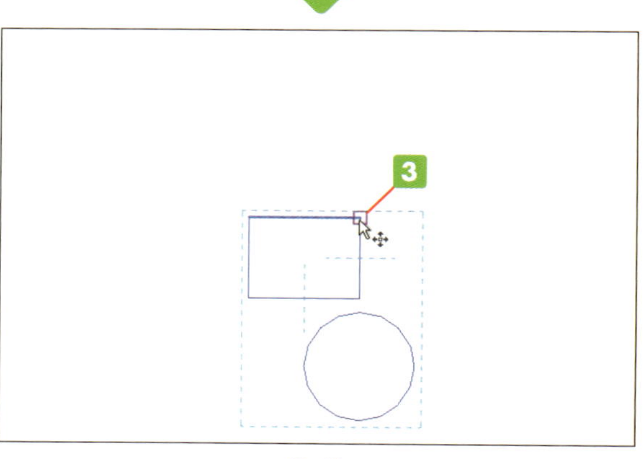

4 カーソルを移動すると仮寸法が表示され、移動距離を確認できる。

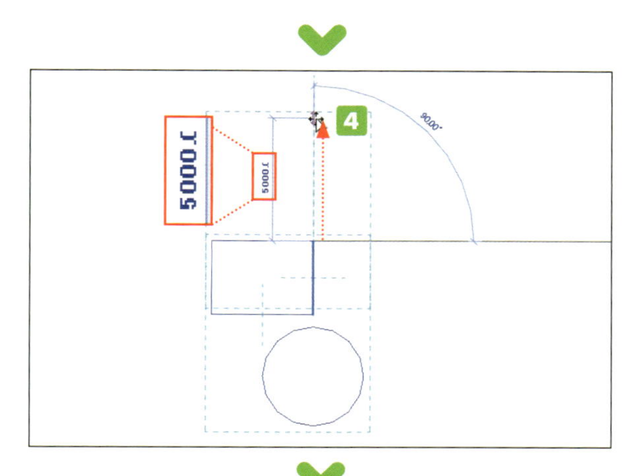

5 任意の位置でクリックすると要素が移動する。

6 作図領域の何もない位置をクリックして選択を解除する。

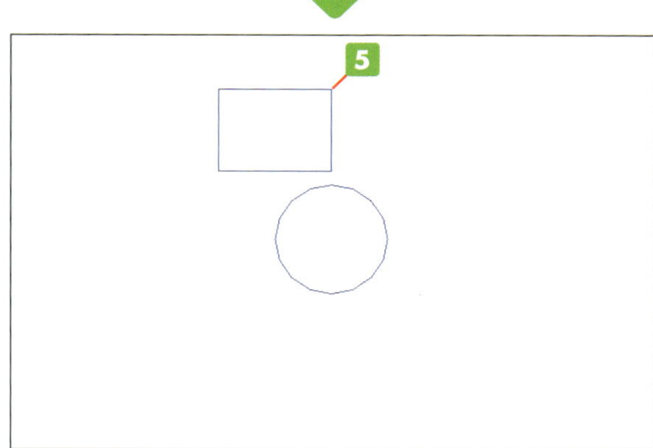

[移動]ツールで要素を移動できました。

HINT

数値による正確な移動

手順4で仮寸法が表示されているときに、キーボードから数値を入力すると、距離を正確に指定して移動できる。

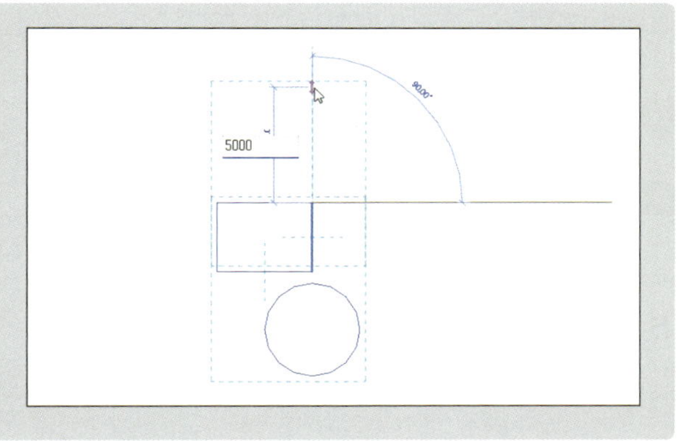

DAY 1 DAY 2 DAY 3 DAY 4 線分・注釈の作成／要素の編集 DAY 5 DAY 6 DAY 7

4-2-2 要素をコピーする

「4th_day」－「4-2-2a.rvt」(作図前)
「4-2-2b.rvt」(1-5作図後)
「4-2-2c.rvt」(2-5作図後)
「4-2-2d.rvt」(3-8作図後)

要素のコピーも、移動と同様に2通りの方法があります。ここでは、2通りのコピー方法に加えて、[配列]ツールを使用して等間隔で複数コピーする方法についても解説します。

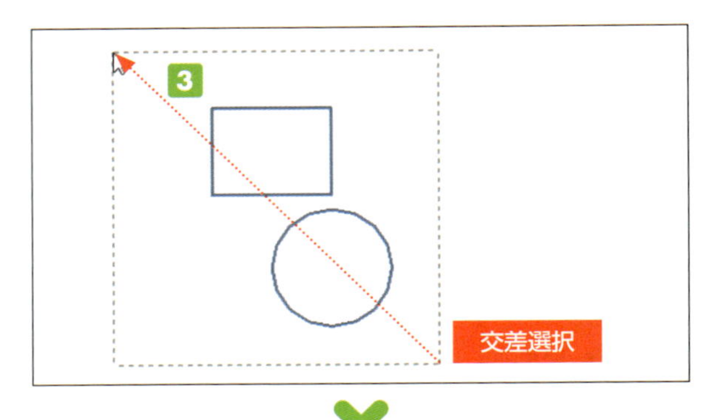

1 | ドラッグして要素をコピーする

1 「4-2-2a.rvt」を開く。
2 [プロジェクトブラウザ]の[ビュー(レベル順)]－[平面図]－[レベル1]をダブルクリックする。
3 [修正]ツールをクリックし、交差選択などで長方形と円を選択状態にする。

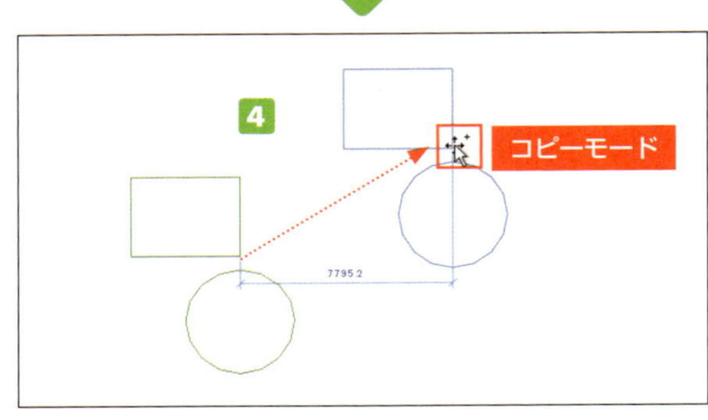

4 Ctrl キーを押しながら、選択した要素をドラッグする。カーソルを移動させると、カーソルの十字矢印に「＋」マークが付いて「コピーモード」になっていることがわかる。
5 任意の位置でマウスボタンを放すと要素がコピーされる。
6 作図領域の何もない位置をクリックして選択を解除する。

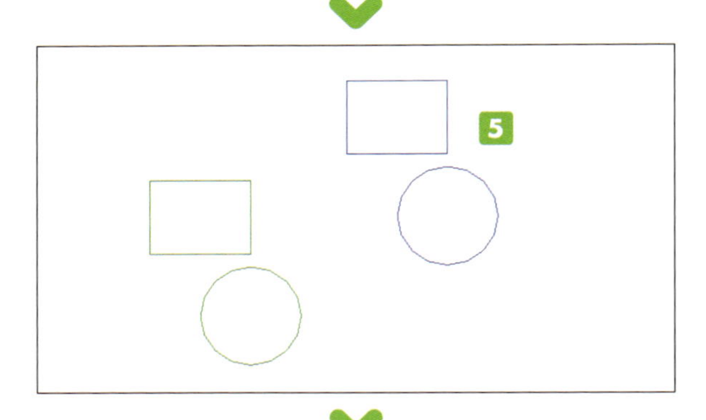

ドラッグして要素をコピーできました。

2 | [コピー]ツールで要素をコピーする

1 前項の1 | ドラッグして要素をコピーするの手順1～3と同様の操作を行い、コピーする要素を選択状態にする。
2 [修正 | 線分]タブ－[修正]パネル－[コピー]をクリックすると、選択要素が青色の破線で囲まれる。また、線の要素には、中点から水平と垂直を表す青色の破線が表示される。

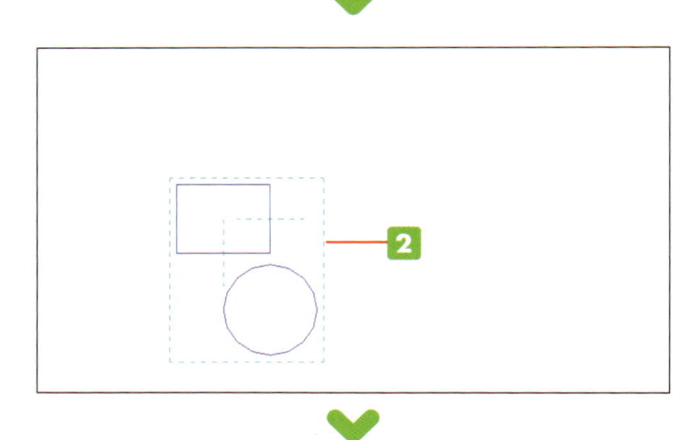

3 [移動]ツールと同様、要素にカーソルを合わせるとスナップ点が表示される。基点として、長方形の右上の端点をクリックする。

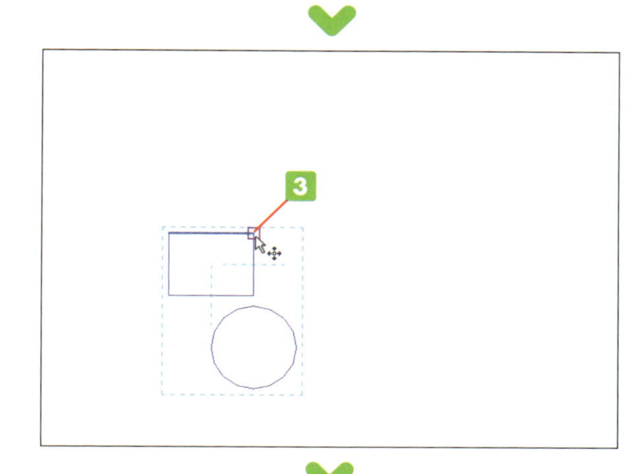

4 カーソルを移動すると、[移動]ツールと同様に仮寸法が表示される。任意の位置でクリックすると要素のコピーが作成される。

5 [修正]ツールをクリックして[コピー]ツールを終了する。

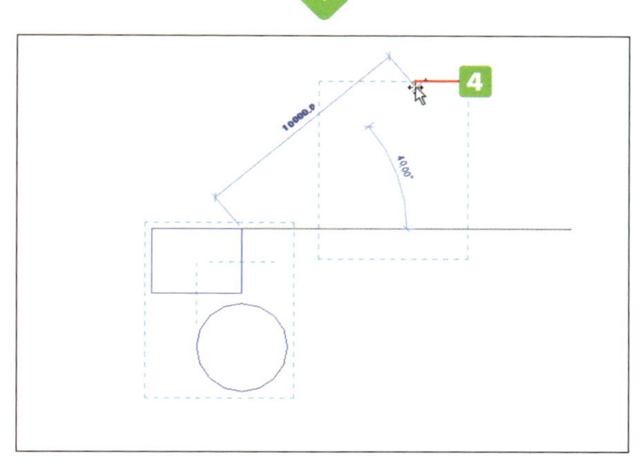

[コピー]ツールで要素をコピーできました。

3 | [配列]ツールで要素を複数コピーする

1 **1 | ドラッグして要素をコピーする**の手順1～3と同様の操作を行う。

2 [修正 | 線分]タブ－[修正]パネル－[コピー]－[配列]をクリックする。

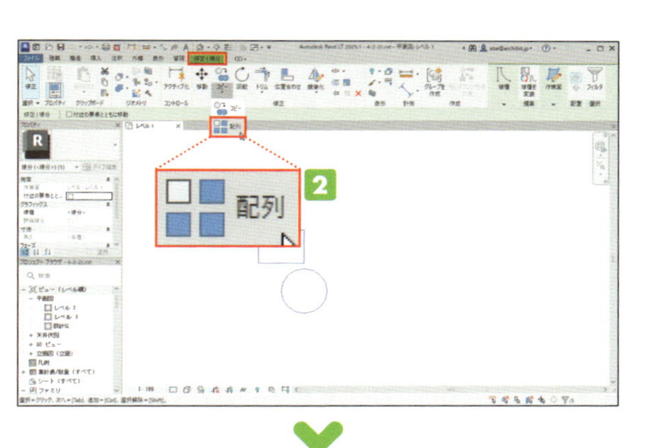

3 選択要素が青色の破線で囲まれ、直線の要素に垂直を表す青色の破線が表示される。[オプションバー]で下記のように設定する。
[直列状配列]ボタン：オン(青色の状態)にする
グループ化と関連付け：チェックを入れる
項目数：2
指定：[2点間]を選択する

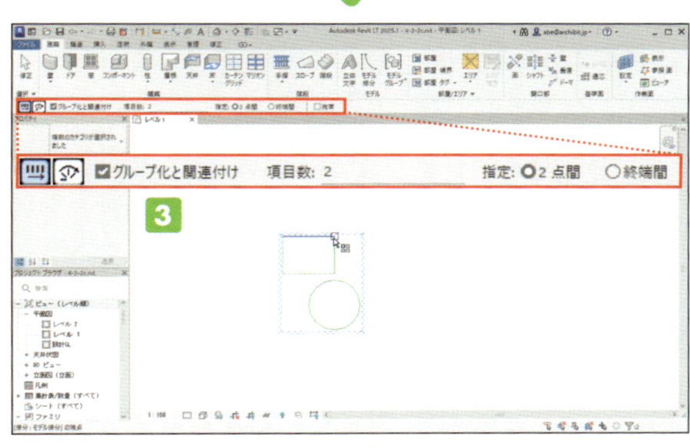

> HINT **グループ化と関連付け**
>
> [グループ化と関連付け]にチェックを入れると、複数コピー後に選択状態となり、項目数を入力(P.178 手順7参照)してコピーの個数を変更できる。

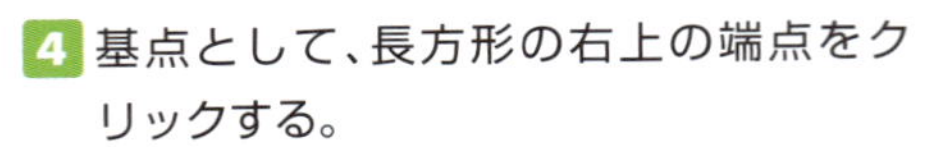
4 基点として、長方形の右上の端点をクリックする。

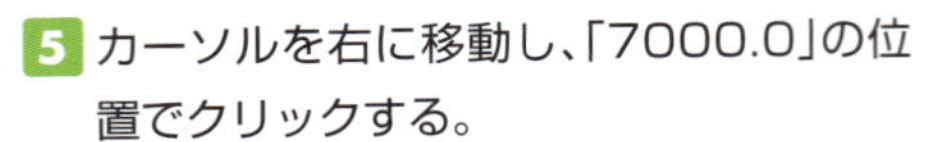
5 カーソルを右に移動し、「7000.0」の位置でクリックする。

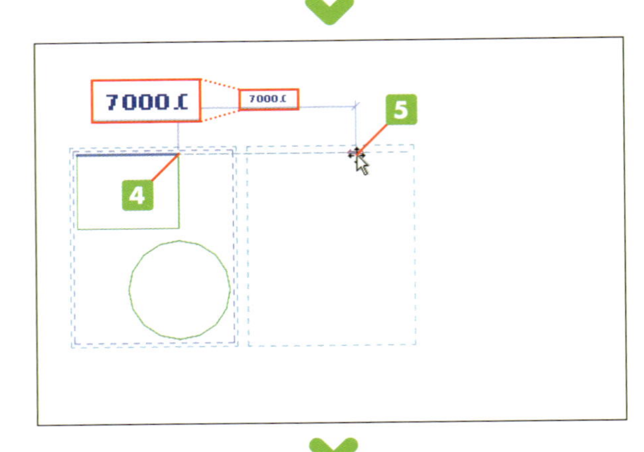

6 コピーされて項目数が「2」と表示される。

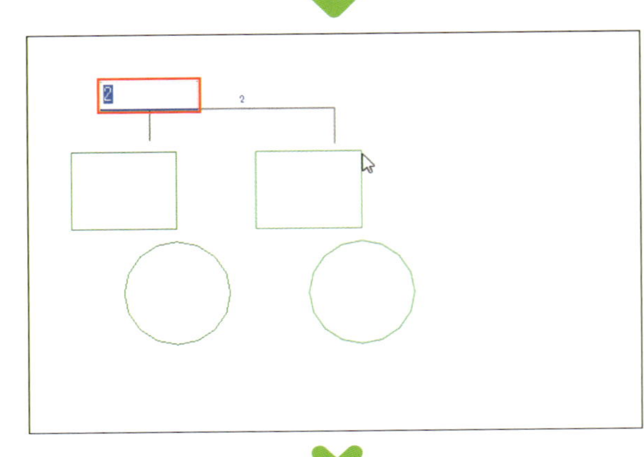

7 項目数に「3」と入力して Enter キーを押す。

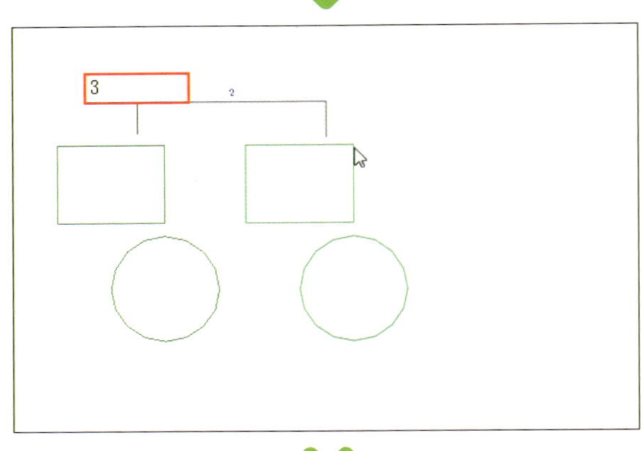

8 作図領域の何もない位置をクリックして選択を解除する。

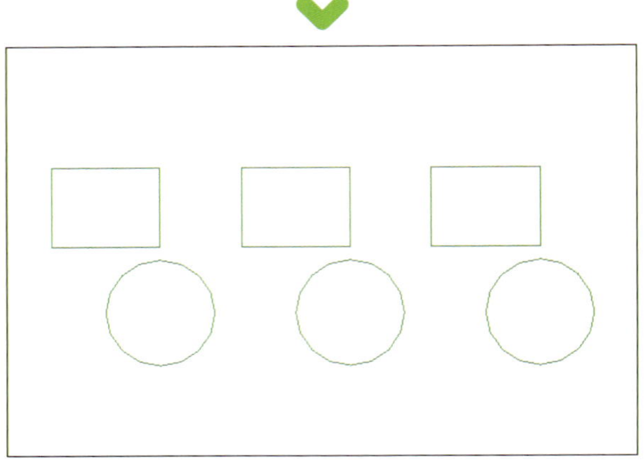

要素が7000の間隔でコピーされ、合計3つになりました。

4-2-3 レベル間でコピーする

「4th_day」－「4-2-3a.rvt」(作図前)
「4-2-3b.rvt」(作図後)

「レベル1」に入力した壁を「レベル2」の同じ位置にコピーするというように、実作業ではレベル間でのコピーをよく行います。ここでは、「レベル1」に入力したカーテンウォールと外壁を、「レベル2」と「レベル3」にコピーします。

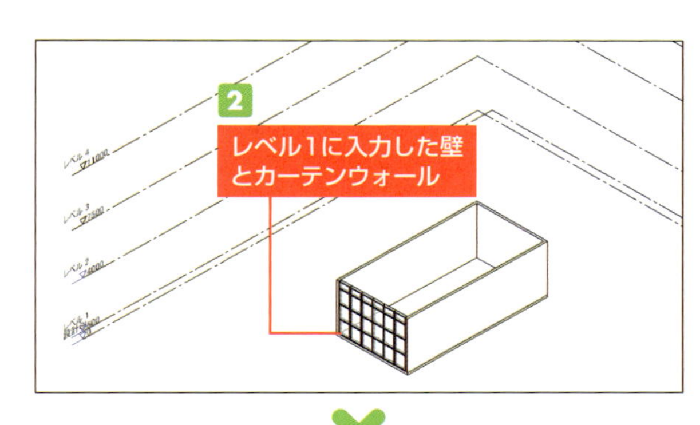

1. 「4-2-3a.rvt」を開く。
2. [プロジェクトブラウザ]の[ビュー(レベル順)]－[3Dビュー]－[{3D}]をダブルクリックする。西側を見ると、「レベル1」に壁とカーテンウォールが入力されていることがわかる。
3. [プロジェクトブラウザ]の[ビュー(レベル順)]－[平面図]－[レベル1]をダブルクリックする。
4. [修正]ツールをクリックし、窓選択などで壁とカーテンウォールを選択する。

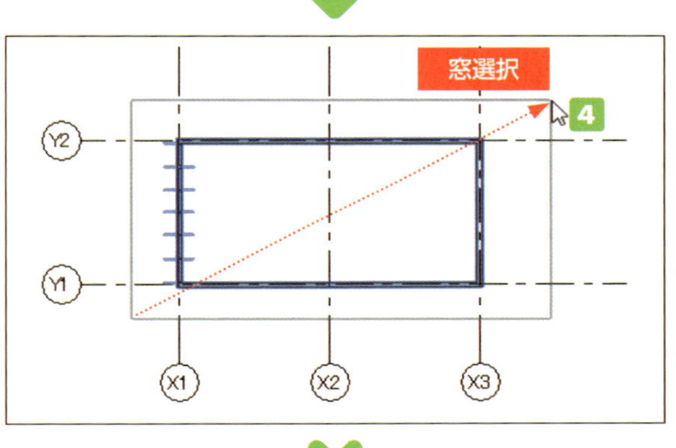

5. [修正 | 複数選択]タブ－[選択]パネル－[フィルタ]をクリックする。表示される[フィルタ]ダイアログで、[床]のチェックを外し(ほかはチェックを入れたままにする)、[OK]ボタンをクリックする。

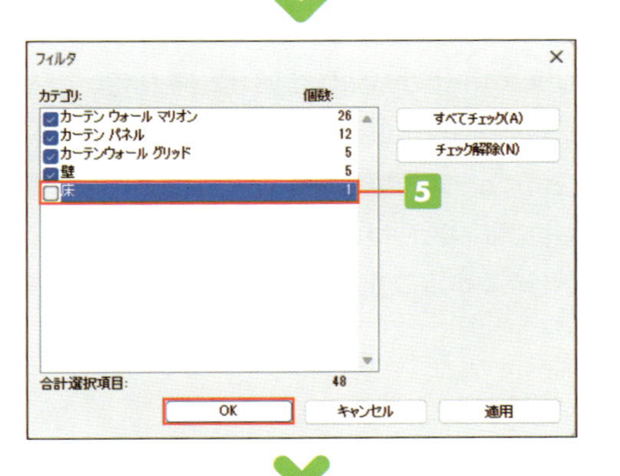

6. [修正 | 複数選択]タブ－[クリップボード]パネル－[クリップボードにコピー]をクリックする。
7. [修正 | 複数選択]タブ－[クリップボード]パネル－[貼り付け]－[選択したレベルに位置合わせ]を選択する。

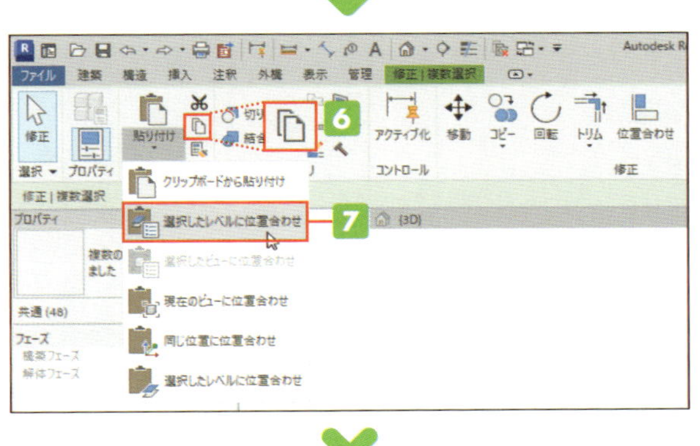

8 [レベルを選択]ダイアログが表示されるので、Shift キーを押しながら、「レベル2」と「レベル3」をクリックして選択状態にし、[OK]ボタンをクリックする。

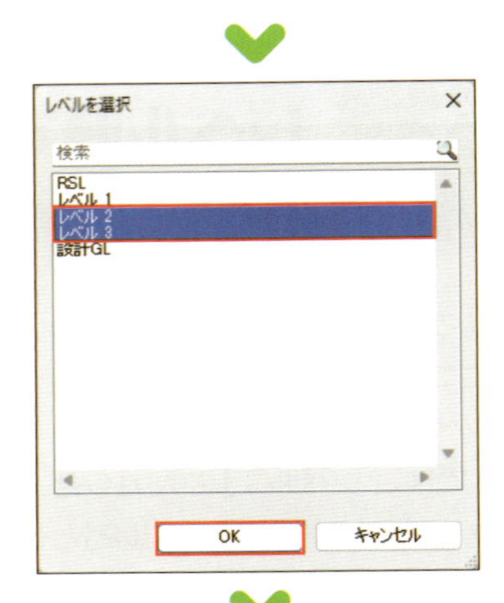

3Dビューを表示すると、「レベル2」と「レベル3」に外壁とカーテンウォールがコピーされていることがわかります。

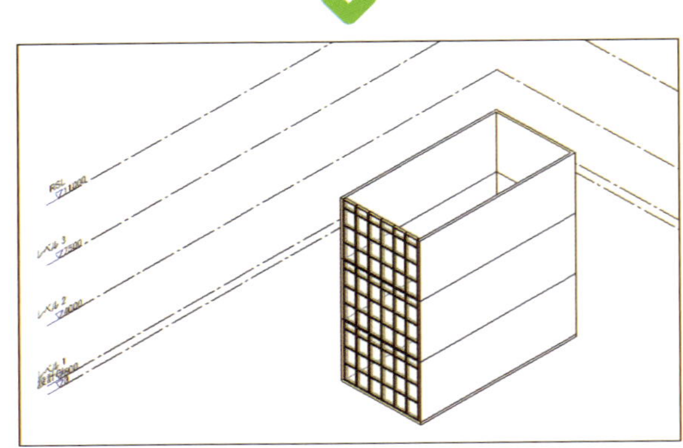

HINT

[貼り付け]の種類

Revitには次の[貼り付け]ツールが用意されている。

[クリップボードから貼り付け]:位置を指定して貼り付ける。

[選択したビューに位置合わせ]:表示される[ビューを選択]ダイアログで選択したビューに貼り付ける。

[現在のビューに位置合わせ]:現在のビューと同じ位置に貼り付ける。

[同じ位置に位置合わせ]:切り取りまたはコピーした位置と同じ位置に貼り付ける。

[選択したレベルに位置合わせ]:立面図ビューや3Dビューでレベル線を指示して貼り付ける。

4-2-4 要素を回転する

「4th_day」－「4-2-4a.rvt」(作図前)
「4-2-4b.rvt」(作図後)

[回転]ツールを使って要素を回転することができます。[オプションバー]の[角度:]に値を入力して回転角度を指定したり、[コピー]にチェックを入れて回転コピーしたりできます。ここでは、回転コントロールを使って、既存の線に合わせて回転する方法を解説します。

1 「4-2-4a.rvt」を開く。
2 [プロジェクトブラウザ]の[ビュー(レベル順)]－[平面図]－[レベル1]をダブルクリックする。
3 [修正]ツールをクリックし、ソファをクリックして選択状態にする。
4 [修正 | 家具]タブ－[修正]パネル－[回転]をクリックする。
5 ソファに表示される回転コントロール(回転の中心、青色のマーカー)を、ソファの右下の端点までドラッグしてマウスボタンを放す。

HINT
回転コントロールをドラッグしづらいとき
回転コントロールが表示されているときに スペース キーを押すと、移動先をクリックして回転コントロールの位置を指示できる。

6 回転の開始点としてソファの左下の端点をクリックする。
7 回転の終了点として、壁の内側の線の近接のスナップ点(×印)が表示される位置でクリックする。
8 作図領域の何もない位置をクリックして選択を解除する。

壁に沿うようにソファが回転されました。

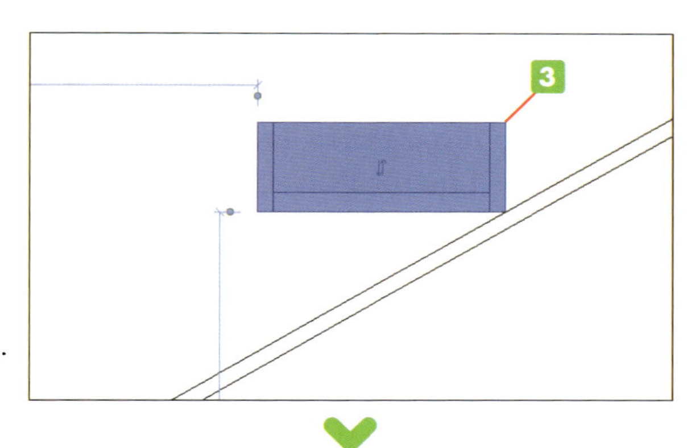

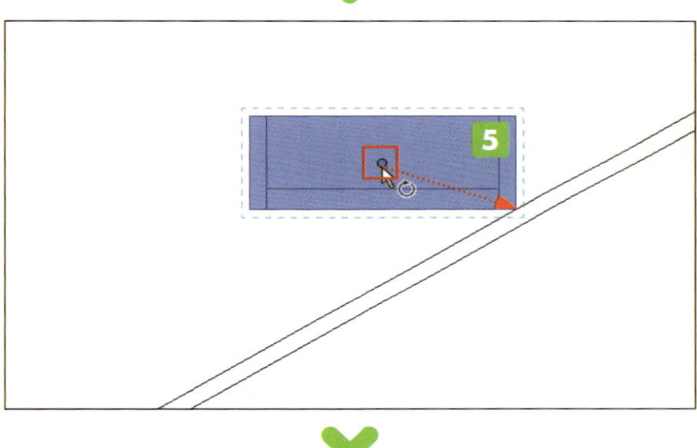

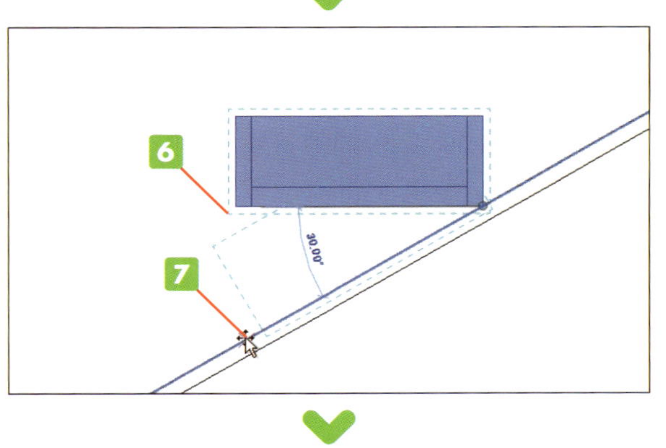

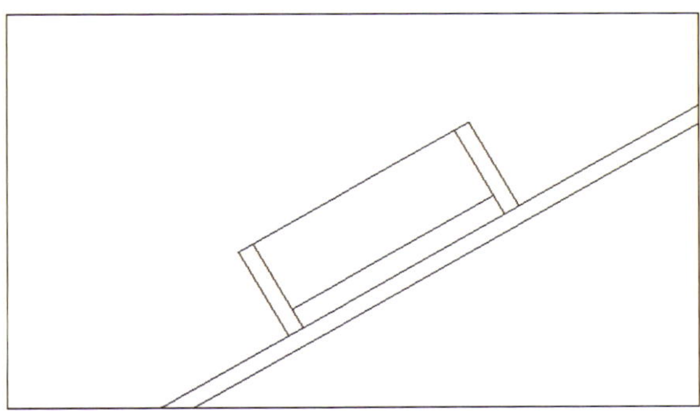

DAY 1 DAY 2 DAY 3 DAY 4 線分・注釈の作成／要素の編集 DAY 5 DAY 6 DAY 7

4-2-5 要素を鏡像化する

「4th_day」－「4-2-5a.rvt」(作図前)
「4-2-5b.rvt」(作図後)

[鏡像化]ツールでは、直線を軸として反転します。既存の線を軸とする[鏡像化－軸を選択]ツールと、軸を描く[鏡像化－軸を描画]ツールがありますが、ここでは[鏡像化－軸を選択]ツールを使用して壁芯を軸にドアを鏡像コピー(上下または左右反転してコピー)します。

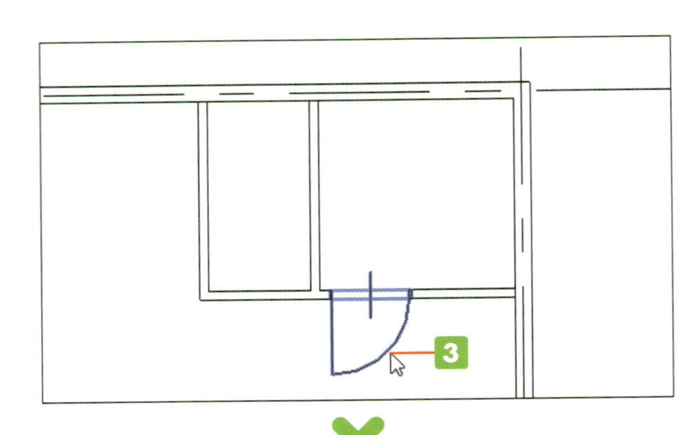

1. 「4-2-5a.rvt」を開く。
2. [プロジェクトブラウザ]の[ビュー(レベル順)]－[平面図]－[レベル1]をダブルクリックする。
3. [修正]ツールをクリックし、ドアをクリックして選択状態にする。
4. [修正 | ドア]タブ－[修正]パネル－[鏡像化－軸を選択]をクリックする。

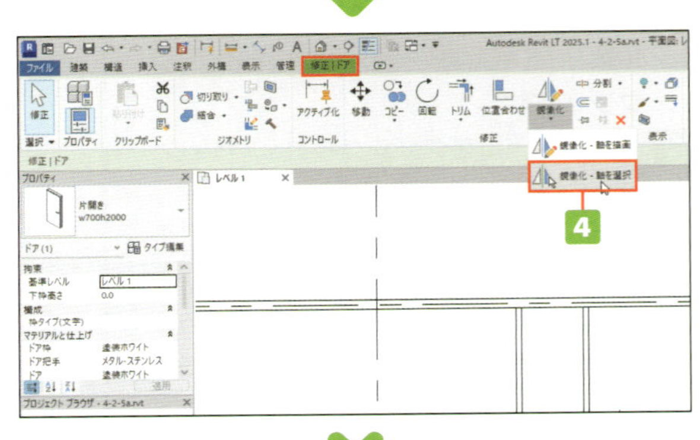

5. [オプションバー]の[コピー]にチェックが入っていることを確認する。

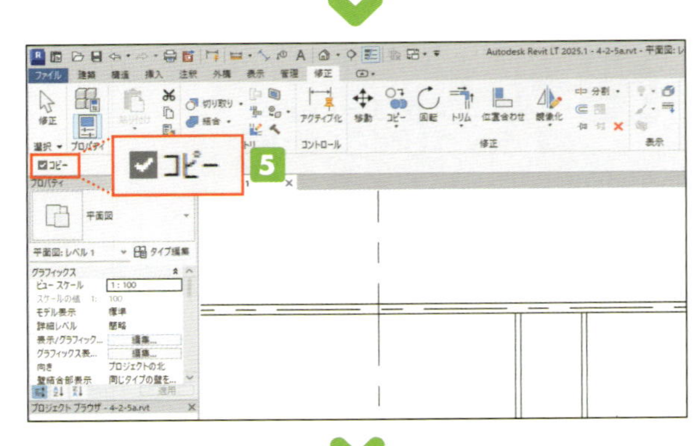

HINT 反転だけする場合

元の要素を残さずに左右反転だけ行いたい場合は、[オプションバー]の[コピー]のチェックを外す。

6. 鏡像コピーの軸を指定するために、ドアの左側にある壁にカーソルを合わせ、壁芯が青色の破線で表示される位置でクリックする。

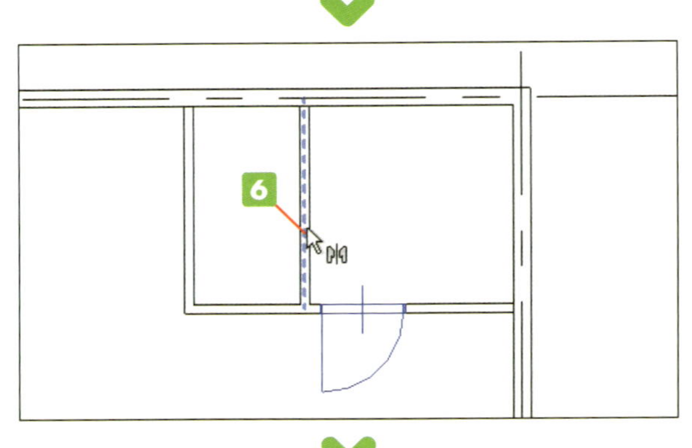

7 作図領域の何もない位置をクリックして選択を解除する。

ドアが壁芯を軸に鏡像コピーされました。

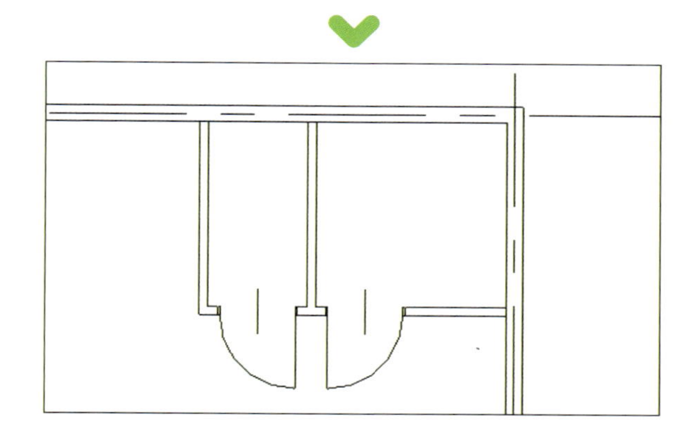

4-2-6 要素をトリム／延長・分割する

「4th_day」－「4-2-6a.rvt」(作図前)
「4-2-6b.rvt」(作図後)

トリム／延長、分割のツールを利用して、要素の形状を変更できます。ここでは、壁を延長、分割、切り取り(トリム)して、2つの閉じた部屋を作成します。

1 「4-2-6a.rvt」を開く。

2 [プロジェクトブラウザ]の[ビュー(レベル順)]－[平面図]－[レベル1]をダブルクリックする。

3 [修正]タブ－[修正]パネル－[トリム]－[複数をトリム/延長]を選択する。

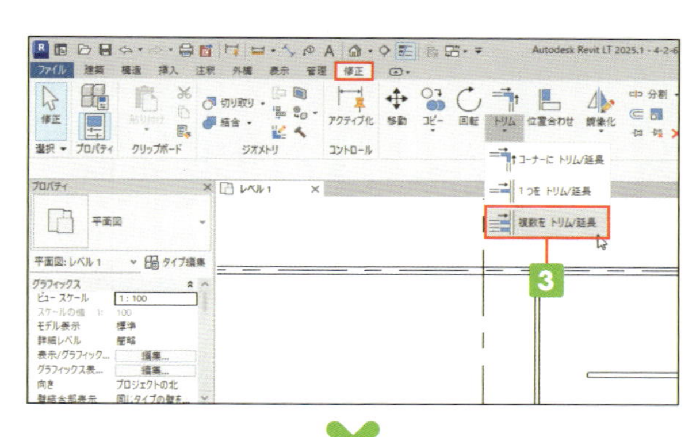

4 延長の基準として、中央の垂直壁の右側の線をクリックする。

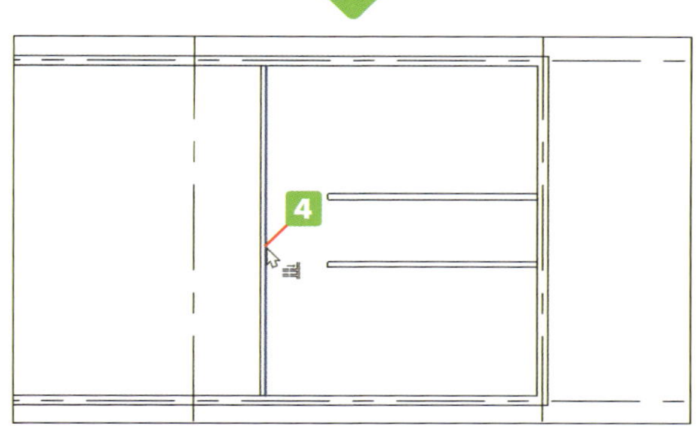

5 延長する要素として、2つの水平壁をそれぞれクリックする。

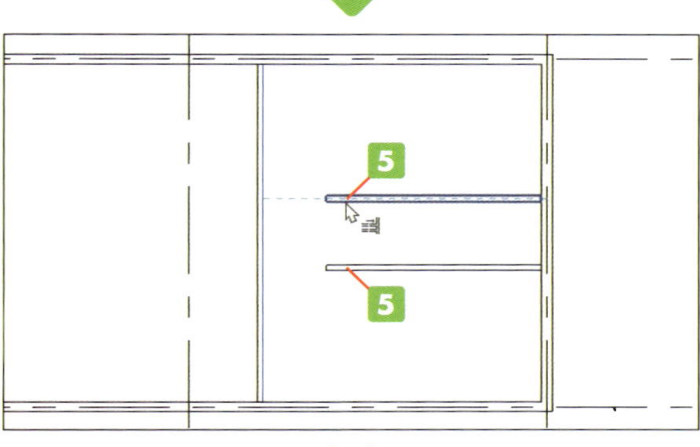

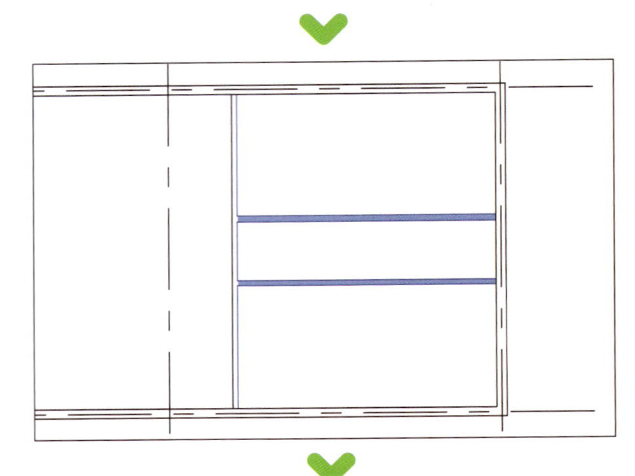

水平壁が中央の壁まで延長されました。

中央の垂直壁を2分割します。

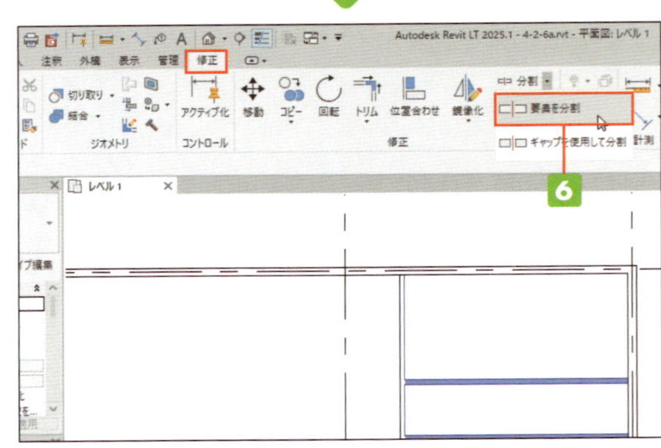

6 [修正]タブー[修正]パネルー[分割]ー[要素を分割]を選択する。

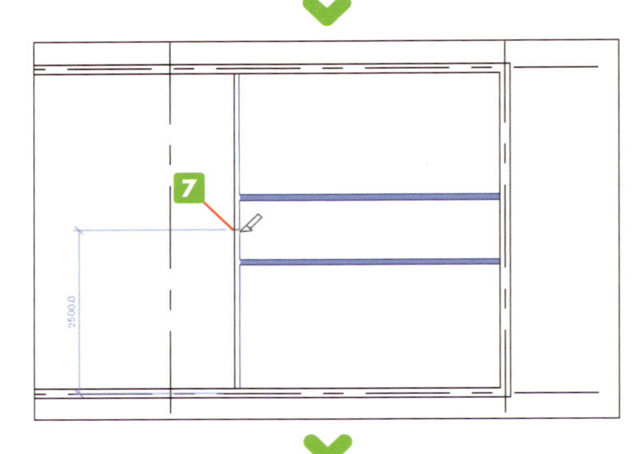

7 垂直壁の中央付近(ここでは、下から「2500.0」の位置)をクリックする。

中央の垂直壁が上下に2分割されました。

中央の垂直壁をトリムして水平壁との角を作成します。

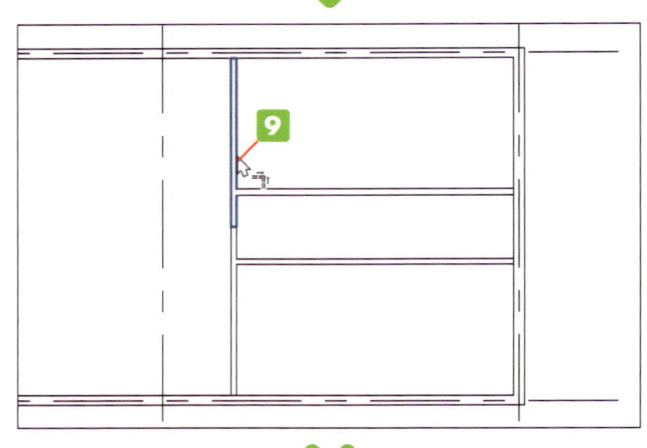

8 [修正]タブー[修正]パネルー[トリム]ー[コーナーにトリム/延長]をクリックする。

9 中央の垂直壁の上側の部分をクリックする。

10 上の水平壁をクリックする。

中央の垂直壁の上側がトリムされ、1つの部屋が作成されました。下側も同様にします(水平壁、垂直壁の順番は、どちらが先でもよいが、クリックする位置には注意)。

11 下の水平壁をクリックする。

12 中央下の垂直壁の下側の部分をクリックする。

13 [修正]ツールをクリックして[コーナーにトリム/延長]ツールを終了する。

中央の垂直壁の下側がトリムされ、2つの部屋が作成されました。

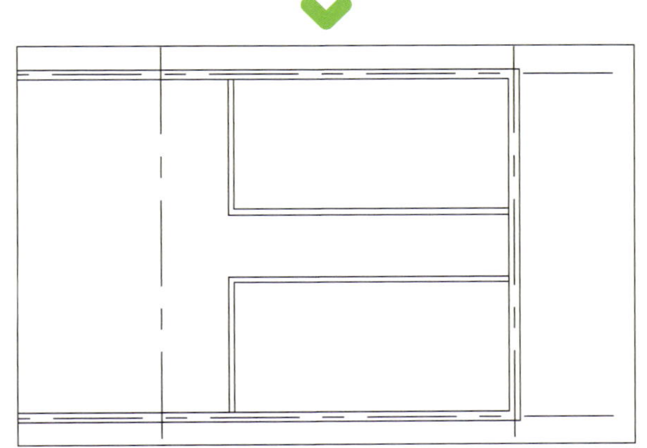

トリムでクリックする位置

トリムの際に、どこをクリックすればよいか迷ったら、「残す側をクリックする」と覚えておくとよい。

4-2-7 グループを作成する

「4th_day」－「4-2-7a.rvt」(作図前)
「4-2-7b.rvt」(作図後)

複数の要素をグループ化すると、ひとまとまりの要素として扱えるようになり、選択や移動・コピーが一括で行えます。また、グループをコピーすると、どれか1つを修正したとき、その修正がすべてのコピーに反映されます。ここでは、詳細線分で描いた点検口をグループ化します。

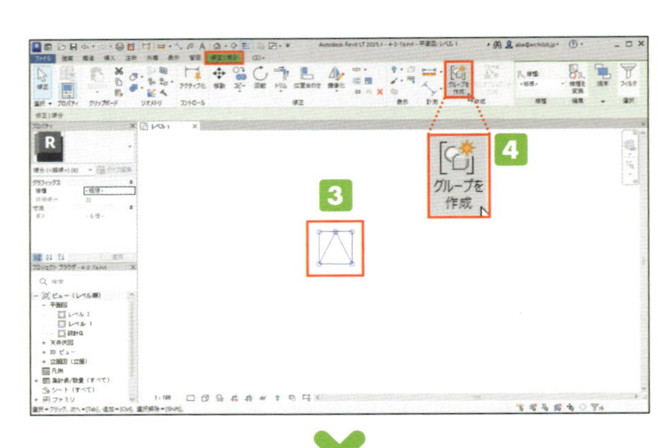

1 「4-2-7a.rvt」を開く。
2 [プロジェクトブラウザ]の[ビュー(レベル順)]－[平面図]－[レベル1]をダブルクリックする。
3 [修正]ツールをクリックし、窓選択などで点検口全体を選択する。
4 [修正 | 線分]タブ－[作成]パネル－[グループを作成]をクリックする。

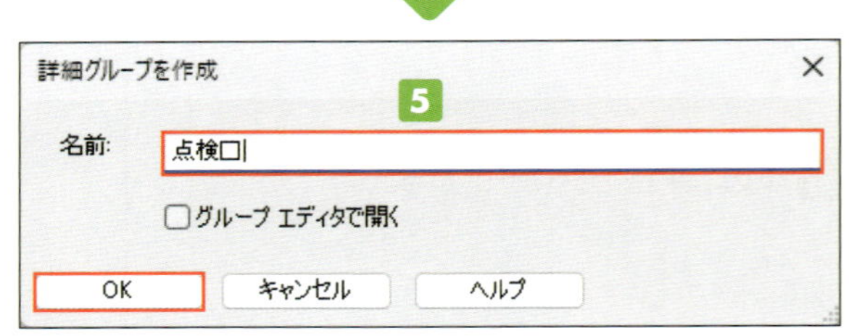

5 [詳細グループを作成]ダイアログが表示されるので、名前(ここでは「点検口」)を入力して[OK]ボタンをクリックする。

グループ「点検口」が作成されました。

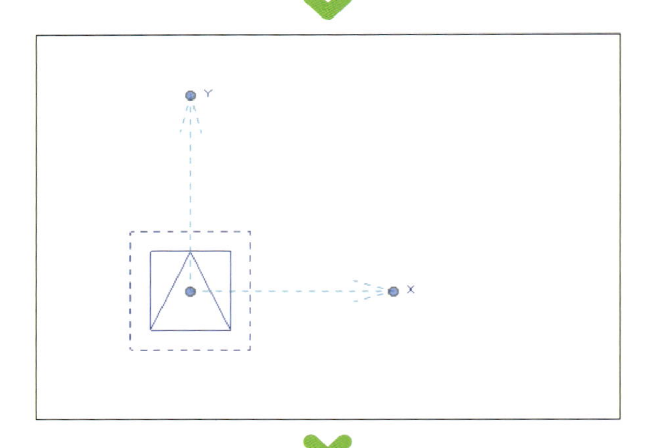

グループのコピーを作成し、一方を編集します。

6 P.176 **4-2-2**を参考にして、Ctrl キーを押しながらドラッグするなどしてグループ「点検口」のコピーを作成する。

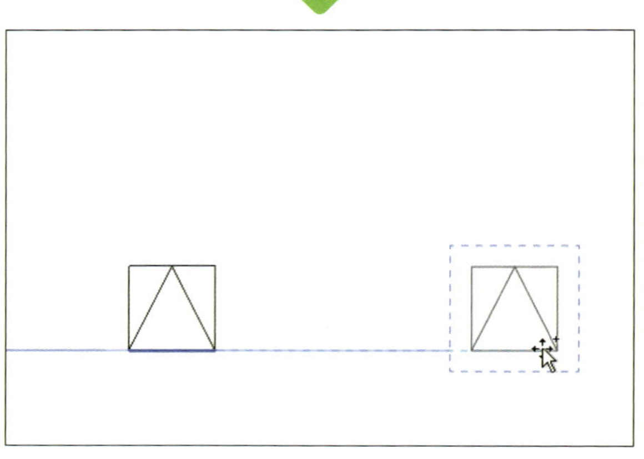

7 最初に作成した左側のグループ「点検口」をダブルクリックする。作図領域が黄色になり、[グループを編集]パネルが表示されて編集モードになる。

8 グループ「点検口」の斜線2本を選択し、Delete キーを押して削除する。

9 [グループを編集]パネルー[終了]をクリックする。

10 作図領域の何もない位置をクリックして選択を解除する。

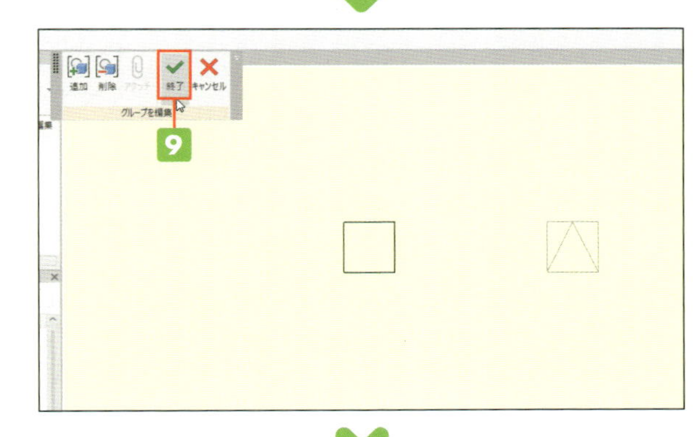

編集モードが終了すると、コピーした「点検口」の斜線2本も削除されており、編集が反映されていることがわかります。

HINT

プロジェクトファイル内に作成されたグループの確認

作成したグループは[プロジェクトブラウザ]の[グループ]に表示される。ここで作成したグループ「点検口」は[プロジェクトブラウザ]の[グループ]ー[詳細図]に追加される。

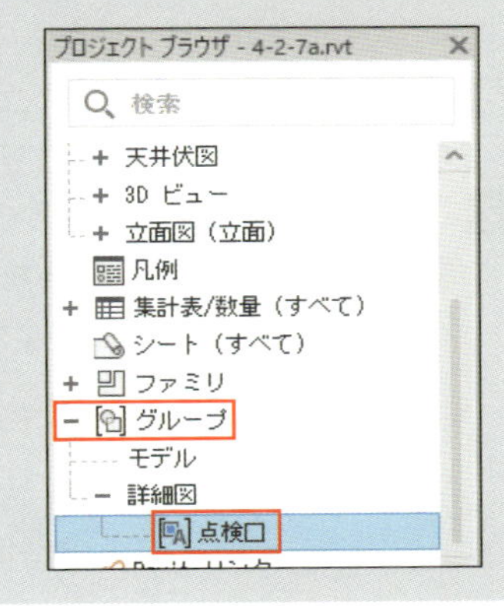

DAY

4-3 注釈の記入

[注釈] タブには、寸法や詳細線分、文字、タグなど図面表現に必要な2次元要素を入力するツールがあります。ここでは、図面表現でよく使用する、通り芯の寸法や壁位置を表す寸法、文字や引出線文字の記入方法、図面を部分的に隠したいときに使用するマスキング領域の作成方法について解説します。

4-3-1 タイプを作成して寸法を記入する

「4th_day」－「4-3-1a.rvt」(作図前)
「4-3-1b.rvt」(作図後)

寸法のタイプは初期設定でいくつか用意されていますが、新しい寸法タイプを作成して寸法を記入する方法を解説します。ここでは、並列寸法の間隔や寸法文字の背景を変更したタイプを作成します。

1 「4-3-1a.rvt」を開く。
2 [プロジェクトブラウザ]の[ビュー(レベル順)]－[平面図]－[レベル1]をダブルクリックする。

3 [注釈]タブ－[寸法]パネル－[平行寸法]をクリックする。

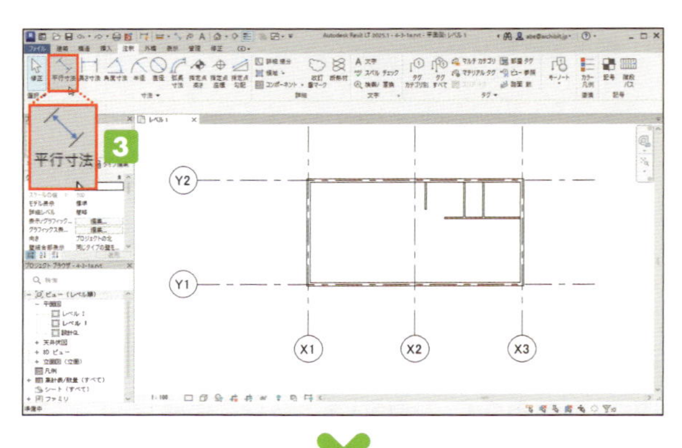

4 [プロパティパレット]の[タイプセレクタ]で、寸法タイプとして[長さ寸法スタイル 点線 - 2.5㎜]を選択する。
5 [タイプセレクタ]下の[タイプ編集]ボタンをクリックする。

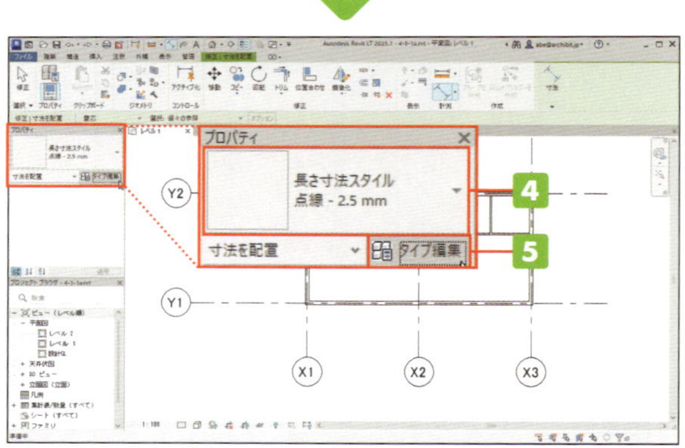

6 [タイププロパティ]ダイアログが表示されるので、[複製]ボタンをクリックする。
7 [名前]ダイアログが表示されるので、名前(ここでは「点線 - 2.5 mm 透過」)と入力して[OK]ボタンをクリックする。

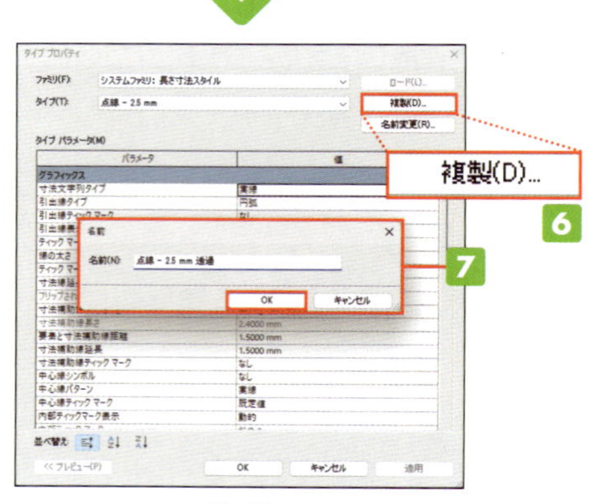

8 [タイププロパティ]ダイアログに戻るので、下記のように設定して[OK]ボタンをクリックする。
[寸法線スナップ間隔]：7mm
[文字オフセット]：0.5mm
[文字背景]：透過

新しい寸法タイプ[点線 - 2.5 mm 透過]が作成され、[プロパティパレット]の[タイプセレクタ]に表示されます。

作成した寸法タイプを使用して通り芯寸法を記入します。

9 [オプションバー]で[壁芯]が選択され、[選択]で[個々の参照]が選択されていることを確認する。

10 通り芯「X1」をクリックする。

11 通り芯「X3」をクリックする。

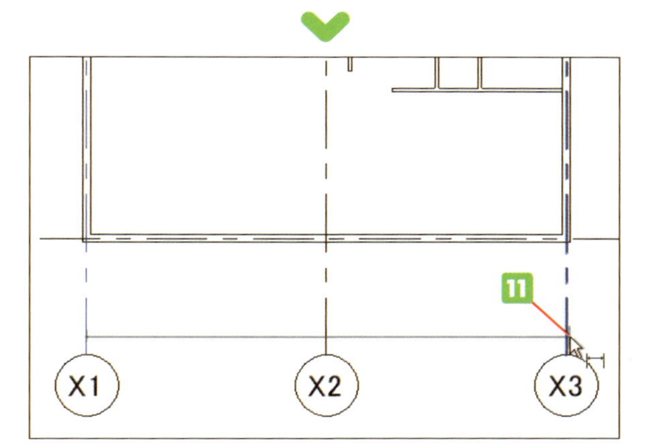

12 寸法を記入する位置として、通り符号のすぐ上をクリックする。このとき、通り芯をクリックしないように注意する。

通り芯「X1」－「X3」間の通り芯寸法を記入できました。

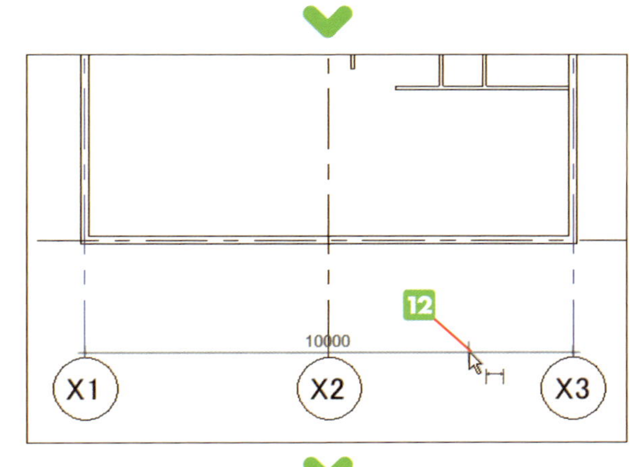

続けて、通り芯寸法に並列な寸法を記入します。

13 通り芯「X1」をクリックする。

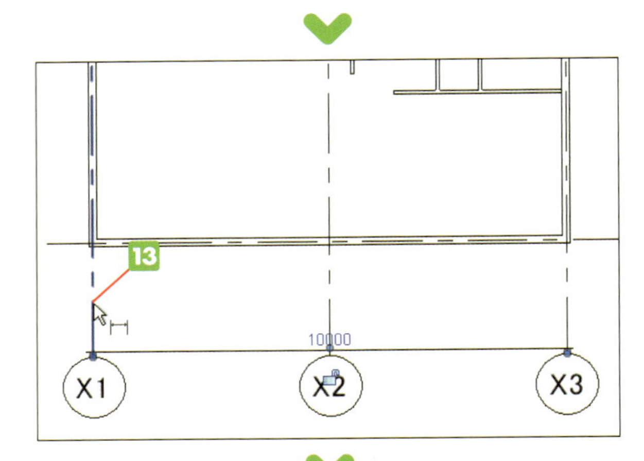

14 通り芯「X2」をクリックする。
15 通り芯「X3」をクリックする。

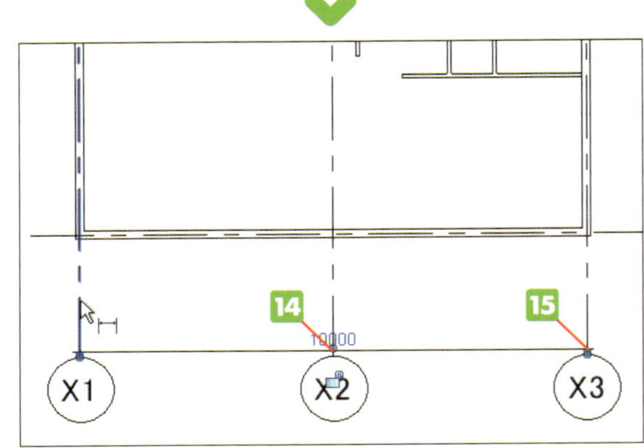

16 寸法を記入する位置として、通り芯寸法の少し上にカーソルを移動し、カーソルががスナップ(吸着)する個所でクリックする。このとき、通り芯をクリックしないように注意する。

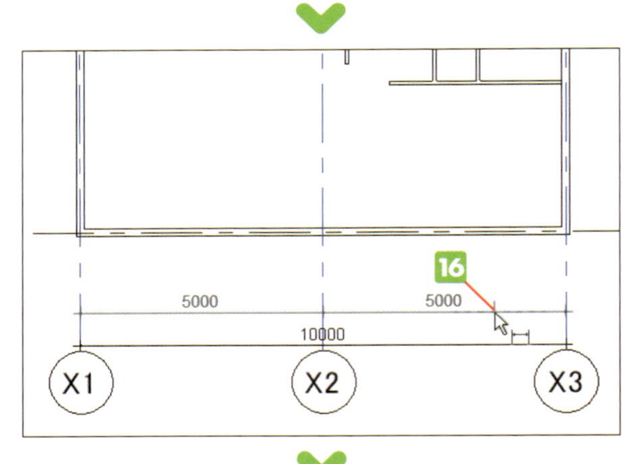

HINT

寸法線のスナップ位置

手順 8 で[寸法線スナップ間隔]を「7㎜」に設定しているため、手順 16 では、手順 12 で作成した寸法から「7㎜」の位置ででカーソルがスナップ(吸着)する。
ここでは、ビューのスケールが「1/100」なので、作図上では700㎜の位置でスナップすることになる。

17 [修正]ツールをクリックして[平行寸法]ツールを終了する。

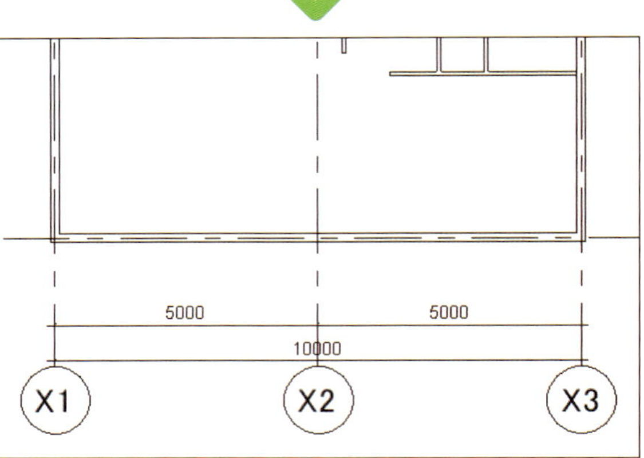

通り芯寸法に並列な寸法が記入できました。

4-3-2 仮寸法を寸法要素に変更する

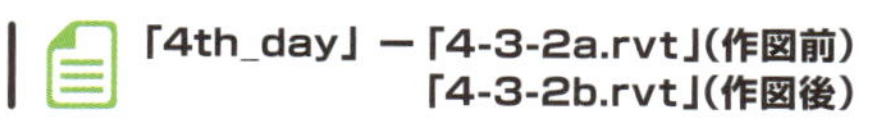

要素を選択したときに表示される仮寸法は、寸法記号をクリックすることで、寸法要素に変換できます。併せて、既存の寸法と平行(垂直)に寸法を追加する方法も解説します。

1 「4-3-2a.rvt」を開く。
2 [プロジェクトブラウザ]の[ビュー(レベル順)]－[平面図]－[レベル1]をダブルクリックする。
3 [修正]ツールをクリックし、図に示した壁をクリックして選択状態にする。
4 仮寸法が表示されるので、寸法記号をクリックする。

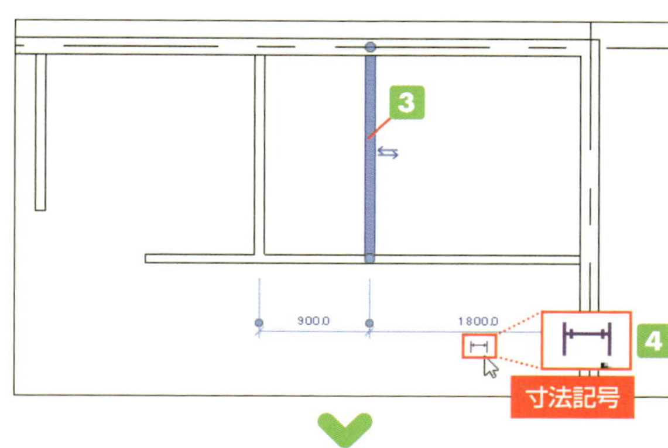

仮寸法が寸法要素に変更されました。寸法補助線を編集して、寸法を追加します。

5 寸法にカーソルを合わせ、寸法全体が青く表示されたらクリックして選択状態にする。
6 寸法が選択状態のまま、[修正｜寸法]タブ－[寸法補助線]パネル－[寸法補助線を編集]をクリックする。

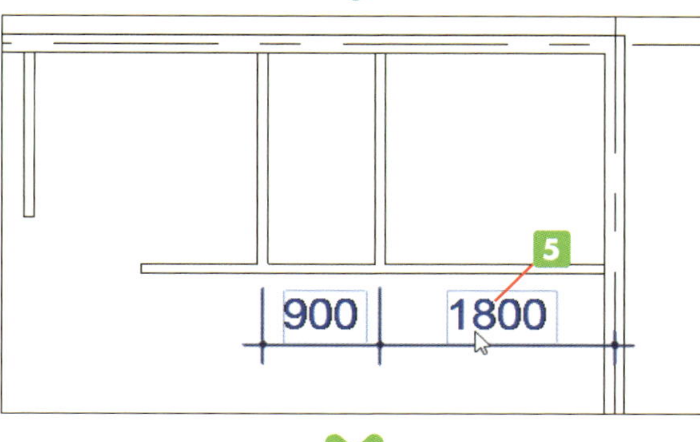

7 カーソルを図に示した壁に合わせ、壁芯の破線が表示される位置でクリックする。

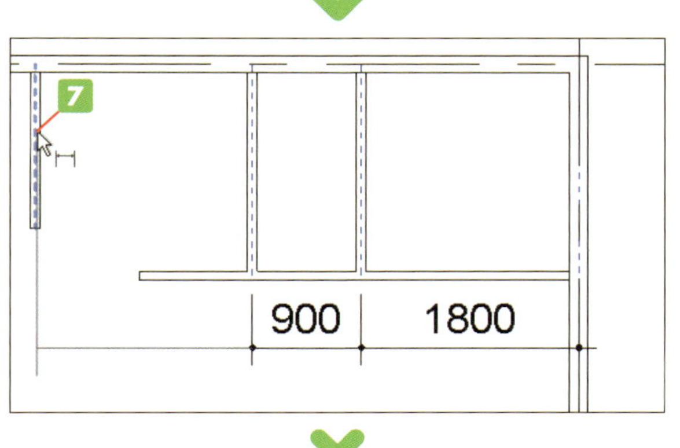

8 作図領域の何もない位置を2回クリック(ダブルクリックではない)して編集を終了する。(1回目のクリックで寸法線編集コマンドが終了し、2回目のクリックで寸法線の選択が解除される)

寸法が追加記入されました。

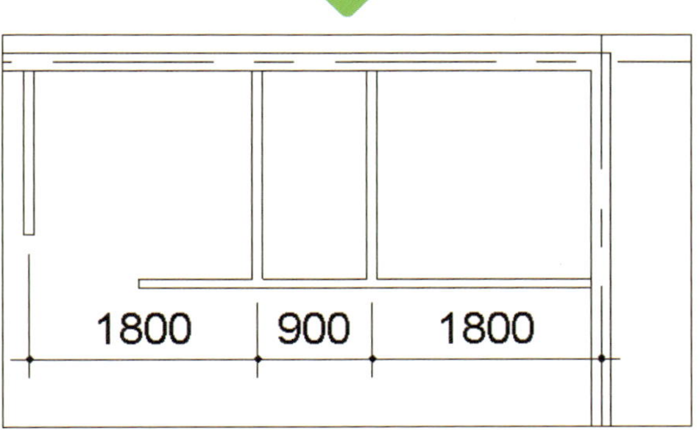

4-3-3 斜め寸法を記入する

「4th_day」－「4-3-3a.rvt」(作図前)
「4-3-3b.rvt」(作図後)

寸法の基点として、壁芯や壁面などの線ではなく端点などの点を指定することで斜め寸法を記入します。併せて、寸法値の前に文字を付ける方法も解説します。

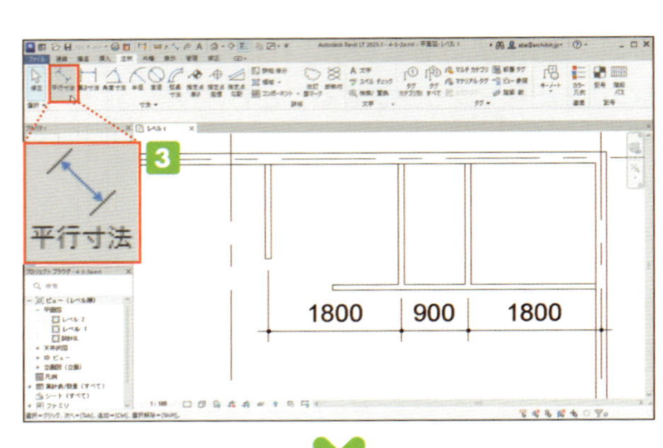

1. 「4-3-3a.rvt」を開く。
2. [プロジェクトブラウザ]の[ビュー(レベル順)]－[平面図]－[レベル1]をダブルクリックする。
3. [注釈]タブ－[寸法]パネル－[平行寸法]をクリックする。
4. [プロパティパレット]の[タイプセレクタ]で、寸法タイプとして[長さ寸法スタイル 点線 - 2.5㎜ 透過]を選択する。

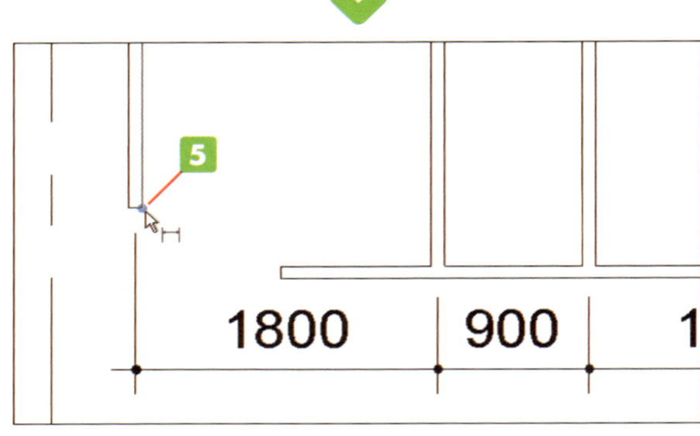

5. カーソルを図に示した角に合わせて Tab キーを押し、端点にマーカー(青い丸)が表示されたらクリックする。

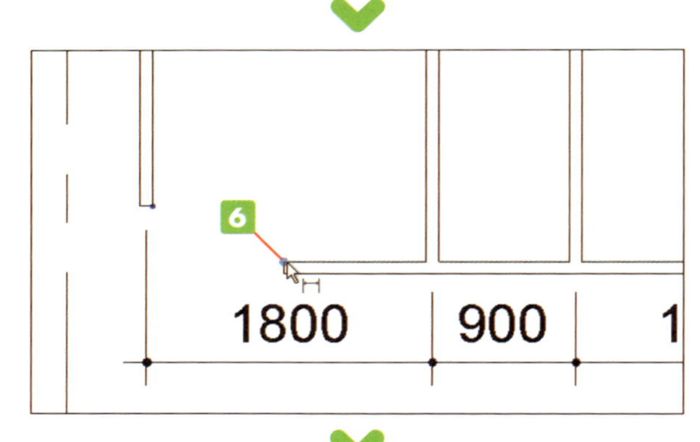

6. カーソルを図に示した角に合わせて Tab キーを押し、端点にマーカー(青い丸)が表示されたらクリックする。

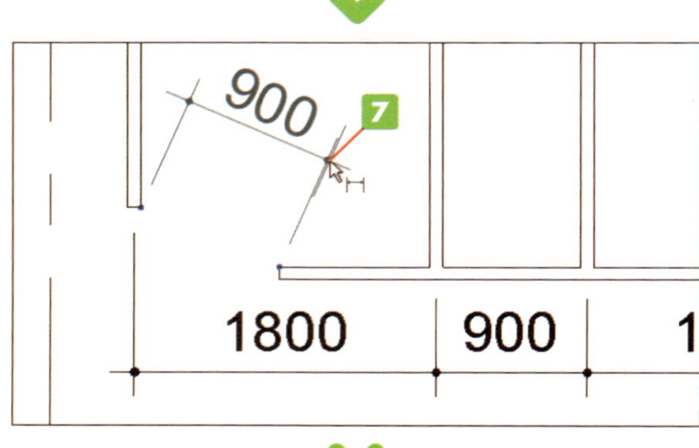

7. 寸法を記入する位置をクリックする。

斜め寸法が記入されました。

寸法値の前に文字を付けます。

8 寸法が選択状態のまま、寸法値をクリックする。

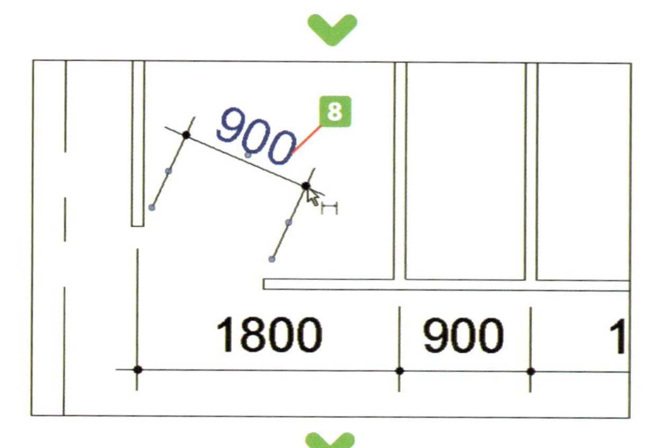

9 [寸法文字]ダイアログが表示されるので、[文字フィールド]－[接頭辞]に「有効」と入力して[OK]ボタンをクリックする。

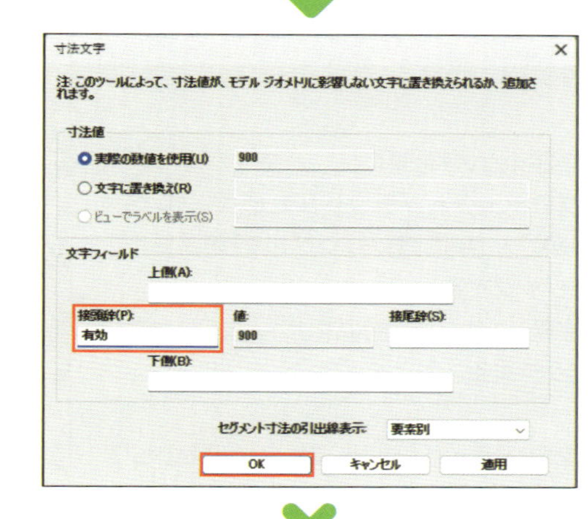

10 [修正]ツールをクリックして[平行寸法]ツールを終了する。

寸法値の前に文字が付いた寸法が記入されました。

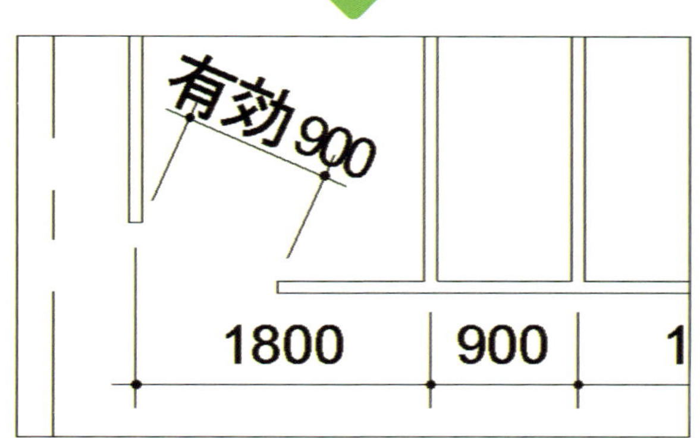

HINT

書き込み寸法の記入

実寸とは違う寸法(書き込み寸法)を数値で記入する場合、手順9の[寸法文字]ダイアログで数値を入力すると、数値は入力できない旨の警告メッセージが表示される。このような場合は、❶[寸法値]－[文字に置き換え]にチェックを入れる　❷入力欄を右クリックし、表示されるメニューで[Unicode制御文字の挿入]－[LRM]を選択　❸数値を入力することで数値の書き込み寸法を記入できる。

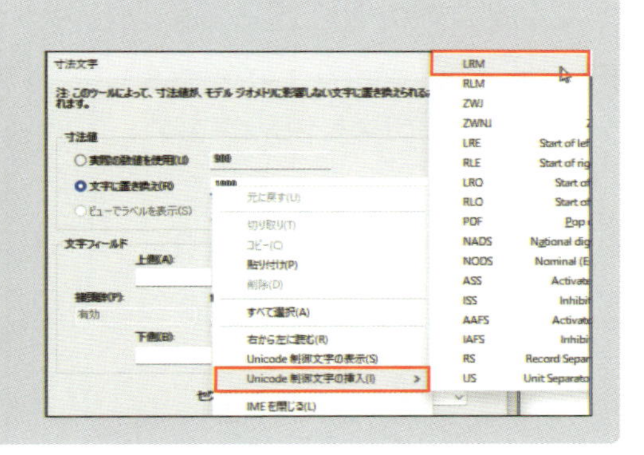

4-3-4 文字を記入する

「4th_day」－「4-3-4a.rvt」(作図前)
「4-3-4b.rvt」(作図後)

Revitでは、1行の文字列も2行以上の文字列も同じ手順で記入でき、リスト作成やインデントの追加なども行えます。また、引出線付き文字の作成後でも引出線の追加や削除が簡単に行えます。ここでは、1行の文字列と引出線付き文字を記入します。

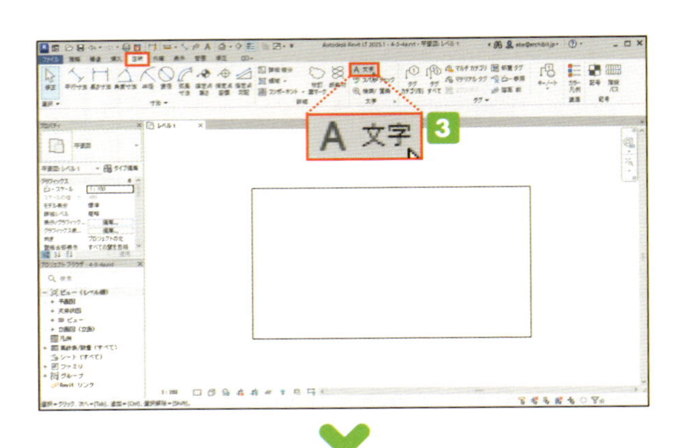

1 「4-3-4a.rvt」を開く。
2 [プロジェクトブラウザ]の[ビュー(レベル順)]－[平面図]－[レベル1]をダブルクリックする。
3 [注釈]タブ－[文字]パネル－[文字]をクリックする。

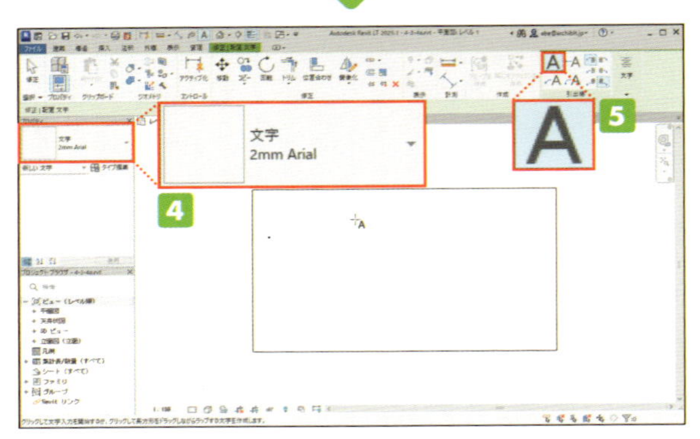

4 [プロパティパレット]の[タイプセレクタ]で、文字タイプとして[文字 2mm Arial]を選択する。
5 [修正 | 配置 文字]タブ－[引出線]パネル－[引出線なし]をクリックする。

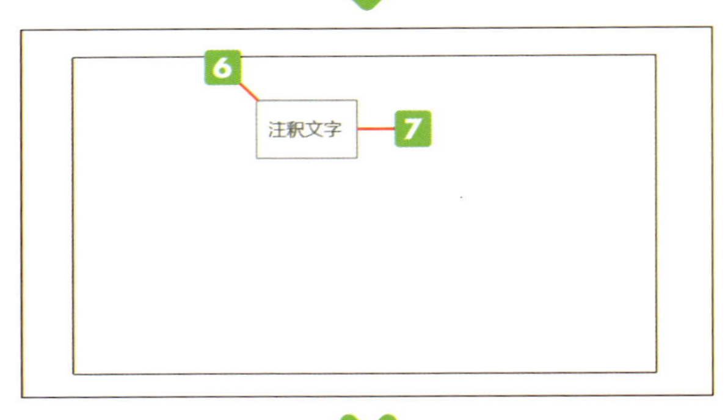

6 文字を入力する位置をクリックする。
7 カーソルが表示されるので、文字(ここでは、「注釈文字」)を入力する。

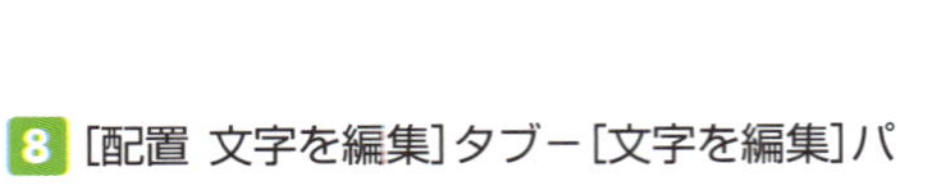

8 [配置 文字を編集]タブ－[文字を編集]パネル－[閉じる]✕をクリックする。

文字が記入されました。

引出線付き文字を記入します。

9 [修正 | 配置 文字]タブー[引出線]パネルー[2セグメント] をクリックする。

10 引出線の矢印の頂点❶、参照線の始点❷と終点❸を順にクリックする。

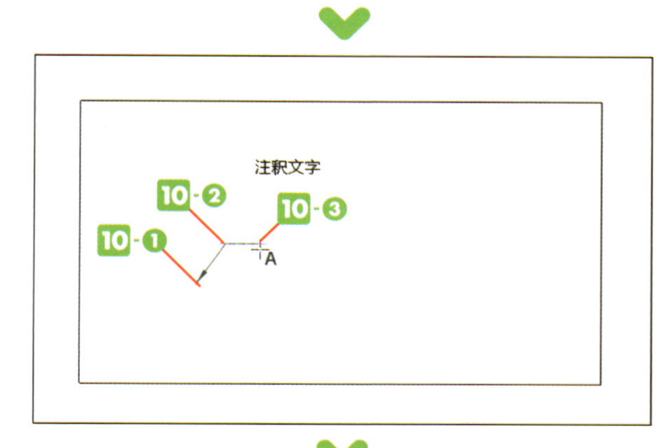

11 参照線の終点をクリックすると、カーソルが表示されるので、文字(ここでは、「引出線文字」)を入力する。

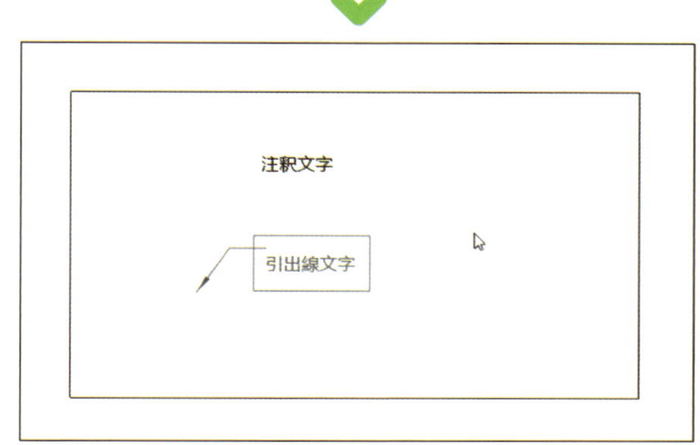

12 [配置 文字を編集]タブー[文字を編集]パネルー[閉じる] をクリックする。

13 [修正]ツールをクリックして[文字]ツールを終了する。

引出線付き文字が記入されました。

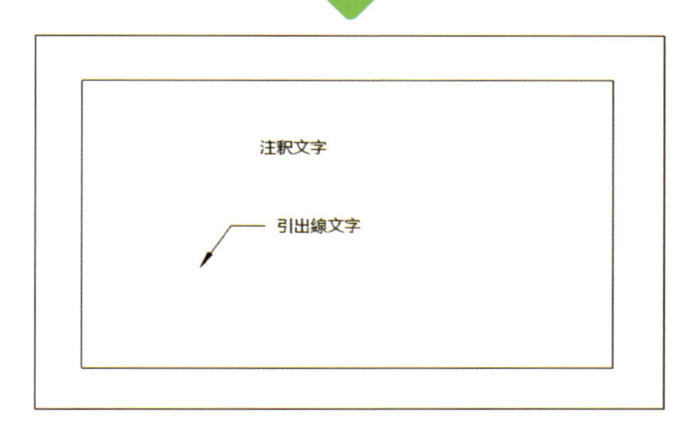

HINT

文字タイプの使い分け

文字のタイプは、壁やドアなどの要素と同様に[タイプ編集]ー[タイププロパティ]ダイアログ(図)で作成できる。文字の色やフォント、サイズの違いごとにタイプを作成して使い分ける。ただし、引出線の有無などは、ここで解説したように文字ごとに設定できるので、タイプを作成する必要はない。

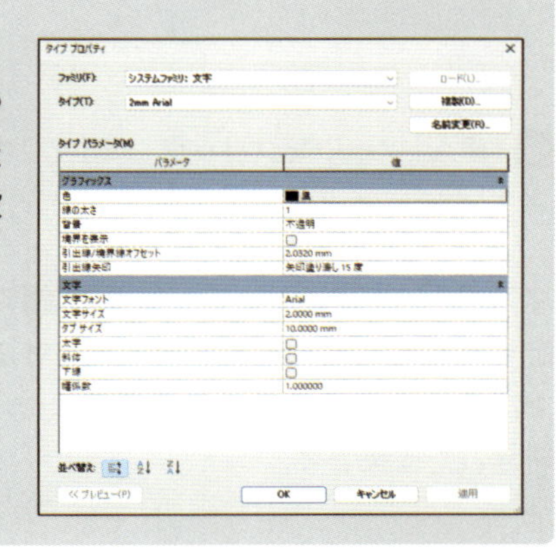

4-3-5 マスキングで図面の一部を隠す

「4th_day」－「4-3-5a.rvt」(作図前)
「4-3-5b.rvt」(作図後)

図面の一部分を隠す必要があるときには、[マスキング領域]ツールを使用します。マスキング(隠す)領域は、要素より前面になるため、要素を非表示にできます。ただし、寸法や文字などの注釈より背面になるため、マスキングしても寸法や注釈は表示されます。

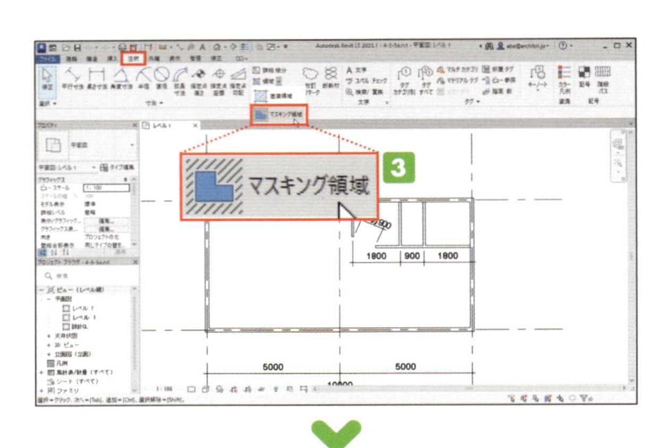

1 「4-3-5a.rvt」を開く。
2 [プロジェクトブラウザ]の[ビュー(レベル順)]－[平面図]－[レベル1]をダブルクリックする。
3 [注釈]タブ－[詳細]パネル－[領域]－[マスキング領域]をクリックする。

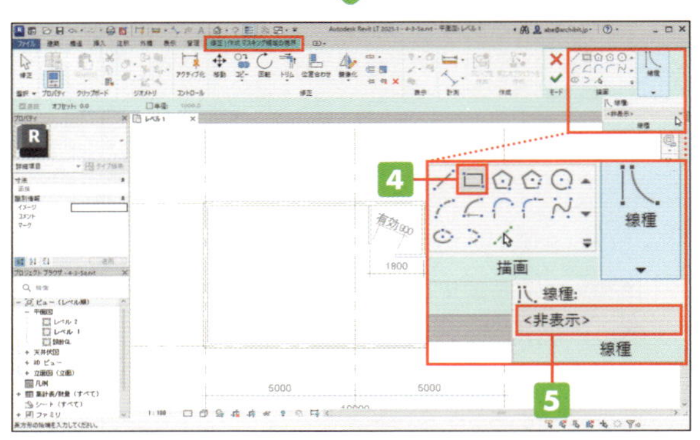

4 [修正｜作成 マスキング領域の境界]タブ－[描画]パネル－[長方形]をクリックする。
5 [修正｜作成 マスキング領域の境界]タブ－[線種]パネル－[線種]に[<非表示>]を選択する。

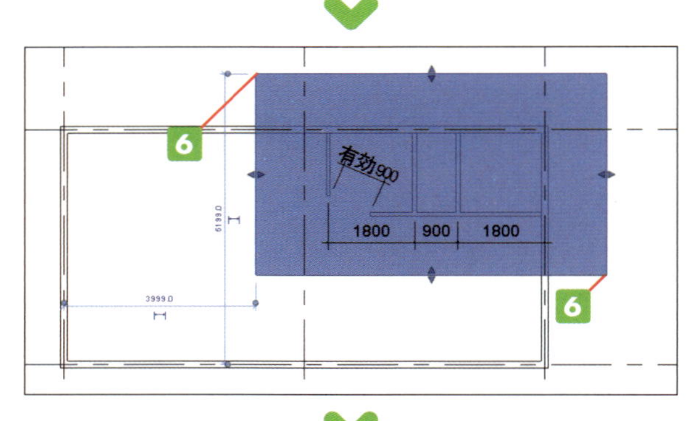

6 マスキングする範囲の対角線上の2点をクリックする。
7 [修正｜作成 マスキング領域の境界]タブ－[モード]パネル－[編集モードを終了]✔をクリックする。

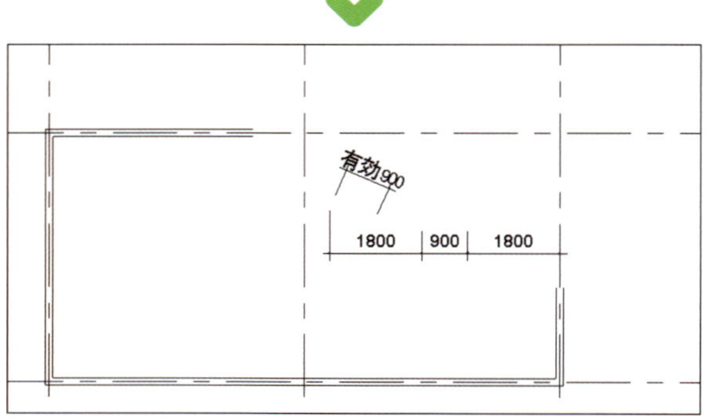

8 [修正]ツールをクリックして[マスキング領域]ツールを終了する。

マスキング領域が作成され、手順6で指定した領域の要素が隠れました。寸法はマスキング領域より前面にあるため、表示されたままです。

DAY

5

ビューとシート／印刷／DWG出入力

DAY 5

ビューとシート／印刷／DWG出入力

「ビュー」と「シート」の関係や使い方、印刷方法、DWGファイルの書き出し／読み込みなどを解説します。

5-1 ビューとシート

- ビューとシートの関係
- ビュー内の要素の表示／非表示・色・太さを変更する
- ビューテンプレートを作成する

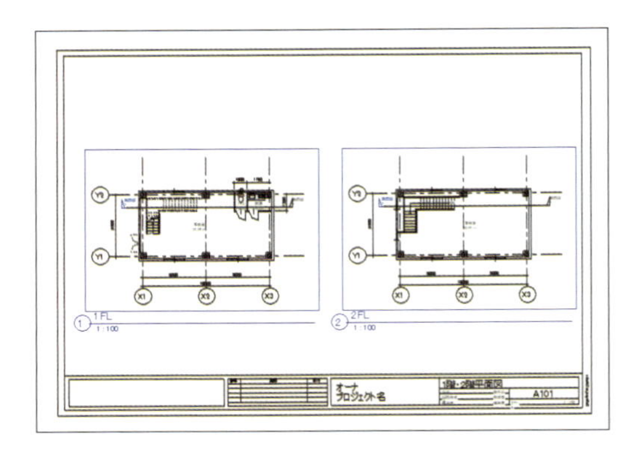

- ビュースケールを設定する

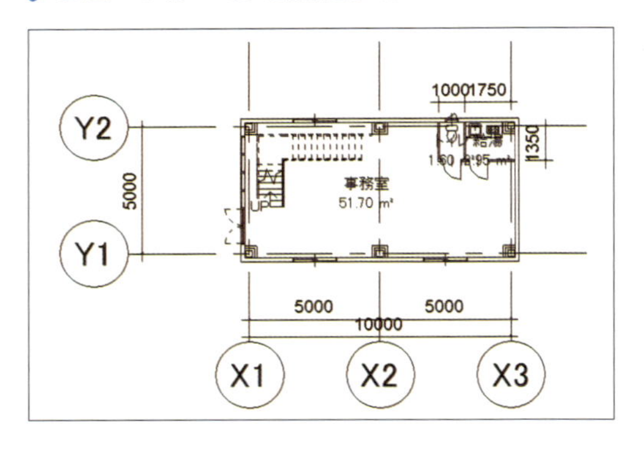

- ビューの表示範囲を設定する

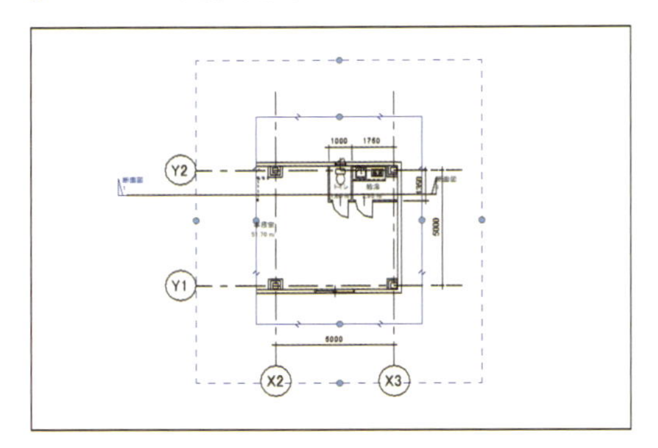

- シートを作成して印刷する

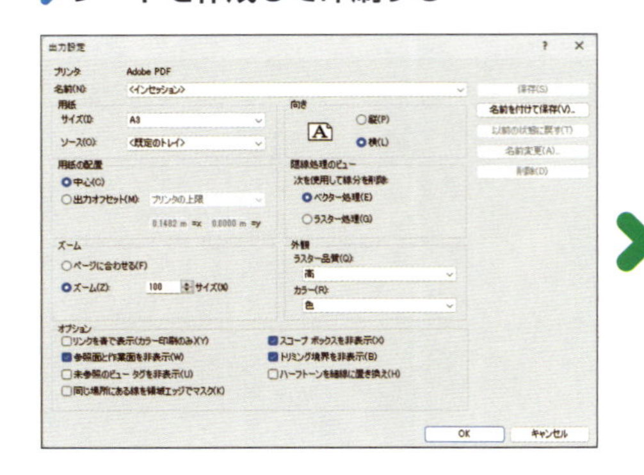

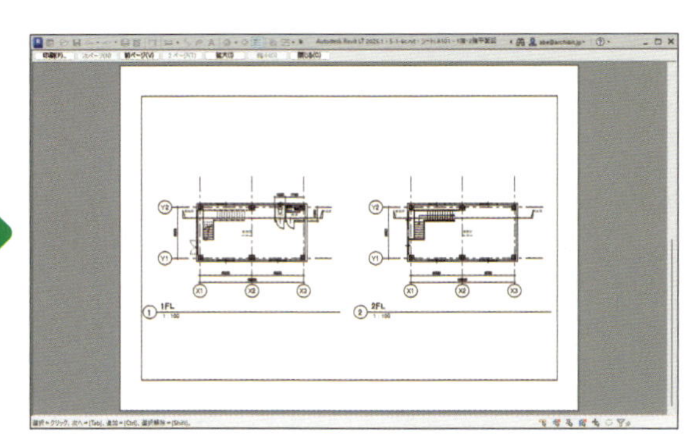

製図ビュー

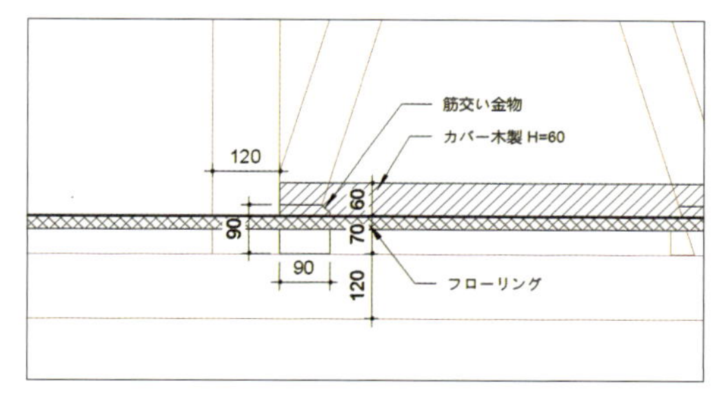

凡例ビュー

吹き出しビュー

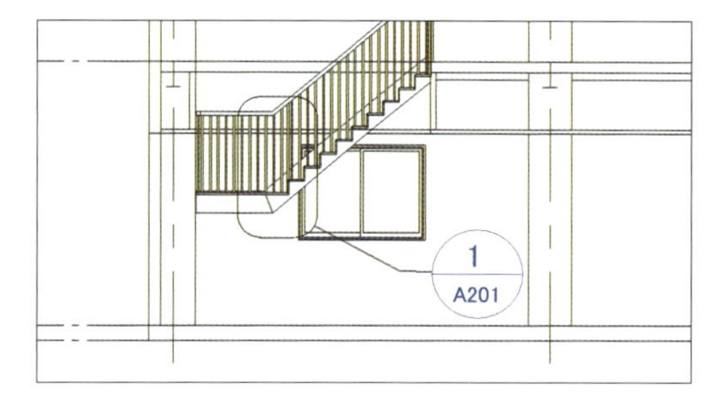

エリアプランビュー

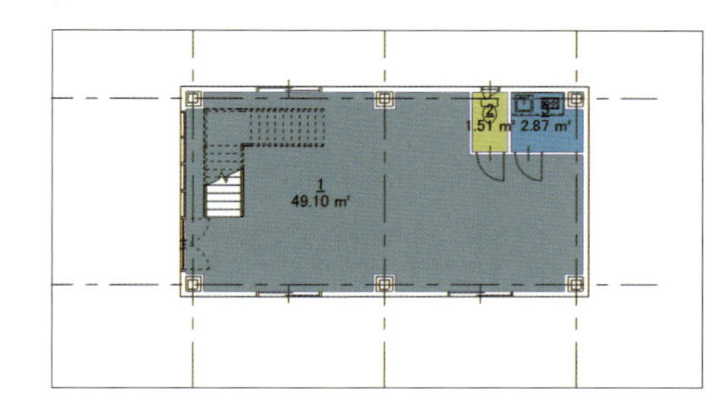

5-2 DWGファイルの書き出しと読み込み

DWGファイルに書き出す

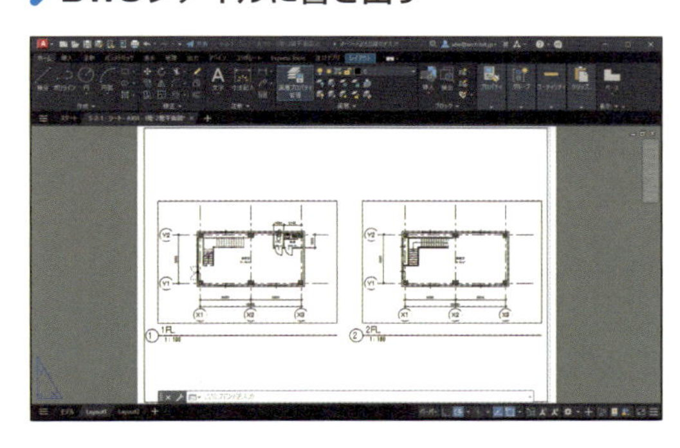

DWGファイルを読み込む

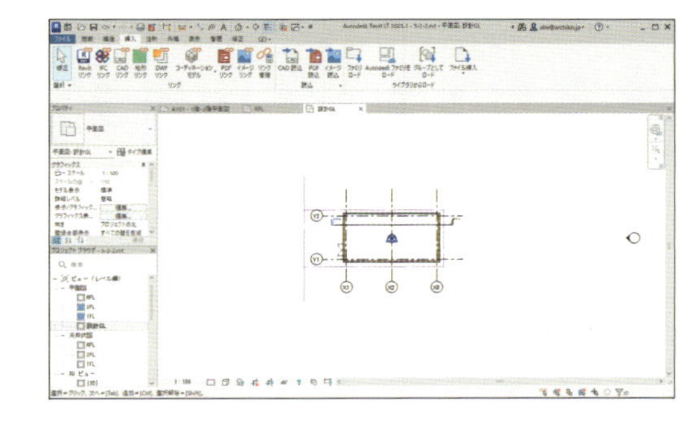

DAY 5-1

ビューとシート

作成したモデルから図面を作成するには、「シート」にモデルのビューを配置します。ここでは、まずビューとシートの関係性について説明し、その後で図面を作成するためのビューの設定やシートの作成といった具体的な手順を解説します。

5-1-1 ビューとシートの関係

作成したモデルのビューのなかから、図面にしたいビューを選んでシートに表示させることで、1枚の図面を作成できます。主なビューの種類については、P.20 **1-2-3**で解説しています(その他のビューについてはP.214 **COLUMN**参照)。

ビューで表現された要素はそのまま図面として表示されるため、あらかじめビューごとに縮尺(ビュースケール)や表示範囲、要素の表示/非表示や色、太さなどを設定しておく必要があります。

ビューの縮尺設定については**5-1-2**で解説します。ビューの表示範囲を設定する方法は複数あり、詳しくは**5-1-3**で解説します。ビュー内の要素の表示/非表示、色、太さなどは、[表示/グラフィックスの上書き]で設定します(**5-1-4**で解説)。これらのビュー設定は「ビューテンプレート」として保存でき(**5-1-5**で解説)、同じビューテンプレートをシートに表示するビューに適用することで、プロジェクト内での表現が統一されます。

また、シートには複数のビューや集計表、図面枠を表示できます(**5-1-6**で解説)。

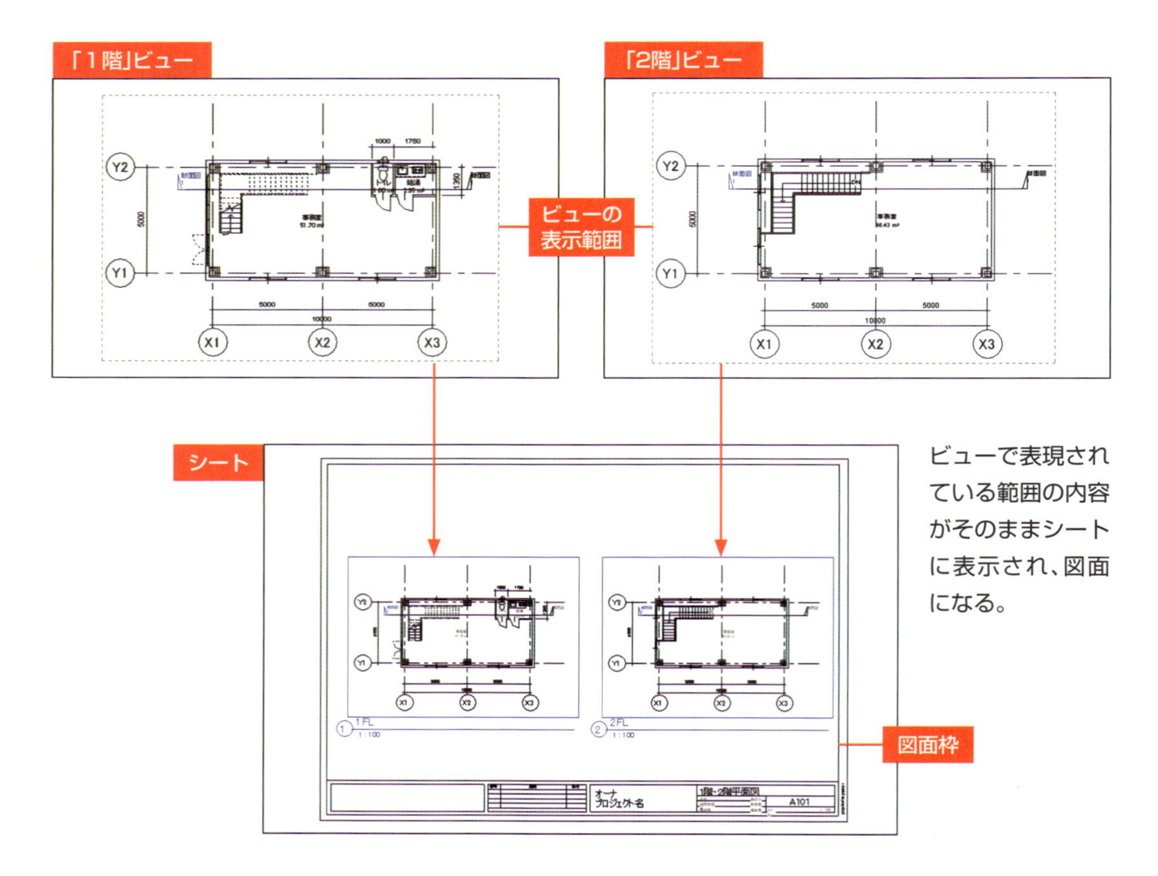

5-1-2 ビュースケールを設定する

「5th_day」－「5-1-2.rvt」

「ビュースケール」とは、線分や注釈などの図面表現の縮尺のことで、ビューごとに設定できます。この設定は、[プロパティパレット]の[グラフィックス]－[ビュースケール]か、[ビューコントロールバー]の[ビュースケール]で行います。

1. 「5-1-2.rvt」を開く。
2. [プロジェクトブラウザ]の[ビュー(レベル順)]－[平面図]－[1FL]をダブルクリックする。
3. [ビューコントロールバー]の[ビュースケール]をクリックして表示されるメニューから「1:200」を選択する。

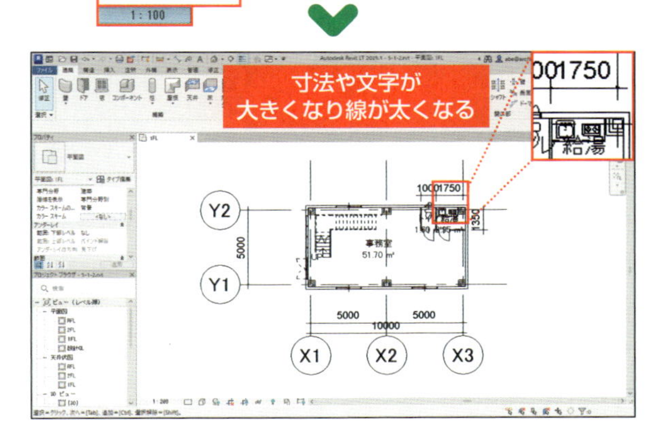

HINT ビュースケールの設定を変更できない場合

ビューテンプレート(P.205 5-1-5参照)が適用されたビューでは、ビュースケールの設定がグレー表示になり変更できない。そのため、[プロパティパレット]－[識別情報]－[ビューテンプレート]で[<なし>]を選択する必要がある。

ビュースケールが「1:100」から「1:200」に変更され、寸法値や文字が大きくなり、線も太くなりました。

HINT ビューごとの線の太さの設定

線の太さは、[管理]タブ－[設定]パネル－[その他の設定]－[線の太さ]をクリックして表示される[線の太さ]ダイアログ(図)で、ビュースケールごとに設定できる。

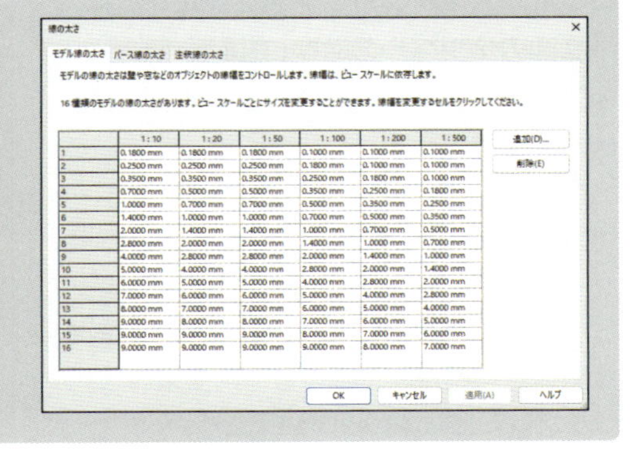

	1:10	1:20	1:50	1:100	1:200	1:500
1	0.1800 mm	0.1800 mm	0.1800 mm	0.1000 mm	0.1000 mm	0.1000 mm
2	0.2500 mm	0.2500 mm	0.2500 mm	0.1800 mm	0.1000 mm	0.1000 mm
3	0.3500 mm	0.3500 mm	0.3500 mm	0.2500 mm	0.1800 mm	0.1000 mm
4	0.7000 mm	0.5000 mm	0.5000 mm	0.3500 mm	0.2500 mm	0.1800 mm
5	1.0000 mm	0.7000 mm	0.7000 mm	0.5000 mm	0.3500 mm	0.2500 mm
6	1.4000 mm	1.0000 mm	1.0000 mm	0.7000 mm	0.5000 mm	0.3500 mm
7	2.0000 mm	1.4000 mm	1.4000 mm	1.0000 mm	0.7000 mm	0.5000 mm
8	2.8000 mm	2.0000 mm	2.0000 mm	1.4000 mm	1.0000 mm	0.7000 mm
9	4.0000 mm	2.8000 mm	2.8000 mm	2.0000 mm	1.4000 mm	1.0000 mm
10	5.0000 mm	4.0000 mm	4.0000 mm	2.8000 mm	2.0000 mm	1.4000 mm
11	6.0000 mm	5.0000 mm	5.0000 mm	4.0000 mm	2.8000 mm	2.0000 mm
12	7.0000 mm	6.0000 mm	6.0000 mm	5.0000 mm	4.0000 mm	2.8000 mm
13	8.0000 mm	7.0000 mm	7.0000 mm	6.0000 mm	5.0000 mm	4.0000 mm
14	9.0000 mm	8.0000 mm	8.0000 mm	7.0000 mm	6.0000 mm	5.0000 mm
15	9.0000 mm	9.0000 mm	9.0000 mm	8.0000 mm	7.0000 mm	6.0000 mm
16	9.0000 mm	9.0000 mm	9.0000 mm	9.0000 mm	8.0000 mm	7.0000 mm

5-1-3 ビューの表示範囲を設定する

ビューの表示範囲を設定するには、「トリミング領域」や「スコープボックス」「ビュー範囲」などさまざまな方法があります。ここでは、それぞれの設定方法の概要を紹介します。用途によって使い分けてください。

トリミング領域

要素をトリミング領域で区切ると、ビューの表示範囲となります。

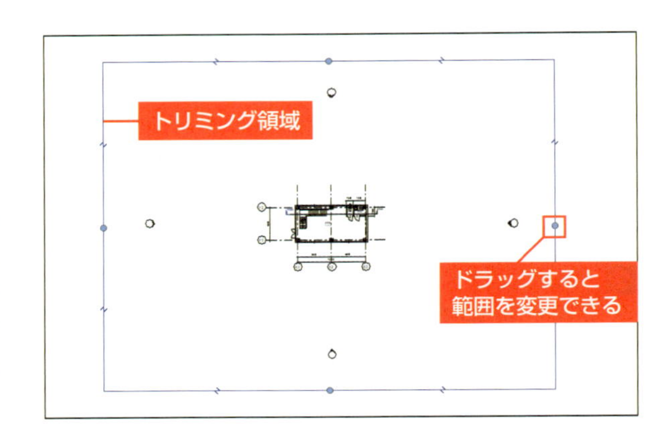

[ビューコントロールバー]の[トリミング領域を表示]をクリックするか、ビューの[プロパティパレット]の[範囲]－[トリミング領域を表示]にチェックを入れると、トリミング領域が表示される。トリミング領域を選択し、表示されるマーカー(青い丸)をドラッグすると、表示範囲を変更できる。

注釈トリミング領域

注釈やタグはトリミング領域の範囲外にあっても、注釈トリミング領域内に入っていれば表示されます。

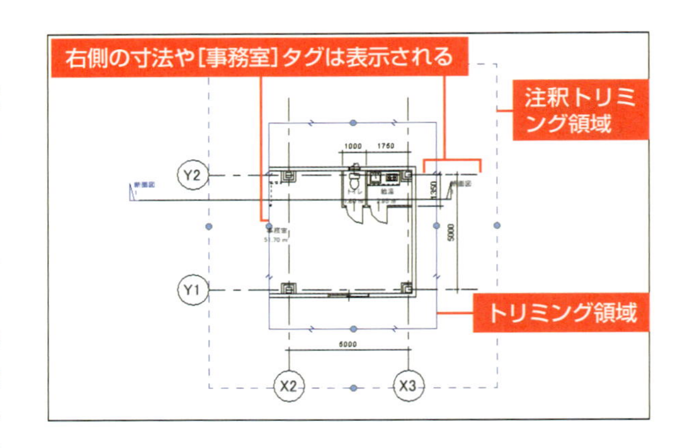

ビューの[プロパティパレット]の[範囲]－[注釈トリミング]にチェックを入れて、トリミング領域を選択すると、トリミング領域の外側に注釈トリミング領域が青色の破線で表示される。破線をクリックし、表示されるマーカー(青い丸)をドラッグすると、表示範囲を変更できる。

スコープボックス

いったんスコープボックスを設定すれば、平面図の全レベルのほか、立面図、断面図、3Dビューなどすべてのビューで、同じ領域を表示できます。

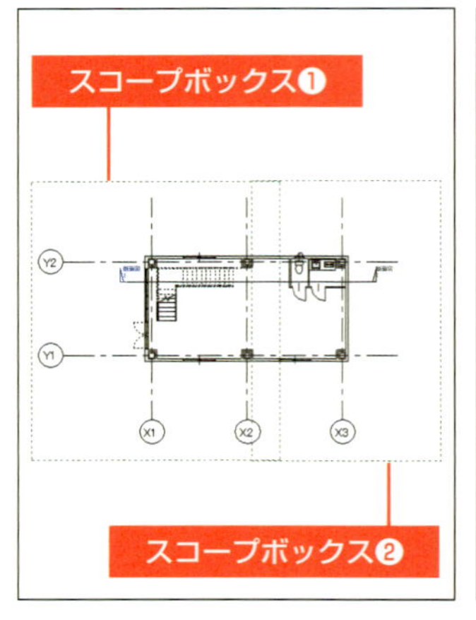

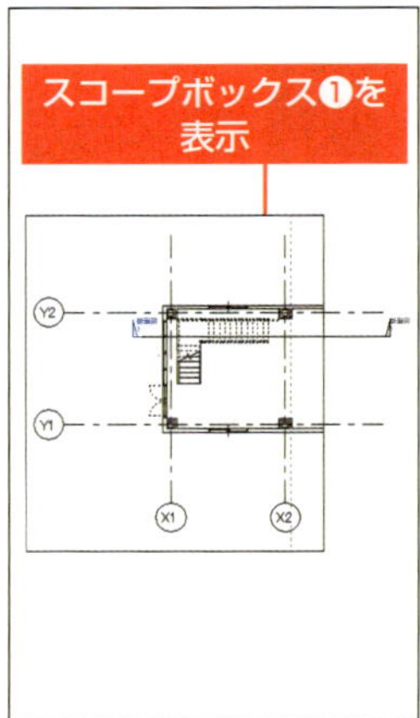

スコープボックスを配置するには、[表示]タブ－[作成]パネル－[スコープボックス]をクリックし、対角線の2点をクリックする。選択状態にすると表示される青い両側矢印をドラッグして、表示範囲を変更できる。

平面図ビューの表示範囲

平面図ビューの断面の位置や上下方向の表示範囲は[ビュー範囲]ダイアログで設定します。

[プロパティパレット]の[範囲]－[ビュー範囲]の[編集]をクリックすると、[ビュー範囲]ダイアログ(図)が表示される。

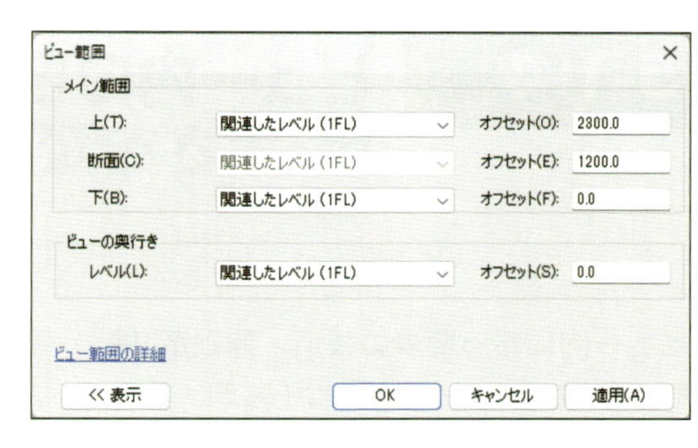

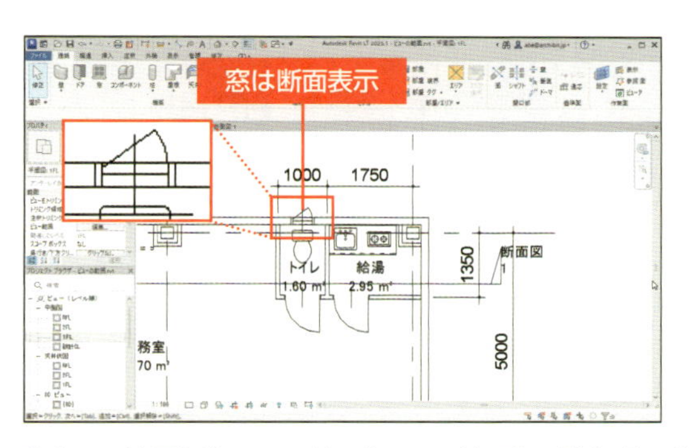

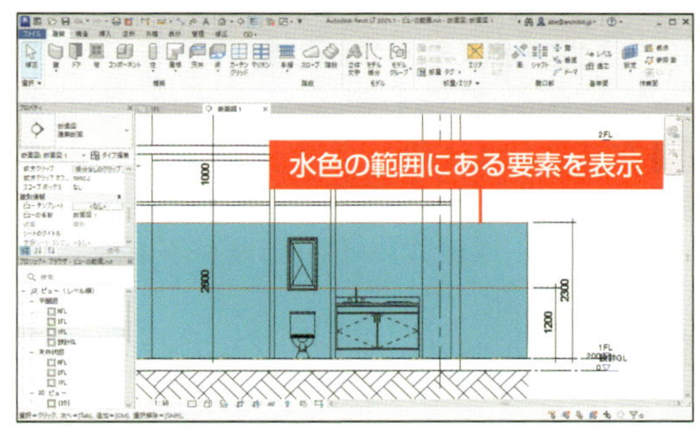

[ビュー範囲]ダイアログの[メイン範囲]の[断面]の値が、平面図ビューの切断位置になる。そのため、左図では窓は断面表示、システムキッチンは上から見た表示になっている。[メイン範囲]の[上][下]で指定した範囲の要素は、立面図ビュー(右図)で見ると水色の範囲内に表示される。このとき、[メイン範囲]の[断面]より下にある要素は上から見た表示となり、実線で表示される。[断面]より上にある要素は破線などの投影線で表示される。

立面図ビューの表示範囲

立面図ビューの表示範囲と視点の位置は、平面図ビューで設定します。

表示範囲を変更するには、立面図記号の先端をクリックし、[プロパティパレット]で[範囲]－[ビューをトリミング]にチェックを入れる。表示されるガイドライン両端のマーカー(青い丸)をドラッグすると、表示範囲を変更できる。

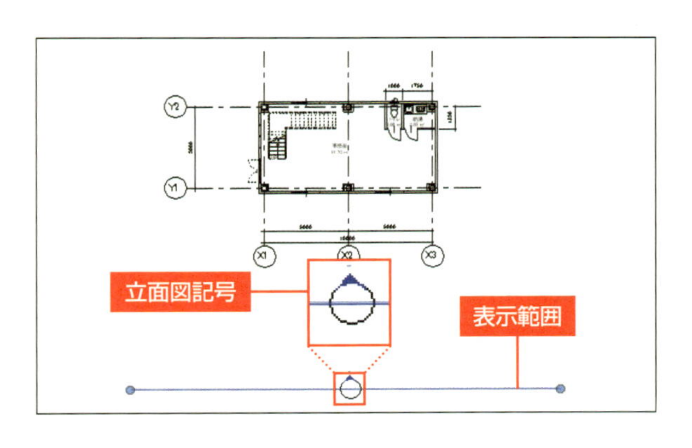

断面図ビューの表示範囲

断面図ビューの奥行きの表示範囲は、平面図ビューで設定します。

断面図の切断線をクリックすると表示される破線が断面図ビューの範囲を表している。奥行方向の表示範囲は、破線中央にある青色の両側矢印をドラッグすると変更できる。

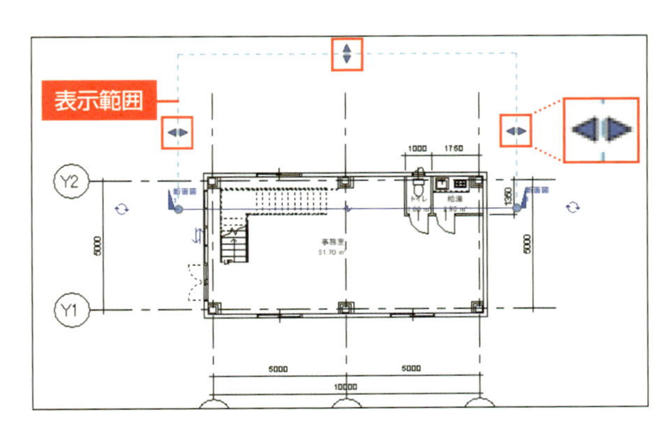

5-1-4 ビュー内の要素の表示／非表示・色・太さを変更する

「5th_day」－「5-1-4a.rvt」(作図前)
「5-1-4b.rvt」(作図後)

ビュー内にある要素の表示／非表示、線や断面の色・太さなどは[表示/グラフィックスの上書き]で設定できます。ここでは、壁を黒く塗りつぶします。

1 「5-1-4a.rvt」を開く。

2 [プロジェクトブラウザ]の[ビュー(レベル順)]－[平面図]－[1FL]をダブルクリックする。

3 [プロパティパレット]の[グラフィックス]－[表示/グラフィックスの上書き]の[編集]をクリックする。

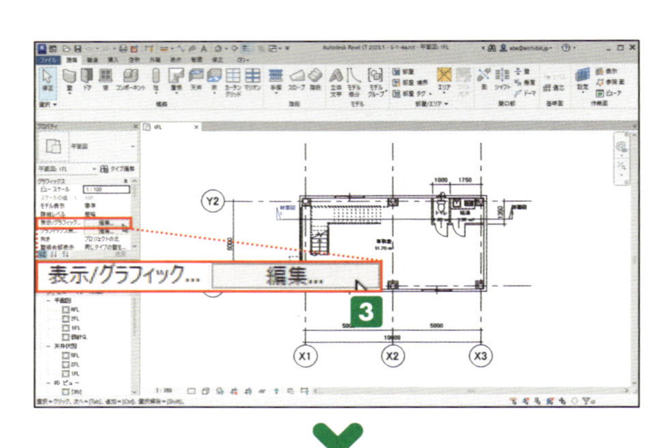

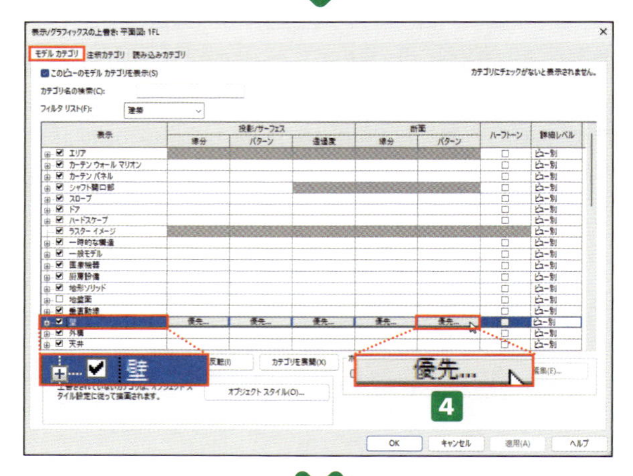

HINT 設定変更できない場合

P.201の **HINT** と同様に、[プロパティパレット]の[識別情報]－[ビューテンプレート]を[<なし>]にする必要がある。

4 [表示／グラフィックスの上書き]ダイアログが表示されるので、[モデルカテゴリ]タブをクリックする。[表示]欄－[壁]をクリックすると、[壁]行のすべての欄に[優先]ボタンが表示される。[断面]－[パターン]欄の[優先]ボタンをクリックする。

5 [塗り潰しパターングラフィックス]ダイアログが表示されるので、[パターンの上書き設定]－[背景]－[パターン]で[<塗り潰し>]を選択し、[色]を[黒]に設定して[OK]ボタンをクリックする。

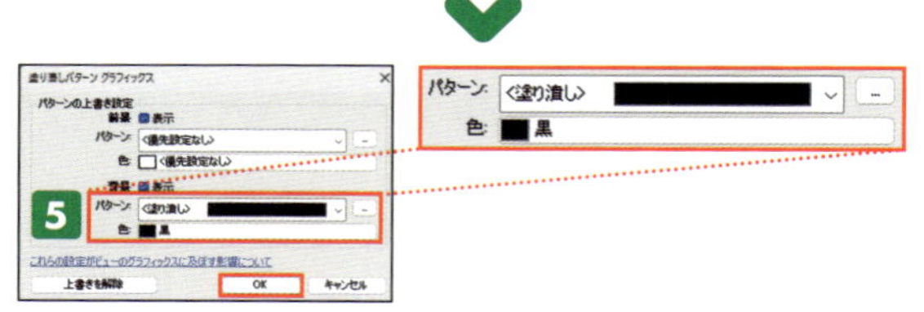

6 [表示／グラフィックスの上書き]ダイアログに戻るので、[OK]ボタンをクリックする。

設定が変更され、壁が黒く塗りつぶされました。

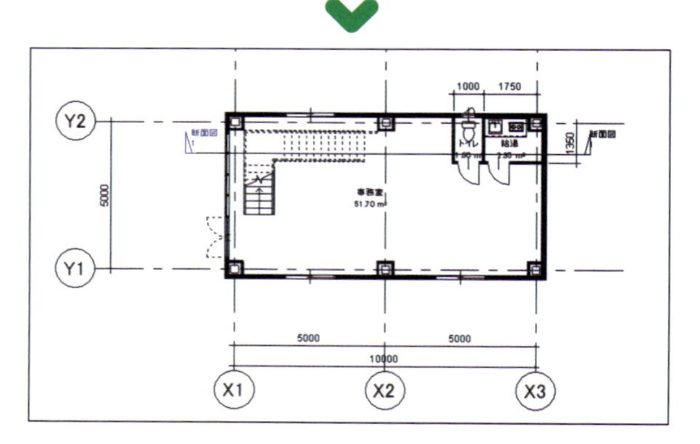

HINT

[オブジェクトスタイル]の設定

[表示/グラフィックスの上書き]の元となる線や断面の色・太さなどの設定は、[管理]タブー[設定]パネルー[オブジェクトスタイル] をクリックして表示される[オブジェクトスタイル]ダイアログ(図)で設定されている。手順5で[<優先設定なし>]を設定した場合は、この[オブジェクトスタイル]ダイアログの設定が採用される。

[オブジェクトスタイル]ダイアログ

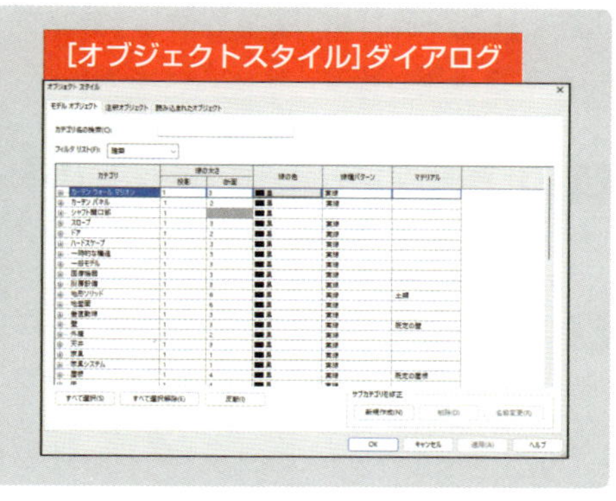

5-1-5 ビューテンプレートを作成する

「5th_day」-「5-1-5a.rvt」(作図前)
「5-1-5b.rvt」(作図後)

[表示/グラフィックスの上書き][ビュースケール][表示スタイル]などのビューに対して行った設定(パラメータ)を、「ビューテンプレート」として保存できます。ここでは、5-1-4で行った設定をビューテンプレートとして保存し、平面図ビューに適用します。

1 「5-1-5a.rvt」を開く。
2 [プロジェクトブラウザ]の[ビュー(レベル順)]-[平面図]-[1FL]をダブルクリックする。
3 [表示]タブー[グラフィックス]パネルー[ビューテンプレート]-[現在のビューからテンプレート作成]を選択する。
4 [新しいビューテンプレート]ダイアログが表示されるので、[名前]にテンプレート名(ここでは、「壁 黒塗り潰し」)を入力して[OK]ボタンをクリックする。
5 [ビューテンプレート]ダイアログが表示される。[ビューテンプレート]-[名前]で[壁 黒塗り潰し]を選択する。[ビュープロパティ]リストの各項目の[含める]にチェックを入れて[OK]ボタンをクリックする。

「1FL」ビューに「壁 黒塗り潰し」テンプレートが適用されました。

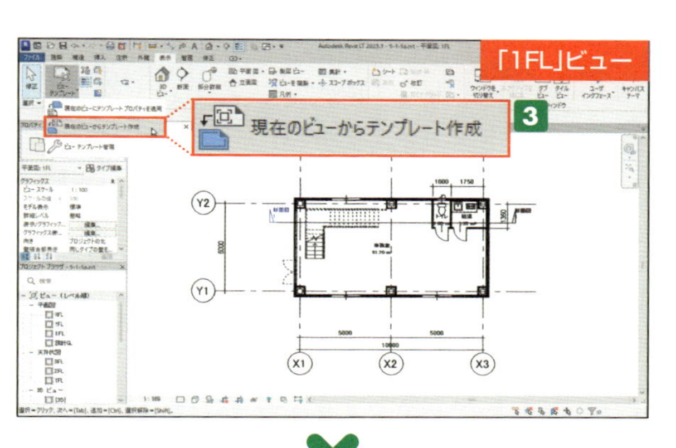

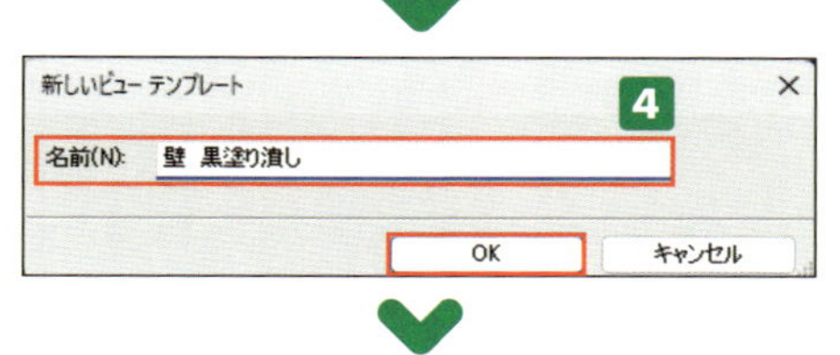

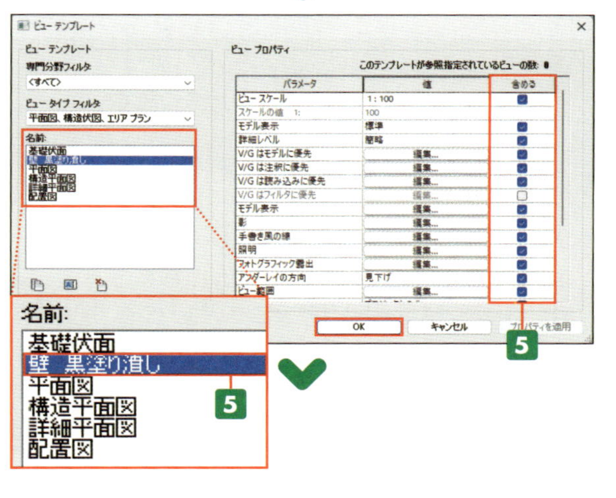

「2FL」ビューに「壁 黒塗り潰し」テンプレートを適用します。

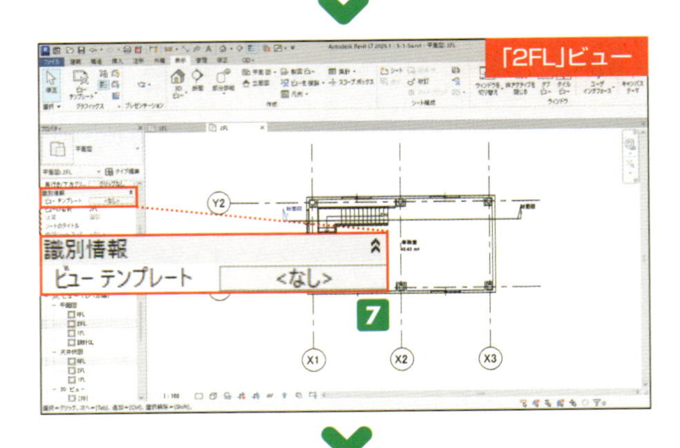

6 [プロジェクトブラウザ]の[ビュー(レベル順)]－[平面図]－[2FL]をダブルクリックする。

7 [プロパティパレット]の[識別情報]－[ビューテンプレート]の[<なし>]をクリックする。

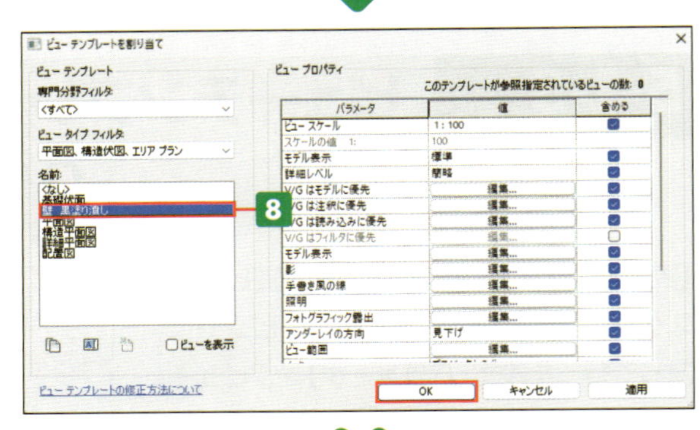

8 [ビューテンプレートを割り当て]ダイアログが表示されるので、[ビューテンプレート]－[名前]に、手順1～5で作成したビューテンプレートの[壁 黒塗り潰し]を選択して[OK]ボタンをクリックする。

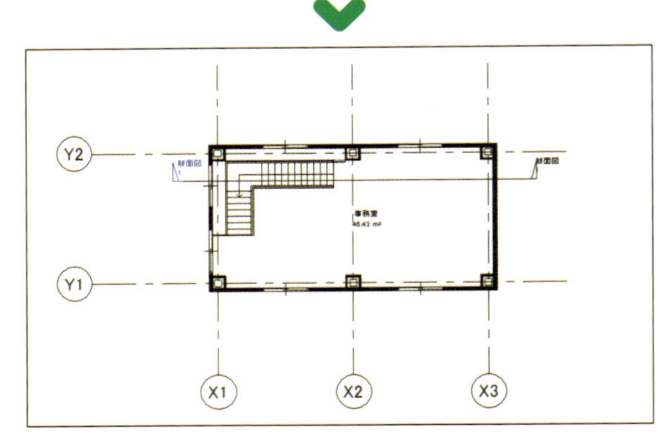

「2FL」ビューに「壁 黒塗り潰し」テンプレートが適用され、「1FL」と「2FL」の表示が統一されました。

HINT

ビューテンプレートの設定変更

ビューテンプレートの設定変更は、[表示]タブ－[グラフィックス]パネル－[ビューテンプレート]－[ビューテンプレート管理](左図)をクリックして表示される[ビューテンプレート]ダイアログ(右図)で行える。

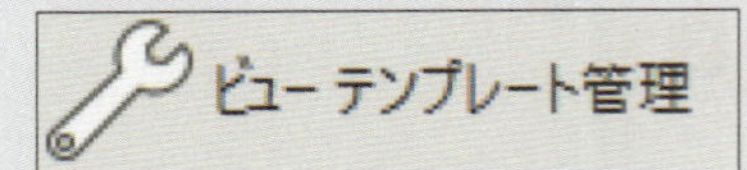

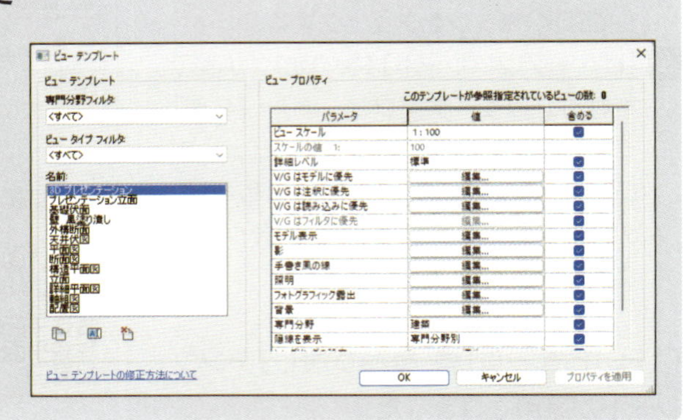

5-1-6 シートを作成して印刷する

「5th_day」ー「5-1-6a.rvt」(作図前)
「5-1-6b.rvt」(表示範囲設定)
「5-1-6c.rvt」(作図後)
「5-1- 6 pdf」(出力ファイル)

印刷用の台紙の役割をする「シート」を作成します。まず、スコープボックスを利用して、シートに表示する範囲を設定してから、シートを作成します。

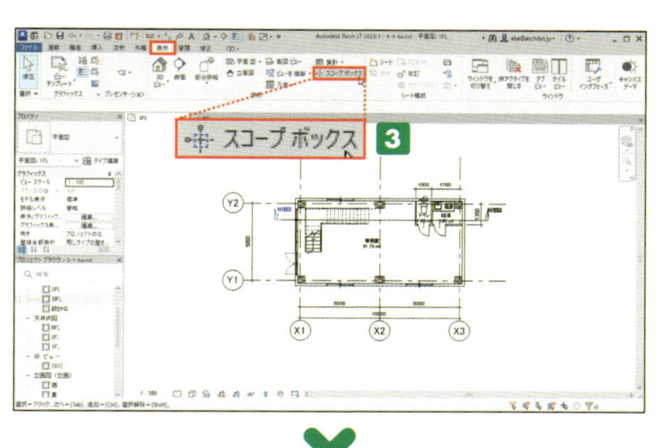

1 [5-1-6a.rvt]を開く。
2 [プロジェクトブラウザ]の[ビュー(レベル順)]ー[平面図]ー[1FL]をダブルクリックする。
3 [表示]タブー[作成]パネルー[スコープボックス]をクリックする。
4 作成したモデルを囲むように対角線の2点をクリックすると、スコープボックスが作成される。

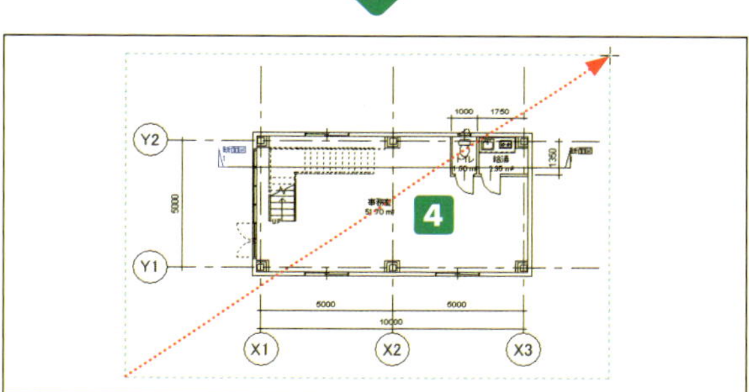

5 スコープボックスのドラッグコントロール(青い両側矢印)をドラッグし、図面が表示される範囲でスコープボックスをなるべく小さく変更する。
6 [修正]ツールを選択して[スコープボックス]ツールを終了する。

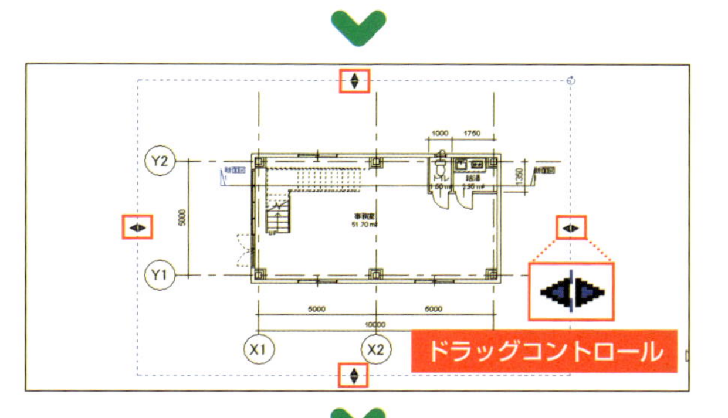

7 [プロパティパレット]の[範囲]ー[スコープボックス]で[スコープボックス1]を選択する。
8 [トリミング領域を表示]のチェックを外す。
9 [注釈トリミング]のチェックを外す。
10 [適用]をクリックする。

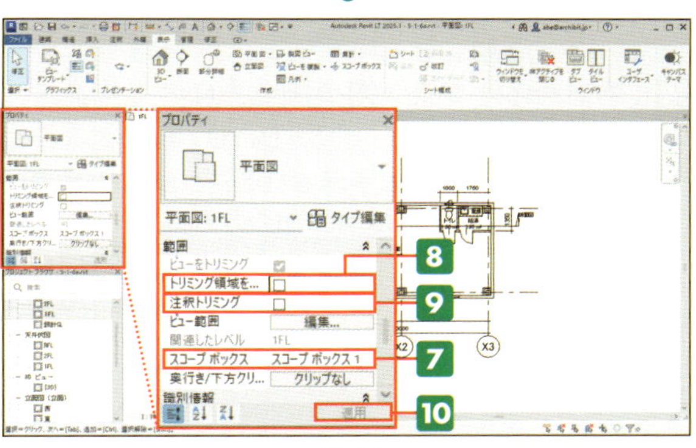

[1FL]の表示範囲を設定できました。

[2FL]の表示範囲を設定します。

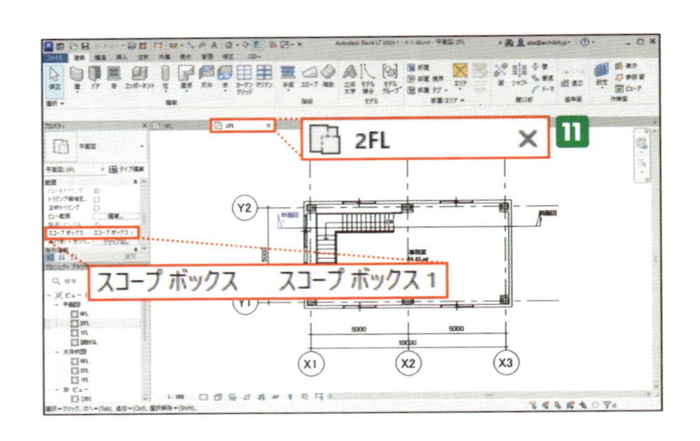

11 手順 **2** ～ **10** と同様にして、[2FL]のビューも表示範囲に[スコープボックス1]を設定する。

[1FL]と[2FL]の表示範囲の設定が完了しました。

> **HINT 印刷の範囲**
>
> この範囲がP.210 手順**23**で表示されるビューの範囲となる。

続けて、シートに「1FL」ビューと[2FL]ビューを配置し、PDF形式のファイルに出力する手順を解説します。

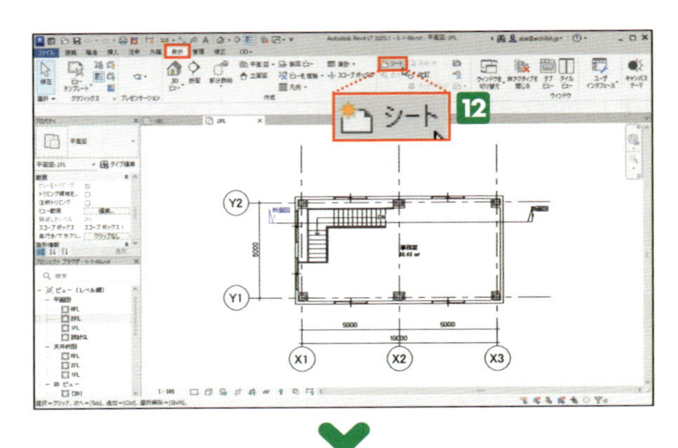

12 [表示]タブ－[シート構成]パネル－[シート]をクリックする。

13 [新規シート]ダイアログが表示されるので、下記のように設定して[OK]ボタンをクリックする。
[図面枠を選択]：なし
[プレースホルダシートを選択]：新しい

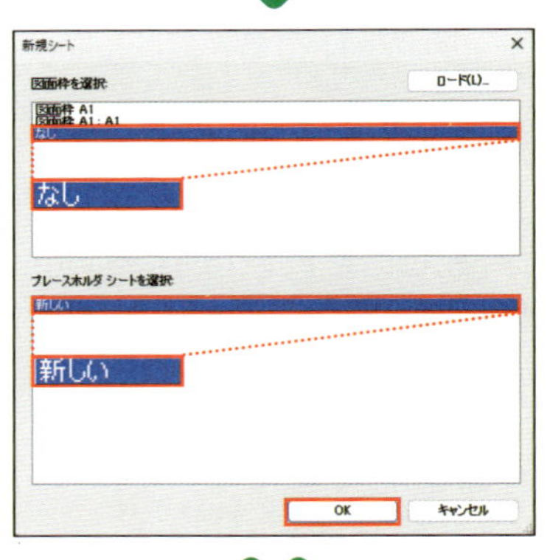

> **HINT プレースホルダシートとは**
>
> 集計表でシート番号やシート名のリストを作成しておくと、そのリストが[プレースホルダ シート]に表示され、選択できるようになる。

シート「A101-無題」が作成されました。シート名を変更します。

14 [プロジェクトブラウザ]の[ビュー(レベル順)]－[シート(すべて)]－[A101-無題]を右クリックして表示されるコンテキストメニューから[名前変更]をクリックする。

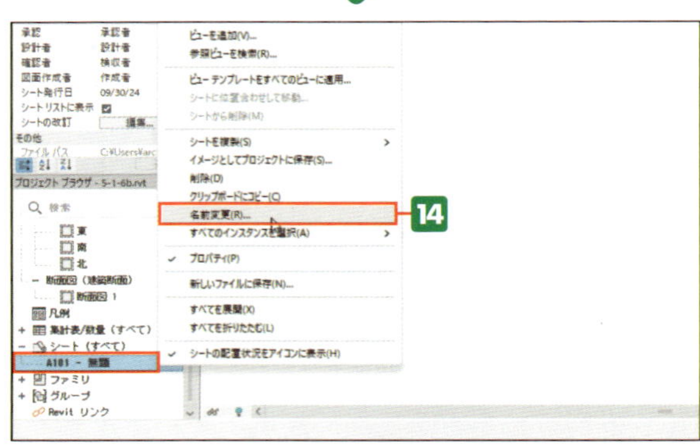

15 [シートのタイトル]ダイアログが表示される。[番号]に「A101」、[名前]に「1階・2階平面図」と入力して[OK]ボタンをクリックする。

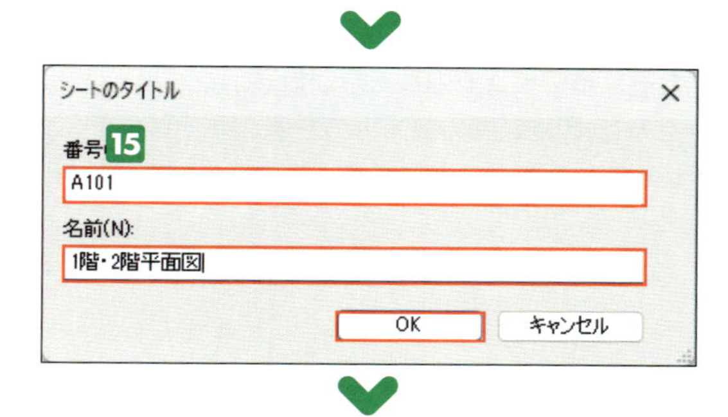

シート名を変更できました。

印刷範囲を入力します。

16 [注釈]タブー[詳細]パネルー[詳細線分]をクリックする。

17 [修正｜配置 詳細線分]タブー[描画]パネルー[長方形]をクリックする。

18 作図領域にA3用紙の印刷範囲として横400×縦280の長方形を作図する。

19 [修正]ツールをクリックして[詳細線分]ツールを終了する。

シートにビューを配置します。

20 [表示]タブー[シート構成]パネルー[表示]をクリックする。

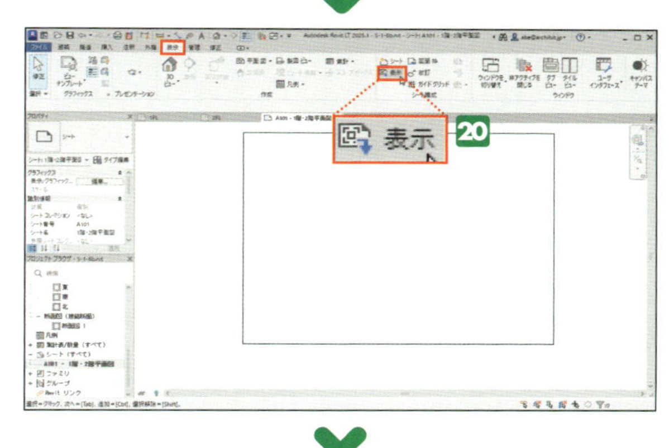

21 [ビューを選択]ダイアログが表示されるので、[平面図：1FL]を選択して[OK]ボタンをクリックする。

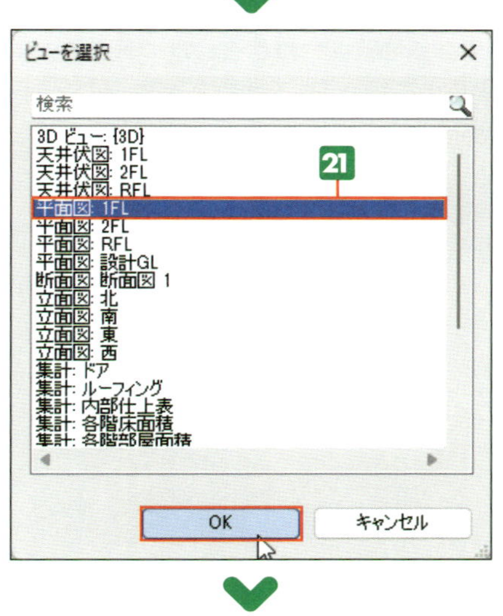

22 カーソルにビューの長方形が仮表示されるので、印刷範囲の長方形の左側、図に示したあたりでクリックする。

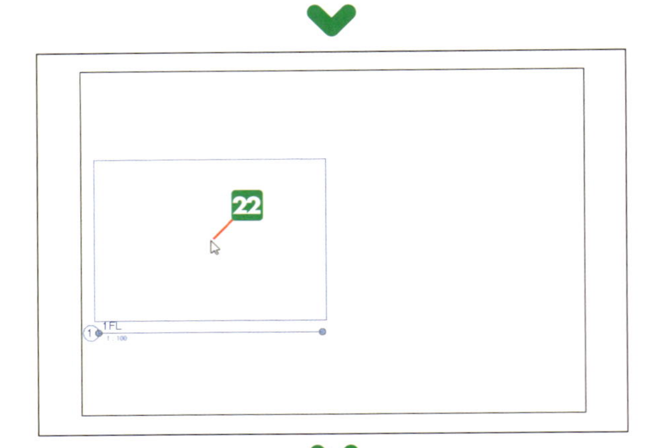

23 作図領域の何もない位置をクリックして選択を解除する。

シートに「1FL」の平面図ビューが配置されました。

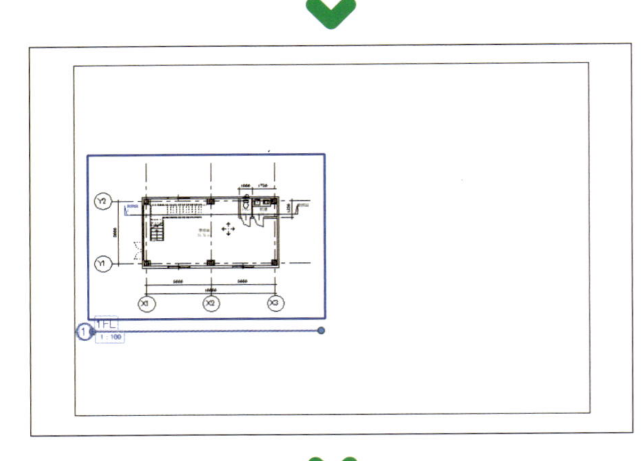

シートに「2FL」の平面図ビューを配置します。

24 手順20～23と同様にして、印刷範囲の右側、[平面図：1FL]と水平な位置に[平面図：2FL]を配置する。カーソルにビューが仮表示されたときに、[平面図：1FL]と水平になる位置に合わせるとガイドライン（青色の破線）が表示されるので、配置の際の目安にする。

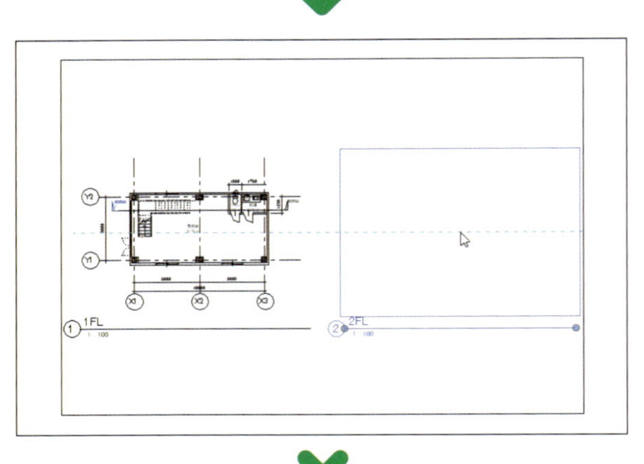

シートが完成しました。

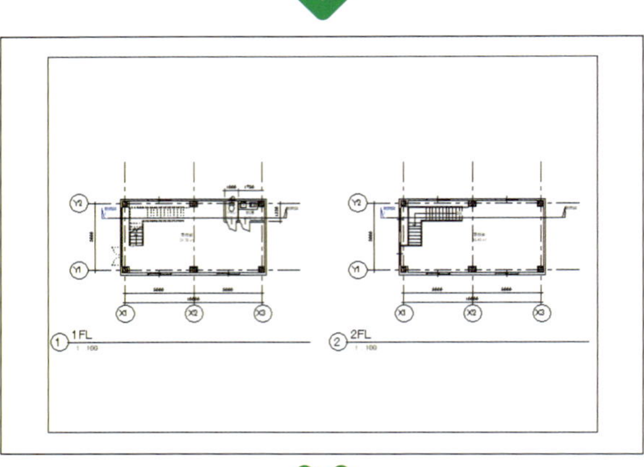

HINT

ビューのタイトル線の長さの変更

ビューのタイトル線の長さを変更したいときは、[修正]ツールでビューの図面をクリックし、タイトル線の端に表示されるドラッグコントロール(青い丸)をドラッグして変更する。

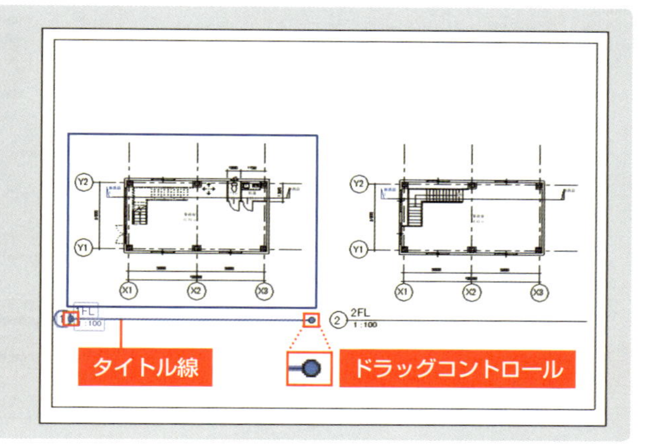

印刷設定を行い、PDF形式のファイルに出力します。

25 [クイックアクセスツールバー]の[出力]をクリックする。

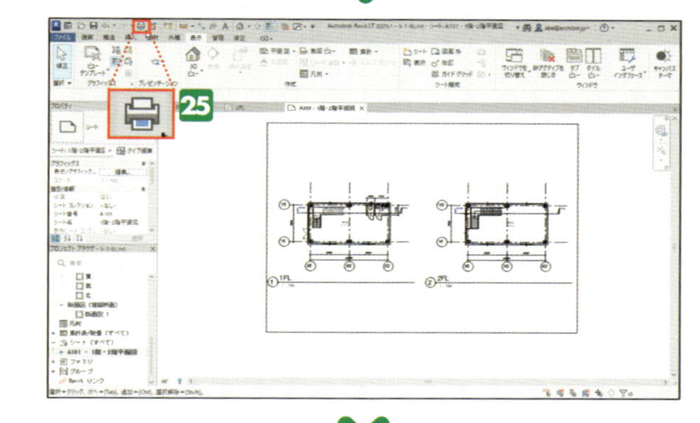

26 [出力]ダイアログが表示されるので、[プリンタ]の[名前]で出力先を選択する。ここでは「AdobePDF」を選択するが、プリンターで印刷する場合には、使用するプリンター名を選択する。

27 [設定]－[設定]ボタンをクリックする。

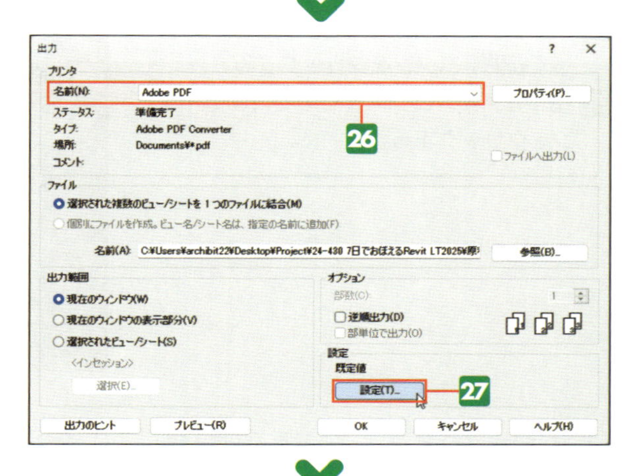

28 [出力設定]ダイアログが表示されるので、下記のように設定して[OK]ボタンをクリックする。
[用紙]－[サイズ]：A3
[向き]：横
[用紙の配置]：中心
[ズーム]：[ズーム]を選択して「100」サイズ(%)

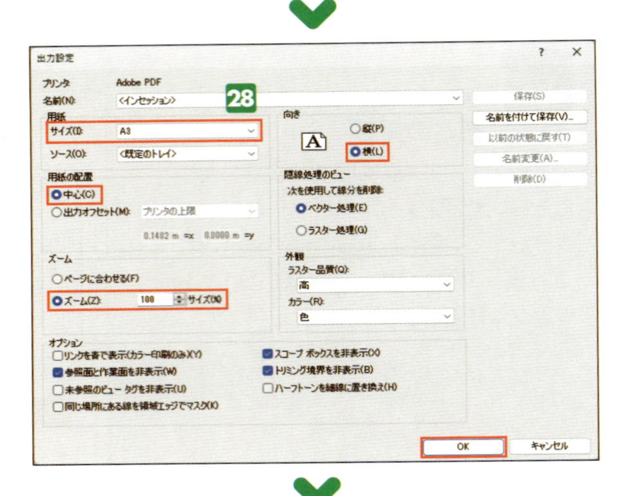

29 [出力]ダイアログに戻るので、[プレビュー]ボタンをクリックする。

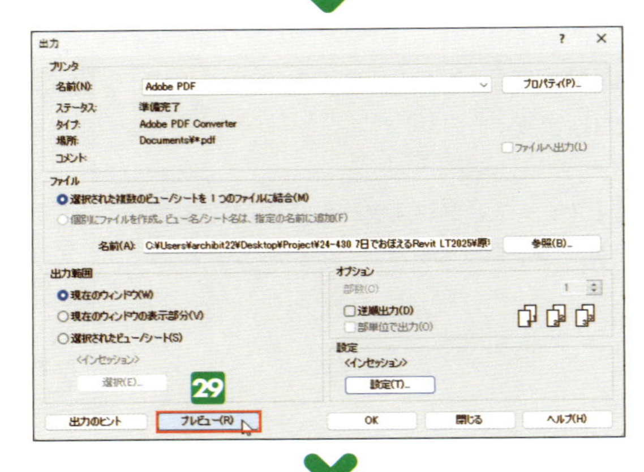

30 印刷プレビューが表示されるので、確認して[印刷]ボタンをクリックする。
31 [出力]ダイアログに戻るので、[OK]ボタンをクリックする。

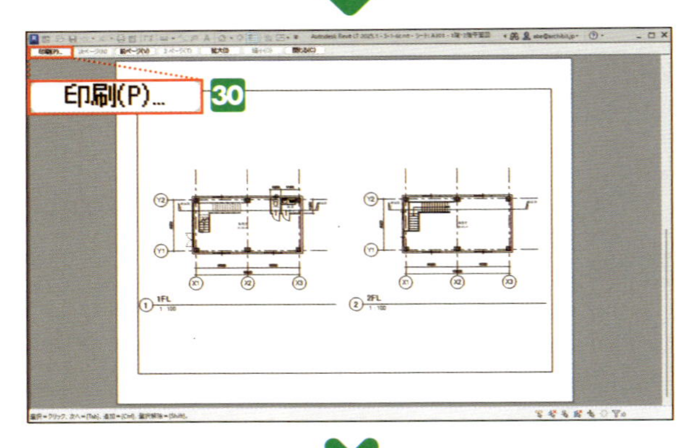

印刷が開始されます。ここでは、[印刷結果を名前を付けて保存]ダイアログが表示されるので、ファイル名と出力先（保存場所）を指定すると、PDFファイルが作成されます。図は、出力されたPDFをAdobe Acrobatで開いたところです。

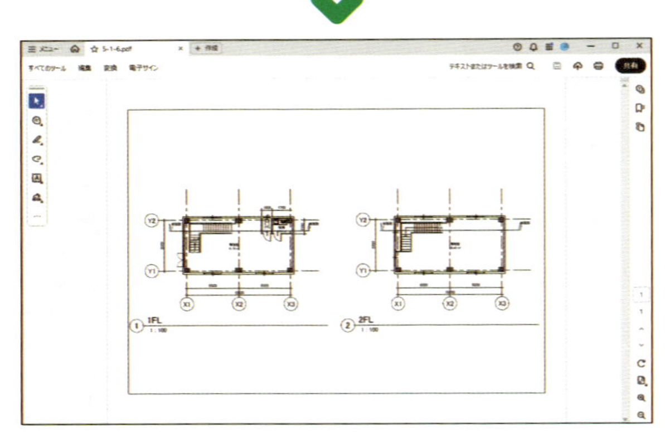

HINT

シートに配置されたビューの確認

[プロジェクトブラウザ]の[ビュー(レベル順)]－[シート(すべて)]－[A101-1階・2階平面図]の[+]をクリックして展開すると、シートに配置されているビューが表示される。

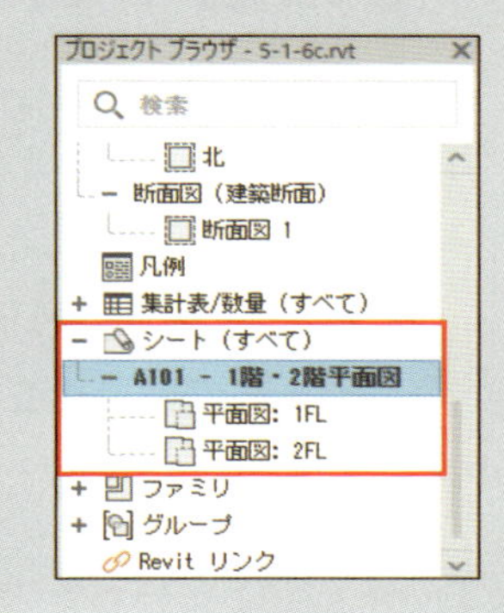

HINT

出力設定の保存

手順28の[出力設定]ダイアログで設定を変更して[OK]ボタンをクリックすると、[設定を保存]ダイアログ(図)が表示されることがある。[はい]をクリックし、名前を指定して保存すると、[出力設定]ダイアログの[名前]でその出力設定を選択し、読み込めるようになる。

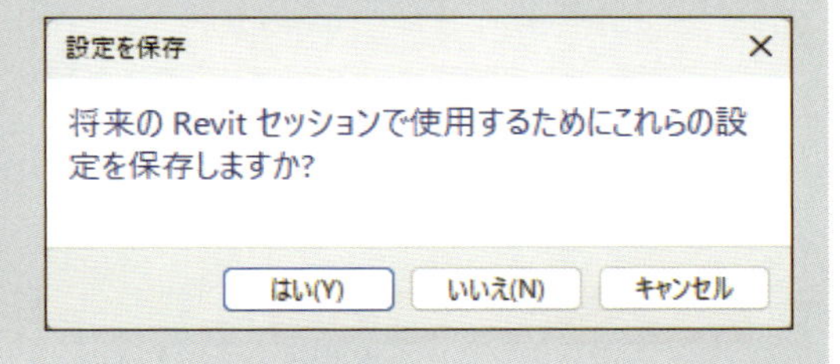

COLUMN

その他のビュー／ビューの複製

主なビューの種類については、P.20 **1-2-3**で解説しましたが、ここでは、その他のビューを紹介します。また、ビューを複製する際の注意についても解説します。

● その他のビュー

製図ビュー

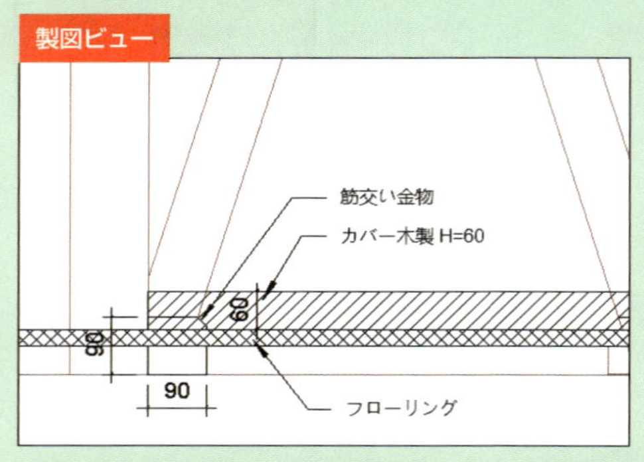

主に[詳細線分]を使用して2次元の図面を描くビュー。部分詳細図や納まりの検討図を描くときに使用する。

凡例ビュー

壁や建具、記号の凡例を作成するビュー。プロジェクトファイル内にロードされているファミリを平面図や立面図などの表現で挿入し、凡例として利用できる。

吹き出しビュー(部分詳細図ビュー)

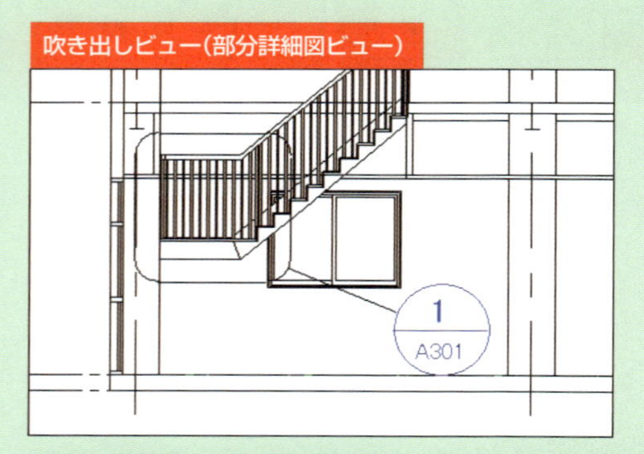

平面図や断面図の一部分を切り取って拡大表示するビュー。部分詳細図やディテール図などで利用する。ビューの吹き出し記号の番号は、シート作成時に自動で入力される。

エリアプランビュー

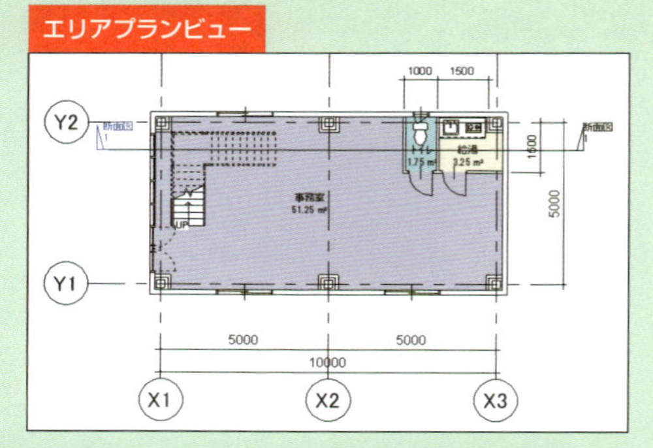

平面図ビューを利用して、エリア分けや面積を表示できるビュー。建築面積やレンタブル比などの面積根拠図のほか、カラースキームを編集して色分け図などを作成できる。

● ビューの複製

ビューを複製するには、[プロジェクトブラウザ]で複製したいビューを右クリックし、下記の3通りから複製方法を選択する。

[複製]：ビューにある注釈や詳細線分などの要素は複製されない。

[詳細を含めて複製]：注釈や詳細線分などの要素も含めて複製される。ただし、元のビューに注釈を追加するなどの変更を加えても、複製ビューには反映されない。

[従属として複製]：注釈や詳細線分などの要素も含めて複製され、元のビューに加えられた変更も反映される。[表示／グラフィックスの上書き]やトリミング領域などの設定はそれぞれのビューで行えるので、1つの平面図を2つのビューに分けたいときになどに使用する。

DAY 5-2

DWGファイルの書き出しと読み込み

Revitでは、作成したシートやビューをDWGやFBX、IFCなどのファイルに書き出すことができます。また、DWGやSketchUpのSKPファイルなどを読み込むことができます。ここでは、Revitと親和性の高いDWGファイルへの書き出しと読み込みについて解説します。

5-2-1 DWGファイルに書き出す

「5th_day」－「5-2-1.rvt」
「5-2-1-シート-A101.dwg」(出力ファイル)

Revitでは、作成したシートやビューのなかから必要なものを選択して、DWGファイルとして書き出す(保存する)ことができます。ここでは、シートをDWGファイルとして書き出します。

1. 「5-2-1.rvt」を開く。
2. [プロジェクトブラウザ]の[ビュー(レベル順)]－[シート(すべて)]－[A101-無題]をダブルクリックする。
3. [ファイル]タブ－[書き出し]－[CAD形式]－[DWG]をクリックする。
4. [DWG書き出し]ダイアログが表示されるので、[書き出し設定を修正]ボタンをクリックする。
5. [DWG/DXF書き出し設定を修正]ダイアログが表示されるので、レイヤや色、単位、DWGのバージョンなどを設定して[OK]ボタンをクリックする。

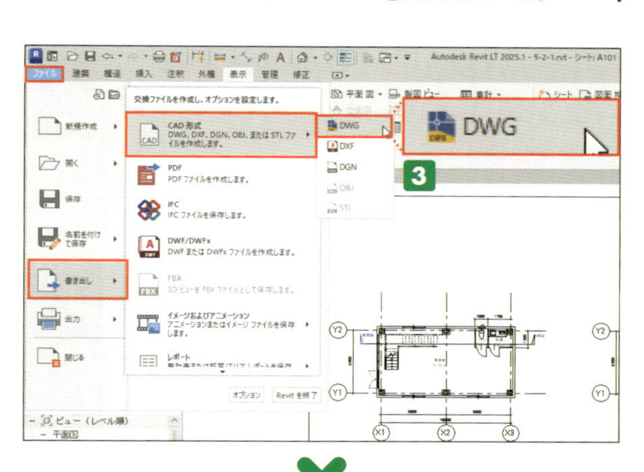

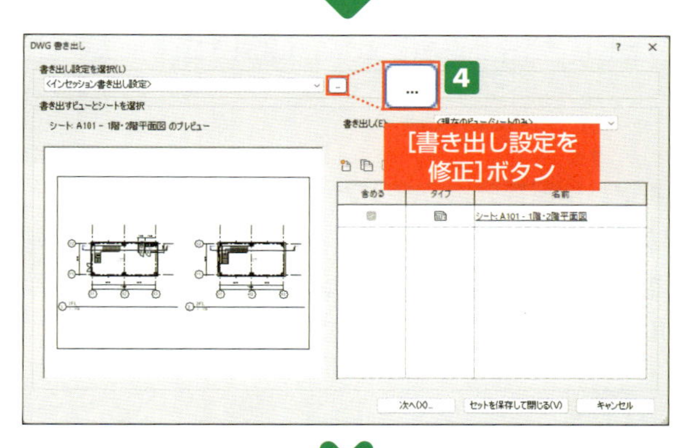

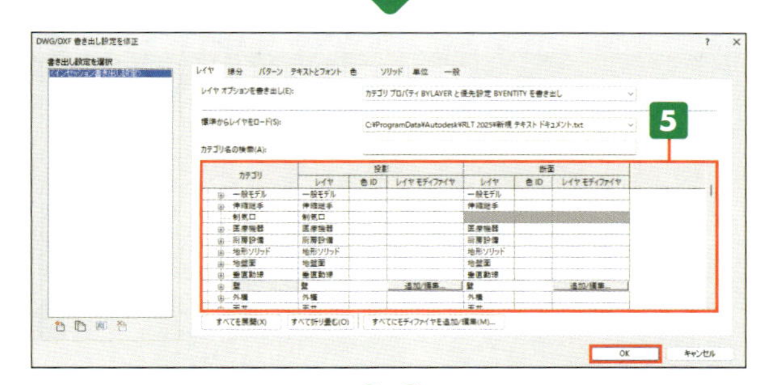

HINT

レイヤ名をカテゴリの名前に変更

Revitでは、要素ごとに作図を行うため、レイヤ分けがされていない。そのため、[DWG／DXF書き出し設定を修正]ダイアログの[レイヤ]を「カーテンシステム」や「事務室内壁」などのカテゴリ名に変更しておくと、CADに読み込むときにわかりやすい。

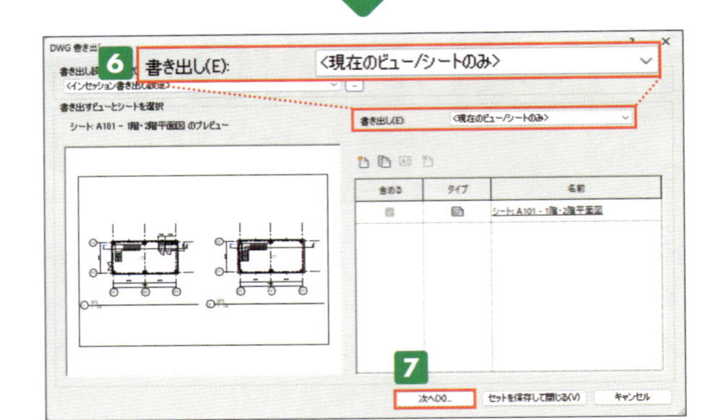

6 [DWG書き出し]ダイアログに戻るので、[書き出し]に[<現在のビュー/シートのみ>]を選択する。

7 [次へ]ボタンをクリックする。

ビュー／シートを一度に書き出し

手順6で[書き出し]に[<インセッション ビュー/シートセット>]を選択すると、すべてのビュー／シートを一度に書き出せる。

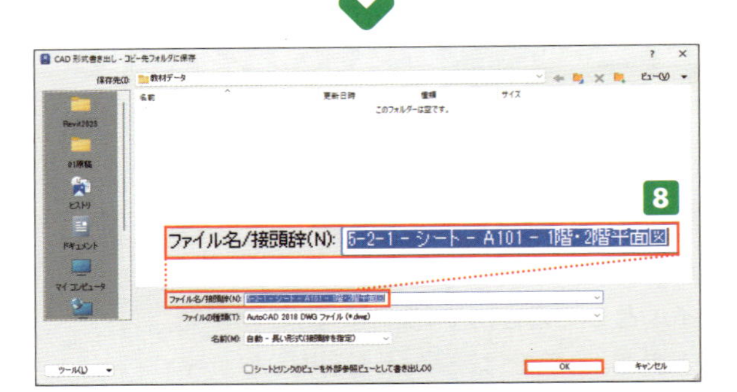

8 [CAD形式書き出し - コピー先フォルダに保存]ダイアログが表示されるので、[保存先]や[ファイル名](ここでは、「5-2-1-シート-A101」)を指定して[OK]ボタンをクリックする。

シート内のビューを外部参照として書き出し

シートを書き出す際に、[CAD形式書き出し - コピー先フォルダに保存]ダイアログの一番下にある[シートとリンクのビューを外部参照ビューとして書き出し]にチェックを入れると、シート内に配置したビューが書き出され、AutoCADでは外部参照として読み込まれる。

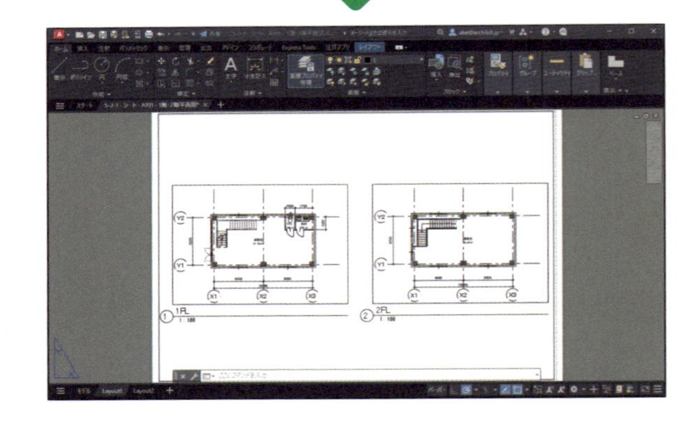

指定した保存先にDWGファイル(ここでは、「5-2-1-シート-A101」)が書き出しされます(図は、書き出したDWGファイルをAutoCADで開いたところ)。

「3D」ビューの書き出し

「3D」ビューは、3次元データとして書き出しされる(図は、書き出したDWGファイルをAutoCADで開いたところ)。

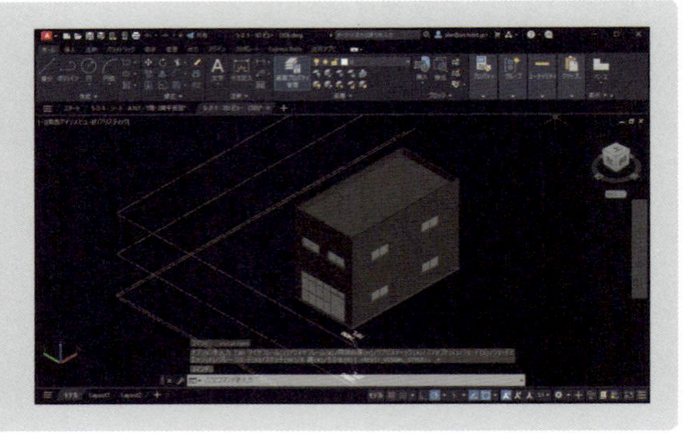

5-2-2 DWGファイルを読み込む

「5th_day」－「5-2-2.rvt」
「sikiti.dwg」

AutoCADなどで作成したDWGファイルをRevitのプロジェクトファイル内に読み込むことができます。ここでは、敷地を描いたDWGファイルを読み込んで、「設計GL」の平面図ビューに表示します。

1 「5-2-2.rvt」を開く。
2 DWGファイルを読み込むビュー（ここでは、[プロジェクトブラウザ]の[ビュー（レベル順）]－[平面図]－[設計GL]）をダブルクリックする。
3 [挿入]タブ－[読込]パネル－[CAD読込]をクリックする。
4 [CAD読込]ダイアログが表示されるので、読み込むファイル（ここでは、「sikiti.dwg」）を選択する。
5 下記のように設定して[開く]ボタンをクリックする。
[カラー]：保持
[レイヤ／レベル]：すべて
[読み込み単位]：自動検出
わずかに軸を外れた線分を修正：チェックを入れる
[配置]：自動 - 原点を内部原点に
[配置先]：設計GL
[ビューで方向指定]：チェックを入れる

DWGファイルがビュー内に読み込まれます。

読み込んだDWGファイルの表示／非表示の切り替えやレイヤの色などの設定は、[表示/グラフィックスの上書き]ダイアログ（P.204 **5-1-4**参照）の[読み込みカテゴリ]タブで設定できます。

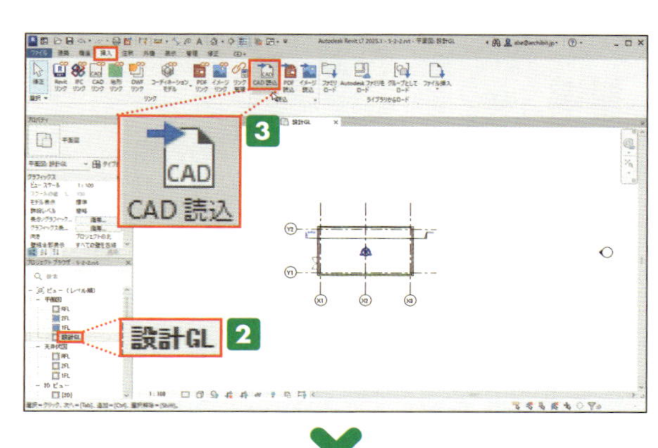

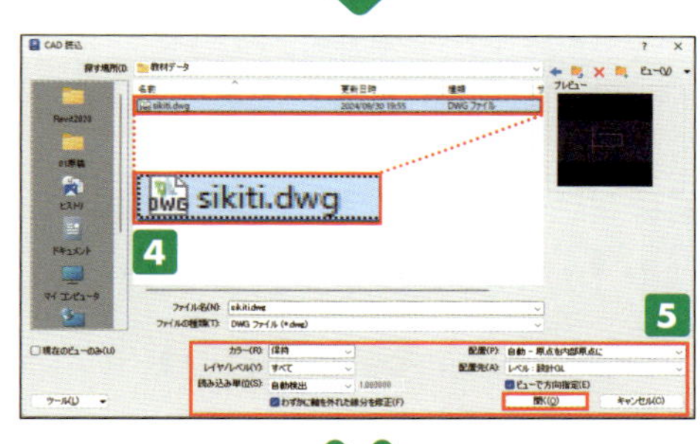

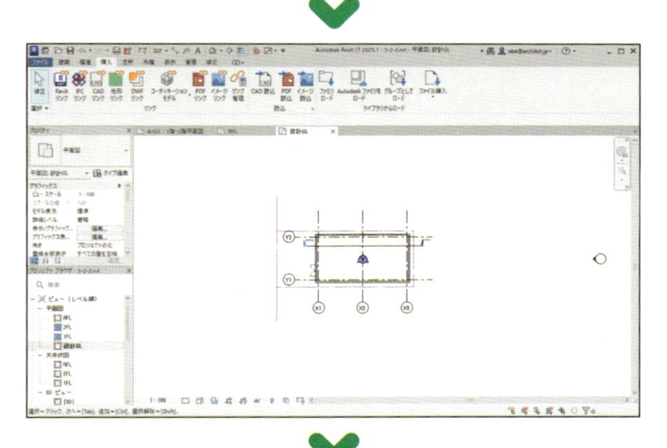

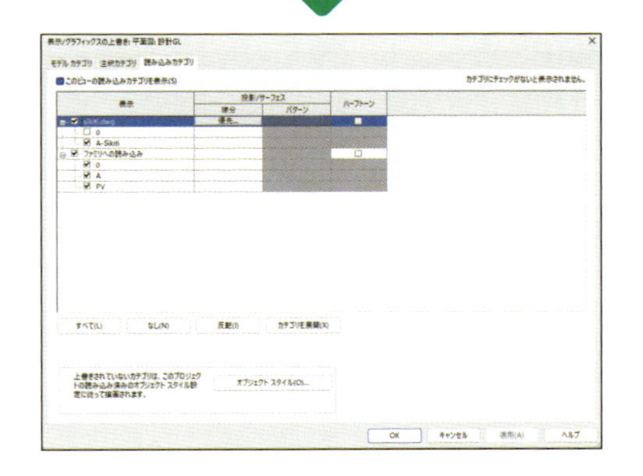

読み込んだファイルが表示されない場合

読み込んだファイルが表示されないときは、ビューの範囲外に読み込まれている可能性がある。トリミング領域やスコープボックスなど(P.202 **5-1-3**参照)でビューの範囲を変更すると、表示されることがある。

Revitの内部原点の位置

手順**5**で[配置]を[自動 - 原点を内部原点に]に設定すると、読み込むDWGファイルの原点をRevitの内部原点(内部座標の始点で、モデル内のすべての要素の基準)に合わせて読み込まれる。
Revitの内部原点の位置は非表示になっているが、[ビューコントロールバー]の[非表示要素の一時表示]をクリックすると図のように表示され、確認できる。

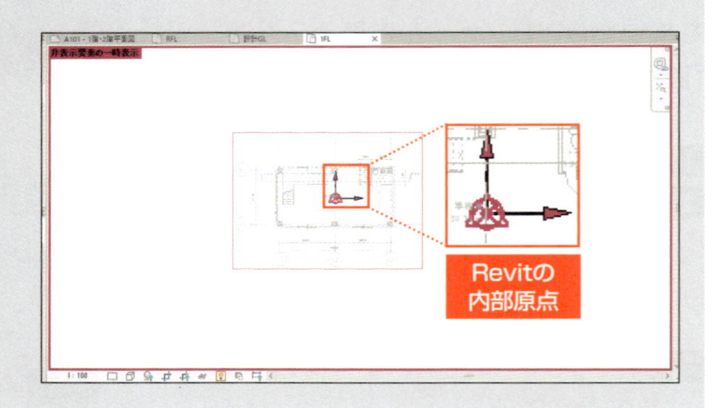

[CAD読込]と[CADリンク]の違い

ここで解説したCADファイルの読み込み([CAD読込])と似た機能に、[CADリンク]([挿入]タブー[リンク]パネルー[CADリンク])がある。
[CADリンク]にした場合、図面の表示は[CAD読込]と同じである。ただし、[CADリンク]は、元のCADファイル(図面)に更新を加えたときに、[挿入]タブー[リンク]パネルー[リンク管理]をクリックして表示される[リンク管理]ダイアログ(図)の[CAD]タブで[再ロード]ボタンをクリックすると、変更がRevit上で「CADリンク」された図面に反映される。

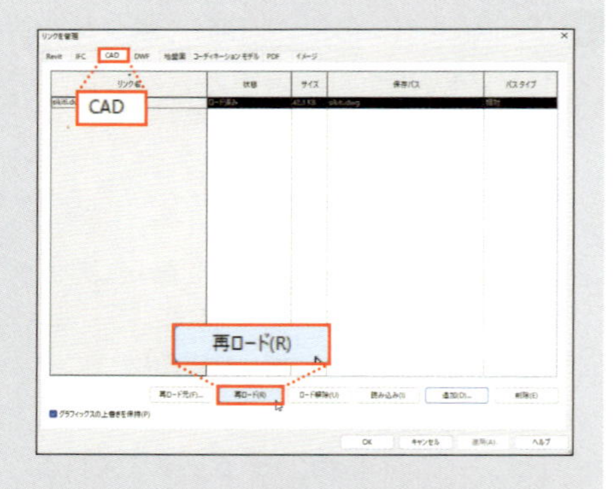

一方、[CAD読込]の場合は、変更したCADファイルの読み込みをはじめからやり直さないと、Revit上の図面には変更が反映されない。
また、[CADリンク]を含むRevitファイルを他者に渡す場合には、リンク元のCADファイルも一緒に渡す必要がある。リンク元のCADファイルがないと、Revitファイルを開くときに「元のCADファイルが存在しない」というエラーメッセージが表示されて図が表示されない。

DAY 6

2階建て モデル・図面の作成①

DAY

6/7 2階建てモデル・図面の作成

DAY1～5の復習も兼ねて、簡単な2階建てのモデルを作成し、図面として印刷するまでの手順を解説します。

DAY 6

- 通り芯とレベルの作成
- 構造フレームを作成する
- 1階の壁と床、天井を作成する

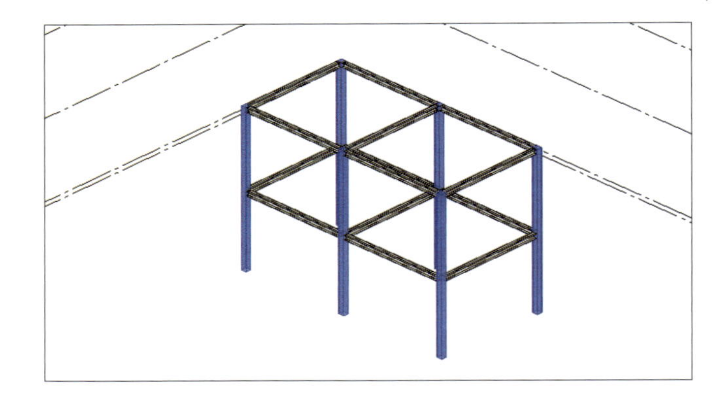

- 部屋と建具を作成する
- カーテンウォールを作成する

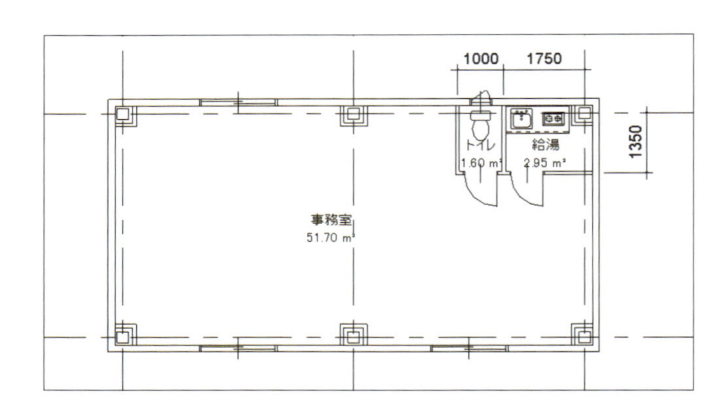

- 階段を作成する

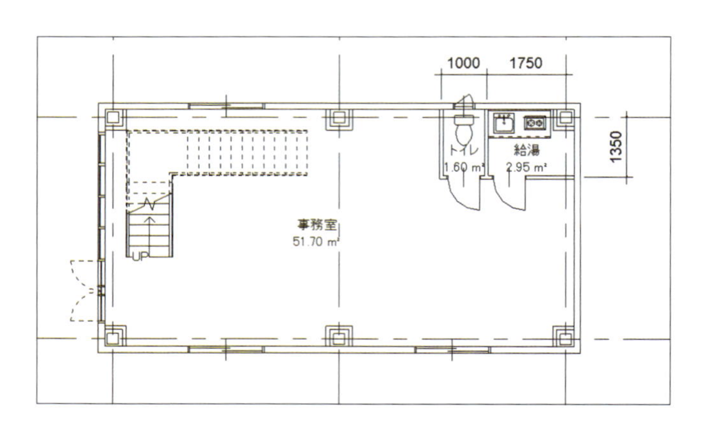

DAY 7

- 2階の壁を作成する
- 2階の床を作成する

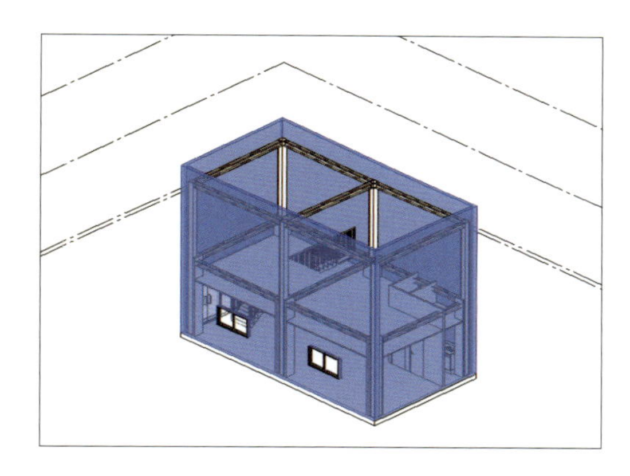

- 階段周りの壁を作成する
- 2階の部屋を作成する
- R階の床と地面を作成する

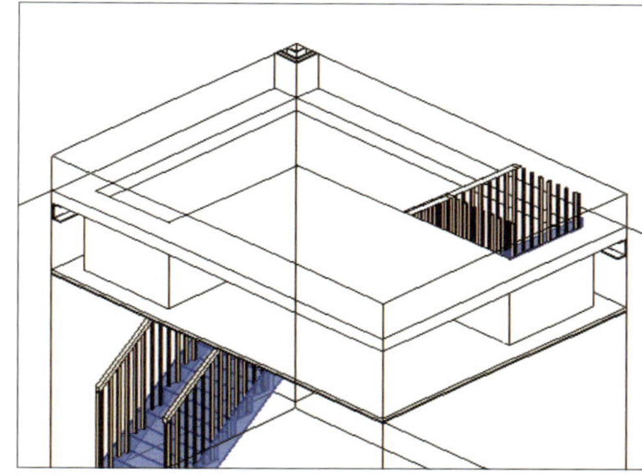

- 断面図を作成する
- 各ビューを調整する

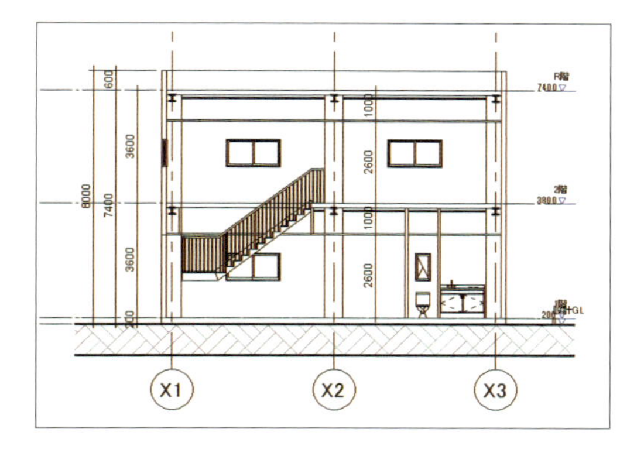

- シートを作成して印刷する

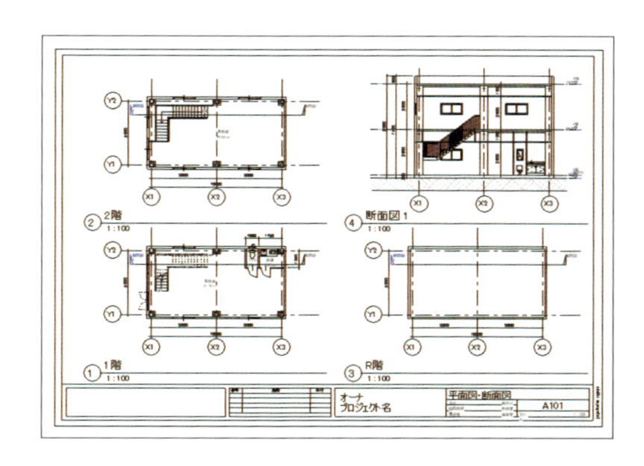

DAY 6-1 1階モデルの作成

DAY6とDAY7では、DAY1〜DAY5で学んだことを応用して、2階建てラーメン構造の店舗を作例に図面を描いていきます。全体の流れが理解しやすいように、なるべく標準の設定を利用しながら手順を進めていきます。

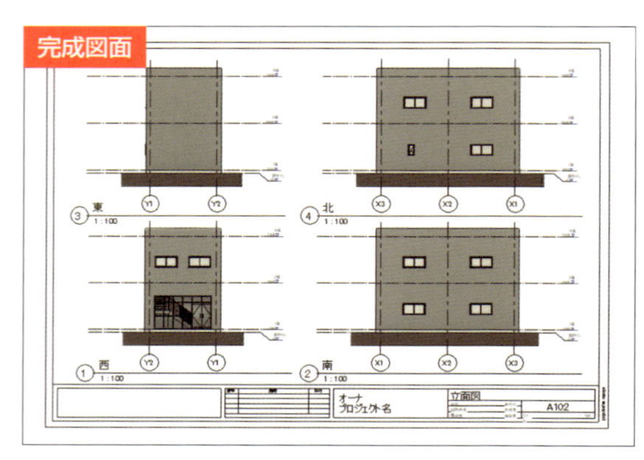

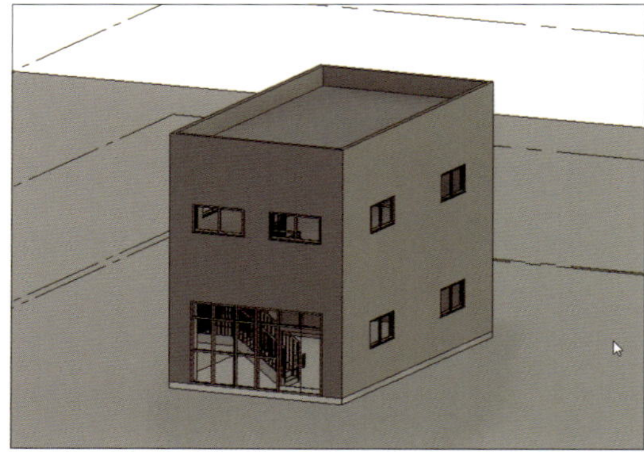

6-1-1 通り芯とレベルの作成

はじめに新規プロジェクトを作成し、通り芯とレベルを作成します。DAY2やDAY4を参考にしながら操作してください。

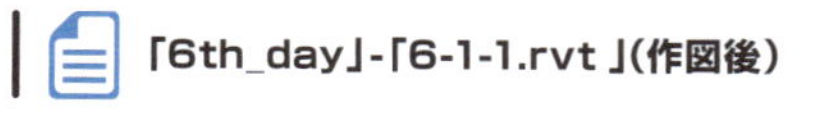

プロジェクトを新規作成します。

1 Revitを起動し、[ホーム画面]で[新規作成]をクリックする。

2 [プロジェクトの新規作成]ダイアログが開くので、[テンプレート]ファイルをクリックする。表示されるドロップダウンリストから[建築テンプレート]を選択する。[新規作成]で[プロジェクト]を選択し、[OK]ボタンをクリックする。

3 新規プロジェクトが開く。

4 線を細く見やすくするため、クイックアクセスツールバーの[細線]をクリックする。

新規プロジェクトが作成されました。

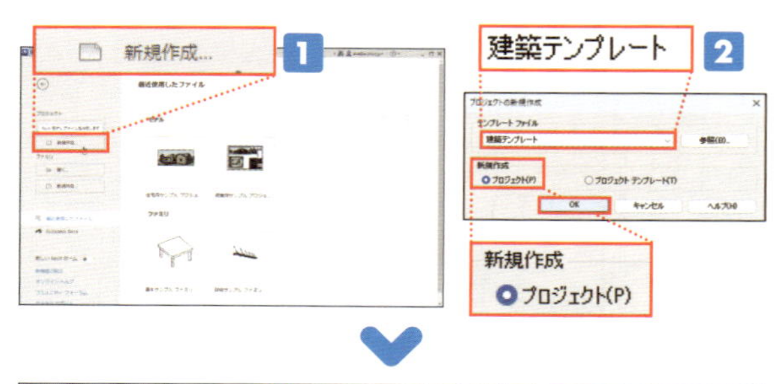

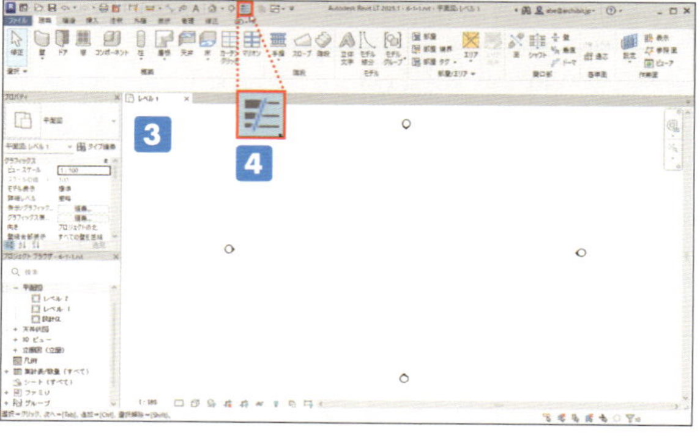

通り芯を作成し、寸法を記入します。

5 P.46 **2-1-1**を参考に、図のように通り芯を作成する(ここでは通り芯の間隔は5000にする)。

6 P.188 **4-3-1**を参考に、図のように寸法を記入する。

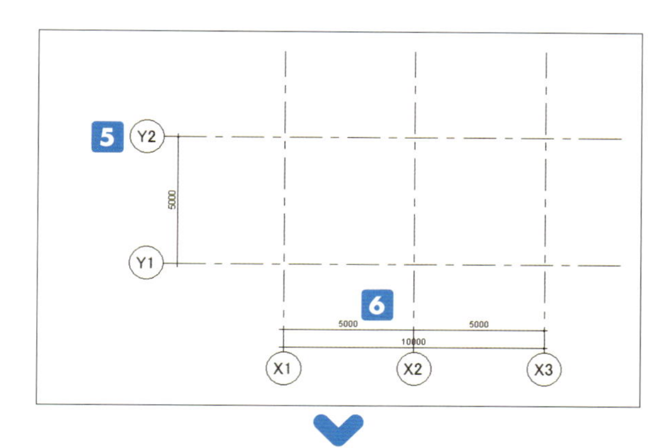

通り芯が作成され、寸法が記入されました。

レベルを変更します。

7 [プロジェクトブラウザ]の[ビュー(レベル順)]-[立面図(立面)]-[西]をダブルクリックする。西立面図が表示される。

8 [修正]ツールをクリックし、作図領域の[レベル1]と表示されたレベル線(1点鎖線)をクリックする。

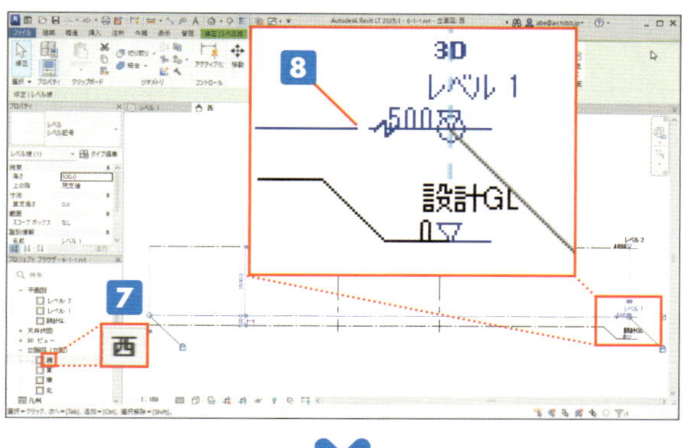

9 「500.0」と表示されている仮寸法をクリックする。選択された数値を「200」に変更し、Enter キーを押す。

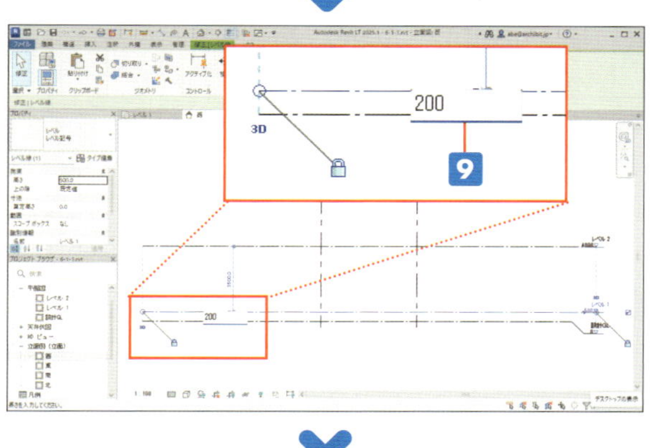

10 [修正]ツールをクリックし、作図領域の[レベル2]のレベル線(一点鎖線)をクリックする。[レベル1]と同様にして、仮寸法をクリックし、選択された数値を「3600」に変更し、Enter キーを押す。

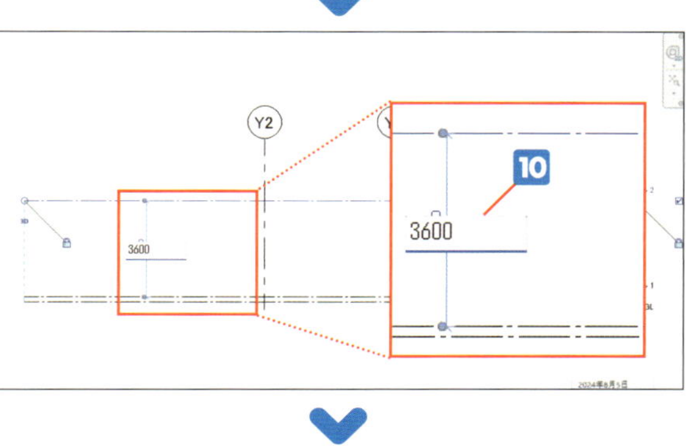

レベルと寸法が変更されました。

新しいレベルを追加します。

11 ［建築］タブ－［基準面］パネル－［レベル］をクリックする。

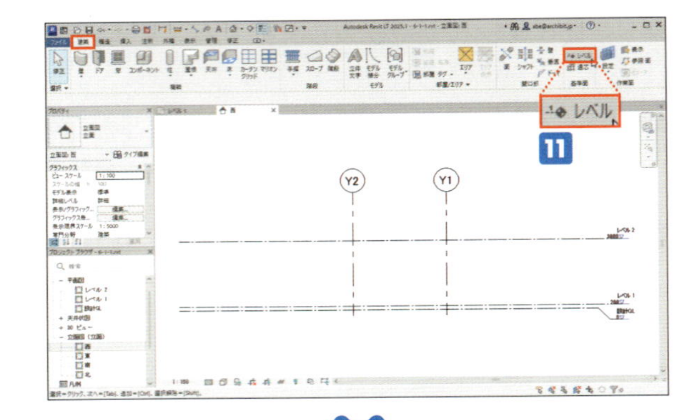

12 ［修正｜配置レベル］タブ－［平面図ビュー］パネル－［平面図ビューを作成］にチェックを入れる。

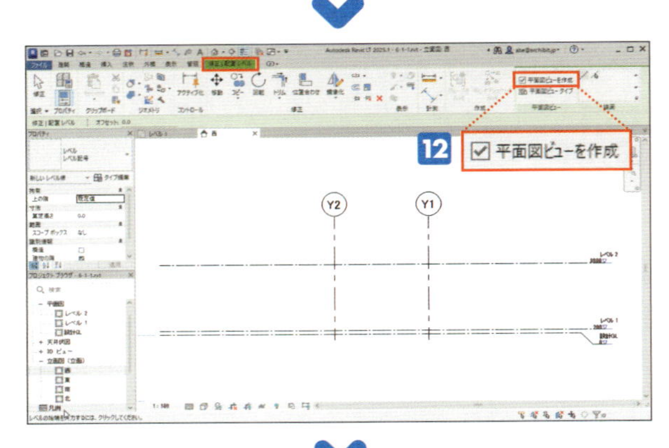

13 ［レベル2］のレベル線の左端点にカーソルを合わせ、そこから垂直上方向に移動し、［レベル2］から「3600.0」の位置でクリックする。

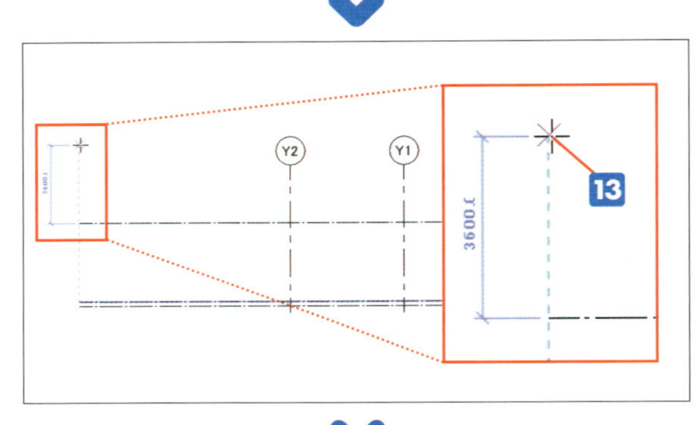

14 カーソルを右方向へ移動し、他のレベル線の右端近くから、垂直な破線が表示される位置でクリックする。新しいレベル線［レベル3］が追加される。

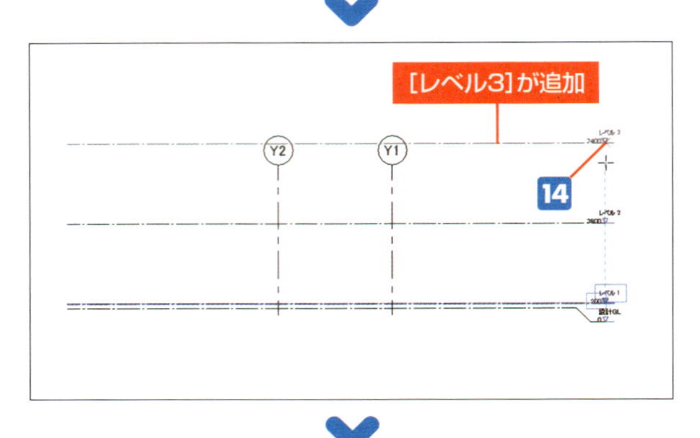

新しいレベルが追加されました。

レベル名を変更します。

15 ［修正］ツールをクリックし、［レベル1］のレベル名をクリックする。選択状態のレベル名を「1階」に変更する。

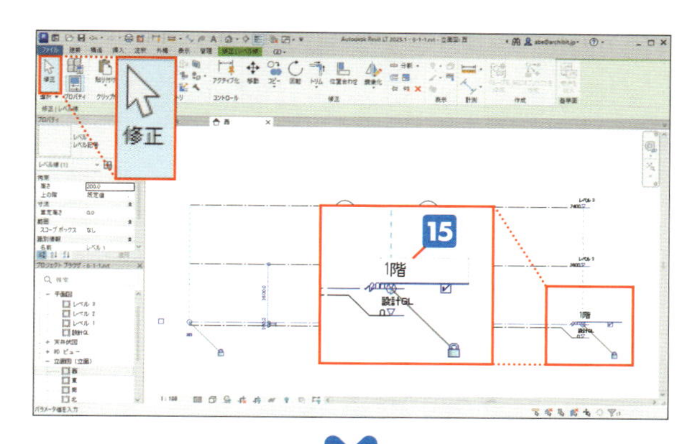

16 ［レベルの名前変更を確認］ダイアログが表示されるので、［はい］ボタンをクリックする。

17 15～16と同じ手順で、［レベル2］のレベル名を「2階」に、［レベル3］のレベル名を「R階」に変更する。

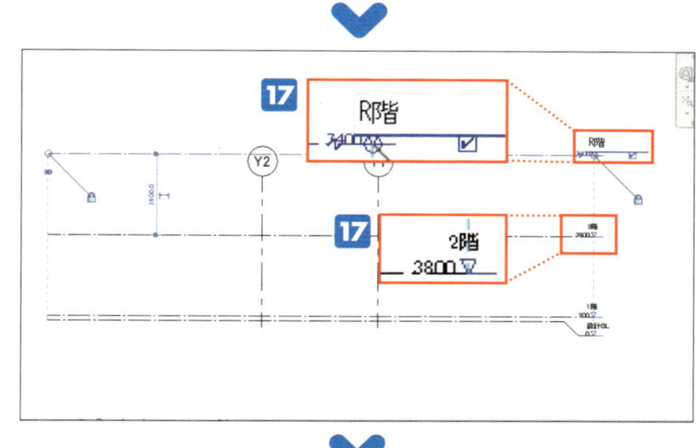

レベル名が変更されました。

HINT

レベル名とビューの名前の関係

レベル名を変更すると、ビューの名前も連動して変更される。

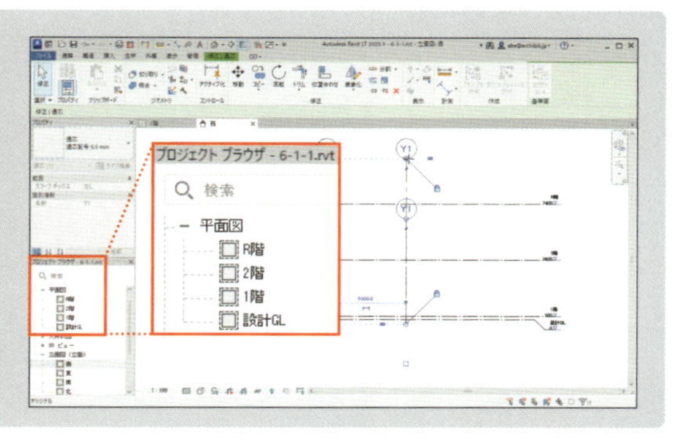

Y軸の通り芯の長さを上に伸ばします。

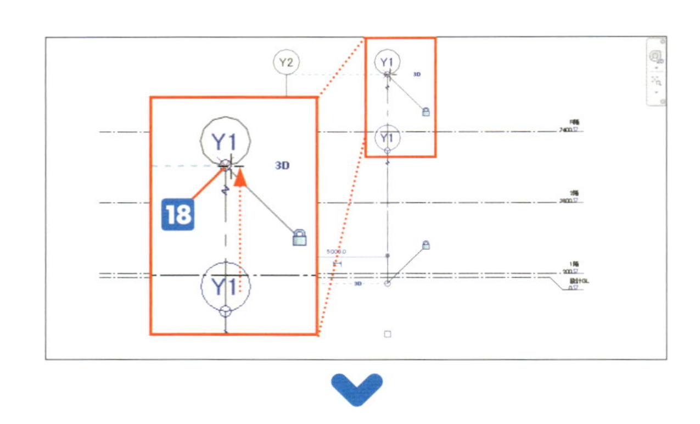

18 [修正]ツールをクリックし、通り芯「Y1」をクリックして、選択状態にする。通り芯の上端点のマーカー(青い丸)を上方向にドラッグし、R階のレベル線よりも上に伸ばす。

R階の通り芯

通り芯がR階のレベル線よりも上にないと、R階の平面図で通り芯が表示されない。

Y軸の通り芯の長さが伸びました。

X軸の通り芯の長さを伸ばします。

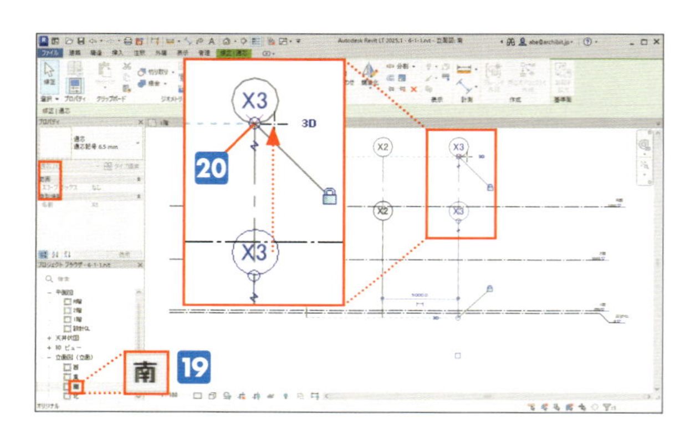

19 [プロジェクトブラウザ]の[ビュー(レベル順)]－[立面図(立面)]－[南]をダブルクリックする。南立面図を表示する。

20 [修正]ツールをクリックし、通り芯「X3」をクリックして選択状態にする。通り芯の上端点のマーカー(青い丸)を上方向にドラッグし、R階のレベル線よりも上に伸ばす。

X軸の通り芯の長さが伸び、通り芯とレベルが完成しました。

6-1-2 構造フレーム(柱・梁)を作成する

構造フレームの柱と梁を作成します。インターネット上には、オートデスクが提供するもの以外にも鋼材メーカーなどによるさまざまなサイズの鋼材が用意されていますが、ここではRevit標準のファミリで作業を進めます(2-4「柱の作成」などを参考にしてください)。

「6th_day」-「6-1-2a.rvt」(作図前)
「6-1-2b.rvt」(作図後)

柱を作成します(P.82 2-4「柱の作成」を参考にしてください)。

1. [プロジェクトブラウザ]の[ビュー(レベル順)]ー[平面図]ー[1階]をダブルクリックする。1階平面図が表示される。

2. [構造]タブー[構造]パネルー[柱]をクリックする。[プロパティパレット]の[タイプセレクタ]で、柱のタイプとして[正方型鋼管-柱 HSS250×250×12]を選択する。

3. [オプションバー]の左の項目で柱の作成方向として[上方向]を、右の項目で柱の上端のレベルとして[R階]を選択する。

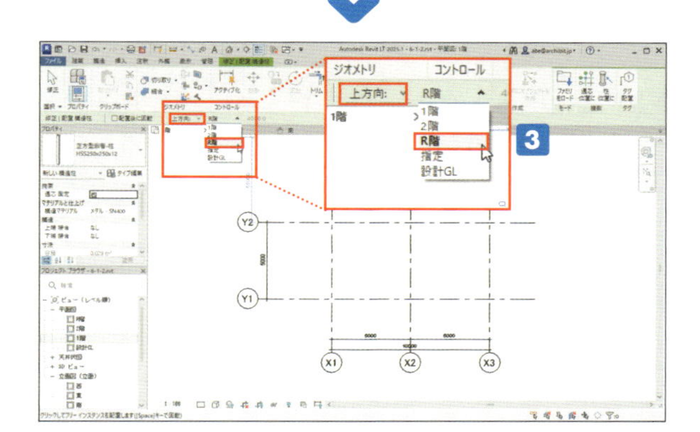

4. [修正 | 配置 構造柱]タブー[複数]パネルー[通芯位置に]をクリックする。

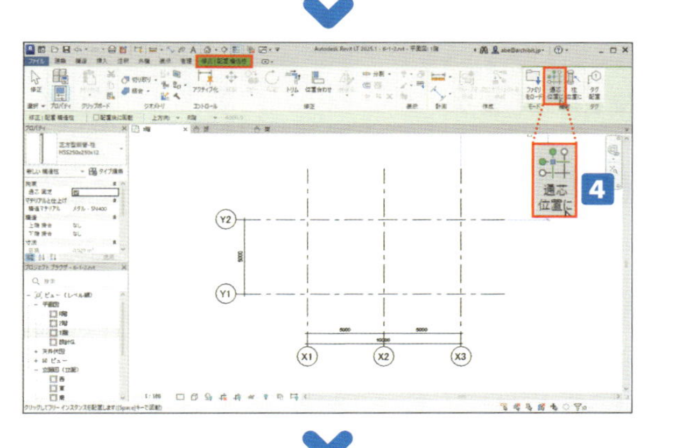

5 図に示したように右から左へドラッグ(交差選択、P.34 **1-6-2**参照)して、すべての通り芯を選択する。通り芯の交点に柱が仮表示される。

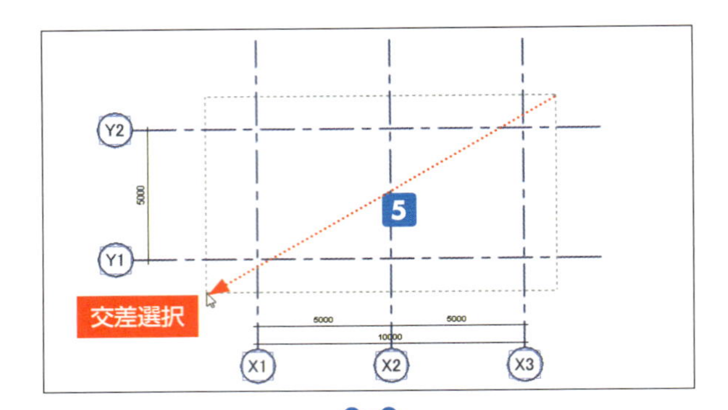

6 すべての交点に柱が配置されていることを確認して、[修正 | 配置 構造柱]タブー[複数]パネルー[終了]をクリックする。

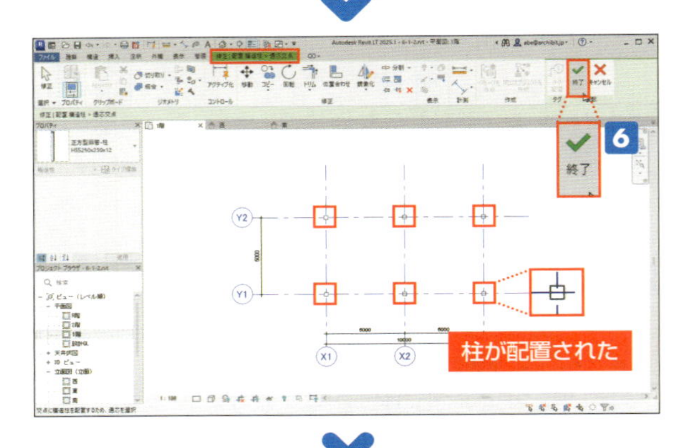

7 [プロジェクトブラウザ]の[ビュー(レベル順)]ー[3Dビュー]ー[{3D}]をダブルクリックする。[3Dビュー]が表示され、柱が作成されていることが確認できる。

柱が作成されました。

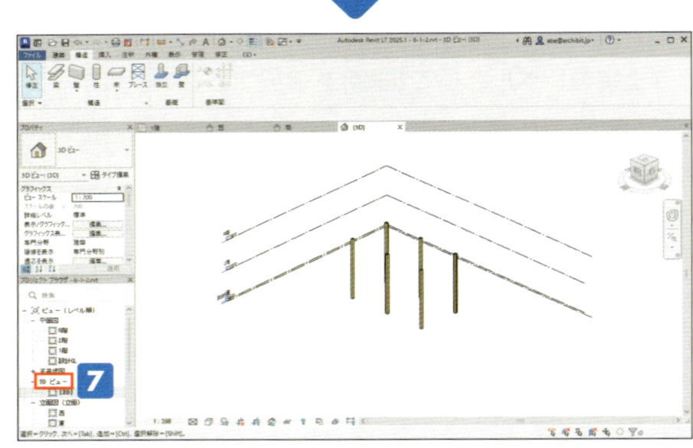

梁を作成します。

8 [プロジェクトブラウザ]の[ビュー(レベル順)]ー[平面図]ー[2階]をダブルクリックする。2階平面図が表示される。

9 [構造]タブー[構造]パネルー[梁]をクリックする。[プロパティパレット]の[タイプセレクタ]で、梁のタイプとして[HE-B HEB200]を選択する。

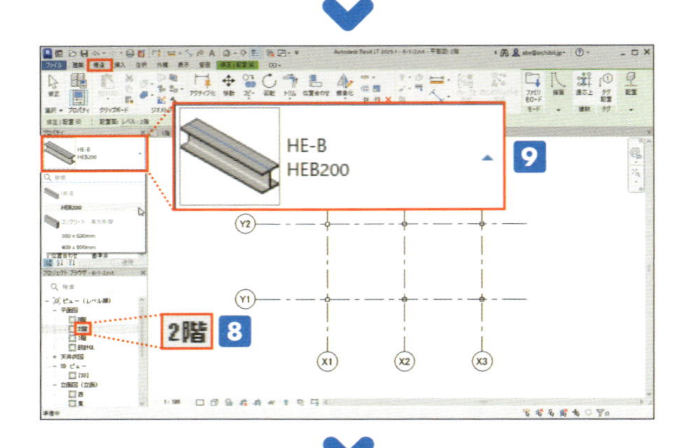

10 梁を床(厚み150)の下に配置したいので、[プロパティパレット]の[ジオメトリ位置]－[zオフセット値]に、床の厚みにあたる「-150」を入力し、[適用]ボタンをクリックする。

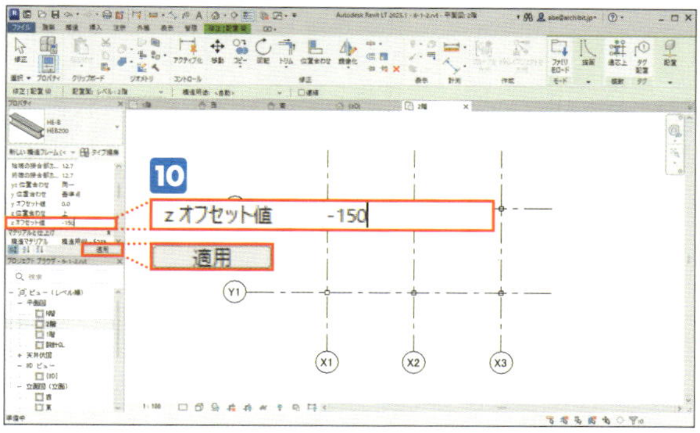

11 [修正｜配置 梁]タブ－[複数]パネル－[通芯上] をクリックする。図で示したように交差選択し、すべての通り芯を選択状態にする。

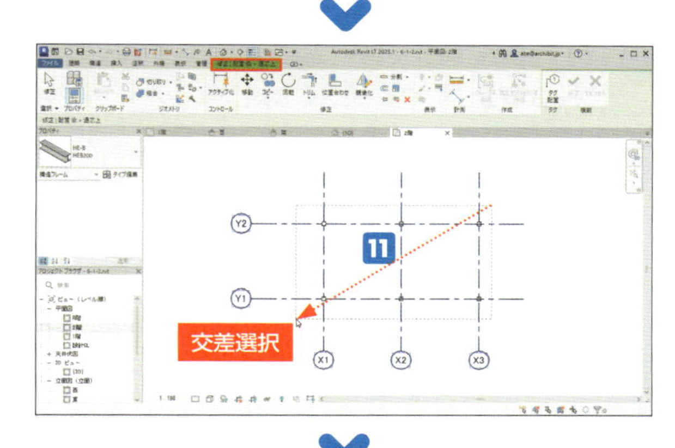

12 平面図ビューの[詳細レベル]が[簡略]のとき(P.69 COLUMN 参照)は、梁は1本の線で表現される。そのため、通り芯に重なって梁が確認できないが、そのまま[修正｜配置 構造柱]タブ－[複数]パネル－[終了]をクリックする。

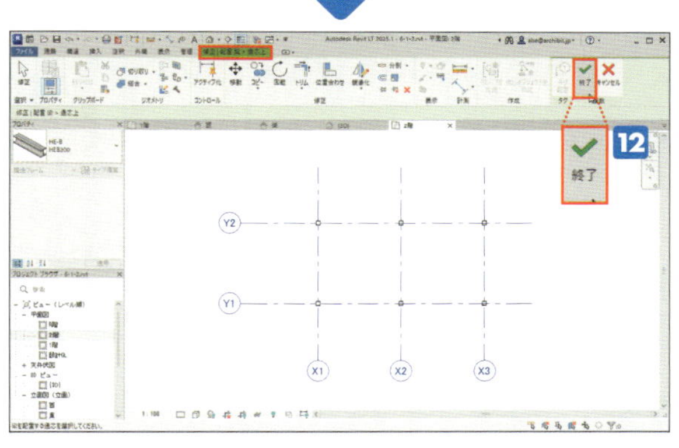

13 [プロジェクトブラウザ]の[ビュー(レベル順)]－[3Dビュー]－[{3D}]をダブルクリックする。[3D]ビューが表示され、梁が作成されていることが確認できる。

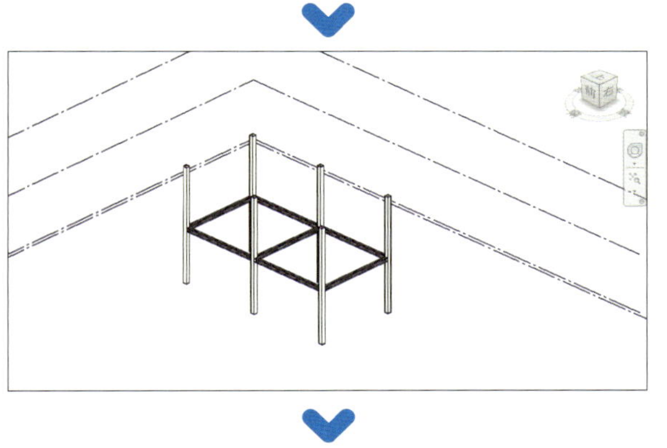

2階に梁が作成されました。

2階の梁をR階にコピーします。

14 [修正]ツールをクリックし、すべての梁を囲むように窓選択する。

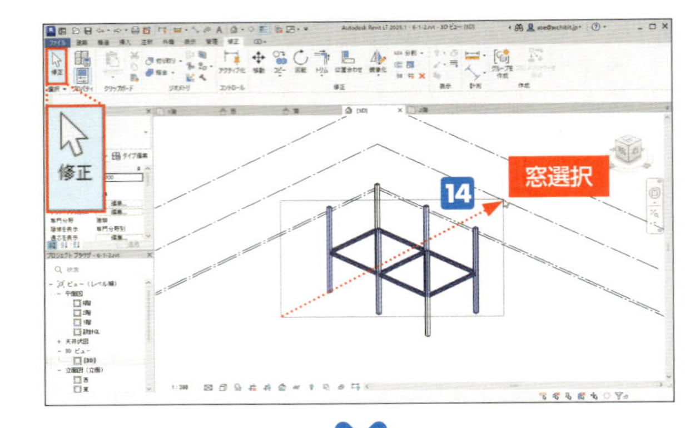

15 [修正｜複数選択]タブー[選択]パネルー[フィルタ] をクリックする。[フィルタ]ダイアログが表示される。

16 [カテゴリ]リストで、[構造フレーム(大梁)]の個数が「7」になっていることを確認し、[構造柱]のチェックを外す。[OK]ボタンをクリックする。

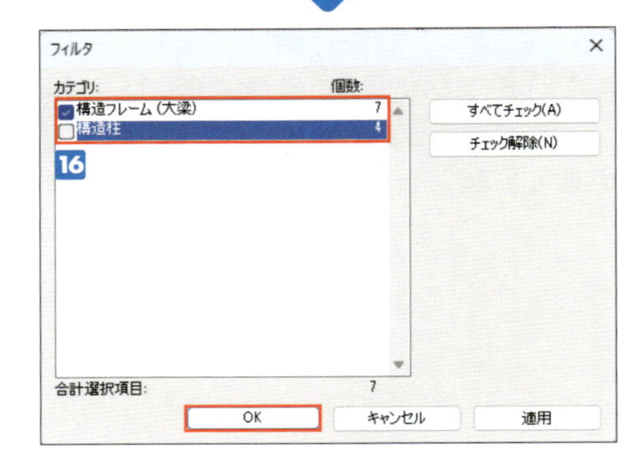

17 [修正｜構造フレーム]タブー[クリップボード]パネルー[コピー]をクリックする。

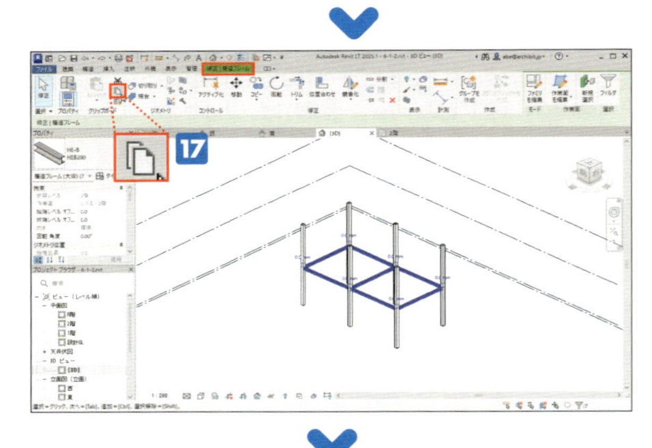

18 [修正｜構造フレーム]タブー[クリップボード]パネルー[貼り付け]をクリックし、表示されるメニューから[選択したレベルに位置合わせ]をクリックする。

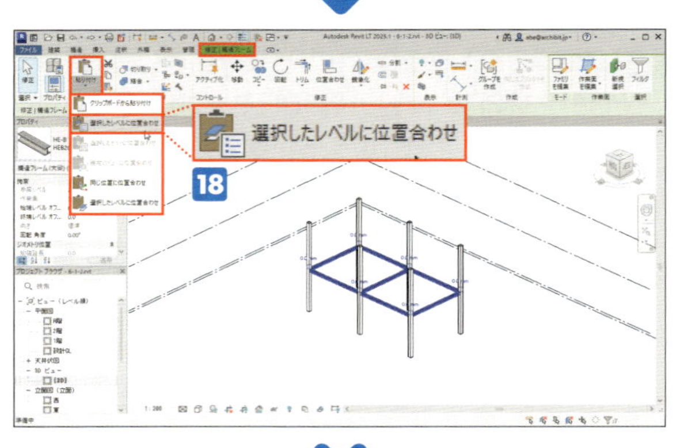

19 [レベルを選択]ダイアログが表示されるので、[R階]を選択し、[OK]ボタンをクリックする。

2階の梁がR階にコピーされました。

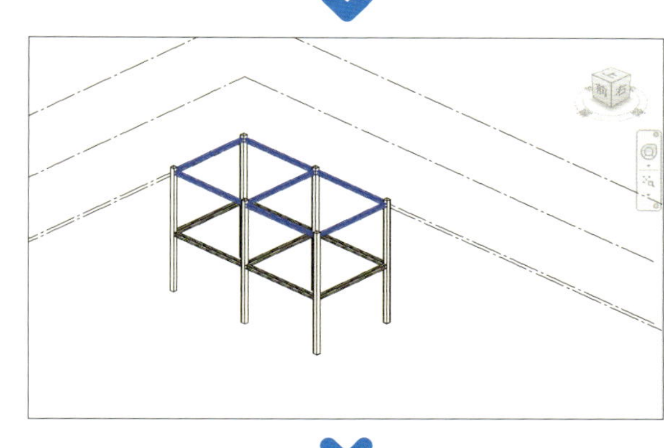

柱の高さを梁に揃えて低くします。

20 [修正]ツールをクリックする。すべての柱を囲むように窓選択する。

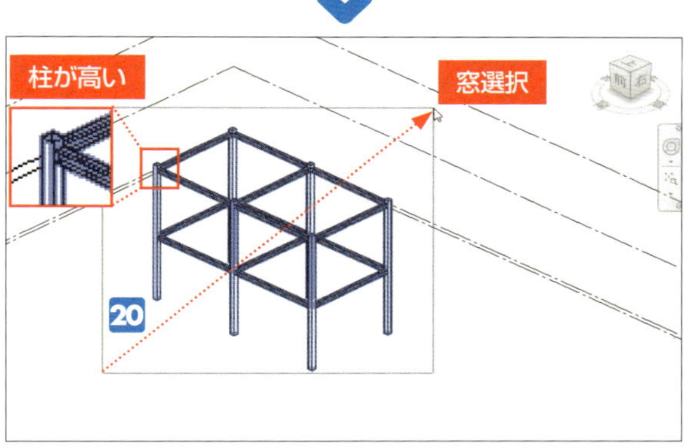

21 [修正 | 複数選択]タブー[選択]パネルー[フィルタ] をクリックする。[フィルタ]ダイアログが表示される。

22 [カテゴリ]リストで、[構造柱]の個数が「6」になっていることを確認し、[構造フレーム(大梁)]のチェックを外す。[OK]ボタンをクリックする。

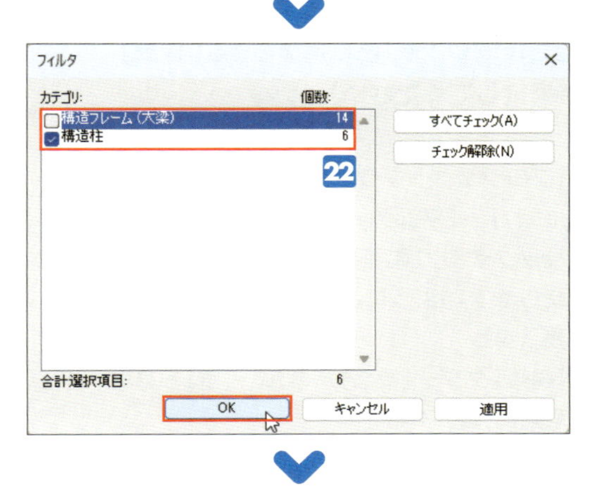

23 手順**10**の梁のときと同様にして、[プロパティパレット]の[拘束]－[上部レベルオフセット]に「-150」を入力する。[適用]ボタンをクリックする。

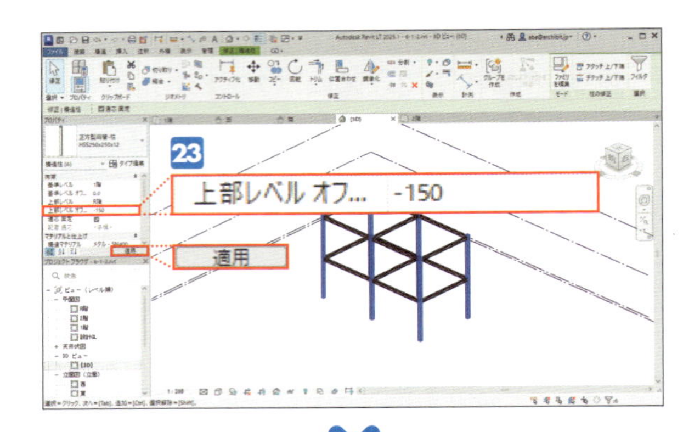

柱と梁の高さが揃い、構造フレームが完成しました。

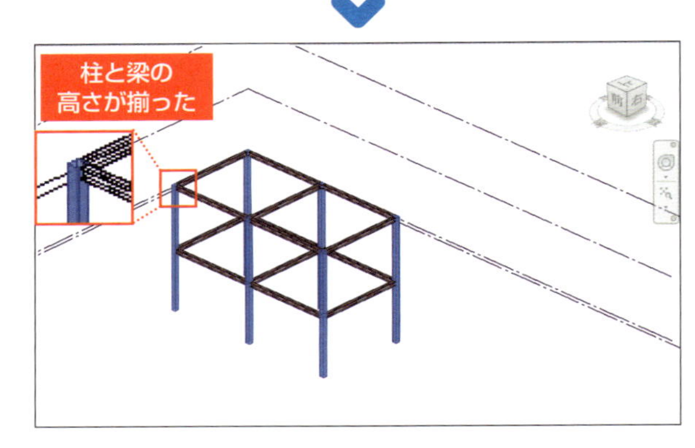

6-1-3 1階の壁・床・天井を作成する

1階の壁と床、天井を作成します。実際のプロジェクトでは多くの種類の壁や天井、床を使用しますが、ここでは外壁と内壁のそれぞれ1種類ずつを入力します。1階の床は厚みを変更した床タイプを作成して入力し、天井は1種類だけ使用します。壁や天井、床は、作図後でも[プロパティパレット]の[タイプセレクタ]で簡単に変更できます(2-3「壁の作成」や2-5「床の作成」、3-5「天井の作成」を参考にしてください)。

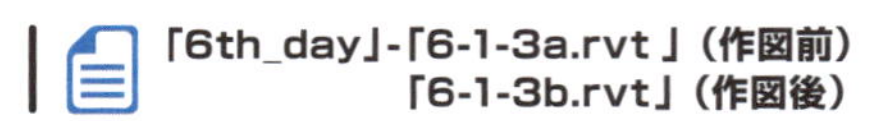

外壁を作成します(P.67 2-3「壁の作成」を参考にしてください)。

1 [プロジェクトブラウザ]で[ビュー(レベル順)]－[平面図]－[1階]をダブルクリックする。1階平面図が表示される。作業しやすいように、通り芯の範囲を拡大表示する。

2 [建築]タブ－[構築]パネル－[壁]－[壁 意匠]を選択する。

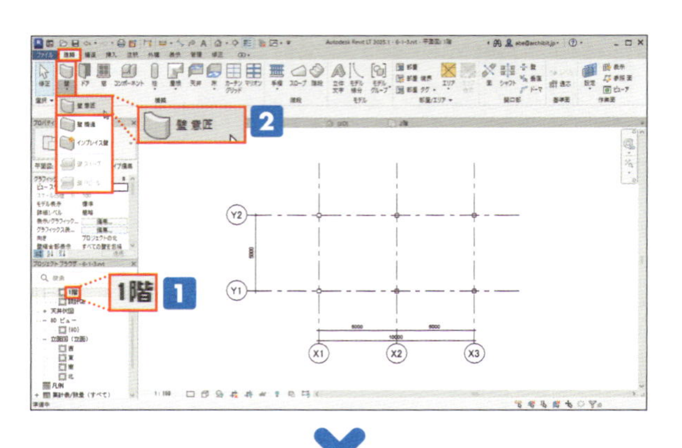

3 ［プロパティパレット］の［タイプセレクタ］で、壁のタイプとして［標準壁 標準-150mm］を選択する。

4 ［オプションバー］の［オフセット］に［250］を入力する。

5 ［修正｜配置 壁］タブー［描画］パネルー［長方形］をクリックする。

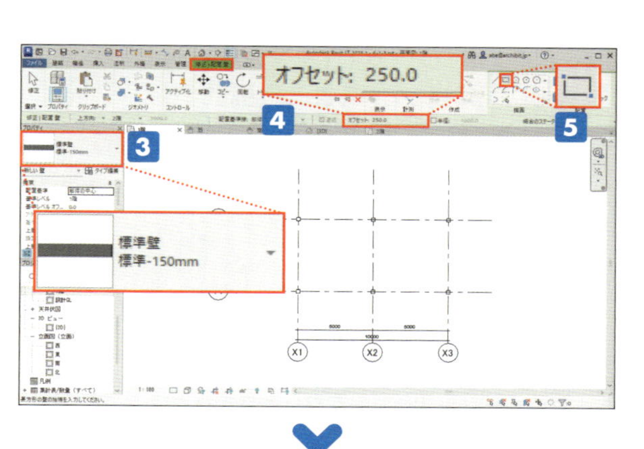

6 ［長方形］ツールの1点目として、通り芯「X1」－「Y2」の交点をクリックする。このとき柱が入力され、柱の中点を表すマーカー（ピンク色の三角形）が表示される。

7 ［長方形］ツールの2点目として、通り芯「X3」－「Y1」の交点をクリックする。通り芯から250オフセットした（離れた）位置に外壁が作成される。

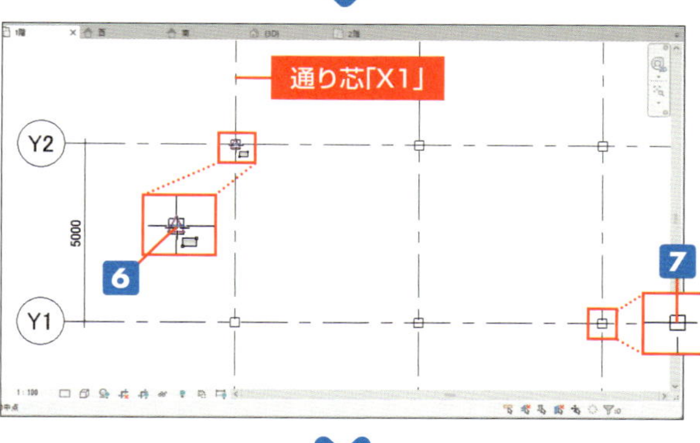

外壁が作成されました。

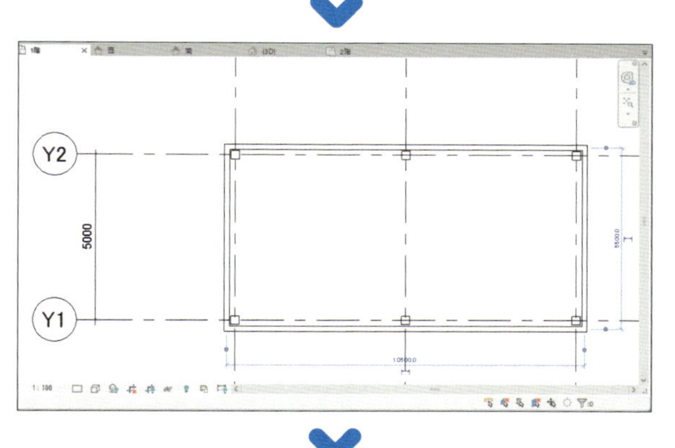

柱を囲む内壁を作成します。

8 ［プロパティパレット］の［タイプセレクタ］で、壁のタイプとして［標準壁 内壁-79mm 間仕切り(1時間)］を選択する。

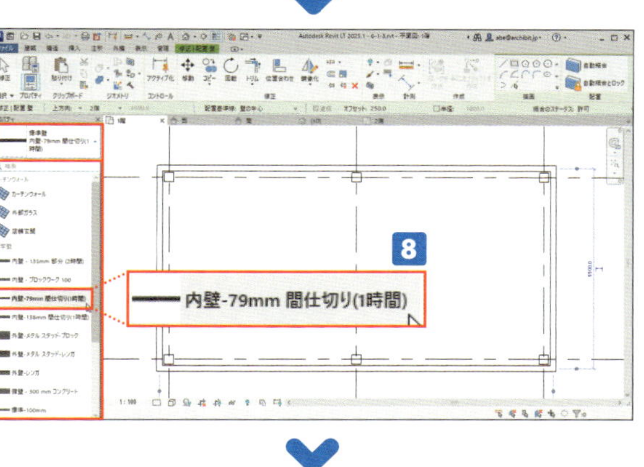

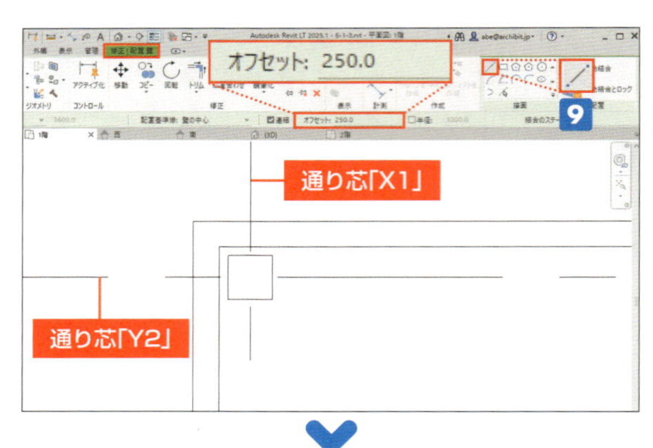

9 ［オプションバー］で［オフセット］が「250.0」になっていることを確認し、［修正｜配置 壁］タブー［描画］パネルー［線］をクリックする。図のように通り芯「X1」ー「Y2」の柱部分を拡大表示する。

線を細く表示する

線が太く表示されるときは、クイックアクセスツールバーの［細線］をクリックする。

10 ［線］ツールの1点目として、通り芯「X1」と上の外壁内側との交点をクリックする。

11 ［線］ツールの2点目として、柱の中心のマーカー（ピンク色の三角形）をクリックする。

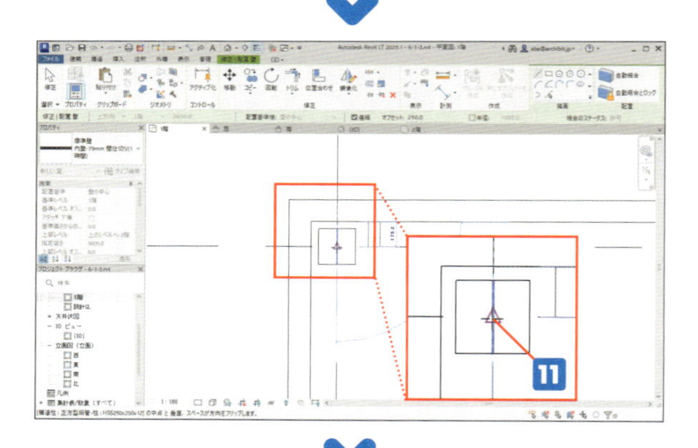

12 ［線］ツールの3点目として、通り芯「Y2」と左の外壁内側との交点をクリックする。

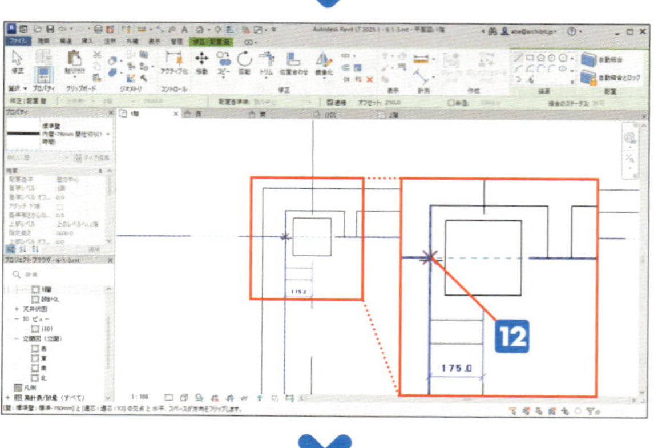

13 Esc キーを1回押して連続入力を終了する。

> **HINT**
> ### Esc キーを2回押した場合
> Esc キーを2回押すと、壁の入力も終了してしまう。意図せず壁の入力を終了させてしまった場合は、再度手順 **2** ～ **5** を実行する。

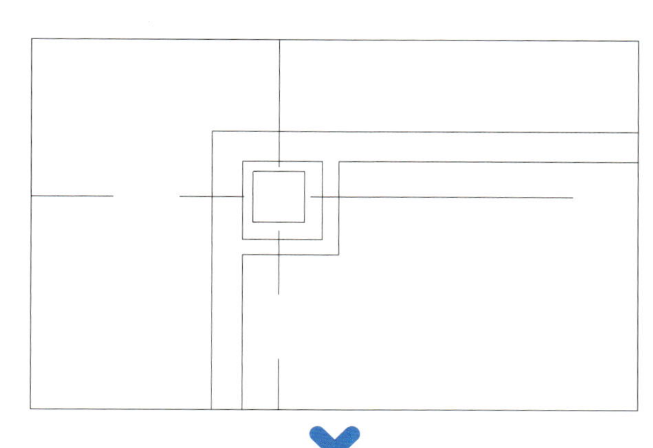

柱を囲む内壁が作成されました。

続けて、通り芯「X2」－「Y2」の柱を囲む内壁を作成します。

14 図のように通り芯「X2」－「Y2」の柱を拡大表示する。[修正｜配置 壁]タブー[描画]パネルー[線]をクリックする。

15 [線]ツールの1点目として、通り芯「X2」と上の外壁内側との交点をクリックする。

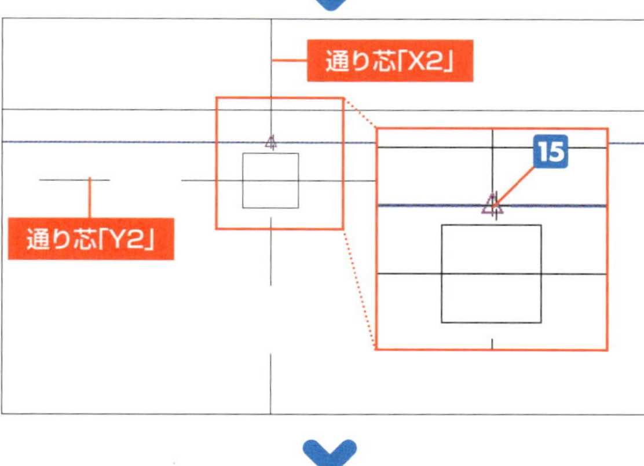

16 [線]ツールの2点目として、柱の中心のマーカー（ピンク色の三角形）をクリックする。

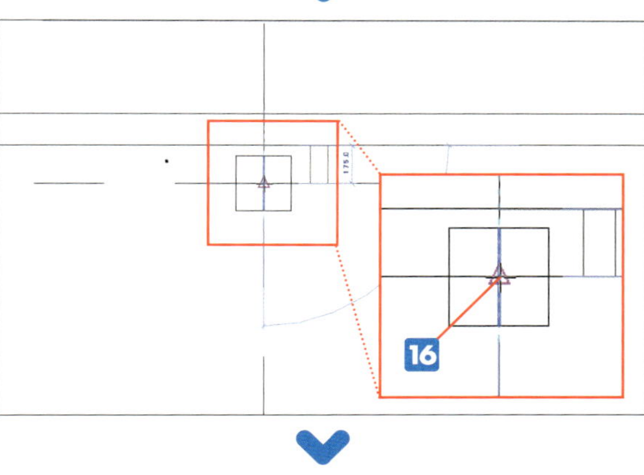

17 [線]ツールの3点目として、通り芯「Y2」と柱の左辺との交点をクリックする。

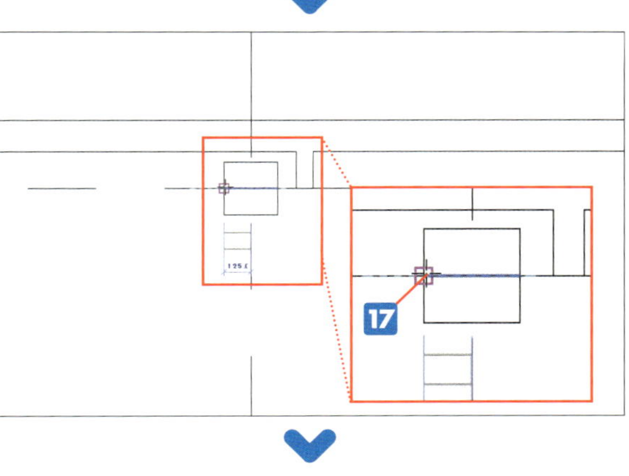

DAY 1 DAY 2 DAY 3 DAY 4 DAY 5 DAY 6 2階建てモデル・図面の作成① DAY 7

18 Esc キーを1回押し、[線]ツールの連続入力を終了する。続けて、[線]ツールの1点目として、柱の中心のマーカー（ピンク色の三角形）をクリックする。

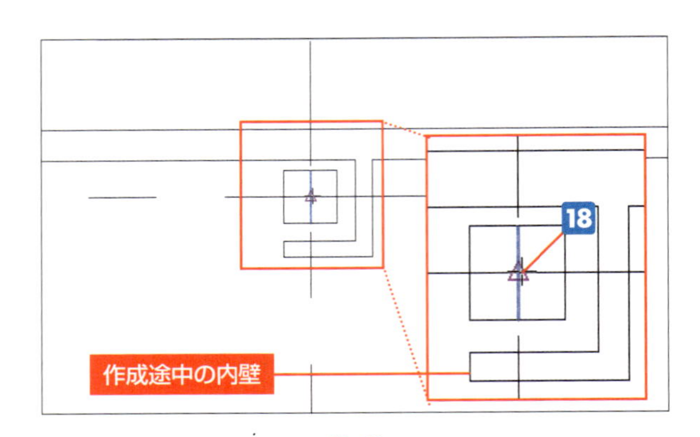

19 [線]ツールの2点目として、通り芯「Y2」と上の外壁内側との交点をクリックする。

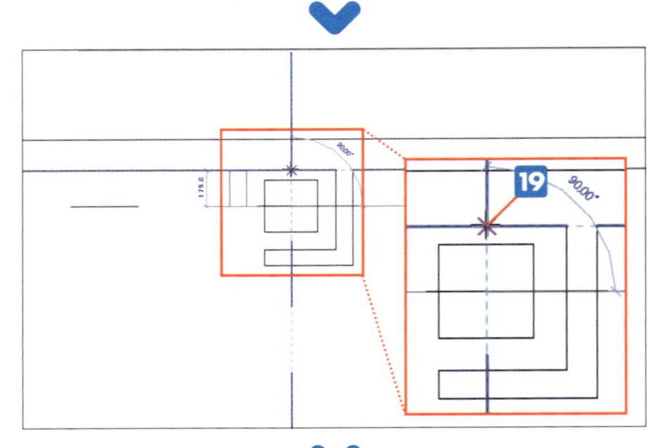

20 [修正｜配置 壁]タブ－[修正]パネル－[トリム]をクリックする。

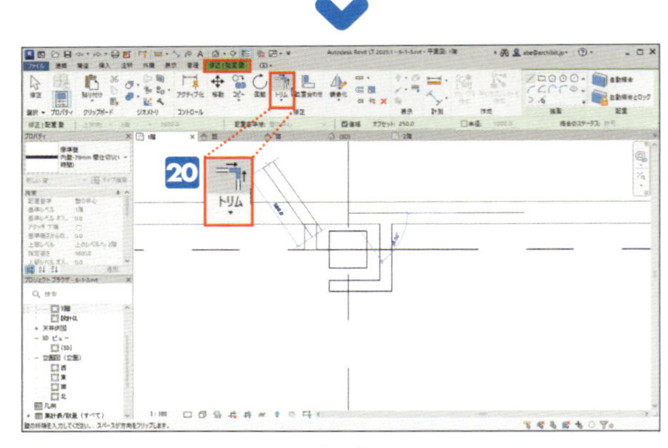

21 [トリム]ツールで1つ目の壁として、柱の下側の内壁をクリックする。

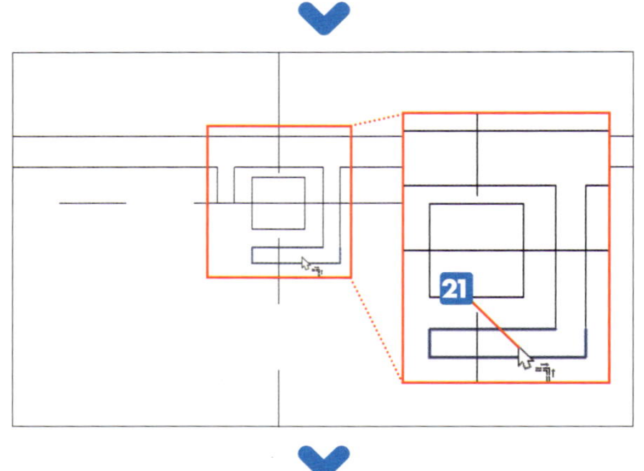

22 ［トリム］ツールで2つ目の壁として、柱の左側の内壁をクリックする。2つの内壁が延長され、つながる。

23 ［修正］ツールをクリックして、［トリム］ツールを終了する。

通り芯「X2」－「Y2」の柱を囲む内壁が作成されました。

外壁と内壁では壁のタイプが異なるため、外壁と柱を囲む内壁の包絡を解除します。

24 ［修正］ツールをクリックして壁入力を終了する。

25 ［プロパティパレット］の［グラフィックス］－［壁結合部表示］で［同じタイプの壁を包絡］を選択する。

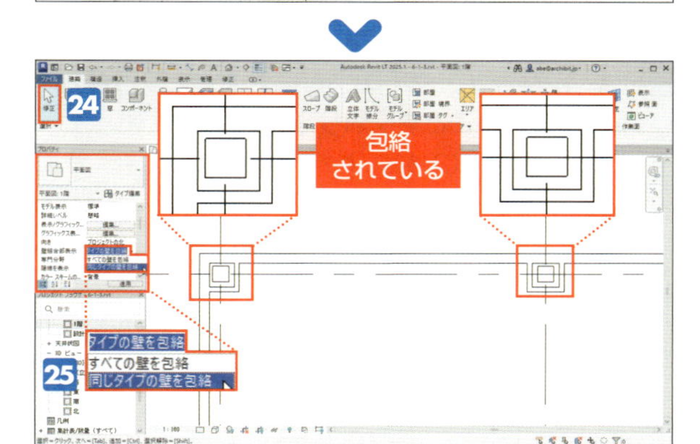

26 ［適用］ボタンをクリックする。外壁と内壁の包絡が解除される。

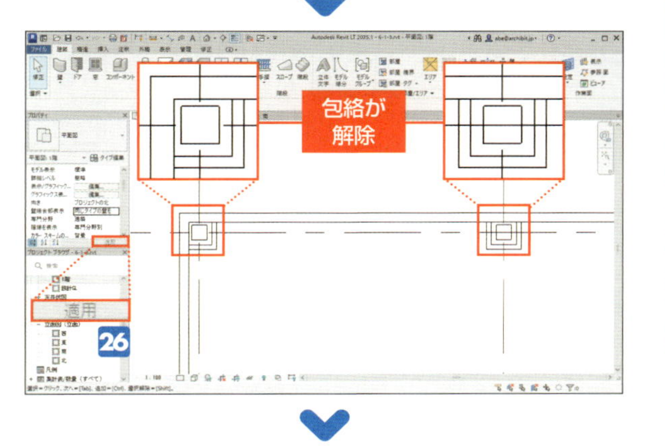

外壁と柱を囲む内壁の包絡が解除されました。

[鏡像化]ツールを使って、すべての柱に柱を囲む内壁を作成します。

27 [修正]ツールで Ctrl キーを押しながら、通り芯「X1」-「Y2」の柱を囲む内壁の縦と横の2点をクリックして選択する。

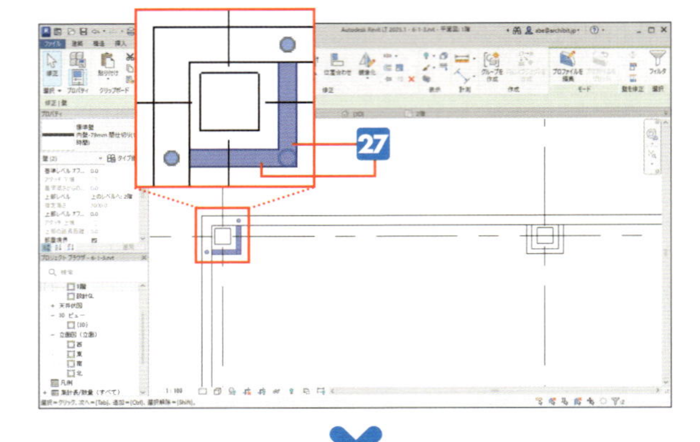

28 [修正｜配置 壁]タブー[修正]パネルー[鏡像化]で[鏡像化－軸を選択]を選択する。

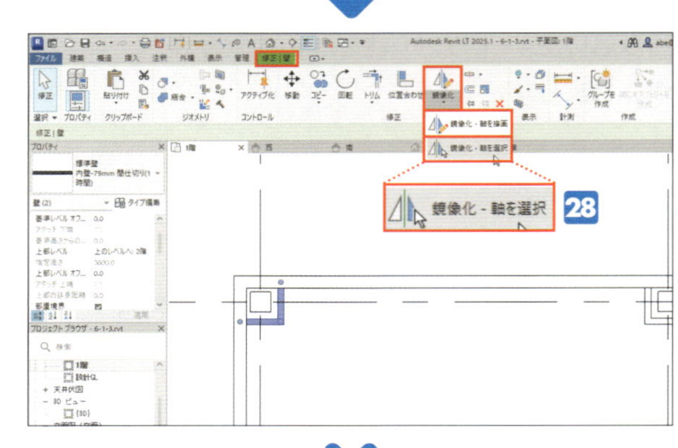

29 [オプション]バーの[コピー]にチェックが入っていることを確認し、鏡像化の軸として通り芯「X2」をクリックする。

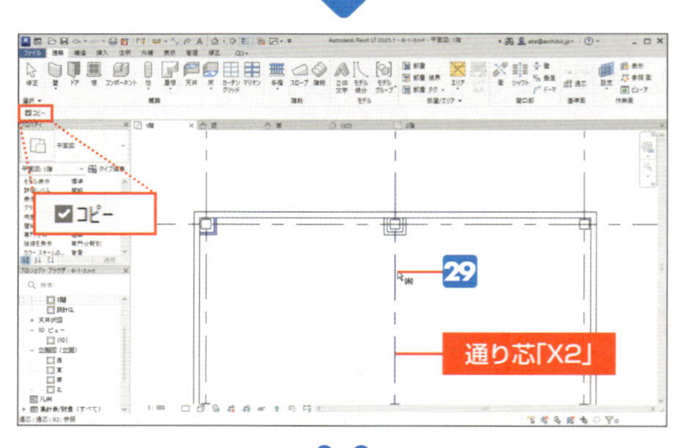

30 通り芯「X1」-「Y2」の柱を囲む内壁が、通り芯「X3」-「Y2」の柱に鏡像コピーされる。

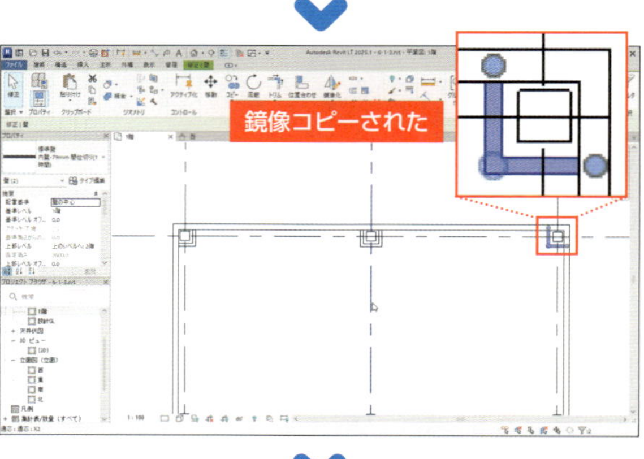

31 [修正]ツールをクリックし、[鏡像化]ツールを終了する。
続けて、通り芯「Y2」の柱を囲む内壁を通り芯「Y1」に鏡像コピーする。通り芯「Y2」の柱を囲む内壁3つを Ctrl キーを押しながらクリック(左右の内壁は合計2回ずつ、中央の内壁は合計3回クリック)し、すべて選択状態にする。

32 手順29～30では[鏡像化－軸を選択]を使用したが、ここでは[鏡像化－軸を描画]を使って鏡像コピーを行う。
[修正｜配置壁]タブ－[修正]パネル－[鏡像化]で[鏡像化－軸を描画]を選択する。軸の1点目として、左側外壁の内側中心線上の中点(ピンク色の三角形)をクリックする。

33 軸の2点目として右側外壁の内側中心線上の中点をクリックする。

34 通り芯「Y1」の柱に、柱を囲む内壁が鏡像コピーされる。
[修正]ツールをクリックして、[鏡像化]ツールを終了する。

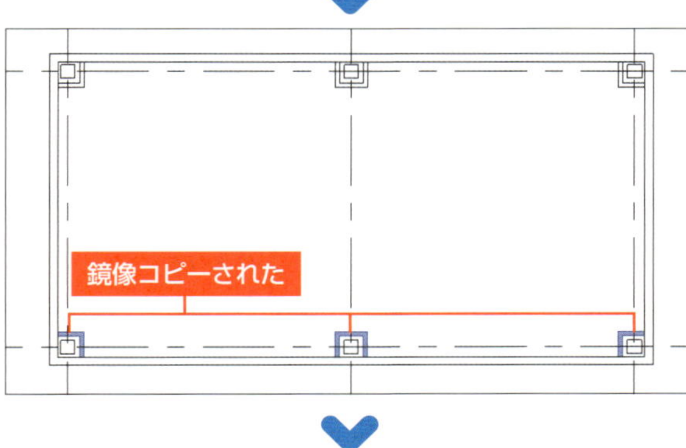

すべての柱に、壁を囲む内壁が作成されました。

間仕切り壁を作成します。

35 [建築]タブー[構築]パネルー[壁]ー[壁意匠] をクリックする。

36 [プロパティパレット]の[タイプセレクタ]で、壁のタイプとして[標準壁 内壁-79mm 間仕切り(1時間)]を選択する。

37 [修正｜配置 壁]タブー[描画]パネルー[線] をクリックする。

38 [線]ツールの1点目として、右の外壁中心線上、通り芯「X3」ー「Y2」の柱の下側の壁の中心線から「1100.0」の位置でクリックする。

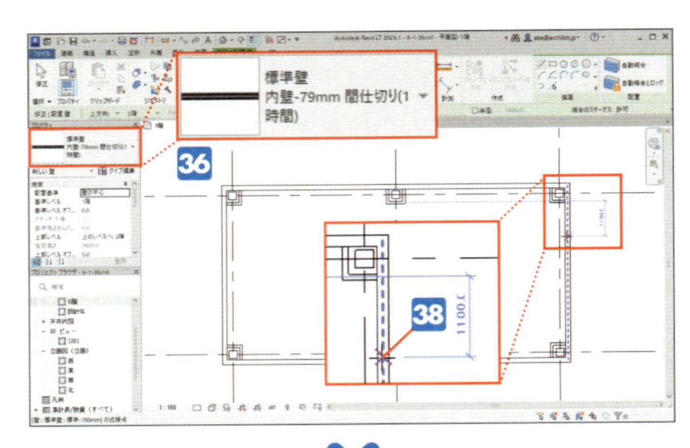

39 カーソルを左に移動し、[線]ツールの2点目として、右の外壁の中心線から「3000.0」の位置でクリックする。

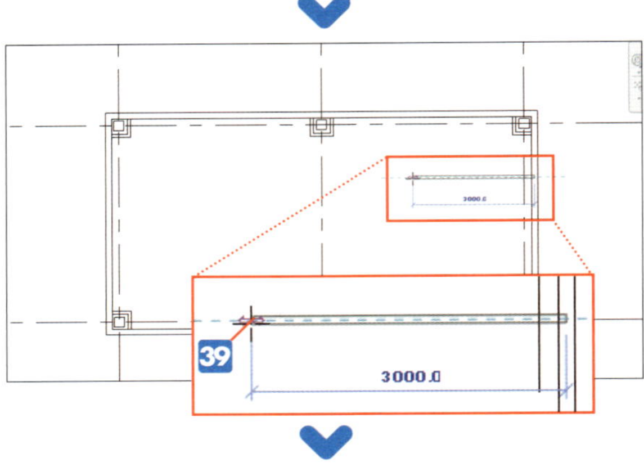

40 [線]ツールの3点目として、上の外壁の中心線との交点でクリックする。間仕切り壁で囲まれた空間が作成される。

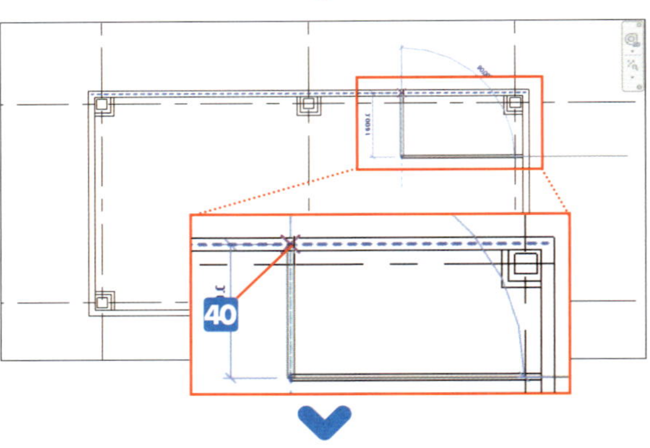

41 手順38〜40と同様にして、図のように左の間仕切り壁の中心線から右に「1000.0」の位置に、間仕切り壁を作成する。

42 P.188 4-3-1を参考に、[注釈]タブー[寸法]パネルー[平行寸法] を実行して、寸法を入力する。

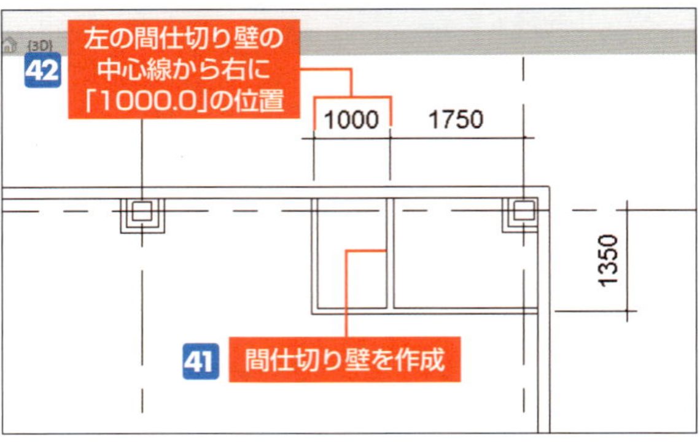

間仕切り壁が作成されました。

床を作成します。

43 [建築]タブー[構築]パネルー[床]ー[床意匠]をクリックする。

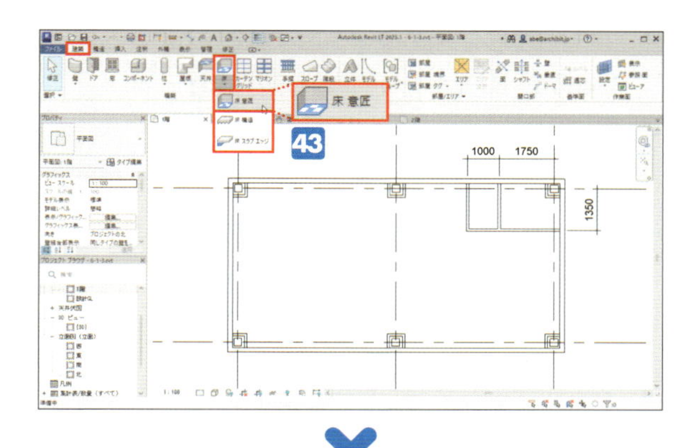

44 [プロパティパレット]の[タイプセレクタ]で、床のタイプとして[床ー般150mm]を選択する。

45 [タイプセレクタ]下の[タイプ編集]をクリックする。

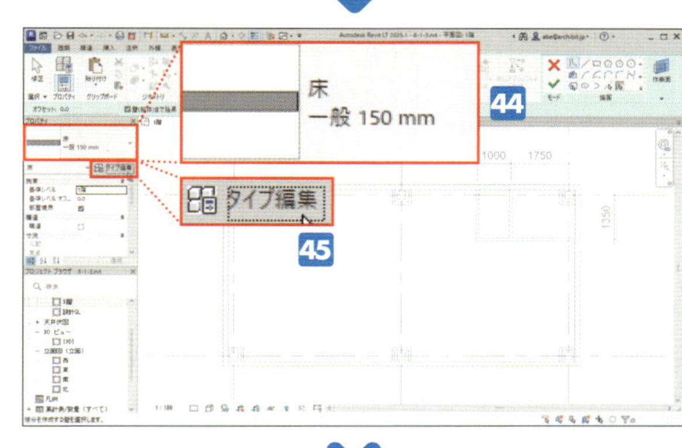

46 [タイプ プロパティ]ダイアログが表示されるので、[複製]をクリックする。

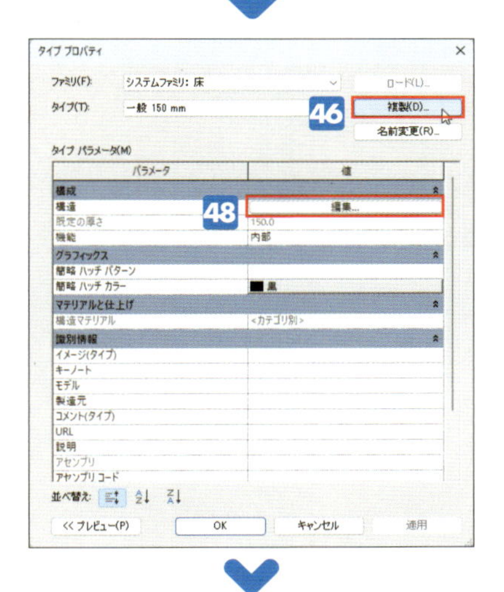

47 [名前]ダイアログが表示されるので、「一般 200mm」と入力して[OK]ボタンをクリックする。

48 [タイプ プロパティ]ダイアログに戻るので、[タイプ パラメーター]の[構成]ー[構造]ー[値]欄にある[編集...]をクリックする。

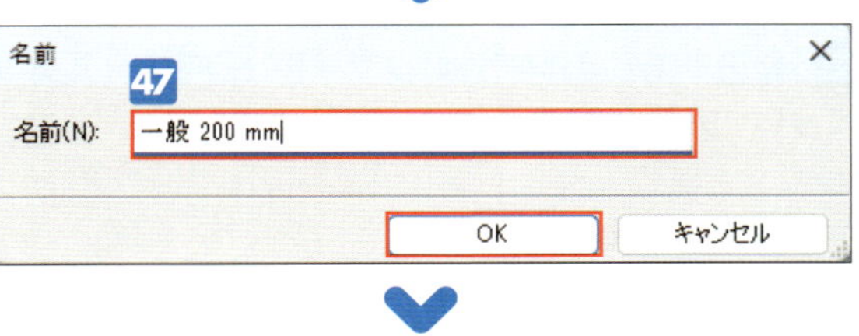

49 [アセンブリを編集]ダイアログが表示されるので、[レイヤ]－[構造[1]]の[厚さ]を[200]に変更して、[OK]ボタンをクリックする。

50 [タイプ プロパティ]ダイアログに戻るので、[OK]ボタンをクリックする。

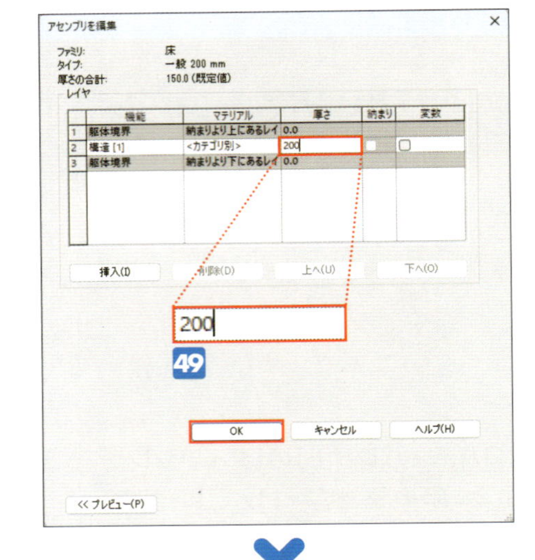

51 [修正 | 床の境界を作成]タブ－[描画]パネル－[長方形]をクリックする。[長方形]ツールの1点目として、外壁の左上の頂点をクリックする。

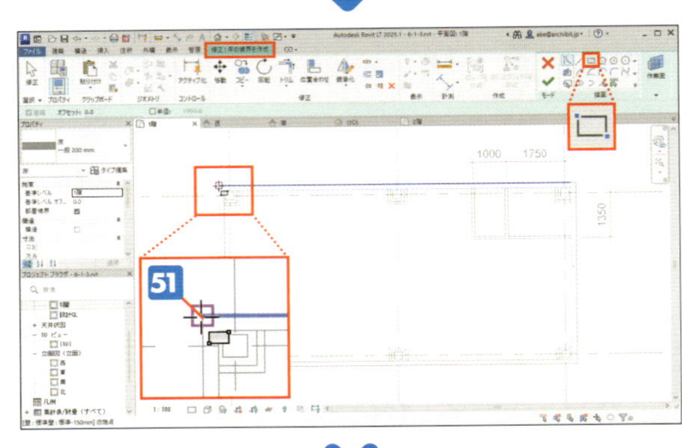

52 [長方形]ツールの2点目として、外壁の右下の頂点をクリックする。

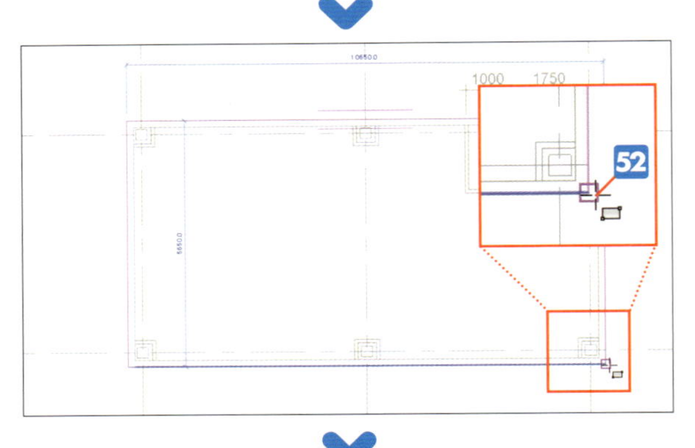

53 [修正 | 床の境界を作成]タブ－[モード]パネル－[終了]をクリックする。

床が作成されました。

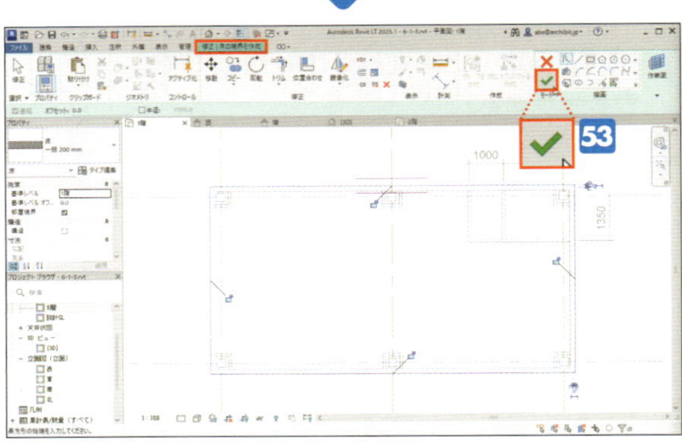

天井を作成します(P.141 3-5「天井の作成」を参考にしてください)。

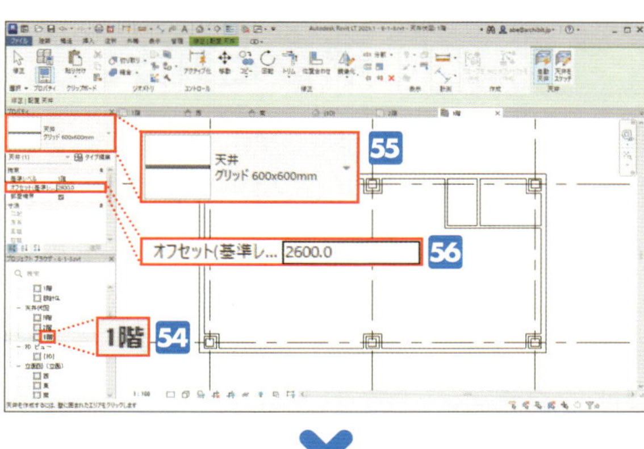

54 [プロジェクトブラウザ]で[ビュー(レベル順)]－[天井伏図]－[1階]をダブルクリックする。1階天井伏図が表示される。

55 [建築]タブ－[構築]パネル－[天井] をクリックする。[プロパティパレット]の[タイプセレクタ]で、天井のタイプとして[天井 グリッド 600×600mm]を選択する。

56 [プロパティパレット]で[拘束]－[オフセット(基準レベル)]が「2600.0」になっていることを確認する。これが天井の高さになる。

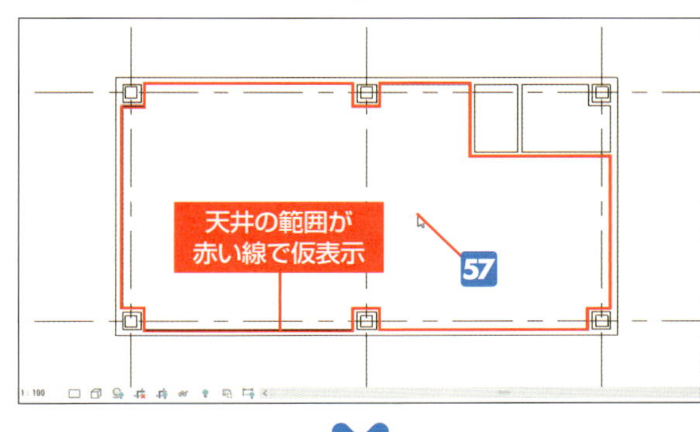

57 壁で仕切られている部屋にカーソルを移動し、天井の範囲が赤い線で仮表示されたら、クリックする。

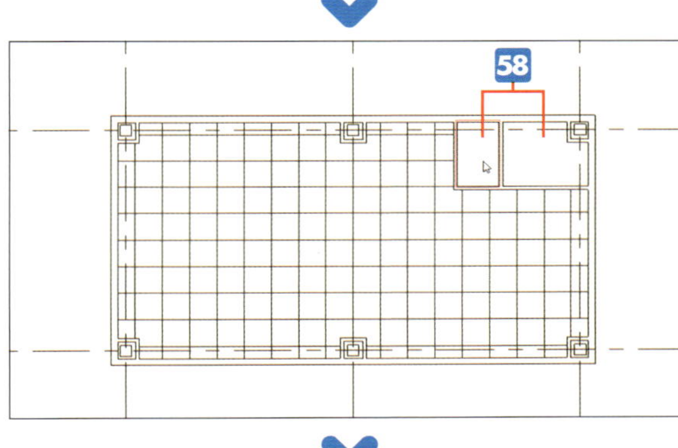

58 間仕切り壁で区切られた2つの部屋も、それぞれクリックして、天井を作成する。

59 [修正]ツールをクリックして、[天井]ツールを終了する。

天井が作成されました。

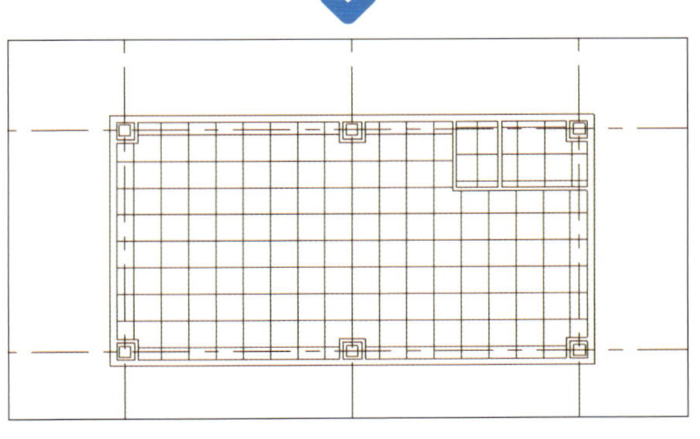

6-1-4 部屋と建具を作成する

部屋を作成し、部屋タグを入力して、建具や設備機器を配置します（3-7「部屋の作成」や3-2「ドアと窓の配置」、3-4「コンポーネントの配置」を参考にしてください）。

「6th_day」-「6-1-4a.rvt」（作図前）
「6-1-4b.rvt」（作図後）

部屋を作成します（P.157 3-7「部屋の作成」を参考にしてください）。

1 [プロジェクトブラウザ]の[ビュー(レベル順)]－[平面図]－[1階]をダブルクリックする。1階平面図が表示される。

2 [建築]タブ－[部屋/エリア]パネル－[部屋] をクリックする。

3 [プロパティパレット]の[タイプセレクタ]で、部屋のタイプとして[部屋名 ＋ 面積2mm]を選択する。

4 カーソルを壁で囲まれた範囲に移動すると、部屋の範囲が青色の線で仮表示されるので、部屋タグを配置する位置でクリックする。部屋が作成され、部屋タグが表示される。

5 手順**4**と同じ方法で、間仕切り壁で区切られた2つの部屋を作成する。[修正]ツールをクリックして、[部屋]ツールを終了する。

6 中央の部屋の部屋タグの部屋名部分をダブルクリックして、編集モードにする。「事務室」と入力して Enter キーを押す。

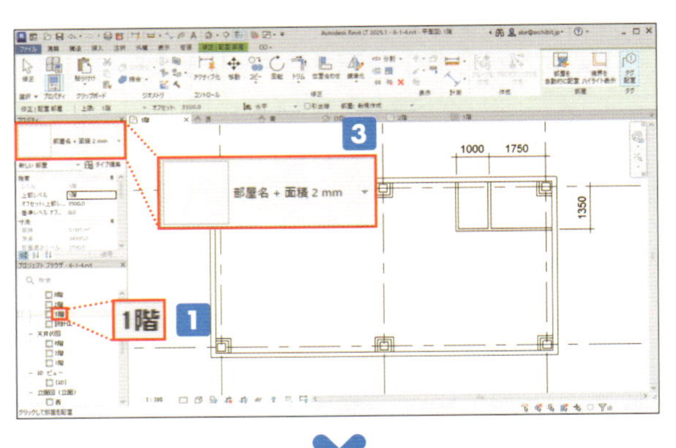

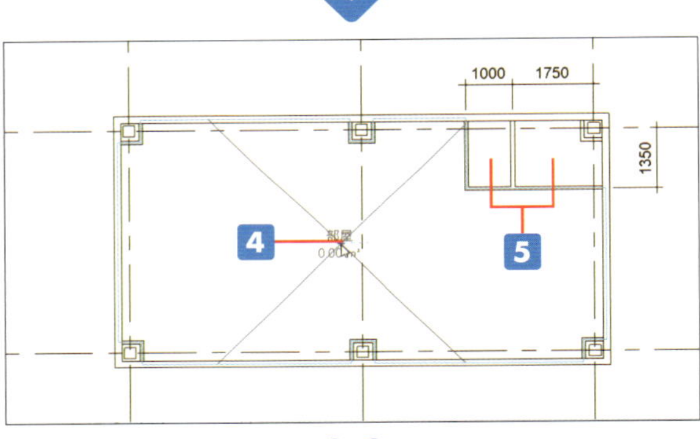

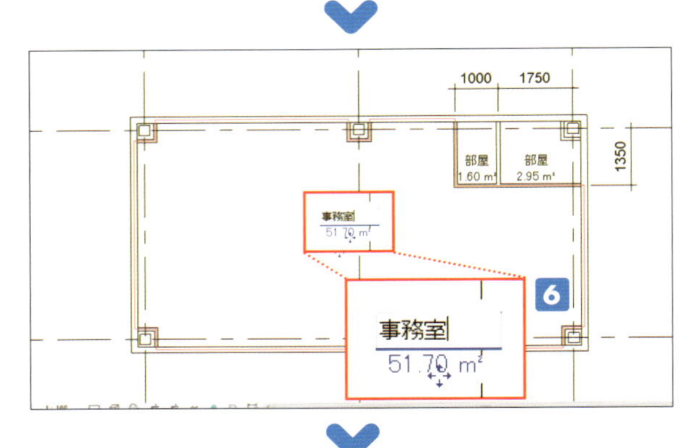

7 他の部屋の部屋名も、それぞれ図のように「トイレ」「給湯」に変更する。

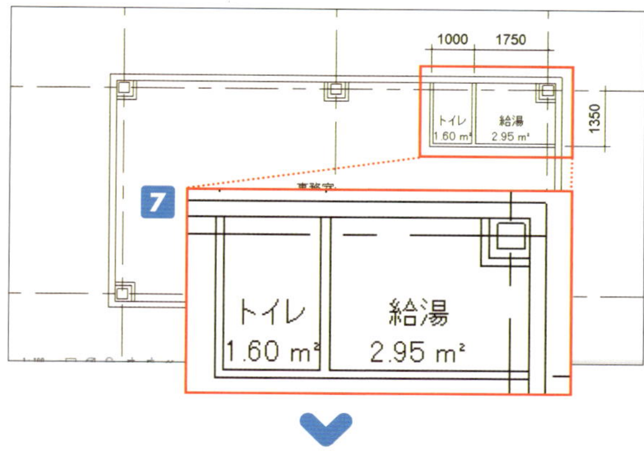

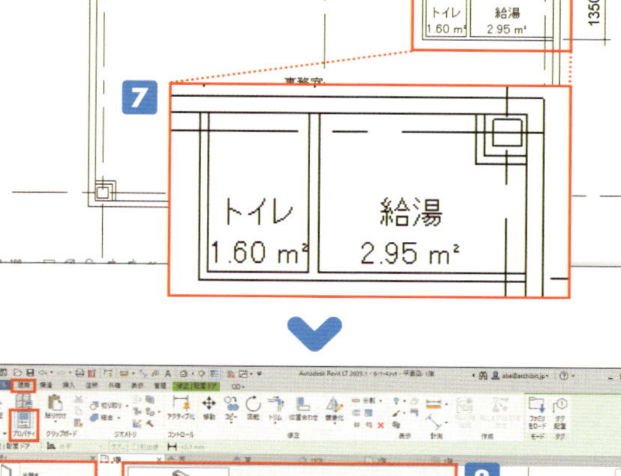

部屋が作成されました。

ドアを作成します(P.116 3-2「ドアと窓の配置」を参考にしてください)。

8 [建築]タブー[構築]パネルー[ドア]をクリックする。[プロパティパレット]の[タイプセレクタ]で、ドアのタイプとして[片開き w700h2000]を選択する。

9 P.116 3-2-1「ドアと窓を配置する」を参考にして、図のようにトイレの壁に片開きドアを配置する。

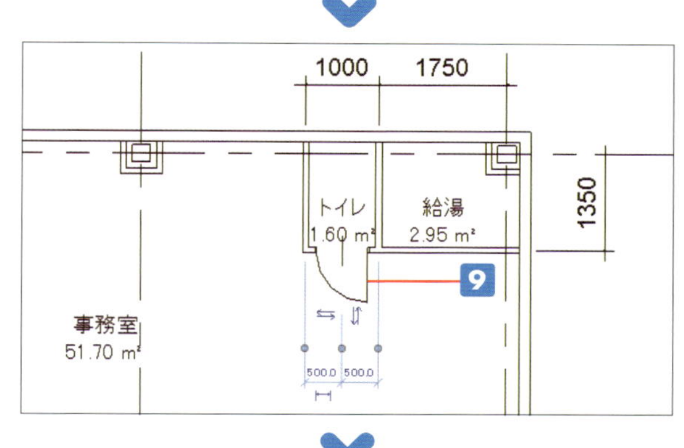

10 同様にして、図のように給湯室の壁に片開きドアを配置する。

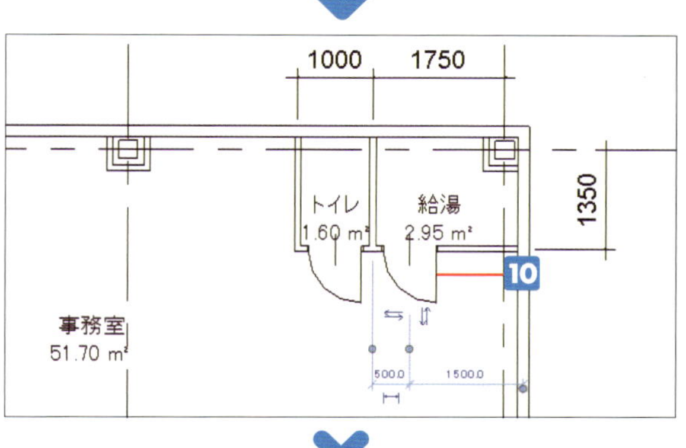

ドアが配置されました。

窓を配置します(P.116 3-2「ドアと窓の配置」を参考にしてください)。

11 [建築]タブー[構築]パネルー[窓] をクリックする。

12 [プロパティパレット]の[タイプセレクタ]で、窓のタイプとして[引違い腰窓_2枚 w1600h0800]を選択する。

13 3-2-1手順9〜16(P.117〜118)を参考にして、通り芯「Y1」上の外壁の通り芯「X1」−「X2」間中央に引違い腰窓を挿入する。

14 手順13と同様にして、通り芯「X2」−「X3」間中央と、通り芯「Y2」上の外壁の通り芯「X1」−「X2」中央に引違い腰窓をそれぞれ挿入する。

15 手順11〜13と同様にして、トイレの外壁に[縦すべり窓 w0400h0800]を挿入する。
(図は参考のために寸法を入れています)

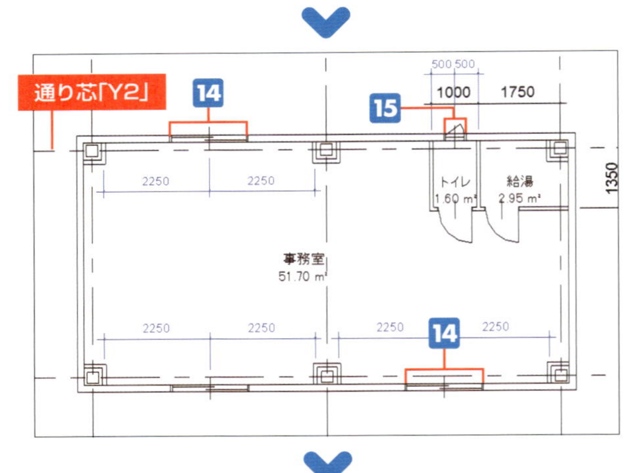

窓が配置されました。

設備機器のコンポーネントを配置します(P.136 3-4-1「ファミリをロードしてコンポーネントを配置する」を参考にしてください)。

16 [挿入]タブー[ライブラリからロード]パネルー[Autodeskファミリをロード]をクリックする。

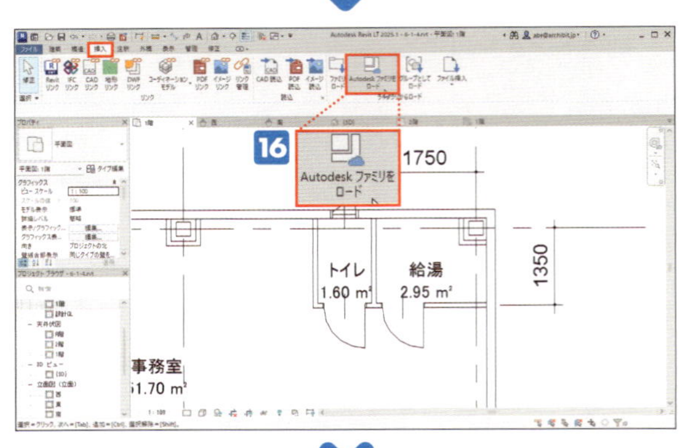

17 インターネットにアクセスし、[Autodesk ファミリをロード]ダイアログが表示されるので、検索窓に「便器」と入力して Enter キーを押す。検索結果が表示されるので、[洋式便器 - 3D]を選択して[ロード]ボタンをクリックする。

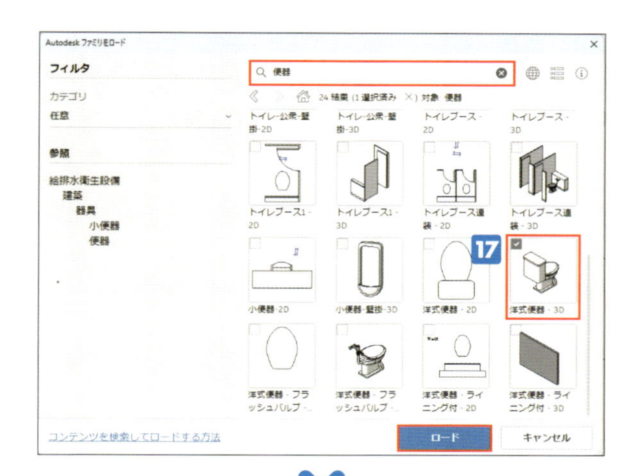

18 ファミリのロードが完了したら、[建築]タブー[構築] パネルー[コンポーネント]をクリックする。

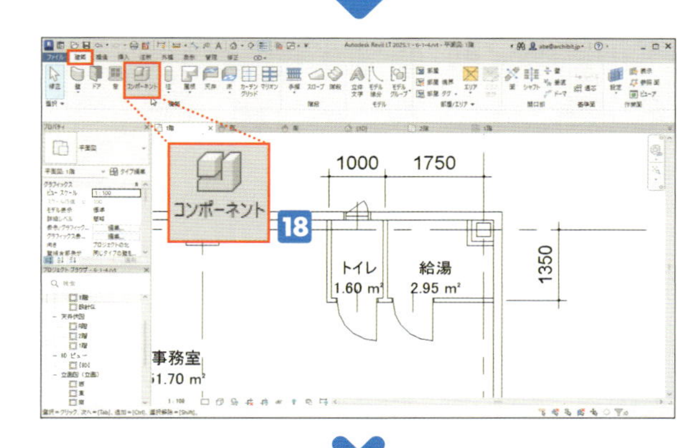

19 [プロパティパレット]の[タイプセレクタ]で[洋式便器 - 3D]を選択する。トイレの位置でクリックし、便器を配置する。

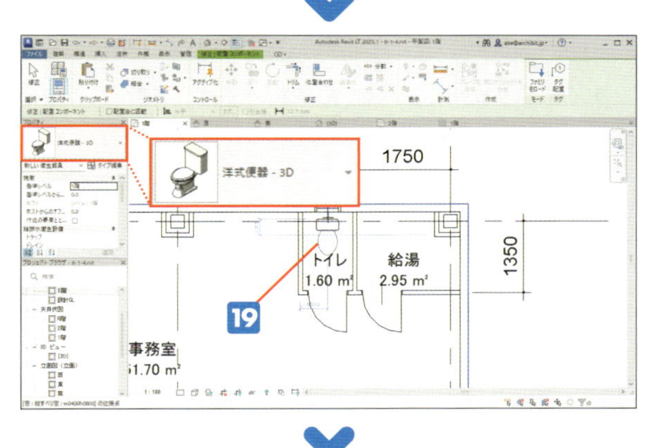

コンポーネントを回転する場合

便器などのコンポーネントを配置するときに、マウスの左ボタンを押した状態で スペース キーを押すと、コンポーネントを回転することができる。

20 手順**16**～**19**と同様にして、「キッチン」で検索し、[システムキッチン - スケール(小)- 3D]をロードして給湯室に配置する。

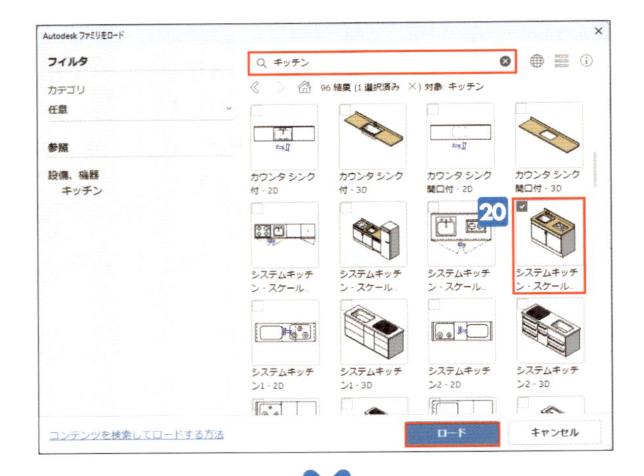

設備機器のコンポーネントが配置されました。

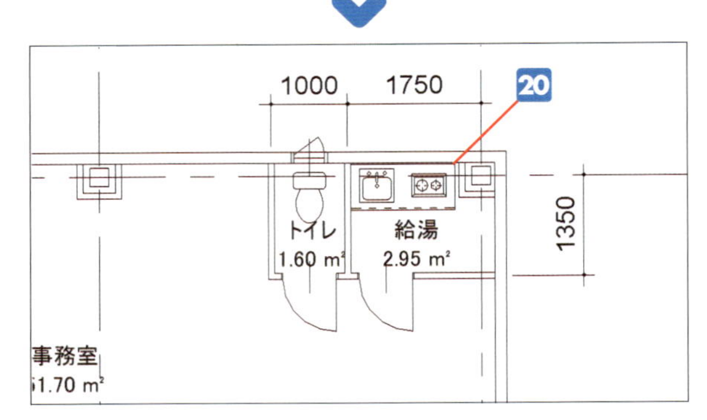

HINT

同じオブジェクトの作成

すでに入力されている、柱や壁と同じプロパティのオブジェクトを作成したいときは、[修正]ツールで該当するオブジェクトを選択し、右クリックして表示されるコンテキストメニューから[同じオブジェクトの作成]を選択して作成できる。

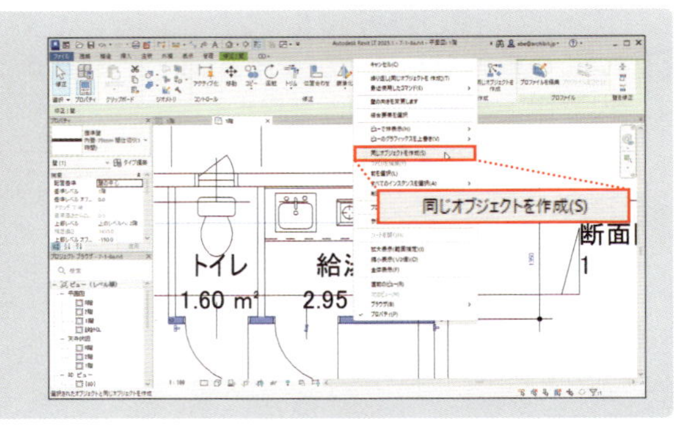

6-1-5 カーテンウォールを作成する

西側の外壁面にカーテンウォールを埋め込み、グリッドで区切ったカーテンウォールの一部を両開きドアに変更します(3-3「カーテンウォールの作成」などを参考にしてください)。

「6th_day」-「6-1-5a.rvt」(作図前)
「6-1-5b.rvt」(作図後)

カーテンウォールを作成します(P.126 3-3「カーテンウォールの作成」を参考にしてください)。

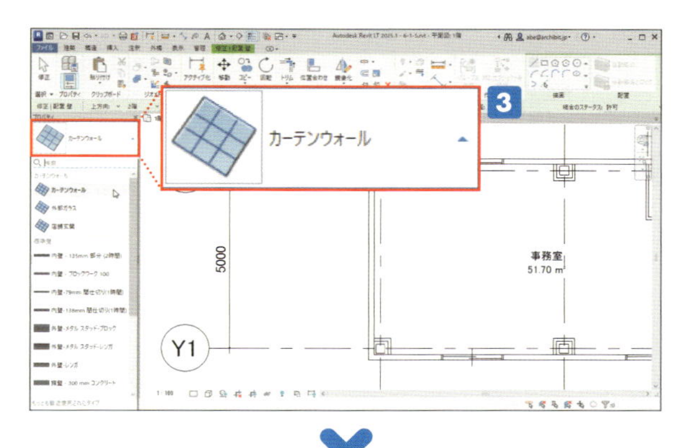

1 [プロジェクトブラウザ]の[ビュー(レベル順)]－[平面図]－[1階]をダブルクリックする。1階平面図が表示される。
2 [建築]タブ－[構築]パネル－[壁]－[壁意匠]をクリックする。
3 [プロパティパレット]の[タイプセレクタ]で、[カーテンウォール]を選択する。
4 [タイプセレクタ]下の[タイプ編集]をクリックする。
5 [タイププロパティ]ダイアログが表示されるので、[タイプパラメーター]の[構成]－[自動的な埋め込み]－[値]欄にチェックを入れて、[OK]ボタンをクリックする。

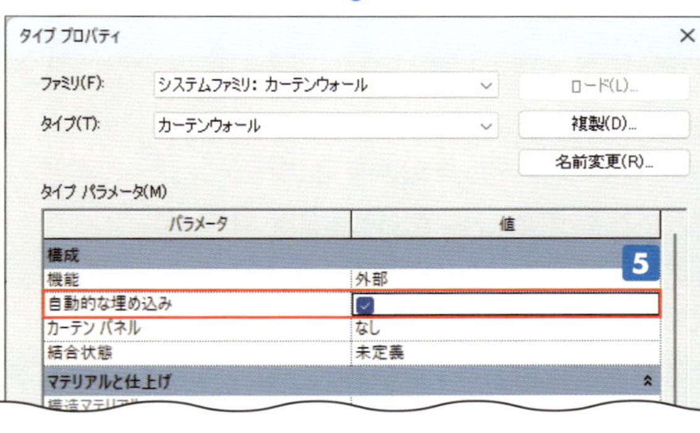

6 カーテンウォールの高さの初期値は、階高の3600(P.223 手順10参照)に設定されている。天井の高さ(P.243 手順56参照)に合わせてカーテンウォールの高さを2600にするため、[プロパティパレット]の[拘束]－[上部レベルオフセット]に「-1000」と入力して、[適用]ボタンをクリックする。

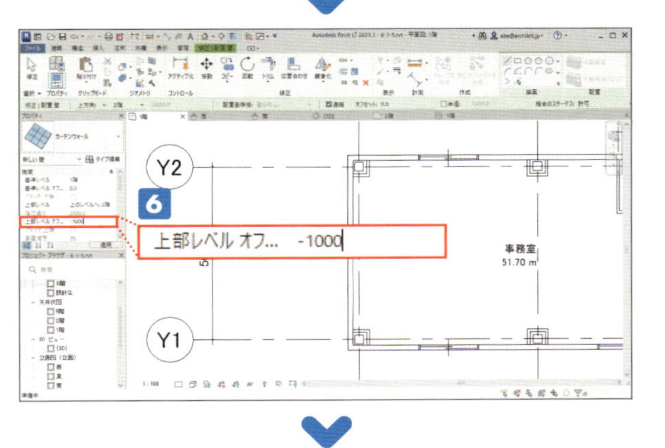

7 [カーテンウォール]ツールの始点として、通り芯「X1」の外壁下側、通り芯「X1」－「Y1」の柱周りの壁から「100.0」の位置でクリックする。

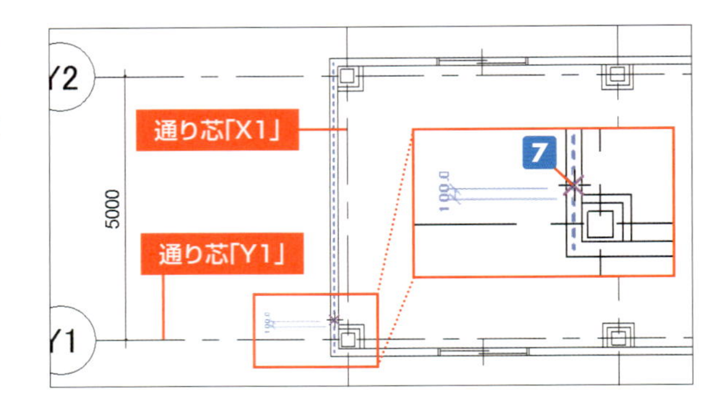

8 カーソルを垂直上方向に移動し、始点から「4300.0」の位置でクリックする。[修正]ツールをクリックして、[カーテンウォール]ツールを終了する。

カーテンウォールが作成されました。

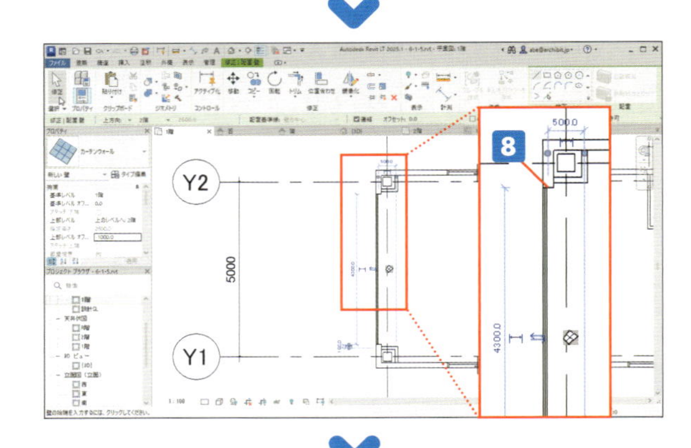

カーテンウォールを分割するカーテングリッドを作成します(P.128 3-3-2「カーテングリッドを付けてカーテンウォールを分割する」を参考にしてください)。

9 [プロジェクトブラウザ]の[ビュー(レベル順)]－[立面図(立面)]－[西]をダブルクリックする。西立面図が表示される。

10 [建築]タブ－[構築]パネル－[カーテングリッド]をクリックする。

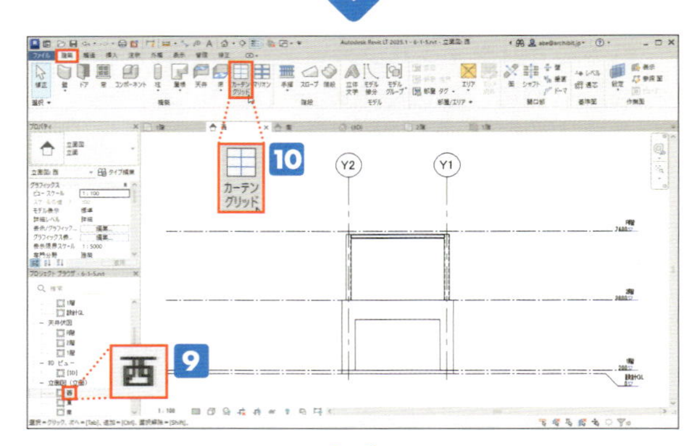

11 カーソルをカーテンウォールの上辺中央付近に移動し、縦方向の青い破線を表示させる。その状態で、上辺中央の位置(図では、左右がそれぞれ「2150.0」の位置)をクリックする。カーテンウォールがカーテングリッドによって左右に2分割される。

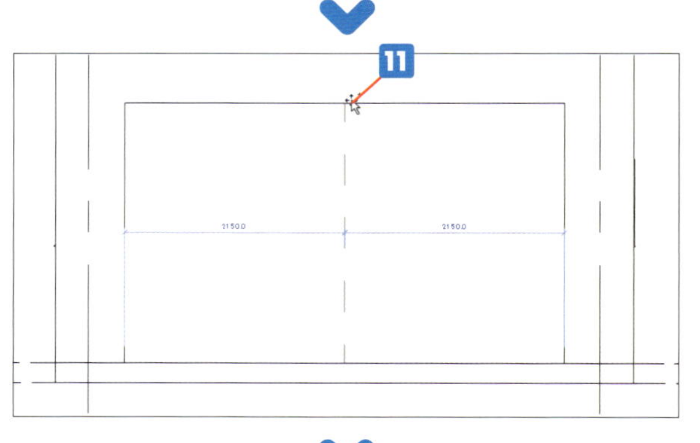

12 左右に2分割したカーテングリッドをさらに3等分する。手順**11**と同様にして、「716.7」ごとに分割し、全体として6等分にする。

13 カーソルをカーテンウォールの右辺付近に移動し、横方向の青い破線を表示させる。下から「2100.0」の位置でクリックして分割する。

14 手順**13**と同様にして、下から「2100.0」で分割した部分を、下から「1050.0」の位置でクリックして2等分する。

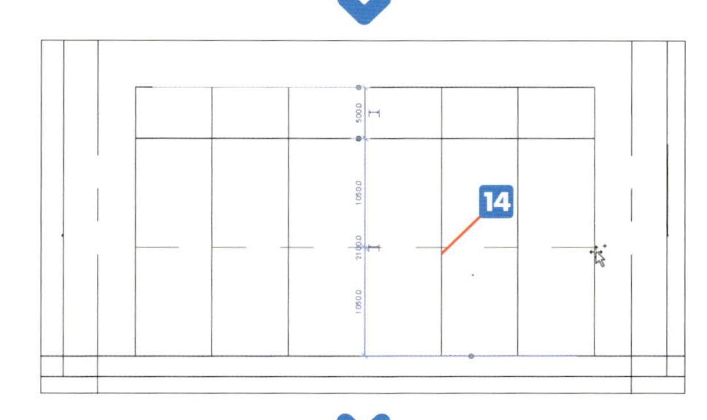

15 [修正]ツールをクリックして、[カーテングリッド]ツールを終了する。

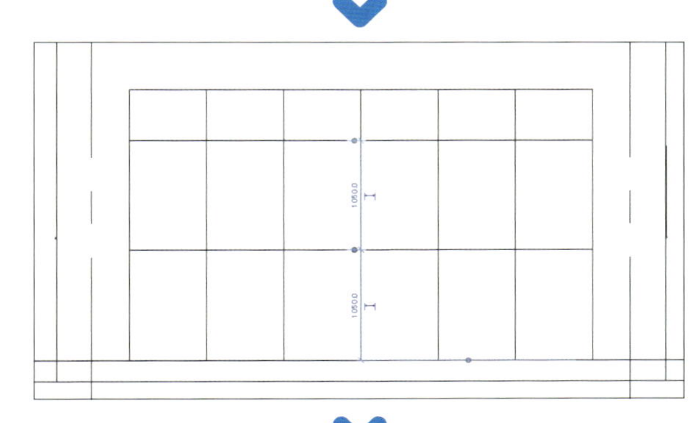

カーテンウォールにカーテングリッドが作成されました。

カーテンウォールに入口とマリオンを作成します。

16 P.129 3-3-2 手順**9**～**12**を参考にして、入口部分のカーテングリッドを削除する。
[修正]ツールで該当するカーテングリッド(図の赤い線)をクリックして選択する。[修正 | カーテンウォール グリッド]タブ－[カーテングリッド]パネル－[セグメントの追加/削除]をクリックする。

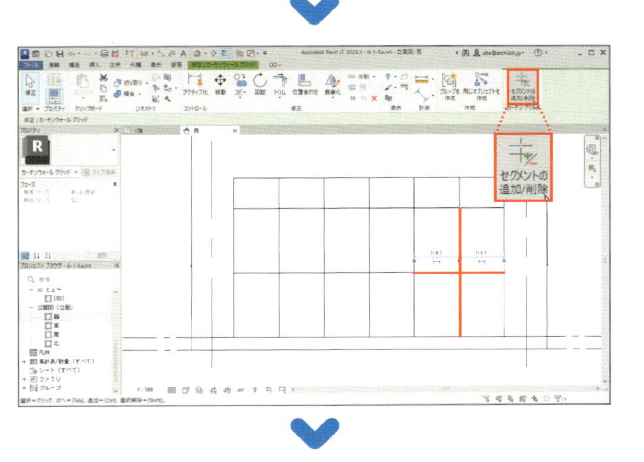

DAY 1
DAY 2
DAY 3
DAY 4
DAY 5
DAY 6
2階建てモデル・図面の作成①
DAY 7

17 該当するカーテングリッドを再度クリックし、削除する。最後に、作図領域の何もない位置をクリックして、[セグメントの追加/削除]ツールを終了する。

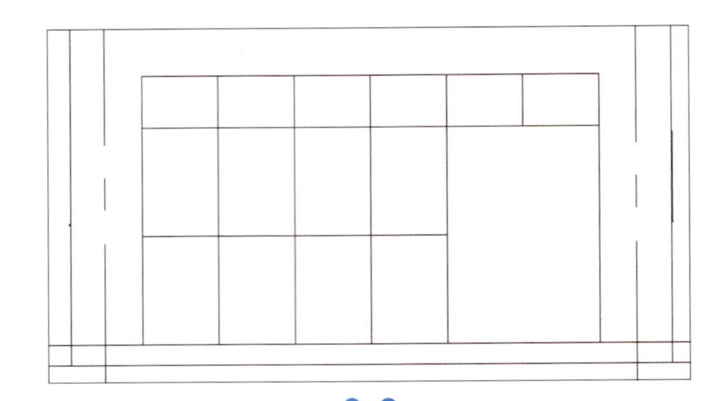

18 [建築]タブ－[構築]パネル－[マリオン]をクリックする。

19 [プロパティパレット]の[タイプセレクタ]で、マリオンのタイプとして[長方形マリオン 50×150mm]を選択する。

20 [修正 | 配置 マリオン]タブ－[配置]パネル－[全グリッド]をクリックする。

21 カーテングリッドをクリックすると、すべてのグリッドにマリオンが作成される。[修正]ツールをクリックして、[カーテンウォール]ツールを終了する。

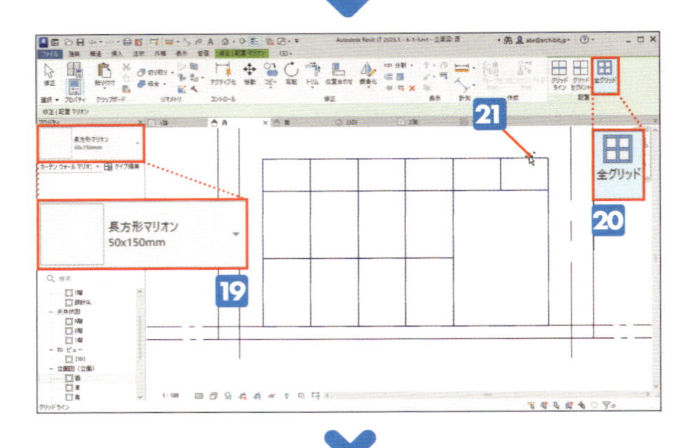

カーテンウォールに入口とマリオンが作成されました。

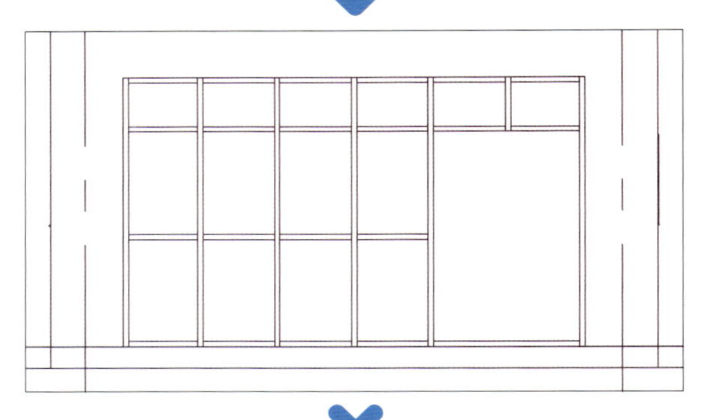

入口のカーテンパネルを両開きドアに変更します(P.133 3-3-4「カーテンパネルをドアや窓に変更する」を参考にしてください)。

22 [挿入]タブ－[ライブラリからロード]パネル－[Autodeskファミリをロード]をクリックする。

23 表示される[Autodeskファミリをロード]ダイアログで、検索窓に「ヒンジ」を入力して Enter キーを押す。表示されるリストから[両開き - ヒンジ2]を選択し、[ロード]ボタンをクリックする。

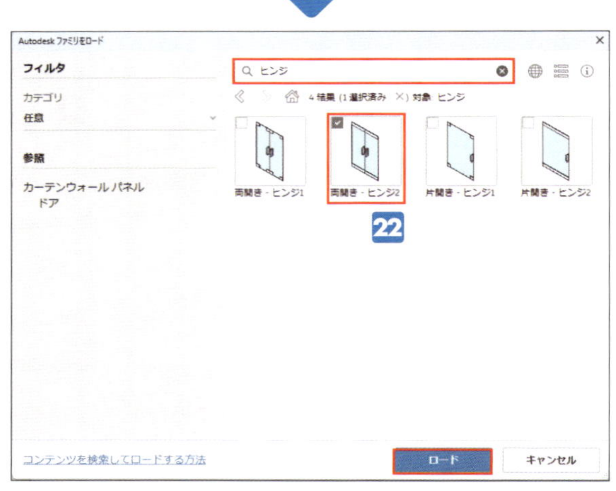

24 [修正]ツールをクリックする。
右下のカーテンパネル(カーテングリッドで区切られた部分)をクリックして選択する。

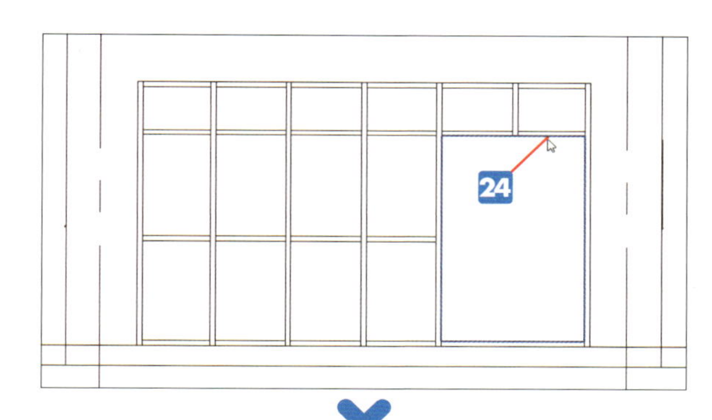

右下のカーテンパネルが選択できないとき

右下のカーテンパネルがうまく選択できないときは、右下のマリオン付近にカーソルを合わせ、Tab キーを押すと選択要素が切り替わるので、目的のカーテンパネルが仮選択されたらクリックする。

25 [プロパティパレット]の[タイプセレクタ]で、ヒンジのタイプとして、ロードした[両開き - ヒンジ2 ガラス パネル]を選択する。

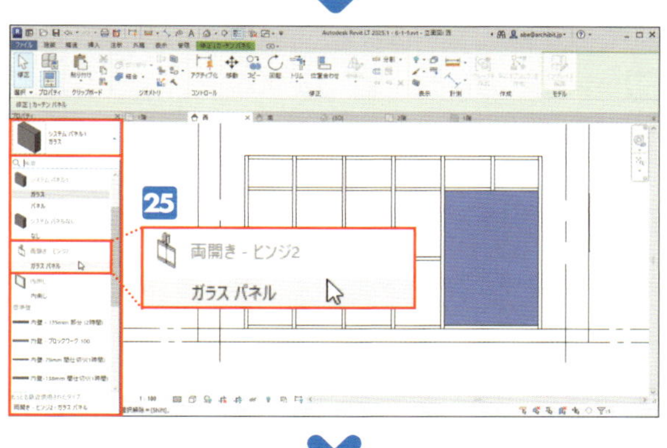

26 右下の入口のカーテンパネル部分に、[両開き - ヒンジ2 ガラス パネル]が配置される。

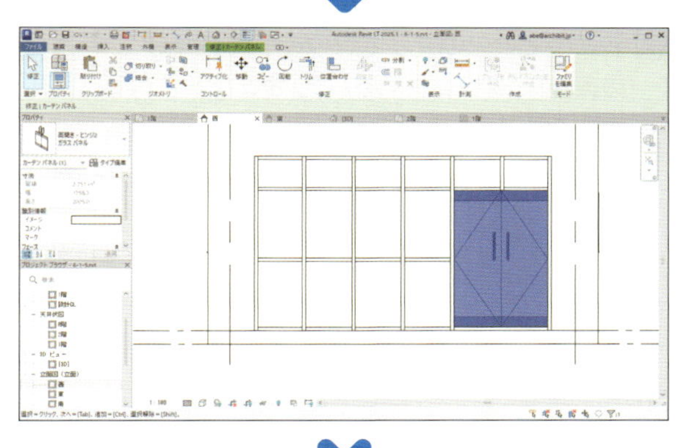

入口のカーテンパネルが両開きドアに変更されました。

ドアの取っ手やマリオンの位置を調整し、カーテンウォールを完成させます。

27 ドアの取っ手の位置が少し高いので、高さを調整する。
[プロパティパレット]の[タイプセレクタ]下の[タイプ編集]をクリックする。表示される[タイププロパティ]ダイアログの[タイプパラメータ]−[寸法]−[ハンドル高さ]−[値]欄を「800」に変更して、[OK]ボタンをクリックする。取っ手の位置が下がる。

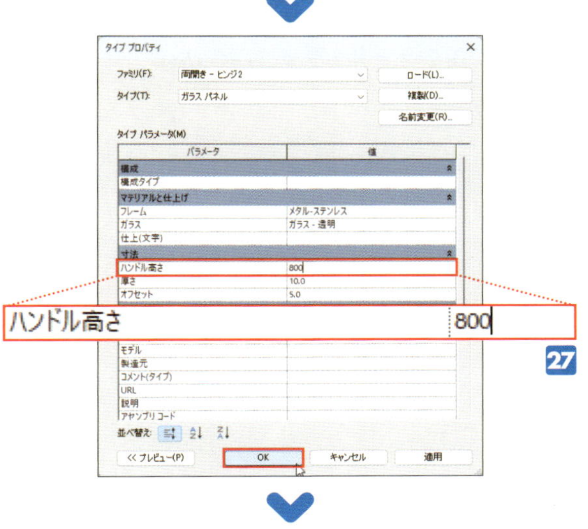

28 続けて、ドアの上中央のマリオンがドアの中央に揃うように位置を合わせる。
[修正]ツールをクリックし、[修正]タブ－[修正]パネル－[位置合わせ]をクリックする。

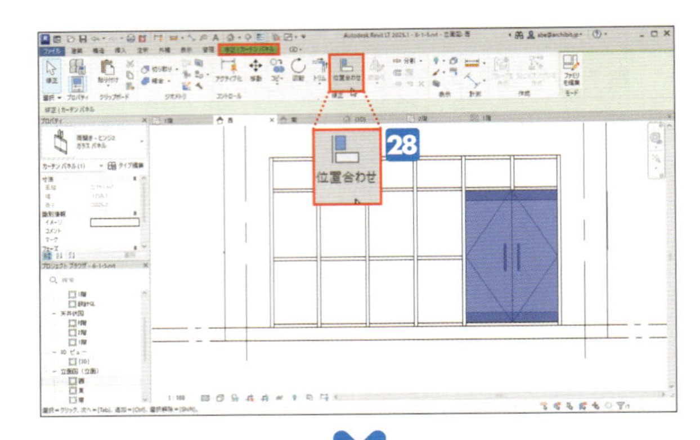

29 ドア中央の垂直線をクリックする。

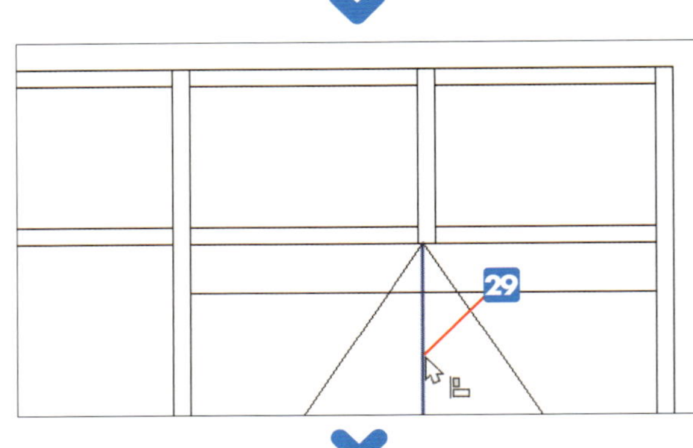

30 ドアの上中央のマリオンの中心線(青色の実線)をクリックする。マリオンがドア中央の位置と垂直に揃う。
[修正]ツールをクリックして、[位置合わせ]ツールを終了する。

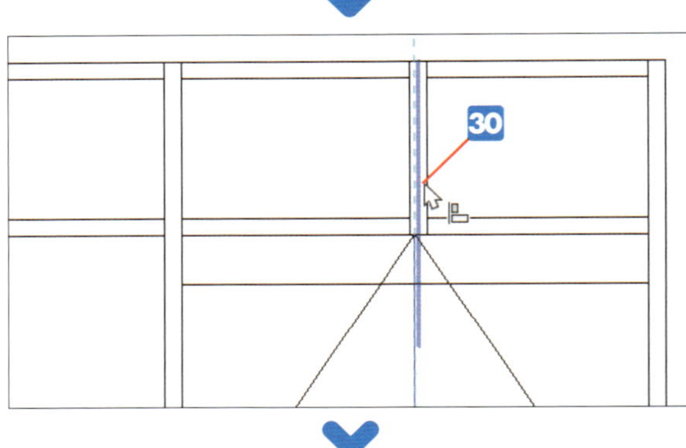

ドアの取っ手やマリオンの位置が調整され、カーテンウォールが完成しました。

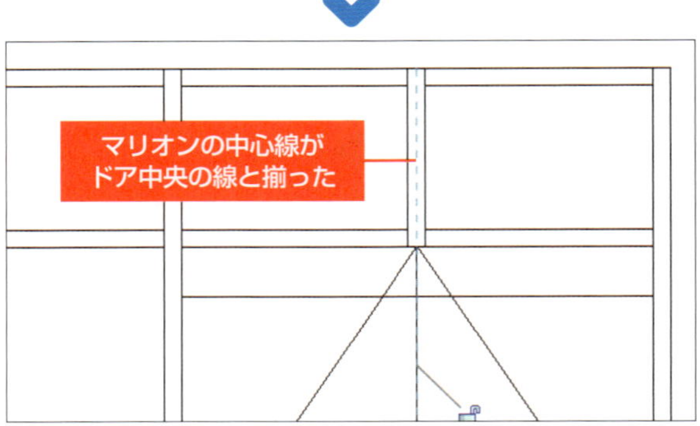

6-1-6 階段を作成する

1階と2階をつなぐL字型曲がり階段を作成します（3-6「階段の作成」を参考にしてください）。

「6th_day」-「6-1-6a.rvt」（作図前）
「6-1-6b.rvt」（作図後）

階段を作成します（P.148 3-6「階段の作成」を参考にしてください）。

1 [プロジェクトブラウザ]の[ビュー(レベル順)]－[平面図]－[1階]をダブルクリックする。1階平面図が表示される。

2 [建築]タブ－[階段]パネル－[階段]をクリックする。[プロパティパネル]の[タイプセレクタ]で、階段のタイプとして[鉄骨階段 鉄鋼]を選択する。

3 [プロパティパレット]の[寸法]－[蹴上数]を「20」に変更して、[適用]ボタンをクリックする。

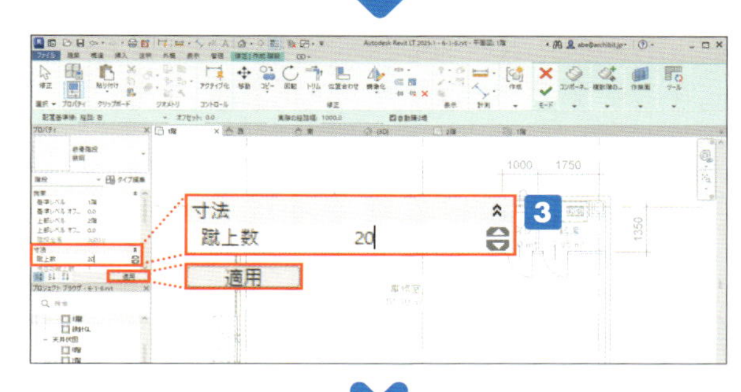

4 [オプションバー]の[配置基準線]で[側桁:左]を選択する。

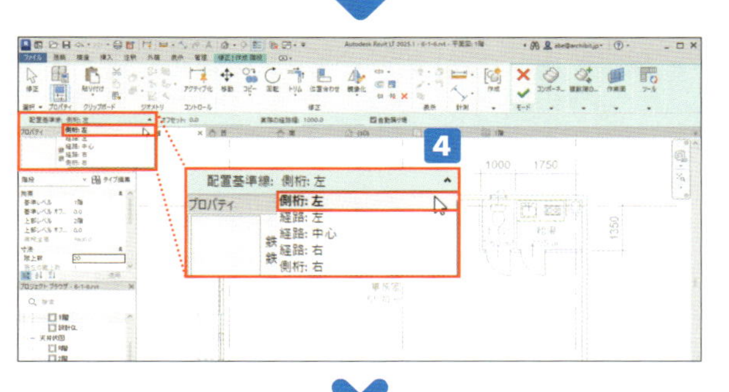

5 階段経路の始点として、左下（通り芯「X1」－「Y1」）の柱を囲む内壁右上角の垂直線上で、上部内壁の中心線から上に「1600.0」の位置でクリックする。

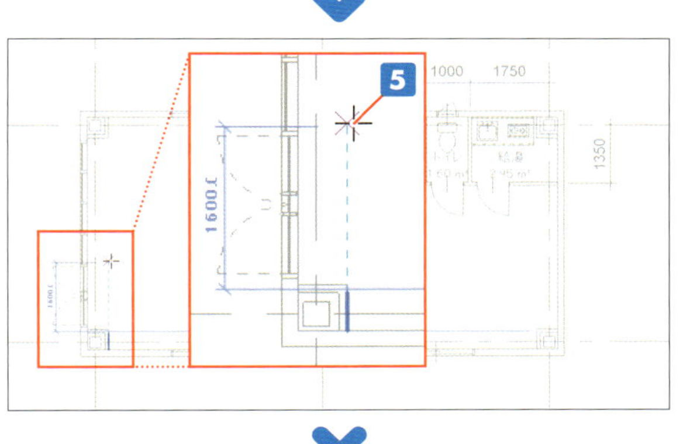

6 カーソルを上方向に移動し、[8段蹴上が作成されました、12継続中]と表示される位置でクリックする。

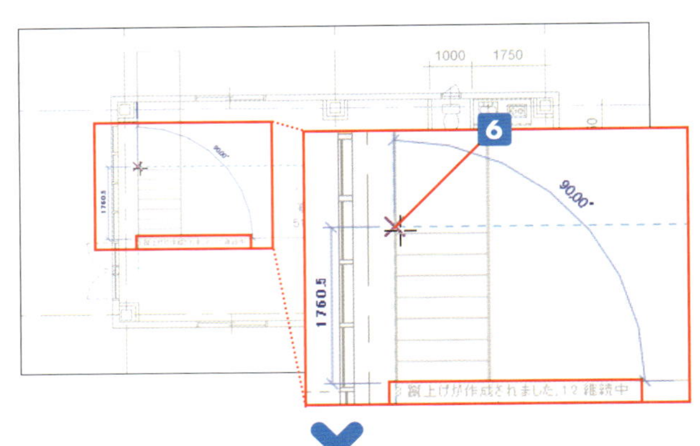

7 中央上(通り芯「X2」－「Y2」)の柱を囲む内壁下側面の延長線上で、左上(通り芯「X1」－「Y2」)の柱を囲む内壁右側中心から右に「1400.0」の位置でクリック。

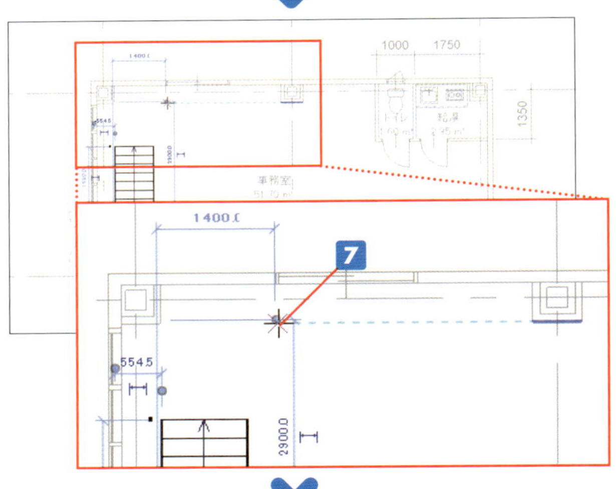

HINT

「1400.0」の位置が指示しづらい場合

「X2」－「Y2」の柱下側の内壁面の延長線の破線が表示されている状態で、Shift キーを押しながら、カーソルを右方向に移動すると「1400.0」の位置が表示される。

8 カーソルを右水平方向に移動し、[12段蹴上が作成されました、0継続中]と表示される位置でクリックする。
[修正 | 作成 階段]タブ－[モード]パネル－[終了]をクリックする。

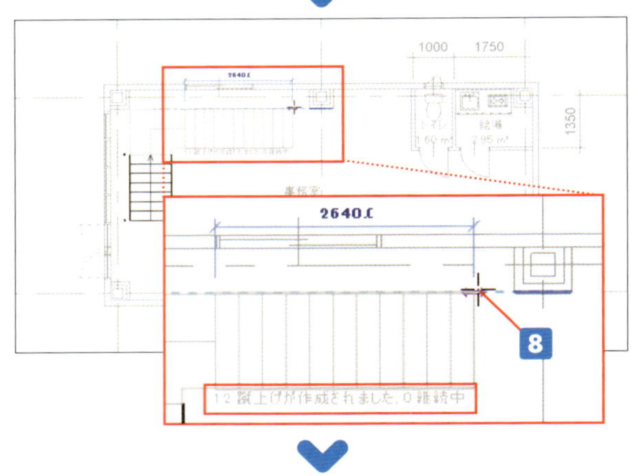

階段が作成されました。

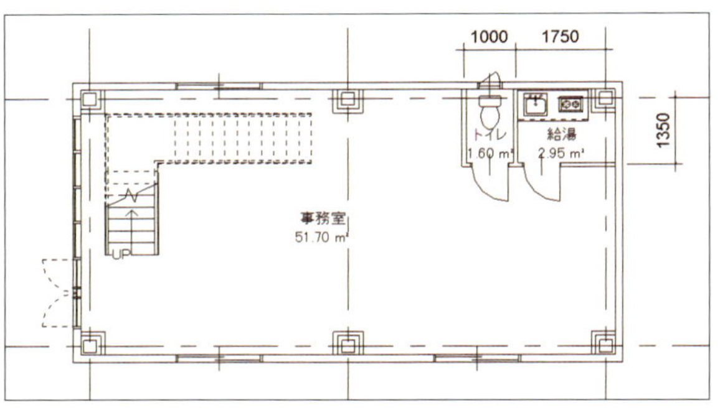

DAY 7

2階建て モデル・図面の 作成②

DAY **7-1**

2階モデル・図面の作成

2階平面図とR階平面図を入力し、図面を完成します。完成させた図面から断面図を作成し、最後にシートにレイアウトして印刷します。

7-1-1 2階の壁を作成する

外壁をR階より上に伸ばし、1階で入力した内壁を2階にコピーし、2階の壁を作成します。

「7th_day」-「7-1-1a.rvt」(作図前)
「7-1-1b.rvt」(作図後)

外壁の高さを上に伸ばします。

1 [プロジェクトブラウザ]の[ビュー(レベル順)]－[3Dビュー]－[{3D}]をダブルクリックする。3Dビューが表示される。

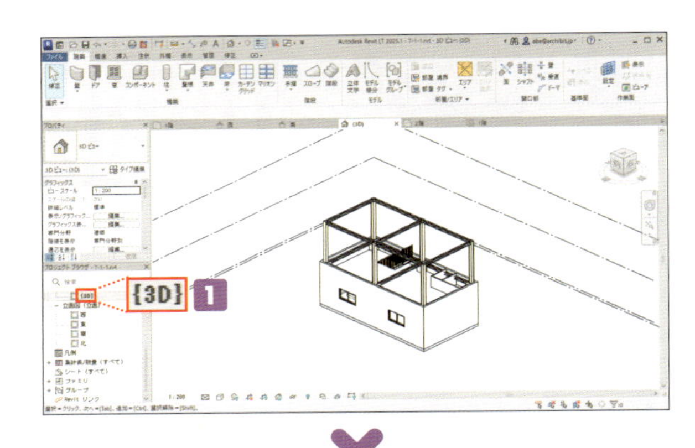

2 [修正]ツールをクリックする。P.30 **1-4-4**を参考にして画面を回転させながら、1階の4面の外壁を Ctrl キーを押しながらクリックし、すべて選択する。

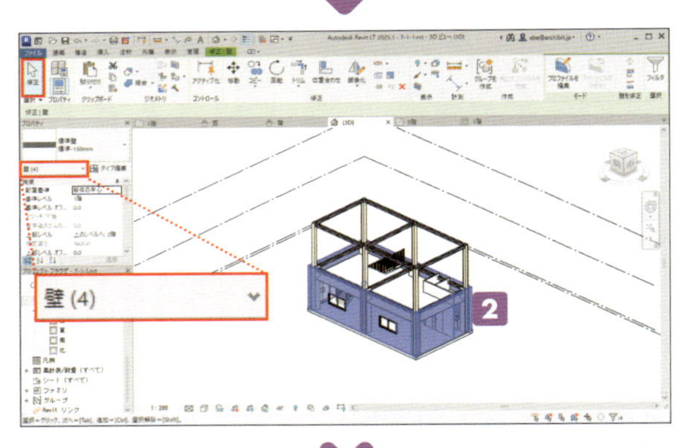

HINT 選択の確認方法

4面の外壁が正しく選択されている場合は、[プロパティパレット]の[タイプセレクタ]には[標準壁 標準 - 150mm]と表示され、その下の[プロパティフィルタ]欄に「壁(4)」と個数が表示される。

3 [プロパティパレット]の[拘束]－[上部レベル]で[上のレベルへ:R階]を選択し、[上部レベルオフセット]に「600」を入力して[適用]ボタンをクリックする。ちなみに[上部レベルオフセット]の「600」は、パラペット(屋上の外周部に設置された低い立ち上がりの壁)の高さになる。

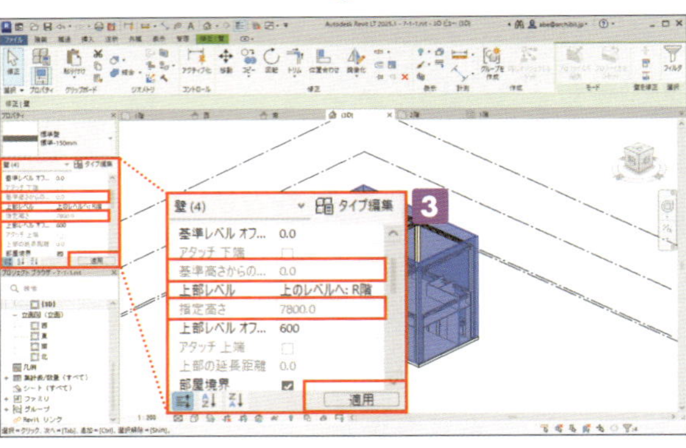

4 [修正]ツールをクリックし、選択を解除する。

外壁の高さが伸びました。

1階の間仕切り壁と柱を囲む内壁の高さを、2階の床の厚み分低くします。

5 [プロジェクトブラウザ]の[ビュー(レベル順)]－[平面図]－[1階]をダブルクリックして、1階平面図を表示する。図のように間仕切り壁と柱を囲む内壁(17カ所)を、 Ctrl キーを押しながらクリックして、すべて選択状態にする。

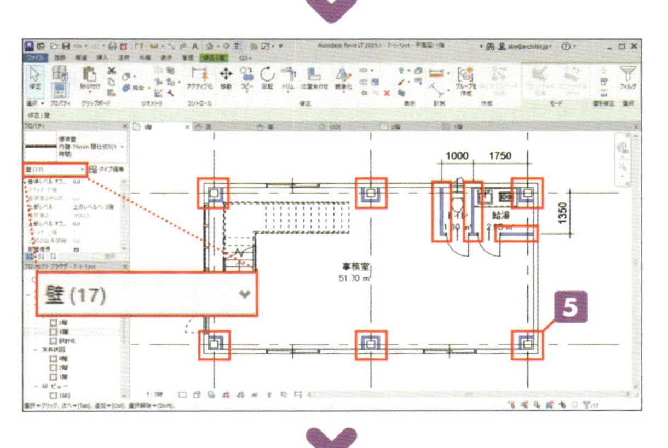

> **HINT** **[タイプセレクタ]の表示**
>
> 手順**2**と同様に、間仕切り壁と柱を囲む内壁が正しく選択されている場合は、[タイプセレクタ]下の[プロパティフィルタ]欄に「壁(17)」と表示される。

6 [プロパティパレット]の[拘束]－[上部レベルオフセット]に、2階の床の厚みにあたる「-150」を入力し、[適用]ボタンをクリックする。

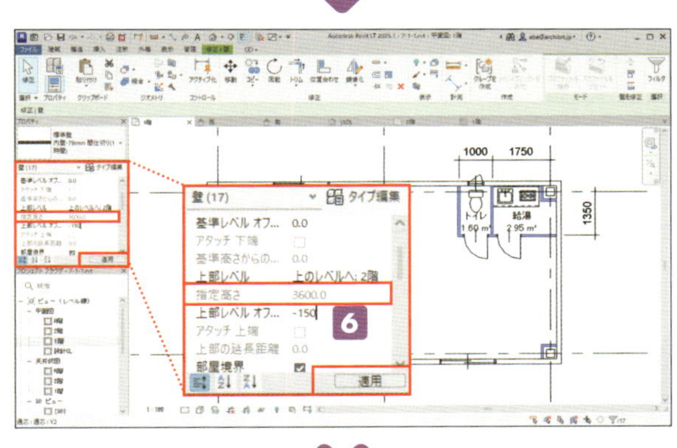

1階の間仕切り壁と柱を囲む内壁の高さが、2階の床の厚み分低くなりました。

1階の柱を囲む内壁を2階にコピーします。

7 図のように、柱を囲む内壁(14カ所)を Ctrl キーを押しながらクリックして、すべて選択状態にする。

8 [修正｜壁]タブ－[クリップボード]パネル－[コピー]をクリックする。

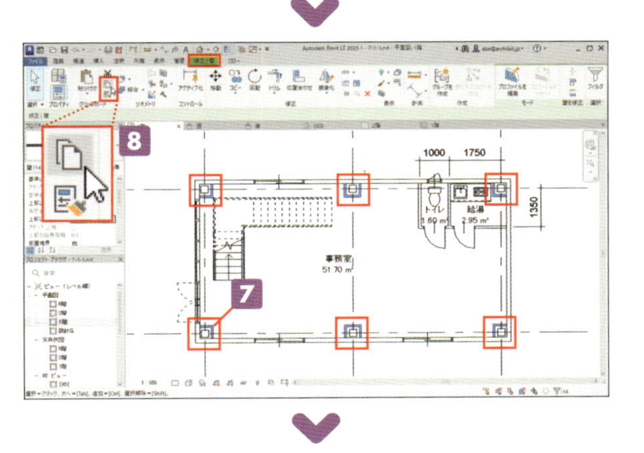

9 [修正｜壁]タブー[クリップボード]パネルー[貼り付け]ー[選択したレベルに位置合わせ]をクリックする。

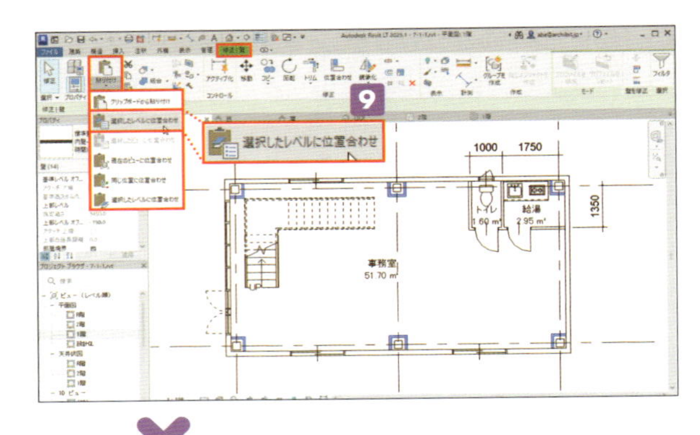

10 [レベルを選択]ダイアログが表示されるので、[2階]を選択し、[OK]ボタンをクリックする。

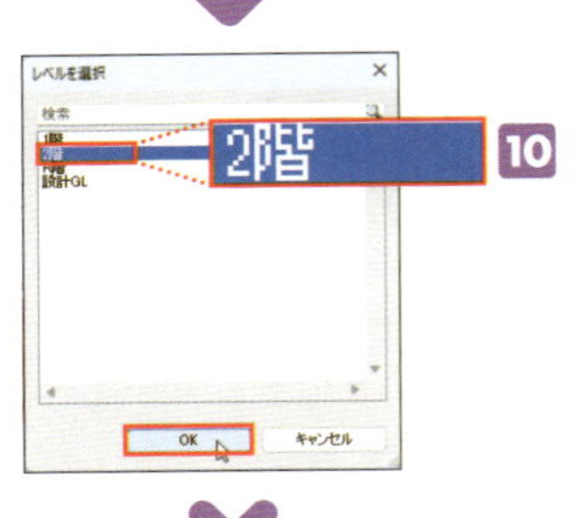

11 [プロジェクトブラウザ]の[ビュー(レベル順)]ー[平面図]ー[2階]をダブルクリックする。2階平面図が表示される。柱を囲む内壁がコピーされていることを確認する。

1階の柱を囲む内壁が2階にコピーされました。

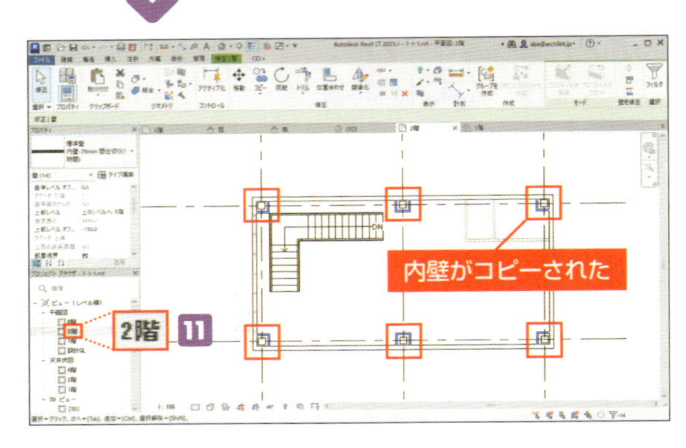

7-1-2 2階の床を作成する

2階の床を作成し、階段部分の開口部を作成します。さらに、1階の天井にも同じ範囲の開口部を作成します。

「7th_day」-「7-1-2a.rvt」(作図前)
「7-1-2b.rvt」(作図後)

2階の床を作成します。

1 [建築]タブー[構築]パネルー[床]ー[床 意匠]をクリックする。

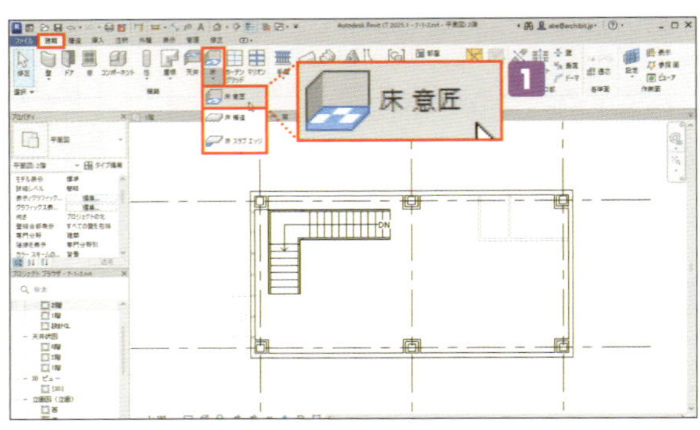

2 [プロパティパレット]の[タイプセレクタ]で、床のタイプとして[床 一般-150 mm]を選択する。

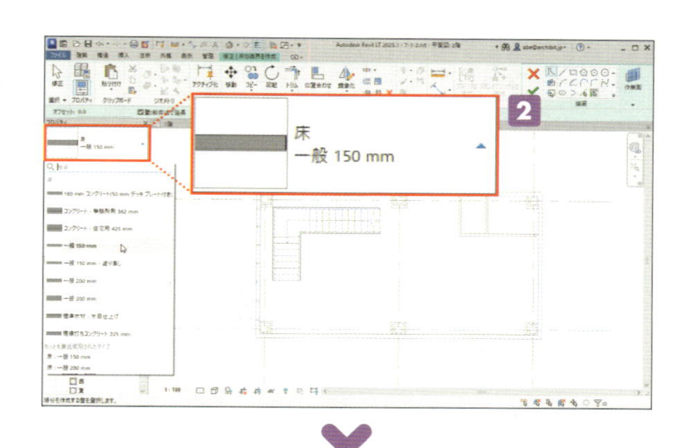

3 [修正 | 床の境界線を作成]タブー[描画]パネルー[長方形]をクリックする。

4 [長方形]ツールの1点目として、左上(通り芯「X1」ー「Y2」)の柱の外壁内側の頂点をクリックする。

5 [長方形]ツールの2点目として、右下(通り芯「X3」ー「Y1」)の柱の外壁内側の頂点をクリックする。床の境界線が作成される。

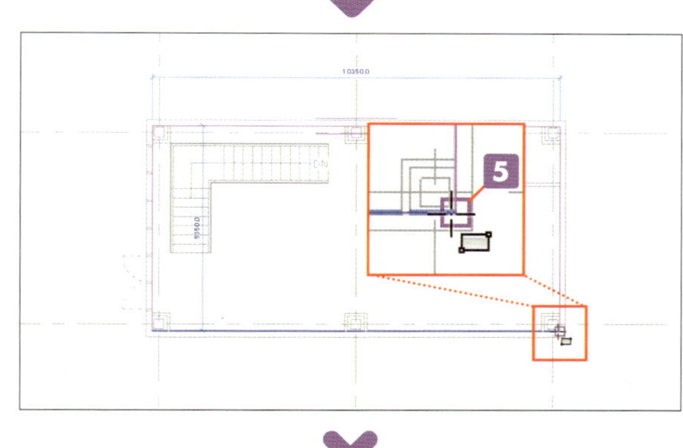

6 [修正 | 床の境界線を作成]タブー[モード]パネルー[終了]をクリックする。

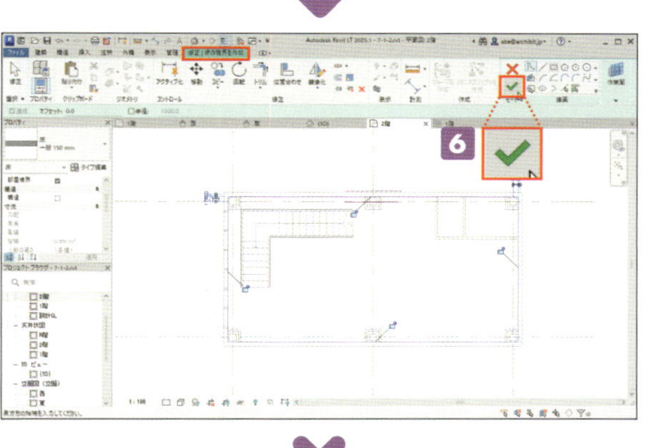

7 [床にアタッチ中]ダイアログが表示されるので、[アタッチしない]ボタンをクリックする。

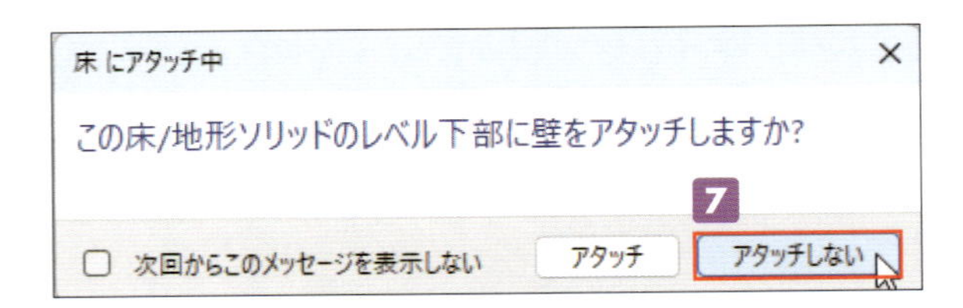

2階の床が作成されました。

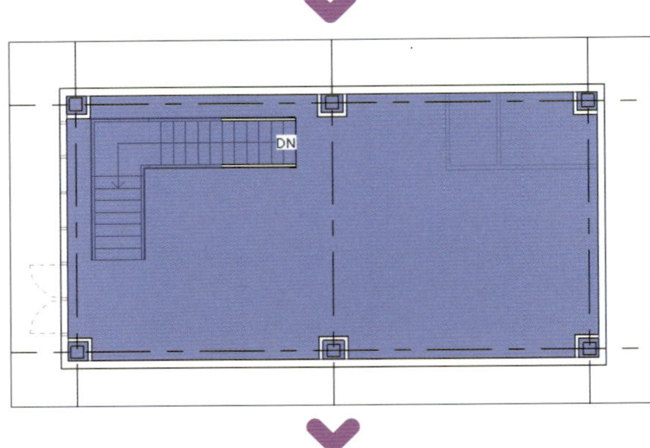

2階の床に階段用の開口部を作成します。

8 [建築]タブー[開口部]パネルー[面]をクリックする。

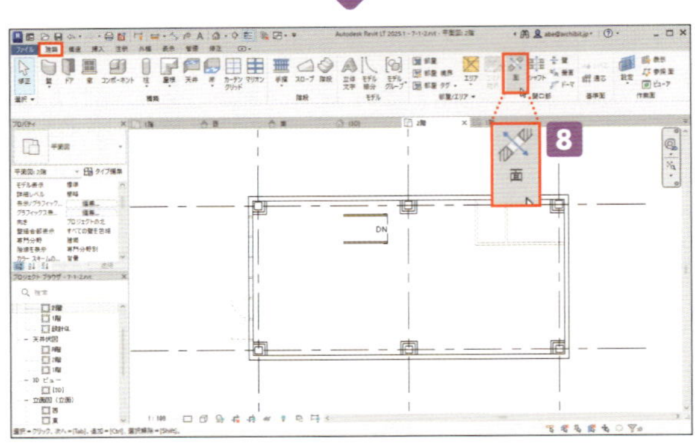

9 開口部を作成する面を選択する。
床の外形線(外壁内側)にカーソルを合わせ、床の外形線が青色で表示される位置でクリックして、床を選択する。

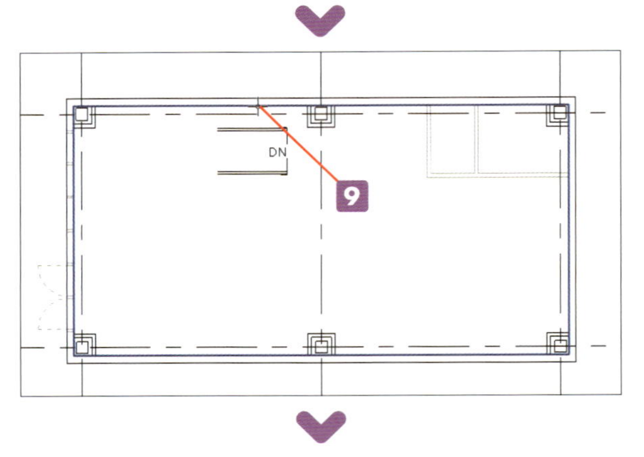

10 開口部の範囲を指定する。
[プロジェクトブラウザ]の[ビュー(レベル順)]－[平面図]－[1階]をダブルクリックする。1階平面図が表示される。

11 [修正 | 開口部の境界を作成]タブ－[描画]パネル－[選択]をクリックする。

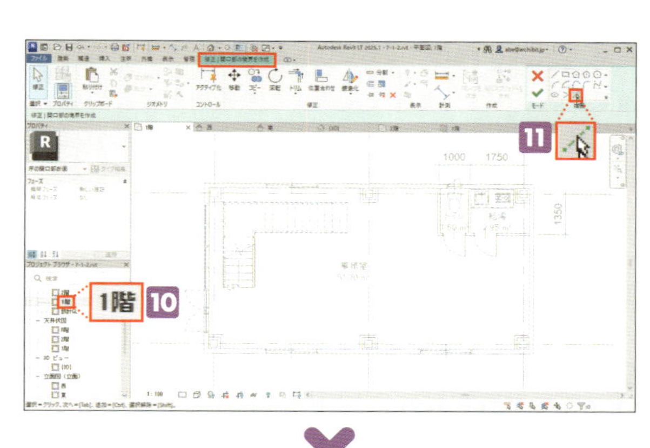

12 階段の外形線をクリックすると、外形線がピンク色に変わる。一部クリックしても選択しにくいところ(内側の直角部分など)は、P.236 手順20～23を参考に[トリム]ツール([修正　開口部の境界を作成]タブ－[修正]パネル－[トリム])を使って外形線をつなぎ、図のように開口部の境界線を作成する。

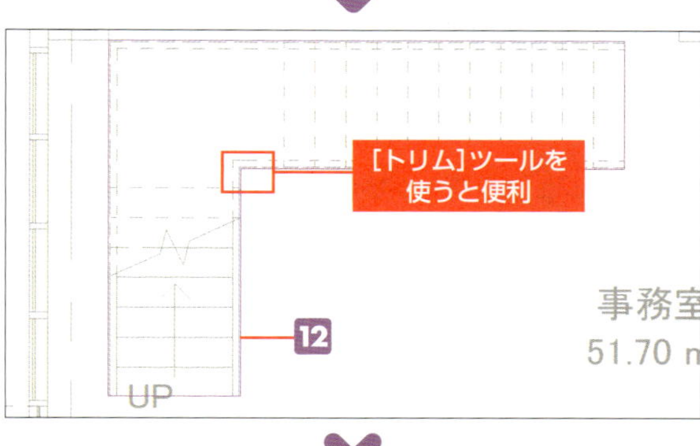

13 階段が2階平面図に表示されるか(開口部が完成したか)確認するため、[プロジェクトブラウザ]の[ビュー(レベル順)]－[平面図]－[2階]をダブルクリックする。2階平面図が表示される。

14 [修正 | 開口部の境界を作成]タブ－[モード]パネル－[終了]をクリックする。

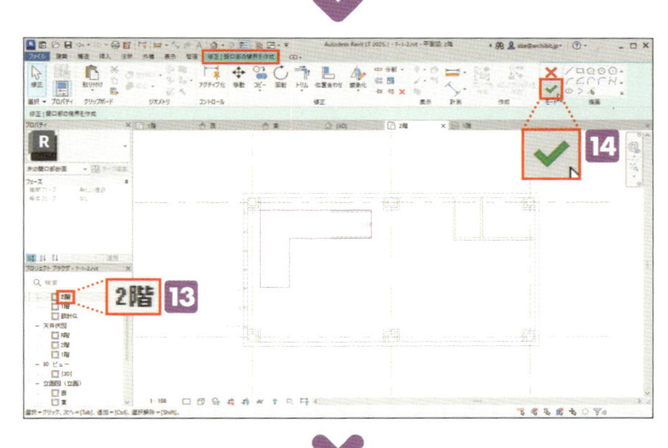

15 床に開口部が作成され、2階平面図に階段が表示される。[修正]ツールをクリックして、[開口部]ツールを終了する。

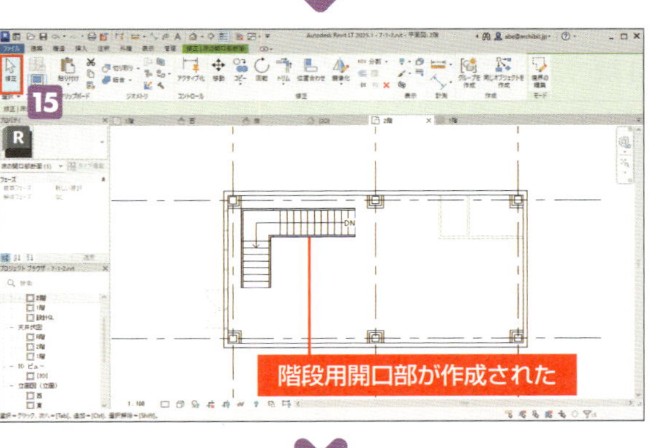

2階の床に階段用の開口部が作成されました。

1階の天井に階段用の開口部を作成します。

16 [プロジェクトブラウザ]の[ビュー(レベル順)]−[天井伏図]−[1階]をダブルクリックする。1階天井伏図が表示される。

17 [建築]タブ−[開口部]パネル−[面]をクリックする。

18 開口部を作成する面を選択する。事務室の天井の外形線にカーソルを合わせ、Tab キーを何度か押し、天井の外形線が青色で表示される位置でクリックして、事務室の天井を選択する。

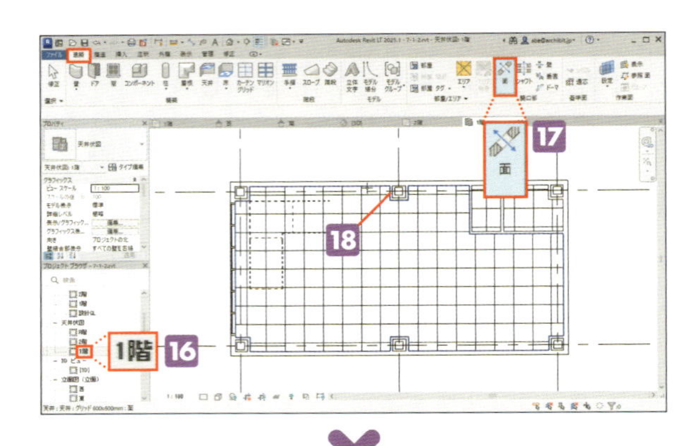

19 [プロジェクトブラウザ]の[ビュー(レベル順)]−[平面図]−[2階]をダブルクリックする。2階平面図が表示される。

20 [修正｜開口部の境界を作成]タブ−[描画]−[選択]をクリックする。

21 手順12で作成した2階の開口部の境界線を順にクリックし、境界線をすべて選択する(線がピンク色に変わる)。天井の開口部の境界線が作成される。

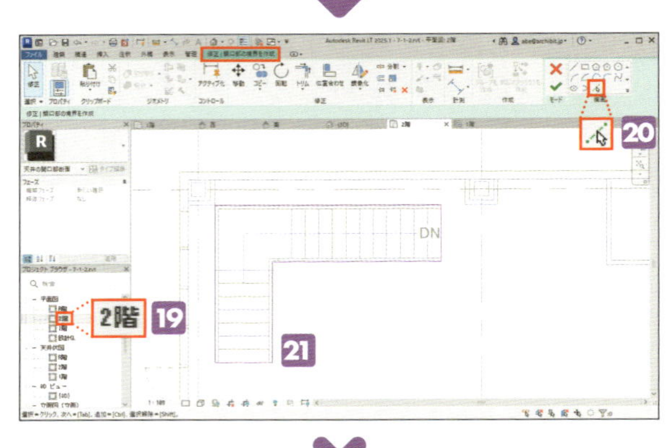

22 天井に開口部が作成されたか確認するため、[プロジェクトブラウザ]の[ビュー(レベル順)]−[天井伏図]−[1階]をダブルクリックする。1階天井伏図が表示される。

23 [修正｜開口部の境界を作成]タブ−[モード]パネル−[終了]をクリックする。

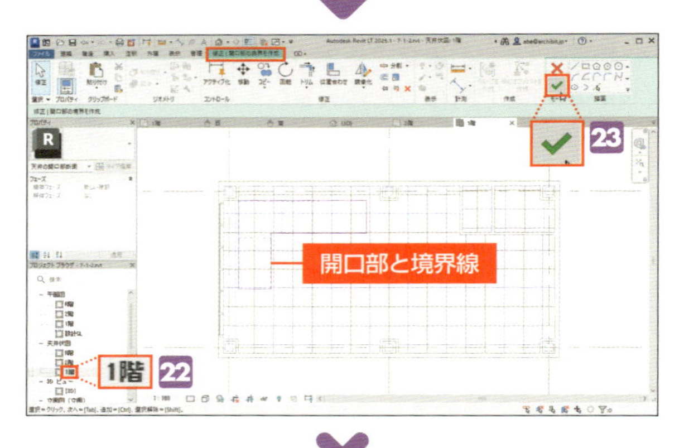

1階の天井に階段用の開口部が作成されました。

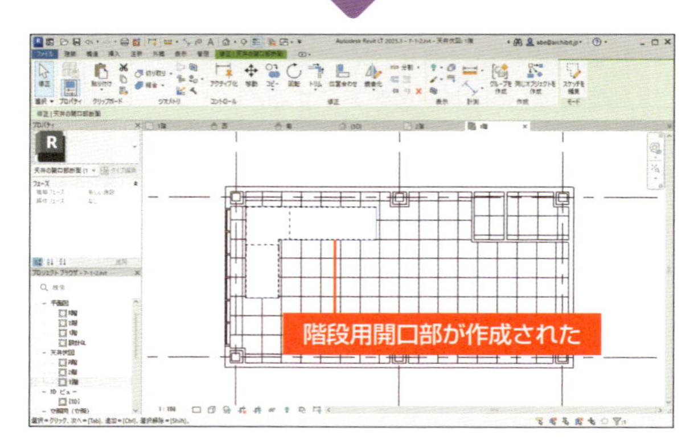

7-1-3 階段周りの壁を作成する

1階の床から2階の床までの間に、階段周りの壁を作成します。柱の内壁に交わる壁以外は、まず適当な位置に入力してから、階段に位置合わせすることで効率よく作成できます。

「7th_day」-「7-1-3a.rvt」(作図前)
「7-1-3b.rvt」(作図後)

1階の天井と2階の床の間にある階段の周りに壁を作成します。

1 [プロジェクトブラウザ]の[ビュー(レベル順)]－[天井伏図]－[1階]をダブルクリックする。1階天井伏図が表示される。
2 [修正]ツールをクリックする。天井の外形線にカーソルを合わせ、Tab キーを何度か押し、天井の外形線が青色になったところでクリックして選択状態にする
3 事務室の天井を右クリックし、表示されるメニューから[ビューで非表示]－[要素]を選択する。天井が非表示になる。
4 [建築]タブー[構築]パネルー[壁]－[壁意匠]を選択する。
5 [プロパティパレット]の[タイプセレクタ]で、壁のタイプとして[標準壁 内壁-79mm 間仕切り(1時間)]を選択する。
6 [プロパティパレット]の[拘束]－[基準レベルオフセット]に天井高さ「2600」+天井の厚み「52」の合計「2652」を入力する。
7 [上部レベルオフセット]に、床の厚み分の「-150」を入力して、[適用]ボタンをクリックする。

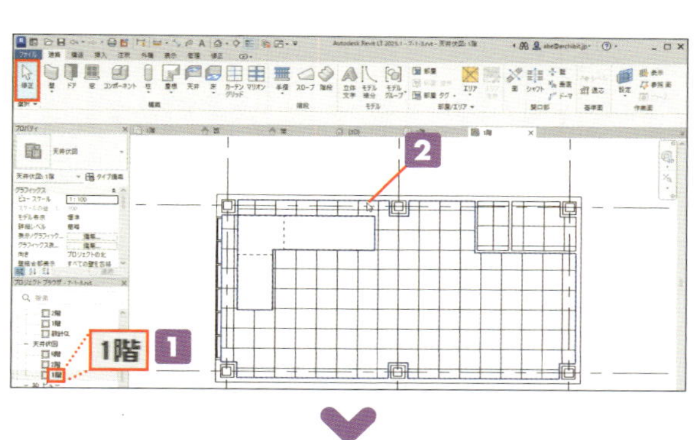

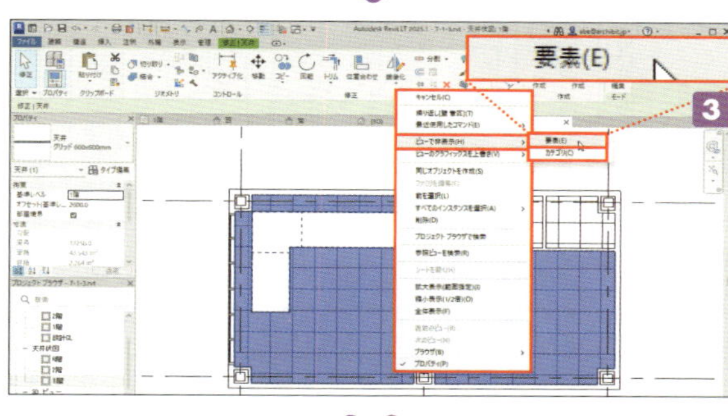

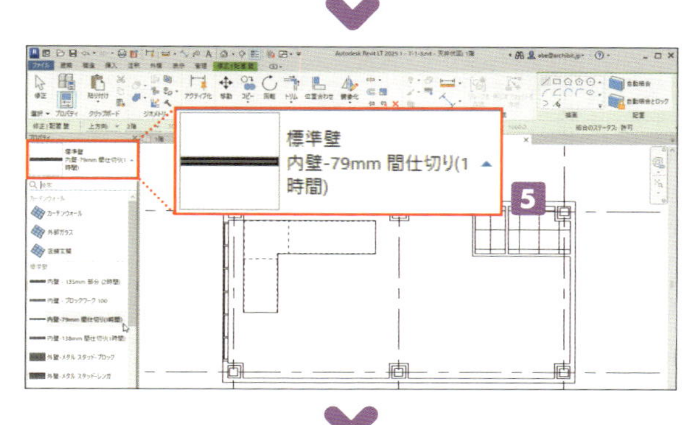

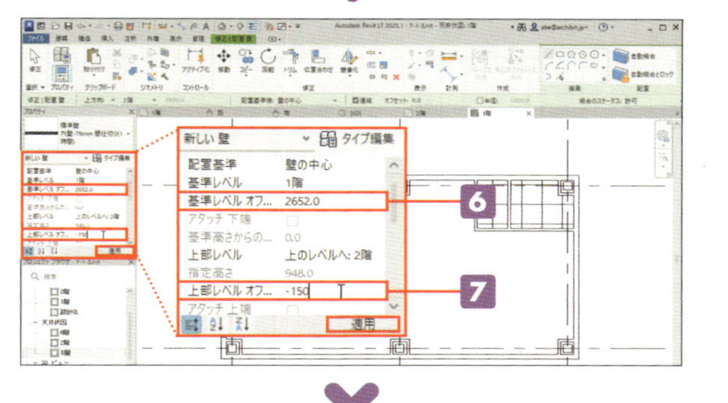

HINT 天井の厚みの確認方法

天井の厚みを確認するには、[建築]タブー[構築]パネルー[天井]を選択する。[プロパティパレット]の[タイプセレクタ]に[天井グリッド 600×600mm]が表示されていることを確認して、[タイプセレクタ]下の[タイプ編集]ボタンをクリックする。表示される[タイププロパティ]－[タイプ パラメータ]－[構築]－[厚さ]で「52」であることが確認できる。

8 [修正｜配置 壁]タブー[描画]パネルー[線]をクリックする。見本図や図**A**～**C**を参考に、❶～❼を順にクリックする。開口部の周りに壁が作成される。

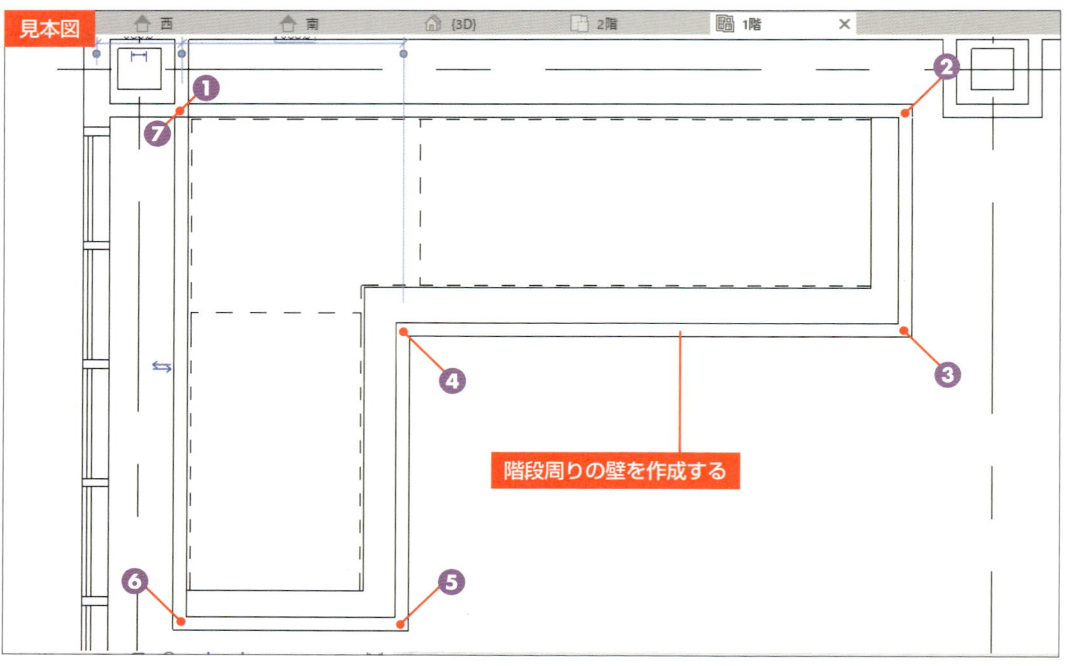

[線]ツールで、❶から❼まで、順にクリックして壁を作成していく。

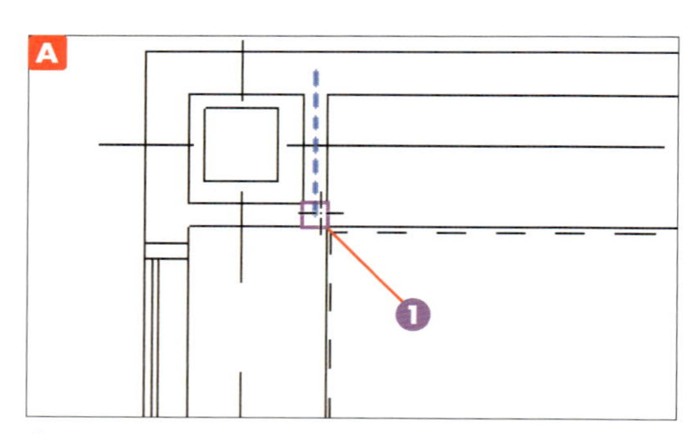

❶は、柱右側内壁の壁芯下端に表示されるマーカー(ピンク色の四角形)をクリックする。❷から❺までは、おおよその位置でクリックしてかまわない(手順**9**で位置合わせをする)。

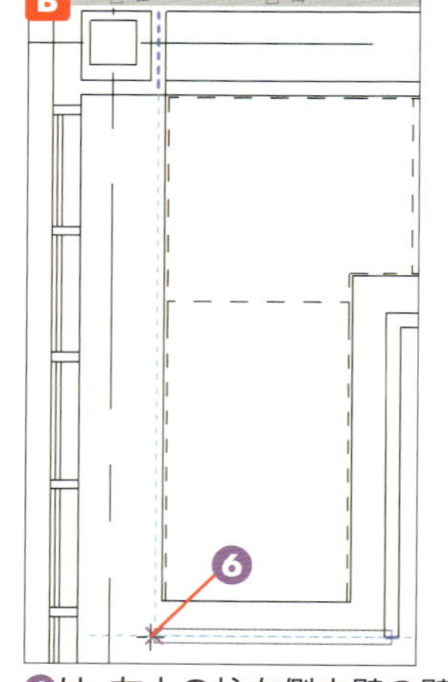

❻は、左上の柱右側内壁の壁芯からの延長線上でクリックする。

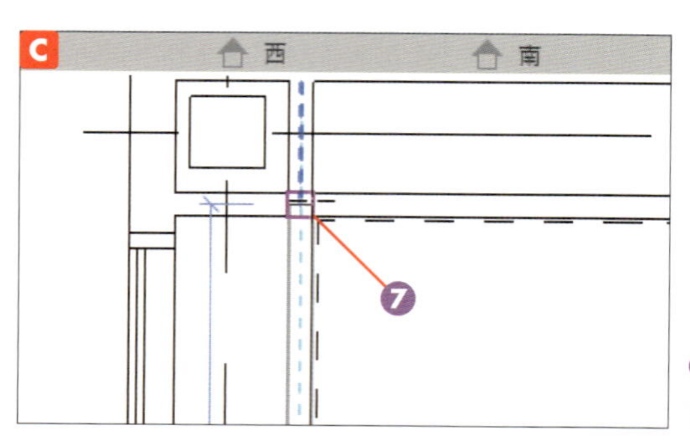

❼は、左上の柱右側内壁の壁芯下端に表示されるマーカー(ピンク色の四角形)をクリックする。

9 ［修正｜配置 壁］タブ－［修正］パネル－［位置合わせ］をクリックして、開口部の境界線にA～Dそれぞれの壁の面（壁の内側の線）を合わせる（位置合わせの方法は、P.90 2-4-4を参照）。

10 壁の内側の線を開口部の境界線に合わせたら、［修正］ツールをクリックして、［位置合わせ］ツールを終了する。

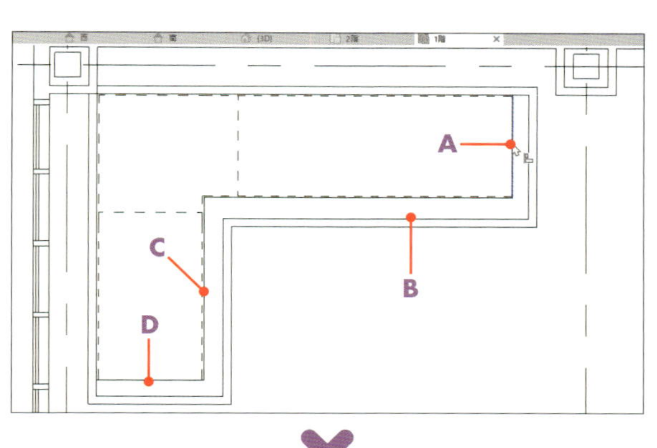

1階の天井と2階の床の間にある階段の周りに壁が作成されました。

非表示要素となっている1階の天井を常時表示されるようにします。

11 ［ビューコントロールバー］で［非表示要素の一時表示］をクリックしてオンにする。非表示要素である天井が、一時的に表示される。

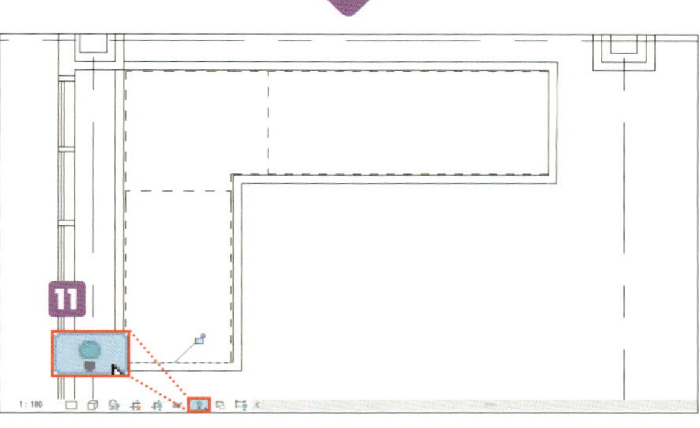

12 天井の外形線にカーソルを合わせ、Tab キーを何度か押し、天井の外形線が青色になったところでクリックして選択状態にする。天井部分を右クリックし、表示されるメニューから、［ビューで非表示解除］－［要素］を選択する。天井が非表示要素ではなくなり、常時表示される。

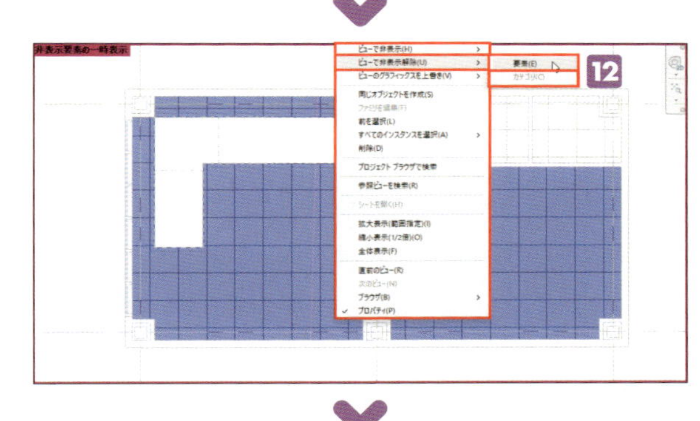

13 ［ビューコントロールバー］で［非表示要素の一時表示］をクリックしてオフにする。

1階の天井が常時表示されるようになりました。

14 ［プロジェクトブラウザ］の［ビュー（レベル順）］－［平面図］－［1階］をダブルクリックする。1階平面図が表示される。階段をクリックして選択状態にし、［修正｜階段］タブ－［表示］パネル－［選択ボックス］をクリックする。［プロジェクトブラウザ］の［ビュー（レベル順）］－［3Dビュー］－［{3D}］をダブルクリックして、3Dビューを表示する。1階の天井と2階の床の間の壁が確認できる。

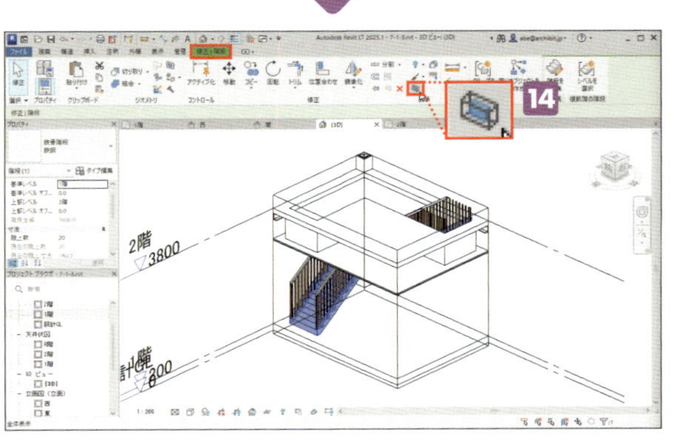

7-1-4 2階の部屋を作成する

階段に手すりを付け、2階に部屋を作成します。階段部分に部屋の境界線を作成して、部屋の面積に階段部分を含まないようにします。部屋の境界線は青色で表示されますが、印刷時(P.282 7-1-8参照)には非表示にします。

「7th_day」-「7-1-4a.rvt」(作図前)
「7-1-4b.rvt」(作図後)

階段の手すりを延長します。

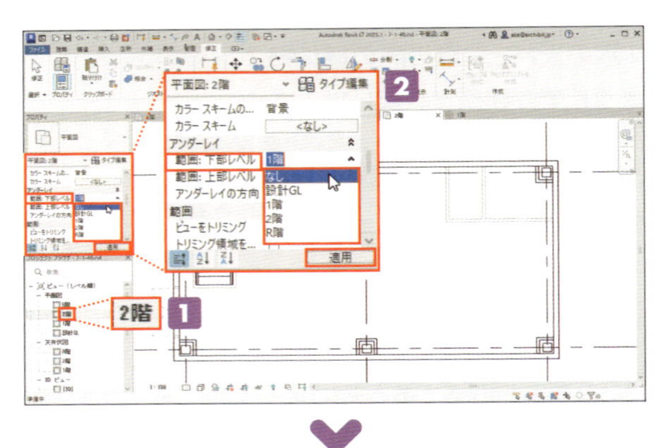

1. [プロジェクトブラウザ]の[ビュー(レベル順)]−[平面図]−[2階]をダブルクリックする。2階平面図が表示される。
2. アンダーレイ(下絵表示)で表示されている1階は作業の邪魔になるので、非表示設定にする。[プロパティパレット]の[アンダーレイ]−[範囲:下部レベル]−[なし]を選択し、[適用]ボタンをクリックする。1階の要素が非表示になる。

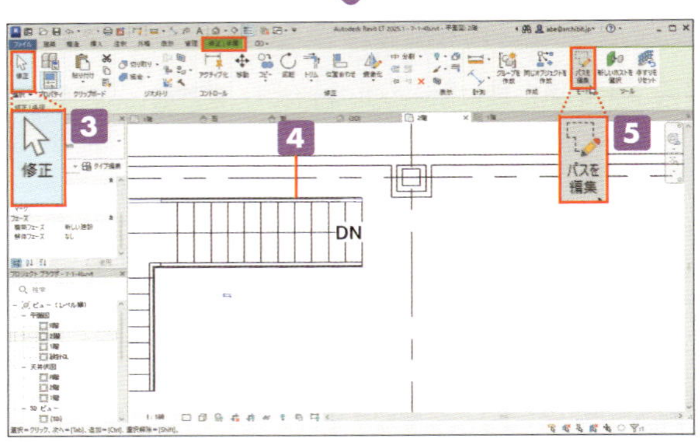

3. [修正]ツールをクリックする。
4. 階段上側の手すりをクリックして、選択状態にする。
5. [修正 | 手摺]タブ−[モード]パネル−[パスを編集]をクリックする。階段上側の手すりがピンク色の線になる。

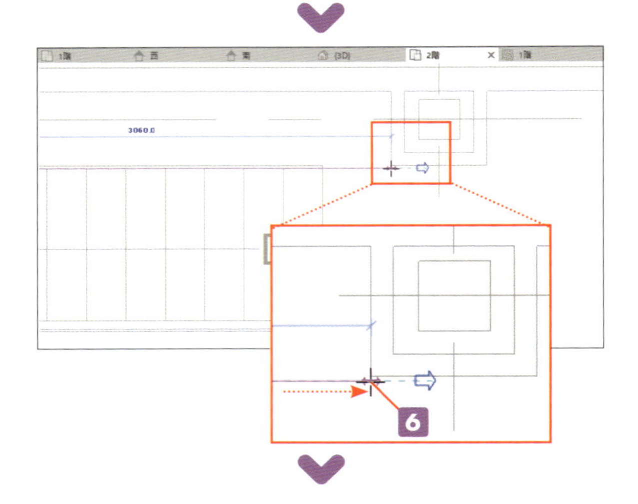

6. 手すりの右上の部分を拡大表示する。ピンク色で表示されている手すりのパスの、手順4の位置をクリックすると、右端にマーカー(青い丸)が表示される。マーカーを右方向にドラッグし、図に示した中央上(通り芯「X2」−「Y2」)の柱を囲む内壁の左側まで延長する。

7 [修正 | 手摺]タブー[モード]パネルー[終了] ✔ をクリックする。

8 手すりが、中央上(通り芯「X2」-「Y2」)の柱を囲む内壁の左側まで延長される。

手すりが延長されました。

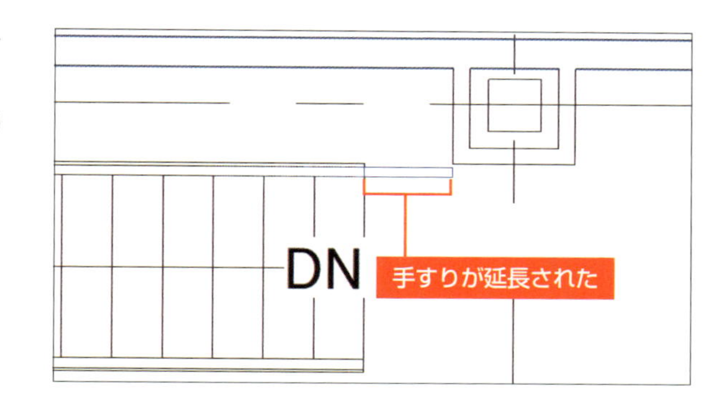

2階の床から階段に落ちないようにするための手すりを追加します。

9 [修正]ツールをクリックし、[建築]タブー[階段]パネルー[手摺]ー[パスをスケッチ]をクリックする。

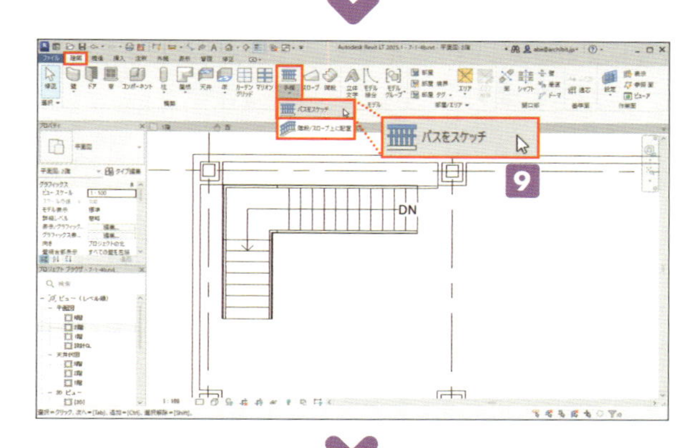

10 [修正 | 手すりのパス]タブー[描画]パネルー[線]をクリックする。図の赤い線を参考に、下側の手すりの右端❶をクリックし、左方向に移動して階段の内側角❷で2回クリック、下に垂直移動して開口部の下端❸で2回クリック、最後に外壁内側の線❹をクリックする。

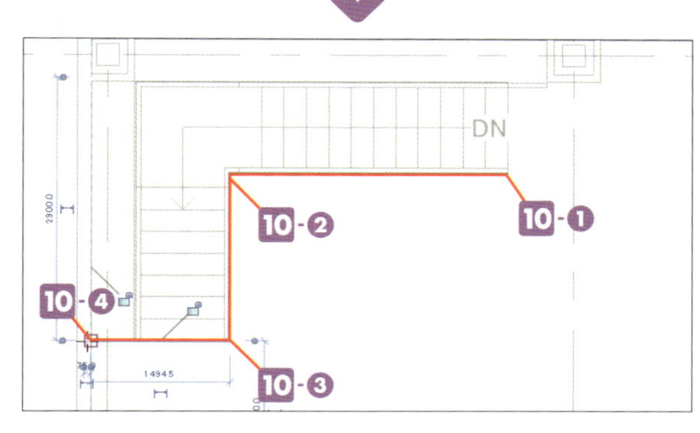

HINT [手摺]の[線]ツールの描画

[手摺]の[線]ツールでは、始点と終点をクリックして、1本ずつ線を描く。このため、❷と❸ではダブルクリックではなく、若干時間を空けて2回クリックする。

11 [修正 | 手摺]タブー[モード]パネルー[終了]をクリックする。

手すりが追加されました。

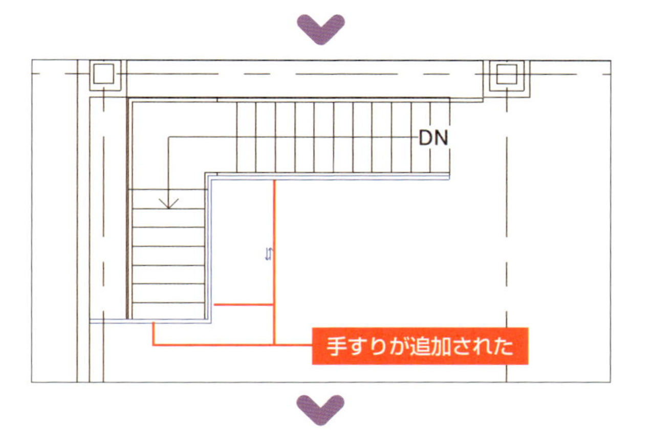

窓を配置します。

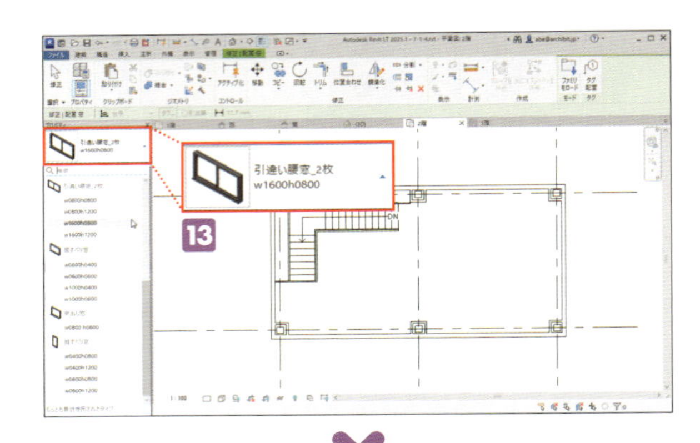

12 [建築]タブー[構築]パネルー[窓] をクリックする。

13 [プロパティパレット]の[タイプセレクタ]で、窓のタイプとして[引違い腰窓_2枚 w1600h0800]を選択する。

14 P.116 3-2-1「ドアと窓を配置する」を参考にして、図の6カ所に窓を配置する。[修正]ツールをクリックして、[窓]ツールを終了する(図ではわかりやすいように、窓の位置を表す寸法を表示している)。

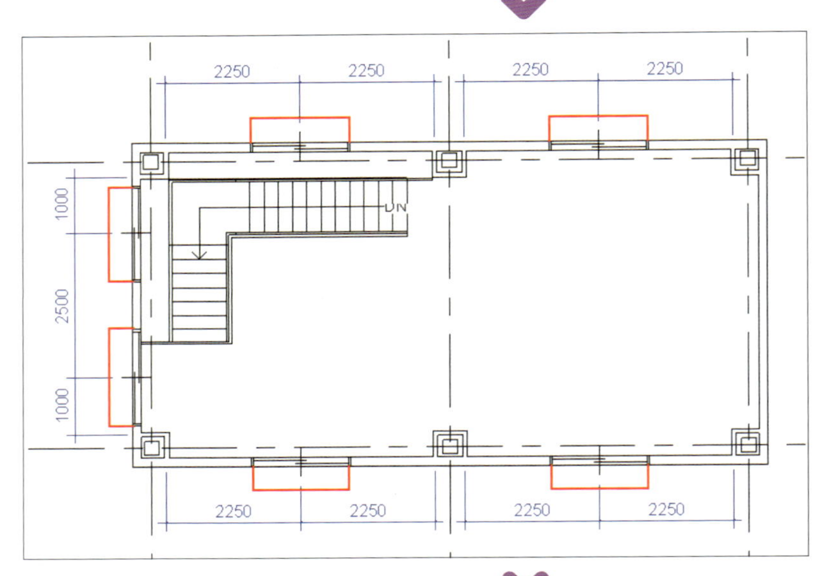

窓が配置されました。

2階に部屋を作成し、階段部分を部屋面積から除外します。

15 [建築]タブー[部屋/エリア]パネルー[部屋] をクリックする。部屋の中央付近をクリックすると、部屋が作成される。[修正]ツールをクリックして、[部屋]ツールを終了する。

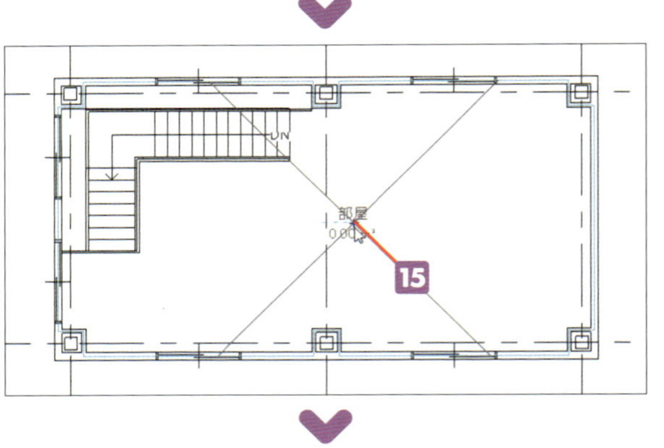

16 階段部分の面積を部屋面積から除外するために、床と階段の境界線を作成する。[建築]タブー[部屋/エリア]パネルー[部屋 境界] をクリックする。

17 [修正 | 配置 部屋を分割]タブー[描画]パネルー[線] をクリックする。

18 図の赤い線を参考に、手すりの左端から各コーナー、右端まで❶〜❻を順にクリックする。境界線が作成される。
[修正]ツールをクリックして[部屋 境界]ツールを終了する。

HINT

[部屋 境界]の[線]ツールでの描画

[部屋 境界]の[線]ツールでは、連続線を描くように線分の端点を順にクリックして線を描く。

19 部屋名部分をダブルクリックして編集モードにし、部屋名を「事務室」に変更する。

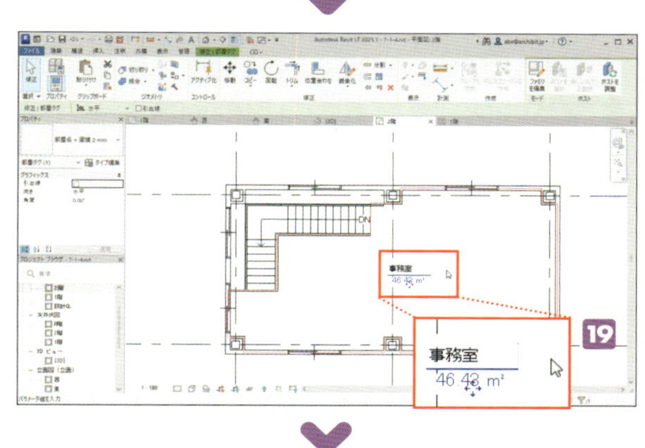

2階に部屋が作成され、階段部分が部屋面積から除外されました。

2階に天井を作成します。

20 [プロジェクトブラウザ]の[ビュー(レベル順)]ー[天井伏図]ー[2階]をダブルクリックする。2階天井伏図が表示される。

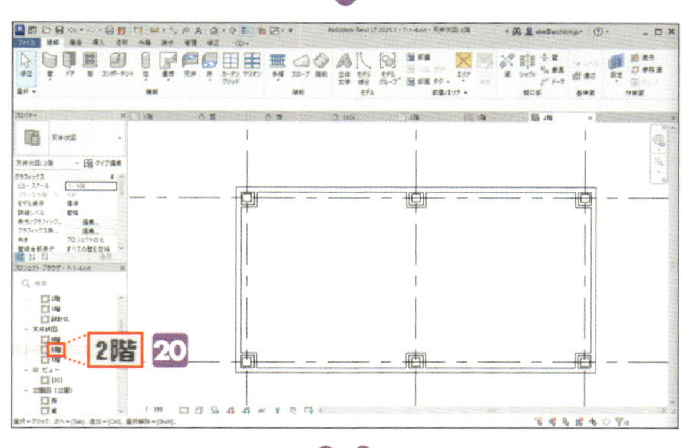

21 [建築]タブー[構築]パネルー[天井] をクリックする。

22 [プロパティパレット]の[タイプセレクタ]で、天井のタイプとして[天井 グリッド 600×600mm]を選択する。

23 部屋部分をクリックすると、2階の天井が作成される。

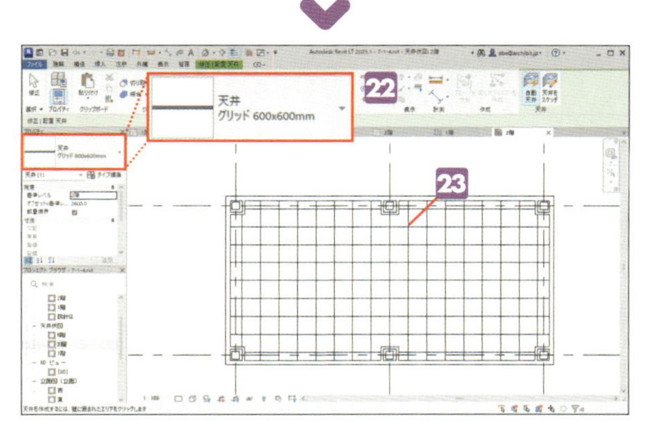

2階の部屋が完成しました。

7-1-5 R階の床と地盤面を作成する

R階に床を作成し、設計GL階に地盤面を作成します。R階の床に勾配を付けたいときは、P.102 2-5-4「床に勾配を付ける」を参考にしてください。地盤面があったほうが、断面図や立面図などは見栄えがよくなります。

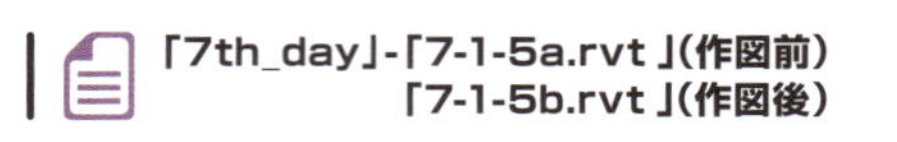

R階の床を作成します。

1 [プロジェクトブラウザ]の[ビュー(レベル順)]－[平面図]－[R階]をダブルクリックする。R階平面図が表示される。

2 [建築]タブ－[構築]パネル－[床]－[床意匠]をクリックする。

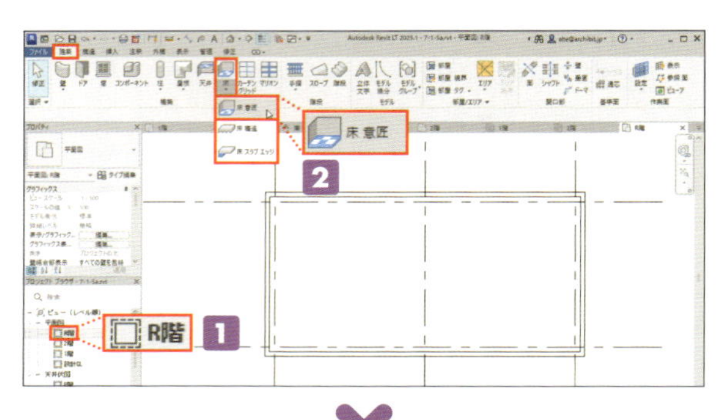

3 [プロパティパレット]の[タイプセレクタ]で、床のタイプとして[床 一般 150 mm]を選択する。

4 [修正 | 床の境界を作成]タブ－[描画]パネル－[長方形]をクリックする。

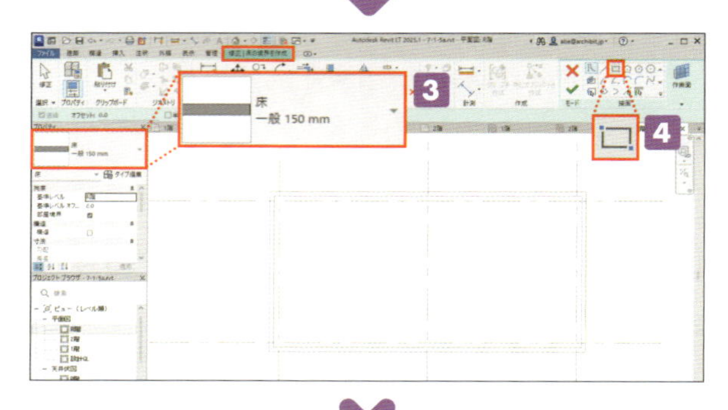

5 [長方形]ツールの1点目として左上の外壁内側の点❶をクリックし、2点目として右下の外壁内側の点❷をクリックする。床の境界線が作成される。

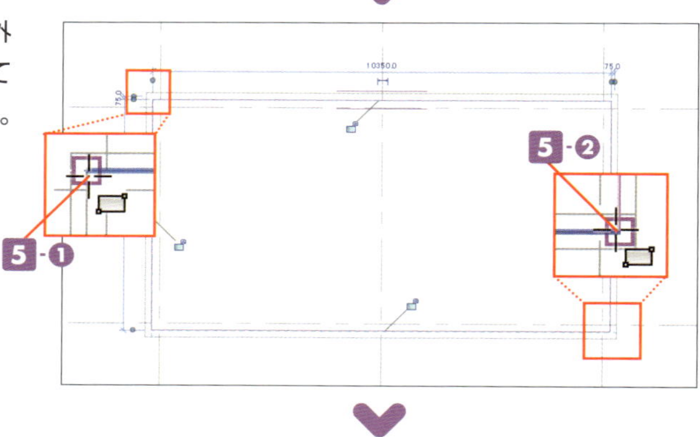

6 [修正 | 床の境界を作成]タブ－[モード]パネル－[終了] ✔ をクリックする。

7 [床にアタッチ中]ダイアログが表示されるので、[アタッチしない]ボタンをクリックする。[修正]ツールをクリックして[床]ツールを終了する。

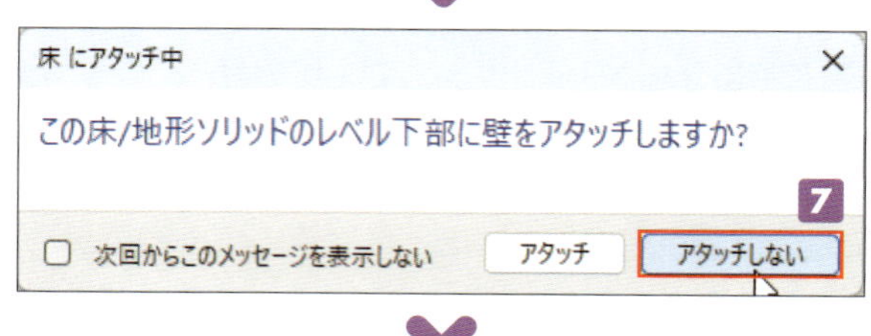

R階の床が作成されました。

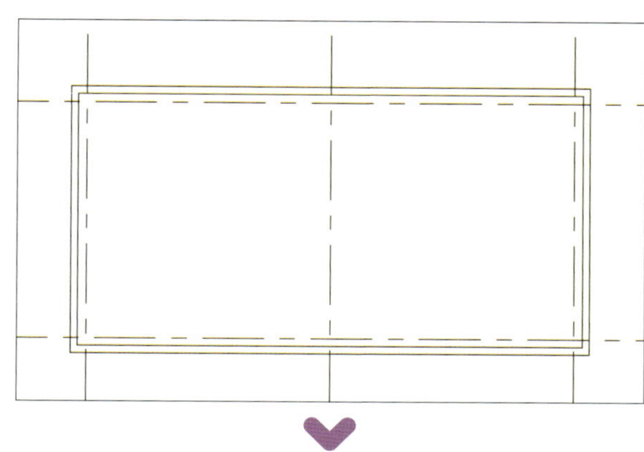

地盤面を作成します。

8 [プロジェクトブラウザ]の[ビュー(レベル順)]－[平面図]－[設計GL]をダブルクリックする。設計GL平面図が表示される。

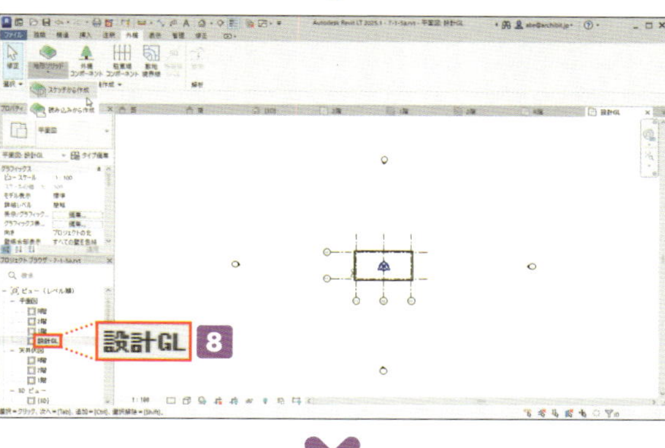

9 [外構]タブ－[外構作成]パネル－[地形ソリッド]－[スケッチから作成]をクリックする。

10 立面図記号が4カ所に表示されていることを確認する。立面図記号が表示されていない場合は、立面図記号が表示されるまで、作図領域を縮小表示する。

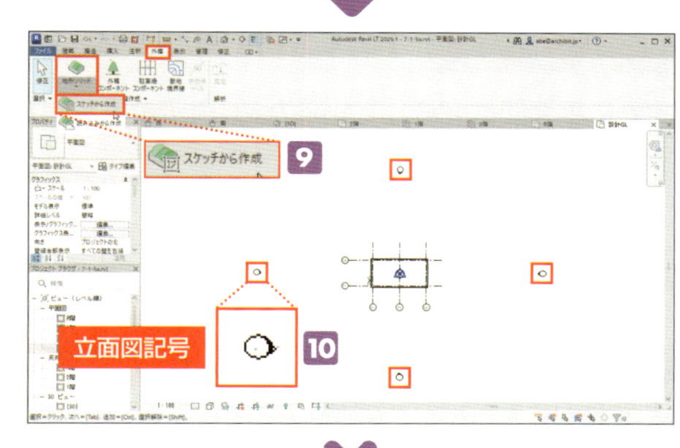

11 [修正｜地形ソリッドの境界を作成]タブ－[描画]パネル－[長方形]をクリックし、すべての立面図記号が含まれるように、❶～❷あたりをクリックして囲む(おおよその位置でかまわない)。

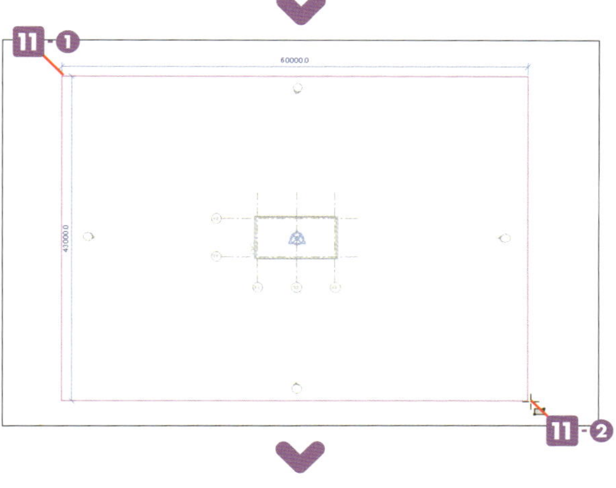

12 [修正 | 地形ソリッドの境界を作成]タブ－[モード]パネル－[終了]をクリックする。

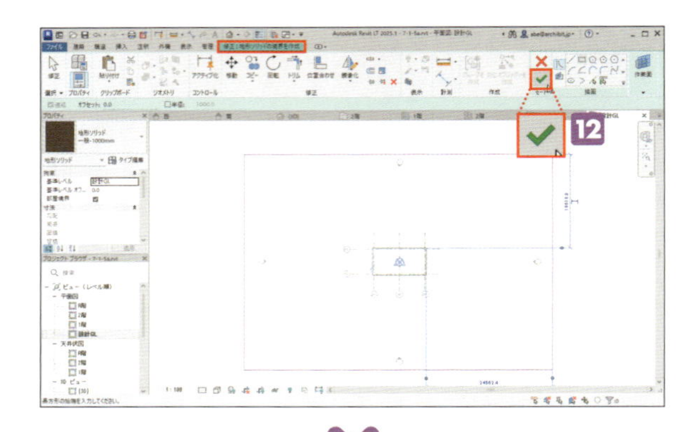

地盤面が作成されました。

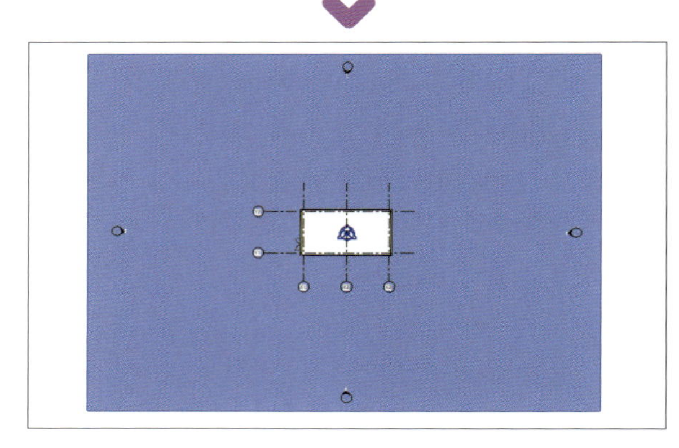

7-1-6 断面図を作成する

すでに平面図は完成しているため、表示位置を指定するだけで断面図を作成できます。

「7th_day」-「7-1-6a.rvt」(作図前)
「7-1-6b.rvt」(作図後)

断面図を作成します。

1 [プロジェクトブラウザ]の[ビュー(レベル順)]－[平面図]－[1階]をダブルクリックする。1階平面図が表示される。

2 [表示]タブ－[作成]パネル－[断面]をクリックする。

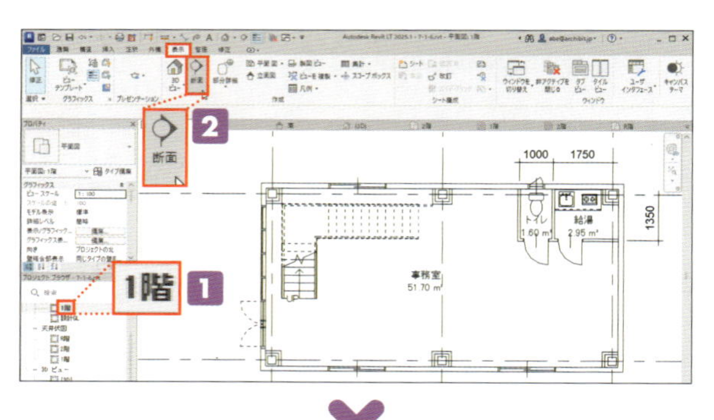

3 図のように、左から右に❶→❷のあたりを順にクリックして、断面線(青色の破線)を作成する。

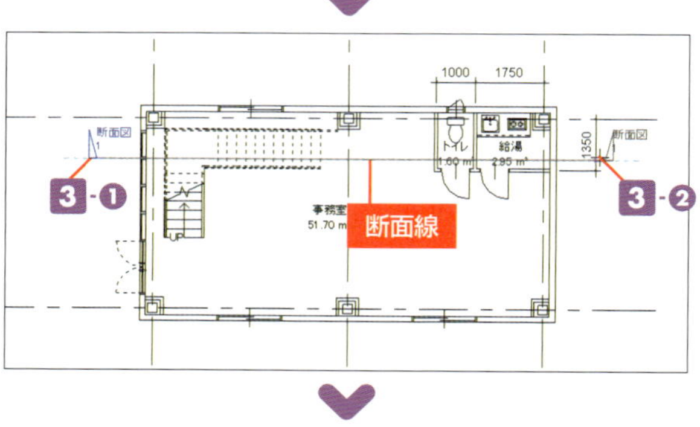

4 断面線が作成されると、[プロジェクトブラウザ]の[ビュー(レベル順)]に、[断面図]の項目が追加される。[プロジェクトブラウザ]の[ビュー(レベル順)]－[断面図]－[断面図1]をダブルクリックする。断面図1が表示される。[修正]ツールをクリックして[断面]ツールを終了する。

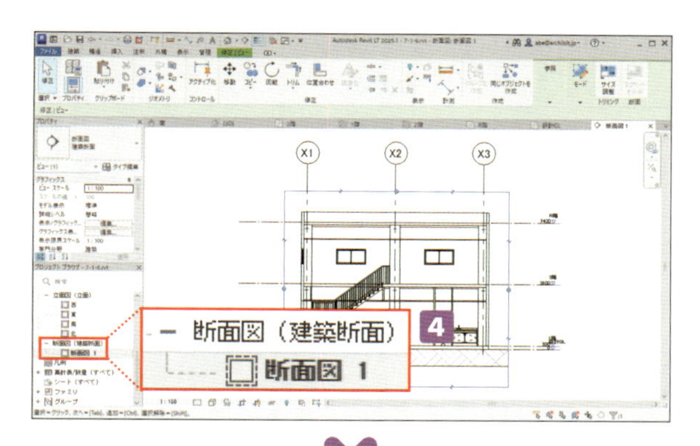

5 **4-3-1**～**4-3-2**(P.188～191)を参考にして、図のように寸法を記入し、断面図を完成する。

断面図が作成されました。

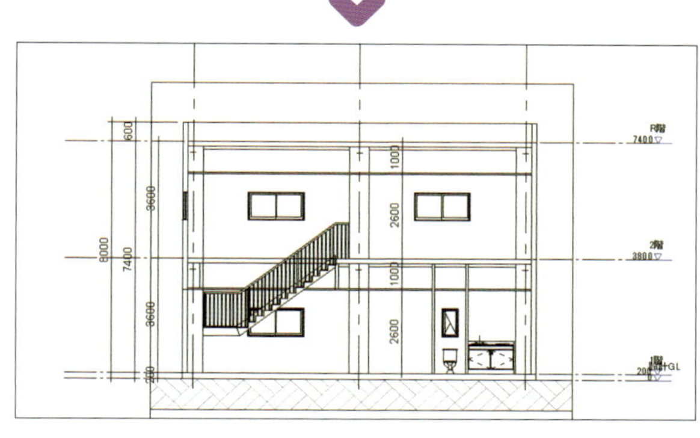

7-1-7 各ビューを調整する

1枚のシートに「1階平面図」「2階平面図」「R階平面図」「断面図」の4つのビューをレイアウトするため、各ビューの表示範囲を指定します。このとき、各階の平面図が同じ表示範囲になるように「スコープボックス」(P.207 5-1-6参照)を利用し、同じ表示設定になるように「ビューテンプレート」を利用します。

「7th_day」-「7-1-7a.rvt」(作図前)
「7-1-7b.rvt」(作図後)

スコープボックスでビューの表示範囲を指定します。

1 [プロジェクトブラウザ]の[ビュー(レベル順)]－[平面図]－[1階]をダブルクリックする。1階平面図が表示される。

2 P.51 **2-1-3**を参考に、通り芯の長さを縮める。

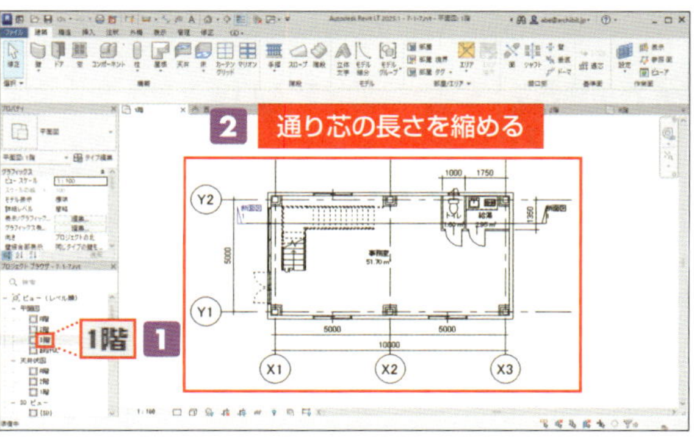

3 [表示]タブー[作成]パネルー[スコープボックス]をクリックする。

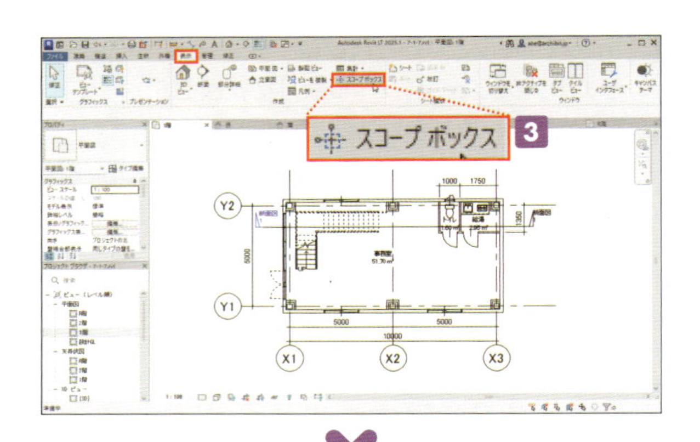

4 [スコープボックス]ツールで、長方形の対角の2点をクリックし、スコープボックスを作成する。通り芯がスコープボックス内に収まるように、スコープボックスの上下左右にあるドラッグコントロール(青い両側矢印)をドラッグして、大きさを変更する。

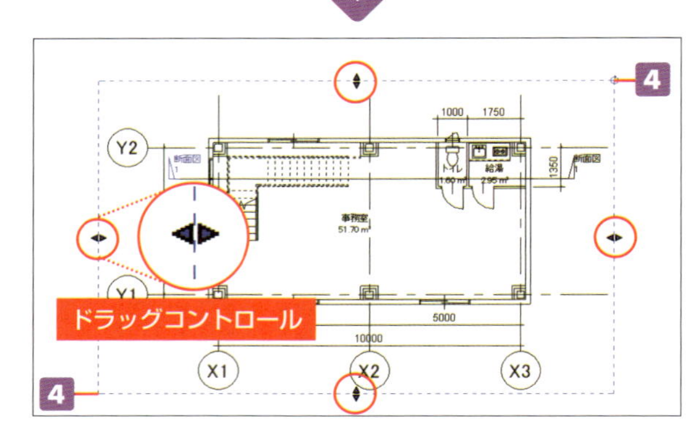

5 [修正]ツールをクリックして、[スコープボックス]ツールを終了する。

6 [プロパティパレット]の[範囲]ー[スコープボックス]で[スコープボックス1]を選択し、[適用]ボタンをクリックする。

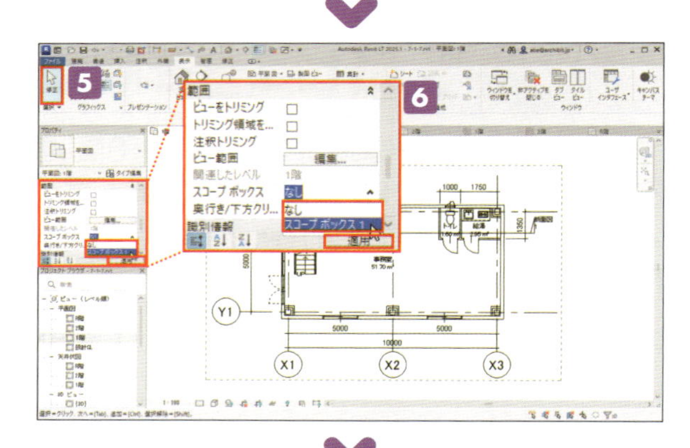

7 表示範囲が[スコープボックス1]でトリミングされる。

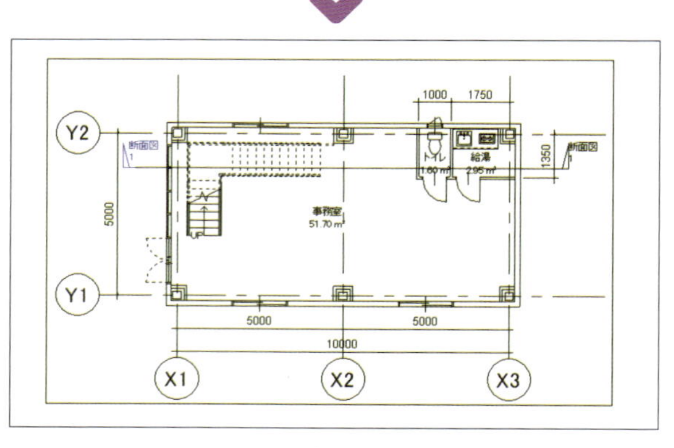

8 [プロパティパレット]の[範囲]−[トリミング領域を表示]のチェックを外し、[適用]をクリックする。トリミング領域(枠線)が非表示となる。

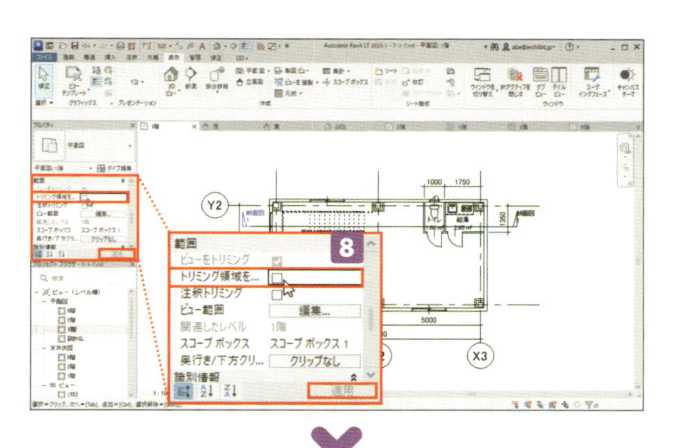

1階平面図のビューの表示範囲が指定されました。

> **HINT**
> ### スコープボックスとトリミング領域
> トリミング領域はスコープボックスと同じ範囲になる。後からトリミング領域を変更したいときは、[プロパティパレット]の[トリミング領域を表示]にチェックを入れ、[範囲]−[スコープボックス]で[なし]を選択し、再度スコープボックスの大きさを変更する。

印刷時の線の太さを指定します。

9 [クイックアクセスツールバー]の[細線]をクリックし、印刷時の線の太さを確認する。ここでは、柱の線が太いので細く変更する。

10 [プロパティパレット]の[グラフィックス]−[表示/グラフィックスの上書き]−[編集...]をクリックする。

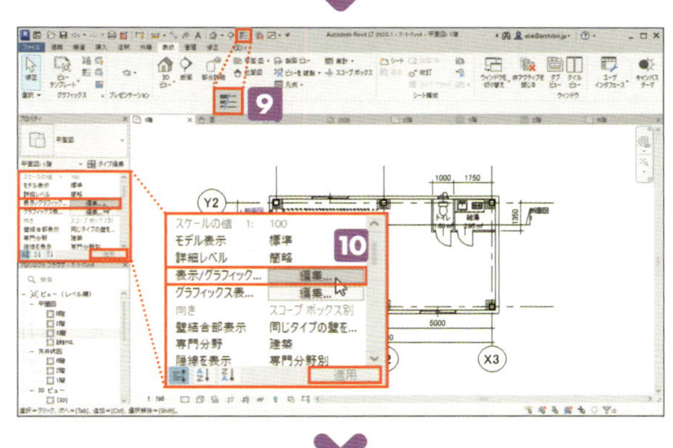

11 表示される[表示/グラフィックスの上書き]ダイアログの[モデルカテゴリ]タブ−[構造柱]−[スティック記号]項目をクリックし、表示される[断面]−[線分]欄の[優先...]をクリックする。

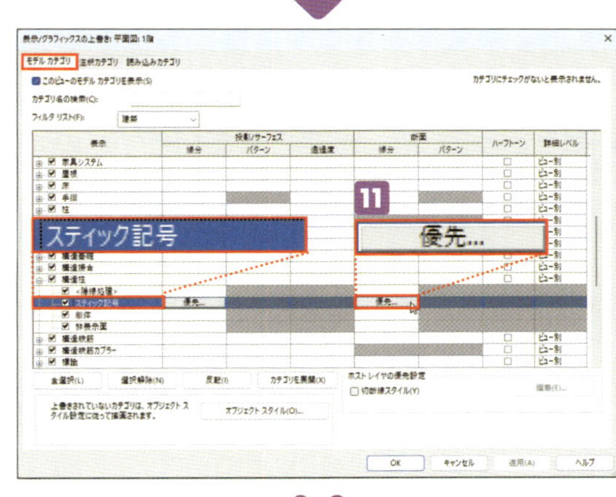

12 表示される[線分グラフィックス]ダイアログの[太さ]で「1」を選択して、[OK]ボタンをクリックする。

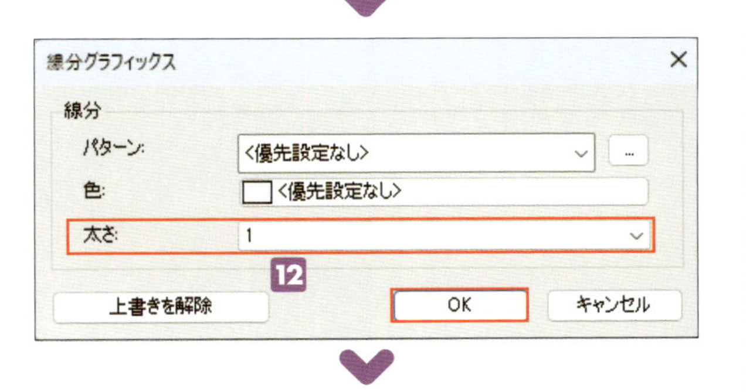

13 [表示/グラフィックスの上書き]ダイアログに戻る。2階平面図の部屋の分割線を非表示にするため、[モデルカテゴリ]タブー[線分]項目ー[<部屋を分割>]のチェックを外す。

14 [OK]ボタンをクリックして、[表示/グラフィックスの上書き]ダイアログを閉じる。

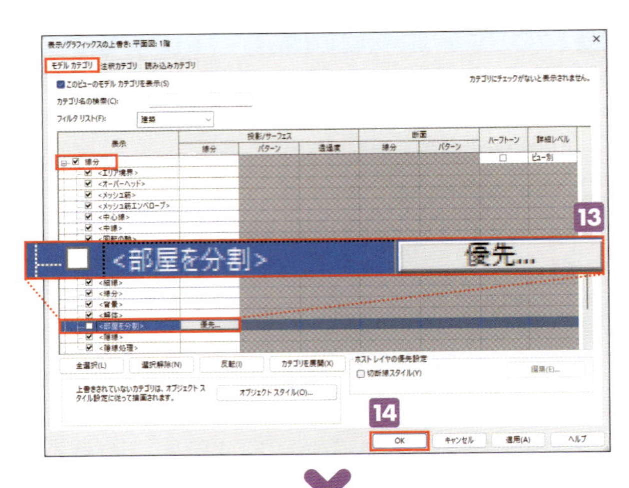

線の太さが細くなるなど、表示設定が変更されました。

現在の表示設定を基にビューテンプレートを作成します。

15 [表示]タブー[グラフィックス]パネルー[ビューテンプレート]ー[現在のビューからテンプレート作成]を選択する。

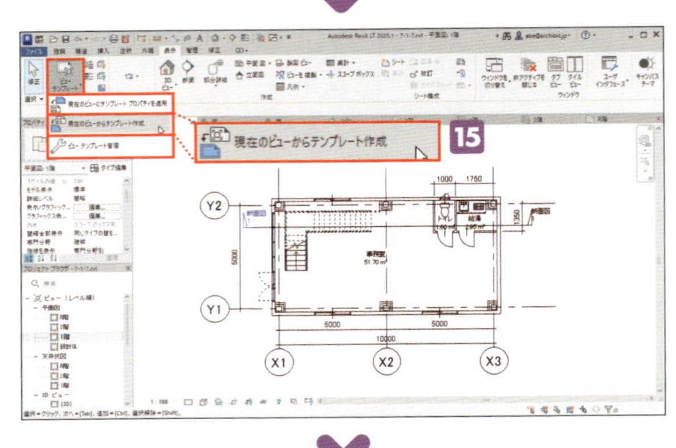

16 [新しいビューテンプレート]ダイアログが表示されるので、[名前]に「柱1、部屋分割非表示」と入力し、[OK]ボタンをクリックする。

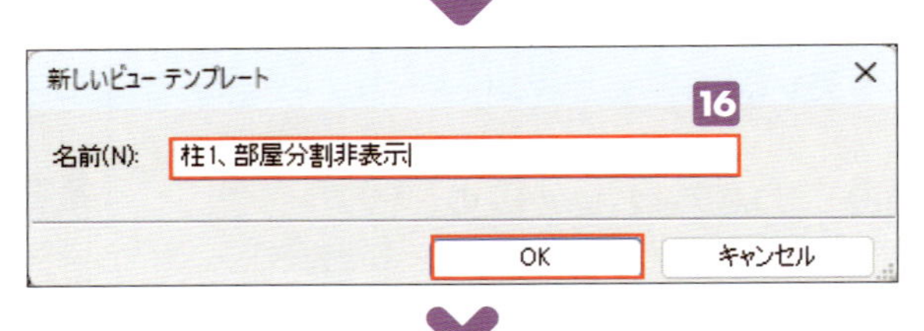

17 [ビューテンプレート]ダイアログが表示される。設定は変更せずに、[OK]ボタンをクリックする。

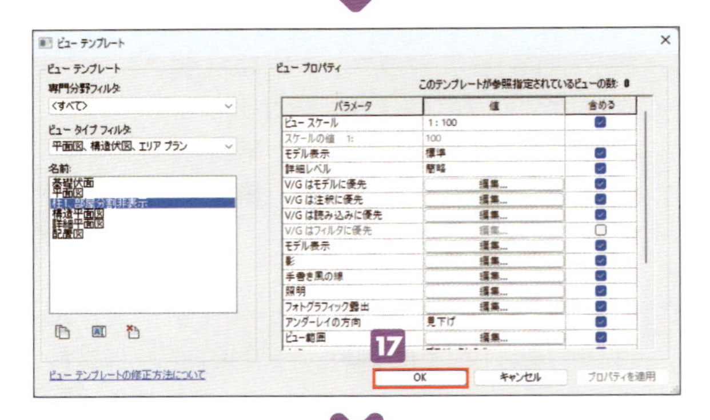

18 [プロパティパレット]の[識別情報]－[ビューテンプレート]で[<なし>]をクリックする。

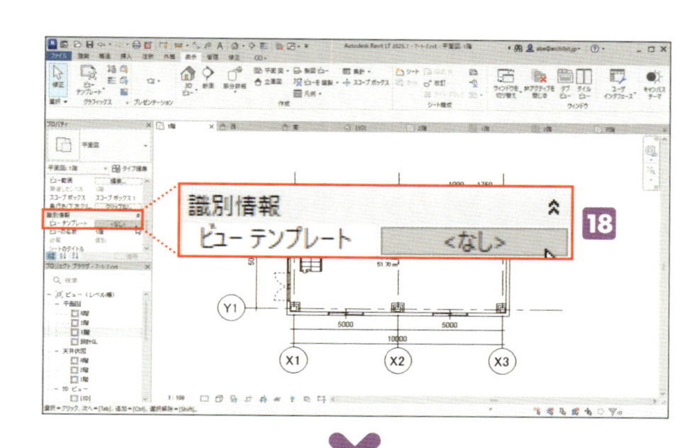

19 表示される[ビューテンプレートを割り当て]ダイアログの[名前]欄で[柱1、部屋分割非表示]を選択し、[OK]ボタンをクリックする。

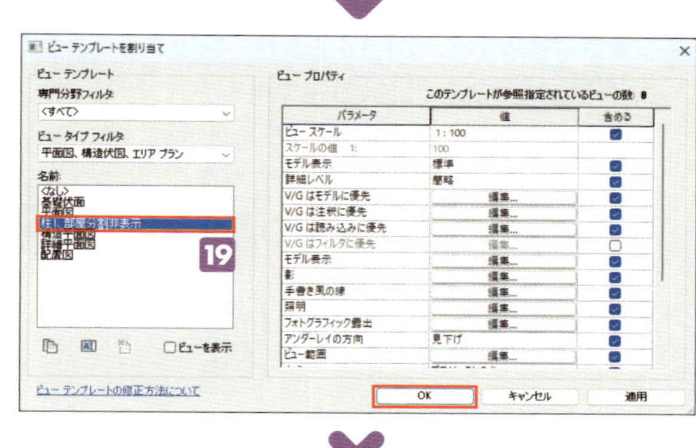

1階平面図のビューの表示設定が「柱1、部屋分割非表示」という名前でビューテンプレートに追加されました。

2階平面図のビューも1階平面図のビューと同じ表示設定にします。

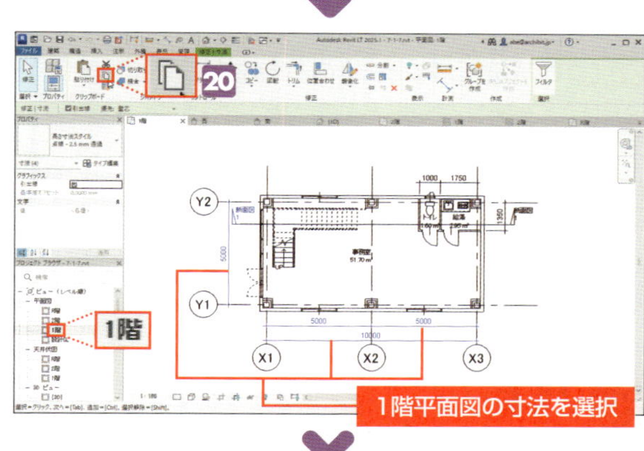

20 P.179 **4-2-3**を参考に、1階の通り芯寸法を2階平面図にコピーする。
[プロジェクトブラウザ]の[ビュー(レベル順)]－[平面図]－[1階]をダブルクリックする。1階平面図が表示される。**Ctrl** キーを押しながら図に示した3カ所の通り芯寸法を選択し、[修正｜寸法]タブ－[クリップボード]パネル－[コピー]をクリックする。

21 [プロジェクトブラウザ]の[ビュー(レベル順)]－[平面図]－[2階]をダブルクリックする。2階平面図が表示される。[修正｜寸法]タブ－[クリップボード]パネル－[貼り付け]で[現在のビューに位置合わせ]を選択する。

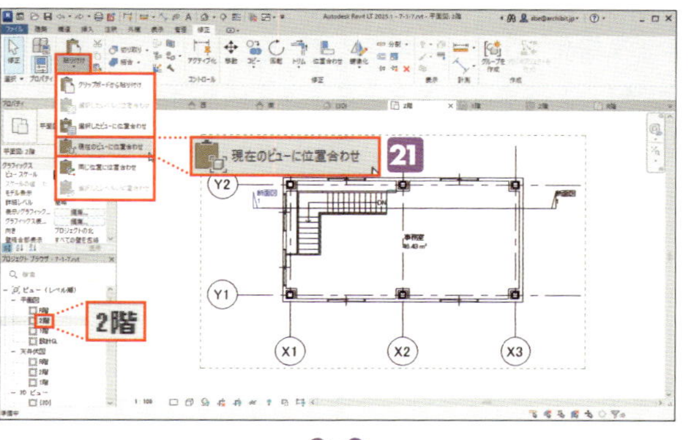

22 [修正]ツールをクリックする。[プロパティパレット]の[グラフィックス]－[壁結合部表示]で[同じタイプの壁を包絡]を選択する。

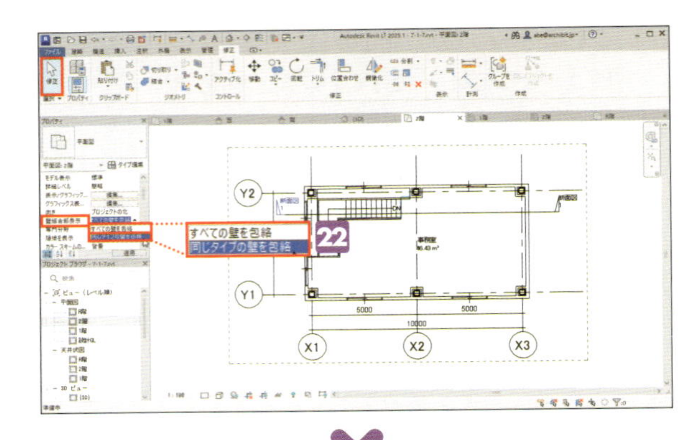

23 [プロパティパレット]の[範囲]－[スコープボックス]で、[スコープボックス1]を選択する。[トリミング領域を表示]のチェックを外し、[適用]ボタンをクリックする。

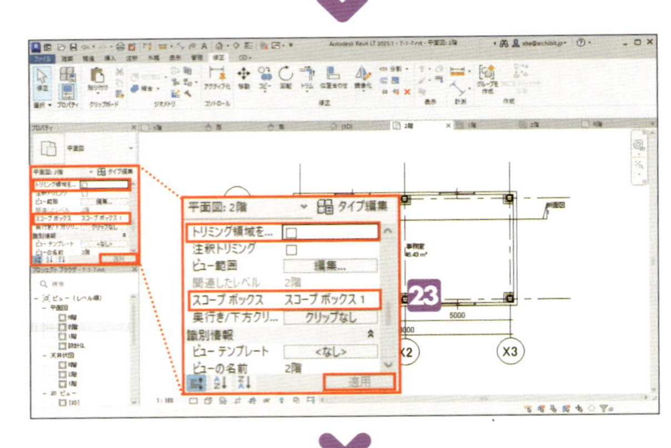

24 [プロパティパレット]の[識別情報]－[ビューテンプレート]で[<なし>]をクリックする。

25 表示される[ビューテンプレートを割り当て]ダイアログの[名前]欄で[柱1、部屋分割非表示]を選択して、[OK]ボタンをクリックする。

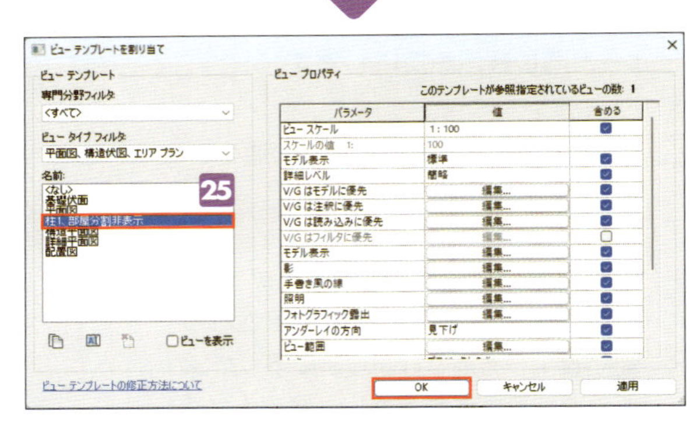

2階平面図のビューが1階平面図のビューと同じ表示設定となりました。

R階平面図のビューも同じ表示設定にします。

26 [プロジェクトブラウザ]の[ビュー(レベル順)]－[平面図]－[R階]をダブルクリックする。R階平面図が表示される。

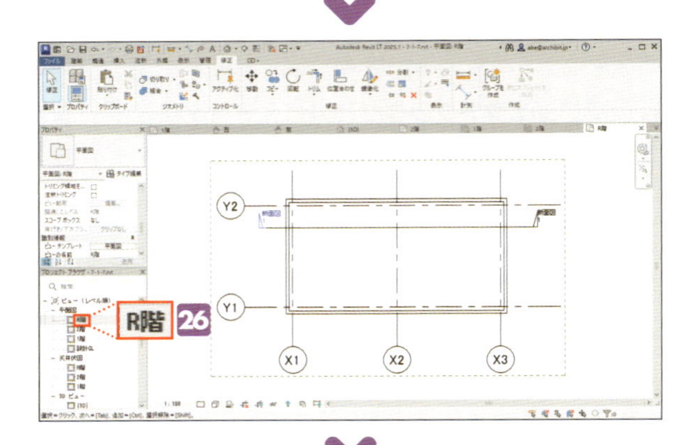

27 手順20～25と同様にして、1階平面図の通り芯寸法をコピーし、[柱1、部屋分割非表示]のビューテンプレートを適用する。

R階平面図のビューが1階平面図のビューと同じ表示設定となりました。

断面図のビューの表示設定を行います。

28 [プロジェクトブラウザ]の[ビュー(レベル順)]－[断面図]－[断面図1]をダブルクリックする。断面図1が表示される。

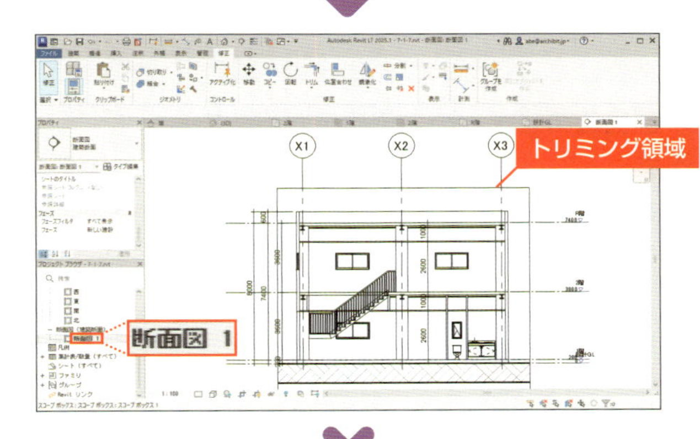

29 P.54 **2-1-5**を参考にして、通り芯記号を図面下部に移動し、P.51 **2-1-3**を参考にして、通り芯の長さを縮める。さらにP.61 **2-2-2**を参考にして、レベル線の長さも縮める。
続けて、スコープボックスを使用せずに、トリミング領域の大きさを変更する。トリミング領域を表す囲み線をクリックする。表示されるドラッグコントロール(青い丸)をドラッグしてトリミング領域の大きさを変更し、図のような状態にする。

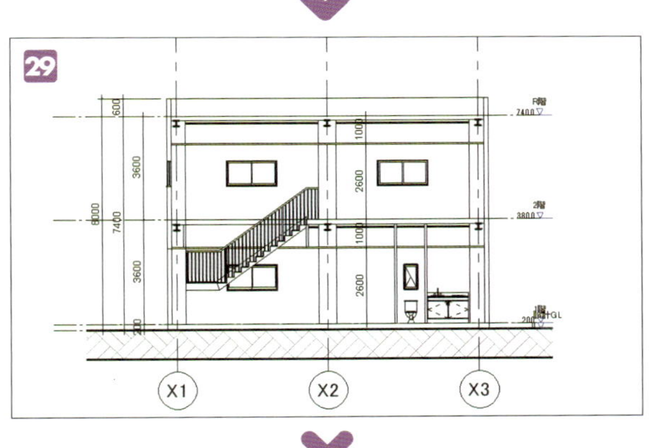

30 P.277 手順9と同様にして、印刷時の線の太さを確認する。梁の断面線が太いので細く変更する。

31 P.277 手順10～14と同様にして、[表示/グラフィックスの上書き]ダイアログの[モデルカテゴリ]タブー[構造フレーム]－[スティック記号]項目の[断面]－[線分]欄の[優先...]をクリックし、表示される[線分グラフィックス]ダイアログの[太さ]で[1]を選択し、[OK]ボタンをクリックする。

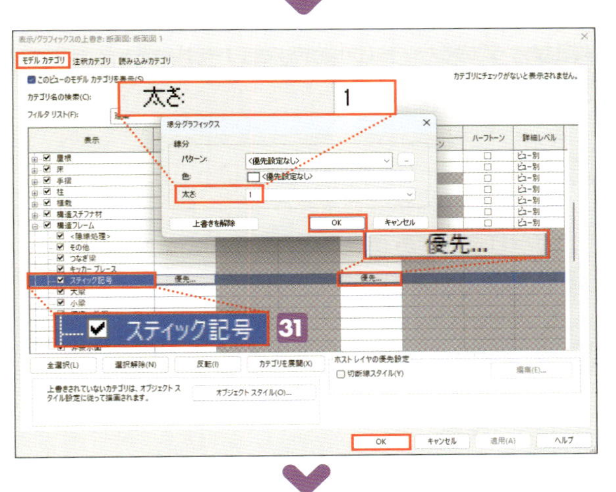

32 続けて、[構造フレーム]－[大梁]－[投影/サーフェス]－[線分]欄の[優先...]をクリックし、表示される[線分グラフィックス]ダイアログの[太さ]で[1]を選択して[OK]ボタンをクリックする。
[表示/グラフィックスの上書き]ダイアログに戻るので、[OK]ボタンをクリックする。

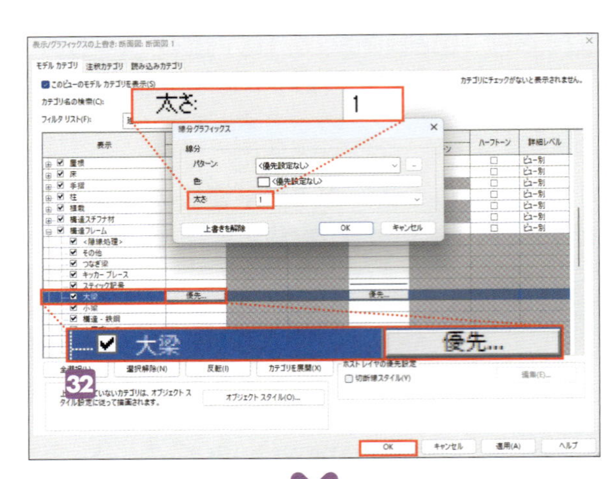

断面図のビューの表示設定が行えました。
これですべてのビューの表示設定が完了しました。

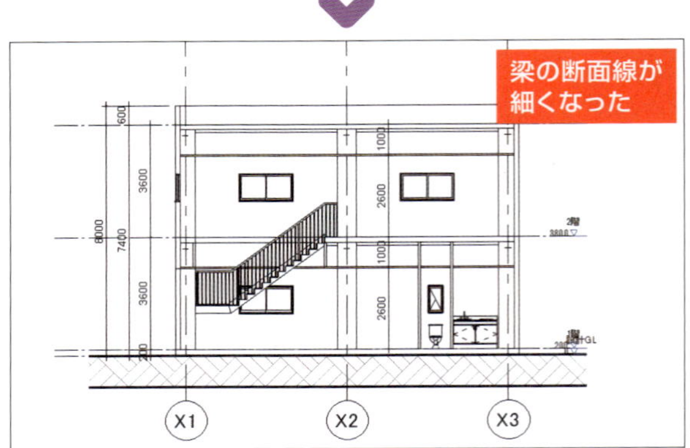

7-1-8 シートを作成して印刷する

各ビューをシートにレイアウトし、一枚の図面として印刷(PDFを作成)します。

「7th_day」-「7-1-8a.rvt」(作図前)
「7-1-8b.rvt」(作図後)

A3サイズのシート(図面枠)をロード(読み込み)します。

1 [挿入]タブ－[ライブラリからロード]パネル－[Aurodeskファミリをロード]をクリックする。表示される[Autodeskファミリをロード]ダイアログで、検索窓に[枠]を入力して検索する。

2 検索結果から[A3 メートル単位(ロゴなし)]をクリックし、[ロード]ボタンをクリックする。

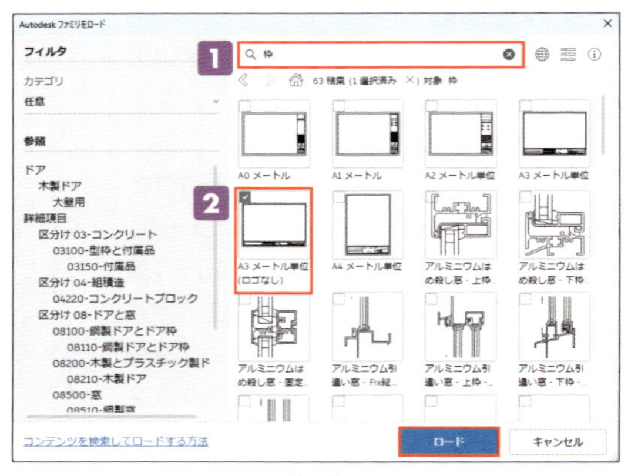

3 [表示]タブ－[シート構成]パネル－[シート] をクリックする。表示される[新規シート]ダイアログの[図面枠を選択]で[A3 メートル単位(ロゴなし)]を、[プレースホルダシートを選択]で[新しい]を選択し、[OK]ボタンをクリックする。

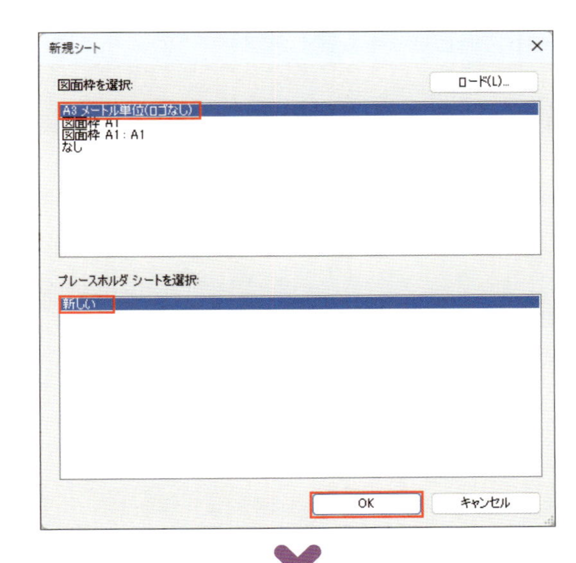

4 [プロジェクトブラウザ]の[シート]に[A101 - 無題]が作成されるので、右クリックする。表示されるコンテキストメニューから、[名前変更]を選択する。

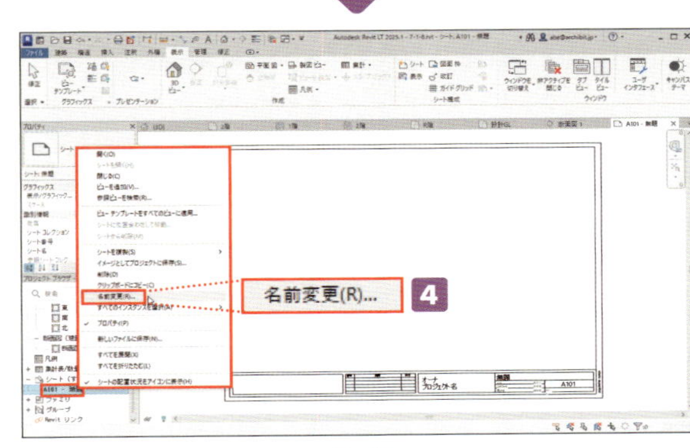

5 [シートのタイトル]ダイアログが表示されるので、[名前]に「平面図・断面図」と入力し、[OK]ボタンをクリックする。

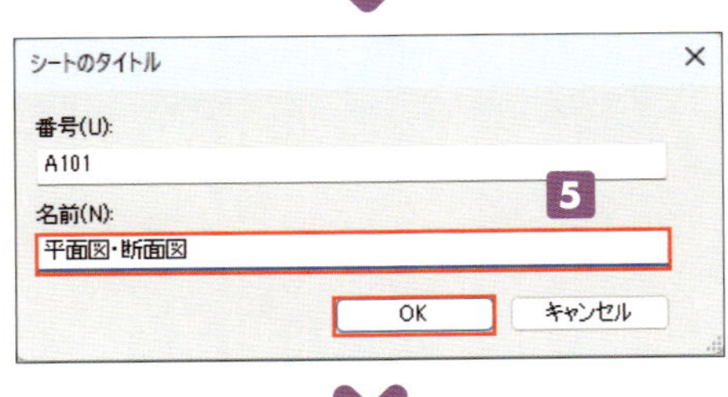

6 シートのタイトル欄に、手順5で入力した名前が反映される。

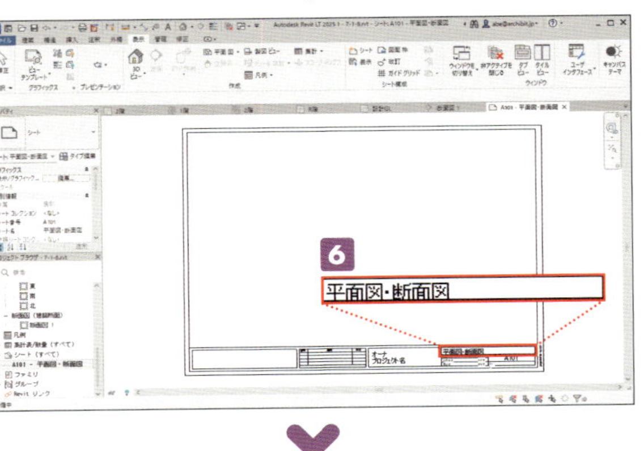

A3サイズのシート(図面枠)がロードされました。

シートに各ビューを配置します。

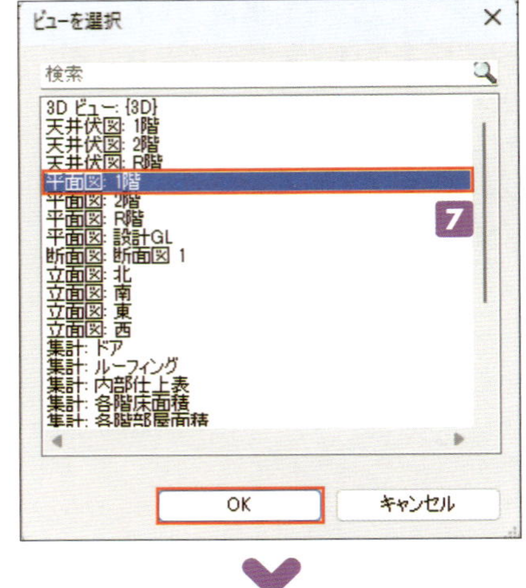

7 [表示]タブ－[シート構成]パネル－[表示] をクリックする。表示される[ビュー]ダイアログで、[平面図：1階]を選択し、[OK]ボタンをクリックする。

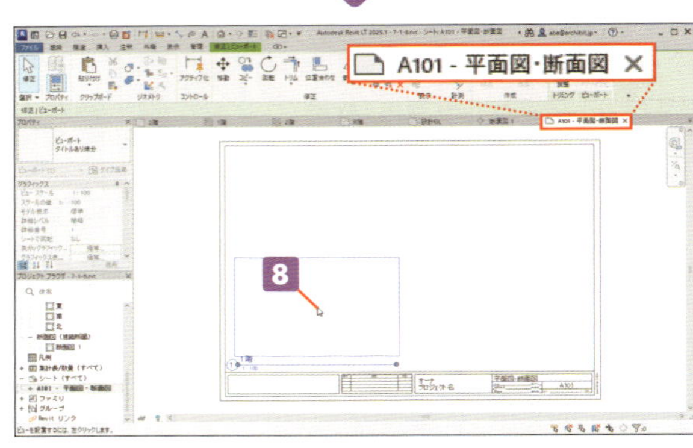

8 ビュータブに[平面図：1階]と表示されていることを確認する。カーソルにビューの範囲が仮表示されるので、図のようにシートの左下の位置をクリックする。

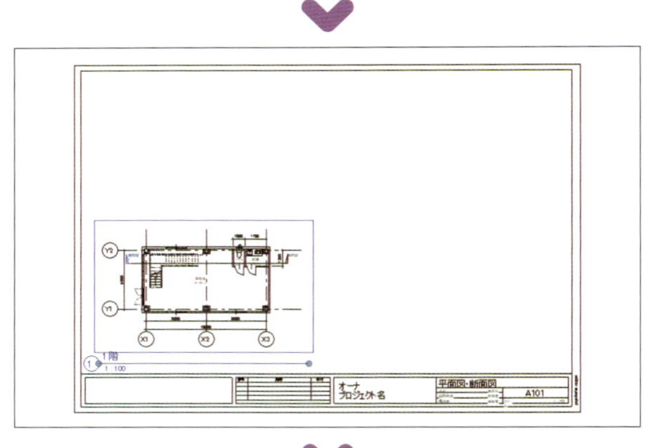

9 シートに[平面図：1階]のビューが配置される。

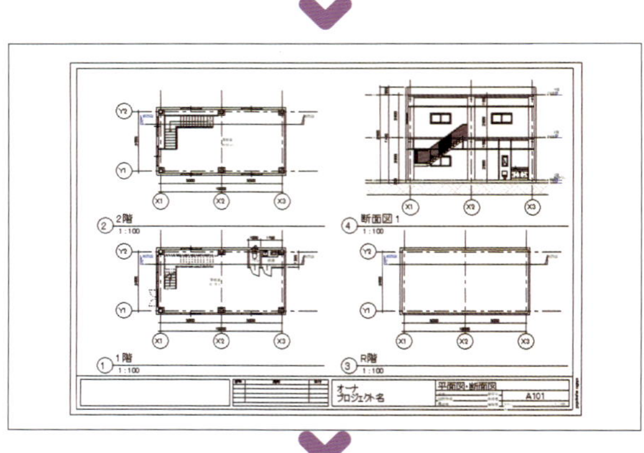

10 手順**7**～**9**と同様にして、左上に[平面図：2階]、右下に[平面図：R階]、右上に[断面図：断面図1]のビューを配置する（P.288 COLUMNを参照）。

シートに各ビューが配置されました。

HINT

タイトルの位置変更

[修正]ツールでタイトルのみをクリックして選択状態にし、ドラッグすることでタイトルの位置を変更できる。

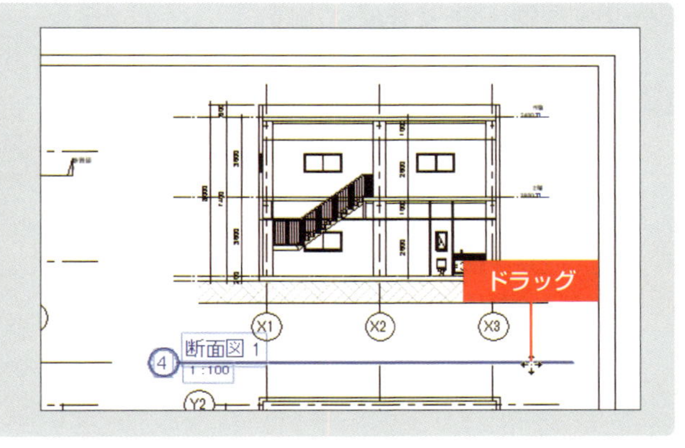

HINT

タイトル線の長さ変更

[修正]ツールでビューの枠(ビューポート)をクリックすると、ビューの枠とタイトルが選択状態になり、タイトル線の両端にドラッグコントロール(青い丸)が表示される。これをドラッグすることで、タイトル線の長さを変更できる。

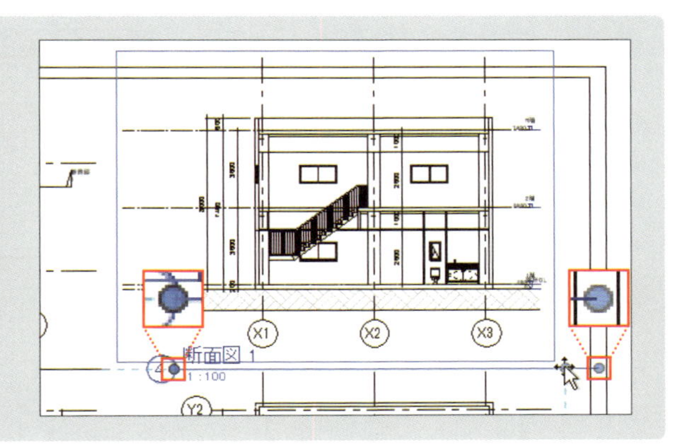

HINT

ビューの枠の大きさ変更

ビューの枠(ビューポート)の大きさは、通り芯やレベル線が表示される範囲になる。そのため、ビューの枠の大きさを小さくするためには、あらかじめ通り芯やレベル線の長さを短く変更しておく必要がある。右図は通り芯とレベル線の長さを短くしたので、左図よりもビューの枠を小さくできた。

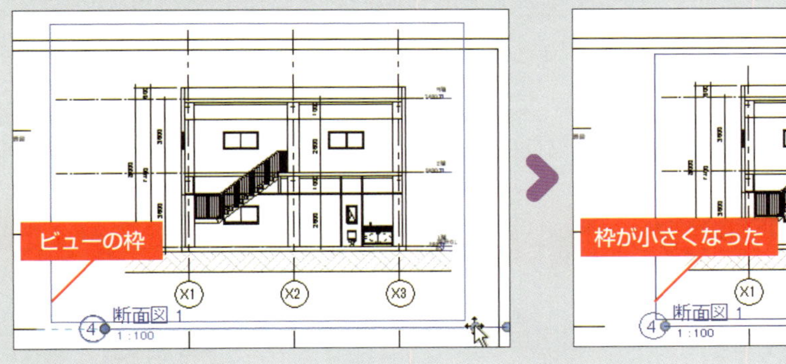

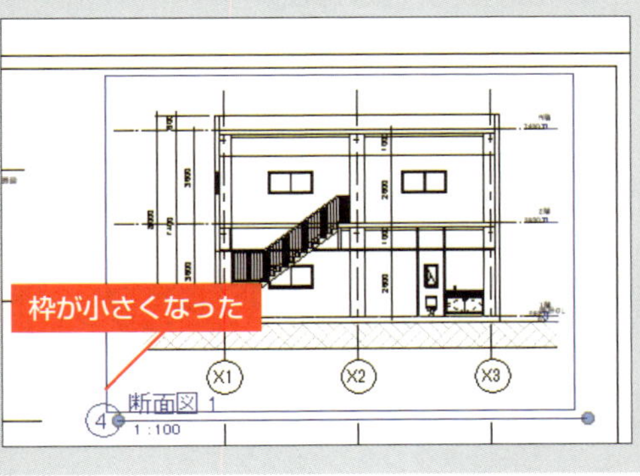

シートを印刷(PDFを作成)します。

11 [クイックアクセスツールバー]の[出力]をクリックする。表示される[出力]ダイアログで、[プリンタ]−[名前]で、プリンターを選択(ここでは[Adobe PDF]を選択し、PDFを作成する)し、[設定]ボタンをクリックする。

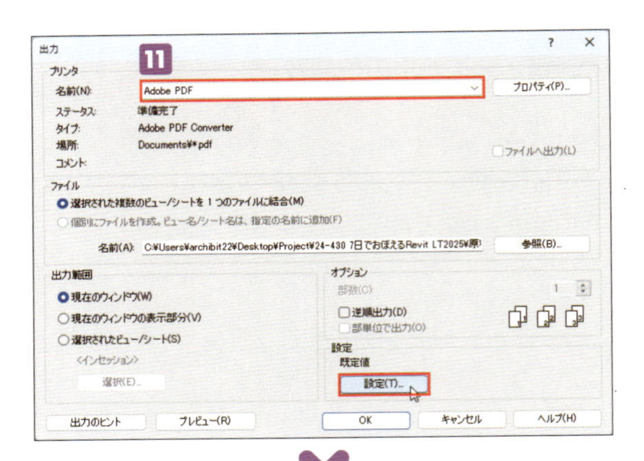

HINT

[書き出し]によるPDFの書き出し

PDFの作成は、[ファイル]タブ−[書き出し]−[PDF]をクリックすることでも行える。その場合は、表示される[PDF書き出し]ダイアログで各種設定を行う。

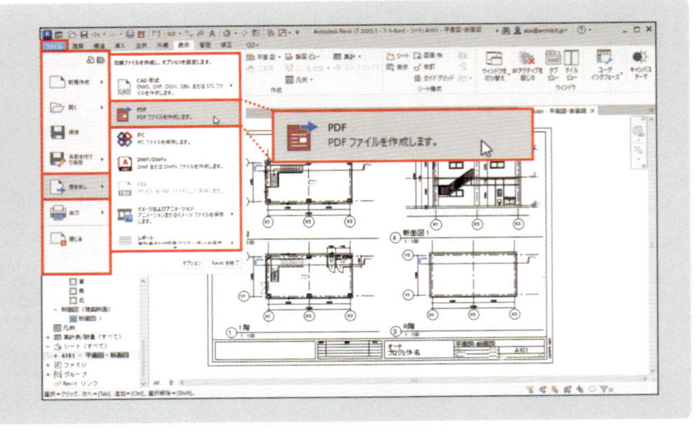

12 [出力設定]ダイアログが表示されるので、下記のように設定して、[OK]ボタンをクリックする。

[用紙]−[サイズ]:A3

[用紙の配置]:中心

[ズーム]:[ズーム]を選択

[ズーム]−[サイズ]:100

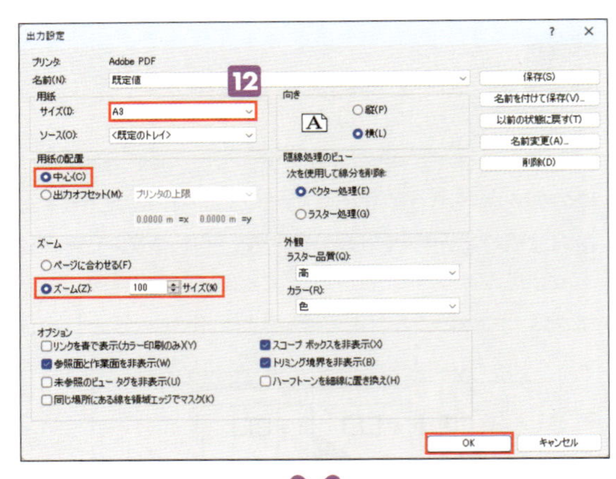

13 [出力]ダイアログに戻るので、[プレビュー]ボタンをクリックする。

14 印刷プレビューが表示されるので、確認して[印刷]ボタンをクリックする。

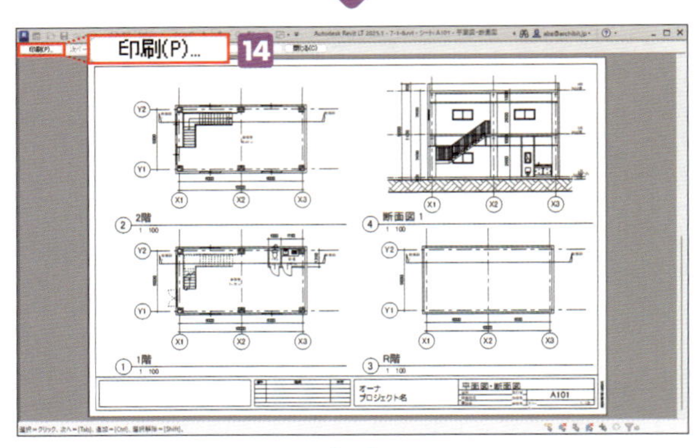

15 ［出力］ダイアログに戻るので、［OK］ボタンをクリックする。

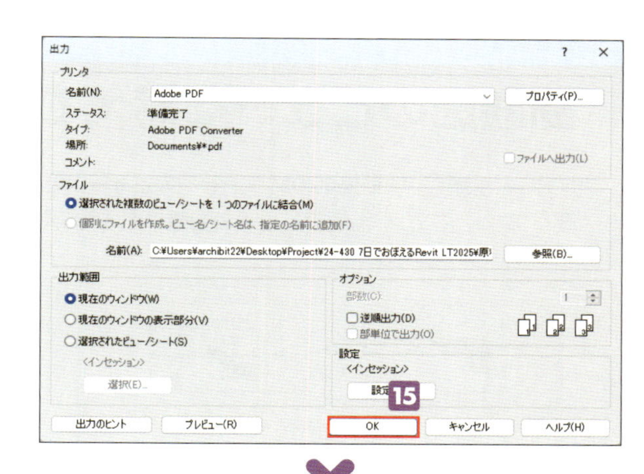

16 ［PDFファイルの保存］ダイアログが表示される。［ファイル名］に名前を入力して、［保存］ボタンをクリックする。

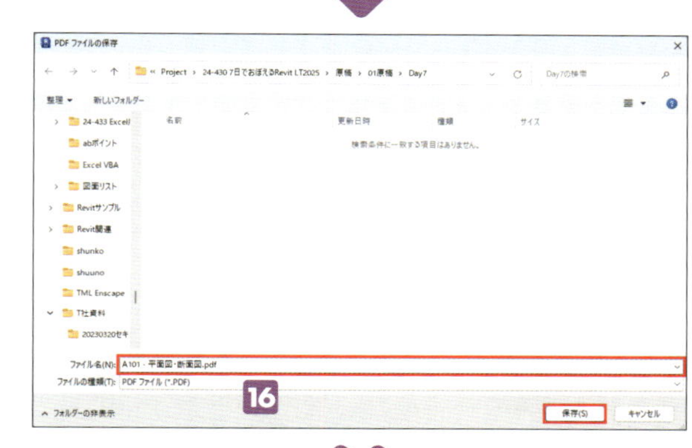

17 ここでは、手順 **11** で［名前］に［Adobe PDF］を選択したため、PDFが作成される。
手順 **11** で［名前］にプリンターを選択した場合は、手順 **15** の後にプリンターで印刷される。

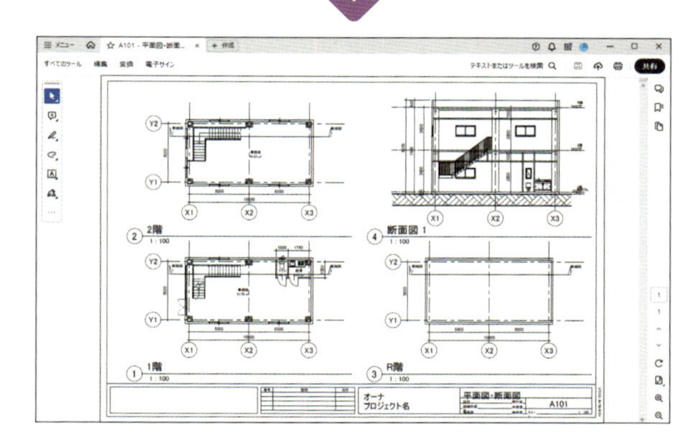

シートが印刷（PDFが作成）されました。

COLUMN

断面図のビューを揃えてシートに配置する

P.284 手順10で、断面図のビューを他のビューときちんと揃えてシートに配置するのにはコツが要ります。ここでは、断面図ビューの配置手順を説明します。

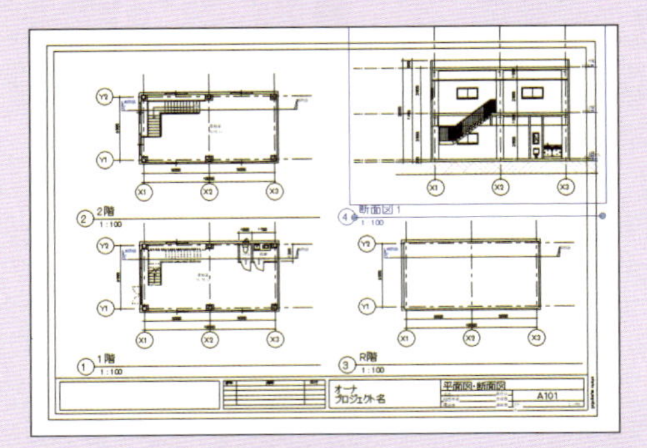

❶ P.284 手順7～10を参考に断面図ビュー(右上)をシートに配置する。

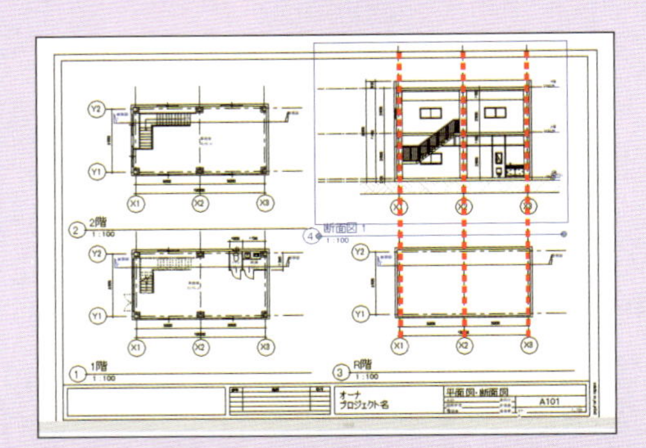

❷ R階の通り芯(「X1」～「X3」)と断面図の通り芯(「X1」～「X3」)が揃うように移動する(赤い破線に揃える)。

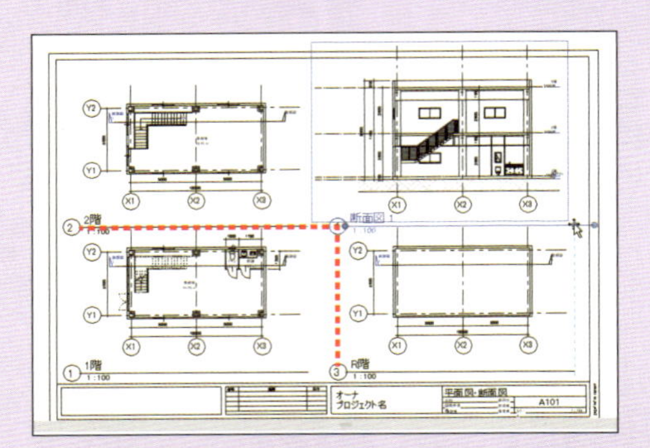

❸ 通り芯とレベル線の長さを下図(ここではR階)、左図(ここでは2階)と揃うように移動する(赤い破線に揃える)。

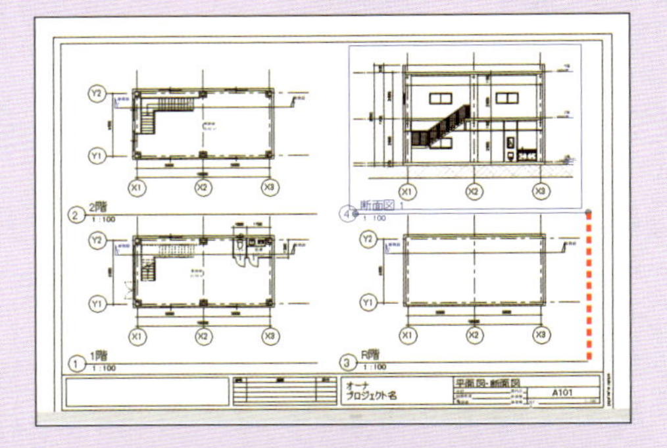

❹ タイトルの位置を左図(ここでは2階)と揃え、タイトル線の長さを下図(ここではR階)と揃うように移動する(赤い破線に揃える)。

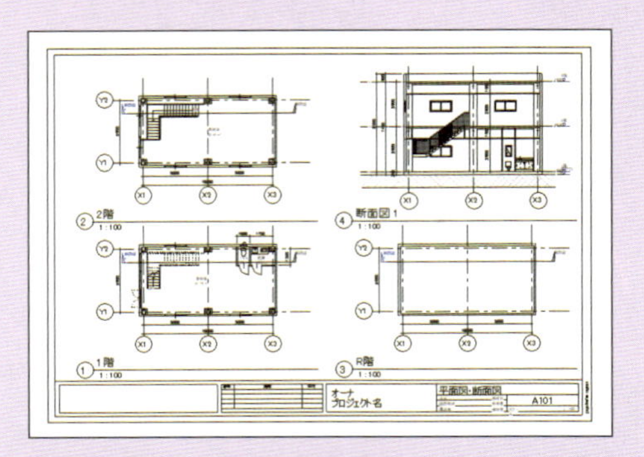

❺ 断面図ビューの枠(ビューポート)の大きさを調整して完成。

COLUMN

立面図のビューをシートに配置する

7-1-7と7-1-8(P.275～P.287)の自主練習として、立面図のビューをシートに配置してみましょう。シートに配置するビューは、[プロジェクトブラウザ]の[ビュー(レベル順)]－[立面図]の[西][東][北][南]の4つです。ポイントを抜き出して大まかな手順だけ解説しますので、細かい手順やわからない操作などは7-1-7～7-1-8や、これまでの解説ページを参照してください。

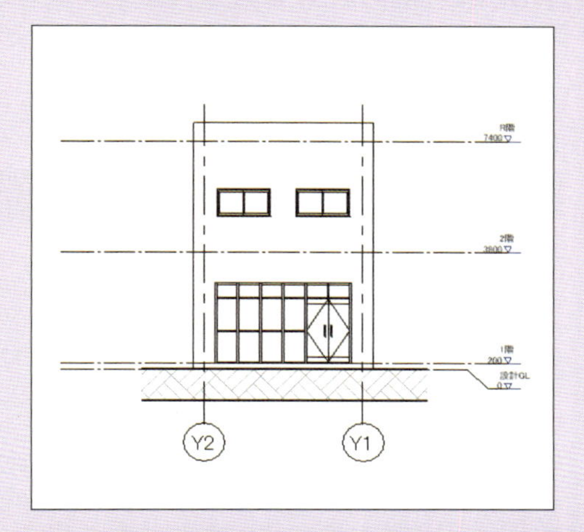

❶ [プロジェクトブラウザ]の[ビュー(レベル順)]－[立面図]の[西]をダブルクリックし、西立面図を表示する。2-1-3～2-1-5(P.51～P.54)を参考に、図のように通り芯の長さを縮めたり、通り芯記号を図面の下側に移動したりして調整する。また、不要な断面図記号を右クリックし、コンテキストメニューから[ビューで非表示]－[要素]を選択して、断面図記号を非表示にする。

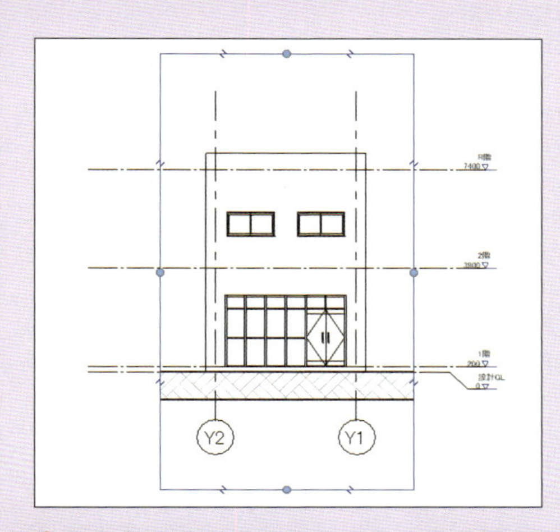

❷ 5-1-3(P.202)を参考に、トリミング領域を表示し、図のように表示範囲を狭く調整する。トリミング領域を調整したら、[プロパティパレット]の[範囲]－[トリミング領域を表示]のチェックを外し、[適用]ボタンをクリックしてトリミング領域を非表示にする。

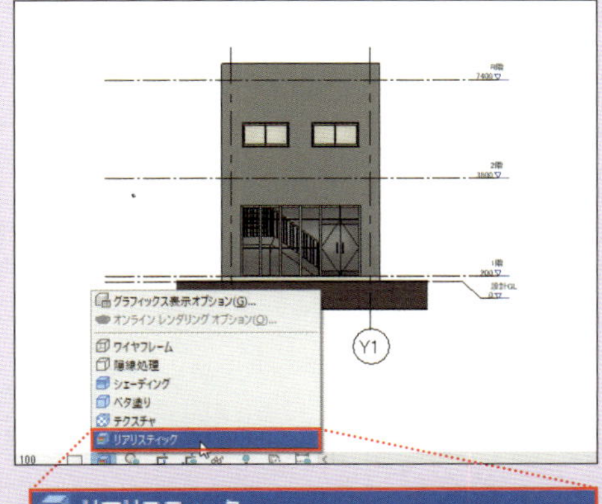

❸ [ビューコントロールバー]の[表示スタイル]をクリックして[リアリスティック]を選択し、立面図のビューの表示スタイルを図のように変更する。

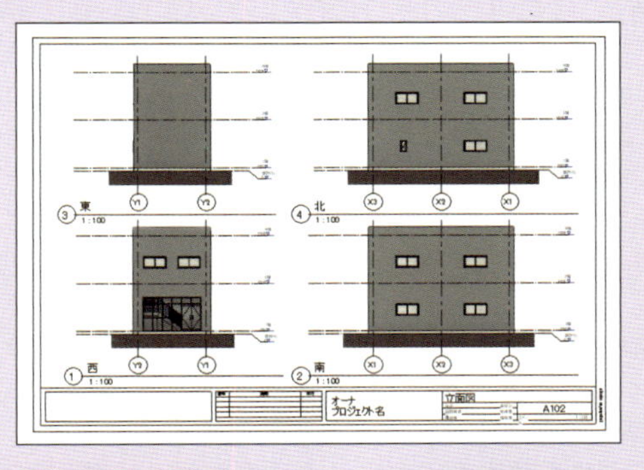

❹ 手順❶～❸と同様にして、[東][北][南]の立面図のビューも表示設定を変更する。7-1-8の手順3以降(P.283～P.287)を参考にシートをロードし、左上に東立面図、左下に西立面図、右上に北立面図、右下に南立面図のビューをそれぞれシートに配置する。

INDEX

記号・英数字

あ

か

さ

INDEX

た

な

は

INDEX

ま

や

ら

わ

［送付先］／FAX　03-3403-0582　メールアドレス　info@xknowledge.co.jp
Web問合せフォーム　https://www.xknowledge.co.jp/contact/book/9784767833705

FAX質問シート

7日でおぼえるAutodesk Revit ［Revit & Revit LT 2025/2024対応］

P.2の「必ずお読みください」と以下を必ずお読みになり、ご了承いただいた場合のみご質問をお送りください。

- 「本書の手順通り操作したが記載されているような結果にならない」といった本書記事に直接関係のある質問にのみご回答いたします。「このようなことがしたい」「このようなときはどうすればよいか」など特定のユーザー向けの操作方法や問題解決方法については受け付けておりません。
- メールまたはWeb問合せフォーム、本シートを用いてFAXにてお送りいただいた質問のみ受け付けております。お電話による質問はお受けできません。
- Web問合せフォームや本シートの必要事項に記入漏れがある場合はご回答できない場合がございます（本シートはコピーしてお使いください）。メールの場合は、書名と本シートの項目を必ずご記入のうえ、送信してください。
- ご質問の内容によってはご回答できない場合や日数を要する場合がございます。
- パソコンやOSそのもの、ご使用の機器や環境についての操作方法・トラブルなどの質問は受け付けておりません。

ふりがな

氏名　　　　年齢　　　歳　　　性別　男・女

回答送付先（FAXまたはメールのいずれかに○印を付け、FAX番号またはメールアドレスをご記入ください）

FAX　・　メール

※送付先ははっきりとわかりやすくご記入ください。判読できない場合はご回答いたしかねます。※電話による回答はいたしておりません

ご質問の内容（本書記事のページおよび具体的なご質問の内容）
※例）2-1-3の手順4までは操作できるが、手順5の結果が別紙画面のようになって解決しない。

【本書　　　ページ　～　　　ページ】

ご使用のWindowsのバージョン　※該当するものに○印を付けてください

11　　10　　その他（　　　　）

ご使用のRevitの種類とバージョン　※例）Revit 2025

（　　　　）

◆ 著者プロフィール

阿部 秀之（あべひでゆき）

有限会社アーキビット代表。一級建築士、一級建築施工管理技士。建築設計のほか、Webアプリケーション開発なども手がける。著書に『AutoCAD逆引き大事典』『AutoCADを200%使いこなす本』『やさしく学ぶDraftSight』『7日でおぼえるDraftSight』『SketchUpパーフェクト作図実践＋テクニック編』『クリエイターのためのSketchUp for Web入門』『Unityでつくる建築VR入門』（いずれもエクスナレッジ刊）などがある。

7日でおぼえる Autodesk Revit

[Revit & Revit LT 2025/2024対応]

2025年2月4日　初版第1刷発行

著　者……阿部秀之

発行者……三輪浩之

発行所……株式会社エクスナレッジ

〒106-0032　東京都港区六本木7-2-26

https://www.xknowledge.co.jp/

問合せ先

編集……295ページのFAX質問シートを参照してください

販売……TEL 03-3403-1321／FAX 03-3403-1829／info@xknowledge.co.jp